KB047369

비잔티움
연대기

비잔티움 연대기

BYZANTIUM

번영과 절정

존 줄리어스 노리치 지음 • 남경태 옮김

바다출판사

Branicevtsa
PATZINAKS
Morava
Vidin
Ister (Danube)
Ras
Naissus (Niš)
Varna
Trnovo
Sardica (Sofia)
PARISTRIUM
Anchialus
Mesembria
BULGARIA
Sozopolis
Maritsa
Skopje
Philippopolis (Plovdiv)
Vardar
MACEDONIA
Adrianople (Edirne)
Ochrid
Prilapon
Serrae (Seres)
Mosynopolis
Vodena
Thessalonika
THRACE
Gallipoli
Castoria
Berrhoea (Verria)
THESSALONIKA
Mt Athos
Cyzicus
Abydos
THESSALY
Lemnos
Addramytteum
Larissa
Nicopolis
Lesbos
Pergamum
Aegean Sea
Sardis
NEGROPONT
HELLAS
Chios
Smyrna
Thebes
Ephesus
Corinth
Athens
Samos
PELOPONNESOS
Patmos
Rhodes
Chandax (Candia)
CRETE

BYZANTIUM

• 지도

지중해 세계 | 콘스탄티노플 | 불가리아 | 아나톨리아와 아르메니아

• 연대표

• 주요 인물

• 주요 사건

노리쿰
판노니아
사바 강
도나우 강
아퀼레이아
베로나
파두아
베네치아
테르게스테
(트리스테)
시스키아(시사크)
시르미움
시기두눔(베오그라드)
볼로냐
라벤나
피렌체
피사
일리리아
나이수스(니시)
페루지아
아드리아 해
사르디
로마
오스티아
디라키온(두러스)
오크리드
마케도니아
나폴리
타렌툼(타란토)
에피루스
히드룬툼
(오트란토)
티레니아 해
코르키라
(코르푸)
크로토네
테르모필라이
파노르무스(팔레르모)
이오니아 해
시실리
카타니아
엘리스
코린트
자킨투스
시라쿠사
펠레폰네소스
필로스
메토니
지중해
지중해 세계

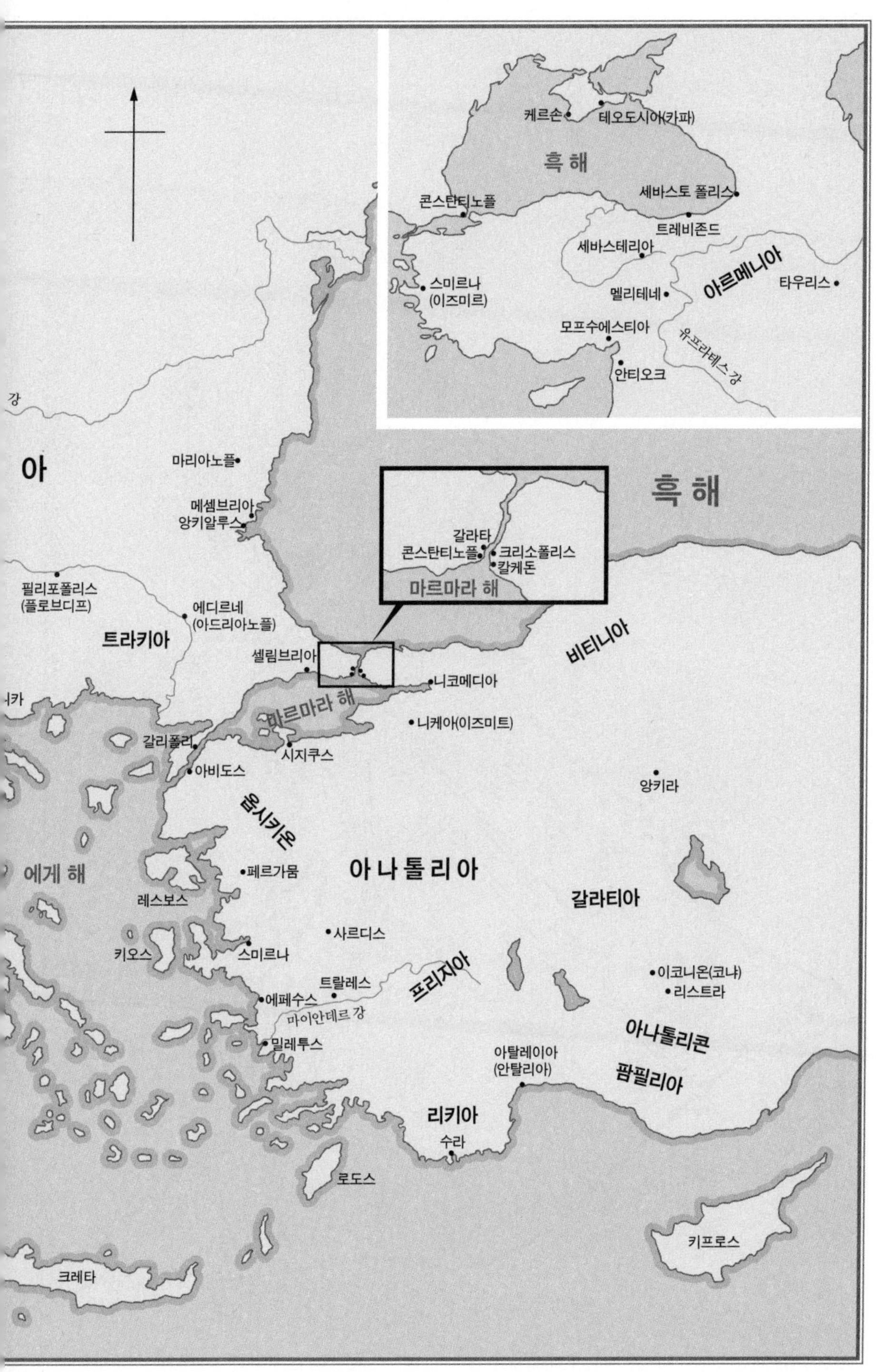

케르손
테오도시아(카파)
흑 해
콘스탄티노플
세바스토 폴리스
트레비존드
세바스테리아
스미르나
(이즈미르)
멜리테네
아르메니아
타우리스
모프수에스티아
유프라테스 강
안티오크
강
아
마리아노플
메셈브리아
앙키알루스
흑 해
갈라타
콘스탄티노플
크리소폴리스
칼케돈
마르마라 해
필리포폴리스
(플로브디프)
에디르네
(아드리아노플)
트라키아
비티니아
셀림브리아
니코메디아
마르마라 해
니케아(이즈미트)
갈리폴리
시지쿠스
아비도스
앙키라
옵시키온
에게 해
페르가뭄
아 나 톨 리 아
레스보스
갈라티아
사르디스
키오스
스미르나
프리지아
이코니온(코냐)
트랄레스
리스트라
에페수스
마이안데르 강
밀레투스
아나톨리콘
아탈레이아
(안탈리아)
팜필리아
리키아
수라
로도스
키프로스
크레타

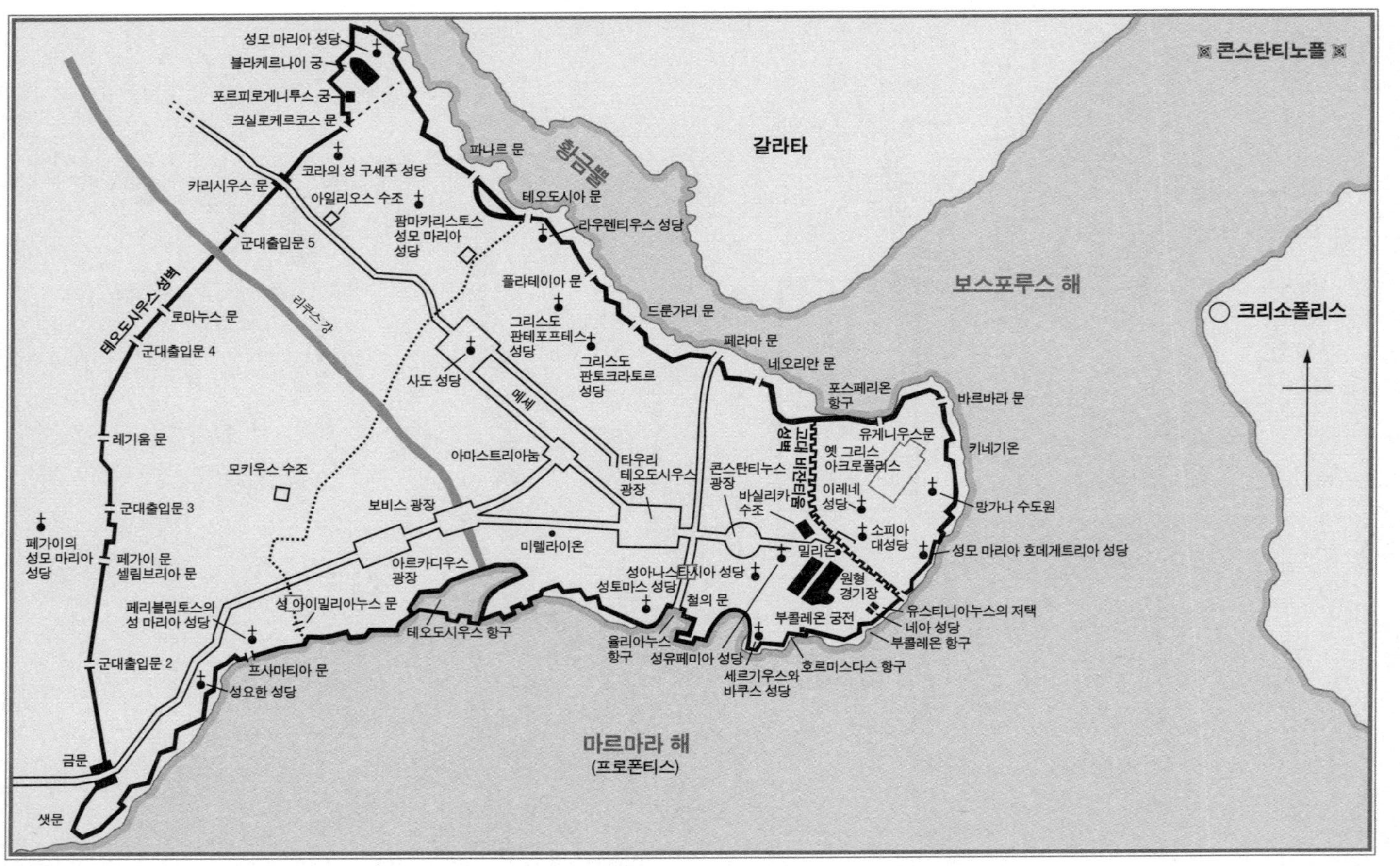
콘스탄티노플
갈라타
황금뿔
보스포루스 해
크리소폴리스
마르마라 해
(프로폰티스)
성모 마리아 성당
블라케르나이 궁
포르피로게니투스 궁
크실로케르코스 문
코라의 성 구세주 성당
카리시우스 문
아일리오스 수조
팜마카리스토스 성모 마리아 성당
파나르 문
테오도시아 문
라우렌티우스 성당
군대출입문 5
테오도시우스 성벽
로마누스 문
군대출입문 4
리쿠스 강
플라테이아 문
그리스도 판테포프테스 성당
그리스도 판토크라토르 성당
드룬가리 문
페라마 문
네오리안 문
포스페리온 항구
바르바라 문
사도 성당
메세
레기움 문
아마스트리아눔
타우리 테오도시우스 광장
콘스탄티누스 광장
고대 비잔티움 성벽
유게니우스문
옛 그리스 아크로폴리스
키네기온
모키우스 수조
이레네 성당
망가나 수도원
바실리카 수조
소피아 대성당
군대출입문 3
보비스 광장
미렐라이온
밀리온
성모 마리아 호데게트리아 성당
페가이의 성모 마리아 성당
페가이 문
셀림브리아 문
아르카디우스 광장
성아나스타시아 성당
성토마스 성당
원형 경기장
철의 문
유스티니아누스의 저택
페리블렙토스의 성 마리아 성당
성 아이밀리아누스 문
테오도시우스 항구
부콜레온 궁전
네아 성당
부콜레온 항구
율리아누스 항구
성유페미아 성당
호르미스다스 항구
세르기우스와 바쿠스 성당
군대출입문 2
프사마티아 문
성요한 성당
금문
샛문

불가리아
모이시아
세르비아
트라키아
테살로니카
에피루스
흑해
마르마라 해
에게 해
아드리아 해
이오니아 해
브라니케르차
모라바 강
비딘
니코폴리스
도나우 강
안트라 강
투트라칸
드리스트라(실리스트라)
콘스탄차
폴리스카
마르키아노플
바르나
투스타 강
디치나 강
대 프레슬라프
베르비차
메셈브리아(네세부르)
카르노바트(마르켈라이)
앙키알루스
루소카스트로
소조폴리스
데벨투스
디암폴리스(얌볼)
베로에(스타라자고라)
나이수스(니시)
페르니크
사르디카(소피아)
보야나
리폴리안
스트루마 강
릴라
마리차 강
필리포폴리스
(플로브디프)
콘스탄티아
멜레오나
베르시니키아
프로바툼
마크롤리바다
스쿠타리온
아드리아노플(에디르네)
아가토폴리스
아르카디오폴리스
스테눔(이스티니에)
셀림브리아
콘스탄티노플
크리소폴리스
(스쿠타리)
헤라클레아(에레글리)
라에데스툼(데히르다그)
디디모티쿰
모시노폴리스
볼레루스
타소스
갈리폴리
람프사쿠스
아비도스
임브로스
렘노스
아토스 산
스코드라
둘키그노
스코플례
모로비즈
브레갈니차
슈치프
멜니크
페트리스크
스트루미차
프릴라폰(프릴레프)
디라키온(두러스)
오크리드
프레스파
데볼
비톨리아(모나스티르)
프로세크
세티나
오스트로보
소스크
보데나
스코투사
세라에(세레스)
필리피
테살로니카
베라트
아블로나
카스토리아
베로에아
(베리아)
세르비아
드리노폴리스
히드룬툼
(오트란토)
코르키라(코르푸)
스타기
라리사

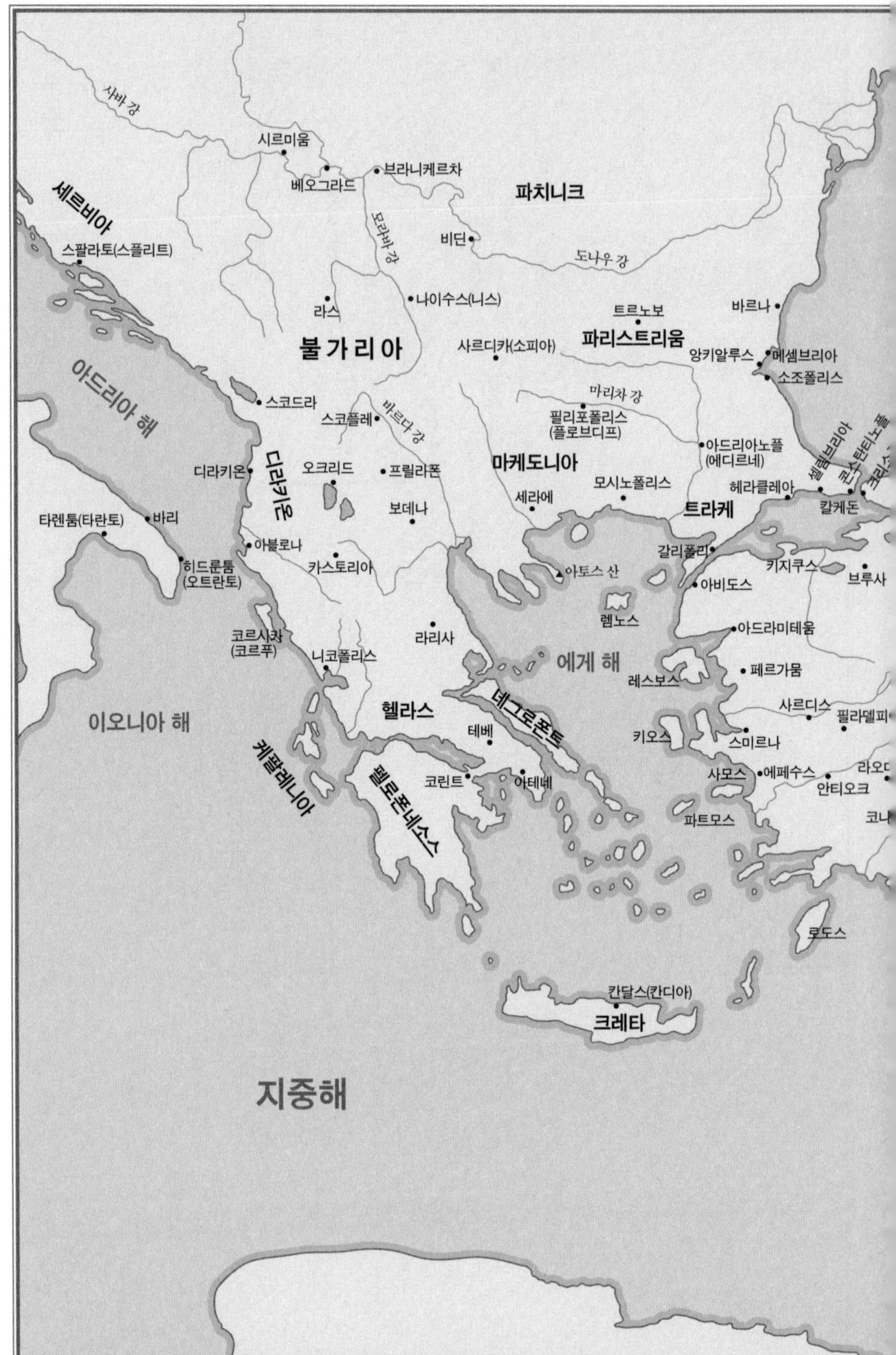

사바 강
시르미움
베오그라드
브라니케르차
파치니크
세르비아
모라바 강
비딘
도나우 강
스팔라토(스플리트)
라스
나이수스(니스)
트르노보
바르나
불 가 리 아
사르디카(소피아)
파리스트리움
앙키알루스
메셈브리아
소조폴리스
아드리아 해
스코드라
마리차 강
스코플레
바르다 강
필리포폴리스
(플로브디프)
아드리아노플
(에디르네)
셀림브리아
디라키온
디라키온
오크리드
프릴라폰
마케도니아
모시노폴리스
헤라클레아
칼케돈
타렌툼(타란토)
바리
보데나
세라에
트라케
아블로나
갈리폴리
히드룬툼
(오트란토)
카스토리아
아토스 산
키지쿠스
브루사
아비도스
렘노스
라리사
아드라미테움
코르시카
(코르푸)
니코폴리스
에게 해
페르가뭄
레스보스
헬라스
사르디스
네그로폰트
이오니아 해
테베
키오스
스미르나
케팔레니아
펠로폰네소스
코린트
아테네
사모스
에페수스
안티오크
파트모스
로도스
칸달스(칸디아)
크레타
지중해

아나톨리아와 아르메니아

- 연대표

연대	동방 황제	서방 황제	역대 총대주교	역대 교황
800년	이레네 797~802	샤를마뉴 800~814	타라시우스 784~806	레오 3세 795~816
	니케포루스 1세 802~811		니케포루스 1세 806~815	
	스타우라키우스 811		테오도투스 카시테라스 815~821	스테파누스 4세(5세) 816~817
	미카일 1세 랑가베 811~813		안토니우스 1세 카시마타스	파스칼리스 1세 817~824
	레오 5세 813~820	루트비히 경건왕814~840	821~837	유게니우스 1세 824~827
	미카일 2세 820~829	로타르 1세		발렌티누스 827
	테오필루스 829~842	817~831, 840~855	문법학자 요한네스 837~843	그레고리우스 4세 827~844
	미카일 3세 842~867		메토디우스 1세 843~847	(요한네스 844)
				세르기우스 2세 844~847
			이그나티우스 847~858	레오 4세 847~855
		루이 2세 850~875		(아나스타시우스 855)
				베네딕투스 3세 855~858
	바실리우스 1세 867~886		포티우스 858~867	니콜라우스 1세 858~867
		카를 대머리왕 875~877	이그나티우스(2차) 867~877	하드리아누스 2세 867~872
	레오 6세 886~912	카를 뚱보왕 881~888	포티우스(2차) 877~886	요한네스 8세 872~882
				마리누스 1세 882~884
				하드리아누스 3세 884~885
		기 891~894	스테파누스 1세 886~893	스테파누스 5세(6세) 885~891
		랑베르 894~898	안토니우스 2세 카울레아스	포르모수스 891~896
			893~901	보니파키우스 6세 896
				스테파누스 6세(7세) 896~897
				로마누스 897
				테오도루스 2세 897
		아르눌프 896~899		요한네스 9세 898~900
900년		루트비히 3세 901~905	니콜라우스 1세 미스티쿠스	베네딕투스 4세 900~903
			901~907	레오 5세 903
				(크리스토포루스 903~904)
				세르기우스 3세 904~911
	알렉산데르 912~913		유티미우스 1세 907~912	아나스타시우스 3세 911~913
	콘스탄티누스 7세 포르피로	베렝가리오 915~922	니콜라우스 1세 미스티쿠스	란도 913~914
	게니투스 913~959		(2차) 912~925	요한네스 10세 914~928
	로마누스 1세 레카페누스			레오 6세 928
	920~944		스테파누스 2세 925~927	스테파누스 7세(8세) 928~931
			트리폰루스 927~931	요한네스 11세 931~935
			테오필락투스 931~956	레오 7세 936~939
				스테파누스 8세(9세) 939~942
				마리누스 2세 942~946
				아가페투스 2세 946~955
	로마누스 2세 959~963		폴리에욱투스 956~970	요한네스 12세 955~964
	니케포루스 2세 포카스	오토 1세 962~973		레오 8세 963~965
	963~969			베네딕투스 5세 964~966

연대	동방황제	서방황제	역대 총대주교	역대 교황
	요한네스 1세 치미스케스 969~976	오토 2세 967~983	스카만데르의 바실리우스 970~974	요한네스 13세 965~972
				베네딕투스 6세 973~974
				(보니파키우스 7세 974)
			스투디움의 안토니우스 3세 974~979	베네딕투스 7세 974~983
				요한네스 14세 983~984
	바실리우스 2세 불가록토누스 976~1025		니콜라우스 2세 크리소베르게스 979~991	(보니파키우스 7세 984~985)
				요한네스 15세 985~996
				그레고리우스 5세 996~999
			시신니우스 2세 996~998	(요한네스 16세 997~998)
1000년		오토 3세 996~1002		실베스테르 2세 999~1003
			세르기우스 2세 1001~1019	요한네스 17세 1003
				요한네스 18세 1004~1009
				세르기우스 4세 1009~1012
				(그레고리우스 1012)
		하인리히 2세 1014~1024		베네딕투스 8세 1012~1024
	콘스탄티누스 8세 1025~1028	콘라트 2세 1027~1039	유스타티우스 1019~1025	요한네스 19세 1024~1032
	로마누스 3세 아르기루스 1028~1034		스투디움의 알렉시스1025~1043	베네딕투스 9세 1032~1044
			미카일 1세 케룰라리우스 1043~1058	그레고리우스 6세 1045~1046
	파플라고니아인 미카일 4세 1034~1041	하인리히 3세 1046~1056		클레멘스 2세 1046~1047
				베네딕투스 9세 1047~1048
	미카일 5세 칼라파테스 1041~1042			다마수스 2세 1048
				레오 9세 1049~1054
	조에와 테오도라 1042			빅토리우스 2세 1055~1057
	콘스탄티누스 9세 모노마쿠스 1042~1055			스테파누스 9세(10세) 1057~1058
	테오도라 1055~1056			(베네딕투스 10세 1058~1059)
	미카일 6세 1056~1057			니콜라우스 2세 1059~1061
	이사키우스 1세 콤네누스 1057~1059		콘스탄티누스 3세 리쿠데스 1059~1063	알렉산데르 2세 1061~1073
				(호노리우스 2세 1061~1072)
	콘스탄티누스 10세 두카스 1059~1067		요한네스 8세 크시필리누스 1064~1075	
	로마누스 4세 디오게네스 1068~1071			그레고리우스 7세 1073~1085
				(클레멘스3세 1080, 1084~1100)
	미카일 7세 두카스 1071~1078		코스마스 1세 1075~1081	빅토리우스 3세 1086~1087
			유스타티우스 가리다스 1081~1084	
	니케포루스 3세 보타네이아테스 1078~1081			우르바누스 2세 1088~1099
1100년	알렉시우스 1세 콤네누스 1081~1118	하인리히 4세 1084~1105	문법학자 니콜라우스 3세 1084~1111	파스칼리스 2세 1099~1118

• **주요 인물**

불가르족의 왕 크룸 (?~814년)

불가르족을 통일하고 그들 민족의 역사에서 가장 강력한 군대를 편성했다. 6년 동안 두 명의 비잔티움 황제를 죽게 했고, 한 명을 물러나게 했으며, 두 차례나 제국군을 격파했다. 814년 콘스탄티노플 공격을 계획하다가 급사했다.

문화 군주 테오필루스 (?~842년)

학식이 풍부하고 예술을 보는 안목이 뛰어났던 테오필루스는 아바스 왕조의 위대한 칼리프 하룬 알라시드를 본보기로 삼아 서민적인 풍모를 갖춘 정의로운 군주가 되었다. 그의 시대에 만들었다는 황금 새들이 노래를 부르는 기계 장치는 비잔티움의 압도적인 화려함을 상징했으며 이후 예이츠와 같은 시인들에게 영감을 주었다.

바실리우스 1세 (826년~886년)

미카일 3세의 말구종에서 출발하여 최고의 자리까지 오른 마케도니아 왕조의 첫 황제. 유스티니아누스 이래 최초로 옛 로마의 영토를 수복했고, 문맹임에도 로마법 개정에 앞장섰으며 마케도니아 르네상스라 불린 학문과 예술의 절정기를 열었다.

현제 레오 6세 (866년~912년)

바실리우스 1세의 둘째 아들로 아버지의 암살 음모에 가담했다는 의혹 속에 즉위했으나, 철학과 신학에 뛰어난 학문적 소양을 보여 '현제'라는 이름을 얻었다. 후계를 얻기 위해 교회의 반대를 무릅쓰고 네 번이나 결혼한 황제로도 유명하다.

시메온 1세 (864년경~927년)

콘스탄티노플에서 교육을 받았으며, 아버지 보리스 1세의 뒤를 이어 불가르의 왕이 되었다. 로마인과 불가르인의 바실레오스를 자처하며 수차례 비잔티움을 침략했으나 결국 한 번도 콘스탄티노플을 점령해 보지 못하고 야심을 거두었다.

사라센의 저승사자 니케포루스 2세 포카스 (912년~969년)

거칠고 고집 센 노장군이었지만 당대 최고의 미녀이자 악녀였던 황후 테오파노에게만은 약했던 듯하다. 제위에 오른 후 사라센과의 전쟁에서 큰 공을 세웠지만 서방을 대하는 외교에는 서투른 면모를 보였고, 군대와 군사 귀족만을 편애하여 인심을 잃었다. 결국 테오파노와 그녀의 정부 요한네스 치미스케스에게 암살당한다.

요한네스 치미스케스 (925년~976년)

매력적인 미남에 '즐거운 인생관'의 소유자였던 그는 짧은 치세 동안 비잔티움의 위대한 황제들에 버금가는 업적을 이루었다. 러시아와 불가리아, 레바논, 메소포타미아와 팔레스타인의 넓은 영토를 수복했으며, 동맹자만이 아니라 적들에게도 용기와 기사도 정신으로 큰 존경을 받았다.

마지막 위대한 황제 바실리우스 2세 불가록토누스(957년경~1025년)

전쟁터에서는 '불가르인의 학살자'라 불렸으나, 평소에는 온건하고 사려깊은 황제였다. 치밀하게 계획하고 규모로 압박하는 그의 전쟁 방식은 모험과는 거리가 멀었으나 무엇보다 그가 아끼는 병력 손실을 최소화할 수 있었다. 병사들의 존경을 받았지만 백성들의 사랑을 얻지 못한 고독한 황제였으며, 후사를 남기지 않아 제국의 앞날을 어둡게 했다.

리우트프란트 (920년~972년)

서방을 대표하는 외교적 임무를 띠고 콘스탄티노플에 파견되었던 크레모나의 주교. 그의 여행기는 10세기 서방의 눈에 비잔티움이 어떻게 비쳤는지를 알 수 있는 귀중한 자료다. 두 번째 방문에서 니케포루스 2세에게 푸대접을 받고는 "한때 대단히 부유하고 번영하던 도시가 지금은 굶주림, 거짓과 술수, 위선과 욕심이 판을 치는 도시"가 되었다고 악평하기도 했다.

자매 여제 조에 (978년경~1050년)와 테오도라 (981년~1056년)

콘스탄티누스 8세의 둘째 딸이었던 조에는 평생 황궁이라는 감옥에서 자신을 탈출시켜 줄 남편감을 찾았으나 세 번의 결혼을 통해서도 신통한 성과를 얻지 못했다. 50대의 나이에 로마누스 3세와 결혼해 황위를 이었으나 1034년 남편을 독살하고 정부인 미카일 4세를 황제로 만들었다. 그 뒤 미카일 5세에게 추방당하는 신세가 되지만 조에를 제국의 상징으로 여겼던 콘스탄티노플 시민들의 반란으로 1042년 여동생 테오도라와 공동으로 제위에 올랐다.

미카일 프셀루스 (1018년~1078년경)

무능한 황제 콘스탄티누스 9세 모노마쿠스의 시대에도 동방에 짧은 르네상스가 있었던 것은 당대 최고의 학자인 미카일 프셀루스의 덕이 컸다. 그의 노력에 힘입어 1045년 부활한 콘스탄티노플 대학은 그리스도교권 너머까지 이름을 떨쳤고, 여기서 훗날 이탈리아 르네상스에 영향을 준 비잔티움의 고전 학문이 꽃을 피웠다. 그는 귀중한 기록들을 남긴 뛰어난 역사가이기도 했으나 정치에 깊이 관여하여 제국의 관료화에 일조했다.

이사키우스 콤네누스 (1005년경~1061년경)

미카일 6세가 폐위된 후 제위에 오른 이사키우스 콤네누스는 최대한 짧은 기간에 제국을 복구하겠다는 일념으로 전면적인 군대 및 토지 제도 개혁을 단행했다. 즉위식이 끝나자마자 옷도 갈아입지 않은 채 바로 집무를 시작했다는 일화는 그의 지칠 줄 모르는 초인적인 면모를 보여 준다. 그러나 그의 갑작스러운 죽음과 잘못된 후계자 선택은 비잔티움의 몰락을 앞당긴 만지케르트의 비극을 낳는다.

● 주요 사건

니케포루스의 평화 (812년경)

812년 비잔티움 황제인 미카일 1세가 샤를마뉴를 황제로 승인한 것은 사실 2년 전부터 니케포루스 1세가 추진했던 평화 조약의 결과였다. 따라서 이후의 평화기를 '니케포루스의 평화'라 부르며, 처음으로 두 명의 로마 황제가 같은 시기에 공존하는 것을 용인하여 장차 중세 유럽을 빚어 내는 틀을 만들었다는 의의가 있다.

필로멜리온의 예언 (803년경)

아르메니아 장군 바르다네스는 황제를 참칭하는 반란을 일으킨 직후 절친한 동료 세 명과 필로멜리온에 사는 예언자를 찾아갔다고 한다. 그는 다른 세 사람을 향해 둘은 제관을 쓸 것이고 나머지 하나는 제관에 가까이 갈 것이라고 말했다. 그 두 사람은 나중에 레오 5세와 미카일 2세가 되었고 나머지 한 사람은 슬라브인 토마스였다. 미카일 2세는 레오 5세를 암살하면서 사실 이 예언을 염두에 두고 있었는지도 모른다.

제2차 성상 파괴와 성상 복권 (815년경~842년경)

레오 5세가 성상 파괴를 부활시킨 것은 성상 파괴를 지지하는 상류층이나 군대 고위층들의 불만이 팽배하고 있다는 순전히 현실적인 이유에서였다. 9세기 중반 이전의 비잔티움 예술들이 질적으로 대단히 뛰어난 데 반해 양적으로 보잘것없다는 사실은 두 차례에 걸친 성상 파괴가 끼친 예술적 손실을 가늠케 한다. 그러나 842년 테오필루스가 죽은 후 섭정이 된 테오도라 황후는 843년의 공의회에서 성상 숭배를 최종적으로 승인한다. 명증성이 신비주의를, 그리스적 사고가 오리엔트의 형이상학을, 궁극적으로는 서방이 동방을 이긴 사건이었다.

포티우스 분열 (9세기)

동방 교회에 자신의 권위를 세우고자 했던 로마 교황 니콜라우스 1세가 속인 출신의 포티우스를 콘스탄티노플 총대주교로 임명하는 것에 반대하면서 일어났다. 성령이 성부로부터 직접적으로 발현되느냐, 성부와 성자로부터 이중으로 발현되느냐를 둘러싼 필리오쿠에 논쟁과 불가리아 교회를 둘러싼 관할권 문제로 번졌다.

키릴루스와 메토디우스의 선교 (864년)

모라비아 왕 로스티슬라프는 콘스탄티노플에 사절을 보내 선교단을 요청한다. 포티우스 총대주교는 높은 학식과 덕으로 이름 높은 테살로니카 출신의 수도사 키릴루스에게 이 임무를 맡겼다. 동생 메토디우스와 모라비아로 떠난 키릴루스는 문자가 없던 슬라브인들에게 새 문자를 만들어 주어 슬라브 문학이 발전하는 토대를 놓았다.

불가르족의 개종 (865년)

불가르의 칸 보리스 1세는 종교와 인종, 언어가 다른 국민들을 통일하기 위해 그리스도교를 도입하기로 하고 865년 콘스탄티노플에서 몸소 세례를 받았다. 불가리아 교회의 소속 문제는 동방 교회와 서방 교회의 끝없는 논쟁을 낳았다.

비잔티움 황제들의 토지제도 (913년~1025년)

규칙적으로 세금을 납부하고 국방의 의무를 수행하는 비잔티움의 소규모 자영농은 경제력과 군사력의 근간이었다. 로마누스 1세와 콘스탄티누스 7세는 '힘센 자'라 불리는 부유한 봉건 귀족들의 토지 겸병으로부터 이들을 보호하는 입법을 폈으나, 봉건 귀족에게 유리한 제도를 제정한 니케포루스 2세 포카스의 시대에는 소규모 자영농이 몰락하며 빈부격차가 심화된다. 모든 토지 제도를 60년 전인 로마누스 1세의 시대로 되돌린 바실리우스 2세 시대에 농민들은 다시 숨통을 트게 되었고 황제의 권력은 더욱 강화되었다.

오토 2세와 테오파노의 결혼 (972년)

오토 대제는 동방 제국과 화해하는 의미로 자신의 아들 오토 2세와 요한네스 1세 치미스케스의 조카딸 테오파노를 결혼시킨다. 이후 어머니의 그리스적 영향을 받은 오토 3세와 바실리우스 2세의 조카딸 조에와의 사이에 혼담이 오갔으나 오토의 급사로 무산되고 만다. 바실리우스는 후손이 없었으므로 그녀와 오토가 아들을 낳았다면 동방 제국과 서방 제국을 다스리는 단일 황제가 탄생했을 것이다.

동방 교회와 서방 교회의 분열 (1054년)

노르만의 위협으로 비잔티움군의 도움이 필요했던 교황 레오 9세는 훔베르트 추기경을 대표로 하는 사절단을 콘스탄티노플에 파견했다. 그러나 교리 해석의 차이를 용납할 수 없었던 훔베르트 추기경이 콘스탄티노플의 케룰라리우스 총대주교를 파문해 버림으로써 동방 교회와 서방 교회는 영구한 분열의 길을 걷게 된다.

문민정부의 결함 (1059년)

이사키우스 콤네누스는 자신과 같은 군인 출신이 아닌 콘스탄티누스 10세 두카스를 후계자로 지목했다. 안락한 생활과 학문적 토론에만 몰두했던 그는 제국을 관료화시키는 한편, 군대의 권한과 재정을 줄이고 민병대를 용병으로 대체함으로써 역사상 가장 강력한 적이 목전에 닥친 시기에 제국의 군사력을 약화시켰다.

만지케르트 전투 (1071년)

1071년 로마누스 4세는 대규모 병력을 이끌고 셀주크투르크가 점령한 아나톨리아로 떠났으나 만지케르트 요새에서 벌어진 전투에서 알프 아르슬란이 이끄는 군대에 대패하고 만다. 셀주크에 포로로 잡힌 로마누스 4세는 평화 조약을 맺는 대가로 풀려났지만 연이은 쿠데타로 폐위되었다. 만지케르트 전투는 750년에 달하는 제국 역사상 최대의 재앙이었으며, 이후 제국의 명운에 그림자를 드리운다.

차 례

서문

절정의 시대와 뒤이은 몰락의 대서사시

이 책의 서론에서는 별로 말할 게 없다. 이 책은 단지 내가 3년 전에 시작했던 첫째 권의 후속편이기 때문이다. 『비잔티움 연대기: 창건과 혼란』에서 나는 콘스탄티누스 대제가 대담하게도 보스포루스 연안에 로마 제국의 새 수도를 창건하기로 결정한 장면에서부터 시작하여 그와 후계자들의 시대를 조명하고자 했다. 그리하여 800년 크리스마스에 로마 교황 레오 3세가 샤를마뉴에게 제관을 씌워 주고 로마인의 황제라는 직함을 수여함으로써—명목상으로는 아니지만 실제로는—그리스도교권의 통일을 저해하고 유럽에 두 황제를 탄생시킨 장면까지 살펴보았다.

첫째 권에서는 다섯 세기의 기간을 다루었지만 이 책은 그보다 짧은 세 세기를 다룬다. 부분적으로 말하면 그 이유는, 역사에서 흔히 보듯이 사건의 진행에 가속도가 붙기 때문이다. 등장하는 인물의 수도 크게 늘어나 동부 지중해의 무대 전체가 사람들로 붐비게 된다. 하지만 주요한 이유는 이 둘째 시대에 관한 당대의 문헌들이 매우 상세한 정보를 전해 주기 때문이다. 초기 비잔티움 시대에 관한 현존하는 기록들은—첫째 권의 서론에서도 지적했듯이—상당히 희소한 데다가 서로 상충하는 부분도 많다. 흥미의 측면으로 보면 프로코피우스가 으뜸이지만 그 대신 다른 단점들이 많다. 속도가 빨라지고 이야기가 자체적으로 탄력을 받으면, 역사 기록자는 상세한 인물 묘사와 일화들을 많이 이용하여 자신의 글을 늘리고 활기차게 만들고자 한다. 문헌 자료가 짜증날 만큼 적은 시기들—예컨대 11세기 초—도 여전히 있지만, 이때부터는 그런 경우가 일반적인 게 아니라 특이한 예에 속한다. 나머지 시기들에 관해서는 크레모나의 리우트프란트, 성 테오파네스와 그의 계승자들, 게오르기우스 케드레누스, 요한네스 스킬리체스, 특히 얄밉지만 매력적인 미카일 프셀루스 같은 작가들 덕택에 우리는 중세 초기 비잔티움 황궁의 생활에 관해 유럽의 다른 궁정보다 훨씬 더 생생하게 알 수 있다. 나는 우선 그들에게 감사를 표하고, 그들을 직·간접적으로, 때로는 지나치다 싶을 만큼 자유분방하게 인용했다. 그 덕분에 해당 시기를 압축적으로 다룰 수 있었다면 나는 그것도 괜찮은 방법이라 생각한다.

첫째 권도 그랬지만 나는 이 둘째 권에서도 비잔티움의 전 역사를 통틀어 가장 중요한 사건들 중 하나로 끝을 맺었다. 샤를마뉴가 제위에 오른 것은 비록 적지 않은 충격이라 해도 생각보다는 당시의 동방 제국에 훨씬 덜 불리한 결과를 낳았지만, 이 책의 말미를 장식한 만지케르트 전투는 엄청난 재앙을 가져왔다. 결국 제국은 겨우 몇 시간의 악몽을 겪은 후유증으로 가장 의존도가 큰 귀중한 자산인 소아시아 영토의 4분의 3을 서서히 잃고 말았다. 하지만 결과적으로 보면 그 손실은 시작에 불과했다. 투르크족이 아나톨리아의 심장부를 유린한 이상 이제 모든 것은 어차피 그들의 손에 들어갈 터였다. 발칸 반도가 그 뒤를 따랐고, 마지막으로 콘스탄티노플도 같은 운명이 되었다. 동방의 정복자들은 서둘지 않았다. 그들의 정복은 무려 400년이나 걸렸다. 1453년 5월 29일 화요일 술탄 메메드 2세가 소피아 대성당에서 감사의 기도를 올리며 터번을 바닥에 댔을 때, 382년 전 만지케르트의 전장에서 시작된 투르크의 정복은 완료되었다.

그 참담하고 수치스러운 패배에 뒤이어 소아시아가 점점 셀주크의 물결 속에 파묻히고 미카일 7세와 니케포루스 3세의 치세에 제국이 서서히 무정부 상태로 침몰하는 것을 속수무책으로 바라보면서 분별력을 지닌 일부 신민들은 이미 제국의 수명이 다했음을 충분히 감지했을 것이다. 그러나 비잔티움의 역사에서 흔히 보듯이—콘스탄티노플은 신의 가호를 받지 않았던가?—마지막 순간에 구원의 손길이 왔다. 반세기 이상 거의 괴물 같은 인물들이 연속으로 비잔티움의 제위를 차지하다가 알렉시우스 콤네누스라는 영웅이 출현한 것이다. 그러므로 1081년 부활절 일요일에 그가 대관식을 치르는 것으로 끝나는 이 책은 희망의 여지를 남기고 있다. 하지만 그 희망이 실현된 과정은 이 긴 여정의 마무리를 이루는 셋째 권에서 다루게 될 것이다.

이 책을 쓰게 된 동기는 비잔티움의 역사에 관심을 지닌 비전문가에게 총체적인 관점을 가질 수 있도록 해 주려는 데 있었다. 그것은 또한 내가 동부 지중해권에서 처음으로 일하게 되었을 때 내게 필요한 관점이기도 했다. 그런 내 의도가 얼마나 성공적으로 관철되었는지는 미지수다. 비교적 작은 이 책 한 권에도 400년의 역사가 담겨 있다. 하지만 우리는 이제 돌아오지 못할 지점을 편안하게 지나쳤다. 적어도 나는 마음껏 즐기고 있다. 나와 비슷한 성향을 가진 사람들과 나의 즐거움을 나눌 수 있다면 나 역시 무척 행복할 것이다.

1990년 크리스마스에 런던에서
존 줄리어스 노리치

※ 일러두기

1 이 책에서는 국내에서 일반적으로 통용하는 '비잔틴 제국'이라는 용어 대신 '비잔티움 제국'이라는 용어를 사용하기로 한다. '비잔틴Byzantine'은 '비잔티움Byzantium'의 형용사이므로 '비잔티움 제국'이라고 표기해야 옳기 때문이다. 마찬가지로 '라틴Latin'과 '아랍Arab'도 '라티움Latium'과 '아라비아Arabia'의 형용사형이지만 비잔티움 제국을 제외하고는 관례에 따라 '라틴'과 '아랍'이라는 용어를 사용하기로 한다.

2 저자인 존 줄리어스 노리치가 붙인 원 저작의 주석은 책 말미에 배치했으며, 본문에 *표시와 함께 실려 있는 주석은 내용 이해를 돕기 위해 옮긴이가 덧붙인 것이다. 또한 본문이나 주석에서 〔 〕로 묶은 부분 역시 옮긴이가 덧붙였다.

3 단행본 서적으로 분류할 수 있는 책은 『 』, 문서 및 논문은 「 」, 그 외 예술 작품은 〈 〉로 표시했다.

4 외래어 인명 및 지명, 고유명사의 표기는 외래어 표기법(문교부 고시 제85-11호)에 따랐다.

1

변방의 도전

800년~814년

설사 새라고 해도 우리는 벗어날 수 없을 것이다.

니케포루스 1세 죽음을 목전에 두고

쿠데타를 부른 여제

800년 크리스마스에 교황 레오 3세가 프랑크족 피핀의 아들인 샤를마뉴의 머리에 제관을 씌워 주고 로마의 황제로 임명한 뒤 그의 앞에 엎드렸을 무렵, 비잔티움의 황제는 이미 470년 전부터 존재해 왔다. 330년에 콘스탄티누스 대제에 의해 창건되어 공식적으로 새 로마라는 이름을 받았으나 우리에게는 콘스탄티노플로 알려진 그 도시는 그동안 생존을 위해 열심히 싸웠다. 서쪽으로는 고트족과 훈족, 반달족과 아바르족 등의 야만족들과 싸웠고, 동쪽으로는 처음에는 페르시아와, 사산 제국이 멸망한 뒤에는 막강한 이슬람 세력과 싸웠다. 수백 년이 흐르면서 영토도 많이 잃었다. 사라센은 팔레스타인과 시리아, 북아프리카와 이집트를 빼앗았고, 유스티니아누스가 수복한 이탈리아의 대부분은 롬바르드족에게 넘어갔으며, 롬바르드족은 또 그 땅을 자발적으로 교황에게 넘겨주었다.

과거의 패배는 현재의 불안으로 이어졌다. 칼리프 하룬 알 라시드는 아나톨리아의 변방을 한층 압박하고 있었으며, 더 가까운 발칸에서는 불가르족이 항시적으로 위협을 가하고 있었다. 게다가 제국 내부에서는 70년~80년 동안이나 격렬한 논쟁을 벌였어도 아직까지 해결의 조짐을 보이지 않는 문제가 있었다. 예수 그리스도, 성모 마리아, 성인들의 성상을 경배하는 것은 도대체 죄악인가, 아닌가?

이 문제는 이미 726년에 불거져나왔다. 당시 '이사우리아인' 황제 레오 3세[1]가 콘스탄티노플 황궁 입구에 있는 청동 대문 칼케 위에 장식된 그리스도의 황금 성상을 파괴하라고 명했던 것이다. 4년 뒤에 그는 제국 전역의 모든 성상을 겨냥한 더 광범위한 칙령을 반포했다. 이렇게 해서 그가 시작한 성상 파괴는 그의 아들 콘스탄티누스 5세에게 이어져 더욱 열렬히 추진됐다. 그러나 775년에 콘스탄티누스가 사망하자 그가 무척 싫어하던 며느리 이레네 황후의 책동에 힘입어 저울추는 성상 숭배자의 편으로 움직였다.

허약하고 무력한 이레네의 남편 레오 4세는 기질적으로 자기 아버지처럼 성상 파괴자였으나 아내의 서슬에 완전히 눌려 있었다. 그런데다 서른한 살에 죽는 바람에 그의 아내가 열 살짜리 아들 콘스탄티누스 6세의 섭정이 되었다. 그러나 그 아들이 자라서 마땅히 자기 것이 되어야 할 황제의 권력을 되찾으려 하자 이레네는 잔인하게도 아들의 눈을 멀게 했다. 그것도 특별히 야만적인 방법을 사용한 탓에 아들은 곧 죽고 말았는데, 모든 게 이레네의 계략이었음은 물론이다.

이리하여 그녀는 단순한 섭정이 아니라 비잔티움 제국을 지배하는 권력을 지닌 여제가 되었다. 늘 열렬한 성상 숭배자였던 이레네는 아무 어려움 없이 성상 숭배를 복원시켰고, 787년 제2차 니케아 공의회에서 자신의 견해를 공식적으로 규정하고 추인하기까지 했다. 하지만 그녀가 성공한 것은 그 부분밖에 없었고, 다른 모든 분야에서 그녀는 재앙을 초래했다. 8세기 말에 제국의 경제 상태는 최악으로 떨어져 혁명을 유발할 지경에까지 이르렀다.

바로 이렇게 전반적으로 불만이 팽배하고 사기가 저하된 순간에 새로운 위협이 돌출되었다. 그것은 경제적이거나 군사적인 위협도 아니었고, 이제껏 비잔티움이 겪었던 어느 위협과도 달랐다. 바로 로마 제국과 그리스도교 신앙의 통일체라는 제국의 토대 자체에 대한 근본적인 위협이었다. 비잔티움 사람들이 보기에 로마와 그리스도교의 통일은 황제를 통해 상징되고 인격화되는 것이었다.

황제는 아우구스투스와 신의 대리인이고, 신이 발탁한 인물이며, 12사도와 동격이었다. 즉 하늘에 오직 한 분의 지배자가 있듯이—비록 신은 순전히 관리상의 이유에서 대리인을 발탁한 것이지만—지상에는 오직 한 사람의 황제가 있다. 이 신이 정한 권위에 도전하는 행위는 반역일 뿐만 아니라 신성모독이다. 오랜 세월 동안 그런 행위가 많이 있었다는 사실은 중요하지 않다. 명심해야 할 중요한 사실은, 황제가 백성들보다 더 높은 영적인 차원에 존재하며, 따라서 천국으로 가는 중간 지점에 있다는 생각은 전혀 난해한 교리가 아니라는 점이었다. 오히려 그것은 바실레오스[basileus, 황제를 지칭하는 그리스어]에서부터 가장 신분이 낮은 농민에 이르기까지 거의 모든 비잔티움 사람들이 확고하게 믿는 신념이었다. 말하자면 그것은 빅토리아 시대 영국의 그리스도교만큼 보편적인 믿음이었던 셈이다. 그랬으니 로마에서 대관식이 치러졌다는 소식이 801년 초에 콘스탄티노플에 전해졌을 때 아무도 믿지 못하고 경악한 것은 지극히 당연한 현상이었다.

샤를마뉴가 그 크리스마스 날 아침에 성 베드로 대성당의 주제단 앞에서 무릎을 꿇었을 때 비잔티움 식 제국 개념을 얼마나 이해하고 있었는지는 알 수 없다. 하지만 그에게 그런 문제는 무의미했을 것이다. 그가 보기에 비잔티움의 제위는 불안정한 게 아니라 아예 비어 있었다. 그에게 익숙한 살리카 전통*에 따르면 여자는 남편이 황제인 경우가 아니면 제관을 쓰지 못하게 되어 있었다. 교황 레오도 아마 같은 견해였을 것이다. 따라서 방금 그 중대한 의식을 치렀음에도 불구하고 그들의 관점에서 로마 제국은 여전히 하나의 불가분한 제국이었고, 로마의 황제는 바로 샤를마뉴였다. 교황은 단지 로마인의 황제를 임명하고 서임하는 권리—비잔티움에서는 500년 전부터 행사되어 왔던 그 권리—가 자신에게 있는 것처럼 처신했을 따름이었다.

이레네가 제국의 모든 영토를 소유하고 있는 것은 틀림없는 사실이었고, 콘스탄티노플에서 그 대관식을 격렬하게 반대하리라는 것은 명백했다. 802년에 이레네에게 대사를 보내 구혼할 때 샤를마뉴는 그 점을 잘 알고 있었다. 그의 처지에서 그 결혼이 이득이라는 것은 자명했다. 동방과 서방의 영토를 단일한 황제에게로 통합시키면 로마 제국은 콘스탄티누스가 구상했던 것처럼 다시 단일한 통일 제

* 5세기에 성립된 프랑크족의 전통을 말한다.

국이 될 수 있었다. 또한 이레네가 죽은 뒤 그녀의 가문에서 누구도 제위를 계승하겠노라고 나서지 못할 터였다. 그녀 자신이 누구보다 훌륭하게 그 점을 보여 주었으니까.

이레네 역시 신민들과는 달리 그 구상에 호의를 보였다. 샤를과 결혼하면 텅 빈 국고를 채울 수 있었고, 더 중요한 이득으로는 이미 머잖아 터져나올 게 뻔한 반란의 조짐을 차단할 수 있었다. 또한 온갖 음모가 횡행하는 콘스탄티노플의 질식할 듯한 분위기에서 벗어날 수 있는 기회이기도 했다. 그러나 충격으로부터 어느 정도 정신을 되찾은 대신들은—독일의 어느 상상력 넘치는 역사가에 의하면, 그 청혼의 충격은 18세기 마리아 테레지아 여제와 아비시니아의 네구스 사이의 결혼설이 빈의 시민들에게 준 충격과 맞먹었을 것이라고 한다*—완강히 반대했다. 로마 제국을 그렇게 촌스럽고 무지한 야만인에게 넘겨주는 것을 어떻게 승인할 수 있단 말인가?

그래서 그해가 가기 전에, 오랫동안 이레네 밑에서 참을성 있게 일했던 국고 관리 로고테테스(사실상 이레네의 재무대신)의 지휘하에 고위직 관리들이 들고 일어나 이레네를 폐위시키고, 그녀의 유배지로는 그다지 적절하다고 볼 수 없는 레스보스 섬으로 유배를 보냈다.** 그녀는 얼마 뒤에 그곳에서 죽었다.

* 18세기에 오스트리아 합스부르크 가문의 남자 혈통이 끊기자 카를 6세는 살리카 전통에 어긋나게 딸도 제위를 계승할 수 있다는 칙령을 내리고 죽었다. 그에 따라 그의 딸인 마리아 테레지아가 제위에 올라 신성 로마 제국 사상 최초의 여제가 되었는데, 이런 면에서 비잔티움 제국의 이레네와 비슷하기 때문에 지은이가 말하는 독일의 역사가는 콘스탄티노플과 빈을 서로 비교한 것이다. 아비시니아의 네구스란 에티오피아의 황제를 가리키므로 만약 그런 결혼이 성립되었다면 일찌감치 인종 문제도 골칫거리가 되었음직하다.

† 16세기에 알브레히트 뒤러가 그린 샤를마뉴 황제(좌)와 독일의 황제 지기스문트(우)의 초상.

샤를마뉴가 대관식을 올리고 이레네에게 청혼한 이야기는 첫째 권에서 더 상세히 설명하고 그 의미도 충분히 논의한 바 있다. 여기서 그것을 간단히 요약한 이유는 첫째 권이 어디서 끝났고 다음 장면은 무엇이 될지 독자들이 쉽게 감을 잡도록 하기 위해서였다. 이 둘째 권은 이레네를 폐위시킨 황궁 반란의 지도자가 비잔티움의 제위에 오른 사건부터 시작한다. 그는 국고 관리 로고테테스였다가 일약 니케포루스 1세라는 이름의 황제가 된 사람이다.

** 레스보스는 동성애를 즐겼던 고대 그리스의 여류 시인 사포의 고향이다(여성 동성애자를 가리키는 레즈비언(lesbian)이라는 말도 레스보스에서 나왔다). 아마 그래서 지은이는 이 섬이 늦은 나이에 재혼을 하려 억척을 부리는 이레네의 유배지로서는 부적절하다고 말한 듯하다.

니케포루스의 개혁

새 황제는 아랍계로, 가산 왕국* 자발라 왕의 후손이라고 전해진다. 패기와 결단력을 갖춘 그는 전임 황제의 실정을 바로잡기 위해 노력했으나, 그 목적을 실현하는 방법에 관해서는 그다지 신경을 쓰지 않은 것으로 보인다. 제국의 상태가 얼마나 위중한지 그만큼 잘 아는 사람은 없었다. 이레네가 군대에서 성상 파괴 세력을 모두 숙청하려 했던 탓에 군대의 힘이 크게 약화되자 제국의 적들은 그 약점을 파고들었다. 이레네는 적들을 무력으로 억누를 수 없었으므로 불가르족의 칸과 하룬 알 라시드 칼리프에게 매년 막대한 공물을 바칠 수밖에 없었다.

게다가 설상가상으로 칼리프의 군대가 소아시아로 밀고 들어오자, 6세기 후반 유스티니아누스 2세의 치세 이래로 국방력의 근간을 이루어 왔던 수많은 소규모 자영 농민들이 군사적 의무를 제대로 이행하지 못하고 총체적 난국에 빠졌다. 그들의 상당수는 삶의 터전을 잃고 수도로 떠밀려 왔다. 그래서 그들의 정규적인 조세로 국고가 채워지는 게 아니라 오히려 그들을 먹이고 부양하느라 재정이 더욱 악화되었다. 한편 자영 농민들의 토지는 대지주들이 강탈했는데, 특히 이레네에게서 각종 면세 조치를 얻은 수도원의 수탈이 가장 심했다. 또한 거래세와 콘스탄티노플의 모든 자유 시민이 납부해야 하

* 시리아에 있었던 비잔티움의 속국이다. 아랍계 그리스도교 왕국이었는데, 7세기에 사라센에게 멸망했다.

는 주민세를 감면하고,[2] 아비도스와 두 해협에 있는 항구들의 수입 관세를 절반으로 줄임으로써 이레네는 불과 몇 년 만에 재정적 파멸의 위기를 초래했다. 이렇게 볼 때 그녀를 타도한 쿠데타는 오히려 시기가 늦은 감이 있었다.

수도사 출신의 역사가인 테오파네스의 격렬한 분노와 미움을 산 것은 니케포루스의 불운이었다. 테오파네스는 지금 우리에게 그 시기에 관해 알려주는 유일한—또 대체로 믿을 만한—정보원인데, 그가 보기에 니케포루스는 적그리스도나 거의 다를 바 없는 황제였다. 그 때문에 니케포루스는 수백 년 동안이나 극도로 나쁜 평판을 받게 된다. 하지만 실은 비잔티움의 재정을 회복시키는 작업을 그보다 더 노련하고 훌륭하게 수행할 수 있는 인물은 거의 없었다. 이레네의 세금 감면 조치는 취소되었고 다른 세금들은 대폭 증액되었다. 가난한 자영 농민들은 정규군에 징집되었고, 무장에 드는 경비—금괴 18개 반—는 형편이 나은 이웃들이 강제로 부담하도록 했다. 또 상인들에게 사사로이 대부해 주는 행위는 금지되었으며, 선박 소유주는 오직 국가에게서만 자금을 조달받을 수 있었는데 그 이자는 무려 17퍼센트에 달했다.

신임 황제는 많은 전임 황제들처럼 교회에 강력한 압박을 가했다. 심지어 그는 속주 관리들에게 주교나 목사를 '노예처럼' 대하라고 지시하면서 필요할 경우 교회에서 금과 은을 압류할 수 있는 전권을 주었다. 수도원에 대한 태도는 더욱 심해서(그 때문에 테오파네스가 더욱 분개한 것이다), 수도원에 군대를 주둔시키는가 하면, 황궁의 토지 위원회에게 아무런 재정적 보상도 없이 수도원의 재산을 몰수할 수 있는 권한을 부여했고, 수도원의 소작인들과 고용인들에 대해 인두세까지 매겼다. 이 모든 조치는 분명히 인기를 가져다 주는 데는 실패했지만, 국가 경제를 몇 년 전보다 한층 튼튼하게 만드는 데는 상당히 기여했다.

니케포루스는 즉위하자마자 곧바로 칼리프에게 서한을 보내 더 이상 공물을 바치지 않겠다고 말하면서 그 전에 지불한 막대한 돈을 반환하라고까지 요구했다. 하룬 알 라시드의 응답은 즉각 공격이었다. 게다가 803년에는 바르다네스 투르쿠스라는 아르메니아 장군이 갑자기 반란을 일으켜 황제를 참칭하는 사태까지 일어났다.[3] 반란은 곧 진압되었지만 이미 그 틈을 타서 사라센군은 상당한 영토를 잠식했다. 806년에 칼리프는 직접 무슬림군 13만 5천 명을 거느리고 카파도키아 깊숙이까지 침범해서 티아나—지금은 칼레시히사르라는 보잘것없는 촌락에 불과하지만 당시는 주교구가 있는 중요한 도시였다—를 점령하고는 배상금으로 금괴 5만 개를 받고서야 물러났다.

제국에게는 다행히도 하룬은 3년 뒤에 죽었다. 그러나 그 무렵 니케포루스는 다른 변방 때문에 골머리를 앓고 있었다. 그곳은 지금 우리에게 그리스라고 알려진 지역, 특히 헬라스 테마—대략 아티카, 보이오티아, 포키스에 해당한다—와 펠로폰네소스였다. 6세기에 이 지역은 슬라브족 이주민들이 장악하면서 비잔티움의 영향력이 크게 약화되었다. 펠로폰네소스에는 747년 이래로 제국의 주둔군이 전혀 없었고, 이미 오래전부터 황제의 명령이 통하지 않았다. 다행히 슬라브족 이주민들은 유순하고 평화를 사랑하는 사람들이었으므로 그냥 농사만 지을 수 있도록 해 달라는 것 이외에는 아무 요구도 없었다. 그러나 불가르족이 성장하여 마케도니아로 대거 들어오면서 사정이 달라져 심각한 위협이 생겨났고 급속히 상황이 악화되었다. 도나우 강에서 마타판 곶에 이르는 광대한 지역이 통일되고 호전적인 슬라브권으로 바뀌었으니 제국으로서도 더 이상 손을 놓고 있을 처지가 아니었다.

아니나 다를까, 805년에는 상당한 규모의 슬라브족 군대가 코린트 만의 파트라스 시를 공격했다. 가까스로 막아 내기는 했지만 적지 않은 어려움이 있었다. 그 사건을 계기로 니케포루스는 펠로폰네소스의 대대적인 인구 재편에 착수했다. 제국 전역의 그리스어권 인구를 그곳으로 이주시킨 것이다. 칼라브리아와 시칠리아의 대규모 정착촌도 그 계획에 포함되었다. 물론 새 인구와 함께 그리스도교가 도입되어 아직 개종하지 않았거나 신앙을 잊은 슬라브족에게 파고들었다. 이주 계획이라는 게 으레 그렇듯이 대다수 이주민들은 강제로 고향을 버리고 적대적인 야만족이 득시글거리는 낯선 땅으로 터전을 옮겨야 했다. 그러나 니케포루스의 현명하고 지혜로운 정책이 아니었다면 이후 발칸 반도의 역사는 크게 달라졌을 것이다.

무모한 전투와 황제의 전사

9세기 초에 불가르 왕국의 역사상 가장 강력한 지도자인 크룸이 등장했다는 사실을 고려하면 니케포루스의 정책은 충분히 정당화될 수 있다. 크룸의 신원에 관해서는 전혀 알려진 바가 없다. 확실하게 말할 수 있는 것은 그 시기에 그가 아바르족을 말살하여 그 뒤로는 역사의 무대에 등장하지 못하게 했다는 사실이다. 또한 807년에 그는 최고 권좌에 올라 도나우 강 유역의 불가르족과 판노니아의 카르파티아 산맥과 트란실바니아 일대에 사는 불가르족을 통합하여 한 민족으로 만들고, 그것을 바탕으로 불가르족의 역사상 가장 강력한 군대를 편성했다. 그해에 비잔티움의 황제는 동부 변방에서 값비싸게 얻은 강화를 이용하여 불가르족을 원정하기로 결정했다. 그러나 아드리아노플에 이르렀을 때 부하들의 음모가 발각되는 바람에 뜻하지 않게 원정이 중단되었다. 그 덕분에 크룸은 기선을 제압할 수 있었다. 808년 늦가을에 크룸은 스트리몬 강 어귀에 주둔해 있던 비잔티움 대군을 기습해 완파했고, 809년 봄에는 세르디카(지금의 소피아)까지 진출하여 요새를 불지르고 6천여 명의 방어군을 학살했다.

비록 평소에도 인기가 없는 니케포루스였지만, 부활절을 앞둔 목요일에 그 학살 소식이 콘스탄티노플에 전해졌을 때처럼 백성들에게서 노골적으로 욕을 얻어먹은 적은 없었다. 사람들은 황제가 탐욕스러울 뿐 아니라 전장에서도 지독하게 무능한 지도자라고 불평했다. 그도 그럴 것이, 크룸을 응징하기 위한 두 차례의 원정에서 한 번은 화살 한 대 쏘아 보기도 전에 중단되었고, 또 한 번은 전멸을 당했던 것이다. 이번에는 더 이상 백성들이 불만을 토로하지 않도록 하리라. 황제는 피가 끓었다.

니케포루스는 직접 군대를 거느리고 수도를 떠나 강행군을 한 끝에 부활절에 맞춰 불가르의 수도인 플리스카에 도착할 수 있었다.

기쁘게도 도시는 거의 무방비 상태였다. 제국의 병사들은 메뚜기 떼처럼 몰려가 불을 지르고, 약탈하고, 불가르 칸의 목조 궁전을 잿더미로 만들었다. 니케포루스는 세르디카로 가서 요새를 재건하고 성과를 자축한 다음 콘스탄티노플로 개선했다.

그러나 크룸은 아직 완전히 패배한 게 아니었고 니케포루스도 그 사실을 알고 있었다. 이듬해 한 해 동안 황제는 불가르족의 칸을 완전히 제압하기 위한 원정 준비에 몰두했다. 10년 전에 크룸이 아바르족을 전멸시켰듯이 대대적인 공격으로 혐오스러운 불가르족을 지도상에서 지워 버릴 생각이었다. 하룬이 죽은 이후 동부 변방은 잠잠해졌다. 하룬의 아들들은 자기들끼리 다투느라 비잔티움에 관심을 쏟을 여유가 없었다. 그 덕분에 아시아 테마들의 군대는 마음 놓고 유럽 테마들과 합동 작전을 전개할 수 있었다. 811년 5월 황제와 그의 아들 스타우라키우스가 이끄는 제국의 대군은 도성의 금문을 빠져 나갔다.

처음에는 모든 게 순조로웠다. 엄청난 대군 앞에서 불가르족은 퇴각할 수밖에 없었다. 플리스카는 또 다시 유린되었고, 니케포루스는—테오파네스의 말을 믿는다면 그는 일종의 정신 장애를 앓고 있었다—여자와 아이들도 살려 두지 않았다. 어린 아기들을 타작기에 던져 넣었다는 끔찍한 이야기도 전한다. 얼마 전에 재건된 칸의 궁전은 또 다시 잿더미로 변했다. 견딜 수 없었던 크룸은 평화를 요청했다. 그러나 황제는 이번에야말로 끝장을 보려 했다. 집요한 추격을 받은 불가르군은 산악 지대로 달아났다.

그러나 니케포루스는 곧 고집부린 것을 후회했다. 7월 24일 목요

† 『마나세스 연대기』의 삽화(1345년경). 병력을 이끌고 전장으로 가는 크룸(위)과 손이 묶인 채 크룸 앞에 서 있는 니케포루스 1세(아래).

일에 그는 군대를 거느리고 계속 적을 추격하다가 사전 정찰도 없이 바위투성이의 협곡—아마 지금 불가리아 투르고비슈테 남쪽 약 50킬로미터 지점에 있는 베르비차 고갯길일 것이다[4]—을 지나가게 되었다. 적군의 모든 동태를 몰래 지켜보던 불가르군은 드디어 기회를 포착했다. 그들은 야음을 틈타 협곡의 양쪽을 육중한 목책으로 차단했다. 동이 트자 니케포루스는 덫에 걸렸다는 것을 깨달았다. 탈출은 불가능했고 그와 병사들은 운명이 다한 듯했다. 그날 하루 종일 그들은 적의 공격을 기다렸으나 불가르군은 요새만 쌓을 뿐 좀처럼 서둘지 않았다. 26일 토요일 새벽에야 불가르군은 공격을 개시했다.

뒤이은 학살은 그날 밤을 넘어 이튿날까지 계속되었다. 니케포루스의 군대 대부분이 궤멸되었고, 살아남은 나머지 병사들은 불가르족이 목책에 놓은 불에 타 죽거나 그들이 일으킨 산사태로 깔려 죽었다. 일부 기병들이 살아 도망쳤으나 이들도 불가르 기병들의 맹렬한 추격을 받자 겁에 질린 나머지 인근의 강물에 뛰어들어 역시 대부분이 죽었다. 살아남은 소수 병력 중에는 황제의 사위인 미카일 랑가베가 있었다. 황제의 아들 스타우라키우스는 그보다 운이 나빴다. 그는 척수가 절단되어 온몸이 마비된 상태로 콘스탄티노플로 후송되어 이루 형언할 수 없는 고통 속에서 여섯 달을 더 살다가 죽었다.

니케포루스의 시신은 현장에서 발견되어 불가르족의 진영으로 옮겨졌다. 그곳에서 불가르족은 이미 죽은 그의 머리를 자르고 그의 몸을 장대에 꿰어 며칠 동안 마음껏 조롱을 퍼부었다. 그런 뒤에도 화가 풀리지 않자 크룸은 니케포루스의 두개골에 은을 입혀 평생토록 그것을 술잔으로 애용했다.*

보스포루스에서는 황제가 죽었다는 소식에 모두들 경악했다. 시민들은 400여 년 전의 끔찍한 재앙—378년 발렌스 황제가 아드리아노플에서 전사한 사건—을 떠올리지 않을 수 없었다. 그들은 니케포루스를 결코 좋아하지 않았지만 불가르 칸에게 황제만이 아니라 자신들도 수모를 겪었다는 것을 심각하게 느꼈다. 또한 그들은 니케포루스의 치세에 제국이 경제적으로는 튼튼해졌으나 군사적 상황은 거의 최악이라는 것도 알았다. 지금 무엇보다 필요한 것은 군대를 재건하고 샤를마뉴와의 협상에 밀리지 않고 임할 수 있는 강력한 지도자였다. 니케포루스의 죽음으로 자신의 제위 계승권을 주장하는 샤를마뉴의 기세가 점점 강력해졌기 때문이다. 스타우라키우스는 803년부터 아버지와 함께 공동 황제가 되었지만, 온몸이 마비되어 심한 고통에 시달리며 죽을 날만 기다리는 비참한 신세였으므로 그런 일을 기대할 수 없었다. 그에게는 자식도 없었으니 니케포루스의 가문 중에서 유일하게 살아남은 남자, 누이 프로코피아의 남편인 미카일 랑가베에게 제위를 양보할 수밖에 없었다.

백성들은 그 운명의 전투에서 미카일이 기적적으로 살아남을 수 있었던 것은 신의 특별한 가호가 있었기 때문이라고 생각했다. 어떤 이유에선지 모르지만 스타우라키우스는 매부를 몹시 싫어했으며,

* 자신이 죽인 적의 머리뼈를 술잔으로 이용하는 풍습은 바이킹에게서도 보이는데, 아마 게르만 사회에 널리 퍼진 풍습이었던 듯하다.

오히려 자기 아내인 테오파노[5]를 후계자로 임명하려 했다. 그는 그 계획을 강행할 처지가 못되었으나 설사 그 계획이 성공했다 해도 그런 상황에서는 역효과를 빚었을 것이다. 결국 죽어가는 황제는 동의하지도 않았고 알지도 못했지만, 811년 10월 2일에 미카일 랑가베는 바실레오스가 되었다. 비잔티움의 역사상 처음으로 그리스 이름도, 로마 이름도 아닌 히브리 이름을 지닌 황제가 등장한 것이다. 한편 스타우라키우스는 황급히 삭발식을 받은 뒤 수도원으로 갔다가 석 달 뒤에 그토록 고대하던 죽음을 맞았다.

다시 손잡은 동방과 서방

미카일 1세는 남자로서 한창 때였다. 그는 둥근 얼굴에다 검은 곱슬머리와 수염을 빽빽하게 기르고 있었다고 전한다. 하지만 안타깝게도 하늘이 기꺼이 그에게 부여해 준 재능 중에는 지성이나 결단력이 빠져 있었다. 의지가 박약하고 우유부단한 그는 자연히 남의 조종을 받는 꼭두각시가 될 수밖에 없었다. 그는 신앙심이 깊었으므로 그의 짧은 치세에 꼭두각시의 주인은 예상할 수 있듯이 당대의 저명한 성직자들인 콘스탄티노플 총대주교 니케포루스와 스투디움 대수도원장인 테오도루스였다. 니케포루스는 806년 전임 총대주교인 타라시우스가 죽었을 때 자신과 이름이 같은 전임 황제에 의해 총대주교로 임명되었다. 타라시우스처럼 그도 관료 출신에다 그전까지는 속인이었다. 그가 총대주교의 자리에 오른 시기는 처음으로 삭발식을 받은 지 불과 일주일밖에 지나지 않았을 때였다.[6] 상당히 유능하고 대단히 성실했던 그는 헤라클리우스에서 콘스탄티누스 5세까지의 시기를 다룬 가장 믿을 만한 역사 기록자들 중 한 사람이기도 하다. 그가 자기 시대까지 다루지 않았던 것이 아쉬울 따름이다. 그러나 독실한 성직자였고 성상을 열렬히 지지하는 사람이었음에도 불구하고 그는 총대주교로 즉위하자마자 스투디움의 테오도루스가 이끄는 수도원 극단주의자들의 미움과 불신을 받았다.

그 이유는 알기 어렵지 않다. 테오도루스와 그의 추종자들은 니케포루스를 사기꾼이자 황제의 수족이라고 간주했던 것이다. 그들은 니케포루스를 이름뿐인 성직자로 보고, 그가 집전하는 서품식은 엄숙해야 할 교회의 성사聖事를 조롱하는 짓거리라고 여겼다. 그들은 니케포루스의 전임자인 타라시우스도 바로 그와 똑같이 간주한 바 있었다. 타라시우스는 795년에 젊은 황제 콘스탄티누스 6세가 조강지처인 암니아의 마리아를 수녀원으로 보내고 테오도테라는 궁녀와 재혼한 행위를 용인한 것 때문에 거센 비난을 받았다. 당시 그들은 그 결혼식의 사제로 참석한 요세푸스라는 불행한 성직자가 곧바로 파문되는 것을 보고 분노를 어느 정도 가라앉혔다. 그러나 10년 뒤인 806년에 황제는 종교 회의를 열어 요세푸스를 복권시켰다. 이 결정을 신임 총대주교가 승인하자 또 다시 문제가 불거졌고, 테오도루스는 두 번째로 유배형을 당했다.

니케포루스 황제가 살아 있는 한 온건파와 극단파가 화해할 가능성은 없었다. 콘스탄티누스 6세는 이미 오래전에 죽었지만, 그의 결혼에 관한 문제가 아직까지도 쟁점이 되고 있는 이상, 황제는 테오도루스와 거의 같은 입장에 서서 그 결혼을 부정하는 게 안전했을 것이다. 그러나 그는 그렇게 하지 않았다. 황제에게 중요한 것은—그가 원하고 교회의 종교 회의가 승인한다면—교회법의 사안조차 바뀔 수 있다는 원칙을 확립하는 일이었다. 그 목적을 실현하기 위해서는 이른바 '간통 논쟁'이 아주 확실한 시금석의 역할을 할 수 있었다.

그러나 이제 니케포루스는 죽었고 소심한 그의 사위는 그 다툼을 더 끌고 갈 능력도, 의지도 없었다. 총대주교도 그와 같은 심정이었으며, 어떻게든 양측이 새로운 상황을 맞아 화해를 도모해야 한다고 느꼈다. 그래서 그는 제위에 오르는 조건으로 미카일에게 정교 신앙에 대한 지지를 표명하고, 수도사와 사제들에게 신체적 형벌이나 구금을 면할 수 있는 면책 특권을 부여하라고 제의했다. 또한 그는 황제에게 테오도루스 대수도원장을 비롯한 유배자들을 불러들이고 딱한 요세푸스를 또 다시 파문하라고 촉구했다. 그러나 그 과정에서 예상하지 못했던 결과가 생겨났다. 테오도루스가 황제에게 큰 영향력을 행사하게 되었던 것이다. 황제는 완고한 성품이면서도 패기와 매력이 넘치는 인물인 테오도루스와 교회 문제를 비롯한 전반적인 사항을 일일이 의논했고 그의 조언을 따르게 되었다.

후대의 역사가들은 그 무렵 서방에 대한 제국의 태도가 크게 달라진 것은 미카일 1세—나아가 스투디움의 테오도루스—의 작품이라고 생각한다. 니케포루스 1세는 치세의 대부분 동안 샤를마뉴가 동방의 제위를 요구하는 것을 그냥 무시해 버렸다. 그러나 이 정책은 별다른 성공을 거두지 못하고, 프랑크족과의 산발적인 해전만 유발함으로써 간접적으로는 신생 베네치아 공화국을 이탈하게 만들었다.[7] 그런데 콘스탄티노플의 심경이 변화한 이유는 무엇보다도 811년의 재앙 이후 제국에게 더는 전쟁을 수행할 능력이 없었기 때문이 아닐까? 그런 상황에서 고집스럽던 니케포루스가 죽었으니 무사안일을 추구하는 미카일로서는 당연히 평화 협상을 지향하게 된 게 아닐까?

하지만 그렇지 않다. 이미 810년 늦가을에 제국의 대사들은 베네치아를 거쳐 아헨에 있는 샤를마뉴의 궁정으로 갔다. 그리고 811년 봄, 최소한 비잔티움군이 전멸을 당하기 몇 주 전에는 모든 주요한 사안들에 관해 거의 합의가 이루어진 상태였다. 그로부터 1년 뒤 미카일의 사절단은 샤를마뉴를 황제로서 섬겼고, 다시 3년 뒤에는 최종적으로 조약이 비준되었다. 그러나 처음으로 화해의 제스처를 취한 사람은 니케포루스였던 것이 분명하다. 따라서 그 평화 조약의 공로는 미카일이나 테오도루스가 아니라 니케포루스에게 돌려야 한다. 그 이후의 평화기를 니케포루스의 평화Pax Nicephori라고 부른 데는 이런 이유가 있다.

아마 니케포루스는 서방에 황제가 있다는 사실이 과연 그렇게 나쁜 것인지 곰곰이 생각해 보았을 것이다. 콘스탄티노플은 로마의 문명, 법, 전통을 상속받은 제2의 로마라고 할 수 있었지만 지금은 철두철미하게 그리스적인 도시였다. 아드리아 해 건너편에 새로 형성되는 유럽과는 언어에서나, 종교에서나 전혀 공통점이 없었으며, 이제는 그 지역에 대한 실질적인 영향력도 없었다. 서방에 로마의 평화Pax Romana를 다시 구축한 곳은 비잔티움이 아니라 아헨이었다.

물론 로마 제국이 하나여야 한다는 데는 의문의 여지가 없지만, 황제가 둘이라고 해서 반드시 분열되었다고 볼 수는 없지 않을까? 양측이 우호적인 관계를 유지한다면 오히려 제국은 새로운 힘을 얻지 않을까?

게다가 샤를마뉴가 제시한 조건은 아주 좋았다. 그는 베네치아 공화국과 베네치아 속주들, 그리고 이스트리아의 도시들과 달마치야 해안에 대한 모든 권리를 포기하고, 다만 자신의 제위를 승인해 줄 것과 공식 문서에서 바실레오스로 행세할 수 있는 권리만을 달라고 요청한 것이다. 그럴 경우 형식상으로는 이후 그와 그의 후손들이 콘스탄티노플의 제위 계승권까지 가질 수 있게 된다. 그러나 그런 해석을 비잔티움인들이 감정적으로는 물론이고 이성적으로도 받아들일지는 미지수다.[8]

결과적으로 보면 그 문제는 중요하지 않았다. 샤를마뉴의 제국은 그가 죽은 뒤 몇 년 지나지 않아 해체되었다. 또한 이후 오토 대제가 등장할 때까지 100여 년 동안 서방 제국은 거의 유명무실했으며, 그 뒤에도 서방 황제가 비잔티움의 제위를 요구하는 일은 없었다. 하지만 그럼에도 불구하고 니케포루스의 평화는 중요하다. 그것은 처음으로 두 명의 로마 황제가 같은 시기에 공존하는 것을 용인했기 때문이다. 행정적인 문제 때문에 일찍이 디오클레티아누스와 그의 후계자들이 취했던 제도처럼(그 결과는 거의 재앙이었지만) 형식적으로라도 제위를 통합하지는 못했지만, 두 황제는 서로 독립적으로 자신의 정책을 펼치는 동시에 상대방 황제의 권리와 직함을 완전히 승인하고 존중했다. 그것은 장차 중세 유럽을 빚어 낼 틀을 만들었다.

크룸의 압박

스타우라키우스가 죽어가면서도 미카일 랑가베의 제위 계승에 반대했던 데는 그럴 만한 이유가 있었다. 운 좋게도 샤를마뉴와의 평화를 이끌어 내지 않았더라면 그 불운한 군주의 치세는 파멸의 시기로 남았을 것이다. 전임 황제와는 달리 그와 그의 아내 프로코피아—미카일이 즉위한 지 겨우 열흘 뒤에 그녀도 대관식을 치렀다—는 거의 광적으로 돈을 썼으며, 성당과 수도원에 막대한 지금을 쏟아부었다. 마치 누구든 돈을 달라면 내주는 식이었다. 미카일이 지갑을 열지 않은—즉 관심을 보이지 않은—분야는 오직 하나, 바로 제국을 방어하는 일이었다.

그런데 당시의 국방 상황은 그 어느 때보다도 황제의 지갑을 절실하게 필요로 했다. 812년 봄에 크룸은 전년의 승리에 고무되어 흑해 연안에 있는 교통의 요지 데벨투스를 점령하고, 현지 주교까지 포함하여 그 주민들을 모두 자신의 영토로 강제 이주시켰다. 6월에 미카일은 크룸을 대적하기 위해 출발했으나 새로 충원한 오합지졸의 군대가 폭동을 일으키는 바람에 철군할 수밖에 없었다. 그 소식을 들은 트라키아와 마케도니아의 주민들은 이제 자신들의 목숨이 크룸의 손아귀에 들어갔다는 생각에 겁을 먹고 달아났다. 변방의 작은 요새 몇 곳이 완전히 버려졌고, 얼마 전에 이레네가 보수한 앙키알루스와 베로에(지금 불가리아의 포모리에와 스타라자고라) 같은 중요한 방어 거점들도 버려졌다. 이런 현상은 멀리 서부 트라키아의 주요 도시인 필리포폴리스(플로브디프)에까지 번졌다.

그러나 적어도 한동안은 그렇게 겁먹을 필요가 없었다. 이득이 없는 전쟁은 하지 않는다는 원칙을 지닌 크룸은 곧 강화를 제의했기 때문이다. 그 상황에서 미카일은 그 제의를 덥석 받아들여야 마땅했지만, 칸이 제의한 조건 중에는 비잔티움에 있는 모든 불가르족 포로와 탈영병을 돌려보내야 한다는 것이 있었다. 사실 그것은 충분히 합당한 요구였으나 테오도루스 대수도원장은 참지 못했다. 그는 성 요한이 기록한 그리스도의 말—"내게 오는 자는 내가 결코 내쫓지 아니하리라"(『요한복음』 6장 37절)—을 부적절하게 인용하면서 황제에게 그 제안을 거절하라고 설득했다. 결국 전쟁이 재개되었다.

크룸의 다음 목표는 발칸 반도에서 가장 부유한 항구 가운데 하나인 메셈브리아(네세부르)였다. 이곳은 육지와 좁은 지협으로 연결된 섬이나 다름없는 도시였는데, 길이가 400미터 가량 되는 그 지협은 엄중하게 방비되어 있었다. 불가르족은 배가 없었으므로 공격 지점은 이 지협밖에 없었다. 예전 같으면 제국은 함선 몇 척만 동원해서 식량과 무기를 무한정으로 보급할 수 있었을 것이다. 그러나 함선은 오랫동안 돌보지 않아 거의 파손 상태였으며, 미카일은 메셈브리아에 식량을 공급하려 하지 않았다.

공격이 시작되자 니케포루스 총대주교*는 콘스탄티노플의 사도

* 물론 총대주교 니케포루스는 죽은 니케포루스 황제와 이름만 같을 뿐 아무런 관련도 없는 인물이다. 이후에도 자주 보겠지만, 비잔티움 사회에서는 오늘날과 같은 많은 이름들이 사용되지 않았으므로 동시대에서도 얼마든지 같은 이름들이 많이 나온다. 이를테면 콘스탄티누스, 요한네스, 니케포루스, 레오, 미카일, 바르다스 등은 황족만이 아니라 성직자, 귀족들의 이름에 단골 메뉴로 포함되었다. 아마 당대에는 성(姓)이나 별명으로 구분했겠지만, 성도 비잔티움 제국 중기를 넘어서면서부터 널리 사용되기 시작한 것으로 추측된다.

성당에서 구국을 위한 기도회를 열었다. 그러나 기도회 도중에 갑자기 소요가 일었다. 최근에 전역한 고참 병사들의 주도하에 군중의 일부가 콘스탄티누스 5세의 커다란 대리석 묘를 빙 둘러싸더니, 죽은 황제에게 다시 소생하여 과거에 그랬듯이 나라를 이끌어 승리를 이뤄 달라고 탄원했다. 물론 그들의 기도는 이뤄지지 않았으나 그 의미는 추측하기 어렵지 않다. 콘스탄티누스 5세는 성상 파괴자였던 것이다. 그가 죽은 뒤 성상을 옹호하는 세 명의 황제가 잇달아 즉위하면서 제국은 몰락을 거듭했다는 게 백성들의 생각이었다. 이리하여 한동안 동작을 멈췄던 추가 다시 흔들리기 시작했다. 또 한번 패배한다면 추는 반대편으로 갈 게 뻔했다.

그 패배는 금세 찾아왔다. 812년 11월 5일에 메셈브리아는 함락되었다. 그와 더불어 많은 금과 은이 크룸의 수중에 들어갔다. 그보다 더 중대한 사실은 제국의 가장 강력한 비밀무기인 그리스 화약을 담은 통과 그것을 발사할 수 있는 청동관 서른여섯 개가 적에게 넘어갔다는 것이다. 이제 콘스탄티노플의 황제가 제위를 유지하려면 다시 적을 향해 진격해야 한다는 것이 명백해졌다. 이번에는 반드시 이겨야 했다. 그해 겨우내 그는 제국 전역에서 병력을 긁어모았다. 이듬해 5월 마침내 그는 원정을 출발했다. 프로코피아는 마르마라의 헤라클레아까지 남편을 따라갔다가 수도水道가 있는 곳에서 작별 인사를 했다.

불가르군은 전투 태세를 갖추기 전에는 교전에 임하지 않는 것으로 잘 알려져 있었다. 811년에 간발의 차이로 살아난 것을 생생하게 기억하고 있는 미카일은 적의 영토에 들어가기를 꺼린 듯하다. 그가 한 달 이상이나 트라키아에서 결정을 내리지 못한 채 망설이자 대다수가 아시아 출신인 병사들은 점점 말을 듣지 않게 되었다. 6월 초에야 크룸은 국경을 넘었고, 마침내 아드리아노플에서 북동쪽으로 30킬로미터쯤 떨어진 베르시니키아의 들판에서 양측은 마주쳤다.

제국군은 병력 규모에서 불가르군을 훨씬 앞섰지만 미카일은 여전히 선제공격을 꺼렸으므로 무더위 속에서 2주 동안 미카일과 크룸은 서로 마주보고만 있었다. 6월 21일에야 비로소 좌익을 맡은 마케도니아 연대의 사령관인 요한네스 아플라케스가 황제에게 공격을 허락해 달라고 요청했다. 그리고 이튿날 그는 공격을 개시했다. 공격을 받은 불가르군은 혼란에 빠졌고, 전투는 시작하자마자 곧 끝날 듯이 보였다. 그런데 그 순간 충격적인 일이 일어났다. 레오라는 이름의 아르메니아인이 지휘하는 우익의 아나톨리아 군대가 갑자기 꼬리를 감추고 도망쳐 버린 것이다.

처음에는 크룸 자신도 눈앞의 광경을 믿을 수 없어 망연자실하게 서 있었다고 한다. 그러나 곧 그와 그의 병사들은 기회가 왔다는 것을 깨닫고 반격에 나섰다. 동료들이 달아나는 바람에 오히려 중과부적이 된 불운한 마케도니아 병사들은 대거 학살되었다. 그것으로 길은 트였다. 이제 불가르군과 콘스탄티노플 사이에는 아무런 장애물도 없었다. 7월 17일에 불가르군은 콘스탄티노플 성벽 바로 밑에 진을 차렸다.

그러나 그 무렵 미카일 랑가베는 이미 황제가 아니었다. 또 다시 무사히 전장에서 도망쳐 나온 그는 서둘러 콘스탄티노플로 돌아와서 총대주교에게 제위에서 물러나겠다고 말했다. 그의 말인즉슨, 신께서 니케포루스 가문에 대한 증오를 보이셨으니 더 이상 신의 의지에 맞서 싸우지 않겠다는 것이었다. 총대주교가 그의 말을 믿었는지 안 믿었는지는 모르겠으나 어쨌든 그는 미카일의 결정을 승인했다. 미카일은 그래야만 황족이 살아남을 수 있다고 믿었다. 그러나 프로코피아 황후의 생각은 전혀 달랐다. 그녀는 그토록 만족스러운 제위에서 물러나고 싶지 않았다. 그래서 그녀는 그 옛날의 테오도라가 그랬듯이 남편에게 마음을 굳게 먹으라고 격려했다. 하지만 미카일은 아내의 말을 듣지 않았다. 결국 미카일과 프로코피아는 다섯 명의 자식들과 함께 수도복으로 변장하고 파로스의 성모 성당으로 피신해서 안전이 보장될 때까지 머물기로 했다. 결국 가족의 목숨은 건졌으나 아들 세 명은 제위 계승권을 주장하지 못하도록 거세를 당했고,[9] 그의 아내 프로코피아와 두 딸은 수녀원에 감금되었다. 그리고 미카일은 아타나시우스라는 수도사 이름으로 개명하고, 마르마라 해에 있는 프린키포 섬의 수도원에 은거해서 32년을 더 살다가 845년에 전임 황제 스타우라키우스의 기일인 1월 11일에 죽었다.

그러나 황제를 배신함으로써 손안에 들어온 결정적인 승리를 날려버린 아르메니아 군대의 지휘관 레오는 오히려 금문을 통해 당당히 수도에 입성하여 스투디움의 세례자 요한 성당에서 바실레오스로 환호를 받은 뒤 황궁으로 개선했다.

제국의 운은 다하지 않았다

그렇다면 대체 어떻게 된 걸까? 레오의 아나톨리아 군대는 결코 전장에서 이탈할 리가 없는 용감하고 노련한 전사들이었다. 더욱이 전황도 매우 유리했으니 말할 것도 없었다. 이에 대해서는 반역이라고밖에 달리 설명할 도리가 없다. 아나톨리아 병사들이 겁쟁이처럼 행동한 것은 나머지 제국군에게 공포심을 불어넣기 위해 의도적으로 꾸민 짓이 틀림없다. 게다가 그들의 지휘관인 레오는 부하들이 다 도망칠 때까지 혼자 굳건히 버티는 척하다가 퇴각함으로써 나중에 자신의 행위가 비난받지 않도록 했다. 거기에는 분명히 커다란 의혹이 있었겠지만 아무것도 결정적으로 밝혀지지는 않았다. 어쨌든 레오는 비잔티움의 제위라는 자신의 목적을 이루었다. 또한 로마 제국의 역사상 가장 굴욕적인 패배를 당했음에도 불구하고 도망친 자들은 그 뒤에 처벌받지 않았다는 사실에 유념할 필요가 있다.

사실 레오가 제국을 배신한 것은 그게 처음이 아니었다. 그는 몇 년 전에 바르다네스 투르쿠스의 반란에도 깊이 관여했다. 게다가 병사들도 그를 부추겼다. 하지만 그들만이 음모를 꾸몄을까? 물론 그럴 수도 있겠지만, 아마 전체 작전의 성공에 기여한 또 다른 인물이 있었을 것이다. 바로 크룸이다. 불가르족은 제국을 위협하기 시작했을 때부터 원래 탁 트인 평원에서의 정면 대결을 꺼리고, 자신들의 전술에 훨씬 유리한 산악의 고개나 협곡에서의 전투를 선호했다. 그런데 왜 그 교활하고 노련한 칸이 갑자기 평소에 즐겨 쓰던 전술을 버리고, 자신들보다 훨씬 많은 적군 앞에 병력을 노출시켰을까? 아나톨리아 병사들이 전장에서 달아날 때 그와 불가르 병사들은 정말 깜짝 놀라서 그 자리에 가만히 있었던 걸까? 그들이 다 물러가고 난 다음에야 마케도니아 병사들을 학살하기 위해서 그런 것은 아니었을까? 레오로서는 불가르족의 지배자와 공모함으로써 자신의 계획이 확실하게 성공할 수 있도록 만들고 싶었을 것이다. 부하들이 도망친 뒤에는 그에게 더 이상의 의무도 없으니 그보다 더 좋은 계획은 없다.

크룸은 부하 병사들이 금문의 양측 성벽 밑을 파는 것을 지켜보면서 지난 6년 동안 거둔 연승을 회상했을 것이다. 이미 그는 두 명의 로마 황제를 죽게 했고, 한 명을 물러나게 만들었으며, 두 차례나 제국군을 격파했다. 한번은 적을 완전히 궤멸시켰고, 또 한번은—어떤 이유에선지는 모르지만—적이 전장에서 수치스럽게 달아났다. 하지만 여기서 그는 연승 행진을 멈출 수밖에 없었다. 저 우뚝 솟은 강력한 콘스탄티노플 성벽은 어떤 공격으로도 부술 자신이 없었다.

현전하는 정체 모를 묘한 문서에 따르면—작성자는 필경사 잉케르투스라고만 되어 있다—크룸은 불안감을 감추기 위해 괴상한 의식을 치르고 무력 시위를 했다고 한다. 성벽의 수비병들이 호기심 어린 시선으로 내려다보는 가운데 이교의 사제들은 신들의 분노를 달래기 위해 짐승과 사람을 제물로 삼아 정성껏 제사를 지냈다. 심지어 크룸—테오파네스는 그를 '새로운 센나케리브'라고 부른다*—은 바다로 걸어 들어가 엄숙하게 발을 씻은 다음 축복의 의미로 그 물을 병사들에게 뿌렸다. 또한 그는 후궁들과 병사들을 빽빽이 도열시켜 큰 소리로 울부짖게 하고 자신은 정식 복장을 갖춘 채 그 사이를 행진하기도 했다.

그런 행동을 통해 칸이 정확히 무엇을 원했는지는 확실치 않다. 그러나 며칠이 지나도 성 안에서 아무런 반응이 없자 그는 황제에게 전갈을 보내 승리의 의미로 자신의 창을 금문에 붙일 수 있도록 허락해 달라고 요구했다. 그 제안이 일언지하에 거부되자—그럴 줄은 알았지만—크룸은 불만의 표시로 인근의 농촌을 며칠 동안 약탈하고 유린했다. 그런 다음에 그는 평화를 제의하면서 철군하는 대가로 많은 양의 금, 화려하고 값비싼 의복, 그리고 제국에서 가장 아름다운 처녀들을 요구했다.

말할 필요도 없지만, 레오는 창을 붙이는 것에 대해서도 그랬듯이 처녀들을 주어 크룸을 기쁘게 해 줄 생각 따위는 눈곱만큼도 없었다. 그러나 그 강화의 조건은 비록 받아들일 수 없는 것이라 하더라도 교활한 그는 거기서 난국을 헤쳐 나가기 위한 출구를 찾고자 했다. 그래서 그는 크룸에게 황금뿔로 이어지는 성벽의 북쪽 끝에서 직접 만나자고 제안했다. 그는 배를 타야 했지만 크룸은 육로로 갈 수 있는 곳이었다. 무기는 일절 휴대하지 않기로 하고 비무장한 수행원 몇 명만 거느리기로 했다.

칸은 그 제안을 받아들여 이튿날 아침 자신의 재산 관리인과 그리스인 매부 콘스탄티누스 파치코스, 그리고 젊은 조카—매부의 아

* 센나케리브는 기원전 7세기에 아시리아의 번영을 이끈 군주다. 테오파네스가 크룸을 센나케리브에 비유했다면, 그것은 아마 크룸을 로마 황제와는 다른 오리엔트의 전형적인 전제 군주로 간주하려는 의도였을 것이다.

들—를 대동하고 약속 장소로 갔다. 그곳에는 비잔티움의 황제와 헥사불리오스라는 궁정 관리가 있었다. 두 사람은 서로 인사를 주고받은 뒤 대화를 시작했다. 콘스탄티노스가 통역을 맡았다. 일이 순조롭게 진행되고 있을 때 갑자기 헥사불리오스가 두 손으로 자기 얼굴을 가렸다. 그 행동을 모욕으로 여겼는지, 아니면 미리 준비된 신호라고 여겼는지 모르지만 크룸은 위험을 직감하고 재빨리 말에 올라탔다. 그런 사태를 대비하여 그의 조카는 바로 뒤에서 말에 안장을 얹고 고삐를 잡은 채 대기하고 있었다. 그 순간 부근의 매복 장소에서 무장한 병사 세 명이 튀어나왔다. 재산 관리인은 현장에서 즉사했고 파치코스 부자는 포로로 잡혔지만 크룸은 날아온 화살에 가벼운 상처만 입고 무사히 탈출했다. 진영으로 돌아온 그는 그 후안무치한 배신 행위에 격노하면서 보복을 다짐했다.

그 이튿날로 보기에도 끔찍한 그의 보복이 시작되었다. 성벽은 부술 수 없었지만 불가르군은 황금뿔의 바깥쪽에 위치한 많은 성당과 궁전과 수도원들을 완전히 태워 버렸다. 파괴된 건물들 중에는 수도에 있는 황제의 몇 군데 거처들 가운데 가장 화려한 성 마마스 궁전[10]도 있는데, 크룸은 이곳에 있던 정교하게 조각된 대리석 기둥과 동물 조각상들을 플리스카의 자기 궁전으로 가져갔다. 불길을 피해 살아남은 모든 사람들은 학살당했다. 도시의 서쪽 농촌도 비슷한 운명을 겪었다. 헵도몬 궁전은 성 마마스처럼 불에 탔고, 아직도 분이 풀리지 않은 칸은 귀환 길에 오르면서 도상에 있는 모든 것을 닥치는 대로 살육하고 파괴했다.

셀림브리아를 비롯한 많은 도시들이 잿더미로 변했다. 헤라클레아는 콘스탄티노플에 버금갈 정도로 방어가 튼튼한 덕분에 무사했지만, 복수심에 불타는 불가르군은 라이데스툼(지금의 테키르다)의 요새를 완전히 파괴한 다음 달아난 농민들을 쫓아 부근의 산악 지대까지 이동했다. 농민들 중 남자는 살해되었고, 여자와 아이들은 노예로 팔렸다. 헬레스폰트까지 응징 원정을 벌인 뒤 크룸은 북쪽으로 말머리를 돌려 아드리아노플로 향했다. 이미 몇 주 전부터 아드리아노플은 크룸의 동생에게서 공격을 받고 용감하게 저항하는 중이었다. 그러나 이제는 식량이 바닥난 데다 무시무시한 칸의 본대가 도착하자 시민들의 사기는 완전히 꺾였다. 결국 1만 명의 주민들이 도나우 강 건너편으로 끌려가 대주교를 비롯한 대부분이 순교했다.

이제는 제국이 강화를 요청해야 할 판이었다. 하지만 크룸은 레오의 배신을 용서할 수 없었던 데다 가을에 메셈브리아에서 불가르군이 기습을 당했다는 보고가 전해지자 다시금 분노가 솟구쳤다. 사실 그 사건은 교활한 술책으로 이름이 높은 황제가 직접 계획하고 실행한 것으로, 불가르 병사들은 잠자던 도중에 공격을 받아 대부분 살해되었다. 황제는 내친김에 적의 영토 깊숙이까지 쳐들어가서 주민들 중 어른들은 모두 살려 주고 아이들은 보이는 대로 잡아서 바위에 머리를 찧어 죽여 버렸다. 이제 칸의 결심은 굳어졌다. 아무리 콘스탄티노플 성벽이 견고하다 할지라도 쳐부수리라. 그리고 비잔틴 제국도 함께 부숴 버리리라.

814년 초봄에 수도는 크룸이 쳐들어온다는 소문으로 온통 흉흉한 분위기였다. 하늘만큼 높은 공성기가 제작되고 있다느니, 성벽에 커다란 바위를 쏘거나 성벽 너머로 관솔불을 투척하는 쇠뇌가 있다느니, 성벽을 기어오르는 사다리와 성벽을 부술 거대한 망치가 있다느니, 황소 1천 마리와 쇠로 된 수레 5천 대를 동원하여 그 육중한 기계들을 현장으로 옮긴다느니 하는 등의 소문들이 꼬리에 꼬리를 물었다. 황제는 나름대로 방어망을 강화하기 위해 불철주야로 노력했다. 특히 그는 크룸이 공격을 개시할 지점으로 예상되는 블라케르나이 지역에 대한 방어에 더욱 신경을 썼다.

그러는 한편 레오는 경건왕 루트비히에게 대사를 보냈다. 루트비히는 샤를마뉴의 아들로 몇 달 전에 죽은 아버지의 뒤를 이어 제위에 올랐는데, 제 코가 석 자인지라 동방 제국을 지원할 여유가 없다고 통보했다.* 따라서 임무는 실패였지만, 사절들이 수도로 돌아올 무렵 다행히도 위험 상황은 종결되어 있었다. 814년 4월 13일 성 목요일(예수승천축일)에 막 군대를 출발시키려 하던 크룸이 갑자기 발작을 일으킨 것이다. 그는 코와 입과 귀에서 피를 쏟으며 금세 죽고 말았다.

제국의 역사상 보기 드물게 밖에서부터 평화가 찾아왔다. 크룸의 아들 오모르타그는 젊고 경험이 미숙한 탓에 치세 초기에는 불가르 귀족들의 반란을 상대하는 것만으로도 힘에 벅찼다. 때마침 바그다드에서도 반란이 일어나 하룬 알 라시드의 후계자인 칼리프 마문의

* 루트비히 1세는 신앙심이 깊고 교회를 크게 지원한 덕분에 경건왕이라는 별칭을 얻었으나 정치적으로는 무능한 인물이었다(하긴 샤를마뉴의 사후 누구도 그의 카리스마를 대신할 수는 없었겠지만). 지은이는 그의 이름을 영어식 인명인 루이스(Lewis)로 표기하는데, 그보다는 프랑스 식 인명인 루이(Louis)를 쓰는 게 더 일반적이다(실제로 프랑스 역사에서는 루트비히 1세를 루이 1세라고 부른다). 하지만 그의 영토는 주로 오늘날 독일에 해당하는 부분이 많으므로 독일식 인명인 루트비히(Ludwig)로 표기하는 게 가장 올바르다.

† 필사본 시집에 그려진 서방 황제 경건왕 루트비히.

발이 묶여 버렸다. 서방에서는 니케포루스의 평화가 아직 효력을 발휘하고 있었다. 마침내 레오는 국내 문제에 전념할 여유를 얻어 후대에 그의 이름을 남기게 할 중대한 작업에 착수했다.

2

부활한 성상 파괴

814년~829년

교회의 일은 성직자에게 맡겨 두고, 폐하께서는 국정과 군대 분야에만 신경을 쓰시오. 만약 그렇게 하지 않고 우리의 신앙을 계속 침해하려 한다면, 하늘에서 천사가 내려와 우리를 설득한다 해도 우리는 그에 따르지 않을 것이오. 하물며 폐하의 말은 더욱더 따르지 않을 것이오.

스투디움의 대수도원장 테오도루스 황제 레오 5세에게 한 말, 815년

종교적 복고의 시대

레오 5세의 외모에 관해서는 알려진 바가 거의 없다. 우리에게 전해지는 유일한 자료에 의하면 그는 키가 작고 수염을 길렀으며, 숱이 많은 곱슬머리에 목소리가 아주 컸다고 한다. 외모와 달리 성격에 관해서는 상당한 추론이 가능하다. 무엇보다도 그는 불타는 야망의 소유자였다. 전임 황제인 미카일은 귀족 출신인 데다 황제의 사위라는 고귀한 신분이었지만, 레오는 미천한 신분에서 오로지 자신의 노력과 엄청난 체력을 밑천으로 삼아 일약 최고 권좌에 오른 인물이었다.

베르시니키아에서 그가 취한 행동에 대해 앞 장에 소개한 설명을 받아들인다면, 그의 지도자적 자질과 용기에 관해서는 의문의 여지가 없다. 하지만 813년 가을에 불가르 영토까지 들어가 응징 원정을 한 것을 보면, 그가 한번 분노를 터뜨릴 때는 야수처럼 잔인해진다는 것을 알 수 있다. 또한 그는 아르메니아인이라는 사실을 잊으면

안 된다. 아르메니아 출신답게 그는 대단히 복잡한 성격의 인물이었으며, 예민하고 섬세한 꾀, 나아가 풍부한 지략과 교활한 측면을 지니고 있었다.

그와 함께 반란을 일으켰던 바르다네스 투르쿠스가 높이 샀던 것은 아마 그의 잔꾀였을 것이다. 그의 잔꾀는 몇 년 뒤 베르시니키아에서도 통했고, 813년에 불가르군에게 심야 기습을 가할 때도 한몫했으며, 그 이듬해 제국에 성상 파괴를 지시했을 때도 힘을 발휘했다. 그가 그 거창한 작업에 착수한 이유는 88년 전 그와 같은 이름의 황제가 같은 조치를 내렸던 것과는 큰 차이가 있었다. 레오 3세는 신앙심이 돈독한 신학자였고 자신이 진정으로 신의 뜻을 따르고 있다고 믿었다. 하지만 레오 5세는 그런 측면 따위는 고려하지 않고 순전히 현실적인 목적에서 문제에 접근했다.

이미 이레네의 치세에도 제국의 정부는 동방 속주에서 사라센의 침략으로 집과 토지를 잃고 쫓겨난 수많은 곤궁한 자작농 때문에 골머리를 앓았다. 니케포루스는 그들을 정규 병력으로 징집해서 불가르 전쟁 시기에 수도의 비상용 민병대로 유용하게 이용했다. 그러나 평화가 찾아오면서 그들은 해산되었고 다시 곤궁해져 거리에서 음식을 구걸하는 처지가 되었다. 그들은 동방 출신이므로 전통적으로나, 환경적으로나 거의 다 성상 파괴자였다. 게다가 그들은 자신들이 당한 재난을 억지로 이레네와 연관시켜 그녀가 성상 파괴를 반대한 탓에 초래된 문제라고 여겼다.

이리하여 814년 여름 콘스탄티노플에서는 성상 파괴의 불길한 움직임이 고조되었다. 아직까지는 국가의 안위에 큰 위협이 되지 않았지만 이런 사태가 너무 길어지면 위험해질 수 있었다. 또한 불만을 품은 전직 군인들만이 아니라, 수도의 상류층, 나아가 군대의 고위층도 성상 파괴의 성향을 지니고 있었다. 앞에서 보았듯이 2년 전 콘스탄티누스 5세의 무덤에서 일어난 시위는 과거 성상 숭배 황제들이 전쟁에서 패배한 데 반해 성상 파괴 황제들은 전쟁에서 승리했다는 사실을 연상시켰다. 제국의 백성들 중에는, 신학적 사색은 그다지 하지 않으면서도 신께서 그 문제에 관해 관점을 명확히 하셨으므로 이제는 달라져야 할 시기라고 여기는 사람들이 많았다.

따라서 레오가 자신의 계획을 실행한 것은 종교적 신념의 표출이라기보다는 국내의 평화를 유지하기 위한 수단이었다. 814년 6월에 그는 첫 단계로 특별 위원회를 구성하고, 성서와 초기 교부들의 문헌에서 성상 파괴를 옹호하는 증거를 찾아내라고 지시했다. 위원장으로 황제는 자신과 동향 사람으로 아직 30대 초반의 똑똑하고 젊은 아르메니아인을 임명했다. 성 세르기우스와 성 바쿠스 대수도원장인 그는 본명이 요한네스 모로카르자미우스였으나 후대에 문법학자 요한네스라는 이름으로 더 잘 알려졌다. 또한 황제는 자신의 대리인으로 다소 놀랍게도 팜필리아의 실라이움 주교인 안토니우스를 발탁했다. 안토니우스는 싹싹하지만 타락한 성격의 노인으로—성상 파괴를 극렬히 반대하는 필경사 잉케르투스에 따르면—수도사 두 명과 속인 두 명으로 구성된 위원들에게 객쩍은 이야기나 주절거리며 시간을 보냈다. 위원회가 작업하는 6개월 동안 그 작업은 철저히 비밀에 부쳐졌으며, 위원들은 가능한 한 황궁 바깥에 나가지 않고 황궁 안에 기거했다.

그 노력은 12월 초에 결실을 맺었다. 위원회의 보고를 받은 황제는 니케포루스 총대주교를 황궁으로 불렀다. 그는 여전히 신중한 태도를 보이면서 우선 '병사들의 기분을 맞춰 주기 위해' 성벽에 낮게 걸려 있는 성상들만이라도 제거했으면 좋겠다고 제안했다. 그러나 그것이 장차 어떤 결과로 증폭될지 잘 알고 있는 총대주교는 황제의 제안에 한사코 반대했다. "하지만 성서에 근거가 없는데 왜 성상을 숭배하려 합니까?" 레오의 이 물음에 니케포루스는 문헌적 근거가 없는 신앙과 관습들 중에서도 교회가 승인한 게 많다고 대답했다. 총대주교는 거기서 한걸음도 더 가지 않으려 했다. 그러자 황제는 직접 본보기를 보일 수밖에 없었다.

그가 목표로 삼은 성상은 일찍이 726년에 레오 3세가 철거했다가 이레네가 다시 복원한 칼케 대문 위의 대형 그리스도상이었다. 그러나 레오 3세는 우직하게 군대에게 그 작업을 명했지만, 레오 5세는 훨씬 더 신중하게 계획을 진행했다. 그도 병사들을 보낸 것은 마찬가지였으나 이들에게 내린 명령은 조금 달랐다. 우선 병사들이 그곳에 가서 자발적인 것처럼 보이는 소요를 일으킨다. 그 소요의 와중에서 병사들은 성상에 저주의 말을 퍼붓고 흙과 돌을 던진다. 그러면 황제는 우연을 가장하고 현장에 가서는, 성상을 보호하고 신성 모독을 금지한다는 이유로 그것을 철거하라는 명령을 내리는 것이다.

이 계획은 멋지게 성공했다. 그러자 총대주교는 지역 주교들과 대수도원장들을 소집하여 폭풍이 다가오고 있다고 경고하는 한편 787년 제7차 세계 공의회에서 결정된 원칙을 굳게 지키라고 당부했다.[11] 그 뒤 크리스마스 아침 일찍 그는 레오를 다시 접견했다. 그 자리에서 총대주교는 황제에게 원한다면 자기를 해임해도 상관 없다면서 그래도 교리를 크게 바꾸지는 말라고 애원했다. 레오는 부드러운 태도로 총대주교의 해임도, 교리의 침해도 없을 것이라고 안심시켰으며, 소피아 대성당에서 열린 크리스마스 미사에서는 짐짓 예수 탄생의 그림 앞에서 평소처럼 절을 올리는 모습을 보였다. 그러나 불과 2주 뒤인 815년 1월 6일의 예수공현축일에는 전과 같은 공손함을 보이지 않았다. 니케포루스는 사태의 진행 과정을 속절없이 지켜볼 도리밖에 없었다.

결국 사태는 오래가지 않았다. 얼마 안 가서 황제는 많은 성상 파괴 성직자들을 수도로 소집하고—그는 그들이 수도에 도착했을 때 관례대로 먼저 총대주교에게 인사하는 기회를 철저히 봉쇄했다—그들에게 성서와 교부들의 저작에서 나온 인용 문구를 모은 특별 위원회의 보고서를 건네주었다. 그런 다음 황제는 다시 니케포루스를 황궁으로 불렀다. 총대주교는 소환에 응했으나 혼자가 아니라 많은 신도들과 함께 왔다. 그 신도들 중에는 과거에 원수지간이었으나 이제는 총대주교의 충실한 동료가 된 테오도루스 대수도원장도 있었다. 곧이어 격렬한 논쟁이 벌어졌다. 테오도루스는 이 장의 첫머리에 인용한 말로써 황제에게 항거했다. 회의에 참석한 성직자들은 곧바로 해임되었다. 며칠 뒤 황제는 총대주교를 비롯한 모든 성상 숭배자들이 공공장소나 개인 주택에서 일체의 집회를 여는 것을 금지한다는 칙령을 반포했다. 니케포루스는 가택에 연금되어 사실상 공무 수행이 불가능해졌다.

부활절에 소피아 대성당에서는 성상 숭배파 주교들을 대부분 초청하지 않은 가운데 이른바 종교 총회라는 것이 열렸다. 그 무렵 총대주교는 중병에 걸려 있었으므로 회의 소집을 받고서도 응하지 못했는데, 그 때문에 궐석 상태에서 해임되었다. 병에서 회복된 뒤 그는 보스포루스의 아시아 쪽 해안에서 내륙으로 상당히 들어간 위치에 있는 순교자 성 테오도루스 수도원으로 유배되었다. 그곳에서 그는 몇 년을 더 살았으나 콘스탄티노플에는 끝내 돌아오지 못했다. 황제는 새 총대주교로 콘스탄티누스 5세의 친척인 테오도투스 카시테라스라는 사람을 임명했는데, 그는 분명히 콘스탄티누스처럼 성상 파괴자였으나 전혀 검소한 성품이 아니었다. 취임하자마자 그는 총대주교 궁전에서 성대한 오찬회를 열고, 오랫동안 고기 맛을 보지 못하고 금욕 생활을 해 온 수도사들에게 기름진 요리와 질 좋은 포도주를 마음껏 먹으라고 권했다. 이 잔치에 관해 베리 교수는 이렇게 말한다. "그동안 엄숙하고 지루했던 총대주교의 식탁은 경박한 대화, 유쾌한 이야기, 음란한 농담으로 활기를 띠었다."

그러나 총대주교의 생활이 마냥 즐겁지는 않았다. 그의 의무는 종교 회의를 주재하는 것이었는데, 이것이 그의 능력에 부치는 일이라는 점이 금세 명백해진 것이다. 사람들은 니케포루스—혹은 그 전임자인 타라시우스—가 과연 그 권위에 걸맞은 인물이었다고 느꼈다. 그런데 일부 정교회 주교들을 심문하다가 열기가 점차 뜨거워지자 테오도투스는 그만 이성을 잃어버렸다. 그 불행한 주교들은 바닥에 넘어져 주먹과 발길질을 당하고 침 세례까지 받는 등 신체적으로 수모를 겪었다. 그러잖아도 구성이 편향적이라서 문제가 많았던 종교 회의는 이 타락한 사태로 인해 더욱 권위가 추락했다. 하지만 참석자들은 이윽고 진정하고 제자리로 돌아가서 지시받은 대로 행동했다. 그들의 결론은 전혀 새로운 게 아니었다. 그들이 내린 최종 판결을 약간 축약해서 소개하면 다음과 같다.

> 일찍이 황제 콘스탄티누스[5세]와 레오[3세]는 제국의 안위가 정교 신앙에 달려 있다는 생각에서 여러 차례 신부들과 주교들을 소집하여 종교 회의를 열었다. 거기서 성상을 만들고 숭배하는 행위는 전통에 의해 검증되지 않은 무익한 관습으로 판명되었으며, 마음에서 우러나온 진리의 예배가 중요하다는 결론이 내려졌다.
>
> 그 뒤 신의 교회는 오랫동안 침묵을 지켰고 사람들은 평화를 누렸다. 그러다가 정권이 남자에게서 여자의 손으로 넘어가면서 교회는 여자의 단순함으로 인해 큰 피해를 입었다. 이 여자는 무지한 주교들의 조언을 좇아 부당한 회의를 소집했다. 거기서 그녀는 성자와 하느님의 말씀을 물질적인 매개체로 그릴 수 있고 하느님의 어머니와 성인들을 죽은 그림으로 표현할 수 있다는 결론을 내렸다. 또한 그런 그림을 경배해야 한다고 법으로 정함으로써 올바른 교리를 위반하는 부주의를 저질렀다. 그리하여 그녀는 마땅히 하느님만을 대상으로 삼아야 할 우리의 예배를 훼손하고, 오로지 하느님께만 바쳐야 할 것을 생명 없는 성상에게 바쳐야 한다고 주장했다. 나아가 그녀는 어리석게도 성상이 신의 은총이라고 말했으며, 우상 앞에서 촛불을 밝히고 향을 피우라고 권했다. 그런 식으로 무지한 자를 잘못된 길로 이끈 것이다.
>
> 그러므로 우리는 정교회 전체에 허가 없이 익명으로 성상을 제작하는

행위를 금지하는 바이다. 우리는 타라시우스[12]가 정의한 경배를 거부한다. 우리는 성상에 부당한 명예를 부여한 그 종교 회의의 결정을 취소하며, 촛불을 밝히고 향을 피우는 것을 비난한다.

우리는 콘스탄티누스와 레오의 치세에 블라케르나이의 순결한 성모 사원에서 열린 성스러운 종교 회의가 교부들의 교리 위에 확고히 서 있다고 간주한다. 그에 따라 우리는 성상—악의 의미가 있는 우상이라고 부르지는 않겠다—을 만드는 것이 예배나 경배와 전혀 무관하다고 판결한다.

성상 파괴가 다시 제국 전역에 도입됨으로써 임박했던 시민 봉기의 위험이 사라지고 제국이 평화를 되찾게 되자, 레오 5세는 자신의 치세가 출발부터 좋다고 자축할 수 있었다. 그런 여유가 생긴 데다 원래 개인적으로 종교적 신념이 별로 강하지 않았으므로 그는 새 칙령을 따르지 않는 성상 숭배자들을 그다지 엄격하게 제재하지 않았다. 가장 목소리가 큰 자들—성상 파괴에 대한 반대를 계속해서 공개적으로 시위하고 성상 금지를 노골적으로 반대한 자들—몇 명만 본보기로 처벌했을 뿐이었다. 예를 들어 자타가 공인하는 성상 숭배파의 지도자인 테오도루스 대수도원장은 세 군데의 감옥에 번갈아 투옥되었다. 그의 전기 작가는 그가 여러 차례 매질을 당하고, 극도의 더위와 추위에 시달리고, 쥐와 벼룩과 이 때문에 심한 고통을 겪은 과정을 흥미롭게 묘사하고 있다.

그러나 당시에 황제도 예리하게 지적했지만, 테오도루스는 그 고생을 자초한 것이나 다름없었다. 그는 황제를 알현하는 중에도 말을

† 중세 시편집에 그려진 815년의 성상 파괴 칙령.

공손하게 한 적이 없었을 뿐 아니라, 종교 회의 전의 종려주일*에는 스투디움의 수도사들에게 가장 귀중한 성상들을 어깨 높이로 치켜들고 수도원 주변을 행진하라고 시켰던 것이다. 더 심각한 행위로, 817년에 그는 새로 선출된 교황 파스칼리스 1세와 정기적으로 서신을 주고받으면서, 교황에게 정교회 신앙의 어려운 처지를 알려주고 심지어 서방 황제에게 도움을 호소하자고 제안했다. 그 제안은 분명히 반역 행위였으므로 레오가 그에게 더 단호한 조처를 내린다 해도 하등 이상할 게 없었다. 그러나 테오도루스와 견해를 같이하는 성직자들은 점차 자신이 너무 티를 내지만 않는다면 전처럼 행동해도 상관 없다는 사실을 알게 되었다. 레오의 주된 관심은 국가 안보와 공공질서의 유지에 있었다. 테오도루스나 그의 추종자들에게 무엇보다 교리상의 문제가 중요했지만 레오에게 그 문제는 부차적인 것일 따름이었다.

하지만 그런 가운데 내려진 815년의 칙령은 다시 일파만파를 몰고 왔다. 칙령에 따르면 누구나 어느 때나 마음대로 성상을 파괴할

* 예수가 예루살렘에 입성한 날, 부활제 직전의 일요일을 말한다.

수 있었으며, 그 행위에 대해 어떠한 처벌도 받지 않았다. 그래서 사람들은 예수 그리스도, 성모, 성인들의 그림이 수놓인 옷을 갈기갈기 찢고 발로 짓밟았다. 그림이 그려진 나무판은 오물을 묻히고 도끼로 쪼개 광장에서 불태웠다. 이때부터 28년 동안 막심한 예술적 손실이 빚어졌으나 그래도 이것은 전 세기에 있었던 61년간의 성상 파괴에 비해 정도가 약했다. 이 둘째 시기는 먼젓번보다 기간이 절반도 되지 않았고, 레오와 후임 황제들은 레오 3세와 콘스탄티누스 코프로니무스만큼 종교적 신념이 투철하지도 않았기 때문이다. 그래도 그 손실은 어떤 기준으로 보아도 막대했다. 오늘날까지 전해지는 9세기 중반 이전의 비잔티움 예술품들이 질적으로는 대단히 뛰어난 데 비해 양적으로는 아주 보잘것없다는 사실로부터 오늘날 우리는 당시의 손실이 어땠는지를 피부로 느낄 수 있다.

크리스마스의 비극

군대 생활을 시작할 무렵부터—아마 803년 실패로 끝난 바르다네스 투르쿠스의 반란에 가담하기 이전부터—레오에게는 미카일이라는 절친한 동료 장교가 있었다. 프리지아의 아모리움[13] 태생인 미카일은 투박한 성격에다 일자무식인 시골뜨기였고 말까지 더듬는 인물이었으므로[14] 두 사람의 친분은 얼핏 보아 이해하기 어려웠다. 하지만 레오가 미카일의 아들에게 대부가 되어 줄 만큼 그들 사이는 돈독했으며, 미카일은 베르시니키아 전투와 이후 수도에서 발생한 여러 가지 사태에서 레오에게 큰 힘이 되어 주었다. 레오가 황궁에 입성하던 날 그 아모리아인도 그의 뒤를 따라 들어갔다. 두 사람이 말에서 내릴 때 미카일은 실수로 황제의 외투를 밟았으나 레오는 개의치 않고 그를 황궁 경비대 사령관으로 임명했고 그 사건은 곧 잊혀졌다.

그러나 820년 여름이나 초가을에 미카일이 황제를 비방하고 소요를 선동하고 있다는 소문이 황제의 귀에까지 들렸다. 옛 친구를 단죄하기가 내키지 않았던 레오는 우선 요한네스 헥사불리오스라는 로고테테스—7년 전 크룸을 배신한 사건과 관련된 그 인물이다—를 시켜 미카일에게 경솔하게 처신하면 좋지 않은 결과가 빚어질 수 있다는 말을 사적으로 전하게 했다. 그러나 미카일은 그의 말을 귀담아듣지 않았다. 오히려 그는 더 공개적으로 군주를 비난했으며, 급기야 크리스마스 이브에 헥사불리오스는 미카일이 주도하고 군 고위 장교 몇 명이 관련된 음모를 알아내기에 이르렀다. 보고를 받은 레오는 즉각 아모리아 친구를 불러들였다. 논박할 수 없는 증거를 들이대자 미카일은 죄를 고백할 수밖에 없었다. 황제는 그토록 믿었던 친구이자 동료의 반역에 불같이 화를 내면서 미카일을 당장 황궁의 목욕물을 덥히는 커다란 아궁이에 처넣어 죽이라고 명했다.

비록 한밤중이기는 했지만 그때 레오의 아내 테오도시아가 나서지 않았더라면 그 끔찍한 명령은 즉각 집행되었을 것이다. 시녀에게서 그 소식을 들은 황후는 침상을 박차고 나와 맨발로 남편에게 달려갔다. 그녀는 한두 시간만 지나면 크리스마스라고 말하면서, 양심에 거리끼는 잔인한 짓을 하고 어떻게 성탄절의 성사에 참석하겠느냐며 남편의 행동을 극구 만류했다. 그녀는 또한 미카일을 더 두고 주의깊게 살펴보면 공모자들에 관한 정보를 알아낼 수 있을 것이라고 말했다. 아내의 애원에 마음이 움직인 레오는 처형을 유예하기로 했다. 그 대신 그는 미카일을 쇠사슬에 묶어 황궁의 외딴 구석방에 가두고 엄중히 감시하도록 했다. 그 방과 족쇄의 열쇠는 레오 자신이 직접 보관하기로 했다. 그런 다음 그는 심신이 몹시 피곤한 상태에서 잠자리에 들었다.

그러나 그는 잠을 이룰 수 없었다. 그의 생각은 점차 미카일이 그의 외투를 밟고 어깨에서 황제의 기장을 떼어낼 뻔했던 813년의 그날로 돌아갔다. 그 사건은 불길한 조짐이 아니었을까? 그러잖아도 최근에 읽은 예언서에서 그는 그리스 문자인 카이(X)와 파이(Φ) 사이에 칼에 목이 꿰뚫린 사자가 그려진 그림을 보지 않았던가? 만약 카이가 크리스마스(χριστους ή γέννησις)를 나타내고 파이가 예수 공현축일(Φῶτα)을 나타낸다면, 그것은 레오가 두 축일 사이에 죽는다는 예언을 의미하는 게 아닐까? 아내의 애원을 뿌리치고 처형을 즉각 집행했더라면 좋았을 것을. 그건 그렇고 죄수는 지금 무사히 있을까? 갑작스러운 충동이 일자 그는 자리에서 일어나 촛불을 손에 들고 구불구불한 황궁의 복도를 따라 미카일의 감방으로 내려갔다. 가는 도중에도 그는 잠겨 있는 문을 모조리 부수어 버리거나 밀쳐 버렸다(그는 체구가 작았으나 힘은 엄청났다). 그런 다음에 조용히 감방 안으로 들어섰는데, 간수는 바닥에 누운 채 완전히 잠들어 있었고 죄수도 자기 침상에서 잠자고 있었다. 레오는 그런 상황에서 멀쩡하게 잠을 잔다는 게 믿어지지 않아 미카일의 가슴에 손을 대보았다. 맥박이 고른 것으로 보아 진짜로 잠든 것을 알고 만족한 레오는 잠든 두 사람을 향해 허공에 주먹을 흔들고는 조용히 물러갔다.

그러나 황제는 감방 안에 제3의 인물이 깨어 있었다는 것을 알지 못했다. 미카일은 시종으로 젊은 환관 한 명을 데리고 들어왔는데, 황제의 발자국 소리를 듣고 그는 재빨리 침상 밑으로 몸을 숨겼던 것이다. 시종은 감방에 들어온 사람의 얼굴을 보지는 못했으나 자주색 장화는 바실레오스만 신을 수 있는 것이었으므로 누군지 즉시 알아차렸다. 레오가 간 다음에 시종은 주인과 간수를 깨우고 자기가 본 것을 이야기했다. 그러자 사색이 된 간수는 기꺼이 죄수를 돕겠다고 나섰다. 간수는 미카일이 처형되기 전에 자기 죄를 고해하고 싶어 한다는 구실로 미카일의 충직한 하인 한 명을 시내로 보냈다. 명목은 사제를 찾는다는 것이었으나 실상은 미카일의 세력을 규합하여 그를 구해 내려는 음모였다.

하인은 신속하게 움직였고 그 계획은 곧 실행에 옮겨졌다. 성당의 대축일이 있을 때에는 수도사들의 합창대가 이른 시각에 황궁의 상아 대문 앞에 모여 아침 기도를 올리면서 성 스테파누스 예배당까지 행진하는 게 관례로 되어 있었다. 몹시 추운 크리스마스 아침, 동이 트기 한참 전에 음모자들은 수도사 복장을 하고—칼 따위의 무기를 숨기기에 안성맞춤이었다—합창단원들 틈에 끼었다. 고깔을 뒤집어쓴 덕분에 그들은 얼굴을 남에게 보이지 않고 황궁에 들어갈 수 있었다. 예배당 안에 들어서자 그들은 어둠 속에 몸을 숨기고 대기했다.

찬송가가 시작되면 황제가 도착했다는 신호였다. 황제는 여느 때처럼 자리에 앉아 함께 찬송가를 불렀다. 당시 그의 목소리 상태가 어땠느냐에 관해서는 논란이 분분하지만 매우 컸다는 데는 모든 문헌들이 일치하고 있다. 음모자들은 노랫소리가 절정에 이를 때까지 기다렸다가 공격을 개시했다. 공교롭게도 황제와 행사를 주재하는 사제는 둘 다 맹추위로부터 머리를 보호하기 위해 뾰족한 모피 모자를 쓰고 있었다. 그 때문에 그들은 사제를 황제로 오인하고 그를 먼저 공격했다. 그 바람에 그의 모자가 벗겨지고 민둥머리가 드러나자 공격자들은 실수라는 것을 깨달았다. 그 잠깐의 틈을 타서 황제는 제단의 무거운 십자가를 움켜쥐고 몸을 방어하려 했다. 그러나 일순간 칼날이 그의 오른쪽 어깨를 베었다. 황제의 잘린 팔이 십자가를 움켜쥔 채 바닥에 나뒹굴었다. 황제가 넘어지자 그의 목에 칼이 날아들었다. 이리하여 820년 크리스마스 새벽 4시에 레오 5세의 치세는 끝났다.

그 뒤 암살자들은 서둘러 미카일이 갇힌 감방으로 향했으나 안타깝게도 그의 족쇄를 풀 수 없었다. 그래서 비잔티움의 새 황제는 다리에 무거운 족쇄를 찬 몸으로 제위에 올랐다. 그래도 황궁의 장교들은 황급히 모여 황제 앞에 머리를 조아렸다. 그날 정오가 다 되어서야 대장장이가 와서 쇠망치와 끌로 족쇄를 끊었다.[15] 그 덕분에 미카일은 때맞춰 소피아 대성당에서 총대주교가 집전하는 대관식에 참석할 수 있었다. 찬탈자의 털북숭이 머리에 제관이 씌워질 때 테오도투스 총대주교의 심정이 어땠는지는 기록에 없다. 그러나 그는 타고난 기회주의자였으므로 별다른 반감은 가지지 않았을 것이다.

곧이어 미카일의 병사들은 공동 변소에 처넣은 레오 5세의 시신을 꺼내 벌거벗은 상태 그대로 원형 경기장까지 질질 끌고 가서 시민들에게 공개했다. 그 뒤 시신은 노새에 실려 테오도시아 황후와 레오의 네 아들이 기다리고 있는 항구까지 운반된 다음 배에 실려 가족과 함께 프린키포 섬으로 갔다. 그들이 섬에 도착하자 또다른 나쁜 소식이 기다리고 있었다. 복수를 꾀하지 못하도록 하기 위해 새 황제는 레오의 네 아들을 모두 거세하라는 명령을 내린 것이다.[16] 그 시련을 견디고 살아남은 세 아들 중 하나인 그레고리우스는 나중에 시칠리아의 시라쿠사 대주교가 되었고, 막내인 테오도시우스는 수술 도중 죽어 아버지 곁에 묻혔다.

그전까지 우리의 이야기가 대체로 담담하고 차분한 분위기였던 것과는 달리 앞의 두 쪽에 나오는 이야기는 대단히 극적이고 충격적이다. 이렇게 된 이유는 필자의 서술 방식이 달라졌기 때문이 아니라 새로운 필자가 등장했기 때문이다. 그는 종교적인 견해로 인해 사모트라키 섬에 유배된 테오파네스가 814년에 죽기 직전에 그의 기록을 넘겨받았다. 보통 테오파네스 콘티누아투스(테오파네스의 계승자)라 불리는 그 익명의 인물—실은 그가 썼다고 알려진 뒷부분도 필자가 여럿임이 분명하다—은 극적 구성을 즐겼고 세부 묘사에 뛰어났다. 이따금 그가 지나치게 문학적 재주를 부린 게 아닌가 하는 의심이 드는 것은 사실이다. 이 책이 나중에 편찬된 것이 실제 사건이 벌어진 시기보다 100여 년이나 지난 10세기 중반이라는 점을 감안할 때 그 의심에는 더욱 무게가 실린다. 하지만 그는 분명히 이야기를 어떻게 해야 하는지 잘 아는 사람이었고, 중세 역사에서는 타고난 이야기꾼을 발견하기가 무척 어렵다. 중요한 사안에서 우리가 그를 믿지 못할 근거는 없다. 또한 나머지 부분에 관해서도 조금만 양념을 치면 우리는 그의 이야기를 충분히 음미할 수 있다.

역사상 최대의 반란

미카일 2세가 손에 피를 묻히고 비잔티움의 제위에 올랐다고만 말하는 것은 너무 점잖은 표현이다. 물론 그전에도 황제의 암살은 비일비재했다. 하지만 논란이 많은 602년 포카스의 경우[17]를 예외로 한다면, 미카일만큼 전임 황제를 그토록 무자비하게, 그것도 별다른 구실도 없이 해치운 적은 없었다. 물론 레오는 잔인하고 위선적인 결함을 지닌 황제였다. 그러나 그는 현명하고 유능한 군주로서 제국의 경제를 상당히 회복시켰으며, 기회만 주어졌더라면 틀림없이 단호하고 자신있게 제국을 통치할 수 있었을 것이다. 미카일은 레오가 무능한 황제라고 말했지만 그것으로 자신의 살인극을 정당화할 수는 없었다. 게다가 그는 레오처럼 성상 파괴를 열렬히 지지했으므로 종교적인 명분을 댈 수도 없는 처지였다. 요컨대 그가 레오를 살해한 동기는 시기심과 적나라한 야심 이외에 아무것도 없었다. 여기에 한 가지를 더 보탠다면 미신도 있다. 그는 17년 전에 은둔자 필로멜리온이 한 이야기를 그때까지도 잊지 않았기 때문이다.

콘스탄티노플 시민들도 그 점을 잘 알고 있었다. 그들은 미카일이 촌스럽고 무지하다며 비웃었고—그가 자기 이름을 이루는 그리스 철자 여섯 개를 쓰는 시간에 다른 사람은 책 한 권을 읽을 수 있었다고 한다—그가 즉위한 순간부터 정치 풍자의 대상으로 삼았다. 그러나 사람들은 그를 두려워하기도 했다. 어쨌거나 그는 자신이 원하는 것을 얻기 위해 무슨 짓이든 할 수 있다는 사실을 분명히 보여주었던 것이다. 하지만 미카일은 모두의 예상을 뒤엎고 훌륭한 통치를 선보였다. 그의 치세는 비록 혼란스럽기는 했으나 어리석음과 잔인함이 아니라 온건하고 건전한 상식이 통하는 시대였다.

그런 분위기에 힘입어 821년 성령강림절에 미카일은 열일곱 살짜리 아들 테오필루스를 공동 황제로 임명할 수 있었다. 미카일은 자신이 사반세기 동안 벌써 일곱 번째 바실레오스라는 사실을 분명히 의식하고 있었다. 그의 전임 황제들 중에서 두 명은 폐위되었고 두 명은 전사했고 두 명은 암살되었다. 더욱이 바로 전의 세 황제는 모두 직계로 제위를 물려받은 게 아니었고, 미카일 자신도 마찬가지였다. 따라서 그로서는 무엇보다도 황제의 권력을 안정시키는 게 급선무였다. 테오필루스의 대관식은 그것을 향한 첫 걸음이었다.

하지만 정권의 안정을 위해서는 테오필루스도 제위 상속자를 낳아야만 했다. 그래서 미카일이 곧바로 취한 둘째 조치—아마 아들을 제위에 앉힌 바로 그날이었을 것이다—는 아들을 결혼시키는 것이었는데, 배우자는 테오도라라는 이름의 뛰어난 미모를 자랑하는 파플라고니아 여자였다.[18] 그녀는 곧 우리의 이야기에 자주 등장하게 된다.

그런데 그 즈음 미카일에게는 제위 계승보다 더 절박한 문제가 있었다. 제국에 또다시 위기가 닥친 것이다. 과거에는 사라센이나 불가르족이었지만 이번에 제국을 위협하는 것은 가지우라의 토마스, 혹은 더 일반적으로는 슬라브인 토마스라고 알려진 군사적 야심가였다. 그는 803년에 바르다네스 투르쿠스와 함께 은둔자 필로멜리온을 찾아간 장교 세 명 중 하나였다. 당시 두 동료인 레오와 미카일이 이미 제위에 올랐으므로 그 예언에 따르면 토마스는 황제가 되지 못할 운명이었다. 그러나 그는 그 예언이 틀렸음을 입증하고자 결심했던 듯하다. 니케포루스와 미카일 1세의 치세에 그는 무슬림 땅에서 유배 생활을 했지만 레오가 즉위하면서 귀국할 수 있었다. 레오는 다소 놀랍게도—그리스인들도 슬라브족을 싫어했지만 아르메니아인들은 슬라브족을 더 싫어했다—토마스에게 군대의 고위 직책을 주었다. 레오가 살해될 때까지 토마스는 아무런 문제도 일으키지 않았다. 그러나 제위가 자신의 오랜 경쟁자인 미카일에게로 넘어가자 그는 반란을 꾸미기 시작했다.

그는 눈부신 성공을 거두었는데, 여기에는 몇 가지 이유가 있었다. 동부 속주들에서 그는 자신이 황제 콘스탄티누스 6세라고 하면서—그는 23년 전 어머니 이레네의 명령을 받은 병사들이 눈을 뽑으려 했을 때 기적적으로 도망쳤노라고 주장했다—무슬림이 지배하는 안티오크에서 사실상의 대관식까지 치렀다. 또한 서방에서 그는 많은 지지 세력을 끌어들이기 위해 성상 파괴에 격렬히 반대하는 태도를 취했다. 게다가 그는 곳곳에서 빈민의 옹호자로, 무거운 세금과 관리의 부패에 신음하는 민중의 대변자로 자처했다. 비록 나이가 좀 들었고—당시 그는 50대 중반이거나 그 이상이었을 것이다—다리를 절었어도 토마스에게는 뭔가 끌리는 데가 있었다. 그를 아는 사람들은 그의 정중하고 매력적인 태도와 황제의 조잡하고 일관성 없는 태도에서 큰 차이를 느꼈다. 그에게는 또 다른 이점도 있었다. 제대로 된 사고방식을 지닌 사람이면 누구나 그 아모리아인이 제위를 찬탈할 때 보여 준 그 냉혹함을 혐오한 것이다. 그러나 토마스의 수많은 지지자들은 그가 칼리프 마문에게서 상당한 재정적 지원을 받고 있다는 사실을 알지 못했다. 더욱이 토마스는 거사가 성공하면 제국을 칼리프의 봉토로 만들겠다는 약속까지 했다.

이 분노와 왜곡으로 가득하면서도 카리스마를 지닌 인물은 821년 봄에 대군을 거느리고 제국을 침공했다. 아랍인과 페르시아인, 그루지야인과 아르메니아인, 알라니족과 고트족, 훈족과 슬라브족 등으로 이루어진 8만 명의 병력이었다. 이렇게 구성이 이질적이었으므로 그리스어를 사용하는 아나톨리아 심장부에서는 세력이 규합되기 어려웠을 것으로 보이지만, 이들은 불과 몇 달 만에 소아시아의 두 군데 테마—옵시키온과 아르메니아콘—를 제외한 모든 지역을 장악했다. 그 결과 그는 아라라트에서 에게 해에 이르는 방대한 제국을 지배하게 되었다. 그해 12월에 토마스는 트라키아로 건너가서 콘스탄티노플의 공격에 들어갔다.

우리도 알다시피 수도는 이미 전에도 포위 공격을 당한 경험이 있었다. 가장 최근인 8년 전에 크룸은 테오도시우스 2세의 400년 된 성벽을 무너뜨리려 애쓰지 않고 인근의 교외와 황금뿔 너머 갈라타 지역을 유린하는 것으로 만족했다. 그러나 전력을 다한 포위전도 있었다. 626년의 페르시아군, 674년과 717년부터 718년의 사라센군이 그랬다. 이때 시민들은 육로와 해로의 공격을 동시에 막아 내야 했으며, 모든 사람들이 전선에 있다고 여겼다. 부분적으로는 시민들의 용기와 각오 덕분에, 그러나 더 중요한 요인으로는 다른 도시에 없는 견고한 성벽 덕분에 그동안 매번 적의 공격을 물리칠 수 있었다.

슬라브인 토마스의 공격에 대해서도 마찬가지였다. 토마스는 육로성벽의 북쪽 끝부분이 황금뿔로 이어지는 부분, 요새가 다소 약한 블라케르나이 구역을 주요 공격 목표로 삼았다. 하지만 크룸이 또 다시 공격해 올 것을 대비하여 레오 5세가 그 구역을 크게 강화해 놓았다는 것을 토마스는 알지 못했던 듯하다. 토마스의 공성기는 미카일이 성벽 위에 설치한 대형 쇠뇌와 투석기의 성능에 미치지 못했다. 바다에서도 토마스의 함대는 아나톨리아 연안에서 온갖 무기와 그리스 화약까지 갖춘 속주 함대들을 상대로 손쉽게 승리를 거두었지만, 맹렬한 겨울 폭풍 때문에 해안 가까이 올 수 없었으므로 별다른 전과는 올리지 못했다.

822년 봄에 토마스는 다시 공세를 폈으나 역시 실패했다. 이번에 황제는 망루 꼭대기에 올라가 반란군에게 연설을 했다. 연설의 내용은 얼핏 그들의 충성심에 호소하는 듯했지만 실은 도시의 방어군이 거의 힘을 잃었음을 은근히 암시하고 있었다. 그 말을 들은 반란군은 방어군이 큰 저항을 하지 못할 것으로 여기고 대오도 제대로 정렬하지 않은 채 경솔하게 공격했다. 그러나 그 순간 갑자기 성문 몇 개가 열리며 제국군이 봇물처럼 쏟아져 나와 기습을 가하면서 미처 대비하지 못한 적을 대거 살육했다. 그 뒤 토마스는 블라케르나이의 공격을 포기했다. 같은 날에 벌어진 해전에서도 반란군은 참패했다. 헬라스와 펠로폰네소스에서 온 2차 함대는 제국의 해군과 교전을 시작하자마자 그리스 화약에 의해 완파되고 말았다.

반란을 일으킨 지 두 번째 겨울을 맞고서도, 더구나 동원된 병력의 규모로 보면 반란이라기보다 내전이라고 해야 할 정도임에도 불구하고 토마스는 승리다운 승리를 한 번도 올리지 못했다. 이제 그는 물론이고 가까운 동료들마저 제위의 꿈이 물거품으로 돌아갔다는 생각을 하지 않을 수 없었다. 하지만 토마스는 포기하지 않았다. 교착 상태가 무한정 지속되는 게 아닌가 싶을 때 크룸의 아들 오모르타그 칸은 제국과의 30년 강화가 종료되자마자 미카일에게 군사 지원을 제의했다. 그러나 황제는 아무리 반역자라 해도 그리스도교도의 피가 이교도의 칼에 묻는 것을 꺼려 그 제의를 정중히 거절했다고 한다. 하지만 미카일은 칸이 약탈의 의도에서 자기 마음대로 행동하는 것을 굳이 막으려 하지는 않았고 오히려 은근히 권장했다. 그리하여 823년에 불가르군은 트라키아의 하이무스 산에서 내려와 몇 주 뒤 헤라클레아 부근 케둑토스[19] 평원에서 반란군을 궤멸시켰다. 기대한 만큼 약탈을 마친 뒤 만족한 오모르타그는 돌아갔다.

토마스는 절망적인 심정으로 흩어진 병력을 규합하여 콘스탄티노플에서 서쪽으로 30킬로미터 가량 떨어진 디아바시스라는 넓은 평원으로 갔다. 그 직후—아마 5월 1일쯤이었을 것이다—황제는 군대를 거느리고 수도를 나와 토마스를 맞으러 갔다. 이윽고 아나스타시우스 성벽[20] 근처의 쿠시카야 언덕에서 흘러 내려오는 멜라스와 아티라스의 두 작은 강이 만나는 곳에서 최후의 결전이 벌어졌다. 토마스는 익숙한 위장 퇴각 전술을 구사하다가 역공을 시도하려 했으나 사기가 땅에 떨어진 그의 군대는 작전을 수행하지 못하고 손에서 무기를 놓아 버렸다. 토마스는 소수의 추종자들만 거느리고 아르카디오폴리스(지금의 륄레부르가즈)로 도망쳐서 방책을 치고 버텼다.

이제는 공수가 교대되어 미카일이 공격하고 토마스는 수비하는 처지가 되었다. 식량이 부족한 것을 알고 있는 토마스는 여자와 아이, 노인과 병자 등 무기를 들 수 없는 사람들을 도시에서 쫓아내고 여름까지 견뎠다. 그러나 10월 들어 썩은 말고기를 먹어야 할 지경에까지 이르자 더 이상 저항할 수 없다는 게 명백해졌다. 성벽에 밧줄을 걸고 내려가거나 곧장 제국군의 진영으로 가는 탈영병도 부지기수였다. 황제는 도시에 남은 방어 병력에게 그들의 지도자인 토마스를 넘겨주면 그동안의 죄를 용서해 주겠노라고 약속했다. 그에 따르지 않으면 전멸밖에 없으리라는 것을 깨달은 병사들은 동의했다.

토마스와 미카일은 오랫동안 적이었다. 그들의 적의가 전쟁으로 터진 것은 지난 2년뿐이었지만 그 2년 동안 제국은 도덕적, 물질적으로 헤아릴 수 없을 만큼 심각한 타격을 입었다. 비옥한 농토가 황무지로 변했고, 자영농 주민들은 아무런 자금 지원도 받지 못한 채 엄청나게 치솟은 세금에 신음하다가 몰락했다. 그들은 또 다시 생존을 위해 콘스탄티노플로 몰려들었다. 니케포루스와 레오 5세를 괴롭혔던 해묵은 문제가 전보다 더 심하게 재발한 것이다. 슬라브인 토마스는 그 모든 재난과 참화의 원인으로 지목되었으므로 자비를 기대할 수 없었다. 병사들은 그를 쇠사슬에 묶은 채 황제 앞에 끌고 와서 땅바닥에 얼굴을 처박았다. 미카일은 만족감을 감추려 하지 않았다. 그는 자주색 장화를 신은 발로 토마스의 목을 누르면서 그의 운명을 선고했다. 그의 손과 발을 자르고 몸은 장대에 꿰라는 명령이었다. 처형은 아르카디오폴리스 성벽 앞 현장에서 이루어졌다.

반란군 잔당을 소탕하는 일은 몇 달 더 진행되었다. 토마스의 양자로 아나스타시우스라는 이름의 무능한 전직 수도사도 잡혀와 아버지와 같은 형벌을 받았다. 아시아 속주의 다른 반란 지도자들은 교수형을 당했다. 하지만 추종자들은 거의 대부분 황제의 대리인들에게 항복하고 용서를 받아 집에 돌아갈 수 있었다. 이리하여 824년 초에 비잔티움 역사상 가장 대규모였던 반란은 끝을 맺었다.

크레타와 시칠리아로 이어진 반란

그러나 미카일 2세의 시련마저 끝난 것은 아니었다. 슬라브인 토마스가 초래한 파괴에서 간신히 회복되자마자 제국에는 다시 두 차례의 재앙이 닥쳤다. 묘하게도 원인과 결과가 비슷한 두 재앙으로 인해 제국은 지중해의 전략적 요충지 두 곳을 잃었다. 그 시대를 다루는 역사가들은 대체로 그 책임이 토마스에게 있다고 보는 경향이 강하다. 그의 반란 때문에 제국이 약화되어 대항할 힘을 잃었다는 것이다. 하지만 모두 자업자득이라고 할 수 있다. 예전의 황제들은 다마스쿠스의 우마이야 칼리프 왕조가 보유한 막강한 함대에 맞서기 위해 강력한 해군을 육성했다. 하지만 750년 이후 바그다드의 아바스 칼리프 왕조로 바뀌면서 사라센의 해군력은 급속히 쇠퇴했고, 그에 따라 비잔티움의 함대도 점점 약화되었다. 그래서 825년에 약 1만 명의 아랍 병력이 40척의 함선에 타고 에스파냐를 출발하여 제국의 해역으로 들어오자 미카일은 속수무책이었다.

이 아랍인들은 816년에 안달루시아에서 현지 아미르[amir, 아랍 속주의 총독, 태수. 에미르라고도 한다]를 상대로 반란을 일으켰다가 실패하고 동쪽으로 지중해를 가로질러 항해하면서 세력을 규합했다. 그들은 이집트를 첫 목표로 삼고 818년에 알렉산드리아를 점령했다. 그러나 7년 뒤에 칼리프 마문에 의해 쫓겨난 그들은 크레타로 향했다. 믿을 만한 이야기에 따르면—비잔티움과 아랍 문헌들이 뒷받침한다—그들의 지도자인 아부 하프스는 부하들에게 12일 동안 크레타를 약탈하라고 명했다. 그런데 그들이 약탈을 마치고 항구로 돌아가니 놀랍게도 아부 하프스의 명에 의해 타고 온 배가 모조리 파괴되어 있는 것이었다.

병사들은 이집트에 아내와 자식들을 놔두고 왔다고 호소했으나 아부 하프스는 크레타의 여자들에 만족하라고 무뚝뚝하게 대답했다. 병사들은 불만이었겠지만 할 수 없이 그 명령에 따랐고 곧바로 칸디아(지금의 이라클리온)를 창건했는데, 이 도시는 이후 크레타의 수도가 된다. 칸디아를 거점으로 그들은 스물아홉 개의 도시를 정복하고, 주민들에게 이슬람교를 강요하고 그들을 노예로 삼았다. 그리고 단 하나의 마을—아쉽게도 이름은 알 수 없다—만 남겨두어 그리스도교를 공개적으로 믿을 수 있도록 허용했다.

그 뒤부터 크레타는 해적들의 근거지가 되었고, 동부 지중해와 에게 해의 모든 섬들, 그리스와 소아시아의 모든 항구들은 항상 그들의 위협 속에서 지내야 했다. 다음 세기에도 아이기나, 파로스, 키클라데스 제도는 여러 차례 유린을 당했다. 아토스 산의 수도사들도 수도원에서 쫓겨났다. 기록이 충실히 남아 있다면 그 밖에 많은 섬, 도시, 수도원들이 아랍 해적선들에 의해 약탈을 당했다는 이야기가 무수히 전해졌을 것이다. 칸디아는 당대 최대의 노예 시장으로 번창했다. 제국은 그 주민들을 제압하기 위해 애썼다. 미카일 2세만 해도 827년부터 829년까지 세 차례의 원정군을 보냈고, 후임 황제들도 몇 차례 원정을 시도했으나 실패했다. 그러다가 961년 제국의 장군 니케포루스 포카스에 의해서 비로소 크레타는 제국의 영토로 수복된다.

크레타를 빼앗긴 지 2년 뒤에 또 다른 아랍인들이 시칠리아를 침공했다. 그러나 이번에는 정식으로 초대받은 입장이었다. 사건의 계기는 유페미우스라는 비잔티움의 제독이 볼썽사납게도 수녀와 놀아난 죄로 직위에서 해임된 것이었다. 항복하면 곧 죽음—또는 끔찍한 신체 절단—이라는 생각에서 그는 반란을 일으켜 제국의 총독을 살해하고 황제를 참칭했다. 하지만 혼자 힘으로 그 지위를 유지할 수 없으리라는 것은 그 자신이 보아도 뻔했다. 그래서 그는 북아프리카로 건너가서 카이루완의 아미르에게 도움을 청했으며, 자신의 권력이 확고히 안정되면 매년 공물을 바치겠다고 약속했다.

아미르에게 그 초대는 거절하기 어려운 유혹이었다. 그에 따라 827년 6월 14일 기병 700명과 보병 1만 명이 70척 내지 100척의 함선을 타고 북쪽의 시칠리아로 향했는데, 그 사령관은 좀 놀랍게도 카이루완 종교 법정의 대표적인 판사들 중 한 사람인 아사드 이븐 알 푸라트였다. 그의 군대는 한눈에 보기에도 위압적이었으나 아사드는 곧 사태가 자신의 뜻대로 되지 않는다는 것을 깨달았다. 그 자신도 이듬해 전염병이 창궐했을 때 죽고 말았다. 그 뒤 얼마 안 가서 유페미우스도 엔나의 제국 수비병들에게 살해되었다. 그러나 그리스도교도와 사라센의 경쟁은 이후 50년 동안이나 더 지속되었다(오늘날에는 팔레르모의 전통적인 인형극에서 과자 깡통으로 만든 흉갑을 입고 머리에는 터번을 두른 인형들이 장난감 칼을 가지고 여전히 싸우고 있다). 그러다가 878년에 시라쿠사가 함락되면서 사실상 시칠리아에 무슬림 권력이 성립되었다.[21]

사실 예전부터 시칠리아는 해적질과 정복을 좋아하는 민족에게 크레타보다도 더 좋은 근거지였다. 예언자(마호메트)의 군대는 메시나 해협을 건너 칼라브리아와 아풀리아를 유린했으며, 거기서 더 나아가 아드리아 해 건너편의 달마치야 남해안까지 진출했다. 미카일과 후임 황제들은 사라센의 진출을 막기 위해 할 수 있는 모든 조치를 다했으나, 제국의 해군은 크레타와 시칠리아를 동시에 상대할 수 없었다. 그래서 비잔티움은 자연히 더 가까이 있는 크레타에 관심을 집중했으므로 시칠리아의 사라센은 점점 더 큰 자유를 누리게 되었다. 이후 수백 년 동안 시칠리아는 노르만, 게르만, 앙주, 아라곤 등 외적의 침략을 연거푸 당하면서 아랍적 요소도 점점 약화되고 그리스도교적으로 변모했다. 그러나 아랍적 요소가 완전히 사라지지는 않았으며, 초기 이슬람 침략자들의 후손들은 지금도 시칠리아에 살고 있다.

우리가 아는 한 미카일이 신학적 사색으로 골머리를 썩인 적은 없었다. 굳이 말한다면 그는 성상 파괴자였다. 스스로도 밝혔듯이 그는 평생 성상을 숭배한 적이 없었고, 더구나 교회를 원래대로 바꾸기로 결심한 터였다. 하지만 미카일은 전임 황제들, 혹은 그의 아들인 테오필루스처럼 광적인 성상 파괴자는 아니었다. 이미 즉위 초기에 그는 전임 황제에 의해 투옥되거나 유배되었던 모든 성상 숭배자들을 풀어 주었다. 그들 중에는 스투디움의 테오도루스도 포함되었는데, 그는 풀려나자마자 즉각 성상을 복권하기 위한 활동을 재개했다. 미카일은 자신의 종교적 원칙에서는 단호했으나, 백성들에게는 공개적으로 연설하거나 남에게 개종을 강요하지만 않는다면 성상을 숭배하든 말든 마음대로 하도록 허용했다. 또한 성상 파괴의 교리를 수도 밖에서까지 강행하려 하지도 않았다.

레오 5세의 치세에도 직업적인 성상 화가나 열렬한 성상 숭배자들은 그리스나 소아시아의 해안과 섬으로 가서 아무런 제약 없이 활동할 수 있었는데, 미카일의 치세에는 관용의 폭이 더욱 넓어졌다. 성상 숭배자들에게 그가 품은 불만은 그들의 종교적 관습이 아니라 교리 문제에 관해 교황이 궁극적인 결정권을 가진다는 주장이었다. 그래서 메토디우스라는 정교회 수도사가 로마에 갔다가 돌아와서 참된 신앙을 회복시키라고 촉구하는 교황 파스칼리스 1세의 서한을 전달했을 때 미카일은 불같이 화를 냈다. 메토디우스는 매질을 당한 뒤 니코메디아 만에 있는 세인트 안드레아스라는 작은 섬의 무덤 안에 감금되어 9년 가까운 세월을 보내야 했다.

파스칼리스의 서한에 그렇게 화를 냈으면서도 미카일은 신속하게 답신을 보냈다. 성상 숭배 지지자들이 지나칠 만큼 열광적이므로 교황에게 성상 숭배자에 대한 지지를 철회하라고 촉구하는 내용이었다. 하지만 그전에 그는 서방 황제인 경건왕 루트비히의 조언을 구하기로 마음먹고, 그에게 주요 쟁점을 다음과 같이 설명했다.

> 성상 앞에 촛불을 밝히고 향을 태우며, 성상을 생명을 주는 십자가처럼 고귀하게 여깁니다. 사람들은 성상에게 정성껏 기도를 올립니다. 심지어 성상에 옷을 입혀 자기 아이들의 세례식에서 대부모의 역할을 하게도 합니다. 어떤 사제들은 그림에서 물감을 긁어 낸 다음 그것을 빵과 포도주와 섞어 성찬식에서 사람들에게 나눠 줍니다. 또 어떤 사람들은 성상의 손에 주님의 몸(빵)을 놓고 성찬을 받게 합니다.

그의 서한을 루트비히에게 전달한 대표단에는 사제와 속인이 섞여 있었다. 그들은 루앙의 황궁에서 정성 어린 대접을 받았다. 그런 다음 대표단은 로마로 갔으나 파스칼리스는 죽었고 유게니우스 2세가 성 베드로의 자리*에 앉아 있었다. 신임 교황이 대표단을 어떻게 대했는지는 기록에 없다. 다만 유게니우스는 루트비히가 825년 파리에서 프랑크족의 주교들로 종교 회의를 소집할 수 있도록 허가했다는 것만 알려져 있다. 이 종교 회의에서는 현명한 결정이 내려졌다. 성상은 교회에서 장식이나 기념물로 전시될 수는 있지만, 그것을 숭배해서는 안 된다는 결정이었다. 하지만 불행히도 그것은 세계 공의회 차원의 결정이 아니었기 때문에 비잔티움 사람들은 그냥 무시해 버렸다.

일부 극단주의자들의 적대감을 제외하면, 미카일의 온건한 종교

* 교황위를 가리킨다. 로마 가톨릭에서는 베드로를 초대 교황으로 간주한다.

정책은 대체로 종교계에서 큰 인기를 얻었다. 그가 교회와 갈등을 빚은 유일한 사례는 성상 숭배에 관한 것이 아니라 824년 사랑하는 첫 아내 테클라가 죽은 뒤 재혼하려 한 일이었다. 엄격한 정교회 신학자들 중에서는 재혼, 특히 황제의 재혼을 개탄하는 사람들이 많았다. 게다가 더 나쁜 것은 재혼의 상대—콘스탄티누스 6세의 딸이자 그 악명 높은 이레네의 손녀인 유프로시네—가 오래전부터 마르마라 해의 한 섬에 있는 수녀원의 수녀였다는 사실이다. 미카일이 어떻게 수녀원에서 그녀를 나오게 할 수 있었는지는 알 수 없지만, 어쨌든 그는 그녀와 결혼했고 재혼 생활은 초혼 시절 못지않게 행복했다. 유프로시네는 죽을 병(신장의 질병)에 걸린 남편이 829년 10월에 눈을 감을 때까지 그의 곁을 떠나지 않았다. 미카일은 50년 만에 처음으로 제위에 있는 상태에서 숨을 거둔 황제였으며, 아울러 튼튼하고 건강한 장성한 아들에게 제위를 계승시킨 황제였다.

3

테오필루스의 번영기

829년~842년

기적인가, 새인가, 혹은 황금의 수공품인가
새나 수공품이라기보다는 기적이리라.
별빛에 물든 황금가지에 앉아
하데스의 까마귀처럼
혹은 분노한 달처럼 마음껏 비웃으리라
불변의 금속이 지닌 화려함으로
평범한 새와 꽃잎을
피와 살로 된 온갖 더러운 것들을 경멸하리라.

W. B. 예이츠 「비잔티움」

문화 군주의 풍모

아버지가 죽을 무렵 테오필루스는 이미 8년 동안 공동 황제로 제위에 있었지만 그동안 역사가들은 그에 관해 거의 언급하지 않는다. 실은 공동 치세가 막 시작된 821년에 아주 잠깐 그가 등장한 적이 있었다. 당시 열일곱 살짜리 황태자는 슬라브인 토마스의 군대가 육로성벽 아래에 진을 치고 있는 가운데 제국의 가장 귀중한 유물인 참십자가의 파편[22]과 성모 마리아의 옷을 들고 성벽을 따라 엄숙하게 행진했다. 하지만 대체로 그는 아버지의 그늘 밑에서 지내는 데 만족한 것으로 보인다. 즉 여러 가지 필요한 행사에는 참석하지만 세인의 이목은 가급적 피하는 식이었다. 그러나 이제 스물다섯의 나이에 단독 황제가 된 그는 제국의 책무를 담당할 자격이 충분한 인물임을 여실히 입증하게 된다.

겨우 문맹을 면할 정도였던 아버지 미카일과는 전혀 다르게 테오필루스는 학식이 풍부했고 비잔티움 특유의 신학에 대한 열정도 품고 있었다. 게다가 그는 아버지처럼 철저한 군사 훈련을 받았으므로 탁월하다고까지 할 수는 없어도 최소한 상당히 유능한 야전 지휘관이었다. 또한 그는 심미안을 가진 인물로서 예술을 후원했으며, 특히 치세 내내 칼리프와 전쟁을 벌였음에도 불구하고 이슬람 문화에 대한 애정이 각별했다.

테오필루스는 그리스도교 황제들보다도 809년 자신이 다섯 살 때 사망한 아바스 왕조의 위대한 칼리프 하룬 알 라시드를 본보기로 삼았다. 하룬처럼 그는 거지 옷을 입고 신분을 감춘 채 콘스탄티노플의 거리와 시장을 헤매고 다니면서 사람들의 불평불만을 귀담아 들었으며, 물가, 특히 식량 가격을 늘 조사했다. 또한 일주일에 한 번은 말을 타고 수도의 한쪽 끝에서 대각선 맞은편 끝으로, 황궁에

† 정의의 심판자를 자처했던 테오필루스는 제위에 오르자마자 레오 5세의 암살에 가담했던 아버지의 동료들을 처형했다.

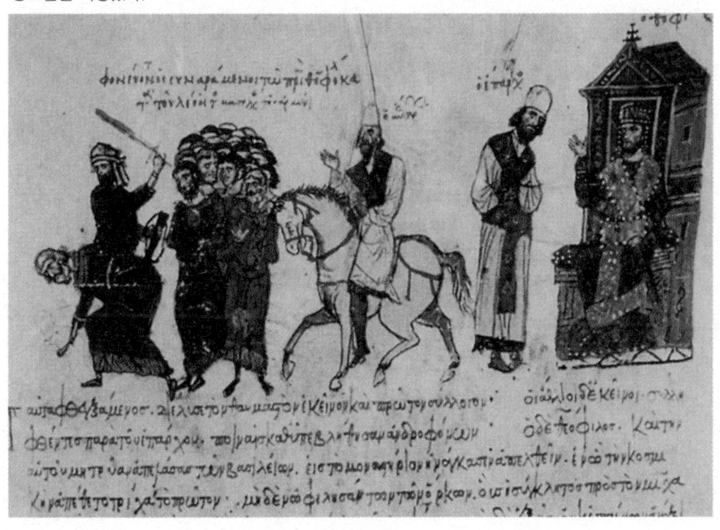

서 블라케르나이의 성모(테오토코스) 성당까지를 왕복했는데, 이때 백성들은 누구나 그에게 다가가서 부당한 처우를 호소할 수 있었다. 한번은 늙은 과부가 황제에게 다가오더니, 황제의 처남인 페트로나스가 자기 궁전을 확장하는 바람에 가까이 있는 자신의 집에 햇빛이 전혀 들지 않게 되었다고 불평했다. 그 말을 들은 테오필루스는 즉각 사람을 시켜 알아보게 하고는 그 늙은 과부의 이야기가 옳다는 것을 알고, 처남의 궁전을 허물게 하고 그에게 공개적으로 매질을 가했다.

솔직히 말해서 이 이야기는 완전히 진실처럼 들리지는 않는다. 하지만 군주가 백성들의 사랑과 존경을 얻으려면 무엇보다 정의를 향한 열정이 필요하다. 그의 치세에 그런 종류의 이야기들이 널리 퍼져 있었다는 사실은 테오필루스가 그의 시대에 이미 전설적인 인물이었음을 분명히 말해 준다. 200년 전 헤라클리우스의 시대 이래로 일찍이 그런 황제는 없었다. 12사도와 동격이고 하늘과 지상의 중간에 위치한 제국의 황제, 너무 높은 대좌에 올라가 있고 의전과 의례에 둘러싸여 있어 백성들이 쉽게 다가갈 수 없고 단지 가족과 일부 가까운 측근들만 만날 수 있는 비잔티움의 황제로서는 확실히 이례적인 경우였다.

하지만 정의감과 서민적인 풍모에도 불구하고 테오필루스는 나름대로 확고한 제국의 이념을 가지고 있었다. 이를테면 그는 비록 자주 대좌에서 내려온다 하더라도 그 대좌를 반드시 순금으로 만들어야 한다고 고집했다. 여기서도 그는 하룬을 본보기로 삼았다. 호사스럽고 화려한 것을 좋아한다는 점에서 그는 유스티니아누스 이래로 최초의 황제였다.

830년 제위에 오른 지 불과 몇 달밖에 안 지났을 때 테오필루스는 문법학자 요한네스를 대표로 삼아 바그다드에 외교 사절을 보냈다. 명분은 칼리프 마문에게 자신의 제위 계승을 공식적으로 통보한다는 것이었으나 진짜 목적은 아랍인들에게 자신의 부와 사치를 과시하려는 데 있었다. 요한네스는 마문에게 줄 선물로 콘스탄티노플의 보석 세공인과 기술자들이 공들여 만든 대단히 값비싼 예술품들을 가져갔던 것이다. 또한 요한네스는 표면에 보석을 입힌 커다란 순금 쟁반 두 개를 가져가서는 그중 하나를 연회 도중에 일부러 '도난' 당한 척했다. 아랍인들은 그런 일이 벌어진 데 대해 경악했지만 잠시 후에 요한네스의 행동을 보고 더 경악했다. 그가 도난 사건에는 별로 관심도 없다는 듯이 똑같은 쟁반을 대령하라고 이르자 함께 가져갔던 또 하나의 쟁반이 나온 것이다. 그밖에도 요한네스는 금조각 3만 6천 개를 가져가서 '바닷가의 모래알처럼' 마구 뿌렸다고 한다.

그 엄청난 부가 어디서 나왔는지는 수수께끼다. 미카일 2세의 치세에는 국고가 거의 바닥 상태였다. 토마스의 반란도 있었고, 크레타와 시칠리아의 사라센을 상대로 한 원정—거의 다 실패였지만—에도 돈이 많이 들었기 때문이다. 미카일이 돈을 쓰기 싫어했고 늘 엄격한 긴축 경제를 유지한 것은 사실이지만, 그렇다고 해서 아들이 그렇게 호기를 부릴 만큼 많이 모아 놓지는 못했다. 그런데 수수께끼를 더욱 알쏭달쏭하게 만드는 것은 테오필루스가 능력 이상의 돈을 쓰지 않았고 빚도 지지 않았다는 사실이다. 오히려 그 반대로 그

† 10세기 초 비잔티움에서 만들어진 귀금속들. 부를 바탕으로 한 당시 비잔티움의 높은 문화 수준을 보여 준다.

는 국고를 가득 채워 놓았다.

그렇다면 미카일의 치세 말기에 제국은 갑자기 엄청난 부의 원천을 새로 발견했을 가능성이 크다. 최근의 어느 역사가[23]는 그것이 아르메니아의 금광이었을 것으로 추측하면서 이 무렵 큰 폭의 인플레이션이 있었던 사실을 그 근거로 든다. 당대 역사가들의 설명도 없고 더 그럴듯한 가설도 없으므로 우리는 그의 주장이 옳을 것으로 생각하지만 정확히는 알 수 없다.

어쨌거나 새 바실레오스는 운이 좋았다. 사치스러운 취향만이 아니라 그것을 즐길 수 있는 수단도 가졌기 때문이다. 그것을 바탕으로 그는 대규모 토목 사업에 착수했는데, 물론 그 대상은 황궁이었다. 황궁은 커다란 궁전 건물 하나로 된 게 아니라, 오늘날 토프카피 오스만 궁전에서 보이듯이 많은 작은 건물들이 원형 경기장의 남동쪽을 커다랗게 에워싸고 마르마라 해안까지 뻗어 있는 건물 단지였다. 원래는 콘스탄티누스 대제가 수도의 토대를 놓을 무렵에 처음으로 황궁을 지었고, 이후 유스티니아누스 때 대폭 재건되었다. 그러나 그것도 벌써 300년 전의 일이었으니 이미 개조와 보수가 늦었다고 본 테오필루스의 생각은 옳았다. 하지만 다른 황제였다면 필경 겉치장에만 신경을 썼을 것이다.

그의 주요 작품인 트리콩코스(삼엽형 지붕)는 세 개의 앱스[apse, 성당 끝의 반원형 부분]를 반암 기둥으로 떠받치고 여러 가지 색의 커다란 대리석판을 씌운 건물로서 동양적인 독특한 풍모를 자랑했다. 은으로 된 문을 통해 서쪽으로 가면 대리석이 둘러진 시그마라고 불리는 반원형의 홀이 있었고, 북쪽에 있는 '진주의 홀'은 모자이크로 장식된 흰 대리석 바닥에다 분홍색의 대리석 기둥 여섯 개가 지붕을 지탱하는 모습이었다. 중앙 공간으로부터 떨어진 곳에 있는 방은 황제가 한여름에 사용하는 침실이었다. 그 맞은편에 있는 카리아노스는 황제의 딸들이 사용하는 공간으로, 우유빛의 카리아* 대리석으

* 아나톨리아 남서부의 지역이다.

로 된 넓은 계단이 있어 그런 이름이 붙었다. 또한 남쪽 가까이의 카밀레스에는 녹색의 테살리아 대리석으로 된 기둥 여섯 개가 있는데, 그 기둥들을 따라 시선을 올리면 과일을 수확하는 장면을 묘사한 모자이크와 금으로 빛나는 지붕을 볼 수 있었다.

황궁의 북동쪽, 소피아 대성당과 면한 지점에는 역시 콘스탄티누스가 처음 지은 마그나우라 궁전이 있었다. 이곳에 테오필루스는 유명한 기계 장난감을 설치했다. 여기서 사람들이 운집한 가운데 영접을 받는 대사들은 황금 플라타너스의 그늘 아래 놓인 황제의 좌석을 보고 크게 감탄했다. 황금 나뭇가지에는 보석으로 만든 새들이 가득한데, 그중에는 막 제위로 뛰어내릴 듯한 자세로 조각된 새들도 있다. 또한 나무 주위에는 역시 황금으로 제작된 사자와 그리핀*들이 웅크리고 앉아 있다. 그러나 더 감탄할 만한 것은 그 다음이다. 신호만 주면 그 동물들이 모두 소리를 내며 움직이는 것이다. 사자들은 으르렁거리고 새들은 일제히 지저귄다. 동물들의 합창이 끝나면 황금 오르간 소리가 고즈넉하게 울려 퍼지면서 사방이 조용해지고 황제와 손님들의 접견이 시작된다. 접견이 끝나고 손님들이 일어나 가려는 순간 다시 합창이 시작되면서 황제는 자리에서 물러난다.

이런 놀라운 장치도 역시 칼리프의 궁전에서 본뜬 것으로 여겨진다. 테오필루스는 마르마라 건너편 비티니아 해안의 브리아스에도 같은 양식의 웅장한 궁전을 지었다. 그러나 공정을 기하려면, 테오필루스는 이런 사치뿐 아니라 콘스탄티노플의 방어를 강화하는 데

* 독수리의 머리에 사자의 몸을 가진 신화 속의 동물을 말한다.

도 시간과 돈을 아끼지 않았다는 점을 밝혀야 할 것이다. 육로성벽은 거의 돌볼 필요가 없었지만 황금뿔 해안의 성벽은 토마스의 공격을 받았을 때 다소 걱정스러워 보였다. 작정을 하고 덤벼드는 적을 막기에는 높이가 좀 낮다는 게 문제였다. 그래서 미카일 2세는 성벽 전체를 높이는 야심 찬 공사를 시작했고, 테오필루스는 그 작업을 이어받아 완수했다. 그의 이름은 다른 어느 황제보다 성벽과 망루의 비문에 많이 등장한다. 테오필루스는 사치스럽고 분방한 측면도 있었으나 그래도 자신의 책무를 잘 알고 있었고 결코 그것을 회피하지 않았다.

일찍 터뜨린 샴페인

테오필루스 자신도 잘 알고 있었겠지만, 역대 황제들 중 가장 친아랍적이었던 그는 공교롭게도 치세의 대부분을 이슬람군에 대한 전쟁 준비로 보냈다. 지난 16년 동안 동부 변방은 조용했다. 공식적인 평화 조약은 없었지만, 호람디난*이라고 알려진 종파의 교도들이 일으킨 반란 때문에 칼리프가 연례행사처럼 되풀이하던 침공을 중단했기 때문이다. 그러다가 829년에 다시 양측의 적대감이 고조되었다. 여기에는 테오필루스의 책임이 컸다.

* 이슬람교의 비밀 종파. 윤회를 믿었고 조로아스터교도 가미된 혼합적인 신앙으로서 11세기까지 존속했다.

사실 그는 문화와 학문의 교류를 통해 이웃의 아랍인들과 우호적인 관계를 유지하고자 무진 애를 썼다. 그러나 그가 즉위한 직후에 호람디난 군대가 제국의 국경을 넘어와 제국의 기치 아래 병력 증강을 요청하자 테오필루스는 놓치기 아까운 기회라고 여겼다. 마침 북동부 변방에 그가 새로 설치한 칼디아 테마에 호람디난 군대를 배치한다면 변방의 방어를 튼튼히 다질 수 있다고 본 것이다. 물론 칼리프 마문에게 그것은 적대 행위였다. 과연 몇 달 뒤 사라센군은 재차 공격을 시도했다.

첫 번째 교전에서는 행운의 여신이 테오필루스의 편이었다. 830년에 그는 적의 영토로 들어가 자페트라 시를 약탈하고, 그 이듬해에는 무슬림이 장악한 킬리키아를 침략함으로써 기선을 제압했다. 만족스러운 성과를 거두고 콘스탄티노플에 돌아온 그는 성대한 개선식으로 자축했다. 역사가들은 이 개선식에 관해 상세하게 설명하고 있다. 테오도라 황후는 주요 대신들과 원로원 의원들을 거느리고 보스포루스를 건너 히에라 궁전까지 가서 남편을 맞았으며, 그들 일행이 아시아에 머문 열흘 동안 많은 포로들이 합류하여 행렬의 규모는 매우 커졌다. 모두가 모이고 만반의 준비를 갖추었을 때 비로소 황제는 해협을 건너 황금뿔로 와서 블라케르나이로 향했다. 거기서 잠깐 휴식을 취한 다음 테오필루스는 말을 타고 성벽 바깥의 들판을 가로질러 금문에서 서쪽으로 수백 미터 떨어진 지점에 이르렀다. 그곳에는 그를 환영하기 위한 밝은 색깔의 임시 건물이 세워져 있었다.

여기서부터 수도까지 개선 행진이 시작되었다. 우선 끝도 없이 이어지는 포로들의 행렬과 주요 전리품이 행진의 선두에 섰다. 그 뒤에는 황제가 보석 마구를 장착한 흰색의 군마를 타고 행진했다. 머리에는 제관을 쓰고 손에는 왕홀을 든 차림이었다. 흉갑 위에 입은 금색 튜닉에는 장미와 포도송이가 수놓여 있었다. 황제의 옆에는 역시 흰색 말을 타고 황금 갑옷을 입은 그의 사위이자 부제인 알렉시우스가 행진했다(그는 얼마 전에 황제의 딸 마리아와 결혼했다).[24] 성문에 이른 두 사람은 말에서 내려 동쪽을 향해 세 번 절했다. 그러자 고위 관리 세 사람—프라이포시투스, 마기스테르, 프라이펙투스*—이 황제를 영접하고 그에게 금관을 바쳤다. 이리하여 수도에서의 권력을 상징적으로 되찾은 뒤 황제는 중앙 대로 메세를 따라 소피아 대성당까지 행진했다.

당시 콘스탄티노플은 온통 "신혼부부의 방처럼 꾸며졌다"고 한다. 창문마다 융단이 걸렸고, 거리는 자주색과 은색의 꽃줄로 뒤덮였으며, 메세에는 무수한 꽃잎이 뿌려졌다. 소피아 대성당에 도착한 뒤 황제는 감사 기도식에 참석한 다음 도보로 아우구스테움을 가로질러 황금 옥좌가 설치된 황궁의 칼케 청동 대문으로 갔다. 옥좌의 한쪽에는 황금 십자가가 놓였고, 반대쪽에는 프로토타우마 protothauma, 즉 '최고의 기적'이라고 불리던 대형 황금 오르간—신기한 기계라면 사족을 못 쓰는 테오필루스가 주문한 것—이 있었다. 옥좌에 앉은 테오필루스는 녹색당과 청색당이 보내는 갈채를 받은 뒤 시민들로부터 황금 팔찌를 선물로 받았다. 그 다음에 황제는

* 각각 대수도원장, 국방 장관, 행정관에 해당하는 직책인데, 황제가 수도를 비우고 원정을 떠났을 때 황제의 권한을 대행하는 관직들이다.

말을 타고 제욱시푸스 목욕탕을 지나 원형 경기장으로 가서 황궁으로 들어갔다. 그 이튿날에 그는 원형 경기장에서 큰 전공을 올린 사람들에게 상을 수여하는 시상식을 치르고, 황제석에 앉아 경주를 시작하라는 신호를 보냈다.

그러나 아직 샴페인을 들기에는 일렀다. 그해 가을에 제국군은 참패를 당했고, 테오필루스는 마문에게 편지 두 통을 써야 했다(수신인보다 자신의 이름을 앞에 썼다는 이유로 편지가 반려된 탓에 한 통을 더 쓴 것이었다). 편지의 내용은 금 10만 디나르를 제공하고 포로 7천 명을 송환하는 대가로 빼앗긴 요새들을 돌려받고 향후 5년 동안 평화를 유지하자는 제안이었다. 하지만 그 제안은 거부되었다. 이듬해 초에 킬리키아 관문의 북쪽 접근로를 통제할 수 있는 중요한 요새인 룰론을 사라센에게 잃자 테오필루스는 또 다른 제의를 할 수밖에 없었다. 그런데 이번에도 실패였다. 칼리프는 황제와 제국이 그리스도교를 버리고 이슬람교를 채택하기 전까지 평화는 없다는 뜻을 분명히 밝혔다.

그러다가 833년 8월 마문이 원정 도중에 죽은 것을 계기로 몇 년 동안의 여유가 생겼다. 그 기간 동안 마문의 동생으로 칼리프가 된 무타심은 권력을 안정시키느라 애를 먹었다. 그러나 837년에 전쟁은 재개되었다. 휴전 기간 중에 전력을 크게 강화한 테오필루스는 이번에도 역시 출발이 좋았다. 메소포타미아와 서부 아르메니아 원정이 성공적이었으므로 적어도 그가 보기에는 또 한차례 개선식을 치를 만한 성과를 올린 듯했다. 그는 너무 기쁜 나머지 이번 개선을 기념하는 경주에서는 자신이 직접 참가하여 청색당의 제복을 입고 흰색 전차를 몰았다. 모두가 예상했듯이 그는 여유있게 우승했으며, 군중은 "최고의 우승자 만세!"를 외치며 환호했다.

하지만 이번에도 샴페인은 너무 일렀다. 838년 4월에 무타심은 직접 대군을 거느리고 사마라 궁전에서 원정을 출발했다. 믿을 만한 기록자인 시리아의 미카일에 의하면 병력의 규모는 약 5만 명이었고 같은 수의 낙타와 2만 마리의 노새가 원정에 동참했다고 한다. 그 군대의 깃발에는 '아모리움'이라는 한마디만 적혀 있었는데, 아모리움은 비잔티움 황실의 고향이자 제국의 두 번째 도시였으므로 무타심은 자신의 불타는 전의를 드러낸 것이었다. 며칠 뒤 칼리프가 온다는 소식을 전해듣자 테오필루스도 곧 콘스탄티노플을 출발하여 적의 진로를 차단하러 나섰다.

제국군은 다지몬(지금의 토카트)에서 사라센군의 한 갈래와 마주쳤다. 전투 초반은 순탄했으나 갑자기 하늘이 어두워지면서 폭우가 쏟아지기 시작했다. 이때 황제는 다른 쪽 전선이 어려움을 겪고 있는 모습을 발견하고, 직접 후위의 병력 2천 명을 불러모아 지원에 나섰다. 그러나 다급한 나머지 그는 휘하 지휘관들에게 그 사실을 통보하지 못했다. 황제가 갑자기 전장에서 사라지자 그가 죽었다는 소문이 나돌았다. 병사들은 혼란에 빠졌고, 그런 경우 으레 그렇듯이 뿔뿔이 도망쳤다. 비가 그치고 어둠이 걷히자 테오필루스는 자신의 부대가 포위되어 있음을 깨달았다. 마침 적 궁수들의 활줄이 비에 젖어 쓸모가 없어진 틈을 타서 그는 어떻게든 포위망을 뚫으려 애썼으나 그 과정에서 많은 사상자가 발생했다. 결국 전투는 패배했고 병사들은 사방으로 흩어졌다. 칼리프는 이미 앙키라(지금의 앙카라)로 진군하는 중이었다. 며칠 만에 앙키라는 별다른 저항 한번 없이 함락되고 말았다.

무타심이 군대를 거느리고 아모리움에 들이닥쳤을 때는 사정이 다른 것처럼 보였다. 아모리움의 성벽은 육중하고 견고했기 때문이다. 요새의 취약한 부분이 없었다면 아마 실제로 함락시키기가 쉽지 않았을 것이다. 그러나 황제가 그 부분을 보수하라는 긴급 명령을 보냈음에도 시민들은 잡석으로 대충 보강하고는 겉만 멀쩡한 것처럼 다듬어 놓았다. 무슬림으로 개종한 한 주민에게서 그 취약한 부분에 관한 정보를 들은 칼리프가 모든 공성 장비를 그곳에 집중시키자 며칠 만에 성벽에 구멍이 뚫렸다.

그래도 방어군은 용감하게 싸웠다. 하지만 결국 방어군 사령관은 부하 장교 세 명과 주교를 적에게 보내, 도시를 넘겨주는 대가로 도시를 떠나려는 사람들이 무사히 피난 갈 수 있도록 보장해 달라고 제의했다. 무타심은 무조건 항복을 고집하며 제의를 거부했지만, 보이디체스라는 제국의 장교는 아랍의 한 장군과 개인적으로 면담한 결과 협조하겠다는 약속을 받았다. 그가 실제로 어떻게 행동했는지는 알 수 없다. 아마 약속된 지점에서 휘하 병사들을 뒤로 물러나게 했거나, 명령을 내리기 전까지 병사들이 공격을 중지하도록 했는지도 모른다. 어쨌든 사라센군은 성벽의 구멍을 통해 손쉽게 아모리움을 점령했다.

주민들은 앞다투어 큰 성당으로 몸을 피했지만 거기서 정복자들에 의해 산 채로 불태워지고 말았다. 나머지 주민들도 일부는 사로잡혀 노예로 팔렸으나, 사라센군의 물 공급량이 부족해지자 학살되거나 사막으로 내몰려 갈증으로 죽어갔다. 끝까지 살아남아 사마라까지 온 사람들은 겨우 마흔두 명에 불과했다. 사마라에서 7년 동안 억류 생활을 하며 자신의 신앙을 굳게 지킨 그들은 마침내 개종과 죽음 중에서 선택할 수밖에 없는 상황에 처했다. 모두들 주저없이 죽음을 선택한 결과 845년 3월 6일 그들은 티그리스 강의 둑에서 참수를 당했는데, 이후 그리스 정교회의 역사에서는 이들을 아모리움의 42명의 순교자로 기리게 된다.[25]

아모리움이 함락되었다는 소식과 함께 칼리프 무타심이 자신의 약속을 지켰다는 소식을 들은 콘스탄티노플의 시민들은 경악했다. 그 재앙은 제국의 심장부에 대한 타격일 뿐 아니라 황제 개인에게는 자기 가문과 혈통에 대한 모욕이었다. 이슬람의 가공할 위력에 바짝 긴장한 테오필루스는 서방 황제 루트비히에게 열정적인 편지를 보내 지원을 요청하는 한편 공동 공격을 제안했다.* 그의 원래 구상은 동방 제국이 크레타를 대규모로 공격하면 서방 제국은 때를 같이 하여 시칠리아와 남부 이탈리아로 진군하는 것이었다. 하지만 북아프리카의 사라센을 공동으로 공격하고 심지어 이집트까지 침략한다는

* 루트비히는 세 아들의 권력 다툼으로 아들들에 의해 폐위될 위험에까지 이르렀을 뿐 아니라 여기에 뒤늦게 본 아들 하나까지 끼어들었으니 당시 프랑크 제국의 정치 판도는 말이 아니었다. 그런 상황이었으므로 루트비히로서는 설사 테오필루스의 제안이 솔깃하다 해도 적극적으로 나설 처지는 못 되었다. 결국 840년에 그가 죽자마자 제국은 세 개로 분할되고, 프랑크 제국은 사실상 문을 닫는다. 이후에도 서방 황제의 제위는 계속 이어졌고 10세기에는 신성 로마 제국이 정식으로 성립하게 되지만, 비잔티움 황제와는 달리 서방 황제는 실질적인 황제의 권한을 가지지 못했으며, 결국 정교 일치와 중앙 집권화를 지향하는 동방과 달리 서방에서는 사실상 제국과 황제가 존재하지 않는 정교 분리와 분권화의 중세사가 전개된다.

더 야심찬 계획도 있었다. 또한 두 제국은 동맹의 증표로 테오필루스의 딸과 루트비히의 손자(장차 루트비히 2세가 된다)를 결혼시킨다는 계획도 있었다.

839년 6월에 비잔티움의 사절단은 잉겔하임에 있는 루트비히의 궁정에서 따뜻한 환대를 받았다. 그때 시작된 회담은 이후 4년 동안 두 황제가 죽은 뒤까지도 간헐적으로 진행되었다. 만약 그 회담이 결실을 맺었더라면 십자군의 시대는 실제보다 250년쯤 앞당겨졌을지도 모른다. 그러나 결실은 전혀 없었다. 베네치아에도 비슷한 제안을 했으나—신생 베네치아 공화국이 독립적인 국가로 간주되는 첫 사례였다—이것 역시 실패로 돌아갔다. 한편 칼리프는 승리를 거둔 이후에도 즉각적인 공세로 나오지 않다가 842년에야 시리아의 여러 항구에서 콘스탄티노플로 대함대를 출발시켰다. 그러나 때마침 불어닥친 폭풍으로 400척의 드로몬드[26] 가운데 일곱 척만 남기고 모두 침몰해 버렸다. 무타심은 이 소식을 듣지 못한 채 1월 5일 사마라에서 죽었으며, 공교롭게도 불과 15일 뒤에는 테오필루스마저 그의 뒤를 따랐다.

성상 파괴의 종말

아라비아의 예술과 학문을 높이 평가했다는 점을 감안한다면, 테오필루스가 전임 황제들처럼 성상 파괴자였다는 것은 전혀 놀라운 일이 아니다. 일부 학자들은 그가 광적인 성상 파괴자였다고 비난하기도 한다. 하지만 그가 성상 파괴 성향을 내보인 경우는 몇 차례에 불과할뿐더러 모두 특수한 사례에 속한다. 예를 들어 당대 최고의 성상화가였던 라자루스는 여러 차례 경고를 받은 끝에 매질을 당하고 달군 쇠로 손바닥에 낙인까지 찍혔지만, (황후의 중재 덕분에) 풀려난 뒤에도 최소한 두 차례의 중요한 작품 의뢰를 받았다. 그중에는 레오 5세가 칼케 대문에서 철거한 성상을 대체하는 더 큰 그리스도상도 있었는데, 그것으로 미루어 보면 그의 부상은 그리 크지 않았던 모양이다.

라자루스는 아마 성상을 애호하는 사람들에게 유명한 인물이었고 황제의 포고령에 정면으로 항거했기 때문에 그런 징벌의 대상으로 찍혔을 것이다. 그런 상황에서 황제는 그를 본보기로 삼는 것 이외에 선택의 여지가 거의 없었다. 더 상세하게 기록된 또 다른 사례도 비슷한 내용을 말해 준다.

작가 테오도루스와 찬송가 연구가 테오파네스는 팔레스타인 출신의 형제였다. 스투디움의 테오도루스가 826년에 사망한 뒤 형제는 그를 계승하여 성상 숭배론을 강력하게 옹호했다. 그들 자신의 설명에 의하면 그들은 콘스탄티노플에 불려 가 일주일 동안 감금되었다가 황제 앞에 끌려 나왔다고 한다. 황제가 그들에게 제국에 온 이유를 물었으나 형제는 대답을 거부했고 그 때문에 머리를 세차게 얻어맞았다. 그 이튿날에 그들은 매질을 당했지만 여전히 생각을 바꾸려 하지 않았다. 나흘이 지나자 테오필루스는 그들에게 마지막 기회를 주었다. 단 한번만 성상 파괴자들과 함께 성사를 치르는 데 동의한다면 더 이상 문책하지 않겠노라는 것이었다. 하지만 형제는 고개를 가로저을 따름이었다. 결국 황제의 명에 의해 그들은 얼굴에 독설적인 풍자시를 문신으로 새기는 형벌을 받았다. 테오필루스도 인정했듯이 그 풍자시가 썩 훌륭한 것은 아니었으나 형제에게는 그것으로 족했다. 베리 교수의 친절한 번역—특히 둘째 행의 멋진 혼유混喩(서로 모순되는 은유를 혼용하는 수사법)—은 황제의 생각을 잘 보여 준다.[27]

그 마을의 성스러운 거리는 한때
하느님의 순수한 말씀이 거닐던 곳
모든 사람이 진심으로 보고 싶어 하는 도시
이 고집스러운 악인들은
우리의 도시 밖으로 내몰리고
사악한 무법에 집착하다가
유죄를 선고받고 얼굴에 낙인을 찍혀
악당처럼 고향으로 쫓겨가네

황제가 던진 질문의 취지—아울러 그 개탄스럽고 졸렬한 풍자시의 의미—를 보면, 그 형제의 죄는 테오필루스가 보기에 그들이 제국에 들어와 말썽을 일으킨 외국 이주민이라는 사실과는 전혀 무관하다. 하지만 그들은 마지막 행의 내용처럼 팔레스타인으로 돌아가지 못했고 비티니아의 아파메아라는 작은 마을에 감금되었다. 여기서 테오도루스는 죽었으나 테오파네스는 살아남아서 더 좋은 시대를 만나 니케아 주교가 되었다.

이 이야기는 황제의 권위가 공공연히 무시되었을 때 테오필루스가 얼마나 잔인하고 잔혹하게 행동하는지 잘 보여 준다. 그러나 다른 한편으로 그가 성상 숭배자에게 응징을 가한 동기가 종교적이라기보다는 정치적인 데 있었음을 알 수 있다. 그가 내놓고 금지한 것은 콘스탄티노플에서 공개적으로 우상 숭배를 하는 행위뿐이었다. 다른 곳이라면 제국 어디서든 성상 숭배가 가능했고 수도의 백성들도 자기 집에서는 얼마든지 가능했다. 심지어 황궁에도 성상 숭배자가 있었다. 신앙심이 깊은 파플라고니아 태생의 황후 테오도라와 황제의 어머니인 테옥티스테가 아무리 뻔한 발뺌을 해도 테오필루스는 그들이 열렬한 성상 숭배자임을 잘 알고 있었고 굳이 그들을 제지하려 하지도 않았다.

아마 그는 어렴풋하게나마 성상 파괴의 힘이 거의 소진되었음을 느꼈던 듯하다. 제2차 성상 파괴는 먼젓번 희미한 그림자에 불과했다. 이사우리아인 레오와 콘스탄티누스 코프로니무스는 제국의 외면을 바꾸고, 다른 모든 사안들을 자신의 삶에 관철된 단일하고 단순한 믿음에 복속시켰다. 아르메니아인 레오와 미카일, 테오필루스는 공통의 견해를 가졌으나 내적인 면모는 달랐다.

또한 시대도 변하고 있었다. 성상 파괴를 유발했던, 종교에 대한 신비적이고 형이상학적인 태도는 나날이 힘이 약해졌다. 성상 파괴가 처음 뿌리를 내렸던 동방의 속주들은 상당 부분 사라센에 넘어갔다. 남아 있는 속주의 주민들도 적의 공격에 시달리면서 신경이 날카로워진 탓에 이슬람교와 명백한 친화력을 지닌 교리에 대해서 본능적인 불신을 키웠다. 게다가 새로운 인문주의의 분위기가 생겨났으며, 동양의 복잡하고 내향적인 정신세계와는 무관한, 이성과 명증성을 지지하는 옛 고전 정신이 부활했다. 그와 동시에 타고난 심미안을 지닌 사람들은 오랫동안 시각적 아름다움에 굶주려 있다가, 평화롭고 자신감이 넘쳤던 옛 시절의 낯익은 그림들을 갈망하기 시작했다. 결국 842년 1월 20일 테오필루스가 이질에 걸려 서른여덟 살로 죽으면서 성상 파괴의 시대는 종말을 고했다.

4

복권된 성상

842년~856년

모든 예배는 상징과 우상을 이용하여 진행되어야 한다. 무릇 우상 숭배는 상대적이며, 최악의 우상 숭배는 맹목적인 우상 숭배다.

토머스 칼라일 『영웅 숭배론』, 제4권

성상 파괴의 시대는 지났다

테오필루스가 살아 있던 시절 어느 날에 테오도라 황후는 침실에 숨겨 놓은 성상에 입을 맞추려 했다가 궁중의 어릿광대인 덴데리스에게 들켜 깜짝 놀란 일이 있었다. 황후는 당황한 기색을 감추기 위해 그냥 어릴 때부터 가지고 있던 인형을 가지고 노는 것뿐이라고 그에게 말했다. 덴데리스가 그 말을 믿었을 리는 없다. 결국 그는 황제에게 그 이야기를 전했고, 황제는 불같이 화를 내면서 아내의 성상 숭배를 격렬히 비난했다.

그 사이 테오도라는 또 다른 변명을 준비하고 있었다. 그녀는 그런 인형이 없다고 말했다. 덴데리스가 거울에 비친 황후와 시녀들의 모습을 보고 착각했다는 이야기였다. 테오필루스는 그 말을 믿은 듯하다. 9세기에는 거울이 귀했으므로 지금 생각하는 것처럼 억지스러운 변명은 아니었다. 하지만 황제의 마음 한구석에는 의심이 남아 있었다. 한참 뒤에 그는 그 어릿광대에게 황후가 다시 그 수상한 행동을 하는 걸 본 적이 있느냐고 물었다. 그러자 덴데리스는 "쉿" 하고 자기 입술에 한 손을 대면서 다른 손으로는 자기 궁둥이를 탁 하고 쳤다. "쉿, 황제 폐하, 인형 말씀은 꺼내지도 마세요!"

이것은 터무니없는 이야기일 뿐 아니라 출처도 의심스럽다. 하지만 이 이야기는, 남편이 죽은 뒤 두 살짜리 아들의 섭정이 된 테오도라가 왜 제국 전역에서 성상 파괴를 근절하는 것을 최우선 과제로 삼았는지를 분명히 말해 준다. 그녀는 신중하게 처신해야 했다. 열렬한 성상 파괴자인 문법학자 요한네스가 5년 동안이나 총대주교의 자리에 확고히 버티고 있었고, 아직도 콘스탄티노플에 살아 있는 일부 노인층에는 786년에 여성으로서 마지막 최고 권력자였던 이레네가 선불리 행동했다가 오히려 폭동을 유발할 뻔했던 기억이 남아 있었다.

하지만 테오도라는 이레네보다 훨씬 똑똑했을 뿐 아니라 운도 좋았다. 대단히 유능한 세 사람—그녀의 삼촌 세르기우스 니케티아테스, 오빠 바르다스, 로고테테스인 테옥티스투스—을 측근으로 두었기 때문이다. 앞의 두 사람은 가족이었으므로 당연히 그녀와 견해를 같이했고, 테옥티스투스는 그전까지 공공연한 성상 파괴자였으나 무엇보다도 정치인인 데다 시대가 변했다는 것을 깨닫고 있었다. 즉 새 체제가 성상 파괴의 문제에 관해 결정적인 행동을 취하지 않는다면 성상 숭배자들이 법령을 장악하리라는 사실을 직감하고 있었다. 네 사람이 신중하게 준비한 결과 황제가 사망한 지 14개월이 지난 843년 3월 초에 공의회가 소집되었다. 다른 한편으로 늙은 메토디우스의 주재 아래 위원회도 구성되었다. 메토디우스는 미카일 2세와 그 아들의 치세에 내내 탄압을 받았으나 결국 테오필루스와 화해하고 오래전부터 황궁에서 조용히 칩거하면서 의제와 필요한 서류를 준비하고 있었다.

공의회는 대체로 순조롭게 진행되었다. 유일한 문제는 문법학자 요한네스가 사임을 거부한다는 것이었다. 결국 그는 강제로 해임되었다. 그러나 믿을 만한 문헌에 의하면 그래도 그는 총대주교 궁전에서 나가지 않겠다고 버티었다. 그때 바르다스가 설득에 나섰다. 그는 요한네스에게 자기 복부에 있는 끔찍한 상처를 보여 주며 예전에 자신을 쫓아내기 위해 온 병사들이 이런 짓을 저질렀다고 말했으나 나중에 밝혀진 바에 따르면 그 상처는 자해의 흔적이었다. 하지만 결국 총대주교는 조용히 물러나 보스포루스에 있는 자신의 별장에 은거했다. 그의 적들에 의하면 거기서 그는 마법과 사술에 탐닉했다고 한다.

후임자로는 메토디우스가 선출되었으며, 제7차 세계 공의회—787년 제1차 성상 파괴를 종식시킨 공의회—에서 결정된 법령이 재차 추인되었다. 하지만 테오도라의 주장 덕분에 사망한 그녀의 남편은 이단으로 파문된 대표적인 성상 파괴자들의 명단에서 빠졌다. 테오필루스가 임종시에 회개를 했다느니, 테오도라가 남편의 숨이 멎을 때 그의 입술에 성상을 대주었다느니 하는 이야기가 나돌았지만 아마 당시에도 그런 소문을 믿는 사람은 거의 없었을 것이다. 어쨌든 그 결정은 장차 생겨날지 모르는 어려운 문제를 해결했고, 아무도 크게 반대하지 않았다.

이제 승부는 결정되었다. 성상 숭배가 성상 파괴에 승리한 것이라기보다는 명증성이 신비주의를, 그리스적 사고가 오리엔트의 형이상학을, 궁극적으로는 서방이 동방을 이긴 것이었다. 이 승리는 제국의 문화뿐 아니라 정치 발전을 위해서, 페르시아를 물리치고 아랍과 줄기찬 투쟁을 하기 위해서도 중요했다. 또한 승리라는 것이 으레 그렇듯이 그 승리가 지속적인 성공으로 이어질 수 있었던 이유는 역시 승자 측이 보여 준 온건과 관용의 정책 덕분이었다.

3월 11일—마침 사순절의 첫 일요일인 이 날은 지금도 동방 교회에서 정교회의 축일로 기념된다—에 소피아 대성당에서는 황족 전원과 인근의 여러 수도원에서 많은 수도사들이 참석하여 감사의 예배를 올렸다.[28] 사람들은 수백 점의 성상을 어깨 높이로 치켜들고 성당의 벽 위에 올랐다. 하지만 완고한 성상 파괴자들을 지나치게 자극할 만큼 성상 숭배 운동이 급속도로 전개되지는 않았다. 늘 논란의 대상이었던 칼케 대문 위의 그리스도상도 몇 년 뒤에야 최종적으로 복원되었으며, 소피아 대성당에서 처음으로 모자이크 인물화가 선보이기까지는 사반세기의 기간이 걸렸다.[29] 성모와 아기 예수의 인상적인 모습을 담은 그 거대한 그림은 11세기가 지난 오늘날에도 여전히 그 자리에서 무심히 우리를 내려다보고 있다.

과거에 성상 숭배 때문에 고초를 겪었음에도 불구하고 메토디우스 총대주교는 전혀 복수심을 품지 않았다. 성상 파괴의 지도자들은 비록 파문을 당했지만 형벌을 받거나 투옥되지는 않았다. 격분한 사람들은 오히려 스투디움의 수도사들이었다. 그들은 총대주교가 공석이 된 주교 자리에 자기들 중 한 사람을 임명하지 않고 온건파 인물을 발탁하자 그에게 맹공을 퍼부었다. 결국 메토디우스는 그들을

† 미카일 3세, 혹은 바실리우스 1세의 시대에 완성되었다고 전해지는 성 소피아 대성당의 성모와 아기 예수 모자이크.

모조리 파문할 수밖에 없었다.

전하는 바로는 그때 수도사들은 어느 젊은 여성에게 돈을 주고 위증하게 함으로써 총대주교를 간음죄로 엮어 그를 퇴임시키려 했다고 한다. 그 사안을 다룬 심문 과정에서 메토디우스는 고발된 죄목과 직접적인 관련이 있는 자신의 신체 부위를 내보였는데, 그의 남성은 볼품없이 오그라들어 있었다. 그의 설명에 따르면, 오래전 로마에 있을 때 성 베드로에게 불순한 욕망으로부터 구해 달라고 기도하자 그에 대한 응답으로 성 기능을 상실하게 되었다는 것이다. 그랬으니 그가 승소한 것은 당연했다. 그 여성도 모두가 사기극임을 실토했다. 하지만 그런 죄를 저지른 자들은 무거운 징벌을 받지 않았다. 매년 정교회 축제가 벌어질 때 블라케르나이에서 소피아 대성당으로 행진하면서 시민들의 저주를 받는 형벌이 고작이었다.

한편 성상 숭배의 순교자들은 사후에 보상을 받았다. 유배지에서 죽은 스투디움의 테오도루스와 니케포루스 총대주교의 시신은 콘스탄티노플에 송환되어 황후와 궁정 관리들이 지켜보는 가운데 사도 성당에 정식으로 안치되었다. 다만 성상 파괴의 주역이었던 콘스탄티누스 5세의 무덤을 훼손한 것은 별로 아름다운 광경이 아니었다. 그의 녹색 대리석관에서 석판 몇 개를 떼어다가 황궁의 방 하나를 장식하는 데 사용했던 것이다.

패배한 성상 혐오자들에게는 조그만 위안거리가 있었다. 원래 성상 파괴 이전 시대는 물론이고 이레네와 그녀의 아들, 그 후계자들의 치세에도 종교적인 회화와 조각은 늘 동등하게 허용되었다. 843년 공의회에서도 회화와 조각에 차별을 두지는 않았다. 그런데 이 무렵부터 일종의 암묵적인 합의가 이루어진 것처럼 비잔티움 예술은 2차원적인 표현으로 제한되었다. 이로써 돌과 대리석, 나무와 석고, 금과 은과 구리를 이용한 모든 조각은 사라졌다. 사실 십계명의

* "너를 위하여 새긴 우상을 만들지 말고, 또 위로 하늘에 있는 것이나 아래로 땅에 있는 것이나 땅 아래 물속에 있는 것의 아무 형상이든지 만들지 말며, 그것들에게 절하지 말며, 그것들을 섬기지 말라." 이런 둘째 계명은 확실히 회화보다 조각이라는 '우상'을 더 금지하는 것처럼 보인다. 그러나 모세가 신에게서 십계명을 받았다는 기원전 13세기의 사정을 고려한다면 사실 그것은 당연한 일이다. 당시에는 동굴의 벽이나 바위 표면을 제외하고는 성상으로 휴대할 만큼 적당한 '캔버스'가 없었기 때문에—파피루스에 갈대 펜으로 정교한 종교 회화를 그린다는 것은 생각하기 어렵다—둘째 계명에도 굳이 회화를 언급할 필요가 없었던 것이다.

둘째 계명에 분명히 나와 있으니 그리 놀랄 일은 아니었다.* 그런데—다른 아홉 가지 계명도 큰 차이는 없지만—서유럽에서 그 계명이 별로 통용되지 않았던 이유는 뭘까? 어쨌든 안타깝기 그지없는 일이다. 만약 비잔티움에서 화가와 모자이크 작가들만이 아니라 재능있는 조각가들도 계속 배출되었더라면 예술 세계는 더욱 풍요로워졌을 테니까.

가혹한 종교 탄압

성상이 복권되자 곧바로 테옥티스투스는 후속 조치로 다른 동료 두 명을 축출했다. 이후 13년 동안 그는 테오도라와 더불어 비잔티움의 실질적인 지배자로 군림했다. 당시 그는 파트리키우스이자 환관이라는 특이한 위치에 있었다. 그러나 그는 학식이 풍부하고 문화에 해박한 인물로서, 이미 서유럽의 어느 도시보다도 크게 앞서 있던 수도의 교육 수준을 더욱 개선하는 데 많은 시간과 노력을 기울였다. 그런 성과를 바탕으로 9세기 후반과 10세기에 문화 르네상스가 찾아오는데, 이에 관해서는 나중에 살펴보기로 하자. 테옥티스투스는 또한 경제 정책에서도 탁월한 성과를 올렸다. 테오필루스의 치세에도 그랬듯이 국고에는 연신 금이 쏟아져 들어왔다. 그러나 그때에도 그랬듯이 이 경제적 성공의 이유도 명확하지 않다.

군사 분야에서도 테옥티스투스는 과거에 평가되었던 것보다 훨씬 큰 성공을 거두었다. 이유는 잠시 후에 밝혀지겠지만, 미카일 3

세와 그의 대신들은 당대의 문헌과 후대의 역사가들—특히 콘스탄티누스 포르피로게니투스 황제—로부터 부당한 폄하를 받았으며, 그들의 업적도 의도적으로 조작되었다. 이후 역사가들은 내내 그런 평가에 속아 오다가 최근에야 사실이 바로잡혔다. 예를 들어 테옥티스투스가 직접 군대를 거느리고 크레타를 원정한 일에 관해서도, 얼마 전까지는 원정군이 콘스탄티노플에 돌아오자마자 크레타가 다시 사라센의 수중으로 넘어갔다는 것이 정설이었지만 실은 그 원정 덕분에 크레타는 상당 기간 제국의 세력권으로 수복될 수 있었다.

또한 10년 뒤인 855년 5월 22일에는 무슬림의 침공이 시작된 이래 가장 과감한 군사 작전으로 꼽히는 원정이 벌어졌다. 황궁의 시종장인 환관 다미아누스의 지휘 아래 비잔티움의 함대는 나일 강 삼각주의 동쪽 끝자락에 있는 다미에타를 급습하여 도시오 항구의 사라센 함선들을 모조리 불태우고, 무기고를 파괴하고, 많은 포로들을 잡아 왔다. 최근에 발견된 아랍 문헌에 따르면 약 300척의 함선으로 이루어진 제국의 함대가 에게 해와 시리아 해안 일대를 세 차례 이상 공격한 것으로 나와 있다.

테옥티스투스와 황후가 함께 비난받아 마땅한 사건은 파울리키아파를 탄압한 일이었다. 베리 교수는 그 사건을 "9세기 최대의 정치적 재앙 가운데 하나"라고 말한다. 사실 그들은 세력권은 넓었어도 위험한 그리스도교 종파가 아니었다. 파울리키아파는 약 200년 전에 아르메니아에서 탄생한 이래 제국에서 말썽을 일으킨 적이 없었으나, 종교적 탄압을 일삼은 미카일 1세는 그들에게도 탄압의 칼날을 들이댔다. 그 이유는 순전히 교리적인 데 있었다. 파울리키아파는 비록 성상 파괴자였으나 그들이 탄압을 받은 이유는 그들이 성상만이 아니라 세례, 결혼, 성찬식, 십자가의 의미, 구약 성서 전체와 신약 성서의 일부, 교회의 위계 자체를 모조리 거부하기 때문이었다. 그들은 선과 악의 대립적인 두 원리를 내세우는 마니교의 신앙을 지지했으며, 물질세계가 악마의 창조물이라고 믿었다. 그러므로 그리스도의 단일한 본성—그들은 또한 강경한 단성론자였다[30]—은 물질세계와 무관한 것이었고, 성모라는 존재도 마치 "물이 관을 통해 흐르는 것처럼" 신성한 본질이 담겨진 물리적 그릇에 불과할 뿐이었다.

성상 파괴의 시대가 돌아오자 파울리키아파는 자신들의 시련도 끝나리라고 기대했으나 곧 좌절하고 말았다. 아르메니아인 레오와 테오필루스는 전임자들의 정책을 답습했던 것이다. 그리고 이제 성상 숭배자들이 권좌에 복귀하자 탄압의 강도는 더욱 심해졌다. 파울리키아파의 모든 교도들에게는 잘못을 시정하지 않으면 죽음의 고통을 안기겠다는 포고령이 떨어졌고, 대규모 원정군이 그 포고령을 집행하기 위해 동방으로 파견되었다. 교도들이 거의 모두 자신의 신앙에 충실했던 탓에 그 결과는 대학살이었다. 무려 10만 명이 목이 매달리거나, 물에 빠지거나, 칼에 베이거나, 십자가로 처형되었다. 그들의 재산과 토지는 전부 국가에 몰수되었다. 요행히 많은 사람들이 죽음을 모면했는데, 이들은 제국의 경계를 넘어 멜리테네(지금의 말라티아)의 아미르인 오마르 이븐 아브둘라에게로 피신했다.

비잔티움의 역사상 한 종교 공동체 전체를 그렇듯 잔인하게 파괴한 적은 전무후무했다. 파울리키아파를 무력으로 탄압한 야만적인 사건은 테오도라 황후의 이름에 씻을 수 없는 오점을 남겼다. 게다가 그것은 너무나도 어리석은 짓이었다. 그대로 놔두었더라면 그 독실하고 금욕적인 사람들은 사라센의 공격을 막는 굳건한 보루가 되어 분별력이 있는 비잔티움 백성들의 존경과 감사를 받았을 것이다. 그러나 그들은 오히려 칼리프의 영토로 쫓겨나 제국의 적에 충성하는 세력이 되어버렸다. 박해를 받는 종교는 으레 그렇듯이 파울리키아파의 신앙도 사방으로 확산되었다. 10세기 불가리아와 보스니아의 보고밀파, 11세기와 12세기 랑그도크의 카타르파에서 그 흔적을 볼 수 있다.* 그다지 매력적인 신앙은 아니었으므로 그 고향인 아르메니아 땅에 계속 머물러 있도록 놔두었다면 그 막대한 희생은 없었을 것이다. 그것을 긁어 부스럼으로 만든 것은 무엇보다도 비잔티움 지배자들의 잘못이었다.

황궁에서 벌어진 음모와 암살

한편 미카일 3세는 어른으로 자라고 있었다. 성장기에 그는 거의 주목을 받지 못했다. 강인하고 의지가 굳은 그의 어머니는 늘 아들을 뒷전에만 두었으며, 미카일 자신도 짧은 생애 동안 늘 어린아이처럼

* 보고밀파는 보고밀이라는 사제가 창시한 종파였고 카타르파는 '순결'이라는 뜻의 그리스어에서 나온 이름이다. 교리는 서로 비슷한데, 마니교의 이원론을 받아들이고 물질세계를 악으로 보며 철저한 금욕 생활을 강조했다. 따라서 일반적인 그리스도교에서처럼 물질로 은혜를 베푸는 성찬식이나 자선의 개념은 인정되지 않았다.

연약하고 우유부단하게 살았다. 그러나 그에게도 조숙한 면이 있었다. 855년에 겨우 열다섯 살의 나이로 유도키아 잉게리나라는 정부를 두었으니 말이다. 어머니만 아니었다면 그는 그녀와 결혼했을 것이다. 며느리감이 스웨덴 혈통인 것도 마음에 안 드는 데다 자신을 별로 존경하지도 않는다고 여긴 그의 어머니는 서둘러 아들을, 이름은 같지만 성은 다른 유도키아 데카폴리타나라는 처녀와 결혼시켰다. 그러나 미카일은 아내에게 전혀 관심을 보이지 않았다. 그는 평소처럼 어머니의 말에 절대 복종했지만 실은 첫사랑과 헤어질 마음이 없었을 것이다(실제로 그녀와는 죽을 때까지 관계를 끊지 않았다). 어머니에 대한 억압된 분노를 이기지 못한 그는 몇 달 뒤 황후의 몰락을 빚은 음모에 가담했다.

이 음모의 주동자는 황후의 오빠인 바르다스였다. 그는 843년에 테옥티스투스의 책략으로 쫓겨난 일을 결코 용서하지 않고, 12년 동안이나 복수의 칼을 갈고 있었다. 이윽고 기회가 왔다. 시종장인 다미아누스—2년 전 벌어진 다미에타 전투의 주역인 그는 그 전공에 대한 보상에 불만을 느꼈을 것이다—의 도움으로 그는 어렵지 않게 미카일을 설득했다. 황후와 테옥티스투스는 결코 권력을 놓지 않을 것이며, 만약 미카일이 자기 권리를 주장한다면 그들은 주저없이 그를 폐위시키리라는 이야기에 미카일은 쉽게 넘어갔다.

젊은 황제의 지지를 확인하자 바르다스의 행보는 빨라졌다. 하루나 이틀 뒤인 855년 11월 20일에 테오도라의 거처에 가기 위해 황궁 안을 걷던 로고테테스의 앞을 미카일과 다미아누스가 가로막았다. 황제는 분노한 목소리로 자기는 이제 어린아이가 아니며 처리해

† 황제와 황후의 모습이 새겨진 9세기 경의 금화. 수염을 기른 미카일 3세의 왼손에 복음서가 들려 있고, 머리 뒤로 십자가가 보인다.(좌) 미카일 3세와 제관 아래로 보석 장식을 늘어뜨린 테오도라.(우)

야 할 국정이 있으면 어머니가 아니라 자신에게 가져와야 한다고 주장했다. 잠시 옥신각신하더니 테옥티스투스는 몸을 돌이켜 왔던 길로 돌아갔다. 그러나 몇 걸음 가지 않아 바르다스가 불만을 품은 장교들과 함께 그를 덮쳐 땅바닥에 쓰러뜨렸다. 테옥티스투스는 간신히 칼을 뽑아들었으나 순식간에 제압당했다. 바르다스는 원래 그를 먼 곳으로 유배시키려 했지만, 황제는 경비병들에게 직접 그를 죽이라는 명령을 내렸다. 그 무렵 테오도라는 시녀들에게서 사태를 보고받고 스킬라로 달려와서 항의했다. 그러나 미카일은 어머니를 냉혹하게 뿌리쳤다. 경비병들이 의자 밑으로 기어 들어간 테옥티스투스를 끌어내자 경비대장이 그의 가슴에 칼을 박았다.

강력한 로고테테스가 죽자 테오도라의 권력도 제거되었다. 하지만 당분간 그녀는 쓰라린 가슴을 안고 황궁 안에서 지냈다. 856년 3월 원로원 특별 회의에서 그녀의 아들은 단독 황제가 되어 이후 11년 동안 재위했다. 재위했다고 해서 곧 나라를 통치했다는 것은 아니다. 우유부단하고 무책임한 미카일의 성격을 감안한다면 실권이 그의 외삼촌에게 넘어간 것은 제국을 위해 다행스러운 일이었다. 바르다스는 비록 파렴치한 방법으로 권력을 손에 넣었으나—겉으로는 테옥티스투스를 처형하는 대신 유배를 보내려 한 듯하지만 실은 황제가 마음대로 하도록 놔두었기 때문에 그에게도 책임이 크다—죽은 로고테테스보다 유능한 인물이었다.

정치적 선견지명과 지칠 줄 모르는 체력을 지닌 탁월한 행정가였던 바르다스는 많은 역사가들이 비잔티움의 황금기라고 말하는 곧 다가올 시기를 앞당기는 데 결정적인 역할을 했다. 또한 제국의 행정관이자 군대의 총사령관으로서도 그는 거의 연전연승을 거두었다. 예를 들어 군사 부문에서—왜곡된 비잔티움의 기록이 아니라 아랍 문헌에 의하면—856년에 그의 동생 페트로나스가 이끄는 제국군은 유프라테스 강을 건너 멀리 아미다(지금의 디야르바키르)까지 침범하여 많은 포로를 잡아 왔다. 3년 뒤에는 황제가 직접 원정군을 지휘하여 범람기의 유프라테스 강을 건넜는데, 그 뒷이야기는 마치 전설처럼 민간에 전승되는 인기 있는 그리스 서사시가 되었다. 또한 859년 여름 제국군은 다미에타를 다시 습격하여 먼젓번과 같은 전과를 올렸으며, 863년에는 10주의 시차를 두고 사라센에게 두 차례 참패를 안겼다.

이러한 전과들 중에서 첫 승리의 상대는 멜리테네의 아미르인 오마르 이븐 아브둘라였다. 늘 위험한 적이었던 그는 파울리키아파 난민들을 받아들여 전력을 크게 증강시켰다. 초여름에 그는 그리스도교도와 무슬림이 뒤섞인 병사들을 이끌고 흑해 남부의 아르메니아콘 테마를 거쳐 상업의 중심지인 아미수스(삼순)를 약탈했다. 이에 제국은 페트로나스의 지휘하에 약 5만 명의 군대를 파견했다. 페트로나스는 병력을 셋으로 나누어 북쪽, 남쪽, 서쪽에서 동시에 진격시켜 포손—할리스 강과 그 지류인 랄라카온 강 사이의 어느 지점—에서 적을 포위했다. 곧이어 벌어진 처절한 전투에서 오마르와 그의 병사들은 거의 다 전사했다. 아랍 측의 기록에 따르면 황제도 내내 그곳에 있었다고 한다. 미카일과 페트로나스는 아미르의 아들을 비롯하여 살아남은 아랍 병사들을 포로로 잡아 콘스탄티노플로 개선했다. 그들이 수도로 돌아온 지 얼마 되지 않아 또 다른 승리의 소식이 전해졌다. 마이야파리킨에서 사라센의 아르메니아 총독인 알리 이븐 야히아에게 대승을 거둔 것이었다.

이것으로 아모리움의 치욕은 갚았다. 역사의 흐름은 서서히 바뀌고 있었다. 아랍이 처음 제국을 침략할 때부터 비잔티움은 늘 방어전만 펼쳤고, 여러 차례 생존의 위협에 직면한 순간도 맞았다. 그러나 이제부터 제국은 공격전에 나서기 시작했다. 제국의 군대는 강해지고 장비도 좋아졌을 뿐 아니라 무엇보다 사기와 자신감이 하늘을 찌를 듯했다.

5

경쟁하는 두 교회

857년~866년

그들은 현혹되어 부정을 행했을 뿐만 아니라 지금 가장 큰 잘못을 저지르고 있습니다. …… 아무리 타락한 자라 해도 어떻게 그런 말을 입에 담을 수 있겠습니까? 어떤 사악한 뱀이 그들의 가슴에 독을 내뿜은 것일까요?

포티우스 총대주교 867년 여름에 동방의 총대주교들에게 보낸 서한

두 총대주교

본국에서 현명한 정치가 행해지고 외국에서 군사적 성공이 이루어진다면 당연히 그 나라는 행복하고 조화로워야 할 것이다. 그러나 비잔티움에게 행복과 조화는 사치스러운 말이었다. 특히 가장 큰 불화의 원천은 바로 그리스도교 교회였다. 지금까지 비잔티움의 역사를 꼼꼼하게 읽은 독자라면, 그리스도교 국가가 아니라 차라리 이교 국가인 편이 더 좋았으리라는 확신을 얻을 수 있을 것이다. 배교자 율리아누스가 결국 옳았다고 할까? 비잔티움의 기세가 욱일승천하는 바로 이 시기에 하필이면 콘스탄티노플 총대주교와 로마 교황의 관계가 틀어진 것은 정말 공교로운 일이 아닐 수 없었다.

문제의 근원은 847년 지혜로운 노인이었던 메토디우스 총대주교가 죽고 그의 자리를 전에 폐위당한 황제 미카일 1세의 아들인 환관 이그나티우스가 계승한 데 있었다.[31] 이그나티우스는 황실의 핏줄이라는 것을 제외한 또 다른 강점들도 가지고 있었다. 그는 가장 혹심한 성상 파괴의 시기에도 성상 숭배의 뜻을 굽히지 않았으며, 마르마라 해의 테레빈토스 섬(지금의 타브샨 섬)에 창립한 자신의 수도원을 수도에서 신변이 위험해진 성상 숭배자들의 피신처로 제공했다.

그러나 메토디우스는 성상 파괴자들을 온건하게 회유한 데 반해 이그나티우스는 용서와 타협이라고는 모르는 완고하기 그지없는 고집불통이었다. 그는 황후 한 사람만의 추천으로 총대주교가 된 처지이면서도, 소피아 대성당에서 자신의 취임식이 끝나기도 전에 동료들에게 장차 정국이 어떻게 돌아갈지 예감할 수 있게 해 주는 사건을 일으켰다. 희생자는 시라쿠사 대주교인 그레고리우스 아스베스타스였는데, 그는 온건파의 지도자라는 이유 때문에 이그나티우스의 표적이 되었다. 이그나티우스는 취임식 도중 갑자기 그레고리우스에게 꾸며 낸 구실을 들이대면서 그를 성당에서 쫓아냈다. 그뿐만이 아니었다. 이후에도 그는 6년 동안이나 그 불행한 대주교를 계속 탄압하다가 마침내 853년 종교 회의에서 그레고리우스를 규탄하여 해임시키고 파문해 버렸다.

그레고리우스는 두 명의 교황에게 연거푸 복직을 호소했으나, 이그나티우스는 열렬한 성상 숭배자들이 모두 그렇듯이 교황을 강력히 지지하고 있었으므로 바티칸에서는 그를 적으로 만들지 않으려 했다. 한편 예전의 온건파 인물들은 총대주교를 혐오하는 마음에서 일치단결하여 어떻게든 그를 제거하고자 했다. 마침 그들은 필요한 순간에 그레고리우스보다 훨씬 유능하고 강력한 지도자를 얻을 수 있었다. 그는 포티우스라는 사람이었다.

총대주교처럼 황제의 후손은 아니었으나 포티우스도 귀족 출신이었고, 그의 외삼촌이 테오도라의 여동생과 결혼했기 때문에 희미하게나마 황실의 혈통과 연관이 있었다. 게다가 그는 극히 단순한 교리 외에는 받아들이려 하지 않는 편협한 이그나티우스를 가지고 놀 수 있을 정도로 자타가 공인하는 당대 최고의 학자였다. 한번은 그가 총대주교를 멋지게 곯려 준 일이 있었다. 그는 방금 생각해 낸 이단적인 이론을 마치 새롭고 깊이 있는 것처럼 총대주교에게 말했다. 인간은 실수를 저지르는 영혼과 실수를 저지르지 않는 영혼을 함께 가지고 있다는 이론이었다. 황당한 주장이었지만 포티우스는 학자이자 지식인으로서 워낙 높은 명성을 지녔기 때문에, 이그나티우스를 포함하여 다른 사람들은 그의 말을 무조건 진지하게 받아들이는 경향이 있었다. 어리석게도 총대주교가 고민하는 기색을 보이자 그는 자신이 원하는 효과를 얻었다고 여겨 속으로 쾌재를 부르며 자신의 주장을 철회했다. 그의 친구 콘스탄티누스—뒤에 그가 슬라브족에게 전도하는 과정이 소개될 것이다—는 신자들의 정신을 그렇게 의도적으로 타락시키는 것을 책망했으나 포티우스는 무해한 장난일 뿐이라고 말하곤 했다.

실제로 그랬다. 때로는 유쾌한 소동도 있어야 하지 않을까? 포티우스는 아마 신학의 역사를 통틀어 유일하게 즐거운 농담을 할 줄 아는 사람이었을 것이다. 그것 하나만으로도 그는 우리의 감사를 받을 자격이 있다.

하지만 아무리 학식이 풍부하다 해도 포티우스는 성직자가 아니었다. 그 대신 그는 제국의 법정에서 정치 경력을 쌓고자 했으며, 예상할 수 있듯이 고속으로 승진했다. 그러므로 바르다스가 권좌에 올랐을 때 포티우스가 그의 절친한 친구이자 조언자가 된 것은 당연한 일이었다. 물론 총대주교 이그나티우스에게는 더없이 불만스러운 일이었다. 분별 있는 사람이라면 그런 상황에서는 저자세를 취하고 가급적 신중하게 처신해서 자신의 지위를 유지하기 위해 노력했을 것이다.

† 성 소피아 대성당 북쪽 팀파눔에 있는 이그나티우스 총대주교의 모자이크.

그러나 이그나티우스는 과연 그답게 오히려 주먹을 휘두르며 공격에 나섰다. 그가 선택한 쟁점은 사실 그에게 충분한 승산이 있었다. 불행히도 하필 그때 바르다스가 자신의 며느리와 사랑에 빠져 조강지처를 버리는 일이 일어난 것이다. 이 사건은 곧 장안의 화제로 떠올랐다. 이그나티우스는 먼저 공개적인 비난의 장을 만들었다. 그러나 바르다스가 본체만체하자 이그나티우스는 그를 파문하고, 858년 예수공현축일에 그의 성사를 거부했다.

용감한 행위이기는 했지만 무모하기도 했다. 그때부터 바르다스는 말썽 많은 총대주교를 영원히 제거할 기회만 엿보았다. 몇 달 뒤에 그 기회가 왔다. 전부터 점점 어머니에 대한 의혹을 키워 오던 황제는 이윽고 어머니와 미혼의 두 여동생을 블라케르나이 근처의 카리아노스 수녀원으로 보내기로 결정했다. 그들을 확실히 수녀원에 붙잡아 두기 위한 안전장치로 황제는 그들의 머리를 깎기로 했다.

그런데 그가 이그나티우스에게 삭발식을 부탁했을 때 총대주교는 일언지하에 거절해 버렸다. 바르다스는 이것이 바로 총대주교와 태후가 동맹을 맺고 황제에게 반발하고 있는 증거가 아니겠느냐고 주장했고 황제는 쉽게 넘어갔다. 게다가 때마침 간질병 환자로 위장한 게베온이라는 자가 느닷없이 나타나더니 허무맹랑하게도 자신은 테오도라가 전 남편과의 사이에서 낳은 아들이라고 주장했다. 그의 뒤에 총대주교가 있다는 증거를 조작하는 것은 쉬운 일이었다. 결국 11월 23일 이그나티우스는 체포되어 재판도 없이 테레빈토스 섬의 자기 수도원으로 추방당했다.

바르다스가 점찍은 후임 총대주교가 누구일지는 말할 필요도 없었다. 포티우스가 단연 1순위였다. 하지만 아직 두 개의 장애물이 남아 있었다. 하나는 그가 속인이라는 것이었으나 이 문제는 쉽게 해결되었다. 12월 20일에 그는 삭발식을 치렀고, 21일에는 낭독자[lector, 예배를 드릴 때 성구를 읽는 사람. 하위 교직에 속한다]로 임명되었으며, 22일에는 차보제次補祭, 23일에는 보제, 24일에는 신부가 되었고, 크리스마스에는 드디어 친구인 그레고리우스 아스베스타스에 의해 주교 서품을 받았다. 이 과정은 상당히 경박해 보이지만 그런 사례는 상당히 많다. 타라시우스 총대주교—포티우스의 삼촌이기도 했다—와 그의 후임자인 니케포루스도 같은 방식으로 고위 성직자가 되었다. 하지만 둘째 장애물은 더 심각했다. 아무리 압력을 가해도 이그나티우스가 사임하지 않는 것이었다. 그를 합법적으로 제거하는 유일한 방법은 공의회를 통해 교회법적으로 폐위시키는 것이었으나 그것은 사실상 불가능했다. 포티우스는 사실상 총대주교의 지위를 차지했지만, 이그나티우스가 마음을 바꾸지 않는 한 적법한 총대주교가 될 수는 없었다.

그래도 최소한 일시적으로나마 적을 제거했다는 생각에서 포티우스는 자신의 지위를 공고히 다지기로 했다. 일단 그는 로마의 교황에게 서신을 보내 자신의 즉위를 공식 통보했다. 그런 서신은 격식상의 의미를 지닐 뿐이었고 답신도 대개 요식 절차에 불과했다. 그러나 교황 니콜라우스 1세는 전임자들과는 달리 동방 교회에 관심이 컸으므로 자신의 권위를 내세우기로 마음먹었다. 그는 교황청에 오래 근무했으므로 시라쿠사 대주교와의 서신 교환을 통해 포티우스의 즉위 과정을 이미 알고 있었다. 게다가 신임 총대주교의 서신은 전임자에 관해 한마디도 언급하지 않는 전형적인 외교적 책략을 보여 주고 있었으며, 동봉한 황제의 서신에는 이그나티우스가 신도들을 소홀히 했기 때문에 교회법에 따라 해임되었다고 되어 있는데, 교황으로서는 둘 다 충분히 의심할 수 있는 내용이었다. 그래서 그는 마리아 마조레 성당에서 격식을 갖춰 비잔티움의 사절단을 영접하고, 그들이 가져온 선물을 고맙게 받았지만,[32] 자세히 조사해 보지 않고서는 포티우스를 승인하지 않겠다는 뜻을 분명히 밝혔다. 그리고 그는 답신을 통해, 이듬해에 콘스탄티노플에서 진상조사위원회를 열자고 제안하면서 자신도 두 명의 위원을 보내 그들로부터 직접 보고를 듣겠다고 말했다. 또한 교황은 총대주교에게—아울러 비잔티움의 황제에게—일찍이 732년에 레오 3세가 로마의 관할권에서 빼내 콘스탄티노플의 관할로 옮긴 시칠리아와 칼라브리아의 주교구, 테살로니카 교구, 기타 발칸의 여러 관구들을 상기시키면서 다시 교황청에 반환하는 게 어떻겠느냐는 뜻을 비추었다.[33] 물론 그 대가가 뭔지 명시적으로 밝히지는 않았으나 그의 의도는 삼척동자라도 알 수 있었다.

러시아 바이킹과의 첫 만남

니콜라우스 교황이 로마에서 제국의 사절단을 영접한 지 한두 해 뒤인 860년 한여름에 콘스탄티노플 시민들은 기억하기도 싫을 정도의 끔찍한 일을 겪었다. 황제와 그의 외삼촌 바르다스는 마침 얼마 전 사라센을 정벌하기 위해 또 한 차례의 원정군을 보냈는데, 6월 18일 오후에 갑자기 아무런 경고도 없이 흑해 방면에서 200척 가량의 함대가 보스포루스 입구에 나타나더니 천천히 콘스탄티노플로 다가오면서 강둑에 늘어서 있던 부유한 수도원들을 마구 약탈하고 도상의 촌락들을 모조리 불태운 것이다. 일부 함선들은 해협의 남쪽 끝에서 마르마라 해로 진출하여 프린키포 섬을 유린했으며, 상당수의 함선들이 황금뿔의 입구에 닻을 내렸다. 이리하여 비잔티움 사람들은 장차 수백 년 뒤 자신들의 운명과 불가분하게 엮이게 되는 러시아인들을 처음으로 만났다.

그 지도자들은 아마 틀림없이 슬라브족이 아니라 노르만인이었을 것이다.* 이들은 8세기 말부터 스칸디나비아에서 대거 이주하여

* 여기서 노르만인은 우리에게 바이킹이라는 이름으로 더 익숙하다.

유럽, 서아시아, 심지어는 나중에 신세계에까지 지대한 영향을 미치게 되는 민족이었다. 이미 830년경에 그들은 볼가 강 상류에 공국公國 또는 칸국을 세웠고, 사반세기 뒤에는 볼가 강, 드네프르 강, 돈 강에 그들이 자랑하는 롱십[longship, 바이킹이 사용하던 갤리선과 비슷한 긴 배]을 띄우고 남쪽으로 내려와 흑해와 카스피 해 연안의 커다란 무역 도시들을 공격했다. 그들은 슬라브족을 신민으로 거느렸으나 곧 그들에게 흡수되었다. 콘스탄티노플의 시민들을 공포로 몰아넣은 러시아인은 거의 마지막으로 남아 있던 야만족이었다.

루스족(그들은 스스로 그렇게 불렀다) 사람들은 전에도 수도에 온 적이 있었다. 특히 838년부터 839년에는 루스족의 작은 무리가 확인되지 않은 외교 임무를 지니고 테오필루스의 궁정을 방문한 적이 있었다. 그러나 이번은 외교도 아니었으며, 더욱이 황제와 총사령관, 군대의 대부분이 아시아에 가 있었으므로 상황이 무척 심각했다. 이 시점에서 무슨 일이 있었는지는 확실하지 않다.[34] 그러나 원정 기간 동안 수도를 담당한 행정관인 오리파스가 미카일에게 다급히 전령을 보내 비상사태를 알린 것은 거의 확실하다. 황제는 서둘러 콘스탄티노플로 돌아왔으나 그때는 이미 침략자들이 보스포루스를 거쳐 흑해로 돌아가 집으로 가는 중이었다.

그들은 왜 그렇게 급히 떠났을까? 나중에 그 사건을 주제로 한두 차례의 설교—한번은 사태가 진행되는 도중에, 또 한번은 러시아인들이 떠나고 며칠 뒤에—에서 포티우스는 침략자들에게 희생된 사람들이 겪은 소름끼치는 만행을 생생하게 묘사하면서 수도가 구원을 받은 것은 자신이 신성한 유물인 성모의 옷[35]을 어깨 높이로 들고 성벽을 거닐면서 적의 퇴각을 유도했기 때문이라고 말했다. 다른 문헌[36]은 그 초자연적인 요소를 더 강조하여, 총대주교가 성모의 옷을 바닷물에 적시자 거기서 무시무시한 폭풍이 일어나 러시아 함대를 덮쳤다고 주장한다. 하지만 이 이야기는 믿기 어렵다. 그게 사실이라면 포티우스가 그 이야기를 하지 않았을 리 없기 때문이다. 가장 그럴듯하게 설명한다면, 수도가 난공불락인 데다가 성 바깥 지역을 약탈하느라 지친 탓에 침략자들은 물러가기로 결심했을 것이다.

러시아인들이 물러간 진짜 이유야 무엇이든, 그 사건으로 포티우스의 명성은 전보다 상당히 높아졌다. 한편 그의 적인 이그나티우스는 점점 죄어 드는 불운의 늪에서 헤어나지 못했다. 총대주교직에서 사실상 폐위된 뒤 그는 그 나이의 노인이라면 대부분 견디지 못했을 고초를 겪었다. 테레빈토스에서 얼마 동안 있다가 그는 공교롭게도 가장 화려한 황궁이 있는 히에라로 이송되어 염소 우리로 쓰던 곳에서 지냈다. 그 뒤 수도로 송환된 그는 황금뿔의 외딴 곳에 위치한 프로모토스 감옥에서 무거운 사슬에 묶였고 매까지 맞아 이가 두 대나 부러졌다. 이후 그는 황궁 근처의 누메라 감옥에 잠시 감금되었다가 레스보스 섬(지금의 미틸레네)으로 가서 여섯 달 동안 지낸 뒤 자신의 수도원으로 돌아가도 좋다는 허락을 받았다. 이제 그의 고초는 끝나야 했다. 그런데 이번에는 러시아인들이 그를 괴롭혔다. 프린키포 섬에 상륙한 그들은 테레빈토스를 덮쳐 수도원 건물을 파괴·약탈하고, 스물두 명의 수도사들과 일하는 사람들을 죽였다. 이그나티우스는 간신히 목숨을 부지했다.

충분히 예상할 수 있듯이 콘스탄티노플에서는 그 재앙이 신의 노여움을 나타낸다고 믿고, 남아 있는 이그나티우스의 추종자들을 제거했다. 그러나 그 완고한 환관 노인은 어떠한 역경에도 굴하지 않았고 적들이 어떠한 학대와 위해를 가해도 뜻을 꺾지 않았다. 그는 때가 오리라고 믿었다. 기회를 기다리며 그는 이듬해 봄에 콘스탄티노플에 사절을 보내기로 되어 있는 니콜라우스 교황에게 청원하기로 마음먹었다.*

로마 교황의 간섭

교황의 사절로 파견된 아나니의 자카리아스와 포르투의 로도알드는 861년 4월에 콘스탄티노플에 도착했다. 그들이 교황에게서 확고한 지시를 받았는지는 알 수 없지만, 두 사람은 교황이 어느 쪽을 지지하는지 잘 알았다. 그러나 오자마자 그들은 포티우스에게서 강한 압력을 받았다. 심지어 도착하고 나서 처음으로 받게 될 선물—호화롭고 값비싼 자수 옷—을 오는 도중에 받았을 정도였다. 콘스

* 『비잔티움 연대기: 창건과 혼란』에서도 보았듯이 서방 교회의 대표인 로마 교황과 동방 교회의 대표인 콘스탄티노플 총대주교 간에는 전통적으로 '끗발' 싸움이 치열했다. 8세기까지만 해도 교황은 교직상으로는 총대주교보다 상위 서열이었으나 제국이라는 배경이 없었기 때문에 현실적 권한에서는 대체로 콘스탄티노플 총대주교에 뒤졌다. 그랬기에 비잔티움에서 제1차 성상 파괴 운동이 벌어졌을 때도 교황은 찍소리 한번 내지 못했던 것이다. 그러나 9세기 중반쯤이면 본문에서 보듯이 로마 교황의 발언권이 상당히 커지게 된다. 여기에는 역시 서방 제국의 역할이 컸다. 그런 점에서 당시 교황들은 샤를마뉴(그리고 그의 대관식을 치러 준 교황 레오 3세)에게 크게 감사해야 했을 것이다.

탄티노플에 와서부터는 교회 행사, 영접, 연회, 여흥이 끊임없이 이어졌다.

포티우스는 내내 그들을 따라다니면서 자신의 학식과 매력으로 그들을 사로잡았다. 반면에 황제의 접견은 별로 유쾌하지 않았다. 황제 역시 그들을 정중하게 대해 주었지만 그들의 귀환 여부가 전적으로 자신의 자비에 달려 있다는 둥, 대신 사람을 물어뜯는 벌레가 득시글거리는 장소에 오래 머무는 것은 아주 불쾌한 경험일 것이라는 둥 기분나쁜 말을 몇 차례나 했던 것이다. 이렇듯 입에 발린 아첨과 그 뒤에 숨은 은근한 위협이 계속되자 자카리아스와 로도알드는 어느 편에 서야 할지를 분명히 깨닫게 되었다.

공의회는 부활절 직전에 사도 성당에서 열렸지만, 그 한참 전에 이미 포티우스는 사절들이 분란을 일으키지 않으리라고 확신했다. 더구나 그들은 이그나티우스를 만나지도 못하다가 교회에서 그의 죄목을 물을 때에야 비로소 처음 그를 보았다. 이그나티우스는 정식으로 총대주교의 복장을 하고 심문에 임하려 했으나 제지를 당해 초라한 수도복을 입어야 했다. 그를 반대하는 증인은 무려 일흔두 명이나 되었다. 그들은 그가 교회법에 의해서가 아니라 테오도라 황후의 지시에 의해서 총대주교에 임명되었으므로 무효라고 증언했다. 제4차 회의가 끝날 무렵에 그의 해임은 공식 문서로 결정되었으며, 문서 말미에는 아나니의 자카리아스와 포르투의 로도알드라는 이름이 분명하게 서명되었다.

이 소식을 들은 교황 니콜라우스는 격노했다. 가을에 사절들이 로마로 돌아왔을 때 교황은 자신의 불만을 숨기지 않았다. 그들의 임무는 사실을 밝혀내는 것이었는데 어떻게 심판관의 역할조차 하지 못했느냐고 교황은 나무랐다. 그의 질책은 계속되었다. 그들은 자신의 지시를 터무니없는 것으로 어겼으므로 불복종의 큰 죄를 지었을 뿐 아니라, 전체 교회의 이익을 배반하고 비잔티움 측의 회유에 넘어가 고위 성직자라기보다 순진한 아이처럼 처신했다. 더 한심한 일은 그 대가로 단 하나의 양보조차 얻어 내지 못한 것이었다. 실제로 얼마 뒤에 불가르 왕국은 그리스도교를 채택하게 되는데, 그 사실을 감안한다면 일리리아 주교구를 로마의 관할 아래 두는 것은 더욱더 중요한 일이었고, 이번은 그 일을 할 수 있는 완벽한 기회였다. 그런데도 그 딱한 사절들은 포티우스에게 일리리아 주교구에 관해서 입도 뻥긋하지 못했다. 오히려 그들은 포티우스의 꼭두각시가 되어 그의 장단에 놀아났으니 지위와 서열이 아까울 정도였다. 교황은 앞으로 그 점을 고려하겠다며 으름장을 놓았다.

사절들은 두려움에 몸을 떨면서 자리에서 물러났다. 그래도 교황의 분노는 가라앉지 않았다. 때마침 콘스탄티노플에서 보낸 사절이 공의회의 전체 회의에 관한 상세한 보고서와 포티우스의 서신을 가지고 로마에 도착했는데, 그 서신은 교황의 부아를 더욱 돋웠다. 서신의 내용은 온건하고 정중했으나 교황에 대한 존경의 기색이라고는 조금도 없었다. 그 반대로 총대주교는 교황을 자신과 동격으로 여겼고, 콘스탄티노플 교구의 독립을 구체적으로 주장하지는 않았어도 모든 글귀마다 그런 의미가 배어 있었다. 쟁점이 된 주교구에 대해서도 포티우스는 교활하게 발을 뺐다. 자신은 로마의 관할에 속하는 게 최선이라고 생각하지만, 안타깝게도 그것은 황제의 권한이며, 황제는 아직 그럴 시기가 아니라고 여긴다는 것이었다.

이제 니콜라우스는 단호한 조치를 취해야 했다. 그런 그의 결심은 테오그노스투스라는 예기치 못한 인물이 등장함으로써 더욱 굳어졌다. 그는 로마 교회의 수도원장, 페가이 수도원의 대수도원장, 소피아 대성당의 스케우오필락스skeuophylax,[37] 콘스탄티노플 수도원의 총주교 대리 등 다양한 고위 성직을 거쳤고 해임된 총대주교를 매우 강력히 옹호하는 인물이었다. 그렇기 때문에 그는 황제의 철저한 감시를 받다가 변장까지 하고 간신히 수도에서 탈출하여 로마로 왔다. 교황에게 그는 심문의 부당성과 증인들의 위증, 포티우스 일파의 부정을 상세히 설명하고, 이그나티우스가 로마에 얼마나 충성심을 지니고 있는지, 또 그동안 얼마나 큰 시련을 겪었는지 장황하게 늘어놓았다.

공의회가 끝난 뒤 이그나티우스의 고초는 더욱 심해졌다. 포티우스 일파는 이그나티우스의 퇴임을 종용하기 위해 그를 다시 잡아들여 여러 차례 매질을 하고, 2주일 동안 감금한 채 굶기는가 하면, 사도 성당의 납골당에서 그의 발목에 무거운 돌을 매달고 성상 파괴의 선봉장인 콘스탄티누스 5세의 더러운 석관 위에 묶어 놓기도 했다. 마침내 그의 의식이 가물가물해지자 그들은 그에게 펜과 문서 한 장을 불쑥 내밀었는데, 그것은 그를 해임한다는 문서로 포티우스의 서명 바로 위에 그의 서명란이 있었다.[38]

교황은 더 주저하지 않았다. 우선 그는 알렉산드리아, 안티오크, 예루살렘의 총대주교들에게 서신을 돌려 이그나티우스가 부당하게 해임되고 그 자리를 비열한 악한이 가로챘으니 이그나티우스를 원래의 지위에 복귀시키기 위해 힘껏 노력하자는 취지를 알렸다. (하지만 그 세 총대주교의 교구는 모두 사라센의 수중에 있었기 때문에 그들이 개입할 가능성은 적었다.) 그 다음에 니콜라우스는 황제와 포티우스에게 서신을 보내 그 사안에 대한 자신의 견해를 명료하게 밝히고, 로마 교황의 권한이 가장 우월하며 교황의 승인이 없이는 총대주교가 임명되거나 해임될 수 없다는 것을 재차 강조했다.

이 서한에 대한 답신이 오지 않자 교황은 863년 4월 라테란에서 종교 회의를 소집했다. 이 회의에서는 포티우스의 모든 성직이 박탈되었고 총대주교의 모든 권한을 즉각 포기하지 않을 경우 그를 파문한다고 선언했다. 또한 포티우스가 임명한 다른 성직자들에게도 비슷한 선고가 내려졌고, 이그나티우스와 그 때문에 해임된 모든 성직자들을 원직에 복귀시킨다는 결정이 내려졌다. 아나니의 자카리아스는 콘스탄티노플에서의 행위로 인해 교구에서 해임되었다. 하지만 놀랍게도 로도알드에 대해서는 어떤 제재도 가해지지 않았다.[39]

황제와 총대주교는 당연히 교황의 억지에 짜증을 냈으나 그다지 신경을 쓰지는 않았다. 특히 미카일은 매우 낙관적이었다. 863년은 앞에서 보았던 것처럼 유달리 군사적으로 다사다난했지만, 포티우스 논쟁은 종교적으로 발칸 반도에서 일어난 사태에 비해 상대적으로 중요치 않았던 것이다.

키릴루스 형제의 선교 사업

슬라브족은 6세기에 로마 제국의 영토로 침입한 이래 제국에서 불쾌하고 달갑지 않은 민족으로 취급되었다. 더구나 860년에 러시아인들이 침략함으로써 슬라브족의 평판은 더욱 나빠졌다. 그런데 포티우스 총대주교와 교황 니콜라우스 1세의 다툼이 절정에 이르렀을 무렵, 모라비아의 왕 로스티슬라프가 보낸 사절단이 전혀 다른 임무를 지니고 콘스탄티노플에 도착했다. 그들의 말에 따르면, 자신들의 왕과 백성들이 모두 그리스도교를 받아들이고자 하는데 그들이 알고 있는 모든 그리스도교 스승들은 모순된 교리만을 가르친다는 것이었다. 그래서 그들은 황제에게 진리를 올바로 가르쳐 줄 수 있는 믿을 만한 선교단을 보내 달라고 부탁했다.

이리하여 전설*이 생겨났다. 모라비아 사절단이 콘스탄티노플에 온 것은 사실이다. 하지만 사절단이 온 이유는 전설에 전하는 것처럼 그렇게 소박했을 리가 없다. 무릇 대중의 개종에는 반드시 정치적 맥락이 있게 마련인데, 이 경우도 예외가 아니었다. 당시 로스티슬라프는 북서부 국경 너머의 프랑크족으로부터 심각한 압력을 받고 있었다. 862년 초에 프랑크 왕 루트비히**가 불가르 칸 보리스와 동맹을 맺자 로스티슬라프도 동맹 세력이 절실해졌다. 그러므로 그가 사절을 보낸 주된 목적은 발칸의 그런 사정을 황제에게 알리고 경각심을 주어 너무 늦기 전에 불가르를 공격하도록 하려는 데 있었

* 다음에 나오는 키릴루스와 메토디우스의 유명한 선교 활동을 가리킨다.

다. 그가 그리스도교를 받아들이겠다고 나선 것은 단지 보리스가 언제라도 자기 백성들을 개종시켜 로마 교회로 이끌지 모르는 상황이었기에 나온 유인책일 뿐이었다.

포티우스 총대주교는 그런 호기를 놓칠 사람이 아니었다. 이교도들에게 복음을 전파할 수 있을 뿐 아니라 정교회의 세력권을 북서쪽 멀리까지 확장할 수도 있는 좋은 기회였다. 게다가 현재의 상황에서 더 반가운 일은 교황권에 치명타를 가할 수도 있다는 점이었다. 니콜라우스는 새로 개종한 발칸 백성들을 교황의 관할로 끌어들이기 위해 노심초사하고 있었기 때문이다. 마침 선교 임무를 맡아 줄 완벽한 적임자도 있었다. 그는 테살로니카 출신의 수도사인데, 세례명은 콘스탄티누스였지만 후대에는 그가 임종시에 채택한 키릴루스라는 슬라브 식 이름으로 더 잘 알려지게 된다.

이 서른다섯 살의 젊은이는 일찍부터 높은 학식과 덕으로 이름이 높았으며, 특히 언어에 뛰어난 재능을 보였다. 테옥티스투스에게 발탁되어 콘스탄티노플에 온 뒤 그는 포티우스의 휘하에서 공부했다. 포티우스는 그의 재능에 깊은 인상을 받아 그를 사서로 기용하기도 했다. 이후 키릴루스는 하자르족에 대한 선교에 나서서 그들의 언어

** 이 루트비히는 앞에 나온 경건왕 루트비히의 셋째 아들로서 흔히 독일왕 루트비히 또는 루트비히 2세라고 불린다. 아버지가 물려준 프랑크 제국의 영토 중에서 동프랑크(지금의 독일)를 차지한 그는 당시 서프랑크를 차지한 동생 샤를과 치열한 영토 다툼을 벌이고 있던 중이었다(4형제 중 맏형 로타르는 그들이 함께 굴복시켰고—843년의 베르됭 조약이 그 결과다—둘째인 피핀은 그전에 죽었다). 그랬으니 그가 모라비아(지금의 체코 동부)를 탐내는 것은 당연했다. 또한 그 일환으로 루트비히가 불가르에 접근하자 모라비아가 비잔티움으로 지원의 손길을 벌린 것도 필연적인 일이었다.

로 많은 사람들을 개종시켰으며, 하자르 군주의 호의를 얻어 그리스도교 포로를 2천 명이나 석방시키는 개가를 올렸다.

군사적 개입에 관해 미카일 황제는 처음에는 아주 소극적인 태도를 보였다. 어려움이 많은 서부 원정을 위해 한참 잘나가고 있는 동부 변방에서 군대를 빼낸다는 게 영 마뜩잖았기 때문이다. 그러나 루트비히가 발칸을 마음대로 주무른다면 그것은 곧 재앙이었다. 할 수 없이 황제는 몇 개 부대를 콘스탄티노플로 불러들이고 동방에서 할 일 없이 놀고 있던 함대에게도 원정 준비를 명했다. 863년 여름에 함대는 보스포루스를 출발하여 흑해로 들어가서 불가리아의 해안에 닻을 내렸다. 그와 동시에 황제는 군대를 거느리고 국경을 넘

† 불가르 칸 보리스가 세례를 받고 개종하는 모습.

었다.

타이밍은 완벽했다. 불가르군은 북쪽 멀리 모라비아와의 접경 지대에 있었고, 남쪽은 9세기 최대의 기근에 시달리고 있었다. 보리스는 저항이 불가능하다는 것을 알고 즉각 미카일에게 사절을 보내 강화를 모색했다. 황제의 조건은 간단했다. 불가르 칸은 프랑크와의 동맹을 포기하고 정교회의 의식에 따라 그리스도교를 받아들여야 한다는 것이었다. 보리스는 체면 불구하고 서둘러 그 조건에 동의했다. 865년 9월에 그는 콘스탄티노플로 와서 소피아 대성당에서 총대주교의 세례를 받고 황제를 대부로 삼아 황제와 같은 미카일이라는 세례명을 받았다.

한편 그 전해 봄에 키릴루스는 동생 메토디우스와 함께 모라비아의 선교 사업에 착수했다. 메토디우스도 형에 못지않게 그 임무에 적임자였다. 일찍부터 관직에 있었던 그는 주로 슬라브족이 많은 속주에서 근무했기 때문에 슬라브어에 능숙했다. 그 뒤 그는 명상의 삶을 살기로 결심하고 비티니아의 올림푸스 산*에 있는 수도원에 은거했으나, 형 키릴루스가 선교의 임무를 함께 하자고 제안하자 즉시 달려왔다. 형제는 864년 초여름에 콘스탄티노플을 떠나 모라비아에 3년 넘게 머물렀다. 전하는 바에 따르면, 키릴루스는 그때까지 문자가 없었던 슬라브어를 표기하기 위해 새 문자를 발명해서 성서와 일부 기도문들을 번역했다고 한다. 그런데 묘하게도 그가 선택한 언어는 마케도니아 식 슬라브어였다. 이 언어는 모라비아인들이 쓰

* 그리스의 올림포스 산과는 다른 산이다.

는 슬로바키아 방언과 차이가 크기 때문에 그들은 거의 알아들을 수 없다. 그러므로 키릴루스는 모라비아인보다 불가르인을 염두에 두고 문자를 고안했을 가능성이 크다. 나중에 성서 번역은 자신이 아는 슬라브어로만 했을 것이다.[40]

그랬으니 모라비아의 선교 실험이 완전히 실패한 것은 지극히 당연한 일이다. 그럼에도 불구하고 키릴루스는 음성학적으로 다양하고 독특한 언어를 가지고 있던 슬라브인들에게 맞춤형 문자를 만들어 줌으로써 슬라브 문학의 발전을 위한 토대를 놓았다. 선교 사업과 더불어 그런 업적 때문에 그 학자인 동시에 성인인 형제는 오늘날까지도 기억되고 존경을 받고 있다.

선택권을 쥔 불가르족

865년 8월에 니콜라우스 교황은 비잔티움의 황제에게서 서신을 받았다. 3년 동안 양측의 논쟁은 중단되어 있었다. 그동안 미카일은 불가리아에서 정치·군사·종교적으로 거둔 성공으로 한껏 기고만장했다. 그는 몇 년 전에 왔던 그 교황 사절 두 사람이 그들의 소관도 아닌 제국의 국내 사안을 다루기 위한 종교 회의에 참석할 수 있었던 것은 커다란 행운이라고 말했다. 하지만 그것은 중요하지 않았다. 진짜 문제는 로마에서 독설과 비방을 일삼고 다니는 테오그노스투스 같은 자들이었다. 황제는 그들을 즉각 콘스탄티노플로 송환시켜야 한다고 여겼다. 만약 교황이 거절한다면 황제 자신이 직접 로마로 가서 데려올 참이었다.

이에 대해 니콜라우스는 최선으로 대응했다. 그는 로마의 우위만을 집중적으로 파고들었다. 여기에는 의문의 여지도 없었고 대안도 없었다. 불과 20년 전만 해도 콘스탄티노플의 황제와 총대주교는 이단적인 성상 파괴자들이 아니었던가? 교황이 인가하지 않은 공의회는 모두 불법이므로 그 결정도 자동으로 무효였다. 테오그노스투스와 그의 친구들은 원하는 대로 얼마든지 교황청에 머물 수 있었다. 니콜라우스는 단 한 가지만 양보했다. 서로 적대하는 그 두 총대주교가 로마에 온다면 자신이 직접 두 사람의 주장을 다시 한번 고려해 보겠노라는 것이었다. 니콜라우스는 거기서 한 발자국도 물러나지 않았다.

당시 미카일은 교황을 계속 밀어붙일 의도가 아니었을 것이다. 그의 으름장은 아마 자신의 주장에 힘을 싣기 위한 수단에 불과했을 것이다. 하지만 그 진상은 알 수 없다. 예기치 못한 사태로 인해 그 논쟁이 전혀 새로운 양상으로 바뀌었기 때문이다. 포티우스는 전보다 한층 진지하게 대처해야 했다(그 무렵 황제는 술독에 빠져 거의 주정뱅이가 되어 버렸다).

불가르 칸은 그리스도교로 개종한 지 1년도 못 되어 점점 반발심이 커졌다. 갑자기 그의 왕국에 그리스와 아르메니아의 사제들이 뻔질나게 드나들면서 백성들은 이해하지도 못하는 난해한 쟁점들을 놓고 자기들끼리 다투었으니 그의 심사가 뒤틀렸을 것은 뻔하다. 백성들은 예전처럼 이교도로 살 때가 훨씬 좋았다고 생각했다. 그 불쾌하고 시끄러운 이방인들의 가르침을 받아야 하는 데다 그들을 먹여 주고 재워 줘야 했으니 그것도 큰 고역이었다. 그래도 소피아 대성당에서 치른 자신의 웅장한 세례식에 큰 감명을 받은 보리스는 자기 백성들과 함께 그런 의식을 치르고 싶었다. 그래서 그는 포티우스에게 서한을 보내 불가리아 총대주교를 임명해 달라고 요청했다.

바로 그때 포티우스는 생애 최대의 실수를 저지르고 만다. 불가리아 교회를 확고히 자신의 통제 아래 두려는 생각으로 보리스의 요청을 거절했을 뿐 아니라 아예 무시해 버린 것이다. 불가르 칸은 그 밖에도 정교회의 교리와 사회적 관습 중에서 여러 가지 사소한 것들—황제와 구분하기 위해 그의 이교식 이름을 그대로 유지하는 문제도 포함되었다—이 불가르 전통과 충돌을 빚는다고 지적하면서, 그리스도교로 개종하고서도 전통을 계속 유지할 수 있다면 새 종교에 대한 백성들의 저항심이 많이 누그러질 것이라고 주장했다.

그런데 포티우스는 그의 제안 중 일부는 거부하고 나머지는 그냥 무시해 버렸다. 칸은 격노했다. 황제의 대자代子인 것까지는 좋지만 황제의 가신이 되고 싶지는 않았다. 로마와 콘스탄티노플 간의 문제를 익히 알고 있었던 그는 그 관계를 이용하기로 마음먹었다. 그래서 그는 866년 여름에 니콜라우스 교황에게 사절을 보내 포티우스가 퇴짜를 놓았던 문제들에다 새 문제들도 보태 그것들에 관한 교황의 견해를 물었다.

니콜라우스에게 그것은 좋은 기회였다. 그는 즉시 주교 두 명을 특사로 삼아 불가르 궁정에 파견했다. 그들은 보리스가 제기한 106개의 문항들에 일일이 세심하게 답변한 문서를 가지고 갔다. 그 답변은 지역적 특수성을 배려했으며, 교회법이 허용하는 한 최대한 양보를 하고, 그럴 수 없는 사안들에 대해서는 합당한 이유를 설명했다. 이를테면 남자와 여자가 모두 바지를 입는 불가르족의 관습을 용인했고, 터번도 교회를 제외한 곳에서는 쓸 수 있도록 허용했다. 비잔티움에서는 수요일과 금요일에 몸을 씻는 것을 금했으나 교황은 터무니없는 소리라고 일축했다. 또한 사순절에 우유나 치즈를 먹지 말아야 하는 이유도 없다고 말했다. 하지만 그 밖에 모든 이교 미신은 엄격하게 금지되었다. 예컨대 성서를 아무 데나 펼쳐 점을 치는 그리스 식 관습도 사라졌고 중혼重婚 제도 같은 것도 금지되었다.

불가르인들은 중혼의 금지에 대해서는 불만이었으나 교황의 답변에 대체로 만족했다. 보리스는 기꺼이 교황에게 영원히 충성하겠다고 맹세했으며, 그 맹세의 표시로 정교회의 모든 선교사들을 왕국에서 추방해 버렸다. 곧이어 파울루스와 포르모수스가 와서 설교와 세례를 담당했고, 계속해서 주교와 신부들이 불가르 왕국으로 파견되어 선교를 시작했다.

6

두 차례의 암살로 빼앗은 제위

〔866년~867년〕

나는 여우를 내쫓았으나 그 대신 우리 모두를 잡아먹을 사자를 불러들이고 말았다.

바르다스 다미아누스 시종장을 해임한 뒤

무능한 황제와 무식한 시종장

이른바 포티우스 분열이라고 알려진 사건에 관해서는 상세히 소개할 필요가 있다. 그 자체로도 흥미가 있지만 동서 그리스도 교회의 관계를 역사적으로 고찰하는 데 중요하기 때문이다. 사실 그 문제는 지금도 끝나지 않았다. 하지만 먼저 미카일 3세의 치세와 황제를 포함하여 당시 비중 있는 인물들에 관해 간략히 살펴보기로 하자.

지금까지의 이야기에서 미카일이 두드러지게 나타나지 않은 이유는, 그가 처음에는 자신의 어머니, 나중에는 삼촌 바르다스, 마지막으로는 친한 친구이며 살인자이자 후계자인 마케도니아인 바실리우스에게 의존했던 대단히 유약한 인물이었기 때문이다. 그가 제국이 원하는 군주의 역할을 하지 못하리라는 것은 처음부터 뻔했지만, 그에게도 장점이 전혀 없지는 않았다. 20대 초반의 나이에 그는 이미 전투의 베테랑이 되었고 전장에서의 용기는 정평이 나 있었다. 그에게 부족한 것은 무엇보다도 의지였다. 그는 국정을 다른 사람들에게 맡긴 채 뒤로 물러나 있는 것에 만족했으며, 자신의 도덕적인 타락을 경계할 능력도, 의사도 없었다. 그 타락은 치세 말기의 5년 동안 그를 방탕의 길로 이끌어 '주정뱅이'라는 별명을 안겨 주었고, 결국은 스물일곱 살에 급사하게 만들었다.

제국을 위해 다행스러운 사실은 그의 이름으로 권력을 맡아 제국을 통치한 다른 유능한 정치가들이 있었다는 점이다. 그의 어머니가 섭정을 하던 시절에는 환관 테옥티스투스가 있었고, 나중에는 외삼촌 바르다스가 있었다. 859년에 바르다스는, 황족에게만 허용되며 황제가 후사 없이 사망할 경우 제위 계승권까지 주장할 수 있는 명예로운 지위인 쿠로팔라테스curopalates가 되었다. 하지만 그의 권력과 영향력은 더욱 증대하여 862년 4월 부활절 다음의 일요일 부제의 자리에 올랐다. 이 무렵 미카일은 오래전부터 아내인 유도키아 데카폴리타나와 별거 중이었기 때문에 후사를 낳을 가능성은 거의 없었다. 그래서 모두들 바르다스가 차기 황제라는 것을 기정사실로 여겼으며, 게다가 미카일이 이미 알코올 중독에 빠졌으므로 그의 제위 계승이 멀지 않았다고 생각했다.

바르다스는 사실상의 바실레오스로 처신했고 그것도 아주 뛰어난 황제의 면모를 보였다. 그는 국정을 맡은 10년 동안 동쪽의 사라센에 연승을 거두었고, 불가르족을 개종시켰으며, 로마 교회로부터 독립하기 위한 오랜 투쟁에서 커다란 성과를 이루었다. 또한 그는 매부 테오필루스를 귀감으로 삼아 정의로운 행정을 실현했으며, 테옥티스투스를 본보기로 삼아 학문을 장려했다. 테오도시우스 2세의 치세인 5세기 초에 창립된 유서 깊은 콘스탄티노플 대학교는 오래전부터 쇠락의 길을 걸어오다가 제1차 성상 파괴 시기에 완전히 몰락해 버렸다. 그것을 부활시킨 사람도 바르다스였다. 그는 마그나우라 궁전 안에 대학교를 다시 세워 철학자 레오—수학자 레오라고도 부른다—에게 운영을 맡겼다.

레오는 포티우스 총대주교, 콘스탄티누스-키릴루스 선교사와 더불어 당대의 3대 석학으로 꼽혔다. 문법학자 요한네스의 사촌인 그는 젊은 시절부터 콘스탄티노플에서 철학과 수학을 가르치면서 생계를 꾸렸으나 그가 명성을 얻게 된 계기는 그런 경력과 무관했다. 사라센의 포로가 된 그의 제자 한 명이 바그다드로 잡혀갔는데, 그의 학식에 깊은 감명을 받은 칼리프 마문이 스승이 누구냐고 물었던 것이다.

지식인이었고 예술과 과학의 헌신적인 후원자였던 마문은 테오필루스 황제에게 서신을 보내 황금 2천 파운드를 주고 영구 평화 조약을 맺어 줄 테니 그 대신 몇 달 동안 레오를 빌려 달라고 요구했다. 그러나 테오필루스는 현명하게도 레오를 보내지 않고 콘스탄티노플에서 공개 강좌를 맡겨 40인의 순교자 성당에서 정규 강의를 하도록 조처했다. 이후 레오는 테살로니카의 대주교로 임명되었으나, 황제가 사망하자 교구에서 해임되어—그는 열렬한 성상 파괴자였다—학계로 돌아왔다. 그가 마그나우라에서 대학교의 운영을 맡았던 시절에는 콘스탄티누스-키릴루스도 잠시 철학 교수를 지냈고, 그 밖에 그의 다른 제자들도 기하학, 천문학, 문헌학 등을 맡아 학생들을 가르쳤다. 그런데 이 대학교는 세속적인 학문만 가르쳤을 뿐 종교학은 다루지 않았다. 그 때문에 이그나티우스와 그의 추종자들은 레오의 대학교에 적대감을 품게 된 것이었다.

말년에 미카일은 추잡한 가장 무도회 의상을 입고 친구들과 함께 으스대면서 시끌벅적하게 거리를 활보하는 나쁜 습관을 지니게 되었다. 그 친구들 중 857년경에 처음 등장하는 바실리우스라는 거칠고 무식한 아르메니아 농부가 있었는데, 아르메니아인들이 대개 그렇듯이 그의 가족도 원래는 트라키아에 정착해서 살았으나 나중에 크룸에게 포로로 잡혀 도나우 강 너머 '마케도니아'라는 곳으로 끌려갔다(아마 함께 포로로 잡혀 간 사람들 중에 마케도니아인들이 많았기 때문에 그런 이름이 붙었을 것이다). 바실리우스는 그곳에서 어린 시절을 보냈는데, 그런 탓에 그가 일으킨 왕조를 '마케도니아 왕조'라고 잘못 부르게 되었다.

사실 그는 마케도니아 혈통과 전혀 무관했을 뿐 아니라 어릴 때부터 아르메니아어를 썼으며, 커서 배운 그리스어도 아르메니아 억양을 잔뜩 섞어서 사용했다. 공부는커녕 평생토록 일자무식으로 살았던 그에게 내세울 만한 것이라고는 단 두 가지, 헤라클레스를 연상시키는 엄청난 힘과 말을 다루는 뛰어난 솜씨뿐이었다. 그가 처음에 황제의 눈에 들게 된 이유도 그 두 가지 장점 가운데 하나 때문이었을 것이다. 게네시우스는 그가 레슬링 경기에서 예전에 여러 차례 챔피언을 지낸 불가르 거한과 맞붙어 명성을 얻었다고 말한다. 당시 바실리우스는 그 거한의 몸을 번쩍 들어 메다꽂았다고 한다. 테오파네스 콘티누아투스가 전하는 이야기는 비슷하면서도 약간 다르다. 그에 따르면 미카일은 어느 날 매우 멋지지만 성질이 사나운 말을 얻었다. 그와 그의 친구들 누구도 그 말을 통제하지 못했는데, 그중

한 사람이 자신의 말 조련사를 추천했다. 그가 바로 바실리우스였다. 그는 한 손으로 말의 고삐를 잡고 다른 손으로 말의 귀를 쓰다듬으며 부드럽게 속삭였다. 그러자 그 사나운 말은 즉시 고분고분해졌다. 그의 솜씨에 크게 기뻐한 황제는 거기서 당장 그 아르메니아 청년을 자기 밑에서 일하게 했다.

이 사소한 일화가 사실인지 아닌지는 중요하지 않다. 하지만 바실리우스의 젊은 시절에 관한 또 다른 이야기도 있다. 이것은 전설이 분명하지만 상당히 정교하게 꾸며져 있는 것으로 보아 그가 나중에 자신이 제위에 오른 것을 정당화해야 할 필요성이 있었음을 암시한다. 콘티누아투스가 쓴 책 제5권—바실리우스를 매우 미화한 전기인데, 지금은 그의 손자라고 전해지는 황제 콘스탄티누스 7세 포르피로게니투스의 저작으로 알려져 있다—에 의하면 그가 처음 콘스탄티노플에 왔을 때는 어느 일요일의 해질녘이었다. 당시 그는 금문 부근에 있는 성 디오메드 성당의 현관에 누워 잠을 잤다. 그날 밤 그 성당에 속한 수도원의 대수도원장은 밖에 황제가 왔으니 나가서 문을 열어주라는 신비한 목소리를 들었다. 그러나 문을 열고 보니 남루한 옷을 걸친 가난한 여행자가 바닥에서 자고 있을 뿐이었다. 다시 침대로 돌아오니 또다시 그 목소리가 들렸다. 하지만 다시 가 보아도 달라진 것은 없었다. 세 번째로 목소리가 들렸을 때는 갈비뼈에 묵직한 충격까지 느껴졌다. "일어나서 문 앞에 있는 사람을 데려오거라. 그가 바로 황제이니라." 대수도원장은 그 명령에 따라 젊은이를 수도원 안으로 데려와 먹이고 씻기고 새 옷을 주고는 이후 친구이자 형제처럼 지내자고 부탁했다.

이 믿을 수 없는 이야기가 미카일 황제에게도 전해졌는지, 만약 그랬다면 그가 어떻게 받아들였는지는 알 수 없다. 어쨌든 궁정에 들어온 이후 바실리우스는 초고속으로 승진했다. 그는 곧 황제의 하인이라기보다는 친구가 되었다. 마침 시종장[41] 자리가 갑자기 비자―환관 다미아누스는 바르다스와 다툰 뒤 해임되었다―미카일은 즉시 바실리우스를 시종장에 앉혔다.

그때부터 황제와 시종장은 함께 살다시피 할 만큼 친해졌다. 두 사람이 워낙 친한 탓에 일부 역사가들은 동성애 관계가 아닌가 의심하기도 한다. 하지만 미카일이 특이한 조치를 취한 것으로 미루어 보면 그런 의심을 할 필요는 없을 듯하다. 그에 따라 바실리우스는 아내 마리아와 강제로 이혼하고 그 대신 황제의 첫사랑이자 오랫동안 황제가 정부로 삼았던 유도키아 잉게리나와 결혼해야 했다. 이 놀라운 조치에 대해서는 오직 한 가지 설명만 가능하다. 미카일이 아무런 물의도 빚지 않고 유도키아를 황궁 안에 들이기 위해 그런 꾀를 냈던 것이다. 그렇다면 이것은 더 놀라운 사실로 이어진다. 유도키아가 866년 9월 19일에 낳은 아들 레오는 십중팔구 바실리우스의 자식이 아니라 미카일의 자식이리라는 것이다. 만약 그렇다면 지금 우리가 마케도니아 왕조라고 알고 있는 왕조는 실은 아모리아 왕조의 연장이 된다.[42]

물론 그것은 모두 가설에 불과하므로 최근까지도 일부 역사가들은 받아들이지 않으려 했다. 하지만 여기에는 내치기 어려운 정황 증거가 있다. 첫째, 적어도 한 저자―시메온―는 레오가 미카일의 아들이라는 것은 콘스탄티노플에서 누구나 다 아는 상식이었다면서 사실로 단정한다. 둘째, 바실리우스는 항상 레오를 미워했다. 그가 유일하게 참된 애정을 보인 자식은 첫 아내인 마리아가 낳은 콘스탄티누스뿐이었다. 그 아들을 너무 사랑한 나머지 아이가 어린 나이에 죽자 그는 절망감에서 헤어나지 못할 정도였다. 셋째는 여러 가지 면에서 가장 이상한 점이다. 만약 유도키아가 실제로 바실리우스의 아내였다면, 황제는 굳이 바실리우스에게 또 다른 불륜 상대를 주선해 주지 않았을 것이다. 더군다나 그 상대는 놀랍게도 자신의 누나인 테클라였다.

40대 중반의 그녀는 억지로 수녀원에서 은둔 생활을 하다가 얼마 전에 풀려나 그 기묘한 '스와핑'의 일원이 되었다. 그러나 바실리우스와 테클라의 관계는 결국 일시적인 방편에 불과했다. 미카일이 살아 있는 동안에는 모르지만 그가 죽은 뒤 바실리우스는 분명히 유도키아와 동침을 했다. 870년과 871년에 유도키아가 각각 알렉산데르와 스테파누스라는 두 아들을 낳았기 때문이다.*[43] 한편 테클라는 요한네스 네아토코미테스라는 궁정의 한 귀족과 연인이 되었으나 이것은 또 하나의 불운이었다. 바실리우스가 그 사실을 알게 되자 두 사람은 매질을 당했다. 게다가 요한네스는 머리를 깎고 수도원으로 보내졌으며, 테클라는 블라케르나이의 집 이외에 모든 재산을 몰수당한 뒤 결국 그 집에서 가난에 시달리며 몇 년 동안 몸져누워 지내다가 죽고 말았다.

* 미카일은 867년에 사망했다.

바르다스를 제거하라

바실리우스가 미카일에게 점점 더 큰 영향력을 행사하게 되면서 그와 바르다스의 상호 적대감도 점점 골이 깊어졌다. 처음에 바실리우스에 대한 바르다스 부제의 감정은 의심이라기보다 경멸이었다. 그는 조카가 자신에게 암묵적으로 국정을 모두 맡긴 것으로 생각하고, 황제의 유희를 방해하지만 않는다면 계속 그 지위를 유지할 수 있으리라 믿었다. 아마 그 아르메니아인에 대해서는 황제와 유희를 함께 하는 좋지 않은 친구 정도로만 여겼을 것이다. 그러나 바실리우스가 연약한 황제의 마음을 순식간에 사로잡자 바르다스는 곧 마음을 바꾸어 먹게 되었다. 이 장의 앞머리에 인용한 대목이 사실이라면 바르다스도 그가 제국에 심각한 위협이 되리라는 것을 알고 있었다.

바실리우스의 야망은 전혀 충족되지 않았다. 이제 그의 눈길은 제위를 향하고 있었으며, 경쟁자가 그의 길을 가로막지만 않는다면 제위는 거의 손아귀에 들어온 듯했다. 일찍이 12년 전에 바르다스가 이간질로 환관 테옥티스투스를 제거했던 것처럼 바실리우스도 침착하고 교활하게 황제를 충동질해 외삼촌에게 등돌리게 할 흉계를 꾸미기 시작했다. 황제에게 그는 부제가 조카를 우습게 보는 정도가 아니라 아예 그를 제거하고 자신이 비잔티움의 지배자가 될 꿈을 꾸고 있다고 말했다. 그리고 그것을 막으려면 아직 시간이 있을 때 선수를 치는 것밖에 없다고 부추겼다.

그 무렵 동방에서는 사라센을 상대로 연전 연승을 거두었음에도 불구하고 제국이 전혀 성과를 올리지 못한 지역이 있었다. 크레타는 테옥티스투스가 잠시 수복한 뒤 도로 이교도의 수중에 들어가 있었던 것이다. 바르다스는 더는 그런 상황을 용납할 수 없다고 여겨 866년 봄에 대규모 크레타 원정을 준비하기 시작했다. 그런데 그 전해 겨울에 바르다스는 곧 벌어질 크레타 원정을 기회로 황제와 시종장이 그의 목숨을 빼앗을 음모를 꾸미고 있다는 첩보를 들었다. 일단 그는 원정을 취소하고 자신을 잘 보호할 수 있는 수도에 머물렀다. 또한 조카에게 당당히 그 의혹을 따졌던 듯하다. 그 덕분인지 866년 3월 25일 성모축일*에 성모 마리아 칼코프라테이아 성당[44]에서 미카일과 바실리우스는 바르다스에게 적대적 의도를 가지고 있지 않다는 내용의 공식 선언서에 서명했다(글을 모르는 바실리우스의 서명은 단순한 십자가 모양이었다). 이 맹세는 소피아 성당의 신성한 유물 가운데서도 가장 귀중한 예수 그리스도의 피—아주 조금만 남아 있었고 그조차도 점점 줄어들고 있었다고 한다—로 서명할 만큼 엄숙한 것이었으므로 바르다스의 분노도 크게 누그러졌다. 부활절이 지난 뒤 곧 크레타 원정을 출발할 즈음에 그는 다시금 익숙한 자리인 황제의 곁으로 돌아가 있었다.

원정군을 실은 함대는 소아시아의 한 모퉁이를 지나쳐 고대 도시 밀레투스 부근 마이안데르 강 어귀의 어느 지점까지 가서 닻을 내렸다. 공격하기 전날 저녁에 바르다스는 또 한 차례 경고를 받았으나 그냥 웃어넘겼다. 하지만 그날 밤에 그는 거의 잠을 이루지 못하고 이튿날 아침에 친구인 필로테우스 로고테테스 장관에게 두려움을

* 대천사 가브리엘이 성모 마리아에게 예수의 잉태를 알렸다는 날이다.

털어놓았다. 그러자 필로테우스는 애써 그를 다독거렸다. "복숭아 색깔의 황금 외투를 입고서 적을 상대하게. 그들은 자네 앞에서 뿔뿔이 흩어질 걸세." 부제는 그 말대로 화려하게 차려입고서 말을 타고 황제의 막사로 갔다. 그러고는 황제 곁에 앉아 로고테테스 한 명이 읽는 아침 보고서를 주의깊게 듣고 있었다. 보고가 끝나자 그는 미카일을 쳐다보며 별다른 일이 없다면 지금 공격을 개시하는 게 어떠냐고 제안했다. 그런데 그 순간 그는 막사 한 구석에서 시종장이 미심쩍은 신호를 보내는 것을 눈치챘다. 그는 재빨리 칼을 빼려 했으나 이미 때는 늦었다. 바실리우스가 엄청난 힘으로 그를 쳐서 쓰러뜨리자 다른 음모자들이 급히 달려들어 그를 죽여 버렸다.

황제는 꼼짝도 하지 않았다. 그 사태에 크게 놀란 표정을 짓긴 했지만, 당시 그가 음모에 어느 정도까지 관여했는지에 관해서는 지금도 논란이 분분하다. 그러나 그는 적어도 개략적으로나마 바실리우스의 음모를 분명히 알고 있었을 것이다. 후속 조치를 보면 그가 어느 정도 연루되어 있다는 점이 드러난다. 그는 즉시—아마도 시종장의 지시에 따랐겠지만—콘스탄티노플의 포티우스 총대주교에게 서한을 보내 외삼촌 바르다스가 반역죄로 즉결 처분되었다는 소식을 통보했던 것이다. 총대주교의 답신은 교활함의 극치를 보여 준다. "폐하의 덕과 자비로 말미암아, 저는 그 서한이 날조되었다거나 부제가 다른 이유로 죽었다고 의심하지 않습니다." 이 말은 곧 자신도 사태의 진실을 알고 있다는 뜻이나 마찬가지였다. 계속해서 그는 원로원과 백성의 이름으로 황제에게 곧장 수도로 돌아오라고 탄원하였다.

미카일과 바실리우스는 총대주교의 제안이 옳다고 여겼다. 며칠 뒤 그들은 콘스탄티노플로 돌아왔다. 이리하여 크레타 원정은 시작하기도 전에 끝났다.

866년 성령강림절에 소피아 대성당에 모인 군중은 평소와 다르게 똑같은 제위 두 개가 나란히 놓여 있는 광경을 호기심 어린 눈길로 바라보았다. 그러나 정작 군중이 놀랄 일은 그 다음에 벌어졌다. 평소처럼 황궁에서 행진하여 성당에 도착한 황제가 곧장 자기 자리로 가지 않고 설교단의 꼭대기 층으로 올라간 것이다. 여러 가지 색깔의 대리석으로 만들어진 이 3층짜리 설교단은 복음서를 읽거나 장례 기도를 드릴 때 사용했다. 그 다음에 시종장 복장을 한 바실리우스가 중간층에 오르자, 한 대신이 맨 아래층에 자리잡고 황제의 포고문을 읽기 시작했다.

> 바르다스 부제는 나를 살해하려는 음모를 꾸몄고, 이를 실현하기 위해 나를 꾀어 수도를 떠났다. 만약 심바티우스[45]와 바실리우스가 내게 그의 음모를 알려주지 않았더라면 나는 오늘까지 살아 있지 못했을 것이다. 부제는 스스로 죽음을 자초했다.
>
> 내게 충성하며, 적으로부터 나를 구했고, 내가 큰 애정을 품고 있는 시종장 바실리우스를 내 제국의 수호자이자 관리인으로 임명하며, 마땅히 바실레오스로 선포하노라.

환관들이 바실리우스에게 자주색 장화를 비롯한 황제의 예복을 입히는 동안, 미카일이 총대주교에게 자신의 제관을 건네주자 총대주교는 제관에 축복을 내린 다음 미카일의 머리에 씌워 주었다. 그러자 황제는 다시 제관을 벗어 직접 신임 공동 황제의 대관식을 치러 주었다. 바실리우스의 야망은 마침내 실현되었다. 불과 9년 만에 그는 마구간의 잡부에서 일약 바실레오스로 뛰어오른 것이다.

단독 황제가 된 농부

공동 군주제는 겨우 16개월밖에 가지 못했고, 그 시기의 핵심 사안은 또다시 종교 문제였다. 서방의 선교사들이 불가리아로 물밀듯 몰려들자 포티우스는 기선을 제압당했다는 것을 깨달았다. 보리스와 불가르 백성들은 완전히 로마 진영으로 기울었다. 설상가상으로 그 선교사들은 위험한 이단의 교리들을 전파하고 있었다. 하나는, 콘스탄티노플은 비잔티움 측에서 주장하듯이 다섯 개 총대주교구[46] 가운데 가장 권위있는 곳이 아니라 가장 연혁이 짧고, 따라서 가장 서열이 낮은 곳이라는 대단히 모욕적인 주장이었다. 그 못지않게 유해한 교리는 성직자의 금욕을 고집하는 로마 측의 주장이었다. 만약 이것이 널리 받아들여진다면, 사실상 결혼을 해야 하는 정교회 소속 사제들의 평판은 땅에 떨어질 터였다.[47] 하지만 포티우스 같은 진지한 신학자에게 더욱 참을 수 없는 최악의 이단은 바로 성령의 이중 발현이라는 교리였는데, 교황 니콜라우스가 처음으로 이것을 인준함으로써 장차 이 문제는 동방 교회와 서방 교회 간의 논쟁에서 핵심을 이루게 된다.

초기 그리스도교에서는 삼위三位 가운데 제3위격, 즉 성령이 성부로부터 직접적이고 배타적으로 발현된다고 믿었다. 그러다가 6세기 말에는 필리오쿠에Filioque, 즉 '그리고 성자로부터'라는 중요한 문구가 생겨났고, 800년이 조금 지나 샤를마뉴의 제국에서 미사 도중에 니케아 신경信經을 암송하는 것이 관례가 되었을 때 서방 교회에서는 "성령은 성부와 성자로부터 발현된다"는 문구가 널리 채택되었다. 그러나 동방 교회에서 볼 때 그것은 최악의 이단이었다.* 그런데 이제 교황의 대리자들이 그 독소적인 이단을 불가르족에게 퍼뜨리는 것을 알게 되자 총대주교는 더는 참을 수 없었다. 그래서 그는 867년 늦여름에 콘스탄티노플에서 공의회를 소집하기로 결심했다. 거기서 이중 발현의 교리를 비롯하여 로마 선교사들이 퍼뜨리고 있는 여러 가지 이단을 파문한다. 그래서 오도되고 있는 딱한 불가르족을 지옥의 문턱에서 구해 낸다. 그리고 최종적으로는 교황을 폐위시킨다. 이게 그의 의도였다.

그런데 교황을 폐위시키는 일은 공허한 제스처로 끝나게 되지 않을까? 하지만 포티우스는 가능하다고 보았다. 현재 서방에서 니콜

* 『비잔티움 연대기: 창건과 혼란』 제7장에 상세히 나와 있듯이 동방 교회에서는 단성론을 이단으로 치부하는 게 정통 교리였지만, 어떤 의미에서 서방 교회(로마 가톨릭)보다는 단성론에 더 가깝다고 할 수 있다. 필리오쿠에, 즉 "성령은 성부만이 아니라 성자에게서도 나온다"고 주장함으로써 예수 그리스도(성자)의 위상을 어떻게든 신(성부)과 동격으로 끌어올리려는 서방 교회와 달리 동방 교회에서는 예수의 신성을 인정하면서도 '신의 아들'이라는 엄연한 한계를 지으려 했기 때문이다("성령은 성부에게서만 나온다"). 어떤 견해가 니케아 신경의 핵심인 삼위일체의 본질에 더 가까운지는 관점에 따라 다를 수 있겠지만, 단성론과의 교리 투쟁이 없었던 서방 교회에서는 예수의 위상을 격상시키는 데 대해 애초부터 거부감이 없었다고 봐야 할 것이다.

라우스는 비잔티움에서 포티우스만큼 인기가 바닥이었다. 로렌*의 왕 로타르 2세가 아내와 이혼하고 정부와 결혼하려는 것을 반대하고 나선 탓에 교황은 로타르만이 아니라 그의 형이자 현재 서방 황제인 루트비히 2세와도 반목을 빚고 있었다.** 따라서 그 형제로서는 니콜라우스가 폐위되고 더 고분고분한 교황으로 대체된다면 쌍수를 들어 환영할 터였다. 제국의 사절단은 신속히 루트비히의 궁정으로 가서—비록 공식 합의는 아니었으나—곧바로 합의를 보았다. 공의회에서 교황 니콜라우스의 폐위를 선언하면 루트비히는 군대를 로마로 보내 물리적으로 그를 제거한다. 그 대가로 비잔티움 정부는 루트비히를 프랑크족의 황제로 승인한다는 내용이었다.

사실 그것은 적지 않은 양보였다. 일찍이 812년에 루트비히의 증조부***도 서방 황제의 승인을 받은 적이 있었지만 당시는 상황이 달랐고 샤를마뉴는 그 특권에 대해 상당한 대가를 지불한 바 있다.

* 알자스로렌이라는 프랑스와 독일 사이의 유명한 역사적 분쟁 지역으로, 과거의 이름은 '로타르의 땅', 즉 로트링겐 혹은 로타링기아였다.

** 여기서 잠시 지은이의 착오가 있는 듯하다. 루트비히 2세는 로타르 2세의 형이 아니라 숙부다. 로타르 2세는 경건왕 루트비히의 맏아들인 로타르 1세의 아들이다. 앞에서(141쪽의 옮긴이 주) 잠깐 말했듯이 로타르 1세는 아버지가 죽은 뒤 동생들과 영토 분쟁을 벌였다가 결국 두 동생에게 밀려나 프랑크 제국의 가운데 토막, 즉 북이탈리아에서 로트링겐(현재 알자스로렌)까지만 차지하게 되었다. 그러나 그는 맏이라는 이유로 황제의 명칭을 확보하게 되었는데, 그가 죽자 그것마저도 동생인 루트비히 2세가 가져가 버린다. 그래서 당시 서방 황제는 루트비히 2세가 된 것이다. 비록 이름뿐이긴 하나 제위마저도 상속받지 못한 로타르 2세는 결국 870년 메르센 조약으로 두 숙부(루트비히와 샤를)에게 영토마저 빼앗기게 된다.

*** 지은이처럼 루트비히 2세와 로타르 2세를 형제로 보면 샤를마뉴는 루트비히의 증조부가 되지만, 실은 루트비히가 로타르의 숙부이기 때문에 샤를마뉴는 그의 증조부가 아니라 조부다. 샤를마뉴의 아들이 루트비히 1세이고 그의 아들이 루트비히 2세이기 때문이다.

그래도 당시 비잔티움인들은 대부분 그 결정에 단호히 반대했으므로 그 뒤로는 그런 승인이 이루어지지 못했다. 게다가 루트비히는 비록 황제를 자칭하고는 있었으나 실상 이탈리아에서는 별로 영향력을 발휘하지 못하는 처지였다. 그는 진정 비잔티움 측에서만 승인한다면 지상에서의 신의 대리자, 하늘이 선택한 자, 12사도의 동격이 될 수 있을까? 미카일은 자신의 개인적 권위가 위태로워지므로 반대할 테고, 만약 그가 술독에 빠져 있다면 공동 황제인 바실리우스가 반대할 것이다. 그러나 포티우스가 일을 잘 처리한 덕분에 우리가 아는 한 그들은 전혀 반대의 기색을 내보이지 못했다.

두 황제는 공의회를 공동으로 주재하면서 총대주교가 의도한 방향으로 잘 이끌었다. 그 여러 가지 이단들은 유죄 판결을 받았으며, 교황은 폐위만이 아니라 덤으로 파문까지 당했다. 루트비히와 그의 아내 엥겔베르타는 당당히 황제와 황후의 직함을 얻었다. 포티우스는 기쁨에 넘쳤다. 그의 생애 최고의 순간이었다. 그러나 그로부터 겨우 한 달 만에 그의 모든 노력이 물거품으로 돌아가고, 최고의 승리감을 맛보았던 그 자신은 불구대천의 두 숙적 앞에 무릎을 꿇게 되리라는 것을 그가 어떻게 알았겠는가?

867년 미카일 3세와 바실리우스 1세가 나란히 앉아서 공의회의 개막을 선언했을 때 참석자들 중 두 황제의 진정한 관계를 알아차린 사람은 거의 없었다. 물론 미카일은 자신의 무능에 관해 잘 알 뿐 아니라 강력한 실권자가 필요하다는 점도 누구보다 잘 이해했기 때문에 친구를 제위에 올려 놓은 것이었다. 그러나 그 뒤에도 그는 방탕한 생활을 즐기고, 술에 탐닉하고, 교회를 모독하고, 잔인한 행위를 일삼았다.

그래서 그는 점점 골칫거리라기보다 위험스러운 부담이 되었다. 술에 취하지 않은 시간에는 오로지 전차 경주만 생각했다. 그는 벽을 온통 대리석으로 뒤덮어 궁전보다도 화려한 마구간을 지었고, 성 마마스 궁전에 경주로를 설치하여 원형 경기장에서의 경주를 위한 개인 연습장으로 만들었다. 그러고는 하루 종일 비잔티움 사회의 쓰레기로 간주되는 직업 경주자들과 어울리면서 그들에게 금은보화를 마구 선물하고 그들의 자식들에게 대부 역할도 해주었다. 심지어 언젠가 자신이 직접 경주에 참여했을 때 경기장의 황제석에 성모의 상을 세워 놓고, 후안무치하게도 성모에게 자기 대신 경주를 주재하여 자신이 이기도록 해 달라고 빌기도 했다. 바르다스는 그를 어느 정도 통제할 수 있었으나 혈육이 아닌 바실리우스는 그럴 수 없었다. 미카일은 그를 외삼촌처럼 존경하지 않았으므로 그가 사사건건 간섭하는 게 못마땅하기만 했다. 요컨대 두 황제의 관계는 삐거덕거리고 있었다. 마케도니아인 바실리우스는 다시 한번 결심을 굳혔다.

867년 9월 24일 두 황제와 유도키아 잉게리나는 성 마마스 궁전에서 저녁 식사를 하고 있었다. 식사가 끝날 무렵 바실리우스는 핑계를 대고 방을 나와서 황급히 미카일의 침실로 갔다. 거기서 그는 방문의 걸쇠를 구부려 놓아 문이 잠기지 않도록 해 놓고는 다시 식탁으로 돌아왔다. 미카일은 여느 때처럼 만취한 상태에서 비틀거리며 잠자리에 들어 곧 깊은 잠에 빠졌다. 그때 음모자들은 황궁의 외딴 구석에 집결했다. 바실리우스가 합류한 뒤 그들은 함께 기다렸다.

비잔티움의 황제들은 원래 혼자 잠을 자지 않았다. 그날 밤 원래 미카일의 침실에서 함께 잠을 자기로 했던 관리는 마침 다른 일을 맡았고, 그 대신 황제의 옛 술친구인 파트리키우스 바실리스키아누스가 그 역할을 했다.[48] 그는 걸쇠에 이상이 생겼다는 사실을 알아차리고 불안한 마음으로 자리에 누웠다. 몇 시간이 지났을까? 갑자기 발걸음 소리가 들리더니 바실리우스가 여덟 명의 친구들을 거느리고 나타났다. 바실리스키아누스는 다급히 문을 닫으려 했으나 그들은 그를 옆으로 밀치고 바닥에 넘어뜨린 뒤 칼로 찔러 중상을 입혔다. 음모자들 중 요한네스 칼도스라는 자가 잠들어 있는 황제에게 다가갔으나 차마 그를 죽일 용기를 내지 못하고 황제의 팔만 찌른 뒤 바깥으로 달려나갔다. 최후의 일격을 가한 자는 바실리우스의 사촌인 아실라이온이었다.

피투성이가 된 채 죽어가는 미카일을 남겨 두고 암살자들은 황급히 황금뿔로 내려가서 대기하고 있던 배를 타고 황궁으로 건너갔다. 경비병 한 명이 그들을 기다리고 있다가 즉각 문을 열어 주었다. 이튿날 아침 바실리우스는 그의 아내이자 미카일의 정부인 유도키아를 황제의 숙소로 불렀다. 황제가 시해되었다는 소식이 곧 장안에 퍼졌으나 미카일의 직계 가족을 제외하고는 별로 슬퍼하는 사람이 없었다. 그러나 어느 궁정 관리가 이튿날 아침 장례식을 준비하기 위해 성 마마스 궁전에 가보니, 말에게 입히는 옷으로 감싼 아들의 난자당한 시신을 앞에 두고 테오도라 태후가 딸들—이들은 모두 수도원에서 나왔다—과 함께 통곡을 터뜨리고 있었다. 미카일의 시신은 아시아 쪽 해안의 크리소폴리스에서 약식으로 장례식을 치른 뒤 매장되었다.

7

번영을 이끈 마케도니아 황제

867년~886년

그 마케도니아 가문만큼 신의 커다란 은총을 받은 가문이 또 있을까 싶다. 권좌에 오르기까지 숱한 범죄를 저질렀고, 살인과 유혈의 구덩이에서 탄생했다는 사실을 감안하면 이상한 일이 아닐 수 없다. 그런데도 그 가문은 뿌리를 내렸고, 힘찬 싹을 틔웠으며, 그 싹들이 모두 그 누구도 비교할 수 없을 만큼 아름답고 화려한 황제라는 결실을 맺었다.

미카일 프셀루스

불가리아는 어디로?

공동 군주의 부담을 벗어버린 바실리우스는 이제 제국을 근본적으로 다른 노선으로 이끌어 가는 작업에 착수했다. 미카일의 시신이 미처 식기도 전에 포티우스는 총대주교에서 해임되었다. 사람들은 그 조치를 환영했다. 일찍이 포티우스는 바르다스 부제가 살해된 사건이나 미카일의 난잡한 행각에 대해 전혀 비난하지 않았다. 언젠가 그는 황제와 술내기를 벌여 60잔 대 50잔으로 이겼다는 소문까지 나돌았다. 미사 때 그의 곁에 있었던 저명한 성직자들은 그가 기도문 대신 세속적인 그리스 시구를 중얼거리는 것을 들었노라고 분명히 말했다. 또한 사람들은 그가 보잘것없는 대가를 받고 루트비히 2세의 제위를 선뜻 승인해 준 것에 대해서도 충격을 받았다.

한편 총대주교로서는 자신의 계획이 막 결실을 맺으려는 순간, 즉 니콜라우스 교황과의 오랜 싸움에서 거의 승리한 순간에 뒤통수를 맞은 격이었다. 더구나 두 달 뒤 그가 편협하다고 개탄했고 지성을 비웃었던 그 숙적 이그나티우스가 총대주교로 복직되자 그는 더욱 큰 굴욕감을 느껴야 했다.

국면이 이렇듯 극적으로 반전된 이유는 뭘까? 바실리우스는 공동 황제와 함께 공의회를 주재하여 교황을 파문했고 거기서 포티우스는 당면한 목적을 모두 달성했다. 그런데 왜 바실리우스는 승리를 거둔 그 순간에, 불과 두 달 전에 결정한 것과는 정반대로 교황의 우위를 사실상 인정하는 정책을 폈던 걸까? 그 이유는 간단하다. 현실적이고 적극적인 사고를 지닌 그에게는 총대주교를 발탁하는 권리보다 더 중요한 사안들이 있었기 때문이다. 그중에서도 가장 중요한 것은 제국의 서방 속주들을 수복하는 문제였다.

유스티니아누스 이래 처음으로—7세기에 있었던 콘스탄스 2세의 헛되고 엉뚱한 시도를 제외한다면—옛 영토의 수복을 신중하게 계획하고 실현하려 한 황제가 탄생한 것이다. 이를 위해서는 교황의 지원이 절실했으며, 교황의 지원을 얻기 위해 이그나티우스를 복직시키는 것쯤은 아무것도 아니었다. 포티우스에게 해임을 통지한 그 순간에 이미 제국의 사절단은 로마로 향하고 있었다.

니콜라우스 교황이 이 갑작스런 사태 변화를 어떻게 받아들였는지는 알 수 없다. 867년 11월 13일에 죽었기 때문이다. 그의 후임자인 하드리아누스 2세는 전임자와 같은 견해를 취했으나 성격은 더 온건했다. 게다가 아직까지 그는 개인적인 공격을 받은 적이 없었다. 그래서 그는 바실리우스의 우호적인 제안을 회개의 의미로 해석하고, 그의 초청을 기꺼이 받아들여 콘스탄티노플에서 소집된 또 한 차례의 공의회—포티우스 분열을 궁극적으로 치유하기 위한 공의회—에 사절단을 파견했다.

그러나 869년 10월 초에 공의회의 첫 회의가 시작되었을 때 교황의 사절단은 바실리우스가 회개하는 기색도 없고 태도도 고분고분하지 않다는 것을 알았다. 그들은 자신들이 회의를 주재하겠다고 나섰으나 그것도 단호히 거부되고 바실리우스나 그의 대리자들이 진행을 맡았다.[49] 나중에 가장 중요한 사안, 즉 포티우스의 처분을 논의할 때도 바실리우스는 즉각 유죄 판결을 내리라는 사절단의 요구를 거부하고 그에게 자기 방어를 위한 발언권을 줘야 한다고 주장했다. 현명하게도 포티우스는 그 자리에 나와서 아무 말도 하지 않았으며, 파문 판결이 내려지던 11월 5일에도 침묵으로 일관했다. 그러나 그건 중요하지 않았다. 그것으로 바실리우스는 원칙상의 두 가지 중요한 사항을 지킬 수 있었다. 첫째는 로마의 법 절차가 아니라 비잔티움의 법 절차에 따라 재판을 행함으로써 피의자에게 항소할 권리를 봉쇄한 것이었고, 둘째는 교황의 사절이 아니라 그 자신이 직접 평결을 발표한 것이었다.

공의회는 870년 2월까지 산발적으로 열렸다. 그런데 공의회가 끝나기 직전에 두 사절단이 서로 며칠 간격을 두고 콘스탄티노플에 도착했다. 첫째는 불가르의 보리스가 보낸 사절단이었다. 보리스는 여전히 불만이었다. 백성들을 개종시키는 일이 예상외로 어려웠던 것이다. 심지어 그가 세례를 받은 뒤 4년 반이 지나는 동안 보야르[boyar, 슬라브족의 전통적인 귀족]들의 반란이 일어나 자칫 왕위를 잃을 뻔한 적도 있었다.

비잔티움과의 관계는 포티우스가 마치 은혜를 베풀어 준다는 듯

† 불가르 칸 보리스의 모습. 12세기 불가리아의 콘스탄티누스 성구집에 수록된 삽화.

한 고압적인 자세를 취하면서 불가르 총대주교의 임명을 거부했기 때문에 나빠졌고, 로마와의 관계도 처음에 보였던 니콜라우스 교황의 관심이 식으면서 점차 심드렁해졌다. 보리스와 절친했던 포르모수스 주교와 포풀로니아의 파울루스는 이미 소환되었다. 로마의 선교사들은 예전의 정교회 선교사들 못지않게 인기를 잃었다. 게다가 신임 교황인 하드리아누스는 니콜라우스보다도 더 완강하게 불가르 총대주교는커닝 대주교조차 반대할 인물이었다.

이미 보리스는 로마와 비잔티움 사이의 논쟁을 이용하여 이득을 취한 바 있었으니 이번에도 겉으로 복종하는 체하면서 그런 성과를 거둘지도 몰랐다. 공의회에서 그의 사절들은 단 한 가지만 질문했는데, 그 질문은 참석자들에게 엄청난 불화의 씨를 뿌리기에 충분한 것이었다. 만약 불가리아에 총대주교가 생긴다면 콘스탄티노플 교구에 속해야 할까, 로마 교구에 속해야 할까?

바실리우스는 자신이 답변하는 것을 피하고, 그 대신 형식적으로 중립을 취하고 있는 다른 세 총대주교구—알렉산드리아, 안티오크, 예루살렘—의 대표들에게 답변을 의뢰했다. 그 답이 무엇이어야 할지는 참석자들 모두가 잘 알고 있었다. 겨우 두 명밖에 안 되는 교황의 대표들은 거세게 항의했지만 누구도 그들의 말에 주목하지 않았다. 격분한 그들은 배를 타고 귀환 길에 올랐으나, 분이 풀리기도 전에 달마치야의 해적들에게 잡혀 가진 것을 모조리 빼앗기고 아홉 달 동안이나 포로로 억류되었다가 간신히 돌아갈 수 있었다.

이리하여 불가리아는 다시 정교회의 품으로 돌아왔으며, 그 뒤 오늘날에 이르기까지 정교회 소속으로 남아 있다. 포티우스가 제거되자 보리스는 원하던 것을 손쉽게 얻었다. 3월 4일 소피아 대성당에서 이그나티우스는 불가리아의 대주교 한 명과 주교 몇 명을 임명했다. 그들은 형식상으로는 콘스탄티노플의 관할 아래 있었으나 일상적인 업무에서는 자율성을 누리고 있었다. 바실리우스는 그것을 전폭적으로 승인했지만 그 대가가 무엇인지는 잘 알고 있었다. 최근에 화해한 로마와의 관계가 다시 악화되는 것을 감수해야 했던 것이다. 결국 포티우스만 헛되이 희생된 셈이었다.

눈부신 군사적 성과

그해 2월에 보스포루스에 도착한 둘째 사절단은 루트비히 2세의 서신을 가지고 왔다. 서신의 어조는 상당히 불쾌했다. 서방 황제는 모욕을 당했다는 생각에 분통을 터뜨리고 있었다. 2년 전에 그는 이슬람이 장악한 이탈리아 남부의 바리를 공격했는데, 별로 재미를 보지 못했다. 그때 바실리우스는 그에게 비잔티움의 해군을 지원하겠다고 제안하면서 동시에 자신의 맏아들인 콘스탄티누스와 루트비히의 딸 헤르밍가르데를 결혼시키자고 제의했다. 루트비히는 우호적인 답신을 보냈고 869년에 동방 제국의 함대는 바리를 향해 출발했다.

그러나 함대가 도착했을 때는 이미 프랑크군이 겨울 주둔지로 돌아간 뒤였으며, 더욱이 비잔티움의 니케타스 제독은 동맹군이 예상보다 훨씬 적은 병력인 데다 술에 취해 건들거리는 모습을 보고 잔뜩 화가 치밀었다. 그가 곧장 서방 황제를 찾아가서 경멸감을 굳이 감추려 하지도 않고 그를 프랑크의 '왕'이라고 한 급 낮춰 불렀다. 그러자 루트비히는 격렬하게 항의했고, 니케타스는 함대를 이끌고 콘스탄티노플로 돌아와 버렸다. 그 직후에 프랑크의 사절단이 온 것이었다. 바실리우스를 접견한 그들은 루트비히의 분노를 전달하는 한편, 프랑크족의 황제가 아니라 더 인상적인 다른 칭호로 불러 달라고 요구했다. 그것은 바로 비잔티움에서 샤를마뉴에게도 사용하지 않았던 칭호인 임페라토르 로마노룸Imperator Romanorum, 즉 로마인의 황제였다.

이렇게 해서 불과 몇 주 동안에 바실리우스는 동맹자로 점찍었던 두 사람을 적으로 만들고 말았다. 교황과의 다툼에서는 불가리아를 획득할 수 있었던 만큼 그리 밑지는 장사는 아니었으나, 루트비히와의 분쟁에서는 아무런 대가도 얻지 못했다. 단지 그의 요구를 놓고 험한 분위기가 빚어졌고 그 과정에서 양측이 점점 더 기존의 태도를 고수하는 방향으로만 나아갔다. 교황과 서방 황제는 둘 다 남부 이탈리아를 장악하기 위해 비잔티움과 경쟁하고 있으므로 앞으로 관계가 더 악화될 것이고, 자칫하면 전쟁을 부를지도 몰랐다.

그런데 다행히도 루트비히는 베네벤토의 롬바르드 공작인 아델키스와 싸우다가 871년에 아내와 함께 포로가 되었다. 결국 루트비히는 복음서에 대고 다시는 공작령을 침범하지 않겠다는 서약을 한 뒤에야 풀려날 수 있었다. 그는 곧 교황에게서 그 강요된 서약의 의무를 면제받았고, 872년에는 카푸아의 사라센을 몰아냈다. 하지만 그 뒤 루트비히는 힘이 약해지면서 이탈리아 북부로 물러났다. 결국 3년 뒤에 그는 후사를 남기지 못한 채 브레시아에서 죽었다.

비잔티움 함대가 아드리아 해에 머물고 있는 동안—정확히 말하자면 빈둥거리고 있는 동안—육군은 동방에서 힘겨운 전투를 벌이고 있었다. 여기서 제국군은 사라센만이 아니라 다시 세력을 키워 서쪽으로 소아시아까지 진출한 파울리키아파도 상대해야 했다. 두 차례의 격전 끝에 바실리우스와 그의 처남 크리스토포루스는 파울리키아군을 아나톨리아의 심장부로 내몰았으며, 872년에는 적의 주요 기지인 테프리케[50]를 파괴하고 그들의 지도자인 크리소케이루스를 죽였다.

이렇게 이 지역의 파울리키아파를 거의 제거한 뒤 제국군은 상대를 바꿔 사라센군을 맞아 싸웠는데, 이후 10년 동안 줄기차게 그들을 밀어붙인 결과 자페트라와 사모사타를 비롯하여 유프라테스 연안의 몇 군데 중요한 요새를 손에 넣을 수 있었다. 물론 실패도 겪었다. 늘 분쟁 지역이었던 멜리테네는 제국군의 모든 공격에 완강히 저항했는데, 883년에 제국군은 타르수스 부근에서 참패를 당하고 잠시 기세가 죽었다. 하지만 그런 상황은 오래가지 않았다. 30년 전에 바르다스와 페트로나스가 거둔 성과는 과연 헛되지 않았다. 그것은 반짝 효과가 아니라 지속적이고 웅장한 성공의 서곡이었다. 그런 흐름은 장차 100년 뒤에 니케포루스 포카스와 요한네스 치미스케스 같은 황제들의 치세에 절정으로 치닫게 된다.

한편 서유럽에서도 비잔티움은 그에 못지않은 성과를 올렸다. 크레타와 시칠리아는 여러 차례 공략했어도 수복하지 못했다(시칠리아의 마지막 주요 거점인 시라쿠사는 878년에야 함락되었다). 그러나 바실리우스는 달마치야 해안 전역에서 사라센을 몰아내고 이곳에 제국의 테마를 설치했으며, 873년에는 베네벤토의 아델키스를 복속시켰다. 또한 같은 해에 오트란토를 수복했으며, 3년 뒤에는 바리도 손에 넣었다. 이곳들을 중요한 교두보로 삼아 바실리우스는 이후 10년 동안 대규모 공세를 전개했다. 여기서 뛰어난 장군 니케포루스 포카스[51]의 활약에 힘입어 제국은 9세기 말까지 사실상 남이탈리아 전역을 세력권으로 만들었다.

이로써 교황령과 서방 제국은 비잔티움이 이탈리아에 대한 소유권을 결코 포기하지 않았음을 분명히 깨달았다. 또한 비잔티움의 승리는 육전에만 국한되지 않았다. 오랫동안 방치되었던 제국의 해군은 테옥티스투스와 바르다스의 조련을 받은 결과 만만찮은 전력을 회복했다. 바실리우스는 그들이 시작한 작업을 이어받았지만, 그와 그의 아들, 손자의 노력에 힘입어 제국의 해군은 세계적으로 최고 수준의 전력을 자랑하게 되었으며, 해안을 순시하고, 공해를 순찰하고, 언제 어디서든 사라센의 기습 함대가 나타나면 공격할 수 있는 능력을 갖추게 되었다.

문맹 황제가 주도한 문화 부흥

선교 사업 역시 활발하게 진행되었다. 우선 발칸의 슬라브 부족들은 하나둘씩 그리스도교로 개종했다. 비록 크로아티아와 달마치야 해안의 북부, 키릴루스와 메토디우스 형제가 선교에 실패한 모라비아는 로마의 세력권으로 남았지만, 세르비아와 마케도니아, 그리스 등에서는 정교회와 콘스탄티노플이 지배하게 되었다.

이렇듯 커다란 성과를 올린 시기는 이그나티우스의 두 번째 재임기였다. 그러나 역설적이게도 바로 이런 종교적 성과 덕분에 포티우스는 유배지에서 돌아올 수 있게 된다. 그는 자신이 소환된 것에 그다지 놀라지 않았던 듯하다. 그의 추종자들은 이그나티우스에 못지 않게 많았고 상당수가 지식인이었다. 또한 그가 유배되어 있던 7년 동안 정교회의 관할 지역이 급격히 팽창함으로써 신학적인 문제와 관리상의 문제가 발생했으나, 늙은 총대주교 이그나티우스의 서툰 솜씨로는 전혀 그것을 감당할 수 없었다. 이그나티우스가 속수무책의 심정이면서도 은근히 안도감을 느끼며 지켜보는 가운데 포티우스의 추종자임을 자처하는 사람들이 점차 교회의 요직에 앉게 되었다. 874년 혹은 875년에 그들의 지도자를 수도로 불러들일 때도 이그나티우스는 전혀 반대하지 않은 듯하다.

돌아온 포티우스는 마그나우라의 대학교를 관장하고 신임을 되찾은 증거로 황제의 아들들에 대한 교육까지 맡았다. 이그나티우스는 결국 877년 10월 23일에 여든 살로 죽었고, 다시 포티우스가 두 번째로 총대주교에 올라 3년 뒤에는—절실하게 원하지는 않았지만—교황 요한네스 8세의 공식 승인을 받았다.[52]

이 특별한 경력의 말기에 포티우스는 일종의 유언장을 작성해서 후대를 위해 총대주교직에 관한 자신의 견해, 총대주교와 황제의 관계를 설명했다. 그런데 그 내용을 제대로 이해하려면 잠시 바실리우스의 또 다른 업적, 문맹의 '마케도니아인'으로서는 놀랍게도 로마법을 개정한 업적을 살펴보아야 한다. 그런 대폭의 개정은 3세기 전 유스티니아누스 이래로는 누구도 시도한 적이 없었다. 비록 레오 3세가 현직 판사들에게 도움을 주기 위해 『에클로가Ecloga』라는 짧은 법전을 편찬한 적은 있었지만, 그것은 이제 부적절하고 쓸모가 없어졌다. 바실리우스가 편찬하고자 한 것은 그가 낡은 법규들의 아나카

† 콘스탄티노플의 총대주교 포티우스의 성화.

타르시스(anacatharsis, 정화)라고 말한 것과 같은 대규모 개요서, 즉 기존의 법규들을 종합하고 대조하고 필요한 경우에는 조정할 수 있도록 해 주는 법전이었다.

하지만 그것은 그의 생애에 완성되기는커녕 구상조차 끝나지 못했다. 그 결과물은 『프로케이론Procheiron』, 즉 '편람'이라고 부르는 작은 법전으로서, 가장 중요하고 자주 적용되는 법을 요약하고, 편리하게 사용할 수 있도록 마흔 개의 주요 표제로 분류한 것이었다. 그 뒤 바실리우스의 치세가 끝날 무렵 『에파나고가Epanagoga』, 즉 '입문'이 간행되었다(이 법전에는 실제로 바실리우스와 그의 두 아들인 레오, 알렉산데르의 이름이 씌어져 있다). 이 둘째 법전은 첫째 것을 재편집하고, 여기에 부록으로 황제와 총대주교를 비롯하여 교회와 국가의 고위층 인물들의 권리와 책무를 구체적으로 다룬 부분이 추가되었다.

이 법전은 포티우스의 작품이 분명하다. 이 법전에서 설명된 이론에 따르면, 비잔티움 제국은 황제와 총대주교가 공동으로 이끄는 단일한 국가이며, 두 사람은 백성들의 물질적·정신적 행복을 위해 서로 협력하여 일한다고 되어 있다. 사실 그것은 지난 세기의 전반적인 양식과는 크게 달랐다. 그러나 그 가설은 현실보다는 이념적인 율법을 나타낸다는 점에서 타당하다고 볼 수 있다. 안타까운 점은 그 법전이 보편적인 승인을 얻지 못했다는 것인데, 총대주교는 곧 그 대가를 직접 치르게 된다.

적어도 치세 말기 10년 동안 바실리우스는 자신을 유스티니아누스의 화신으로 여겼던 듯하다. 유스티니아누스처럼 그는 이탈리아를 수복하고, 법을 집대성하고 개정하는 작업만이 아니라 대대적인 건축 사업에도 착수했다. 성상 파괴 시대인 9세기에는 사실 별다른 중요한 건축물이 없었으며, 테오필루스는 건설 사업을 일부러 황궁 안으로만 제한했다. 따라서 성당이 새로 건축되지도 않았고, 낡은 성당들은 그대로 방치되어 보수가 시급한 실정이었다. 심지어 소피아 대성당도 869년 1월 9일의 대규모 지진으로 서쪽의 대형 아치가 손상되어 붕괴할 위험까지 내포하고 있었다.

바실리우스는 때맞춰 소피아 대성당을 보수하고, 성모와 아기 예수의 모자이크 주위에 성 베드로와 성 바울을 추가했다.[53] 낡은 사도 성당은 더 딱한 상태였다. 이 성당은 콘스탄티누스가 처음 세웠고 유스티니아누스가 완전히 재건했으나, 기단이 항상 불안하여 붕괴할 조짐을 보였다. 바실리우스는 꼭대기에서 바닥까지 전반적으로 보수 작업을 한 다음, 아래층 벽에는 다색의 대리석판을 덧대고 위층 부분은 수태 고지에서 예수 수난에 이르기까지 그리스도의 생애를 묘사한 모자이크로 장식했다. 그밖에 작은 성당들도 마찬가지로 보수하고, 몇 군데는 불에 타기 쉬운 목조 지붕을 석조의 돔형 지붕으로 교체했다.

그러나 바실리우스가 이룩한 최대의 건축적 개가는 성 미카엘, 예언자 엘리야,[54] 성모 마리아, 성 니콜라우스에게 공식적으로 봉헌

되었지만 네아라는 짧은 이름으로 불리는 새 성당을 지은 것이었다. 네아는 황궁의 경내, 황제의 침소 동쪽 바로 옆에 세워졌는데, 황제는 그 성당의 건축과 장식에 아낌없이 돈을 쏟아부었다. 바실리우스가 유스티니아누스에 비견된다면 네아는 소피아 대성당에 해당하는 셈이다.

금을 입힌 성당의 돔 천장은 수도 전역에서는 물론 멀리 바다에서도 보였다. 그 내부를 보면 중앙의 로툰다[rotunda, 둥근 지붕, 돔의 내부]에는 그리스도 판토크라토르(Pantocrator, '만물의 지배자')의 현란한 모자이크가 있고, 그밖에 천사, 대천사, 순교자, 사도, 주교, 예언자 등을 표현한 모자이크들이 실내 곳곳을 장식했다. 이 성당 전체에 관한 상세한 기록을 남긴 포티우스에 따르면, 그중 가장 화려한 것은 금과 은으로 만들어지고 보석들이 박힌 성상 칸막이였다. 그 뒤에는 "금보다 더 귀한 금속으로 만들어진"—아마 보석과 법랑을 이용한 게 아닐까 싶다—주제단이 있었고, 은을 입힌 단집 기둥[중간을 오목하게 파서 장식한 기둥]들이 주위를 빙 둘렀다. 동쪽의 세 앱스 중에서 가운데 것에는 "깨끗한 손을 우리에게 뻗으면서 황제에게 장수와 승리를 하사하는" 자세의 성모를 묘사한 모자이크가 있었다.

황궁 자체에도 바실리우스는 금고를 새로 짓고, 목욕탕과 트리클리니움[triclinium, 침상이 구비된 식당]을 많이 설비했다. 또한 그는 칼케 대문도 재건하고 황제의 침소로 향하는 주요한 입구에 걸맞도록 대리석과 모자이크로 치장했다. 망가나, 마그나우라, 엘레우테라, 히에라, 성 마마스 등 다른 궁전들도 마찬가지로 일일이 보수하고 장식이 더해졌다. 콘스탄티노플을 세계에서 가장 화려한 도시로 꾸미기 위해, 그 자체로 보물인 커다란 보물 창고로 만들기 위해 바실리우스만큼 애쓴 황제는 드물었다.* 하지만 애석하게도 오늘날 도시 전역에서 바실리우스가 만든 건축물이라고는 주춧돌 하나도 남아 있지 않다.

바실리우스는 암살을 당했는가?

879년 한여름에 마케도니아 황제 바실리우스는 뚜렷한 성공으로 점철된 지난 12년을 회고해 보았다. 군대는 그 어느 때보다도 강해졌다. 동방과 서방에서 사라센은 물러갔고 파울리키아파는 멸망했다. 불가르족과 세르비아족은 개종하여 정교회의 품으로 들어왔다. 포티우스 분열 문제도 일단락되어 로마 교황에게 비잔티움이 호락호락한 상대가 아님을 여실히 보여 주었다. 법 제도를 개정하는 작업도 잘 진행되고 있으며, 이미 간행된 『프로케이론』에 이어 『에파나고가』도 곧 빛을 볼 만큼 완성되었다.

* 9세기 세계 최대의 도시를 꼽으라면 단연 서양의 콘스탄티노플과 동양의 장안이다. 콘스탄티노플이 당대 서양 문명의 중심 도시라는 지위를 누렸다면, 당나라의 수도였던 장안은 인구 100만이 넘는 국제적 문화 도시로서 동아시아뿐 아니라 세계적인 교류의 중심지였다. 종교적인 문제로 이슬람과 대립했던 콘스탄티노플에 비해 당시 장안은 그리스도교의 네스토리우스파까지 받아들일 정도로 개방적이었으므로 이슬람 상인들이 끊임없이 드나들었다. 중국의 화약과 종이가 서양으로 전래된 것은 바로 이 무렵이었을 것으로 추정된다. 하지만 한때 세계 최대였던 두 도시는 이후 제국의 쇠퇴와 함께 쇠락의 길을 걸어 오늘날에까지 이른다.

수도의 주요 건물들도 복원되고 아름답게 장식되었으며, 황궁의 지반이 마르마라 해 쪽으로 기울어지기 시작하는 장소에는 네아 성당의 위풍당당한 모습이 그 건립자의 위용을 언제까지나 상기시켜 줄 터였다. 불과 십수 년 만에 일자무식의 볼품없는 아르메니아 농부는 비잔티움 역사상 기억하기 싫을 만큼 끔찍한 살인을 두 차례나 저지른 끝에 제위에 올랐고, 이제는 이렇게 유스티니아누스 이래로 가장 위대한 황제가 되어 있는 것이다.

더구나 유스티니아누스는 대를 이을 아들이 없었지만, 바실리우스는 비록 미심쩍은 구석은 있어도 아들이 넷이나 있었다.* 그는 유도키아가 낳은 밑의 세 아들에 대해서는 거의 애정이 없었고 특히 둘째인 레오를 몹시 싫어했다. 그가 가장 사랑하는 아들은 맏이이자 첫 아내 마리아가 남긴 유일한 혈육인 콘스탄티누스였다. 그 아들은 아마 바실리우스가 진정으로 사랑한 유일한 사람일 것이다. 외모도 출중한 데다 바실리우스의 좋은 체격을 그대로 빼닮은 콘스탄티누스는 이미 어린 나이에 아버지를 따라 전투에 참가했다. 전장에서 그는 눈처럼 흰 말을 타고 황금 갑옷을 입었다고 한다. 869년에는 공동 황제가 되었는데, 만약 예비 협상이 실패하지 않고 그가 루트비히 2세의 딸과 결혼했더라면 동방 제국과 서방 제국은 그의 휘하에서 통일을 이루었을지도 모른다.** 그만큼 당시 콘스탄티누스는 한창 물이 올라 자신감에 차 있었고 아버지처럼, 아니 아버지를 능가하는 위대한 지도자의 자질을 보이고 있었다.

* 황후 유도키아는 한때 미카일의 정부였기 때문에 둘째와 셋째의 아버지가 확실치 않다.

그런데 그는 879년 9월 초에 갑자기 죽고 말았다. 그의 죽음을 둘러싼 정황에 관해서는 알려진 바 없지만 바실리우스는 그 충격에서 헤어나지 못했다. 그는 아들의 죽음을 신의 징벌, 즉 신께서 임명하신 황제를 살해한 죄악에 대한 징벌로 여겼다. 그는 많은 업적을 쌓았음에도 불구하고, 그리스도교권에서 가장 화려한 성당을 건립했음에도 불구하고 용서를 받지 못했다. 그때부터 바실리우스는 점점 자기 자신에게로 침잠했고, 깊은 우울증에 빠져 때로는 광기까지 보이기도 했다.

그럴 때 그를 통제할 수 있는 유일한 인물은 포티우스뿐이었다. 포티우스는 비탄에 잠긴 황제를 위해 특별히 정성을 들여 콘스탄티누스의 영혼을 달래는 미사를 치러 주었고 나중에는 그를 성인으로까지 추대했다. 그래도 바실리우스가 만족하지 않자 심지어 포티우스는 친구인 유카이테스 대주교 테오도루스 산타바레누스와 함께 강령회를 열었다. 여기서 바실리우스는 흰 군마를 타고 창을 들고 머리에서 발까지 금으로 뒤덮인 아들의 망령을 보았다. 그러나 그가

** 지은이는 루트비히 2세가 한때 동방 제국과 좋은 관계를 유지했으므로 이런 가정을 해 본 것이지만, 당시 상황으로 미루어 보면 충분히 현실적인 가정이었을 것이다. 800년 샤를마뉴가 서방 황제로 등극하면서 부활한 서방 제국은 샤를마뉴가 죽으면서 제국의 명패가 크게 흔들렸고, 그저 형식적인 제위만 유지되는 정도였다(843년의 베르됭 조약으로 프랑크 제국은 분열되었고, 870년에는 메르센 조약으로 제국이 사실상 해체되었다). 그런 상황이었으므로 바실리우스와 루트비히 2세의 관계가 계속 좋았더라면 필경 정략결혼이 이루어졌을 것이고, 자연히 바실리우스의 아들 콘스탄티누스에게로 동방과 서방 두 제국의 상속권이 떨어졌을 것이다. 또한 그랬다면 명패만 남은 서방 황제는 다시금 실세를 얻었을 테고, 400여 년 만에 다시 통일된 로마 제국이 부활했을지도 모른다. 물론 그렇다고 해도 과거의 로마 제국과 같은 성격의 제국은 아니었을 것이다.

아들을 안으려 다가갈수록 유령은 멀어져 갈 뿐이었다.[55]

콘티누아투스가 옳다면 총대주교가 그렇게 공을 들인 목적은 단 하나, 바실리우스의 둘째 아들이자 이제 적법한 후계자로 떠오른 레오에게 제위가 계승되지 않게 하려는 데 있었다. 그가 왜 그랬는지는 확실하지 않다. 레오는 성질이 급하고 여색을 너무 밝혔으나—그는 조에 자우치나라는 미녀와 염문을 뿌려 이미 장안의 화제가 되어 있었다—나름대로 훌륭한 바실레오스가 될 자질이 없다고는 단정할 수 없었다. 그렇다고 포티우스가 자신과 가깝지 않은 아모리아 왕조의 복귀를 꾀했다는 이론은 받아들이기 어렵다. 어쨌든 포티우스는 그렇잖아도 레오를 좋아하지 않는 바실리우스의 마음을 더욱 굳히기 위해 무진 애를 썼으며, 적지 않은 효과를 거두었다.

레오는 겨우 열여섯 살 때 자기 마음에 들지 않는 결혼을 억지로 해야 했다. 상대는 유도키아의 친척인 테오파노였는데, 못생긴 데다 신앙심이 너무 깊어 숨이 막힐 정도였다. 레오는 첫사랑인 조에 자우치나를 결코 단념하려 하지 않았다. 테오파노가 시아버지에게 불평을 늘어놓자 잔뜩 화가 치민 바실리우스는 아들에게 피가 흐를 때까지 직접 매질을 하고, 조에를 수도에서 추방한 다음 강제로 테오도루스 구추니아테스라는 남자와 결혼시켜 버렸다.

한편 총대주교는 음모나 반역을 은근히 시사하며 레오를 배척하기 위한 공작을 계속했다. 정신 상태와 정서 상태에 문제가 있는 늙은 황제는 너무도 쉽게 꾐에 넘어갔다. 1년쯤 뒤에 레오는 체포되었고 재판 없이 구금되었는데, 눈을 뽑히는 것은 간신히 모면했다. 그가 석 달 동안 감옥에서 지낸 뒤[56] 바실리우스는 마지못해 아들을 석방했다.

그가 아들을 왜 풀어 주었는지는 확실치 않다. 레오 본인은 예언자 엘리야가 자비를 베풀었기 때문이라고 말했지만, 그것보다는 차라리 황궁의 식당에 있는 앵무새가 "저런, 불쌍한 레오!"라고 깍깍거린 덕분에 풀려났다는 일부 문헌의 주장이 더 사실에 가까울 것이다. 물론 만약 실제로 그랬다면 바실리우스는 앵무새의 목을 직접 꺾어 버리고 말았겠지만. 어쨌든 사실은 여론에 굴복한 탓일 것이다. 레오는 황족 이외의 다른 사람들에게는 상당히 인기가 있었고, 아버지처럼 범죄와 연루된 적도 없었다. 하지만 황제는 믿고 싶지 않았다. 그래서 얼마 뒤에 그의 아들이 명예를 되찾고 공식 행진을 할 때 갑자기 군중의 환호와 갈채가 쏟아지자, 늙은 황제는 사람들에게 환호란 온당치 않다고, 그 소년은 장차 큰 슬픔과 고통을 가져오리라고 고래고래 소리를 질렀다.

이렇게 고통스러운 만년을 보내는 동안 바실리우스의 유일한 위안거리는 사냥이었다. 결국 그가 죽음을 맞은 것도 886년 여름 아파메아 시골 궁전 부근에서 사냥을 할 때였다. 어떻게 죽었는지는 수수께끼다. 대부분의 역사가들은 그가 사냥 사고로 죽었다고 한다. 그중에서 두 명, 즉 로고테테스 시메온과 『유티미우스의 생애Vita S. Euthymii』를 쓴 익명의 저자는 제법 상세한 설명을 전하고 있지만, 그들의 이야기는 도저히 사실로 믿기 어렵다. 어쨌든 그 이야기에 따르면 바실리우스는 "수행원들이 지쳐서" 혼자 말을 타고 가다가 시내에서 물을 마시고 있는 커다란 수사슴을 발견했다. 그가 말에 박차를 가해 접근하는데, 사슴이 갑자기 몸을 돌려 그에게로 돌진하더니 뿔로 그의 허리띠를 걸어 안장에서 끌어내렸다. 사슴이 숲을 향해 달리자 황제의 몸도 질질 끌려갔다.

수행원들은 주인 잃은 말이 돌아올 때까지 그 사고를 모르고 있었다. 한 무리의 파르가나인[57]들이 추격에 나서서 마침내 사슴을 따라잡았다. 그들은 사슴을 포위하고 서서히 포위망을 좁혀갔다. 이윽고 한 병사가 칼로 허리띠를 자르고 바실리우스의 몸을 떼어 내는 데 성공했다. 황제가 정신을 잃은 채 땅바닥에 누워 있고 수행원들이 모여들었을 때 사슴은 달아나 버렸다. 정신을 차린 뒤 황제가 처음으로 내린 명령은 자신을 사슴에게서 풀어 준 병사를 당장 처형하라는 것이었다. 군주에게 칼을 들이댔다는 게 그 이유였다. 그 다음에는 사고가 난 지점이 여기서 얼마나 되는지 재 보라고 명했다. (나중에 그 거리는 25킬로미터로 밝혀졌다.) 그 뒤 황제는 황궁으로 돌아왔으나 복부의 과다 출혈로 고통을 겪었다. 이후 그는 아흐레 동안 심하게 앓다가 8월 29일에 일흔네 살로 죽었다.

이 터무니없고 혼란스러운 이야기를 어떻게 봐야 할까? 우선 황제에 대한 예우는 차치하더라도 아주 초보적인 세심함조차 찾아볼 수 없다. 정신도 멀쩡하지 않은 칠순의 황제가 왜 혼자서 말을 타고 갔을까? 사냥 경험이 풍부한 그에게 어떻게 그런 사고가 일어난 걸까? 항상 칼을 지니고 다녔는데도 그는 왜 자신이 직접 허리띠를 잘라 버리지 않았을까? 사슴은 왜 짐을 떨쳐 버리고 도망치지 않았을까? 설사 사슴이 황제를 떨쳐 내지 못했다 하더라도, 몸집이 상당히 큰 황제를 끌고서 숲을 헤치며 25킬로미터나 되는 거리를 달렸다는 게 가능한 일일까? 이 모든 부분들이 의혹의 대상이다. 더욱이 황제의 구조대를 지휘한 사람이 아르메니아 출신의 스틸리아누스 자우체스라는 사실을 알면 그 이야기는 더욱 수상쩍어진다. 그는 레오의 정부였던 조에의 아버지로서, 곧 황제에 이어 제국의 제2인자로 발돋움하게 되기 때문이다.

이제 가장 중요한 의문을 제기해 보자. 마케도니아 황제 바실리우스는 역사가들이 말하는 것처럼 그 불행한 (아울러 가능성이 희박한) 사냥 사고에 의해 죽은 걸까, 아니면—아마도 그의 아들 레오의 승인 아래—스틸리아누스에게 살해된 걸까? 그 동기는 충분히 있다. 황제의 정신 상태는 계속 불안정해졌다. 레오를 감옥에 가두었으니 언제라도 아들을 처형하라는 명령을 내릴 수 있다. 그렇다면 젊은 황태자의 가장 친한 측근이자 정부의 아버지이기도 한 스틸리아누스 역시 마찬가지 위험에 처해 있었을 것이다. 그런데 만약 레오가 아버지를 대신하여 제위에 오른다면 그 참을 수 없는 테오파노를 버리고 스틸리아누스의 딸인 조에를 황후로 맞아들일 수 있을 것이다. 실제로 이후 사태는 그렇게 전개되었다.

그러나 지금 우리에게는 증거는커녕 단서조차 없으므로 정확한 판단은 불가능하다. 다만 정황을 근거로 레오가 자신의 아버지—실은 그의 친아버지인지도 확실치 않지만—를 살해하지 않았을까 하는 추측만 가능할 따름이다. 물론 바실리우스는 전쟁에서 승리하고, 종교 분쟁을 해결하고, 법을 개정하고, 경제와 행정제도를 개혁하고, 정치적 안정을 이루고, 예술과 과학을 장려하고, 훌륭한 건물을 지어 수도를 장식하고, 비잔티움의 위세를 동방과 서방으로 널리 떨치는 등 제국에 많은 기여를 했다. 그러나 권좌에 오르기까지 저지른 유혈극의 원죄는 그 업적으로도 씻을 수 없었다. 우리의 추측이 옳다면 그도 결국은 암살로 최후를 맞았던 것이다.

8

제국의 기틀을 다진 현제 레오

886년~912년

대부분의 동물은 자신의 짝이 죽으면 내내 홀로 살아간다. 하지만 약한 존재로서의 부끄러운 본성을 알지 못하는 인간은 한 번의 결혼에 만족하지 않고 후안무치하게도 재혼하려 하며, 그것에도 만족하지 않고 삼혼까지 하려 한다.

황제 레오 6세

지성을 겸비한 군주

바실리우스와 그의 후계자로 제위에 오른 레오 6세의 관계를 감안하면 늙은 황제의 장례식이 지극히 간소하게 치러진 것은 당연했다. 그의 시신은 콘스탄티노플로 운구되어 황제의 예복으로 치장된 뒤 전통에 따라 '침대 19개의 트리클리니움'[58]에 안치되었다. 여기서 성가대가 진혼곡을 부르고 나면 사회자는 다음과 같은 전통적인 기도문을 세 차례 외쳤다. "왕 중의 왕, 주님께서 그대를 부르시나니, 바실레오스여, 나오라. 그대의 머리에서 제관을 벗으라." 그러면 프라이포시투스가 시신의 머리에서 제관을 벗기고 대신 소박한 자주색 모자를 씌웠다. 기록에 의하면 장례식은 그게 전부다.

바실리우스의 관은 사도 성당에 매장되었을 것으로 추측되는데, 이 추측도 전혀 확실하지 않다. 확실한 것은 바실레오스가 된 뒤 레오가 처음으로 취한 조치다. 묘하게도 그는 미카일 3세의 유해를 크리소폴리스의 매장지에서 가져오게 해서 사도 성당에 새로 매장했

† 현제 레오 6세(좌)에게 제관을 씌우는 성모 마리아와 대천사 가브리엘(우).

다. 그의 석관으로는 예전에 유스티누스 1세나 2세의 유해가 담겨 있던 것을 사용했다. 살인자의 조치를 의도적으로 조롱하고 피살된 황제의 명예를 회복시킨 것은—아무리 레오가 바실리우스를 노골적으로 증오하고 있었다 하더라도—전임 황제에 대한 불필요할 만큼 공공연한 모욕이다. 하지만 레오가 자신의 친아버지를 바실리우스가 아니라 미카일이라고 생각했다면 그런 조치는 충분히 이해할 수 있다.

즉위 당시 레오 6세는 겨우 스무 살이었다. 그때까지 그의 삶은 전혀 행복하지 못했다. 그의 형 콘스탄티누스가 죽으면서 그에 대한 아버지의 감정이 그냥 싫은 정도에서 혐오로까지 발전하기 시작했을 때 그의 나이는 열세 살이었다. 그로부터 3년 뒤에 레오는 강요된 결혼을 해야 했으며, 사랑하는 애인이 유배되고 그 자신마저 감금되는 불행을 겪었다. 더구나 지긋지긋한 아내 테오파노가 어린 딸까지 데리고 감옥에 함께 있겠다고 고집을 부리는 바람에 그 짧은 감옥 생활도 무척 힘이 들었다. 성장기에 그렇게 많은 역경을 겪었으니 레오의 성격이 삐뚤어진다 해도 충분히 이해할 수 있는 일이었다. 하지만 용케도 그는 그렇게 되지 않았다. 물론 바실리우스를 살해한 음모—그런 일이 실제로 있었다면—에 연루된 혐의는 있지만 그것은 증명할 수 없는 사실이었다. 그것을 제외하면 그는 너그럽고 지적이고 상당히 매력적인 인물이었다. 또한 그는 바실리우스와 달리 학문에도 밝았다.

레오의 지적 능력에 관해서만큼은 모든 역사가들이 동의한다. 그는 테옥티스투스와 바르다스가 시작하고, 포티우스와 콘스탄티누스-키릴루스, 철학자 레오가 본보기를 보인 문화적 르네상스의 혜택을 처음으로 입은 황제로서, 이미 어린 나이에 뛰어난 학문적 소양을 보였고 그 시대의 추세인 철학과 신학에 강렬한 흥미를 느꼈다. 말할 필요도 없지만 그는 후대에 알려진 것처럼 점술가이자 예언자가 아니었다. 따라서 그가 썼다고 알려진 제국의 운명에 관한 사기성이 농후한 예언들은 큰 인기를 끌기는 했으나 결코 그의 작품이 아니다. 오히려 그는 비잔티움의 역대 황제들 가운데 어느 누구보다도 학식이 풍부한 황제였다. 그는 많은 주제에 관해 폭넓은 지식을 쌓았으며, 여가 시간에도 기도용 시와 찬송가를 짓거나 교회 축일 같은 때 소피아 대성당의 설교단에서 자신이 직접 행할 연설문을 준비했다. 이런 연설문을 보면 좀 뻔뻔스럽다는 느낌이 드는 것도 사실이다. 예컨대 그는 "결혼이라는 맑은 물에서 목욕하기보다는 간통이라는 진흙탕에서 뒹굴기를 더 좋아하는 자들"을 통렬하게 비난했는데, 열다섯 살 때부터 정부를 사귄 사람이 입에 담기에는 쑥스러운 이야기이기 때문이다. 이 장의 첫머리에 인용된 그의 말은 그 자신에게도 적지 않은 당혹감을 주었을 법하다.

하지만 그가 남긴 저술을 전체적으로 보면 그가 지닌 학문의 폭을 충분히 알 수 있으며, 과연 소포타토스sophōtatos, 즉 '최고의 현인'이라는 별명에 어울리는 인물이었음을 이해하게 된다. 비록 그리스 세계의 바깥에서는 보통 '최고'라는 말을 빼지만, 그래도 오늘날까지 그는 현제賢帝 레오라는 이름으로 알려져 있다.

예상할 수 있듯이 레오는 제위를 계승하자마자—형식적으로는 동생인 알렉산데르와 공동 황제였지만 동생은 정치에 아무런 관심도 없고 쾌락이나 추구하는 변변찮은 인물이었다—정부를 급진적으로 변화시키고자 했다. 가장 큰 수혜자는 스틸리아누스 자우체스였다. 바실리우스의 죽음을 둘러싼 미스터리에서 의심스러운 역할을 했던 그는 이제 황궁의 집사장이자 로고테테스 장관이 되어 제국의 대내외 정책을 사실상 총지휘하게 되었다. 반면에 가장 큰 피해자는 포티우스였다. 직접적으로든 간접적으로든 레오는 포티우스 때문에 적지 않은 피해를 입었으므로 그를 해임할 만한 충분한 개인적 이유가 있었다. 그러나 이유는 그것만이 아니었다. 포티우스와 이그나티우스의 오랜 다툼은 교회에 너무 큰 독립성과 자유를 부여하는 것이 얼마나 위험한지를 명백하게 보여 주었다. 게다가 황제와 총대주교의 관계에 관해 『에파나고가』에 밝힌 포티우스의 견해는 레오가 보기에 반역에 가까웠다.

결국 포티우스는 생애 두 번째로 퇴임해야 했다. 하지만 이번에는 전처럼 쉽게 빠져나갈 수 없었다. 887년에 특별 소집된 법정에서 그와 테오도루스 산타바레누스는 4년 전에 있었던 국가 전복 음모에 연루되었다는 고발을 당했다. 산타바레누스는 유죄 판결을 받아 실명과 유배의 형벌을 받았다. 그러나 끝까지 교활했던 포티우스는 아르메니아콘 테마의 외딴 수도원에 은거하는 정도의 벌만 받고, 그곳에서 자유롭게 신학과 문학 연구를 하며 살다가 몇 년 뒤 조용히 죽었다.

그 후임자의 선정은 레오의 의지를 분명히 보여 준다. 886년 크리스마스에 그는 대담하게도 열다섯 살밖에 안 되는 막내동생 스테파누스를 총대주교로 임명한 것이다. 그때까지 동방 교회의 역사상 최고 성직자의 나이가 그렇게 어린 경우는 처음이었다.[59] 하지만 놀랍게도 스테파누스의 임명에 반대한 사람은 거의 없었다. 주교들과 대수도원장들은 지난 40년 동안 지루하게 끌어 온 논쟁에 신물이 난 탓에 교회의 독립성을 다소 희생하더라도 교회와 국가가 잠시 평화기를 갖고 서로 이해하기를 진심으로 바랐다. 그렇다면 어차피 총대주교의 적임자도 없을뿐더러, 스테파누스는 병약한 탓에 얼마 살지도 못할 테니 임시변통으로는 괜찮았고 형에게 권력의 안정을 위한 몇 년의 휴식을 줄 수 있을 터였다. 과연 그는 예상했던 대로 자신의 몫을 충분히 했다. 그러나 나중에 보겠지만 그가 겨우 6년 반 동안 재위하고 죽은 뒤에 등장한 후임 총대주교들은 결코 고분고분하지 않았다.

법을 정비하고 권력을 강화하다

스틸리아누스 자우체스를 정치적 자문으로 삼고 스테파누스를 교회 측의 꼭두각시로 삼은 것으로 레오는 제국을 다스릴 준비를 갖추었다. 9세기의 남은 기간에는 별다른 변동도 일어나지 않았던 특별히 평화로운 시기였다. 그러던 중 899년에 또 하나의 중요한 종교 회의—공의회라 해도 되겠다—가 소집되어 동방 교회와 서방 교회의 관계가 크게 개선되는 성과를 올렸다. (당시에는 포티우스파와 이그나티우스파의 분열을 가져왔던 분쟁을 해결한 것처럼 보였다. 그러나 잠시 후에 보겠지만 황제의 네 번째 결혼이 다시 그 문제를 촉발시키게 된다.) 그에 따라 레오는 아버지가 시작해 놓은 방대한 작업, 즉 로마법을 개정하고 재편하는 일에 전심전력을 투구할 수 있게 되었다.

입법의 능력은 유스티니아누스 이래 비잔티움의 역사에서 매우 중요해졌는데, 레오는 일찍이 바실리우스와 그가 구성한 저명한 법 전문가들의 위원회 덕분에 입법에 관해 잘 알게 되었다. 당시 바실리우스는 그 위원회를 지휘한 프로토스파타리우스protospatharius[60]인 심바티우스에게 앞장에서 언급한 법령의 '정화'를 맡긴 바 있었다.

또한 스틸리아누스도 바실리우스를 격려하고 자극했으므로 바실리우스가 죽은 뒤 전체 계획은 추진력을 잃었다. 그러나 레오 역시 법 개정 작업에 혼신의 힘과 열정을 바쳤다. 물론 여기에는 그의 박학함과 문학적 기량이 단단히 한몫을 했다.

그 결과 『바실리카 법전』이 몇 년에 걸쳐 간행되었다. 이 법전은 모두 60권이고, 각 권은 10책으로 구성되었다. 대체로 유스티니아누스의 『칙법휘찬』과 『학설휘찬』에 바탕을 두었으나 『프로케이론』 같은 후대의 법전도 포함했으며, 두 가지 귀중한 장점을 지니고 있었다. 첫째는 법규들이 체계화되었다는 점이다. 즉 각 주제는 해당하는 책에서 상세하게 다루고 다른 곳에서는 중복하여 다루지 않는다. 둘째, 학자들 사이에서만 통용될 뿐 콘스탄티노플에서는 이미 200년 전부터 사어死語가 되어 버린 라틴어 대신 그리스어로 법규들을 기록했다는 점이다.* 이리하여 레오 6세의 치세부터 유스티니아누스 법전은 레오 법전으로 대체되었다. 즉 비잔티움의 중세적인 법적 구조를 지탱하던 『칙법휘찬』과 『학설휘찬』의 역할을 『바실리카 법전』이 하게 된 것이다.

* 이렇게 라틴어가 죽은 이유는 5세기에 서방 제국이 몰락했기 때문이다. 동방으로 근거지를 옮겨온 동방 제국은 그리스어를 제국의 공용어로 채택하게 되었고, 서방에는 로마를 대체할 제국이 없었으므로 라틴어는 수명을 다하게 된 것이다. 비록 9세기에 샤를마뉴의 프랑크 제국이 명목상으로 서방 제국을 대신했으나 프랑크족이 라틴어를 사용할 수는 없었다. 그래서 결국 라틴어는 로마 교회에서만 사용되는 문어(文語)로만 살아남게 되었다. 물론 중세가 종교의 시대가 아니었더라면 문어로서의 라틴어도 전승되지 못했을 것이다. 그러나 라틴어는 이후 남유럽 각지에 로망스어로 분화되면서 오늘날 프랑스어, 에스파냐어, 이탈리아어 등의 기원을 이루게 된다(영어, 독일어 등도 라틴어의 영향을 받기는 했으나 언어적으로는 게르만 어족에 속한다).

하지만 『바실리카 법전』은 주로 옳고 그름에 관한 일차 원칙만 다루고 있으므로 실망스럽게도 그 시대에 관해 알려 주는 것은 거의 없다. 이런 점에서 더 흥미로운 문헌은 레오의 이른바 『신법령 Novels』이다. 이 법전은 정치와 종교의 이념이 변화한 데 따라서 낡은 법들을 개정하거나 폐지한 113개 조의 법령집이다. 여기서도 우리는 이 법전의 내용이 황제 개인의 생각이라고만 여겨서는 안 된다. 교회 사안만 다룬 17개 조항은 레오 자신이 작성했겠지만, 나머지는 스틸리아누스에게 전달하는 형식을 취하고 있어도 실은 스틸리아누스가 작성했을 가능성이 크다.

스틸리아누스에게 가장 중요한 것은 쿠리아(도시 참사회)와 원로원의 전통적인 권리를 박탈하는 것이었다. 원래 황제의 권력을 제한하는 기능을 했던 이 두 기관은 100여 년 동안 중요성이 점차 감소해 왔다. 그래서 『신법령』의 46조, 47조, 78조에서는 두 기관에 결정타를 가했다. 그 기관들을 해산한다는 의미는 아니다. 특히 원로원은 활동이 유지되었고 견해를 자유로이 발표할 수 있었다. 레오가 임종시에 아들에게 특별히 원로원에 신경을 쓰라고 말했다는 점은 주목할 필요가 있다. 하지만 원로원은 이제 정부에서 정치적 힘도, 입헌적 권리도 가지지 못했다.

황제가 절대적인 힘을 발휘하지 못하는 부문은 교회 문제밖에 없었다. 그는 지상에서 신을 대리하는 사람이었지만 교회 서열로는 평신도에 지나지 않았고, 교회의 지도자는 콘스탄티노플의 총대주교였다. 물론 총대주교를 임명하는 것은 분명히 황제였다. 그러나 그것은 모든 고위 성직과 마찬가지로 성직자들의 동의를 얻어야 했다.

또한 황제는 공의회의 결정에 따라야 했다. 교리 문제에 관한 그의 의무는 단지 정교회 신앙을 규정된 대로 보호하는 것뿐이었다. 하지만 다른 모든 분야에서 황제의 권력은 절대적이었다. 신이 발탁한 사람, 12사도와 동격인 그는 제국 정부의 주인이고, 군대의 총사령관이며, 유일한 입법자이자 최고 판사로서 그의 결정은 그 자신을 제외한 모든 사람들이 절대적으로 따라야 했다.*

불가르의 시메온

9세기 말에는 국내가 지극히 평온했던 덕분에 법 개정이 놀라운 속도로 진행되어 새로운 법전이 간행될 수 있었지만, 레오에게는 불행하게도 국외에서는 그만큼 평화롭지 못했다. 동부 지중해와 에게 해에서는 아랍인들이 계속 압력을 가해 왔다. 자못 위험한 때도 있었다. 특히 시칠리아와 크레타가 사라센에게 넘어간 뒤부터는 제국의 도시가 약탈을 당하거나 상선이 공격을 받는 경우가 잦았다. 그러나

* 이처럼 정치권력과 종교권력이 분리되고 분업화된 것이 서양 중세사의 핵심이다. 그렇기 때문에 고대와 중세를 지배한 서양식 제국에서는, 그 두 가지가 '천자'에게로 통합되어 있는 정교일치의 중국식 제국과는 달리 두 줄기의 권력이 서로 끊임없이 충돌하고 견제하면서 사회 발전의 동력을 이루었다. 하지만 사회가 분화하고 발전함에 따라 근본적으로 교회 권력은 정치권력과의 경쟁에서 조금씩 뒤처질 수밖에 없다. 동방 제국의 경우 그 과정이 빠르게 진행되었기에 10세기를 넘어가면 황제의 힘이 총대주교를 능가하게 되지만, 서유럽의 경우에는 교회 권력이 일찍부터 로마 교황에게 통합된 데 비해 정치권력은 내내 분권적이었다. 그 결과 중의 하나가 바로 교황이 주도한 십자군 원정이다.

더 당면한 위협—게다가 예상치 않았던 위협—은 894년에 불가리아가 일으켰다.

29년 전 보리스 왕이 개종한 이후 비잔티움에서는 이제 두 그리스도교 민족이 앞으로 서로 사이좋게 살아갈 줄로 믿었다. 그러나 보리스는 889년에 왕위에서 물러나 프레슬라프 부근의 성 판텔레이몬 수도원에 은거했고 맏아들인 블라디미르가 왕위를 물려받았다. 이는 나쁜 소식이었다. 아버지와 아버지가 이룬 모든 업적에 대한 반발심에서 귀족 블라디미르는 보리스가 그토록 짓누르려 애썼던 보야르들을 다시 등에 업은 것이다. 골수 복고주의자인 보야르들은 그리스도교를 혐오했으며, 특권과 이교가 판치는 '나빴던 옛날'로 시계추를 되돌리려 했다. 그런데 블라디미르는 그들과 전적으로 뜻을 같이 하고 그들의 지원에 힘입어 아버지의 모든 업적을 급속히 무효화하는 한편 고대의 부족신들을 되살리려 했다.

몇 년만 더 기다렸더라도 그는 성공할 수 있었을 것이다. 불가리아 교회는 처음부터 삐걱거렸고 뿌리를 내릴 시간이 없었다. 신도들도 과거에 대한 향수를 상당히 가지고 있었다. 하지만 블라디미르는 아버지를 너무 얕잡아 보았다. 명상 생활에 들어갔다고 해서 그가 바깥 세상의 동태에 완전히 관심을 끊은 것은 아니었다. 한때 천하를 호령했던 보리스는 마침내 분노를 터뜨리며 수도원을 뛰쳐나왔다. 그는 손쉽게 정권을 다시 장악하고는 블라디미르를 폐위한 뒤 실명시켰으며, 왕국 전역에서 각지의 대표들을 불러모아 그들에게 둘째 아들인 시메온을 왕으로 추대하도록 명했다. 대표들이 즉각 그 명령에 따르자 보리스는 수도원으로 돌아가서 두 번 다시 나오지 않았다.

당시 시메온은 스물아홉 살이었다. 소년 시절에 그는 콘스탄티노플로 유학을 왔는데, 아마 레오와 함께 포티우스에게서 학문을 배웠을 것이다. 귀국한 뒤 그는 수도사가 되었다. 그러나 수도원의 규율도 그의 호전성과 야망을 꺾지는 못했다. 그랬으니 왕위를 이으라는 명령에 반색한 것은 당연했다. 한편 비잔티움에서는 그가 즉위했다는 소식에 안도감을 품었다. 1년 동안은 모든 게 순조로웠다. 그러다가 894년에 스틸리아누스 자우체스는 자기 심복 두 명에게 불가리아 무역의 독점권을 내주었다. 그들은 제국으로 수입되는 모든 물품에 대해 불가리아 상인들이 지불하는 관세를 대폭 인상하고, 동시에 물자 집산지를 콘스탄티노플에서 사기 거래가 적발되기 어려운 테살로니카로 옮겼다. 그러자 불가르인들은 경악했다. 그 영향으로 흑해에서 보스포루스를 거쳐 황금뿔에 이르는 무역로가 순식간에 붕괴했다. 테살로니카 무역로는 길도 훨씬 험하고 겨울에는 이용할 수 없을 뿐 아니라 거리도 훨씬 멀었다. 시메온은 즉각 콘스탄티노플에 대사를 보내 항의했으나 레오가 스틸리아누스를 굳게 지지하는 바람에 아무 소용도 없었다.

그러나 황제는 시메온을 과소평가했다. 몇 주 뒤 불가르군은 트라키아를 침공했다. 당시 제국군은 거의 전부가 남부 이탈리아와 동방의 전선에 배치되어 있었으므로 레오는 우선 제국의 뛰어난 장군인 니케포루스 포카스를 긴급히 소환했다. 그와 드룬가리우스 drungarius[61] 유스타티우스—그는 도나우 강 어귀를 봉쇄했다—는 오합지졸의 군대를 가지고도 전세를 대등하게 유지할 수 있었다. 그들이 시간을 벌어 주는 사이에 사태의 심각성을 느낀 황제는 마자르족에게 도움을 요청했다.

이 야만족 전사들은 시베리아에서 수세기에 걸쳐 천천히 서쪽으로 이동해 왔는데, 당시에는 도나우 강 너머 몰다비아와 트란실바니아를 차지하고 있었으므로 이웃인 불가르족과 서로 으르렁거리는 사이였다. 과연 황제의 요청을 받자 그들은 기다렸다는 듯이 도나우 강을 건너—비잔티움 측이 선박을 제공했다—불가르의 영토로 벌떼처럼 밀고 내려오면서 도중의 모든 것을 파괴하고 약탈했다. 그러나 레오가 야만족을 끌어들였다면 시메온도 그렇게 못 할 이유가 없었다.

마자르의 영토 너머 남러시아 평원에는 또 다른 유목민족인 페체네그족이 살고 있었다. 그들은 불가르의 황금에 매수되어 마자르의 후방을 공격했다. 그 결과 마자르족은 그들이 시메온의 왕국에 가한 것보다 더 큰 피해를 입었다. 그 소식을 들은 마자르 병사들은 가족을 구하기 위해 황급히 돌아갔으나 다시 페체네그족은 그들을 가로막았다. 남쪽에서는 시메온이 다가오고 있어 오도 가도 못하게 된 마자르족은 결국 서쪽으로 방향을 틀어 카르파티아 고개를 넘어 판노니아 대평원으로 들어갔다. 이 지역이 바로 오늘날까지도 마자르족의 고향이 되어 있는 헝가리다.*

마자르족이 완전히 물러가자 시메온은 다시 비잔티움에 대한 총공세로 나왔다. 896년에 그는 불가로피곤(지금의 유럽 측 터키에 있는 바바에스키 부근)에서 대승을 거두었다. 그런데 제국에게는 불행히도 스틸리아누스는 니케포루스 포카스를 콘스탄티노플로 불러들였다.

그의 후임자인 카타칼로누스는 행동력도 없고 전략적 구상도 전무한 자였다. 이 무능한 사령관은 간신히 제 목숨을 건졌으나 그와 함께 싸운 병사들은 거의 그런 행운을 누리지 못했다.[62] 결국 레오는 평화를 요청할 수밖에 없었다. 5년 동안 밀고 당기는 지루한 협상 끝에 레오는 매년 많은 공물을 바치기로 하고 강화를 맺었다. 테살로니카 무역로는 폐쇄되었고 다시 콘스탄티노플이 불가리아 무역의 중심지가 되었다. 사소한 무역 분쟁으로 촉발된 전쟁이 제국에 적지 않은 피해를 안겨준 셈이었다. 또한 그 결과로 중부 유럽의 지도는 영구히, 그리고 결정적으로 변했다. 불가르족의 힘은 이제 무시할 수 없는 수준이었으며, 시메온은 결코 만만치 않은 인물임을 여실히 입증했다.

동시에 덮친 외우내환

아랍의 공세에 대비하여 모든 자원을 총동원해야 할 시점에서 제국

* 마자르족에게는 일찍이 로마 제국 후기에 서유럽을 침공했던 훈족의 피가 섞여 있다. 시기적으로 볼 때 이들이 레오의 '초청'을 받아들여 불가리아를 침공한 데는 아마도 제2차 민족 대이동이라고 불리는 노르만 민족 이동의 탓이 컸을 것이다(당시 노르만은 스칸디나비아에서 나와 러시아의 슬라브족을 복속시키며 서서히 남하하고 있었다). 판노니아에 안착하고서도 마자르족은 거기에 만족하지 않고 계속 서쪽으로 진출하려다가 50여 년 뒤인 10세기 중반에 오토 1세의 저항을 받고 단념하게 된다. 따라서 당시 마자르족의 이동은 동유럽과 서유럽의 역사에 모두 영향을 미친 셈이다. 때는 바야흐로 민족 이동의 격변기였다. 훈족의 후예였던 탓으로(헝가리Hungary의 어원은 바로 훈Hun이다) 오늘날에도 헝가리어는 핀란드어, 바스크어와 함께 유럽에서 유일하게 인도유럽어 계열이 아닌 언어로 남아 있다.

의 힘은 위험스러울 만큼 위축되었다. 니케포루스 포카스가 없는 틈을 타서 사라센은 거침없이 남부 이탈리아로 진출했다. 902년 8월 1일에는 시칠리아에 남아 있는 제국의 마지막 거점인 타오르미나가 함락되었고, 동방에서는 아르메니아가 사실상 무방비 상태에 빠졌으며, 계속해서 무슬림은 킬리키아로 진군하기 시작했다. 에게 해의 사정도 나을 게 없었다. 같은 해에 방어가 튼튼하고 번영하는 항구였던 테살리아의 데메트리아스(지금의 볼로스)가 파괴되었다. 그러나 최악의 재앙은 2년 뒤에 일어났다. 트리폴리의 레오라는 그리스의 배신자가 사라센 함대를 이끌고 헬레스폰트를 거쳐 마르마라 해로 들어온 것이다. 유스타티우스가 함대를 거느리고 맞섰으나 적의 위세에 기가 죽어 전투도 하기 전에 퇴각했다. 사령관은 재빨리 히메리우스라는 사람으로 교체되었는데, 과연 그는 기대에 부응하여 사라센을 물리쳤다.

그러나 사라센 함대는 본국으로 돌아가는 대신 테살로니카로 직행했다. 테살로니카는 사흘 동안 버티었으나 성벽이 파손되고 두 지휘관이 서로 다투기까지 했다. 그중 한 사람이 낙마 사고로 죽은 것은 여느 때 같으면 불행을 가장한 행복이었겠지만 이미 때는 늦었다. 904년 7월 29일 방어망이 무너지면서 그 틈으로 사라센 병사들이 쏟아져 들어왔다. 피비린내 나는 살육이 일주일이나 벌어진 뒤 침략자들은 귀중한 전리품과 3만여 명의 포로를 싣고 떠났다. 이로써 제국 제2의 대도시이자 중요한 항구였던 테살로니카는 잿더미가 되어 버렸다.

제국에게 그것은 엄청난 재앙이자 씻을 수 없는 수치였다. 레오는 복수를 결심했다. 그는 우선 파괴된 테살로니카 요새를 재건하고 강화했으며, 선박을 대량으로 건조하여 대규모 함대를 구성했다. 905년 가을에 수립된 계획에 의하면, 히메리우스—그는 스틸리아누스의 뒤를 이어 로고테테스 장관이 되어 있었다—는 해안을 돌아 아탈레이아(지금의 안탈리아)로 가서 현지 군대 총독인 안드로니쿠스 두카스가 지휘하는 육군을 태운 다음 타르수스로 향하도록 되어 있었다. 사라센의 거점인 타르수스는 규모에서나 중요도에서 테살로니카와 맞먹는 항구였으므로 이곳을 파괴하면 대세를 만회할 수 있다는 판단이었다.

이런 각본에 따라 히메리우스는 때맞춰 아탈레이아에 도착했으나, 두카스는 합류하기를 거부하고 사실상 제국에 대해 공공연한 반란을 일으켰다. 이 상황에서 히메리우스가 변변치 않은 인물이었다면 약정된 병력도 확보하지 못했으니 전체 계획을 포기했을 것이다. 그러나 히메리우스는 비록 장비도 보잘것없고 경험도 적었지만 포기하고 싶지는 않았다. 작전을 강행하기로 마음먹은 그는 며칠 뒤 길을 가로막고 나선 사라센 함대를 완전히 격파하고 타르수스를 잿더미로 만들어 버렸다. 이것으로 비잔티움은 실추된 명예를 멋지게 되찾았다.

한편 안드로니쿠스 두카스는 자신을 따르겠다는 병사들을 거느리고 북동쪽으로 250킬로미터 떨어진 이코니움(지금의 코냐) 부근의 한 요새로 도망쳤다. 여기서 그는 겨울을 나고 906년 3월까지 머물다가 제국군이 다가온다는 소식을 듣고 아들 콘스탄티누스와 함께 사라센 영토로 넘어가서 파괴된 타르수스에 잠시 체류한 다음 바그다드로 피신했다. 그의 이야기는 별로 유익하지도 않고 그다지 중요하지도 않다. 그러나 그것은 제국을 위협하기 시작한 새로운 위험을 보여 준다는 점에서 의미가 있다. 그 위험이란 9세기에 크게 성장하여 10세기와 11세기 커다란 문제를 낳게 되는 사회 계층을 말한다. 이 계층은 수많은 부유층 가문—그 규모와 분화의 정도로 미루어 '족벌' 이라고 불러야 할 듯싶다—으로 구성되었다.

이들은 소아시아 전역에 영지를 소유하고, 오랜 군국주의적 전통을 가지고 있으며, 자기들끼리 통혼하고, 황제에게는 거의 충성하지 않을 뿐 아니라 오히려 자신들이 제위에 오를 야심을 지니고 있었다. 이들 가문 중에 두카스의 가문은 가장 크고 세력도 가장 강했다. 안드로니쿠스는 바로 그 두카스 가문의 수장이었다. 과거에 그는 제국을 위해 일했고, 특히 904년에는 시리아 원정을 이끌어 만족스러운 성과를 올렸다. 그런 그가 갑자기 제국을 배신한 것은—알려진 원인은 단지 두카스가 자신보다 아래라고 여긴 사령관의 지휘를 받아야 한다는 데 화를 냈기 때문이다—그만큼 그 가문들과 황제의 유대감이 희미해졌다는 것을 뜻한다.

결과적으로 말해서 안드로니쿠스 두카스를 몰락시킨 것은—비록 의도한 것은 아니었지만—황제 자신이었다. 레오는 바그다드로 사절단을 보내 열한 살짜리 술탄 알 무크타디르와 포로 교환 협상을 벌이게 했다. 출발하는 사절단에게 황제는 비밀 서신을 맡기고 전직 군사 총독인 안드로니쿠스에게 전하게 했는데, 예전처럼 충성하면 모든 것을 용서하고 원대 복귀시키겠다는 내용이었다. 그러나 불행히도 그 서신이 발각되는 바람에 안드로니쿠스는 파멸하고 말았다.

그때까지 술탄은 그를 신뢰했으나 그 서신으로 인해 더 이상 믿을 수 없게 되었다. 그래서 술탄은 그를 면전에 불러 죽을 것이냐, 이슬람교로 개종할 것이냐를 놓고 선택하게 했다. 그런 상황에서는 충분히 이해할 수 있듯이 안드로니쿠스는 후자를 택했지만 그것으로도 자유를 얻지는 못했다. 감금되는 것은 면했으나 엄중한 감시를 받게 된 것이다. 얼마 뒤에 그는 죽었다.

네 번 결혼하는 황제

사라센과의 싸움은 아직 끝나지 않았다. 사실 그 싸움은 레오의 평생 동안 지속된다. 하지만 여기서 우리는 콘스탄티노플로 시선을 돌려 치세 후반기에 레오의 정서 상태가 어떻게 달라졌는지 살펴보는 것이 좋겠다.

레오의 골칫거리는 아내인 테오파노였다. 아버지 바실리우스가 살아 있을 때 그들 부부는 아무 일도 없는 척하기 위해 애썼다. 그러나 레오가 즉위한 뒤 부부의 사이는 급속히 악화되었다. 평생 남편의 사랑을 받아 보지 못한 테오파노는 마치 그 보상이라도 받아 내려는 것처럼 오로지 신앙에만 매달렸다. 심지어 그녀의 신앙심은 비잔티움의 관점에서도 약간 우스꽝스럽다 싶을 정도에 이르렀다. 그녀의 전기 작가는 이렇게 말한다.

아우구스타[황후]는 세속적인 삶의 모든 쾌락을 발가락에 낀 때처럼 여기고 오로지 자신의 영혼을 구원하는 데만 전심전력을 기울였다. 밤이나 낮이나 그녀의 영혼은 찬송가와 기도 속에 하늘에 계신 신을 향했으며, 자선 행위를 통해서도 신께 다가갔다. 공개 석상에서는 자주색 꽃을 꽂고 화려한 의상을 입었지만, 혼자 있을 때는 누더기 차림이었다. 그녀는 무엇보다 금욕적인 생활을 좋아했고 진수성찬을 경멸했다. 온갖 맛있는 요리가 차려진 식탁에서도 그녀는 빵과 야채만 먹었다. 자신이 받은 모든 돈, 이 세상에서 백성들이 고귀하게 여기는 모든 것을 그녀는 가난한 자들에게 나누어 주었다. 또한 값비싼 옷은 필요한 사람에게 주었고, 과부와 고아들을 보살폈으며, 수도원에 기부하고 수도사들을 자신의 형제처럼 사랑했다.

나아가 테오파노는 밤에 남편과 잠자리를 같이하지 않고 방 한구석에서 거친 요를 깔고 잤으며, 잠을 자다가도 매 시간 일어나 기도를 올렸다. 혈기왕성한 젊은 황제에게 그보다 더 큰 불만은 없었다. 게다가 레오는 아들을 절실히 원하고 있었다. 어느 익명의 전기 작가는 이렇게 말했다. "그는 아내에게서 더 이상 자식을 얻을 수 없었다. 왜냐하면 그녀는 영적인 명상으로 인해 몸이 매우 쇠약해져서 육체의 쾌락을 느낄 수 없게 되었기 때문이다."

892년 겨울 부부의 유일한 혈육인 유도키아가 죽었다. 그 사건을 계기로 테오파노는 은둔 생활에 더욱 깊이 빠졌다. 그리고 한두 해 뒤에 블라케르나이의 성모 마리아 테오토코스 성당에 속한 수녀원으로 들어가더니, 마침내 897년 11월 10일 서른이 채 안 된 나이로 딸의 뒤를 따랐다. 레오는 기쁜 기색을 숨기려 하지 않았다. 그는 아내를 위해 성대한 장례식을 치러 준 다음—생전에 아내를 대했던 태도를 고려하면 장례식이나마 성의껏 치러 주어야 했을 것이다—곧 사랑하는 조에를 콘스탄티노플로 불러들였다. 그녀의 남편인 테오도루스 구추니아테스가 걸림돌이었겠지만 다행스럽게도 그는 때맞춰 죽었다(우연이 아니라고 보는 사람들도 있으나 어쨌든 그의 사인을 조사하지도 않고 별다른 증거가 발견되지도 않은 것은 사실이다). 그 덕분에 조에는 눈에 거슬릴 만큼 빨리 황궁에 들어왔으며, 898년 초 마침내 두 연인은 결혼하게 되었다.

얼마 동안은 모든 게 좋았다. 조에는 곧 임신했고 황제는 점술사들이 보장한 대로 아들을 애타게 기다렸다. 그러나 안타깝게도 태어난 아이는 딸이었다. 이 딸에게는 안나라는 이름이 주어졌다. 하지만 그것은 레오가 세기말에 겪게 될 연속되는 불행의 시작이었다. 899년 봄에는 스틸리아누스 자우체스가 죽었다. 그는 레오의 총리대신으로서—항상 사심이 없었던 것은 아니지만—13년 동안 황제를 위해 충직하게 일했다. 레오는 장인이 된 그에게 바실레오파토르basileopator라는 전례없는 직함까지 부여했다. 레오는 그를 전폭적으로 신뢰했고, 그의 판단과 경험에 거의 맹목적으로 의지했으므로 그를 잃은 것은 큰 충격이었다. 게다가 그해 말에 조에가 원인 모를 병에 걸려 죽고 말았다. 그들의 험난하고 애틋한 사랑은 겨우 2년밖에 가지 못했다.

레오는 진정으로 깊은 슬픔에 잠겼으나 또 다시 결혼해야 한다고 생각했다. 그는 늘 자신의 몸이 건강하지 않은 것 때문에 걱정이 컸다. 명목상 공동 황제인 동생 알렉산데르도 술과 방탕한 생활로 인해 오히려 레오보다 먼저 죽을 가능성이 컸다. 이런 상황에서 제위를 계승할 아들이 없다면 제국은 위기에 처할 테고 야심가가 나타나 권력을 찬탈할 수도 있었다. 후사의 필요성은 또 있었다. 권력 승계가 정해져 있어야만 일관적이고 장기적인 정책을 펼 수 있기 때문이다.

저물어가는 9세기는 이 두 가지 문제가 모두 심각한 수준이라는 것을 보여 주었다. 성상 파괴 문제만 하더라도 태도가 마구 오락가락하는 바람에 백성들은 이제 그 문제라면 신물이 날 정도였다. 단일한 혈통에다 수도 많은 황실 가문이 반드시 필요했다. 많은 황족이 당대의 주요한 쟁점에 관해 비슷한 견해를 보이고, 제위가 아버지에게서 아들에게로, 혹은 삼촌에게서 조카에게로 순탄하게 계승된다면, 전임 황제의 정책이 후대에도 이어지기 때문에 제국의 근래 역사에서 특히 보기 힘들었던 일관성과 지속성이 보장될 수 있을 터였다. 하지만 일반적으로 공인된 후계자가 없으면 그런 바람직스러운 상태는 불가능했다. 그 경우 제위 계승을 둘러싼 분쟁은 필연적이며, 후계 문제는 모든 악의 뿌리가 된다. 온갖 음모와 술수, 궁정 혁명과 쿠데타, 걷잡을 수 없는 정책의 혼란 등이 모두 거기서 비롯되는 것이다. 결론은 간단했다. 황제는 다시 결혼해서 아들을 낳아야만 했다.

그런데 그게 가능할까? 초기 교부들에 따르면 가능했다. 히에로니무스, 암브로시우스, 아우구스티누스 등은 상당히 관대한 견해를 채택했다. 병이나 출산으로 아내가 젊어서 죽는 경우는 흔했으므로 남자는 아내가 죽은 뒤 두 번, 세 번이라도 결혼하는 게 용납되었다.

그러나 동방 교회에서는 용인되는 행동의 폭이 더 엄격했다. 매우 독단적이었던 성 바실리우스는 회개를 한다는 조건으로 재혼까지는 허용했으나 삼혼은 단호히 반대했다. 삼혼은 기껏해야 '점잖은 간통' 이라 불렸고 4년 동안 성찬식을 받지 못하는 벌을 받아야 했다.* 만약 누가 분별없이 사혼까지 하려 한다면 그것은 간통보다 더 나쁜 일부다처의 죄였다. 그런 사람은 '인간이 아닌 금수와 같은 존재' 로 취급되어 8년 동안 성찬식을 받지 못하는 벌이 부과되었다.**

그러나 황제는 반드시 백성들과 같은 법을 적용하지 않아도 되는 특별한 경우였고, 특히 국익이 관련되어 있을 때는 더 그랬다. 레오의 동생인 스테파누스 총대주교는 불행히도 893년에 죽었으나 그의 뒤를 이은 온건한 성향의 적당주의자인 안토니우스 카울레아스는 언제든 필요한 조치를 내릴 준비가 되어 있었다. 그리하여 900년 여름 콘스탄티노플에서 열린 미의 경연 대회인 '신부 전시회' 를 통해 레오는 프리지아 출신의 매혹적인 여성 유도키아 바이아나를 새 아내로 맞아들였다. 그리고 901년 4월 12일 부활절에 그녀는 마침내 레오에게 아들을 선사했다. 그러나 안타깝게도 출산의 고통으로 그

* 당시 성찬식은 신의 은총을 정기적으로 받는 행사였으므로 개인적으로도 무척 중요했을뿐더러, 만약 황제가 성찬식을 받지 못한다면 그건 국가 전체의 중대한 문제였다.

** 이런 견해를 지니고 있었으니 삼혼, 사혼은커녕 아예 일부다처제 자체를 허용하는 이슬람교를 그리스도교권에서 어떻게 보았을지는 뻔하다. 그나마 이슬람교에서는 한 남자가 아내를 네 명까지 둘 수 있도록 제한했지만, 여건이 닿는 한 처첩을 얼마든지 거느릴 수 있는 극동의 축첩제를 그때 동방 교회에서 알았다면 아마 인간으로 취급하지 않았을 것이다. 그러나 역설적이게도 당시 중국은 세계 어느 문명권보다도 화이(華夷)의 구분이 분명했고 오랑캐는 인간으로 여기지 않았다.

녀는 죽었고 아이마저 며칠 뒤에 죽는 비극이 일어났다.[63]

그래도 레오는 단념하지 않았다. 그는 아직도 서른다섯의 젊은 나이인 데다 자신의 왕조를 계승시켜야 한다는 각오는 오히려 어느 때보다도 굳었다. 그러나 네 번째 결혼은 세 번째보다 더 어려움이 많을뿐더러, 설사 성사된다 해도 그것이 마지막일 것임은 분명했다. 그래서 이번에는 더욱 신중을 기해야 했다. 그는 첫 단계로 히메리우스 제독의 아름다운 조카딸 조에 카르보노프시나—'석탄처럼 까만 눈'—를 정부로 삼았다. (이 이야기를 전반적으로 보면, 국가적인 근거에서 아들을 절실히 필요로 하는 레오에게 주변 사람들이 반드시 적대감만 보이지는 않았다는 것을 알 수 있다.)

레오는 비록 부정한 방법이기는 했으나 이 관계를 비밀로 하지 않았고, 교회에서는 비록 용인할 수는 없었으나 그래도 네 번째 '결혼' 보다는 훨씬 낫다고 여겼다. 한두 해 뒤에 조에의 첫 아이가 딸이었어도 별다른 비난은 없었다. 그러나 905년 9월에 그녀는 마침내 아들을 낳았다. 작고 병약한 아이였지만 레오의 당면한 야망은 실현되었다. 그러나 총대주교는 처지가 매우 난처해졌다. 그로서는 황제가 다시 결혼하는 것을 허용할 수도 없었고, 그렇다고 레오와 그의 정부가 계속 공공연히 죄를 짓고 사는 것을 두고 볼 수도 없었다. 이윽고 양측은 합의점을 찾아냈다. 조에를 황궁에서 내보내는 대신 태어난 아들에게는 총대주교가 소피아 대성당에서 세례를 해 주기로 한 것이다. 우여곡절 끝에 906년 1월 6일 예수공현축일에 세례식이 거행되어 아기 황태자는 콘스탄티누스라는 이름을 얻게 되었다.

조에의 문제도 쉽게 극복되었다. 레오는 독신 생활을 할 마음이

† 니콜라우스 총대주교가 레오 6세의 아들 콘스탄티누스 7세에게 세례를 하는 모습.

전혀 없었다. 불과 사흘 뒤에 그는 조에를 다시 황궁으로 불러들였다. 다음 조치는 이미 마련해 두었다. 그의 아들은 교회에서 받아들여지기는 했어도 여전히 사생아 신분이었으므로 제위 계승자가 될 수 없었다. 어떻게 해서든 아이를 적법한 신분으로 만들어야 하는데, 그 방법은 단 하나, 즉 총대주교에게 결혼을 기정사실로 여겨지게 하는 수밖에 없었다. 그래서 레오는 꾀를 냈다. 허가를 구하지도 않았고, 예고도 하지 않았다. 황궁 내의 조그만 예배당에서 평범한 교구 사제를 앞에 두고 레오와 조에는 거의 비밀리에 조용히 결혼식을 올렸다. 그 다음에야 그는 결혼식을 올렸다는 사실을 발표하고 새 아내를 황후로 선포했다.

그러자 8년 동안이나 서서히 수위를 높여 왔던 봇물이 마침내 터져 나왔다. 교회는 격노했다. 성 바실리우스의 말이 지겹도록 인용되었다. 총대주교는 황제에게 아들의 세례를 받게 하는 대신 은밀한 간통은 당장 그만둔다고 하지 않았느냐고 공개적으로 따졌다. 네 번째 결혼은 결코 승인될 수 없었다. 게다가 레오 자신도 일찍이 그의 아버지, 형 콘스탄티누스와 함께 다음과 같은 내용의 민법 조항에 공동으로 서명한 바 있었다.

> 모든 사람들에게 절대적으로 명백하게 밝히는바, 어느 누구든 네 번째로 결혼하려 한다면 그 결혼은 무효이며 그 자식은 적법하지 못한 신분을 가지게 될 것이다. 그에 대한 형벌은 불결한 간통을 저지른 죄인에 준할 것이며, 그에 얽힌 당사자들은 마땅히 서로 헤어져야만 할 것이다.

민법만 문제가 된다면 레오는 자신이 예외라고 주장할 수도 있었다. 심지어 그는 예전의 법을 무효화하는 새 법을 반포하여 네 번째 결혼을 합법화할 수도 있었다. 그러나 교회법에 관해서는 그도 어쩔 수 없었다. 그래도 어떻게 해서든 그는 특면장을 받아내야 했다. 어떻게 해야 할까? 만약 그의 동생이 여전히 살아서 총대주교직을 맡고 있었다면 간단히 사태가 수습될 수 있었을 것이다. 물론 스테파누스는 동료 성직자들을 설득하느라 몹시 애를 먹었겠지만.

그러나 스테파누스도, 그 후임자인 안토니우스 카울레아스도 이미 죽었다. 901년에 그의 뒤를 이은 니콜라우스는 포티우스의 조카로, 황제의 개인 비서를 지낸 경력이 있었다. 그런 만큼 아마 그 혼자서 결정할 수 있는 문제라면 황제에게 특면장을 주었을지도 모른다. 하지만 당대 최고의 학자이자 점차 그의 가장 강력한 적수로 떠오르고 있는 카이사레아 주교 아레타스가 반대하고 있었다.

교회를 능가하는 황제의 권력

레오는 899년의 종교 회의를 통해 교회에 평화를 가져왔다고 자부했지만, 또 분열의 두 주역은 이미 죽은 지 오래였지만, 포티우스파와 이그나티우스파는 여전히 존재하면서 정교회의 통일을 위협했다. 아레타스는 그가 받은 교육에서나 취향에서나 쉰 살이 될 때까지 헌신적인 포티우스파였다. 지성을 놓고 보면 그는 제국에서 그의 스승에 필적할 수 있는 유일한 인물이었다. 그는 고전 저자들에 관한 학술서를 몇 권이나 출간했으며, 『요한계시록』에 관한 최초의 그리스어 주석서를 저술하기도 했다.

하지만 불행히도 그의 저작은 도덕적인 면에서 이그나티우스파의 비위를 건드렸고 900년 부활절에 그들은 그를 무신론자라고 기소했다. 재판에서 그는 무죄를 선고받았으나 그 치욕을 결코 잊지 않았다. 그래서 그 이듬해 자신의 친구이자 같은 포티우스파인 니콜라우스가 총대주교로 임명되자 자신을 부당하게 대우한 적들에게 응분의 조치를 취하라고 친구에게 압력을 가했다. 그러나 니콜라우스는 총대주교에 임명되는 조건으로 양측의 불화를 없애는 데 전력을 기울이겠다고 황제와 약속한 것을 상기시키면서 친구의 요청을 거절했다. 그 사건은 이미 끝났는데 다시 제기한다면 예전의 적의만 되살아날 뿐 아무런 이익도 없다는 것이었다. 이에 화가 치민 아레타스는 복수심에 불탔다.

그런 판에 황제의 네 번째 결혼은 그에게 좋은 기회를 가져다 주었다. 싸움은 불가피하게 종파적인 노선에 따라 전개되고 있었다.

지성적이고 처세에 밝은 포티우스파는 레오에게 특면을 부여하고 그 대가로 국정의 상당 부분을 얻어 내려 한 반면, 완고하고 교조적인 이그나티우스파는 비타협적으로 그 결혼에 반대했다. 원래대로라면 아레타스는 당연히 포티우스파의 편을 들어야 하겠지만, 양심 때문에 적진인 이그나티우스파로 간 그는 열렬한 환영을 받았다. 사실 그들은 지적으로 열등했으므로 영악한 포티우스파와 논쟁을 벌여서는 전혀 승산이 없었다. 그런데 갑자기 호박이 넝쿨째 굴러든 것이다. 신학에 정통하고 논쟁과 변증의 기술을 잘 아는 아레타스는 황제의 견해를 옹호하는 예전의 동료들과 좋은 승부를 벌일 수 있을 터였다.[64]

그해 내내 지속된 논쟁에서 이그나티우스파는 오로지 아레타스의 덕분으로 우세를 견지했고, 니콜라우스 총대주교의 입지는 자꾸만 좁아졌다. 그러자 황제는 점점 조바심을 느꼈다. 그러던 중 가을에 그에게 새롭고 대담한 아이디어가 떠올랐다. 포티우스파의 힘만으로 필요한 특면장을 얻어 낼 수 없다는 것은 분명했다. 즉 이그나티우스파의 도움이 반드시 필요했다. 그런데 그들은 지금 완강하게 반대하고 있다. 그렇다면 그들에게 총대주교직을 제안하면 어떨까? 신중하게 판단한 결과 아레타스는 안 된다는 게 명백했다. 그는 네 번째 결혼을 극렬히 반대하므로 협상의 여지가 없었다. 하지만 프사마티아 수도원의 대수도원장인 유티미우스라면 어떨까? 그는 아레타스가 나타나기 전까지 이그나티우스파에서 가장 폭넓은 존경을 받던 인물이었다.

유티미우스는 정교회의 역사에서 다소 애매한 위치를 점하고 있다. 나중에 성인으로 추존되기는 했지만 그 판단이 옳든 그르든 그는 분명히 신앙심이 깊었고 진정으로 금욕적인 사람이었다. 그가 젊었을 때 레오는 그를 자신의 영적 아버지로 삼고, 특별히 그를 위해 프사마티아 수도원을 지어 기증했다. 그러나 유티미우스는 테오파노에 대한 황제의 처우와 그 뒤 두 차례의 결혼에 공개적으로 반대했으므로, 비록 레오는 스승에 대한 존경을 버리지 않았으나 두 사람의 관계는 상당히 냉각되어 있었다. 저술로 보나 평판으로 보나 —그는 교회법과 교회의 모든 계율을 엄격히 해석하는 것으로 이름이 높았다— 완고한 도덕주의자인 그가 레오의 제안을 받아들일 리 만무하다고 볼 수도 있을 것이다. 그러나 레오는 그의 사람됨을 아주 잘 알고 있었다. 유티미우스는 체면을 차리느라 잠시 주저하다가 결국 레오가 내미는 총대주교직을 받아들였고, 적절한 구실만 찾을 수 있다면 필요한 특면을 부여하겠다는 뜻을 밝혔다.

황제는 이미 그 구실을 준비해 두었다. 그는 이그나티우스파가 언제나 교황의 권위를 강력히 지지하며, 40년 전 포티우스 논쟁이 격렬하던 시절에 로마로부터 귀중한 지지를 받았다는 것을 잘 알고 있었다. 이제 그는 얼마 전에 교황 세르기우스 3세에게 사혼 문제에 관한 질문서를 보냈고, 긍정적인 답변을 받으리라 확신하고 있다는 사실을 밝혔다. 최고 성직자가 보내는 축복보다 더 나은 구실이 또 있을까? 유티미우스는 당장 특면장을 부여할 테고, 레오는 총대주교의 체면을 좀 세워 주면 될 터였다.

그런데 레오는 어떻게 교황이 그가 원하는 대로 반응하리라는 것을 확신할 수 있었을까? 첫째, 초기 가톨릭 교부들은 중혼 문제로 지나치게 골머리를 앓은 적이 없었다. 로마에서 그보다 훨씬 더 큰 관심을 품은 것은 동방 교회와 서방 교회의 불화가 점점 커진다는 사실이었다. 따라서 무릇 교황이라면 누구나 콘스탄티노플에 대한 자신의 영향력을 증대할 수 있는 좋은 기회를 그대로 놓칠 리 없었다. 둘째, 세르기우스는 사라센이 세력을 확대해 가고 있는 남이탈리아에서 군사적 지원을 절실히 필요로 하고 있었다. 그것을 위해서라도 교황은 황제의 네 번째 결혼을 당연히 승인할 터였다.

그동안 레오는 때를 기다렸다. 그는 유티미우스와 협상한 것이나 교황에게 호소한 것에 관해 공개적으로 한마디도 하지 않았다. 또한 그는 이 문제가 미해결 상태로 남아 있는 동안 조에와 헤어져 있기를 거부했고, 오히려 조에가 황후로서 마땅한 예우를 받아야 한다고 주장했다. 그러나 906년 크리스마스와 뒤이은 예수공현축일의 행사에서 니콜라우스 총대주교는 황제가 소피아 대성당에 들어오는 것을 허가하지 않았다. 그때 황제는 항의하지 않고 잠자코 황궁으로 돌아왔지만, 그 분노는 한 달 뒤인 907년 2월에 교황 특사가 수도에 도착하기 전날 밤에 폭발했다. 니콜라우스는 반역자 안드로니쿠스 두카스와 비밀 연락을 주고받은 혐의로 기소되었으며, 감금된 상태에서 강제로 총대주교직을 사임했다.

설사 총대주교가 반역 행위에 가담했다 하더라도 그런 식의 조치가 합법성을 얻으려면 다른 총대주교들의 승인, 아울러 적어도 이론상으로는 로마 교황의 승인이 필요했다. 하지만 이번에도 역시 레오의 준비는 철저했다. 바그다드에 포로 교환을 협상하기 위해 파견되었던 그 사절은—안드로니쿠스 두카스 때문에 포로 협상은 실패했지만—또 하나의 임무를 지니고 있었다. 그것은 바로 동방의 세 총대주교—알렉산드리아, 안티오크, 예루살렘—의 대리인들을 수도에 데려오는 일이었다. 교황 세르기우스도 비밀리에 레오의 통지를 받은 터였다. 교황으로서는 네 번째 결혼 사건에 이어 또다시 황제에게서 자신의 총대주교를 해임하는 데 편을 들어 달라는 요청을 받고 보니 그저 고마울 따름이었다. 그것은 곧 동방에서도 교황권이 존중되고 있다는 사실을 보여 주는 좋은 증거였던 것이다.

교황의 특사들은 콘스탄티노플에 도착한 바로 다음날에 교황의 승인을 담은 서신을 황제에게 전했다. 그것으로 황제의 소망은 마침내 정당화되었다. 그런 배경이 갖춰지면 총대주교도 그의 결혼에 반대하지 못할 터였다. 그달 말에 유티미우스는 총대주교에 올라 황제가 그토록 고대했던 특면장을 부여했다. 물론 그는 그 결혼 자체를 재가하지는 않았다. 그래서 레오는 조에와 함께 사는 한 소피아 대성당에는 고해자의 자격으로만 들어갈 수 있었고, 성소에는 입장이 불허되었으며, 성무 중에는 자리에 앉지 못하고 서 있어야만 했다.

하지만 황제는 그 정도로도 감지덕지였고, 행복한 결혼 생활을 누리기 위해 그런 대가쯤은 얼마든지 치를 용의가 있었다. 중죄였던 결혼이 어쨌든 적어도 승인을 받은 것이다. 그와 조에는 남편과 아내가 되었고, 이제 태어난 지 열여덟 달이 된 아기 콘스탄티누스는 '포르피로게니투스', 즉 황실에서 태어난 황태자라는 어엿한 신분을 가지게 되었다(오늘날에도 그는 그 별칭으로 불린다). 이 불확실한 시대에 제위 계승 문제는 완전히 해결되었다.

905년 가을은 현제 레오에게 축복의 계절이었다. 9월에는 아들이 태어났고, 10월에는 사라센 함대를 격파하고 타르수스를 파괴했다. 마침내 바람은 그의 편으로 불기 시작했다. 비록 이듬해에 니콜라우스와의 관계가 더 악화되기는 했지만, 907년 초에 다시 한번 총대주교를 확실히 제압함으로써 그의 상승세는 꺾이지 않았다. 아기는 908년 5월 15일에 공동 황제가 되었고, 2년 뒤에는 히메리우스가 시리아의 라오디케아(지금의 라타키아) 항구를 공략하여 도시와 그 배후지까지 유린한 뒤 단 한 척의 함선도 잃지 않고 무사히 콘스탄티노플에 귀환했다.

레오로서는 생애의 절정을 맞은 바로 그 무렵에 죽었다면 차라리 더 좋았을 것이다. 911년 가을 그는 다시 크레타를 점령하기 위해 히메리우스를 파견했다. 레오는 이미 5년 전부터 해군의 전력을 강화하고 있었으므로 히메리우스가 거느린 군대는 그때까지 크레타를 공략했던 어느 군대보다도 우수한 장비를 자랑했다. 하지만 크레타에 주둔한 사라센군도 역시 방어력을 강화한 탓에 제국의 원정은 전과 다름없이 성공적이지 못했다. 히메리우스는 겨울에서 이듬해 봄까지 여섯 달 동안이나 포위 공격을 퍼부었으나 적의 수비는 굳건했다. 제국군은 육중한 요새에 전혀 타격을 주지 못했다.

그러던 중 912년 4월에 수도로부터 그에게 급전이 도착했다. 그해 초부터 걱정으로 인해 황제의 건강이 악화되더니 갑자기 크게 나빠져 오래가기 어렵다는 내용이었다. 마지못해 히메리우스는 포위를 풀고 보스포루스를 향해 출발했다. 그러나 그의 함대가 키오스 섬을 돌았을 때 갑자기 대규모의 사라센 함대가 그들을 포위하고 나섰다. 그 지휘자는 바로 8년 전에 테살로니카를 함락시키는 데 결정적인 역할을 했던 배신자 트리폴리의 레오였다. 적의 맹공을 받은 비잔티움의 함대는 거의 다 침몰했으며, 히메리우스는 간신히 미틸레네로 피했다가 무거운 마음으로 콘스탄티노플에 돌아왔다.

그 재앙의 소식이 황궁에 전해졌을 무렵 레오의 목숨은 경각에 달려 있었다. 패전 소식을 듣고 그는 고개를 벽으로 돌려 버렸다. 그리고 5월 11일 밤에 그는 죽었다. 사반세기를 조금 넘는 치세 동안 그는 비록 '대제大帝'까지는 아니더라도 걸출한 황제임을 입증했다. 사실 그는 교회의 분열을 어느 때보다도 더욱 조장하기는 했지만 네 번째 결혼을 위해서는 불가피한 일이었다. 그래야만 장차 자식이 없는 알렉산데르가 죽은 뒤에도 제위 계승에 문제가 없도록 할 수 있었다. 조에 카르보노프시나와 결혼하고 아들을 적자嫡子로 만듦으로써 그는 제위 계승을 안정시키고 마케도니아 왕조를 유지할 수 있었다. 그가 아니었다면 마케도니아 왕조가 이후 150년 동안이나 지속하면서 비잔티움 역사상 가장 위대한 왕조가 되지는 못했을 것이다. 그런 이익과 비교하면 교회에 끼친 피해는 사소한 것에 불과했다.

그 밖의 분야에서 그는 그의 아버지처럼 위대한 군주의 징표라 할 불굴의 야망, 초인적인 힘, 무한한 자신감을 지니지는 못했으나 백성들을 현명하고 성실하게 다스렸다. 또한 그의 군대는 아랍인과 불가르족에게 필요 이상으로 많이 패배했지만, 적어도 국내를 볼 때 그가 물려받은 것 이상으로 제국을 발전시켰다는 것은 분명하다. 지식인이자 학자라는 위상에 걸맞게 그는 과시하는 데는 별로 관심이 없었다. 그를 기념하는 대성당이나 화려한 궁전은 전혀 없었고, 소피아 대성당의 황제문 위에 있는 그의 모자이크 초상화—공교롭게도 그리스도 앞에 엎드려 있는 자세—도 그가 죽고 나서 몇 년 뒤에 제작된 것이다.[65] 법전의 정비, 속주 행정의 재편, 군대의 강화 등 그가 남긴 지속적인 업적은 그 속성상 그다지 두드러져 보일 수는 없었으나 대단히 귀중한 것이었다. 게다가 레오는 치세 내내 백성들의 진정한 사랑을 받았다. 그 점에서 그는 사후에도 후손들에게 감사를 받을 자격을 충분히 갖추었다고 하겠다.

9

촌뜨기 황제의 등장

912년~920년

13개월, 사악한 시절.

현제 레오 임종시에 한 말[66]

잘난 형 밑의 못난 동생

알렉산데르의 치세에서 유일하게 좋은 점이 있었다면 그것은 바로 그의 치세가 짧았다는 것이다. 오랫동안 방탕을 즐긴 대가로 그는 겨우 13개월 동안 재위한 끝에 마흔한 살로 죽었다. 하지만 그 짧은 기간에도 그가 제국에 끼친 피해는 엄청났다. 그의 정상적인 행동조차 마땅한 비유를 찾으려면 주정뱅이 황제 미카일의 가장 나쁜 상태를 참고해야 할 정도였다. 어리석고 잔인한 성품, 공공장소에서 떠들썩한 주연을 즐기는 취향, 방자한 신성 모독에서 두 황제는 닮은꼴이었다. 알렉산데르는 불가리아의 블라디미르를 본받으려는 것처럼 보이기도 했고, 고대의 신들을 제국 전역에서 다시 부활시키려 하기도 했다. 한번은 이교적 미신이 광기에까지 이른 적도 있었다. 원형 경기장에 있는 청동 멧돼지상이 자신의 분신이라고 멋대로 믿고,[67] 쇠약해진 자기 몸을 고쳐 보겠다면서 그것에다 새로 이빨과 생식기를 붙이라고 명했던 것이다.

그는 오래전부터 형인 레오를 싫어했다. 심지어 903년에는 성 모키우스 성당에서 성사 도중에 형을 암살하려는 음모에 관여하기도 했다. (이듬해에 그가 공동 황제에서 폐위된 것은 아마 그 때문일 것이다. 하지만 그는 유일한 제위 계승자라는 강력한 신분이었기에 그 좌천은 곧 철회되었다.) 오랫동안 바라 온 권좌에 오르자 그는 즉각 레오의 모든 정책을 뒤집고 모든 명령을 취소함으로써 형에 대한 적의를 노골적으로 표현했다. 요컨대 결과는 아랑곳하지 않고 레오의 모든 조치를 무효화한 것이었다. 또한 황후인 조에는 아무런 절차도 없이 황궁에서 쫓겨났으며, 제국에 크게 기여한 황후의 삼촌 히메리우스도 파면되고 투옥되어 감옥에서 여섯 달 뒤에 죽었다.

한편 불가리아의 시메온은 콘스탄티노플에 사절을 보내 알렉산데르의 즉위를 축하하면서 901년의 평화 조약을 갱신하자고 제의했다. 그러나 사절을 영접하기 위해 술잔치를 잠시 중단하는 것조차 싫었던 알렉산데르에게는 형이 그 조약을 체결했다는 이유만으로도 갱신을 거절하기에 충분했다. 술에 취한 허풍선이가 호기를 부리는 것처럼 그는 불가리아 사절단에게 앞으로 조약 따위는 필요도 없고, 더는 공물도 바치지 않겠다고 큰소리를 치고는 그들을 쫓아 버렸다. 하지만 사절단은 아마 황제에게서 들은 말보다 황제의 꼴을 보고 더 곤혹스러워했을 듯싶다. 어쨌든 사절단의 보고는 시메온에게 그다지 언짢은 게 아니었다. 이미 군사력에서 앞서 있다고 자신하는 데다가 그 한심한 황제를 두려워할 이유가 없다고 판단한 시메온은 곧 전쟁 준비에 착수했다.

이 무렵 알렉산데르는 어떤 의미에서 불가르족을 불러들인 것 못지않게 파멸적인 또 한 가지 조치를 취했다. 또다시 형에게 반대한다는 이유만으로 폐위된 니콜라우스 총대주교를 유배지에서 불러들여 복직시킨 것이다. (그러나 니콜라우스는 임종시에 감동적으로 회개하는 장면에서 자신은 레오의 명령으로 복직되었다고 주장했다.) 역경은 그의 성격을 바꾸지 못했다. 유배지에서 5년을 보내는 동안 그는 자신이 겪은 부당한 처우, 특히 유티미우스와 이그나티우스파의 배신에 대해 복수심을 불태우고 있었다. 그들은 원래 자기처럼 레오의 네 번째 결혼에 반대하는 편이었다가 황제의 음모에 넘어가 자신을 타도하고 권력을 장악했으며, 황제에게 절대로 주어서는 안 되는 특면을 주었다. 니콜라우스는 오로지 복수라는 한마디만을 가슴에 새긴 채 수도로 돌아왔다.

그는 확실히 기회를 잡았다. 하지만 복수심에 불탄 나머지 다른 사항들을 모두 도외시한 것은 잘못이었다. 만약 그가 그저 승리를 거둔 것에 만족하면서 이그나티우스파와 화해하고 유티미우스가 애초부터 나오지 말았어야 할 원래의 수도원으로 조용히 돌아갈 수 있도록 허락했더라면, 논쟁을 종식시키고 교회를 재통합할 수 있었을지도 모른다. 그러나 그는 전무후무한 사태를 초래하여 폭동의 분위기까지 빚었다. 유티미우스는 마그나우라 궁전의 법정에서 심문을 받았는데 아마도 직접 목격했을 당대의 전기 작가는 그 광경을 상세히 전하고 있다. 니콜라우스는 심문을 시작했다.

"말해 보시오, 이 어리석은 자여. 죽은 군주 레오의 음란한 꿈을 이루어 준 자여. 그대는 왜 나와 한 몸이었던 대성당을 내게서 빼앗아 내가 없는 사이 능멸한 것이오?"

유티미우스는 대답했다. "대성당을 능멸한 것은 바로 그대요. 또한 내가 그대를 쫓아낸 것이 아니라 그대가 나간 것이오. 그대는 한 번도 아니고 세 번이나 사임하지 않았소? 그래도 그대가 알고 싶다면 나는 그대의 어떤 점이 타락했고, 그대를 왜 추방했는지 말해 주리다. 주님께서 내게 힘을 주신다면 나는 능히 그대의 죄를 묻고 그대의 부정함을 면전에 밝힐 것이오."

이에 말문이 막히고 분노가 머리끝까지 치민 니콜라우스는 유티미우스의 옷을 벗기게 하여 창피를 주고 그의 자리에서 끌어내리게 했다.

그 뒤 일찍이 본 바 없는 참담한 광경이 벌어졌다. 총대주교의 부하들은 주교의 영대領帶(성직자가 성사를 집행할 때 목에 걸쳐 늘어뜨리는 좁고 긴 헝겊 띠)를 벗기고 십자가 형상이 있는데도 개의치 않고 그것을 발로 마구 짓밟았다. 또한 그의 옷을 잡아 찢고 그 옷과 두건을 짓밟았다. 이 광경에 상관이 기뻐하는 것을 본 그들은 주교의 수염을 잡아당기고 그를 바닥에 넘어뜨린 다음 발로 차고 침을 뱉고 주먹으로 그의 얼굴을 마구 때렸다. 그런 다음에 총대주교는 그를 다시 일으켜 세우게 했다. 심문을 계속하는가 싶더니 총대주교가 고갯짓을 한 번 하자 그때까지 가만히 서 있던 거구의 부하 한 명이 주교를 주먹으로 두 번 때려서 이 두 대를 부러뜨렸고 등과 목을 마구 때렸다. 이윽고 유티미우스는 숨쉬거나 말하기도 어려운 상태가 되어 계단 아래로 쓰러지려 했다. 그때 페트로나스라는 귀족이 다른 세 사람과 함께 그를 부축해 주지 않았더라면 그는 순교자의 명단에 올랐을 것이다.[68]

유티미우스를 아가톤 수도원으로 유배 보내고 황제를 설득하여 유티미우스와 교황의 이름을 딥티크[69]에서 삭제한 뒤(이로써 로마와의 관계는 완전히 단절되었나) 총대주교는 성직의 서열을 가리지 않고 대대적인 숙청을 개시했다. 물론 그 목적은 이그나티우스파—혹은 유티미우스파—에 동조하는 모든 주교와 사제들을 제거하려는 데 있었다. 주교의 수로만 따져 봐도 유티미우스파는 전체 주교의 3분의 2나 되었으니 그런 대수술을 한 뒤에 그가 교회의 기능을 어떻게 되살릴 셈이었는지는 알 수 없으나, 그 문제는 결국 다른 방식으로 해결되었다. 해임된 주교들이 순순히 물러나려 하지 않았던 것이다.

예상할 수 있듯이 반대파의 지도자는 니콜라우스의 적인 카이사레아의 아레타스였다. 그는 황제가 군대를 보내 무력으로 자신을 쫓아내기 전까지는 자신의 교구에서 떠나지 않겠다고 선언했다. 그러고는 실제로 자신의 교구에서 평상시처럼 성무를 돌보았다. 다른 사람들도 그의 뒤를 따랐다. 심지어 일부 포티우스파 주교들은 유티미우스파 사제들을 섣불리 제거하려 했다가 그에 반항하는 군중에 의해 감금되는 사태까지 벌어졌으며, 몇 개 도시에서는 소요가 일어나 심각한 폭동으로까지 이어졌다. 총대주교는 뒤늦게 자신이 벌집을 건드렸다는 것을 깨닫고, 사태를 되돌리기 위해 전에 내렸던 모든 명령들을 황급히 취소했다. 이 무렵에 쓴 그의 두꺼운 서신들은 초기에 분노했을 때의 분위기와는 전혀 다르게 관용과 이해를 적극적으로 내세우고 있다. 사태가 가라앉고 보니, 비록 주교 몇 명이 다른 교구로 자리를 옮기기는 했지만 완전히 해임된 주교는 겨우 네 명뿐이었다. 물론 아레타스는 자기 교구에 그대로 있었다.

그러나 얼마 안 가 알렉산데르 황제가 죽었다. 콘티누아투스에 의하면, 그는 점심을 잔뜩 먹은 뒤 한낮의 열기 속에서 무리하게 폴로 경기를 하다가 발작을 일으켜 죽었다고 한다. 하지만 더 신뢰할 수 있는 문헌에 의하면, 그는 성 불능을 치료하려는 목적으로 원형 경기장의 모든 조각상—그 청동 멧돼지상도 포함되었을 것이다—들 앞에서 온갖 이교식 제사를 치르고 나서 곧바로 쓰러졌다고 한다. 어느 쪽이든 상관없다. 중요한 것은 그가 이틀 뒤인 913년 6월 6일 일요일에 죽었다는 사실이다. 소피아 대성당의 북쪽 주랑에 있는 그의 모자이크 초상은 그의 치세 중에 제작된 게 분명하다. 그가 죽은 뒤 백성들은 어서 빨리 그를 잊고 싶어 했으니까.

시메온의 야심

한편 조에는 시동생인 알렉산데르가 죽어가고 있다는 소식을 듣자 아들 콘스탄티누스의 앞날이 크게 걱정되어 황급히 황궁으로 돌아왔다. 몇 달 전에 알렉산데르는 콘스탄티누스가 영구히 제위에 오르지 못하도록 거세하려고 한 적이 있었다. 하지만 거센 반대로 위험을 초래할 가능성이 있고, 그러잖아도 소년은 몸이 워낙 병약해서 얼마 살지 못하리라는 주변의 설득에 당시에는 포기한 바 있었다. 이제 총대주교가 최고 권력자로 떠올랐으니 조에의 걱정은 더욱 컸다. 니콜라우스는 조에의 결혼을 승인하고 아들 콘스탄티누스를 적자로 인정한 유티미우스의 특면을 한사코 거부한 인물이었다. 당연히 그는 콘스탄티누스가 제위에 오르는 것을 방해하려 들 게 뻔했고, 조에는 그것을 어떻게든 막으려는 결심이었다.

총대주교는 실세로 다른 후보를 염두에 두고 있었으므로 조에의 의심은 충분한 근거가 있었다. 그 후보는 바로 반역자 안드로니쿠스의 아들이자 군사 장관[70]인 콘스탄티누스 두카스였다. 그의 아버지는 6년 전 니콜라우스와 함께 반역을 공모했다는 혐의로 기소된 적이 있었으므로 그도 아버지에 못지않게 마케도니아 왕조에 거의 충성심을 가지고 있지 않았다. 그러나 콘스탄티누스 두카스는 군대 다수의 지원을 받고 있었으며, 제국의 영향력 있는 귀족 가문들과 연계를 맺고 있었다. 그런 그가 쿠데타를 기도한다면 성공할 것은 뻔했다. 그가 제위에 오르면 자연히 니콜라우스에게 감사할 테고 그것으로 총대주교는 모든 적들을 물리치고 완전한 승리를 거둘 것이었다. 아닌 게 아니라 그전부터 비밀 연락을 주고받고 있었던 두 사람은 거사 준비를 착착 진행시켰다.

조에가 자신의 옛 지위를 회복하려 애쓰는 동안 잠시 의식을 되찾은 황제는 후계자를 지명했는데, 조에에게는 다행히도 그는 바로 콘스탄티누스였다. 하지만 계속해서 그가 섭정단을 임명했을 때는 조에도 그리 기뻐할 수는 없었다. 섭정단의 책임자는 니콜라우스였고 조에는 끼지도 못했던 것이다. 그녀는 강력히 항의했다. 비잔티움의 역사상 황제의 어머니이자 정식 아우구스타[71]가 섭정단에 자리를 차지하지 못한 적은 한번도 없다는 게 이유였다. 그러나 니콜라우스는 그 기회를 놓치면 안 된다고 여겼다. 조에는 사실상 유티미우스파의 상징 인물로서, 그들 덕분에 아우구스타가 되었고 아들

† 콘스탄티노플의 총대주교가 아직 어린 콘스탄티누스 7세 포르피로게니투스에게 제관을 씌우는 모습.

도 제위에 오를 수 있었으므로 총대주교에게는 최대의 적일 수밖에 없었다. 섭정이 되자마자 총대주교는 조에를 체포하여 삭발하고 페트리움의 성 유페미아라는 외딴 수녀원으로 추방해버렸다. 그녀의 이름도 안나 수녀라는 소박한 이름으로 바꾸어 부르게 했다.

그녀의 일곱 살 난 아들은 적어도 당분간은 단독 황제였지만, 섭정이 그에게 아무런 법적 권리도 주지 않는 상황에서 그가 얼마나 오래 버틸 수 있을까? 과연 즉위한 지 불과 며칠 만에 황제라는 직위—나아가 소년의 목숨—에 대한 최초의 위협이 다가왔다. 콘스탄티누스 두카스가 쿠데타를 기도한 것이었다. 그는 트라키아의 주둔지에서 동쪽으로 행군하여 밤중에 소수의 병력만 거느리고 수도에 들어왔다. 궁전의 대문이 내통자들에 의해 활짝 열려 있을 것이므로 그 정도 병력이면 충분하다는 생각이었다. 그러나 기습을 당한 것은 오히려 그였다. 섭정단의 한 사람인 마기스테르 요한네스 엘라다스는 미리 그가 올 줄 알고 민병대를 급히 모집하여 대기하고 있었다. 두카스는 전투 도중 자신의 아들인 그레고리우스를 비롯하여 병사 몇 명이 죽자 달아나려 했으나 그가 탄 말이 젖은 포도 위에서 미끄러졌다. 그가 땅바닥에 쓰러지자 수비병 한 명이 한칼에 그의 머리를 베었다.

말할 필요도 없지만 총대주교는 그 음모와의 관련을 부인했으며, 마치 자신의 결백을 강조하려는 듯이 연루된 혐의가 있는 모든 사람들을 가혹하게 처리했다. 많은 사람들이 살육되었고, 그들의 시신은 장대에 꽂혀 보스포루스의 아시아 쪽 해안에 전시되었다. 매질과 실명의 형벌을 당한 사람도 많았다. 소피아 대성당으로 피신한 사람들도 끌고 나와 삭발시키고 수도원으로 추방했다. 두카스의 아내는 가문이 소유한 파플라고니아의 외딴 영지로 유배되었고, 그 음모와 전혀 무관한 또 다른 아들은 거세형을 당했다. 섭정단이 너무 무자비하지 않냐고 항의했을 때에야 비로소 그는 마지못해 유혈극을 중단했다.

그때라도 숙청을 끝낸 것은 정말 다행이었다. 두카스의 사태가 일어난 지 두 달도 되지 않아 불가리아의 시메온이 콘스탄티노플을 침공했기 때문이다. 그의 군대는 마르마라 해에서 황금뿔의 상부 구역까지 이어지는 육로성벽을 따라 세운 진지의 길이가 6킬로미터에 이를 만큼 대군이었다. 그러나 시메온은 일찍이 고조부인 크룸을 비롯하여 제국을 정복하겠다고 나선 많은 사람들이 깨달았던 사실을 다시금 깨달아야 했다. 수도의 성벽은 난공불락이었던 것이다. 그래도 그는 포기하지 않았다. 수도로 이르는 육로를 차단하고 주변 촌락들을 철저히 파괴하겠다고 으름장만 놓아도 병력 손실 없이 유리한 협상을 전개할 수 있었기 때문이다. 헵도몬 궁전을 장악한 뒤 그는 제국의 섭정단에 전령을 보내 협상할 의사가 있음을 통지했다.

니콜라우스는 물론 감지덕지할 따름이었다. 평화를 보장받기 위해서라면 어떠한 희생도 감수할 태세였다. 전쟁을 벌인다면 현재 그의 관할하에 있는 불가리아 교회가 콘스탄티노플과의 관계를 단절하고 로마의 품으로 들어갈 것은 당연지사였다. 그래서 그는 시메온의 두 아들을 수도로 초청하여 소년 황제가 참석한 가운데 블라케르나이에서 성대한 연회를 열었다. 그리고 하루 이틀 뒤 그는 비밀리에 헵도몬 궁전으로 시메온을 찾아갔다. 시메온 역시 총대주교를 섭섭하지 않게 대우해 주었다. 곧 이어진 우호적인 논의에서 예상할 수 있듯이 불가르 왕은 그동안 밀린 공물을 보내라고 요구했다. 그리고 아마 콘스탄티누스와 자기 딸의 결혼도 요구한 것으로 보인다. 그 뒤 선물을 잔뜩 싣고 그는 불가리아로 돌아갔다.

언뜻 보기에 시메온이 그 정도에 만족했다는 것은 이해하기 어렵다. 그 대군을 거느리고 성문 앞까지 왔음에도 왜 더 많은 것을 요구하지 않았을까? 그 이유는 그의 정책이 바뀌었기 때문이다. 비잔티움에 관한 그의 야심은 어느 때보다도 훨씬 컸다. 그는 바로 비잔티움의 제위를 노리고 있었다.[72] 이제 황제의 장인이 되기만 한다면 그의 꿈이 실현될 날도 머지않았다.[73]

그러나 성벽을 면밀히 조사한 결과 그는 외교적 수단을 통하지 않고서는 그 꿈을 이룰 수 없다고 판단했다. 마침 니콜라우스와 대화해 보니 그가 좋은 동맹자라는 것을 알 수 있었다. 총대주교는 마케도니아 왕조에 충성심이 없었을 뿐 아니라 불가리아 교회를 잃을지 보른다는 석성 때문에 시메온의 요구에 선선히 응했다. 시메온은 불가리아 교회의 독립성 따위에는 아무런 관심도 없었다. 황제가 될 뜻을 품고 있는데 교회야 아무려면 어떤가? 그러므로 이 중대한 시점에서 공격적인 태도를 취한다면 오히려 파국을 빚을 수 있다. 최대의 이익을 얻으려면 가능한 한 그 자신을 우호적인 인물로 보이게 할 필요가 있었다. 시메온은 이성과 상식에 입각하여 결정을 내릴 줄 알았고—그는 콘스탄티노플에서 공부했다—그의 가문은 모든 면에서 황실과 통혼할 자격이 충분했다. 단 하나, 양의 탈 뒤에 숨은 늑대의 얼굴을 언뜻 보여 준 게 있다면, 평화 조약을 더 언급하지 않은 것이었다. 제국이 이렇게 약한 상태라면 시메온은 굳이 자신의 활동의 폭을 제한할 필요가 없기 때문이었다.

황후 치하의 '환관 위원회'

시메온은 판세를 환히 꿰뚫고 있었고 니콜라우스는 자신의 패를 과신했다. 다른 섭정들은 니콜라우스의 독선에 화를 내고 유티미우스와 두카스 가문을 잔인하게 처리한 그의 행위에 반항심을 품었다. 특히 조에에 대한 그의 처사에는 경악을 금치 못했다. 사실 섭정단에 낄 자격이 있다는 그녀의 주장은 지극히 온당했다. 게다가 가냘프고 어린 황제가 날마다 울면서 엄마를 찾아 황궁을 돌아다니는 모습에 그들은 가슴이 미어질 지경이었다. 그러던 차에, 일찍이 두카스 사태에도 연루되었다는 의혹을 강하게 받고 있는 총대주교가 불가르 왕과 비밀 협상을 벌였다는 소식—평소처럼 그는 섭정단에 미리 알리지 않았다—이 전해지자 그들은 참고 참았던 분노를 터뜨렸다. 섭정단은 순식간에 해체되었다. 결국 914년 2월에 안나 수녀는 수녀원에서 돌아와 다시 황후가 되었고 섭정을 맡았으며, 예전의 친구들과 조언자들을 원직에 복귀시켰다.

시메온은 새 정부를 '환관 위원회'라고 혹평했다. 대체로 옳은 말이었다. 그러나 비잔티움 제국의 환관은 중세 서유럽 환관들처럼 종종걸음을 치며 여자 목소리를 내는 남자도 아니었고, 오리엔트의 전통처럼 뚱뚱한 몸집에다 하렘(후궁들의 거처)이나 지키는 역할도 아니었다.* 유스티니아누스의 시대—당시의 환관 나르세스는 제국의 역사상 가장 위대한 군인 중 한 사람이었다—이래 적어도 4세기 동안 환관은 사회적으로 존경을 받았고 교회와 정부에서 중요한 직책

* 원래 제국 체제와 환관은 밀접한 연관이 있다. 비잔티움 제국보다 환관이 정치적으로 중요한 역할을 한 경우는 중국에서 볼 수 있다. 2천 년이 넘는 제국의 역사를 통해 중국의 환관들은 각 분야에서 눈부신 '활약'을 보였으나 주로 정치를 혼란하게 한 경우가 많았다. 특히 왕조 말기에 환관들의 극성이 치열했는데, 한대(후한)에는 외척과 더불어 정치를 좀먹는 양대 기둥이었으며, 당 말기에는 환관들끼리 당쟁을 벌이고 황제를 멋대로 임명하기까지 했다. 그러나 뭐니뭐니해도 환관의 전성시대는 명대였다. 이때는 황제가 자신의 직속하에 환관들로 동창(東廠)이라는 비밀 경찰을 구성했으며, 이들은 황제의 권력에 도전하는 사대부들을 색출하여 무자비하게 단죄했다. 비잔티움 제국에서처럼 중국의 역대 제국에서도 환관은 출세의 지름길이었으므로 환관을 뽑을 때면 수십 대 일의 치열한 경쟁이 벌어졌다. 비잔티움 제국에서나 중국에서나 황제가 환관을 부린 이유는 관료층의 권력이 성장하는 것을 억압하고 황제의 전제를 확립하기 위해서다. 그래서 환관은 제국 체제와 뗄 수 없는 관계에 있는 존재였다.

을 맡고 있었다. 정부 요직 가운데 환관이 맡을 수 없는 것은 시장, 재무관, 황궁 4연대의 사령관, 그리고 황제뿐이었다. 10세기 무렵에 환관이 된다는 것은 유망한 젊은이가 황궁에 들어살 수 있는 좋은 기회였고 사실상 출세가 보장된 것이나 다름없었다. 그러므로 야망을 가진 부모들은 아들들 중 하나를 거세하는 경우가 많았다.

이런 관습은 낯설게 여겨지고 야만적으로 보일 수도 있지만 그 이유는 알기 쉽다. 환관은 부양할 가족이 없으므로 신체가 멀쩡한 다른 사람들보다 대체로 더 성실하고 근면했다. 또한 아들이 없으므로 서유럽에서 흔히 보는 것처럼 자신의 직위를 대대로 세습할 수 없었고 오로지 능력에 의해서만 직위를 얻었다. 게다가 세월이 흐르면서 제국 전역, 특히 소아시아 지역에서는 낡은 봉건제로 인해 많은 문제가 발생했는데, 환관은 봉건제를 타도하기 위한 귀중하고 튼튼한 보루였다. 마지막으로 가장 중요한 점은 환관을 쓰면 안전하다는 것이었다. 물론 환관도 형제나 조카 같은 일가붙이를 내세워 음모를 꾸밀 수는 있지만—실제로 자주 그랬다—어쨌든 환관 본인이 제위를 차지할 수는 없었다.

그러므로 조에 황후와 환관들이 니콜라우스와 섭정단보다 제국을 운영하는 데 더 나은 솜씨를 보인 것은 당연했다. 다만 늙은 총대주교만이 걸림돌일 뿐이었다. 원래 조에는 니콜라우스를 해임하고 유티미우스를 다시 부르려 했으나 권력의 쓴맛을 안 그는 한사코 거절했다. 그래서 할 수 없이 그녀는 니콜라우스를 총대주교에 그대로 유임시키면서, 더 이상 그 자신과 무관한 분규에 얽혀 든다면 그에 상응한 대가를 받게 되리라고 단단히 경고했다. 니콜라우스는 성직자의 생활로 되돌아가서—한 (적대적인) 문헌에 따르면 이때 그는 8개월 전에 섭정이 된 이후 처음으로 소피아 대성당에 발을 들여놓았다고 한다—자신의 운명에 감사하려고 애썼다. 그러나 이후 조에가 제국의 안위를 위해 매우 중요한 군사적·정치적 승리를 세 차례나 거두면서 인기가 크게 치솟았을 때 니콜라우스의 가슴에는 쓰라린 회한이 깃들었을 것이다.

조에의 첫째 업적은 아쇼트를 아르메니아의 왕[74]으로 즉위시킨 일이었다. 비잔티움 제국과 사라센의 가장 멀고 외딴 접점에 위치한 그 황량한 아라라트 산 주변의 지역은 미묘하고 모호한 정치적 태도를 취했다. 콘스탄티노플의 황제가 보기에 아르메니아 군주들—이 지역은 진정한 통일을 이룬 적이 없었다—은 자신의 가신들이었지만, 그것은 바그다드의 칼리프도 마찬가지였으므로 그는 100여 년 동안이나 정기적으로 아랍 오스티간ostigan, 즉 총독을 임명했다. 아르메니아인들은 조상의 문화를 보존한다는 데 자부심을 느꼈으며, 자신들이 처음으로 그리스도교를 국교로 승인했다고 주장했다. 하지만 그들은 동방의 그리스도교도들이 대개 그렇듯이 완강한 단성론자였으므로 비잔티움에 대해서는 충성심이나 애정이 거의 없었다. 이단자보다는 차라리 이교도가 더 낫다는 믿음을 지닌 그들은 무슬림의 영향력을 노골적으로 환영했다.

그 아르메니아인들은 논쟁을 즐기는 성향이 강하고 근본적으로 불안정한 상황에 처한 만큼 한 고비를 넘겼다 해도 어차피 또 다른 정치적 위기가 찾아올 게 뻔했다. 이윽고 909년 그들은 자신들의 기준으로 보아도 대단히 심각한 위협에 직면했다. 칼리프의 오스티간이자 페르시아의 아미르인 유수프는 비잔티움의 영향력을 근절하고 아르메니아를 바그다드의 완전한 세력권으로 만들고자 했다. 먼저 내진을 촉발하는가 싶더니—아르메니아에서 내전은 흔한 일이었다—유수프는 전란으로 얼룩진 그 지역을 유린하고, 저항하는 사람들을 모조리 죽였으며, 지나는 도시와 마을마다 형용할 수 없는 만행을 저질렀다. 4년 동안 공포가 휩쓸고 간 뒤 아르메니아 왕 슴바트는 913년 백성들의 목숨을 구하기 위해 유수프에게 항복했으나 그 자신만 특별히 끔찍한 순교를 당해야 했다.

비잔티움의 처지에서 아르메니아는 중요한 보루였다. 그래서 조에는 914년 권좌에 복귀하자마자 슴바트의 아들이자 후계자인 아쇼트 왕자를 콘스탄티노플로 초청하여 원정 계획을 수립했다. 그 이듬해 봄에 아쇼트는 그리스의 대군을 거느리고 고향으로 돌아갔다. 유수프는 완강하게 저항했지만 중과부적이었다. 첫눈이 내릴 무렵—이 지역에서는 겨울이 빨리 온다—아르메니아의 서부 전체와 동부 대부분이 아쇼트의 수중에 들어왔다. 이 지역에 완전히 평화가 찾아오려면 그로부터 4년이 더 지나야 했지만, 어쨌든 사소한 내부 갈등을 제외하고는 그런 대로 안정을 되찾았고, 조에와 아쇼트는 성공을 자축할 수 있었다.

황후의 둘째 업적은 타르수스의 근거지에서 제국의 영토를 대거 침입한 무슬림 대군을 격파한 것이었다. 콘스탄티노플에 승전보가 전해지자 시민들은 크게 환호했다. 그러나 이 승리는 셋째 업적에 비하면 아무것도 아니었다. 이 승리는 아르메니아에서 아쇼트가 권력을 안정시킨 직후 제국의 정반대편 구석인 남이탈리아의 랑고바르디아 테마에서 있었다. 카푸아 시의 바로 외곽에서 제국의 군사 총독이 사라센군을 궤멸한 것이다. 이로써 이탈리아 반도에서 제국의 위신은 886년 니케포루스 포카스가 떠난 이래 최고 수준으로 치솟았다. 이렇듯 915년 후반기에 많은 백성들의 눈에 비친 조에 황후는 완벽한 지도자였다.

불가리아의 시메온도 잠시나마 역전을 당했다. 니콜라우스 총대주교가 몰락하고 조에가 권좌에 복귀한 것은 그에게 치명타였다. 황후는 그가 마음에 두고 있는 중대한 결혼을 절대로 승낙하지 않을 것이었다. 그렇다면 그의 세심한 외교가 완전한 실패로 돌아갔으니 남은 것은 전쟁밖에 없었다. 9월에 그는 군대를 이끌고 아드리아노플(지금의 에디르네)로 진공하여 손쉽게 현지 총독의 항복을 받아냈다. 그러나 황후가 도시를 수복하려고 대군을 보내자 그는 깜짝 놀라 황급히 철수했다.

이후 2년 동안 그는 테살리아와 에피루스의 크고 작은 도시들을 수시로 공략했다. 그러다가 917년에 그의 군대가 트라키아로 돌아가자 조에는 선제 공격을 하기로 결심했다. 크리미아 케르손의 군사 총독인 요한네스 보가스는, 한때 시메온의 동맹 세력이었으나 늘 돈에 따라 움직이는 페체네그족을 매수하여 북쪽에서 불가리아를 침공하도록 했다. 비잔티움 함대는 사반세기 전에 마자르족에게 그렇게 했듯이 페체네그족을 도나우 강 건너편으로 수송해 줄 것이다. 그동안 제국의 육군은 콘스탄티노플에서 남쪽으로 진공한다. 그러면 대규모 협공에 걸려든 시메온은 강화를 제의하는 것 이외에 대안이 없을 테고, 그가 다시 제국에 곤경을 안겨 줄 만큼 힘을 키우려면 오랜 기간이 걸릴 터였다.

계획상으로는 거의 완벽해 보였다. 갑작스러운 운명의 장난이 아니었다면 실제로 성공했을 것이다. 워낙 예상치 못한 일이 일어났기에, 매수라면 시메온도 결코 누구에게 뒤질 위인이 아니라는 사실을 잠시 잊은 것도 큰 허물이 아니었다. 요한네스 보가스는 페체네그족과 함께 도나우 강둑에 도착해서 함대를 기다렸다. 함대의 지휘관, 즉 드룬가리우스는 로마누스 레카페누스라는 아르메니아인이었다. 그런데 두 사람은 만나자마자 서로 자신의 권한이 우월하다며 심한 다툼을 벌였다. 그 결과 로마누스는 군대 수송을 거부해 버렸고, 기다림에 지친 페체네그족은 뿔뿔이 고향으로 돌아가 버렸다.

한편 도메스티쿠스인 레오 포카스—니케포루스 포카스 장군의 아들—가 지휘하는 육군은 수도를 떠나 흑해 연안을 따라 행군했다. 부르가스 만의 남쪽 끝을 통해 불가르 영토로 들어간 군대는 8월 20일 새벽에 앙키알루스라는 작은 항구의 외곽에 진지를 차렸다. 비잔티움군의 동태를 감시하고 있던 시메온은 그때를 기습의 기회로 여겼다. 구릉지대에서 서쪽으로 물밀듯 쏟아져 내려온 불가르군은 비잔티움군을 무자비하게 살육했다.

당시의 정황은 확실치 않다. 그레고리우스 케드레누스에 의하면, 레오가 목욕을 하던 중에 그의 말이 갑자기 놀라서 주인을 태우지 않은 채 진영으로 달려오자 그것을 본 병사들은 지휘관이 죽었다는 생각에 혼란에 빠졌다고 한다. 이 이야기는 사실일 수도 있고 아닐 수도 있다. 한 가지 분명한 사실은 제국의 병사들이 거의 모두 섬멸했다는 것이다. 그나마 생존자를 태워야 할 함대는 이미 보스포루스에 돌아와 있었다. 그래서 간신히 현장에서 탈출한 병사들도 더 이상 도망칠 길이 없어 추격군에게 학살을 당했다. 10세기 후반을 기록한 레오 보제補祭는 그의 시대까지도 그 전장은 햇빛에 허옇게 바랜 죽은 병사들의 수많은 유골로 덮여 있었다고 전한다. 목숨을 건진 소수의 병력 중에는 레오 포카스도 포함되었다. 그는 북쪽으로 탈출로를 열고 해안을 따라 메셈브리아까지 가서 한참 뒤에 배를 타고 콘스탄티노플로 돌아올 수 있었다.

변방에서 제위까지

그 참패의 소식을 듣고 황후가 얼마나 격노했을지는 충분히 상상할 수 있다. 그녀는 즉각 로마누스 레카페누스를 공식 심문에 회부하여 실명의 형벌을 선고했다. 그러나 그에게는—결과론이지만 제국에도—다행히 영향력 있는 친구들이 중재에 나서 준 덕분에 그는 간신히 처벌을 면제받았다. 묘하게도 레오 포카스에 대한 황후의 신뢰는 흔들리지 않았다. 그해 겨울에 다시 불가르족이 동부 트라키아를 유린하고 수도의 성벽에까지 밀어닥치자 황후는 다시 그에게 군대를 맡겼다. 그러나 레오는 아버지의 군사적 재능을 물려받지 못했다. 그의 군대는 카사시르타이의 서쪽 외곽에서 또 다시 적에게 완패하고 말았다.

시메온에게 그것은 물론 반가운 승리였지만, 어떤 의미에서는 그가 이미 너무도 잘 알고 있는 사실을 다시금 확인해 준 데 불과했다.

† 10세기 초 로마누스 레카페누스가 콘스탄티노플에 세운 미렐라이온 수도원 북쪽 전경. 로마누스가 묻힌 곳이기도 하다.

그것은 아무리 제국의 군대에게 큰 피해를 입혀도 콘스탄티노플의 방어망에는 전혀 타격을 줄 수 없다는 사실이었다. 결국 그는 좌절감과 분노를 가득 안은 채 불가리아로 돌아가서 겨울을 날 수밖에 없었다. 그러나 콘스탄티노플에서는 918년 벽두부터 혼란이 점점 커졌다. 두 차례의 참패로 인해 조에의 평판은 바닥이었고 그녀의 체제 또한 심각한 위험에 직면했다. 시메온과 화해를 이룰 가능성은 거의 없었다. 그는 여전히 콘스탄티누스와 자기 딸의 결혼을 강화의 조건으로 내걸고 있었으며, 황후는 여전히 야만족 며느리를 맞고 싶지 않았기 때문이다. 기우뚱거리는 제위를 확실히 잡아 줄 지지자를 구한다면 제국 안에서 찾아야 했다.

하지만 어디서 찾을까? 총대주교는 분명히 아니었다. 그는 이제 권좌에 복귀할 가능성을 타진하고 있었으므로 오히려 기회만 닿으면 어떻게든 황후를 끌어내리려 애쓸 것이었다. 그러므로 내인은 둘밖에 없었다. 첫째는 레오 포카스였다. 그는 비록 신뢰할 수는 없었지만 카사시르타이에서 치욕적인 패배를 당한 뒤 아시아로 건너가 아나톨리아 군대를 규합하려 했다. 콘스탄티누스 두카스가 몰락한 이후 포카스 가문은 부유한 지주들의 지도자로 인정받았다. 레오는 홀아비였으므로 황후는 그와 결혼할 것까지도 곰곰이 생각하고 있었다. 그와 결혼한다면 황후는 물론 아들의 입지도 크게 강화될 터였다.

다른 대안은 로마누스 레카페누스였다. 그는 두 가지 중요한 측면에서 레오와 달랐다. 첫째, 그는 가문과 신분이 보잘것없는 아르메니아 농부 출신으로 자수성가한 인물이었다. 둘째, 비록 레오처럼 그도 최근의 전쟁에서 두드러진 전공을 세우지는 못했지만 그렇다고 패배한 것도 아니었다. 그의 대형 기함旗艦은 지금도 제국 함대의 호위를 받으며 황금뿔에 당당하게 닻을 내리고 있었다. 이것은 비잔티움의 해군력이 아직 남아 있다는 증거였으며, 특히 주로 레오 포카스 때문에 육군이 궤멸된 상태를 감안하면 더욱 빛나 보였다.

사실 벼락 출세한 외국인 장군과 잘생긴 귀족 출신 장군을 놓고 황후가 누구를 택할지는 뻔했다. 그녀는 레오를 황궁으로 불러들였고, 곧 레오는 황후의 가장 믿을 만한 조언자가 되었다. 하지만 황후는 여론의 힘을 매우 과소평가하고 있었다. 콘스탄티노플 시민들—위기를 맞은 군주가 흔히 무시했다가 큰 코를 다치는 정치 세력—은 원래 아나톨리아 출신의 봉건 영주들을 신뢰하지 않았고 황실에만 충성심을 가지고 있었다. 전통적인 도시 귀족과 궁정 대신들도 대부분 시민들과 같은 생각이었다. 콘스탄티누스 소년은 이제 열세 살이 되었다. 건강은 여전히 좋지 않았으나 그는 머리가 대단히 명석해서 장차 훌륭한 황제가 될 자질을 보이고 있었다. 하지만 그의 어머니조차 위험을 인식하지 못하고 있는 포카스 가문의 야심을 그가 어떻게 견뎌 낼까?

바로 그 순간 어느 궁정 고용인이 보다 못해 팔을 걷어붙이고 나섰다. 콘스탄티누스의 가정교사인 테오도루스가 제자의 이름으로 로마누스 레카페누스에게 보호를 요청하는 서한을 보낸 것이다. 그가 레오보다 로마누스를 더 믿을 만한 사람이라고 생각한 이유는 알려지지 않았다. 아마 그의 초라한 출신에 오히려 호감을 느꼈는지도 모른다. 그러나 야망이라면 로마누스도 레오에 못지않았다. 그는 선뜻 어린 황제를 받들어 모시겠노라고 선언했다. 그것이 황후에게 어떤 효과를 미칠 것인지에 대해서는 로마누스도 잘 알고 있었다. 포카스의 부추김을 받은 황후는 자신의 오랜 친구이자 조언자인 파라코이모메노스(시종장) 콘스탄티누스를 시켜 자신의 이름으로 로마누스에게 부하들의 봉급을 지불하고 함대를 해산하라는 명령을 내렸다. 그러자 로마누스는 아주 공손하게 명에 따르겠다고 한 다음 콘스탄티누스를 기함에 초대하여 그 명령이 잘 집행되고 있음을 보여 주겠다고 했다. 그러나 아무런 의심 없이 기함에 오른 시종장은 곧장 체포되고 말았다.

황후의 측근 인물에게 손을 댄 것은 황후 자신에 대한 모욕이었다. 조에는 일단 해명을 요구하며 사절을 보냈으나 그들은 해명 대신 돌멩이 세례를 받았다. 사태가 심각하다고 판단한 황후는 부콜레온[75]에서 각료 회의를 소집했다. 하지만 대신들 역시 그녀에게 등을 돌렸다. 결국 그녀는 어린 콘스탄티누스 포르피로게니투스가 미리 준비한 연설 원고를 읽는 모습을 가만히 지켜볼 수밖에 없었다. 그것은 바로 어머니의 섭정을 끝내겠다는 내용이었다. 이제 정부는 니콜라우스 총대주교와 옛 섭정 단원인 마기스테르 스테파누스에게 공동으로 맡겨졌다. 이튿날 아침 조에를 성 유페미아 수녀원으로 호송해 가기 위해 한 무리의 병사들이 왔다. 아들 콘스탄티누스의 눈물 어린 애원 끝에 그녀는 권력만 잃은 채 황궁의 규방에 머물 수 있게 되었다.

니콜라우스는 승리했지만 제국의 상태는 5년 전과 판이하게 달랐다. 조에가 만족스럽게 처리된 뒤 이제 레오 포카스와 로마누스 레카페누스는 공개적으로 패권 다툼을 벌이게 되었다. 두 사람 사이에서 허둥대던 딱한 총대주교는 어부지리를 얻으려고 최대한 노력했지만, 오히려 자신의 위치만 갈수록 불안정해질 따름이었다. 마침내 919년 3월 25일에 로마누스는 함대를 거느리고 부콜레온으로 와서 해상 대문으로 황궁에 들어가 제국의 정권을 장악했노라고 선언했다. 그리고 한 달 뒤 소피아 대성당에서 그는 자신의 아름다운 딸 헬레나와 콘스탄티누스를 결혼시키고, 자신은 일찍이 레오 현제가 자신의 장인 스틸리아누스 자우체스를 위해 신설한 직함인 바실레오파토르가 되었다.

이로써 반세기 동안 벌써 두 번째로 아르메니아 촌뜨기가 비잔티움의 제위에 바싹 다가가게 되었다.

로마누스 레카페누스의 앞을 가로막는 장애물 중 가장 큰 것은 레오 포카스였다. 그는 보스포루스 건너편에 있는 자신의 군대로 돌아가 자신의 근거지인 크리소폴리스에서 반란의 기치를 올렸다. 병사들의 충성심을 유도하기 위해 그는 제위를 찬탈하려는 바실레오파토르의 손아귀에서 황제를 구한다는 명분을 내걸었다. 이에 대해 로마누스는 사제와 창녀를 비밀 첩자로 이용하여 황제의 위조 서명까지 있는 문서를 널리 퍼뜨리게 했다. 그 내용인즉, 소년 황제는 장인에게 전권을 위임했으며, 레오 포카스는 무모하게도 합법적인 군주에게 대항하려는 후안무치한 반역자에 불과하다는 것이었다. 사제는 얼마 지나지 않아 체포되었으나 창녀는 임무를 잘 완수하여 레오의 병사들 수백 명이 무기를 내려놓게 만들었다. 레오는 거사가 실패했다는 것을 깨닫고 도망치려 했다. 그러나 그는 비티니아의 어느 마을에서 붙잡혀 두 눈을 뽑히고 쇠사슬에 묶인 채로 콘스탄티노플에 끌려왔다.

그의 두 눈을 뽑았다는 이야기를 듣고 로마누스는 버럭 화를 냈다고 한다. 그러나 몇 주 뒤에 또 다른 음모가 발각되자 그는 불쌍한 레오가 사람들의 조롱과 비웃음을 받으며 노새를 타고 광장을 도는 것을 그냥 내버려 두었다. 레오 포카스는 이제 쓸모가 없어졌고 로마누스의 마음속에는 어떻게 하면 무난하게 제위에 오를까 하는 생각만이 가득했다. 그에게는 분명히 제위에 오를 권리가 없기 때문에 그것을 위해서는 콘스탄티누스의 자격을 깎아 내려야만 했다. 그래서 로마누스는 920년 여름에 총대주교의 열렬한 협조를 받아 콘스탄티노플에서 정식 종교 회의를 개최했다. 표면상의 목적은 교회의 혼란을 종식시킨다는 것이었지만, 7월 9일의 종교 회의에서는 결혼에 관한 최종적으로 수정된 교회법이 포함된 유명한 토무스 우니오니스Tomus Unionis가 발표되었다.

세심하게 규정된 그 조항들에 따르면, 재혼까지는 완전히 합법적이고, 삼혼도 나이 마흔 살 미만의 아이 없는 홀아비에게는 허용되었으나 이 경우에는 적절한 회개가 필요했다. 하지만 사혼은 어떤 상황에서도 금지되었으며, 사혼을 할 경우에는 그 배우자와 영구히 결별할 때까지 파문에 처하는 형벌을 받았다. 다행히도 이 법령은 소급 적용되지는 않았다. 그렇지만 이로써 레오 6세의 삼혼과 사혼은 훨씬 강도 높은 비난을 받았고, 그 아들(콘스탄티누스)의 적통성은 가까스로 용납되었다.

그 문서에 서명해야 하는 열네 살 소년 콘스탄티누스의 기분은 충분히 짐작이 간다. 하지만 그의 시련은 그 혐오스러운 토무스로 끝나지 않았다. 그로부터 한 달 뒤에 그의 어머니 조에는 로마누스를 독살하려 했다는 혐의로 기소되었다. 그것이 사실이었는지는 알 길이 없으나 그런 상황에서는 불가능한 일도 아니었을 것이다. 어쨌든 그것으로 그녀의 운명은 확실하게 정해졌다. 그녀는 다시 머리를 삭발당하고 그토록 싫어하던 거친 수녀복을 입어야 했다. 마지못해 돌아온 안나 수녀의 뒤에서 유페미아 수녀원의 문은 굳게 잠겼다.

이제 적은 하나만 남았다. 로마누스의 집권에 결정적인 기여를 한 콘스탄티누스의 가정교사 테오도루스였다. 그는 로마누스에게 어린 황제를 보호해 달라고 처음으로 부탁한 사람이었다. 또한 지난 3월에 로마누스가 부콜레온에 나타났을 때 황궁의 대문을 열어 준 사람도 그였다고 믿을 만한 근거가 있다. 당시 테오도루스는 그것이 제자에게 최선의 길이라고 순진하게 믿고 있었다. 하지만 이제 그는 자신의 음모로 인해 오히려 콘스탄티누스가 가장 바람직스럽지 않은 상황에 처하게 되었다는 것을 깨달았다. 알고 보니 로마누스는 레오 포카스 못지않게 철저히 이기적인 인물이었던 것이다. 이 점을 알아차린 테오도루스는 자연히 태도가 돌변했고, 로마누스는 어제의 공범자가 오늘의 적으로 변했다는 것을 금세 알아차렸다. 9월 초에 테오도루스와 그의 동생 시메온은 총대주교 테오필락투스, 마구간 백작*이 주최하는 연회에 초대를 받았다. 식사를 하는 도중에 형제는 역모를 꾸민 혐의로 체포되었고 그들의 시골 영지가 있는 아나톨리아 북서부로 유배되었다.

테오도루스가 떠남으로써 콘스탄티누스는 혼자가 되었다. 이제 그는 장인의 손에 조종되는 꼭두각시에 불과했고, 자신의 열다섯 번째 생일 며칠 뒤에 주인을 부제로 임명했다. 그리고 석 달 뒤인 920년 12월 17일에 주인의 머리에 제관을 씌워 주었다.[76] 바야흐로 로마누스 레카페누스가 인생의 절정을 맞는 순간이었다. 물론 형식상으로는 콘스탄티누스가 선임 황제였지만 그 뒤 1년도 되지 않아 제국에서 주조되는 주화에는 로마누스의 초상—조금 더 크고 화려한 의상을 입은 모습—이 들어가기 시작했다. 많은 백성들에게도 젊은 포르피로게니투스가 얼마 가지 못할 것은 뻔해 보였다.

* 앞서 시종장이라는 직함도 '침실 관리인'이었듯이 제국 정부의 관직명 가운데는 명칭은 비천해 보이지만 서열과 권력에서는 그렇지 않은 것들이 많이 있다. 이 마구간 백작도 그런 경우다.

10

제위 찬탈자의 멍에

920년~948년

그대는 결국 죽는다. 그대 앞에는 죽음, 부활, 심판이 있다. 오늘 그대는 살아 있으나 내일이면 먼지가 된다. 한 번의 열병이 그대의 모든 자존심을 소멸시킬 것이다. 주님 앞에서 그대는 그동안 저지른 부당한 학살에 대해 뭐라고 변명하겠는가? 그 무시무시한 정의의 심판을 어떻게 대면하겠는가? 그대가 이렇게 행동하는 것이 부를 좋아하기 때문이라면 내가 그대의 욕구를 모두 채워 주리라. 그대는 손만 내밀면 된다. 평화를 환영하고 화합을 사랑하면 그대 자신도 평화롭고 피 흘리지 않고 평안한 삶을 살 것이요, 그리스도교도들도 더는 슬퍼하지 않고 동료 교도들을 죽이는 짓을 그만두게 될 것이다.

로마누스 레카페누스 924년 9월 9일에 불가리아의 시메온에게 보낸 서신

생존의 의무

로마누스 레카페누스—이제부터는 로마누스 1세라고 불러도 되겠다—의 성장 과정에 관해서는 전하는 기록이 거의 없다. 그 시대 사람들이 보통 '망나니 테오필락투스'* 라고 부르던 그의 아버지는 아르메니아의 농부로, 운좋게도 872년 테프리케 전투에서 바실리우스 1세를 사라센군에게서 구하는 전공을 세운 적이 있었다. 그 덕분에 그는 황궁 경비대로 발탁되었지만 더 승진하지는 못했다. 테오필락투스가 자신이나 아들을 위해 어떤 야망을 품고 있었다는 증거는 없으며, 콘스탄티누스 7세가 기회가 닿을 때마다 비꼬았던 것처럼 로마누스의 교육에 특별히 공을 들인 일도 없었다.

그래서 로마누스 소년은 혼자 힘으로 세파를 헤쳐가야 했다. 870년경에 태어난—정확한 연도는 모른다—로마누스는 자라서 제국의 해군에 들어갔다. 크레모나의 리우트프란트가 주장했듯이 그가 초기에 승진한 것이 사자와 용감한 싸움을 벌인 탓인지는 알 수 없지만, 어쨌든 그는 30대의 나이에 사미아 테마의 군사 총독으로 임명되었다. 그것은 소아시아 서해안의 대부분과 인근 섬들 일대에서 군대와 민간 행정의 전권을 가진 중요한 직책이었다. 그는 자신의 의무를 훌륭하게 수행한 듯하다. 912년에 적에게 참패한 히메리우스의 후임으로 그는 드룬가리우스, 즉 해군 총사령관의 자리에 올랐다.

로마누스가 제위에 올랐을 무렵 그와 아내 테오도라—그녀는 921년 예수공현축일에 아우구스타가 되었다—사이에는 적어도 여섯 명의 아이가 있었으며, 테오도라는 923년에 죽기까지 둘을 더 낳았다. 아들은 모두 넷이었는데, 그중에서 최소한 세 명이 924년 말에 아버지와 함께 공동 황제가 되었다. 막내아들인 테오필락투스**는 장차 총대주교로 삼기 위해 환관으로 만들었다. 같은 아르메니아인이었던 바실리우스 1세처럼 로마누스도 분명히 왕조를 창건하려 했다. 동향의 선배와 다른 점은 그의 성격이 비교적 온건했다는 것이다.

바실리우스는 권좌에 오르기 전에 최소한 두 건의 암살을 저질렀

* 지은이 노리치는 Theophylact the Unbearable이라고 썼지만 그리스어로 무엇인지는 확인할 수 없다. 어쨌든 고대에는 이렇게 별명을 붙여 부르는 게 관습이었다. 당시에는 성(姓)이 없는 경우가 많았는데, 아마 이런 별명이 나중에 성이 되기도 했을 것이다. 앞서 보았듯이 레오 6세도 현제 레오(Leo the Wise)라고 불렸다. 우리에게 잘 알려진 것은 중세 서유럽 왕들의 별명이다. 『비잔티움 연대기: 창건과 혼란』, 602쪽의 옮긴이 주에서 보았듯이 중세의 왕들은 경건왕, 존엄왕, 사자왕, 태양왕, 심술보왕 등처럼 왕의 품성을 나타낸 별명, 미남왕, 대머리왕, 뚱보왕 등 외모와 관련된 별명들로 많이 알려져 있다. 이 별명들은 거의 이름이나 다름없었다. 특히 유럽 왕실에서는 조상의 이름을 그대로 물려받는 경우가 많았기 때문에 이런 별명은 각 개인을 구분하는 역할도 겸했다.

** 로마누스는 아버지의 이름을 막내에게 붙였다.

다. 그러나 로마누스 레카페누스는 비록 여러 가지 술책과 술수를 부렸을지언정 사납거나 폭력적이지는 않았다. 숙적인 레오 포카스가 실명을 당했을 때도—10세기 비잔티움에서는 흔한 형벌이었다—로마누스는 경악하고 개탄했다. 그는 자신의 적들에게 늘 유배의 형벌로 충분하다고 여겼다. 사실 어린 사위가 아직도 살아 있는 것에 그는 무척 화가 났을 것이다. 포르피로게니투스가 살아 있는 한 레카페누스 가문에게 장기적인 미래는 없었다. 소년 황제의 병약함을 감안한다면 그를 아무런 의심 없이 독살하기란 아주 쉬운 일이었다. 아마 바실리우스라면 주저없이 해치웠을 것이다. 그러나 로마누스의 스타일은 달랐다. 그는 황제를 끌어내리고 자신과 아들이 최고의 지위에 오르기 위해 온갖 수단을 동원했으면서도 사위의 몸에는 손가락 하나 대지 않았다. 결과적으로 그 덕분에 콘스탄티누스는 그들 부자보다 더 오래 살았다.

그래도 콘스탄티누스는 불안과 공포로 가득 찬 가혹한 유년기를 보냈다. 아버지는 죽었고 어머니는 황제의 정부로 살다가 두 차례나 추방되었으며, 그 자신도 늘 사생아라는 비난에서 자유롭지 못했고, 주변의 믿을 만한 사람들이 하나둘씩 제거되는 과정을 아무 말 못하고 지켜봐야 했다. 이 모든 것은 거대하고 적대적인 가문 속에 홀로 내팽개쳐진 병약하고 감수성이 예민한 소년에게 견디기 힘든 고통이었다. 겨우 열세 살의 나이에 거의 알지도 못하는 적대 가문의 딸과 정략결혼을 한 것은 소년에게 전혀 도움이 되지 않았다. 결과적으로 볼 때 그 결혼은 예상외로 행복했고, 부부의 두 아이는 아버지의 제위를 승계했다. 하지만 그것은 나중 이야기이고 당시 어린 황제의 사춘기가 누구의 관심도 받지 못하는 매우 고독한 시절이었음은 틀림없다.

다행히 그는 몸이 약한 대신 정신력이 특별히 뛰어났고, 예술적이고 지적인 관심의 폭이 넓었다. 그는 그림에 재능이 있었으며, 수도와 제국이라는 제한된 지역 너머에 펼쳐진 거대한 세계의 모든 것에 큰 매력을 느꼈다. 그는 하루에도 몇 시간씩 복잡한 비잔티움 궁정의 예식을 꼼꼼히 지켜보았다. 비록 지긋지긋하기는 했지만 황제라는 그의 지위는 그 모든 과정을 남김없이 알 수 있게 해 주었다. 그 덕분에 그는 『비잔티움의 궁정 의식에 관하여De Ceremoniis Aulae Byzantinae』라는 책을 남기기도 했는데, 이것은 현재까지도 귀중한 사료로 남아 있다.

또한 적어도 초기에는 정치적인 야심도 없었고 도덕적 용기에 불타지 않은 것도 그에게는 큰 행운이었다. 현명하게도 그는 자신을 내세우려 하지 않았다. 그의 장인이 그를 선임 황제로 밀어냈을 때도, 921년 5월에 로마누스가 자기 맏아들인 크리스토포루스를 공동 지배자로 내세웠을 때도, 923년 2월에 아우구스타인 테오도라가 사망하자 로마누스가 맏며느리인 소피아를 아우구스타에 임명했을 때도, 2년 뒤에 그가 다른 아들 두 명을 황제로 만들어 모두 다섯 명의 황제가 공존하는 우스꽝스러운 상황을 연출했을 때도, 심지어 927년에 로마누스가 크리스토포루스를 서열 2위로 올리고 포르피로게니투스인 자신을 서열 3위로 밀어냈을 때도, 콘스탄티누스는 항의의 말 한마디 하지 않았다.

하지만 침묵이 곧 무관심을 뜻하는 것은 아니었다. 그의 후기 저작들이 보여 주듯이 그런 모욕을 당할 때마다 그의 가슴은 사무쳤다. 그중에서도 으뜸은 토무스 우니오니스였을 것이다. 콘스탄티누스는 매해 그 아픈 기억을 되살리지 않으면 안 되었다. 해마다 7월 둘째 주 일요일에는 모든 성당의 설교대에서 그 조항이 낭독되었고, 그것을 기념하여 벌어지는 이레네 성당과 소피아 성당까지의 행진에 모든 공동 황제들과 총대주교가 참여해야 했던 것이다. 하지만 콘스탄티누스는 아무런 불평 없이 유순하게 자신의 의무를 수행했다. 그는 모든 것에 우선하는 단 하나의 의무, 즉 살아남아야 한다는 의무를 소중히 간직하고 있었던 것이다.

불발로 그친 시메온의 꿈

"우리는 좋은 흐름을 타고 있소. 그 흐름이 그대에게도 전해진다면 우리만이 아니라 그대도 기뻐할 것이오. 신의 교회가 다시 통합을 이루었다오." 니콜라우스 총대주교는 불가리아의 시메온에게 이런 서신을 보냈다. 토무스 우니오니스에 관해 통지하고, 아울러 자신의 파와 유티미우스파의 분쟁이 종식되었다는 것을 알리는 서신이었다. 하지만 시메온은 전혀 기뻐하지 않았다. 그는 비잔티움 교회에 아무런 관심도 없었다. 그가 흥미를 느끼는 것은 오로지 비잔티움의 제위였다. 7년 전에 그는 거의 제위를 손에 넣었으나 지금은 로마누스 레카페누스가 차지하는 바람에 제위에서 훨씬 멀어졌다.

한편 황제는 즉위 초부터 온갖 수단을 동원하여 이 사나운 이웃과 우호 관계를 회복하려 했으나—필요하다면 제국의 영토라도 떼어 줄 요량이었다—시메온은 우선 로마누스가 퇴위하지 않으면 어떤 협상에도 응하지 않겠다는 태도로 나왔으므로 양측의 적대감은 결코 해소되지 않았다. 그래서 비잔티움은 다시 적의 주변에서 문제를 일으키는 낡은 수법을 들고 나왔다. 이번에 그 대상은 세르비아였다. 이 지역의 군주들은 불가르의 속박에서 벗어나기 위해 애쓰고 있었으므로 제국의 보조금이 그저 고마울 따름이었다. 하지만 그래도 긴장은 해소되지 않았다. 919년에 시메온은 남쪽 멀리 헬레스폰트까지 압박했고, 921년에는 육로성벽이 보이는 카사시르타이까지 전진했다. 또 922년에는 보스포루스의 유럽 쪽 해안까지 진출하여 제국의 군대를 격파하고, 스테눔(지금의 이스티니에) 일대를 약탈하고, 로마누스가 아끼던 페가이의 궁전들을 불태워 버렸으며,[77] 923년에는 아드리아노플을 다시 점령한 뒤 적의 침략에 용감하게 저항한 모롤레온 총독을 고문하고 처형했다.

그러나 작은 성과들을 많이 올렸어도 그의 궁극적인 목표에는 전혀 근접하지 못했다. 그가 아무리 트라키아에 큰 피해를 입혀도, 아무리 많은 도시와 촌락을 점령하고 파괴해도 콘스탄티노플은 여전히 육로 방면으로는 난공불락이었던 것이다. 그래서 924년에 시메온은 바다를 통해 최후의 공격을 감행하기로 결심했다. 함대가 없었지만 북아프리카의 이슬람 세력인 파티마 왕조[78]와 협상하여 함대를 지원받을 수 있을 듯했다. 이를 위해 그는 마디야의 궁정으로 사절단을 보냈다. 협상은 매우 고무적이었고, 이번에는 파티마 왕조의 사절들이 시메온을 만나 논의를 마무리하기로 했다.

그러나 아랍 대표들을 데리고 귀국하던 불가르 사절들은 공해상에서 칼라브리아 그리스인들로 구성된 비잔티움의 함대에게 사로잡혀 엄중한 호위를 받으며 콘스탄티노플로 압송되었다. 외교에 능한 로마누스는 불가르 사절들을 억류하고 아랍인들에게는 선물을 안겨 주면서 칼리프에게 돌아가 화친의 의사를 전하게 했다. 아울러 제국은 시메온이 줄 수 있는 것보다 더 많은 공물을 매년 보내 주겠다고 약속했다.

이 불운한 소식이 불가르 궁정에 전해졌는지는 알 수 없다. 어쨌든 924년 한여름에 시메온은 군대를 이끌고 트라키아를 가로질러—트라키아에 온 게 적어도 열 번 이상은 되었을 것이다—마르마라 해로 가서 파티마 함대를 찾았으나 함대는 전혀 보이지 않았다. 그는 크게 실망했으나 재빨리 전술을 바꾸었다. 과거 같으면 다시 인근 지역을 유린했겠지만 이번에는 그렇게 하지 않았다. 그 대신 그는 콘스탄티노플로 가서 옛 친구인 총대주교를 만나려 했다.

연로한 니콜라우스—그는 이미 일흔두 살이었고 기력이 쇠했다—는 또다시 힘들게 육로성벽까지 가서 대문 하나를 살짝 열게 하고 불가르 진영으로 갔다. 하지만 이번에는 비밀리에 접촉하지 않고 저명한 궁정 관리들을 여럿 데리고 갔다. 그런데 불가르 왕도 이번에는 11년 전처럼 고분고분한 기세가 아니었다. 시메온은 이제 하급자와 협상하지 않겠다고 다짐했다. 그의 면담 요청에 총대주교가 허겁지겁 달려올 정도라면 황제라고 해서 그렇게 못할 이유가 뭔가? 그는 퉁명스러운 태도로 니콜라우스에게 마음이 바뀌었다고 말했다. 제국이 평화를 원한다면 자기는 오직 로마누스하고만 평화 협

† 10세기 중반 콘스탄티노플에서 제작된 성배. 동방 교회와 오랫동안 불화를 겪었던 레오 6세의 뒤를 이어 교회와 화해할 필요가 있었던 로마누스 1세 시대에 제작된 것으로 보인다.

상을 하겠다는 것이었다.

황제는 반대할 이유가 없었다. 그는 언제나 싸움보다 대화를 좋아한 데다가 상시적인 불가르의 침략을 종식시키고 싶었다. 하지만 안전의 문제가 있었다. 그는 시메온을 믿지 않았고 시메온도 마찬가지였다. 두 사람 다 한 세기 전 크룸과 레오 5세 사이에 있었던 사건*을 잊지 않고 있었다. 그래서 양측은 황금뿔 북단의 코스미디움[79]에 대형 임시 부두를 세우고 중간 부분에 그것을 가로지르는 담을 세웠다. 시메온은 육로를 통해 회담 장소로 가고 로마누스는 배로 가며, 회담할 때도 내내 방벽을 사이에 두기로 했다.

회담은 9월 9일 목요일에 열렸다.[80] 시메온은 한껏 으스대는 태도로 말을 타고 와서 뒤에 거느린 많은 호위병들에게 미리 안전 여부를 철저히 조사하라고 명했다. 반면에 로마누스는 총대주교를 대동했으며, 시메온과 대조적으로 신중하고 차분한 자세였다. 그는 이 회담을 중요하게 여긴다는 표시로 블라케르나이의 성모 마리아 성당에 보관된 수도의 가장 성스러운 유물인 성모 마리아의 망토를 빌려 왔다. 잠시 인질들을 교환한 다음에 두 군주는 마침내 직접 대면했다.

이어진 회담에 관한 기록은 모두 그리스 문헌이므로 아무래도 편향적일 수밖에 없다. 하지만 로마누스가 회의를 주도한 것은 분명해 보인다. 그는 전형적인 비잔티움 식 태도로 시메온에게 차근차근 설명했다. 시메온의 예상과는 달리 평화를 구걸하기보다는 그리스도

* 813년 콘스탄티노플 성벽 아래에서 레오 5세가 크룸을 암살하려 했던 사건을 말한다.

교도로서의 선한 본성에 호소하면서 아직 시간이 있을 때 생각을 바꾸라고 열심히 설득한 것이다. 또한 그는 연례 공물을 늘리겠다고 제안하면서도 그 제안을 능란하게 설교 속에 포함시켜 듣는 사람들이 놓치도록 만들었다. 그 말에 주목한 사람들에게도 그 제안은 양보처럼 들리지 않고 마치 죄인의 영혼을 구하기 위해 자애로운 후원자가 선뜻 도와주는 것처럼 들렸다.

모든 면에서 대단히 뛰어난 연기였으며, 그 연기는 황제와 총대주교의 기대를 뛰어넘는 성공을 거두었다. 누구나 알다시피 사실 로마누스는 약자이자 평화를 갈구하는 처지였다. 게다가 그는 아르메니아 농부의 아들인 반면, 시메온은 4대 조상인 위대한 크룸을 비롯하여 많은 칸들을 조상으로 둔 자랑스러운 가문 출신이었다. 그러나 로마누스는 1천 년 역사를 가진 로마 제국의 위엄과 권위를 등에 업고 이야기했다. 그것에 비하면 불가리아는 갑자기 성장한 반半 문명화된 야만족 국가에 불과했다. 시메온도 그 점을 알고 있었다.

그 순간 독수리 두 마리가 하늘 높이 날았다. 처음에는 함께 선회하더니 갑자기 서로 떨어져서 한 마리는 콘스탄티노플의 망루 위로 급강하하고 다른 한 마리는 서쪽의 트라키아 쪽으로 날아갔다. 그 광경을 본 사람들은 뭔가를 말해 주는 징조라고 믿었다. 그 의미는 명백했다. 아무리 애를 써도 시메온은 비잔티움의 주인이 될 수 없었다. 발칸 반도의 지배자는 하나가 아니라 둘이었던 것이다.

그 뒤에 관해서는 말할 게 거의 없다. 모라누스가 직접 제안한 공물의 내역은 곧 정해졌다. 그 공물 가운데는 매년 100벌의 스카라만지아(화려한 자수가 놓아진 비단옷)도 포함되었는데, 이것은 콘스탄티

† 로마 제국의 상징이었던 독수리의 청동상. 특히 비잔티움 군대의 상징물이었던 것으로 보인다.

노플에서 가장 사치스러운 물품이었다. 그 대가로 시메온은 제국의 영토에서 철수하고 그동안 점령한 흑해 연안의 요새들을 반환하는 데 동의했다. 그런 다음 시메온은 말없이 방벽에서 물러나 말을 타고 자기 나라로 돌아갔다. 그러고는 두 번 다시 제국을 침략하지 않았다.

물론 그의 성격이 바뀌었다는 뜻은 아니다. 다만 그는 이미 60대의 노인이었고 30년 이상이나 왕위에 앉아 있었다. 그런 노인이 갑자기 환골탈태할 리는 만무했다. 그러나 그는 콘스탄티노플을 지배하겠다는 꿈을 더는 품지 않았다. 925년에 그가 애처롭게도 '로마인과 불가르인의 바실레오스'를 자칭하고 나선 것은 패배를 인정하는 것이나 다름없는 사건이었다. 그것은 정치가로서의 행동이라기보다는 어린아이의 심술에 불과했다. 로마누스가 현명하게 말했듯이, 그런 식으로라면 시메온은 바그다드의 칼리프도 될 수 있었다.

그 이듬해 시메온은 또 한 차례 무기력한 반항을 보였다. 불가르 교회의 독립을 선언하고 불가르 대주교를 총대주교로 격상시킨 것이었다. 니콜라우스가 있었다면 결국 자신의 해묵은 악몽이 사실로 드러난 것에 경악했겠지만, 그는 이미 925년 5월에 죽었고, 아무도 그것에 신경을 쓰지 않았다.* 콘스탄티노플에서 항의 한마디 하지 않았다는 사실에 시메온은 더욱 짜증을 냈다.

하지만 그도 콘스탄티노플에 관해 생각하지 않기로 했다. 그 대신 그는 서쪽의 적으로 관심을 돌렸다. 우선 세르비아가 있었고, 그 너머 해안에는 군국주의 왕국인 크로아티아가 있었다. 세르비아는 쉽게 격파했지만 크로아티아는 강력하게 저항했고 926년에는 불가르군을 전멸시키기도 했다. 시메온은 이 충격에서 벗어나지 못했다. 굴욕적인 평화를 받아들여야 했던 그는 이듬해 봄까지 비틀거렸다. 이미 기운을 다 잃은 그는 환멸과 좌절 속에서 927년 5월 27일 예순아홉 살로 죽었다.[81]

* 866년 불가리아 왕 보리스가 처음으로 불가리아에 총대주교구를 설치해 달라고 콘스탄티노플에 요구한 이래로 이 문제를 놓고 불가리아는 물론 콘스탄티노플과 로마 양측에서도 늘 시끄러웠다. 그런데 불과 수십 년밖에 지나지 않아 이제 그 문제는, 불가리아에서 자기 마음대로 총대주교구를 설치했는데도 아무도 관심을 기울이지 않을 만큼 사소해졌다. 여기에는 물론 당시 콘스탄티노플의 어지러운 정세도 원인이 되었겠지만, 이미 동방 교회가 제 관할 구역을 제대로 통제할 만한 능력을 잃기 시작했다고 봐도 될 것이다.

불가리아와의 평화

시메온은 이미 후계 문세를 명확히 결정해 놓았다. 두 번째 결혼에서 낳은 세 아들 중 맏이인 페타르[82]라는 소년이 왕위를 계승해야 하며, 아들이 성년이 될 때까지는 외삼촌인 게오르규 수르수불이 섭정을 맡는다는 것이었다. 하지만 섭정이란 원래 위험했고, 특히 앞에 시메온 같은 강력한 지배자가 있었을 경우에는 더욱 위험했다. 게오르규는 자신이 살아남으려면 비잔티움과의 우호 관계를 더 공식적인 평화 조약으로, 가능하다면 정략결혼으로 공고히해야 한다는 것을 깨달았다. 그가 사절을 보내자 로마누스는 선뜻 응했고, 곧이어 국경 도시 메셈브리아에서 회담이 열리고 합의를 도출했다. 황제 일행이 콘스탄티노플로 돌아올 때 불가리아 대표단도 함께 왔다. 수도에서 게오르규는 로마누스의 맏아들인 크리스토포루스의 어린 딸 마리아 레카페누스를 보고 마음에 들어 했다. 시험 삼아 해 본 질문에 고무적인 대답을 듣자 그는 즉시 조카 페타르를 불러들였다.

황실의 결혼식—제국의 역사 500여 년 동안 비잔티움의 공주가 다른 나라로 시집간 것은 이번이 처음이었다—은 10월 8일 페가이 궁전에서 열렸는데, 시메온이 죽은 지 넉 달 반밖에 안 된 시점이었다. 결혼식은 925년 니콜라우스의 후임으로 총대주교가 된 스테파누스 2세가 집전했다(로마누스는 원래 막내 아들 테오필락투스에게 총대주교를 맡기려 했지만 아직 여덟 살이었으므로 불가능했다). 졸지에 시집을 가게 된 공주—마리아는 신랑 페타르처럼 아직 어린 나이였다—는 평화를 기념하기 위해 이레네라는 이름으로 개명하고, 페타르가 페가이 궁전에서 기다리는 동안 잠시 콘스탄티노플로 돌아왔다(아마 규방의 문제를 해결하기 위해서였을 것이다). 사흘 뒤에 그녀는 페타르와 함께 성대한 결혼 피로연에 참석했다. 어린 신부는 집을 떠나 본 적도 없었고, 야만족의 나라에서 어떻게 살게 될지 전혀 알지 못했지만 이제 가야 했다. 그녀는 울면서 가족에게 작별 인사를 한 뒤 많은 짐꾼들을 거느리고 북서쪽으로 떠났다.

당시의 역사가들은 그 화려한 결혼식에 압도된 탓인지 그때 체결된 평화 조약의 내용에 관해서는 아무것도 남기지 않았다. 추측컨대 한두 건의 사소한 영토 조정과 페타르에게 연례 공물을 보내는 사안이 논의된 듯하다. 이는 이미 시메온과 로마누스가 황금뿔에서 합의한 내용을 추인한 것에 불과했지만, 이번에는 마리아-이레네가 살아 있는 동안에만 지불한다는 추가 조건이 붙었다. 그렇다면 연례 공물은 그녀가 비잔티움의 공주에 걸맞은 생활을 유지할 수 있도록 보장하는 보조금 정도에 지나지 않았을 것이다.[83]

당대의 문헌들에서 의심할 여지가 없는 합의 사항은 그 다음이다. 로마누스는 불가리아 총대주교구의 독립을 공식 허가하고 페타르가 그리스어의 바실레오스에 해당하는 차르Tsar라는 황제의 칭호를 사용하는 것도 승인했다. 교회 독립 문제는 로마누스에게 대수로운 게 아니었다. 좀 짜증나는 일이기는 하지만 불가리아 총대주교구를 아예 독립시켜 주면, 오히려 불가리아는 걸핏하면 로마 교회에 붙겠다고 위협하는 수단을 더는 써먹지 못하게 될 터였다. 황제 칭호는 좀더 짜증나는 일이기는 하지만 그냥 무시해 버리면 되는 것이었다. 콘스탄티누스 포르피로게니투스가 실권을 잡게 되는 945년까지 보스포루스에서 불가리아로 보내는 공문서에서 페타르는 기껏해야 아르콘archon, 즉 '통치자'로 호칭되었다.

그만큼 로마누스는 현실주의자였다. 그가 체결한 평화 조약은—비록 불가리아 전쟁에서 완전한 승자는 없었지만—누구에게도 불가르족이 이익을 보았다는 인상을 주지 않았다. 물론 더 끈기 있게 외교를 진행했더라면 더 우호적인 조건을 얻어 낼 수도 있었겠지만, 그럴 가치는 없는 게임이었다. 빨리 합의를 이루고 정략결혼으로 그 합의를 다질 수 있다면, 약간의 양보쯤은 얼마든지 할 용의가 있었던 것이다. 그의 치세 초기 4년 동안에는 두 차례의 반란이 터졌고(한번은 아풀리아, 또 한번은 멀리 북동부의 칼디아 테마) 거의 매달 새로운 음모가 밝혀졌으므로 그런 호사스러운 생각을 할 여유가 없었다. 하지만 이제는 그의 위치도 공고해졌다. 그를 반대하는 정부와 궁정의 관리들은 모두 멀리 유배되거나 수도원에 감금되었고, 모든 요직은 그의 지지자들이 차지하고 있었다. 해군과 방대한 육군이 모두 그의 편이었고, 신임 총대주교도 그에게 충성하는 터라 교회도 더는 문제를 일으키지 않았다. 로마누스는 정식으로 즉위한 황제일 뿐 아니라 수많은 황궁 식솔들의 수장이었다. 굳이 경쟁자를 들라면 한 명을 꼽을 수 있겠지만 그도 역시 로마누스의 수중에 있었을 뿐 아니라 그의 사위였다. 마침내 그의 지위가 확고해진 것이다.

게다가 시메온이 죽고 한두 해가 지나자 불가리아도 힘을 잃은 게 분명했다. 사실 불가리아는 비잔티움을 정복하지 못하면 대국이 될 수 없는 운명이었다. 그런데 문제는 비잔티움이 여전히 난공불락이라는 점이었다. 일찍이 시메온은 육중한 성벽 앞에서 여러 차례 발길을 돌린 바 있었고, 그 앙갚음으로 발칸과 초원 지대의 부족들을 공격하기도 했다. 그것은 이길 수 없는 전쟁이었다. 더욱이 젊은 페타르는 비잔티움 황실의 일원으로 인정받지도 못했고 아버지만큼 용맹하지도 못했다. 비록 도덕적으로는 나무랄 데 없었지만—불가리아 백성들은 그를 성인으로 받들었다—그는 연약하고 무기력한 군주였고, 42년의 치세 동안 휘하 보야르들은 물론 자신의 왕국도 제대로 통제하지 못했다. 따라서 반세기 동안 불가리아는 더는 제국의 걱정거리가 되지 않았다. 그러다가 이윽고 새 왕조를 대표하는 새 지배자가 다시금 콘스탄티노플의 권위에 도전장을 던지면서 만만찮은 호적수와 만나게 된다.

불가리아와의 평화로 로마누스 레카페누스는 동방에 온 힘을 집중시킬 수 있게 되었다. 이 지역은 사실 제국의 안위를 위해서 발칸보다 훨씬 중요했다. 동방은 비옥한 밭과 부유한 농장이 있는 지역이었고, 수백 년 동안 제국에 건장한 병력을 꾸준히 공급해 준 무한한 인력 자원의 보고였다. 또한 무엇보다 동방은 그리스도교권의 최전선이었고, 이곳이 튼튼해야만 유럽 전역이 무사할 수 있었다.

900년경에 레오 6세는 테케스의 마누엘이 다스리는 아르메니아의 작은 공국을 합병하여—인근의 두 도시와 함께—메소포타미아 테마[84]를 신설한 바 있었다. 그다지 중요하지 않은 이 사건을 제외하면, 레오가 죽을 무렵까지 제국의 동부 변방은 200년 전과 거의 다르지 않았다. 양측의 습격은 오래전부터 제도화되어 있었다. 즉 매년 여름이면 한쪽의 해군이나 육군이 적어도 한 차례 다른 쪽의 영토를 원정하는 게 관례였다. 그러나 간혹 대규모 군대가 동원된 적이 있기는 해도 이 원정은 기본적으로 영토의 팽창보다는 약탈을 목적으로 했으며, 장기적인 결과를 빚는 경우도 드물었다.

그러다가 923년에 비잔티움 역사상 가장 유능한 장군 중 한 사람이 총사령관으로 임명되었다. 요한네스 쿠르쿠아스—구르겐이라는 세례명으로도 알려졌다—는 로마누스 황제처럼 아르메니아의 북단, 오늘날의 그루지야 출신이었다. 사실 그와 황제는 오랜 친구 사이였다. 그는 로마누스가 제위에 오를 때 수도에서 쿠데타에 필요한 병력을 동원해 주었으며, 이후 사반세기 동안 제국의 어느 누구보다도 황제에게 충성하고 헌신적으로 일했다. 총사령관을 맡은 첫해에 그가 올린 두드러진 성과는 육군의 승리라기보다 해군의 승리였다. 제국의 배반자로서 해적질을 일삼으며 19년 전에는 테살로니카를 파괴했던 트리폴리의 레오를 완전히 격파한 것이다. 곧이어 924년 로마누스는 시메온과의 협상에 전념하기 위해 향후 2년 동안 칼리프와 평화를 유지하기로 약속했다. 그러나 926년부터 그는 불가르의 위협을 뒤로 한 채 아랍에 대해 공세를 취했다. 그 뒤 18년에 걸쳐, 그전까지 오랫동안 별다른 변화가 없었던 동방의 양상은 크게 변했다.

사라센이 정복을 시작한 뒤 초기에는 이슬람 세력이 기선을 잡았다. 하지만 일차 공세가 끝나고 그들은 더 진출하지 못했다. 비잔티움도 비록 9세기 미카일 3세의 치세에 몇 차례 중요한 승리를 거두기는 했으나 전통적인 사라센 영토를 대대적으로 침략하지는 못했다. 원정 초기 6년 동안 쿠르쿠아스는 아르메니아를 제국의 영토로 확고히 다지는 것을 목표로 삼았다. 그 과제는 932년 만지케르트를 점령함으로써 완수되었다. 이 도시는 나중에 비잔티움 역사상 최대의 비극이 벌어지는 무대가 되지만(제20장 참조), 그 무렵에는 페르크리, 헬라트(지금의 아흘라트), 반 호수 북쪽 연안의 도시들과 더불어 중부 아르메니아와 더 남쪽의 바스푸라칸 지구를 통제하는 요충지였다. 그로부터 불과 2년 뒤인 934년 5월 19일에 쿠르쿠아스는 더 큰 승리를 거두었다. 멜리테네를 점령함으로써 처음으로 중요한 아랍에미리트*를 제국의 영토로 편입시킨 것이었다.

그 뒤 몇 년 동안은 성과가 별로 없었다. 그 이유는 주로 강력한 함단 왕조**에서 '제국의 검'이라 불리던 모술의 아미르 사이프 앗다울라의 역공 때문이었다. 940년에 사이프는 쿠르쿠아스를 격노하게 만들었는데, 만약 아바스 칼리프 왕조의 힘이 현저하게 약화된 바그다드에서 때마침 위기가 일어나 그를 황급히 불러들이는 일이 없었다면 상황은 크게 달라졌을지 모른다. 비잔티움인들에게 그것

* 오늘날 아라비아 반도에 있는 아랍에미리트 국가를 가리키는 이름은 아니다. 에미르(emir)—앞에서는 아미르(amīr)로 표기했다—는 아라비아의 왕이나 왕족을 가리키는데, 보통 '수장'으로 옮긴다. 따라서 아랍 에미리트는 수장령(首長領)이라는 일반 명사로 보면 되겠다. 주로 단일 왕조의 역사를 지닌 우리는 막연하게 다른 나라의 역사도 그럴 것이라고 생각하는 경향이 있지만, 세계사에 존재했던 대부분의 나라들은 짧은 왕조사에 영토도 일정치 않은 경우가 훨씬 더 많았다. 따라서 아라비아의 왕이라 해서 아라비아 전역을 안정적으로 다스리는 군주였다고 착각하면 안 된다. 당시 이슬람 제국을 이루었던 아라비아와 서남아시아, 북아프리카 일대에는 수많은 에미르들이 거의 독립국(에미리트)을 이루고 활발한 국제 정세를 전개하고 있었다.

** 함단 왕조는 10세기 초반 이라크 북부의 모술을 근거지로 출발했는데, 원래는 아바스 왕조의 속국이었다가 10세기 중반에 사실상 독립 왕국이 되었다. 그러니까 사이프 앗다울라가 지배하던 무렵이 전성기였던 셈이다. 이후 함단 왕조는 비잔티움 제국과 파티마 왕조의 공격으로 11세기 초반에 멸망한다.

은 그들이 아는 것 이상으로 커다란 행운이었다. 만약 그 아미르가 공세를 멈추지 않았다면 그들은 이듬해 여름에 터진 청천벽력 같은 사태를 버텨 내지 못했을 것이기 때문이다.

새로운 적, 러시아

941년에 콘스탄티노플 시민들 중 나이가 지긋한 사람들은 아마 81년 전 끔찍했던—그러나 다행히도 짧게 끝났던—러시아의 침공에 관한 이야기를 부모에게서 들었을 것이다(132쪽 참조). 당시 러시아인들은 원시적이었고, 슬라브족이 대다수이기는 하지만 매우 이질적인 집단이었으며, 스칸디나비아의 영향을 받은 봉건 귀족제를 취하고 있었다. 하지만 그 뒤 그들은 탄탄대로를 달려왔다. 882년 무렵 바이킹족의 올레크는 노브고로트에서 드네프르 강을 따라 남하하여 키예프를 점령하고 그곳을 수도로 새로운 러시아 국가*를 세웠다.

그때부터 러시아는 무역이 꾸준히 발달하기 시작했으며, 특히 911년 비잔티움의 레오 6세와 체결한 통상 조약으로 콘스탄티노플의 러시아 상인들은 무역 특혜를 누렸다. 네스토르라는 슬라브족 역사가는 그 조약이 올레크의 침공으로 인해 맺어졌다고 말한다. 그에

* 당시의 국가는 키예프 공국이었다. 러시아라는 이름이 국호로 쓰이게 된 것은 15세기에 러시아 제국이 성립하면서부터다.

의하면 올레크는 907년에 함선 2천 척과 확인할 수 없는 규모의 병력을 거느리고 와서 육상과 해상으로 대규모 공격을 펼쳤다. 심지어 그 전투에서 올레크는, 마치 1453년에 메메드 2세가 했던 것처럼 함선들을 육상으로 끌어올려 굴림대를 이용하여 페라 언덕을 넘은 뒤 황금뿔로 내려오기도 했다. 그러나 다른 문헌에는 전혀 나와 있지 않은 것으로 미루어 이 전쟁은 사실이 아닐 가능성이 크다. 어쨌든 올레크는 912년에 죽었고 루리크의 아들인 키예프 대공 이고리가 뒤를 이었는데, 그가 941년 6월 초에 함대를 발진시킨 것은 사실이다.

이번엔 그리스 역사가들이 러시아 함선의 수를 1만 척, 혹은 1만 5천 척이라고 말한다. 그러나 크레모나의 리우트프란트—그의 계부는 당시 콘스탄티노플 주재 이탈리아 대사였으므로 그에게 직접적인 정보를 전해 줄 수 있었다—는 그 수치들보다 훨씬 적게 잡아 "약 1천여 척"이라고 말하는데, 아마 이 수치가 사실에 가까울 것이다. 하지만 불가르 친구들에게서 러시아 함대가 오고 있다는 소식을 들은 로마누스는 가슴이 철렁 내려앉았다. 육군은 멀리 동방에 가 있었고, 해군은 지중해와 흑해에 분산되어 있었다. 일단 그는 육군과 해군에 즉각 돌아오라는 긴급 명령을 내렸다. 한편 조선공들은 수도에서 유일하게 동원할 수 있는 선박들을 어느 정도 쓸모 있게 만들기 위해 불철주야로 노력했다. 오랫동안 폐선장에 처박아 둔 폐선이나 다름없는 그 배들은 다행히도 해체되지는 않은 상태였다. 황제는 급한 대로 이 배들에 그리스 화약을 가득 싣고 프로토베스티아리우스protovestiarius인 테오파네스에게 지휘를 맡겨 보스포루스 북단에서 러시아 함대를 막게 했다. 테오파네스는 아슬아슬하게 때맞춰 도착했다. 6월 11일 아침 러시아 함대가 수평선에서 모습을 드러내자 그는 즉시 공격을 개시했다.

비잔티움의 역사에서 그리스 화약이 지니는 중요성은 아무리 강조해도 부족할 정도다. 그동안 무수한 해전에서 이 무기는 거의 절망적인 상태에서도 승리를 끌어내 주었다. 사라센군은 그리스 화약에 익숙했지만 적절한 대비책을 찾지 못했다. 그랬으니 이 무기에 완전히 생소한 러시아군에게 그 효과는 말할 것도 없었다. 선두에 선 함선들이 불길에 휩싸이자 나머지 함선들은 돌연 방향을 틀더니 보스포루스 어귀를 벗어나 동쪽 비티니아의 흑해 연안으로 달아났다. 그들은 그곳에 상륙하여 해안의 도시와 촌락들을 유린함으로써 수도에 들어가지 못한 울분과 좌절감을 달랬으며, 현지 주민들을 무참하게 살육하는 만행을 저질렀다. 특히 성직자들 중 일부는 사격 연습용 과녁으로 썼고, 나머지 더 불운한 사람들은 쇠꼬챙이로 머리를 꿰어 죽였다고 한다.

그렇게 몇 주일 동안 테러가 자행되었다. 그러나 아르메니아콘 테마의 군사 총독인 바르다스 포카스는 현지에서 소집한 병사들을 거느리고 서둘러 현장으로 가서 쿠르쿠아스가 이끄는 주력군이 올 때까지 약탈자들을 최대한 묶어 놓았다. 해군도 소함대가 편성될 때마다 즉각 출동해서 테오파네스가 했던 것처럼 적을 공격했다. 오래지 않아 공수가 바뀌면서 이제는 러시아군이 수비에 나섰다. 일차 목적을 이루지 못한 그들은 가을이 다가오고 있으므로 어서 고향으로 돌아가고픈 마음뿐이었다. 하지만 그러기에는 너무 늦었다. 공해상으로 나가는 출로를 장악한 비잔티움 함대는 서서히 고삐를 죄어 왔다.

9월 초에 러시아군은 북서쪽의 트라키아로 향하는 포위망을 필사적으로 뚫으려 했으나 테오파네스가 더 신속하게 움직였다. 갑자기 바다 전체가 화염에 휩싸였는데, 네스토르는 그 광경을 "불이 날개를 달았다"고 표현했다. 러시아 함선들은 성냥개비처럼 삽시간에 불타올랐다. 선원들은 앞다투어 갑판에서 뛰어내렸으나 살아날 가망은 거의 없었다. 그나마 갑옷의 무게 때문에 가라앉은 자들은 운이 좋은 편이었고, 대부분은 기름이 뒤덮인 물 위에서 배와 함께 불에 타 죽었다. 아주 소수만이 화염의 지옥에서 탈출하여 자신들의 군주에게 재앙의 소식을 전했다.

하지만 콘스탄티노플에서는 환호성이 울렸다. 개선한 테오파네스는 영웅 대접을 받았고 그 자리에서 시종장으로 승진했다. 러시아 포로들에 대해 로마누스는 평소와는 달리 자비를 베풀지 않았다. 그들이 저지른 만행을 생각하면 당연했다. 리우트프란트는 자신의 계부가 보는 앞에서 포로들이 모조리 처형되었다고 한다. 하지만 왜 이탈리아 대사까지 불러 그 불쾌한 장면을 목격하게 했는지에 관해서는 설명이 없다.[85]

로마누스와 러시아의 악연은 아직 끝나지 않았다. 불과 3년 뒤에 이고리는 재차 공격해 왔는데, 이번에는 수륙 양면의 공격이었다. 이를 위해 그는 영토 내의 거의 모든 민족을 동원했고 페체네그족의 용병들도 대거 데려왔다. 전과 마찬가지로 로마누스는 그들이 오고 있다는 정보를 미리 들었다. 불가르족은 육군의 진로를 알려주었고,

† 제조 과정부터 비밀에 싸여 있던 그리스 화약으로 비잔티움은 오랫동안 해상의 주도권을 쥘 수 있었다.

크리미아의 케르손 시민들은 러시아 함선의 수가 너무 많아서 바다 전체를 뒤덮을 정도라는 무시무시한 소식을 전해 왔다. 그러잖아도 로마누스는 가급적 전쟁을 피하고 싶었다. 비록 전에 완승을 거두기는 했지만 그때도 적지 않은 유혈과 파괴를 겪었다. 게다가 제국의 군대는 다시 메소포타미아에, 그것도 지난번보다 더 먼 곳에 가 있었다. 따라서 이번에는 과연 시간에 맞춰 돌아올 수 있을지 확신할 수 없었고, 한창 성공을 거두고 있는 현지에서 철군시키기도 마뜩치 않았다. 그래서 로마누스는 적의 육군을 이끌고 있는 이고리에게 사절단을 보내 협상을 시도하기로 했다. 사절단은 도나우 강에서 대공을 만나 어렵지 않게 돈으로 타결을 보았다. 페체네그족에게는 별도로 뇌물이 필요했는데, 만족한 그들은 대신 불가리아를 공격했다.

이듬해 봄 키예프에서 온 대표단은 정치와 통상에 관한 새 조약을 마무리지었다. 러시아 측에서는 이고리, 제국 측에서는 로마누스를 비롯한 모든 공동 황제들이 입안하고 네스토르가 자신의 책에 상세히 기록한 이 조약은 양측의 무역을 규제하는 조건, 양측이 받아들여야 할 의무와 책무, 양측의 상인들이 상대방 영토에서 누리는 특권 등을 상세히 규정했다. 예를 들어 제2조에 따르면, 콘스탄티노플에 들어오고자 하는 러시아인은 제국 측 대표의 인솔을 받아 한 번에 50명씩 비무장 상태로 들어와야 했다. 또한 50졸로트니키 이상의 물품을 구입할 경우에는 계약서를 작성하고 세금을 물어야 했다.[86] 기타 조항들은 도망친 노예를 처리하는 문제, 비잔티움에서 죄를 지은 러시아인 혹은 러시아에서 죄를 지은 비잔티움인을 인도하고 징벌하는 문제, 두 나라 중 어느 측이 제3국에게서 위협을 받았을 때 서로 상대방을 즉각 무조건 도와야 한다는 의무 등을 다루었다.

황제가 먼저 조약문에 날인하자 러시아 대표단은 키예프로 돌아갔고, 대공이 그 내용을 승인하자 권한을 위임받은 양측 대표들이 함께 조약을 비준했다. 양측은 조약의 성과에 만족했으며, 이후 사반세기 동안 러시아와 비잔티움은 조용하게 지낼 수 있었다.

콘스탄티누스여, 제위를 받으라!

941년에 러시아 함대가 파괴된 직후 요한네스 쿠르쿠아스는 군대를 거느리고 다시 동방으로 갔다. 다행히도 전황은 전과 다름없는 상태였다. 그의 호적수인 사이프 앗다울라는 여전히 바그다드의 칼리프 왕조를 무너뜨리는 데 전념하고 있어, 여러 면에서 한동안 중단되있던 공세를 다시 취하기 좋은 여건이었다. 그래서 942년 초 쿠르쿠아스는 알레포 속주를 습격했고, 비록 그 도시를 점령하지는 못했지만 아랍 측 기록으로도 1만 명에서 1만 5천 명이나 되는 많은 포로들을 사로잡았다. 한여름에 그는 제국의 영토로 돌아가 휴식을 취하고 무기와 보급품을 정비한 다음 가을에 다시 공세를 재개했다(겨울이 추운 아르메니아와 달리 시리아에서는 1년 내내 전투가 가능했다). 그는 오른쪽으로 크게 돌아 반 호수를 우회한 뒤 서쪽으로 가서 티그리스 강둑에 있는 커다란 성곽도시 아미다[87]로 진격했다. 여기서부터 그는 남동쪽으로 방향을 틀어 니시빈까지 간 뒤 서쪽의 에데사로 향했다.

에데사는 이미 641년 무슬림의 일차 정복기에 이슬람에 넘어갔지만, 원래는 오랜 역사를 자랑하는 유서 깊은 그리스도교 도시였다. 5세기에 이곳은 에페수스 공의회 이후 제국에서 추방된 네스토리우스파 교도들의 피신처였고,[88] 후대에도 박해받는 단성론자들에게 피신처를 제공했다. 하지만 10세기의 일반적인 동방 그리스도교도에게 에데사는 무엇보다도 두 가지 보물로 유명했다. 하나는 병든 왕 아브가르 1세가 예수 그리스도에게 에데사로 와서 치료해 달라고 초청했을 때 예수가 보낸 답신이었고,* 또 하나는 예수의 초상이

* 나병에 걸린 아브가르가 예수에게서 받았다는 이 서신은, 예수가 지상에서의 임무가 끝나 에데사에 갈 수 없으니 승천한 뒤 제자를 보내 치료해 주겠다고 약속했다는 내용이다.

기적적으로 남겨진 천이었다.[89] 두 가지 물건이 모두 가짜라고 알려졌지만—초상은 5세기 이전에는 말도 없던 물건이었고, 서신은 교황 겔라시우스가 494년에 위조한 것으로 밝혀졌다—그 전설만큼은 죽지 않았다. 10세기에 에데사에는 적어도 세 가지 서로 다른 초상이 있었던 것으로 보인다. 야코부스파, 네스토리우스파, 멜키트교도는 서로 다른 예수의 초상을 내세우면서 자신들의 것이 진품이라고 주장했다.[90]

하지만 요한네스 쿠르쿠아스에게 진품은 단 하나뿐이었고 그는 그것을 손에 넣을 결심이었다. 그래서 그는 에데사 주민들에게 강화를 제의하고 모든 포로를 돌려보내면서 그 대가로 그리스도의 초상을 요구했다. 그러자 주민들은 곤혹스러워했다. 그들 대다수는 독실한 무슬림이었지만 이슬람의 관점에서도 예수는 '신에 가까운 존재'였으므로 그의 초상은 신성한 것이었다.* 워낙 중요한 결정인 탓에 그들은 칼리프에게 직접 문의하겠다면서 쿠르쿠아스에게는 지침을 받을 때까지 공격을 유보해 달라고 말했다. 쿠르쿠아스는 동의했다. 그게 아니더라도 그에게는 할 일이 많았다. 그는 이듬해에 메소포타미아를 유린하고 다라와 라스알아인을 비롯한 몇 개 도시를 점령한 뒤(여기서도 포로 1천 명을 잡았다) 다시 에데사로 돌아와 기다렸다.

944년 봄에 에데사 주민들은 칼리프에게서 답신을 받았다. 도시와 수많은 주민들의 목숨을 구할 방법이 달리 없었으므로 칼리프는

* 이슬람교에서 예수는 위대한 예언자의 한 사람이다. 이 세상에 마지막으로 온 예언자는 물론 마호메트다.

† 콘스탄티누스 7세 포르피로게니투스가 그리스도에게서 제관을 받는 모습을 새긴 상아 부조. 945년 그가 비잔티움의 단독 황제가 된 것을 기념하여 만들어졌다.

초상을 내주라고 지시했다. 주민들은 성대한 의식을 거행한 뒤 경건한 태도로 초상을 쿠르쿠아스에게 넘겨주었고, 쿠르쿠아스는 곧바로 엄중한 호위를 붙여 그것을 콘스탄티노플로 보냈다. 8월 초에 그 초상은 보스포루스의 아시아 쪽 해안에 도착했으며, 대기하고 있던 시종장 테오파네스가 직접 그것을 블라케르나이의 황제에게로 봉송했다.

며칠 뒤 성모승천축일(8월 15일)을 맞아 예수의 초상은 금문을 통해 수도에 당당히 입성했다. 금문에서는 세 젊은 공동 황제—원래는 다섯 명이지만 크리스토포루스는 931년에 죽었고 로마누스는 몸이 아파 참석하지 못했다—와 총대주교가 초상을 공식 영접했다. 초상은 거리를 관통하여 소피아 대성당으로 옮겨졌다. 하지만 그 과정에서 당혹스러운 순간이 두 차례 있었다. 하나는 로마누스의 두 아들이 천 위에 남겨진 구세주의 얼굴을 전혀 알아보지 못한 데 반해 포르피로게니투스에게는 분명하게 보였다는 것이다. 또 하나는 연도에 모인 군중 가운데 어느 미친 사람이 느닷없이 이렇게 소리쳤다는 사실이다. "콘스탄티노플이여, 영광과 축복을 받으라. 그리고 콘스탄티누스여, 제위를 받으라!"

사실 그 말은 전혀 미친 발언이 아니었다. 오히려 군중 대다수는 그 주장에 고개를 끄덕였을 것이다. 레카페누스 가문의 시절은 이제 막바지에 이르렀기 때문이다. 로마누스는 과거의 그가 아니었다. 이 무렵 그는 70대의 노인이었으며, 많은 전임 황제들이 그랬듯이 대신들보다는 수도사들과 더 많은 시간을 보내면서 국정에서 점차 손을 떼고 병적인 신앙으로 깊이 침잠해 갔다. 죽음이 다가오는 것을 느낄수록 양심의 가책이 심해졌다. 물론 그는 황제로서 열심히 일했고 대체로 성공적인 치세를 누렸지만, 애초부터 제위에 오를 자격이 없었다는 것은 엄연한 사실이었다. 그는 사기와 협잡으로 제위를 빼앗은 것이었으며, 그 때문에 적법한 황제는 오히려 사반세기 동안 권력을 빼앗겼고 그의 쓸모없는 아들들이 황제의 서열에 올랐다.

적어도 그의 두 아들은 실제로 쓸모없는 자들이었다. 맏이인 크리스토포루스는 그런 대로 자질을 보였는데, 만약 로마누스의 뒤를 이었다면 아버지 못지않은 업적을 남길 수도 있었을 것이다. 그러나 그 아래 두 아들 스테파누스와 콘스탄티누스[91]는 부도덕하고 방탕한 생활로 악명이 높았을 뿐 아니라 못된 음모를 꾸미는 데도 능했다. 이미 943년에 그들은 요한네스 쿠르쿠아스의 인기가 하늘을 찌를 듯이 높아 가고 있는 것을 시기하여 아버지와 그를 이간질했다. 그 결과 로마누스는 맏손자인 로마누스(콘스탄티누스 포르피로게니투스와 헬레나의 아들)와 쿠르쿠아스의 딸 유프로시네를 결혼시키려던 계획을 포기했다. 이듬해 말에 그 못된 형제는 다시 쿠르쿠아스를 물고 늘어졌다. 아버지를 부추겨 원정에서 한창 성공을 거두고 있는 그를 소환하도록 하고, 그 대신 자기들의 친척인 판테리우스라는 자를 사령관으로 보낸 것이다. 그러나 판테리우스는 불과 몇 달 뒤에 전 군대를 전멸시키는 참사를 빚었다.

로마누스가 아들들의 여러 요구를 순순히 들어 준 것은 그가 쇠락하고 있다는 분명한 증거였다. 뱃사람처럼 미신이 많은 데다가 교육도 받지 못한 그가 성공할 수 있었던 요인은 힘든 일을 처리할 수 있는 능력, 흔들리지 않는 자신감, 건강하고 건전한 상식이었다. 그러나 지금은 그 세 가지가 모두 사라져 버렸다. 죽음의 공포에 사로잡힌 그는 자신의 영혼을 구원하려는 단 한 가지 생각밖에 하지 않았다. 그는 수많은 종교 자문가들의 부추김을 받아 점점 더 필사적으로 구원에 매달렸다. 한번은 콘스탄티노플에서 정부의 모든 세금을 면제하고 모든 채무를 말소함으로써 제국의 국고에 끔찍한 결과를 초래하기도 했다. 또 한번은 정교회 신앙을 수용하지 않으려 하는 유대인과 아르메니아인을 모두 추방하라는 명령을 내리기도 했다. 이 우울한 만년에 그가 한 거의 유일하게 지각 있는 행동은 새로운 유언을 통해 콘스탄티누스 포르피로게니투스가 그의 아들들보다 선임 황제임을 분명히 못박음으로써 사후에 아들들이 사위의 권좌를 넘보지 못하게 한 것이었다.

하지만 정말 지각 있는 행동을 하려 했다면 그 유언의 내용을 비밀에 부쳐야 했다. 그 내용을 공개하기로 결정한 것은 로마누스의 큰 실수였다. 당연히 그의 아들들은 신속하고 과감한 행동을 취하지 않을 경우 권력을 잃으리라고 판단했다. 과거의 행적으로 볼 때 콘스탄티누스가 선임 황제라면 그들의 장래는 어떻게 될까? 유배? 거세? 수도원 감금? 그보다 더한 운명도 충분히 상상할 수 있었다. 대안은 한 가지, 쿠데타밖에 없었다. 944년 크리스마스 닷새 전, 관청들이 닫혀 있는 한낮에 두 형제는 추종자들을 거느리고 황궁으로 들어가 곧장 늙은 황제가 병상에 누워 있는 침실로 갔다. 아들들의 손에 의해 부콜레온의 작은 항구로 끌려가는 동안 황제는 아무런 저항도 하지 않았다. 항구에는 작은 배가 대기하고 있었다. 잠시 후 아무도 모르는 사이에 로마누스는 프린키포 섬에서 가장 가까운 프로티

(지금의 키날리)로 떠났다. 거기서 그는 삭발을 당하고 수도사의 서약을 해야 했다. 사실 그는 그것을 진심으로 원했는지도 모른다.

참회하는 노황제

형제가 본토로 돌아왔을 때 콘스탄티노플의 분위기는 흉흉했다. 로마누스를 염려하는 사람은 별로 없었다. 물론 그에 대한 동정심도 없지 않았고 그가 그렇게까지 인기 없는 황제도 아니었지만, 사람들은 그가 권좌에 오르기 위해 저지른 짓을 결코 잊지 않았다. 모든 시민들의 입에 오르내린 이름은 콘스탄티누스 포르피로게니투스였다. 그는 어디 있는가? 얼마 안 가서 분노와 의심에 가득 찬 시민들이 황궁의 대문 앞에 모여들었다. 약간 흐트러진 차림새였지만[92] 콘스탄티누스가 안전하고 건강한 모습으로 창문에 나타난 뒤에야 군중은 해산했다.

음모자들은 이제 콘스탄티누스가 시민들의 사랑을 받고 있다는 사실을 도저히 부인할 수 없었다. 그는 결코 백성들의 사랑을 구하려 하지 않았다. 오히려 일부러 뒷전에 물러앉아 있다가 국가 의전상 어쩔 수 없이 나서야 할 때만 공개 석상에 모습을 드러냈다. 하지만 그것은 중요하지 않았다. 그는 어느 누구도 따를 수 없는 대단히 귀중한 요소, 즉 정통성을 지니고 있었다. 현제 레오의 아들이자 위대한 바실리우스의 손자로서 태어나면서부터 황태자였던 그만이 비잔티움의 황제에 적법한 인물이었다. 그에 비하면 레카페누스 가문은 졸부 찬탈자였다. 그들의 신하들마저도 그들에게 싫증을 느낄 정도였다.

형제는 치명적인 실수를 저질렀다는 것을 깨달았다. 그들은 아버지를 처리한 것과 같은 방식으로 조만간 콘스탄티누스도 처리하려 했으나, 여론이 그렇듯 강력하게 표출되자 그 방법은 불가능해졌다. 그들이 취할 수 있는 수단은 하나밖에 없었다. 결국 그들은 마지못해 콘스탄티누스를 공식적인 선임 황제로 인정했다. 상상할 수 있듯이, 한편에 포르피로게니투스가 있고 다른 편의 레카페누스 형제가 가급적 정부 요직에 자파 인물들을 많이 임명하려 애쓰는 것은 상당히 불편한 광경이었다. 점잖고 나서기 싫어하는 콘스탄티누스 혼자라면 그 불편한 관계를 꾹 참았을 것이다(물론 그렇다 해도 마냥 참고만 있지는 않았겠지만).

그러나 그의 아내이자 로마누스의 딸인 헬레나는 남편보다 훨씬 강인한 성격이었다. 25년 동안이나 자신의 가문에 등을 돌리고 남편을 위해 헌신해 왔던 그녀는 이제 남편에게 기회를 놓치지 말라고 촉구했다. 그래도 그는 잠시 주저했으나 곧 처남들이 자신을 살해하려 한다는 무시할 수 없는 경고를 받았다. 그는 더 이상 망설이지 않고 헬레나의 재촉에 따라 명령을 내렸다. 945년 1월 27일 두 공동 황제는 체포되어 아버지처럼 삭발당하고 아버지가 있는 프로티로 추방되었다. 그리스 문헌에 따르면 로마누스 노인은 다음과 같은 이사야의 말을 적절히 인용하여 아들들을 환영했다고 한다. "내가 자식을 양육하였거늘 그들이 나를 거역하였도다"(『이사야』 1장 2절). 하지만 리우트프란트는 좀더 생동감 넘치는 이야기를 전해 준다.[93]

아들들이 도착했다는 소식을 들었을 때 로마누스는 신에게 감사를 드리고, 수도원 문밖에서 그들을 반갑게 맞이했다. 아들들에게 그는 이렇게 말했다. "너희가 내 초라한 거처에 와 주니 행복하다. 나를 궁에서 내몬 그 효심이 이제 너희를 궁에 머물지 못하게 하였구나. 너희가 나를 미리 이곳으로 보낸 것이 얼마나 다행이더냐. 이곳의 동료 수도사들과 동료 병사들은 그리스도 안에서 하루하루를 영적인 일로 보내고 있으니, 황궁의 예법에 익숙한 내가 말해 주지 않으면 황제를 어떻게 대우해야 하는지도 모를 게다. 고트족의 눈[雪]보다도 차가운 너희를 위해 여기 물을 데워 놓았다. 부드러운 콩, 온갖 종류의 야채, 갓 뜯은 리크[부추와 비슷한 서양의 파]도 있다. 저 생선 장수들이 파는 맛난 것들 가운데는 질병을 일으키는 게 전혀 없다. 여기 우리가 가진 병은 주로 단식을 자주 한 탓에 생기는 거란다. 우리의 소박한 거처는 많은 사람이나 뚱뚱한 사람을 수용할 수 없지만, 이 늙은 아버지를 버리지 않고 찾아와 준 너희가 머물기에는 충분하지"(『복수』, v, 23).

정말 로마누스 노인이 이런 기분으로 머물고 있었다면 그의 딱한 아들들은 프로티가 그저 잠시만 머무는 유배지인 줄 알고 안심했겠지만, 당시 그들의 매부는 두 처남의 장기적인 미래를 숙고하고 있었다. 현명하게도 그는 형제를 격리시켜야 한다고 생각했다. 그에 따라 스테파누스는 마르마라의 프로콘네수스로 갔다가 로도스를 거쳐 레스보스에 최종적으로 정착했다. 또 콘스탄티누스는 잠시 테네도스에 있다가 사모트라키로 옮겨졌다. 이제 남아 있는 레카페누스 가문 중 원래 자리를 그대로 유지한 사람은 헬레나 황후와 테오필락투스 총대주교, 그리고 멀리 불가리아의 차리차〔Tsaritsa, 차르의 여성형, 즉 차르의 아내〕 마리아밖에 없었다.[94]

한편 늙은 황제는 계속 수도원에 머물면서 기도와 회개로 나날을 보냈다. 그래도 그의 양심은 그를 편안히 쉬게 해주지 않았다. 잠깐 눈을 붙일 때도 무시무시한 악몽에 시달렸다. 어떤 꿈에서 그는 아들 콘스탄티누스, 헤라클레아 주교와 함께 지옥으로 끌려가고 있었다. 그런데 마지막 순간에 성모가 나타나더니 손을 뻗어 그를 끌어내 주었다. 그러나 다른 두 사람은 구원을 받지 못했다. 며칠 뒤에 그는 그 꿈을 꾼 바로 그날 그 두 사람이 죽었다는 소식을 들었다. 콘스탄티누스는 간수를 살해하고 탈출을 기도했다가 감옥 경비병들의 칼을 맞고 죽었다.

그 불길한 꿈이 현실화된 것에 너무 큰 충격을 받은 나머지 로마누스는 공개적으로 고해와 회개를 하기로 마음먹었다. 946년 예수 승천축일에 유럽 각지에서 온 300명의 수도사들—로마에서도 왔다고 한다—이 키리에 엘레이손*을 암송하는 가운데 로마누스는 자신의 죄목을 하나하나 거명하면서 용서를 빌었다. 마지막으로 주제단 앞에서 그는 젊은 견습 수도사들이 가하는 매질을 받고 자기 방으로 돌아갔다. 그의 죄목을 적은 책자는 비티니아 올림푸스 산의 수도원에 사는 데르모카이테스라는 유명한 수도사에게 보내졌다. 책자와 더불어 선물로 바치는 돈과, 수도원 사람들에게 로마누스의 영혼을 위해 2주 동안 단식해 달라는 부탁이 전해졌다. 수도원에서는 그렇

* Kyrie Eleison, "주여, 저희를 불쌍히 여기소서"라는 뜻으로, 긍휼송이라고도 한다.

게 해 주었다. 그 뒤 데르모카이테스는 하늘에서 기도에 응답하는 목소리가 들렸다고 말했다. 그리고 놀랍게도 죄목이 모두 지워져 있는 그 책자를 로마누스에게 돌려보냈다. 로마누스는 그 책자를 자신의 무덤에 묻어 달라고 부탁했다.

그런 상황에서는 믿기 어려운 일이지만, 그의 친구인 테오파네스 시종장과 그의 아들인 테오필락투스 총대주교[95]는 로마누스를 복위시키려는 음모를 꾸몄다. 더 이상한 일은 로마누스가 그 음모를 지지했다는 사실이다. 그러나 이것은 그의 의지가 강해서라기보다는 약해서라고 봐야 할 것이다. 어쨌든 그 음모는 실행되기 전에 탄로가 났다. 총대주교는 그 직위 덕분에 무사했지만 테오파네스는 유배형에 처해졌다. 자신이 섬기는 황제에게 끝까지 충성을 다한 사람의 슬픈 말로였다. 로마누스는 옛 친구의 수모를 지켜보았으나 이후 급속히 기력이 약해졌다. 결국 그는 948년 6월 15일에 죽었다. 그의 시신은 콘스탄티노플로 운구되어 미렐라이온 수도원에 있는 아내의 무덤 옆에 묻혔다.

로마누스는 훌륭한 황제였으며, 대제라고 할 수도 있었다. 사기와 책략으로 권력을 찬탈한 뒤 그는 사반세기 동안 그 권력을 현명하고 온건하게 사용하여 제국의 새로운 발전 방향을 제시했다. 그의 전임 황제들은 교회와 불가리아라는 두 가지 커다란 문제와 싸워야 했다. 불운한 레오 6세는 만년에 교회 때문에 시달렸고, 조에는 불가리아에게 연패한 탓에 몰락했다. 하지만 로마누스는 별로 어렵지도 않게 그 두 문제를 거뜬히 해결했고, 그것도 같은 방법으로 성공했다. 즉 적에게 기선을 내준 다음에 적이 지치고 나면 결국에는 원래대로 되돌리는 방법이었다. 니콜라우스 총대주교를 대할 때도 마찬가지였다. 로마누스는 그에게 아부하고 모든 것을 그의 마음대로 해 주었다. 그리고 그 얄미운 노인이 죽고 난 뒤에는 허수아비 두 명을 잠시 총대주교로 내세웠다가 결국 자신의 아들을 임명했다. 이런 그의 방식은 불가리아에게도 통했다. 로마누스는 트라키아를 잠시 적에게 내주고 콘스탄티노플의 안위를 지켰다. 그는 시메온이 정도에서 벗어난 뒤에 비로소 나서서 자신의 딸까지 포함한 여러 가지 양보를 함으로써 불가리아와의 문제를 완전히 해결했다.

로마누스의 조용한 외교가 빛을 보지 못한 곳은 동방이었다. 여기서는 무력만이 통했다. 그러나 불가리아와의 싸움에서 전혀 병력을 상실하지 않은 덕분에 그는 동방에서 사라센을 상대로 육군과 해군 전체를 동원할 수 있었다. 다행히도 운은 그의 편이었다. 첫째는 요한네스 쿠르쿠아스라는 뛰어난 장군이 있었다는 것이고, 둘째는 아바스 왕조의 세력이 점차 약화된 것이었다. 하지만 그렇다 해도 이슬람이 흥기한 이래 그리스도교권이 공세를 취하기 시작한 것은 그의 시대가 처음이었다.

보기 드문 태평성대를 맞아 로마누스는 불가르족을 상대할 때 보여 주었던 능력을 내치에도 한껏 발휘했다. 그는 피비린내 나는 유혈 사태를 노골적으로 혐오했는데, 그 폭력의 시대에는 드문 미덕이었다. 심지어 그는 자신을 타도하려 했던 반역자들도 처형하기보다는 유배를 보냈다. 실제로 그는 매우 인정이 많은 사람이었던 듯하다. 콘스탄티노플의 역사상 가장 길고 추웠던 928년의 그 끔찍한 겨울에 그는 솔선수범하여 비상 식량 공급 체계에 따랐다. 게다가 그는 가정에도 헌신적이었다. 아들들에게도 너무 헌신적이어서 문제였지만.

그런데 왜 로마누스는 백성들의 사랑을 받지 못했을까? 그의 아들들이 들고 일어났을 때 왜 백성들은 그를 위해 항의도 하지 않고 손가락 하나 까딱하지도 않았을까? 단지 그가 찬탈자라는 이유 때문일까? 아니면 그의 사람됨에 뭔가 사람들의 사랑을 받지 못할 만한 요소가 있었던 걸까? 이 문제에 대해 적어도 부분적인 대답은 알 듯하다. 로마누스의 덕과 자질이 백성들의 마음을 사로잡을 정도까지는 되지 못했던 것이다.

그는 뛰어난 군인도, 위대한 입법가도 못 되었다. 그의 야심적인 토지 개혁은 장기적인 효과를 얻지 못했고, 콘스탄티노플 시민들에게 조금의 이익도 가져다 주지 못했다. 그는 공개 석상에 별로 모습을 드러내지 않았으며, 원형 경기장에서 멋진 볼거리를 연출하지도 않았다. 요컨대 그는 백성들을 먹여 살리는 데는 최선을 다했으나 구경거리를 주는 데는 인색했던 것이다. 따라서 백성들은 유능하고 침착하고 무색무취한 그의 생애를 생각할 때면 언제나 그가 어떻게 제위에 올랐는지만 기억했다.

사실 그 점은 그 자신도 마찬가지였다. 그것을 잊지 못했기 때문에, 그것을 너무도 개탄했기 때문에 그는 만년을 끝없는 심적 고통 속에서 보냈다. 이것은 분명히 형벌이었다. 그래서 처음에 그는 제국을 마음대로 주무르려 했지만 나중에는 제국에 봉사하는 자세를 취했던 것이다. 결국 그가 자신의 죄를 용서받고 평안하게 죽을 수 있었던 것은 다행이었다.

11

학자 황제

945년~963년

그에게는 적극적이고 화려한 삶 속으로 뛰어드는 데 필요한 활기가 결여되어 있었다. 그가 재미를 느끼고 명예롭게 여겼던 학문들은 군주 본연의 의무와는 어울리지 않았다. 황제는 정치의 현실을 무시하고 아들 로마누스에게 정치 이론만 가르쳤다. 자신은 방종과 나태에 빠져 지내면서 행정의 고삐를 아내인 헬레나에게 넘겨주었다. 총애와 변덕이 오락가락하는 통에 대신들은 전임자보다 더 쓸모없는 황제가 즉위한 것을 개탄했다. 하지만 콘스탄티누스의 혈통과 불행은 그리스인들의 동정심을 자극했다. 그들은 그의 단점을 용서했고, 그의 학식, 그의 순진하고 자비로운 성격, 정의를 사랑하는 마음을 존경했다. 그의 장례식에서 백성들은 꾸밈없는 눈물로써 애도했다.

에드워드 기번 『로마 제국 쇠망사』, 제48장

학문에 대한 열정

945년 초에 두 처남을 제거하고 비잔티움의 단독 황제가 되었을 무렵 콘스탄티누스 포르피로게니투스는 이미 젊은 시절의 병약함을 벗어던진 지 오래였다. 큰 키와 넓은 어깨, "사이프러스나무처럼 우뚝 선"[96] 당당한 자세, 숱이 많은 검은 수염에 반쯤 가려진 불그스레한 혈색, 그 위에 연푸른색으로 빛나는 두 눈, 그는 마치 평생 병 한 번 앓아 보지 않은 것처럼 보였다. 주로 앉아서 생활했고 거의 무한한 식욕을 자랑했으므로 현대적인 기준으로 보면 뚱뚱하다고 해야겠지만, 10세기에 비만의 척도는 상당히 관대했으며, 서른아홉의 나이면 이미 중년이라고 볼 수 있었다.

39년의 생애 중에서 무려 36년 동안이나 콘스탄티누스는 이름뿐인 황제였다. 앞의 9장과 10장에서 보았듯이 그 기간에 그는 제국의 정치에서 아무런 역할도 하지 못하고 공개 석상에 나가는 일도 직무상 필요한 경우만으로 제한했다. 하지만 그는 시간을 허비하지는 않

† 콘스탄티누스 7세 포르피로게니투스의 승리. 상아로 만든 제단화.

았다. 그는 아버지인 현제 레오에게서 책과 학문에 대한 열정을 물려받았으나, 레오와는 달리 그에게는 얼마든지 그것들에 탐닉할 시간이 있었다. 사실 그는 바실리우스 1세[97]의 생애 첫 장에서 자기 시대까지 비잔티움의 역사 전체를 서술하겠다는 원대한 야망을 밝혔지만 그것을 실현하는 데는 실패했다. 또한 마케도니아 왕조에 관해 설명하겠다는 더 소박한 소망도 이루지 못했다. 그러나 그가 남긴 학문적 업적은 어느 모로 보나 대단한 것이었다. 일찍이 어떤 황제, 어떤 학자도 당대에 관한 지식을 그렇게 풍부하게 후대에 전해 준 사람은 없었다.

자기 할아버지에 관한 전기를 제외하더라도 콘스탄티누스는 두

권의 주요 저작으로 유명하다. 하나는 『비잔티움의 궁정 의식에 관하여』라는 책으로, 황궁의 의식과 의례에 관한 백과사전이다. 이 책에서 황제는 황제와 황후의 대관식, 탄신일, 세례식, 장례식, 정부와 궁정의 고위직으로 승진할 경우, 심지어 원형 경기장에서의 경기에 이르기까지 교회와 국가의 다양한 행사를 치를 때 지켜야 할 예법에 관해 자세히 설명하고 있다. 갖춰 입어야 할 의상, 불러야 할 노래, 군대와 백성들, 청색당과 녹색당에게 필요한 갈채 등 어느 것도 누락되거나 무시된 것이 없다. 이 책의 아무 대목이나 펼쳐서 읽어도 거기에 상세하게 서술된 예법의 내용은 거의 질식할 듯한 느낌을 준다. 도대체 어떤 황제—바실리우스 1세나 로마누스처럼 적극적이고 힘이 넘치는 황제이든, 아니면 미카일 3세나 알렉산데르처럼 게으르고 쾌락이나 좇는 황제이든—가 이런 예법을 견뎠을까 싶을 정도다. 하지만 짓눌릴 듯한 느낌에도 불구하고 이 책은 모자이크와 대리석, 능직과 자수, 예복을 입고 제관을 쓴 바실레오스, 새 로마의 위풍당당한 누각 등 비잔티움의 궁정 생활을 보여 주는 희귀하고 중요한 문헌이다.

그러나 콘스탄티누스는 그저 제국의 상징에 불과한 존재가 아니었다. 그는 방대한 행정 기구의 수반이었고, 이탈리아의 끝자락에서부터 카프카스의 산기슭에 이르는 드넓은 제국의 지배자였다. 이 넓은 영토를 장차 자신의 아들인 로마누스가 통치하게 될 때를 우려하지 않을 수 없었다. 그래서 황태자가 열네 살 되던 952년에 콘스탄티누스는 통치의 기술에 관한 실용적인 교과서를 편찬하기 시작했다. 그는 이 책의 제목을 『콘스탄티누스가 그의 아들 로마누스에게』

로 지었지만, 오늘날에는 『제국의 행정에 관하여De Administrando Imperio』라는 제목으로 알려져 있다.

이 책은 황제가 제국의 변방을 둘러싼 각 지역을 점령하고 있는 여러 야만족에 관해 예전에 썼던 또 다른 책을 토대로 해서 그 자신이 바라보는 세계적 상황에 관한 상세한 평가, 장차 소년을 인도하기 위한 여러 가지 훌륭한 조언들을 덧붙였다. 특이한 것은, 30년 전에 그가 다른 어느 민족보다도 큰 관심을 보였던 불가르족에 관한 이야기가 별로 나오지 않는다는 점이다. 그 대신 제국의 모든 잠재적인 적들 가운데 엄청난 수와 사나운 성질로 인해 가장 두려운 민족인 페체네그족을 중심적으로 다루었다. 장인인 로마누스처럼 콘스탄티누스는 본능적으로 전쟁을 싫어했고 절대적으로 필요한 경우가 아니면 하지 않았다. 『제국의 행정에 관하여』에도 페체네그족에 대해 군사 행동을 취해야 한다는 말은 없고, 오히려 그 반대의 주장이 나온다.

> 나는 페체네그족과 항상 평화를 유지하는 것이 우리에게 큰 이득이라고 본다. 그들과 우호 조약을 맺고, 그들에게 매년 사절과 함께 적절한 가치를 지닌 다양한 종류의 선물을 보내고, 그들로부터 보증—즉 인질—을 얻어 내라. 신께서 지켜 주시는 우리 도시에 온 그들의 외교 대표들에게는 유능한 대신과 의논할 수 있도록 하고, 황제가 적절히 베푸는 온갖 관심과 명예를 누리도록 해 주어라.[98]

계속해서 그는 이것이 돈이 많이 드는 일이라고 말한다.

이 페체네그족은 탐욕스럽고, 자신들에게 귀한 물건이면 무엇이든 가지려고 덤비며, 수치심도 없이 선물을 마구 달라고 떼를 쓴다. …… 제국의 사절단이 그들의 나라에 가면 그들은 맨 먼저 황제의 선물을 요구하지. 게다가 자기들이 만족한 뒤에는 자기들의 아내와 부모에게 줄 선물도 요구한단다.[99]

하지만 그들이 원하는 대로, 호의적으로 서슴없이 해 주면 결국은 그것이 더 값싼 방식임을 알게 된다.

그 반면에 콘스탄티누스는 힘이 약한 민족들에 대해서는 분명히 선을 그었다. 대체로 외국 대사는 가능한 한 받아들이지 않으려 했다. 어떤 경우에도 결코 제국의 공식 의상이나 제복을 해외로 반출할 수 없었으며(정부가 많은 요청을 받은 것으로 보아 당시 외국에서 제국의 공식 복장을 무척 탐냈던 듯하다), 그리스 화약을 제조하는 비밀에 관한 물음도 일체 금지되었다. 또한 콘스탄티누스는 로마누스에게 절대로 정략결혼을 시키지 말라고 당부했다. 그 이유는 일찍이 콘스탄티누스 대제가 황제 가문은 프랑크족을 제외한 제국 외부의 어느 누구와도 결혼해서는 안 된다고 명했기 때문이라는 것이다.[100] 그 대목에서는 장인에 대한 황제의 격한 감정이 갑자기 쏟아져 나온다.

만약 사람들이 로마누스 황제도 손녀딸을 불가리아의 차르 페타르에게 시집보냈으니 정략결혼을 시킨 것이 아니냐고 묻거든 너는 이렇게 대답해야 한다. 로마누스 황제는 황궁에서 교육을 받지도 못했고 로마 전통을 이어받지도 못한 속물스러운 무지렁이였기에 그렇게 한 것이라고. 그의 가문은 황실도, 귀족도 아니었으므로 아무래도 독선적이고 고집만 셀 수밖에 없었단다. 그는 교회의 금지에도, 콘스탄티누스 대제의 명령에도 신경을 쓰지 않고 자기 멋대로 고집만 부린 거야. …… 그렇기 때문에 그는 평생토록 원로원과 백성들, 교회로부터 욕을 먹었고 미움을 샀지. 심지어 죽은 뒤인 지금까지도 사람들은 그를 미워하고 욕한단다.[101]

제국 속주들의 역사와 지리를 서술한 『테마 제도에 관하여De Thematibus』와 더불어 『제국의 행정에 관하여』는 거의 대부분 황제가 손수 썼다. 그는 또한 수많은 필경사들의 도움을 받아 군사 전략, 역사, 외교, 법, 성인들의 전기, 의학, 농학, 자연과학, 심지어 동물의 수술에 이르기까지 많은 주제에 관한 각종 문헌들을 요약해 놓았다. 그 덕분에 이 책은 그 뒤로도 오랫동안 제국의 관리들과 민간인들에게 충실하고도 귀중한 백과사전 역할을 했으며, 황제의 개인적인 학문의 규모와 범위, 다양한 관심을 잘 보여 주는 사료적인 가치도 지니고 있다. 전하는 바에 따르면 그는 열정적인 수집가로서, 책과 원고만이 아니라 온갖 종류의 예술품도 수집했다고 한다. 또한 그는 자신의 신분과 배경에 어울리지 않게 나름대로 그림 그리기도 즐겼고, 리우트프란트의 말이 옳다면 그림 솜씨도 상당히 뛰어났다. 마지막으로 그는 모자이크 작가와 에나멜 기술자, 작가와 학자, 금세공인, 은세공인, 보석세공인 등을 적극적으로 후원했다.

그런 점에서 콘스탄티누스 포르피로게니투스는 황제라기보다 작가, 학자, 편찬자, 수집가, 장서가, 화가, 후원자였고, '마케도니아

르네상스' 라고 알려진 10세기 문예 부흥의 중심 인물이었다. 하지만 이제 더 이상 늦출 수 없는 질문이 있다. 황제로서 그는 과연 어땠을까? 기번의 말을 믿는다면 그는 지극히 무능한 황제였다. 그러나 그는 크게 신뢰할 수 없는 두 가지 문헌, 즉 케드레누스와 조나라스—두 사람 모두 전 시대의 요한네스 스킬리체스에게 의존했다—를 근거로 삼았고, 관점이 전혀 다른 테오파네스 콘티누아투스의 제6권 둘째 부분의 이름이 알려지지 않은 지은이는 무시한 듯하다.*

이 문헌에 의하면 콘스탄티누스는 유능하고 양심적이고 근면한 행정가였으며, 인재를 발탁하는 솜씨가 뛰어나 육군, 해군, 교회, 행정, 학술계에 두루 적임자를 임명했다. 또한 그는 고등 교육제도를 개발하는 데도 주력했고, 특히 사법제도의 운영에 큰 관심을 기울여 빈민에 대한 사회적 학대를 조사하고 장기수의 수형 문제에 관해서는 자신이 직접 검토했다. 그가 과식과 과음을 즐겼다는 사실은 잘 알려져 있지만 주정뱅이는 분명히 아니었다. 또 유머 감각이 풍부했다는 사실도 여러 문헌에 전해지고 있다. 그는 각계각층의 사람들에게 친절했고 결코 화를 내는 법이 없었다.

10세기 유럽의 정세

장인에 대한 감정으로 미루어 보면, 콘스탄티누스가 포카스의 가문

* 테오파네스 코티누아투스의 기록은 여러 사람이 쓴 것으로 알려져 있다.

에 본능적으로 호감을 품게 된 것은 이해하기 어렵지 않다. 포카스 가문은 로마누스의 쿠데타 이래로 레카페누스 가문과 불구대천의 원수가 되었으며, 레오 포카스에 대한 그의 처우—앞에서 보았듯이 레오는 사람들의 조롱과 비웃음을 받으며 노새를 타고 광장을 돌았다—를 용서할 수 없었다. 그때부터 그들은 콘스탄티누스에 대한 동정심을 숨기지 않았고, 황제 역시 기꺼이 그들의 충성심에 보답하고자 했다. 그래서 그는 동방군 총사령관인 요한네스 쿠르쿠아스의 후임으로 레오의 동생인 바르다스 포카스를 임명했으며, 그의 아들들인 니케포루스와 레오는 각각 아나톨리콘 테마와 카파도키아 테마의 군사 총독으로 임명했다. 그 반면 레카페누스 가문에서는 황후 헬레나를 제외하면 단 한 명만이 황제의 두터운 신임을 얻었고, 그것도 거세를 받은 뒤에야 가능했다. 그는 로마누스의 서자인 바실리우스였는데, 시종장으로 임명되었다가 나중에는 그 무시무시한 사이프 앗다울라를 상대로 한 원정에서 큰 공을 세웠다.

한편 대내 정책과 대외 정책은 전혀 바뀌지 않았다. 사라센에 관한 한 콘스탄티누스는 계속 밀어붙일 결심이었다. 하지만 바르다스는 역시 쿠르쿠아스가 아니었다. 그는 953년에 큰 부상을 당한 뒤 아들 니케포루스에게 자리를 물려주었는데, 다행히 4년 뒤에 아들은 팜필리아의 아다타 시를 점령하는 공을 세워 보답했다. 이 승리는 콘스탄티누스의 치세 중에서 두 손가락에 꼽힐 만한 전과였으며, 이 덕분에 제국은 타르수스 산맥을 넘는 두 개의 관문 중 하나를 통제할 수 있게 되었다. 두 번째 승리는 958년에 또 다른 젊고 뛰어난 장군 요한네스 치미스케스가 유프라테스 강변의 사모사타(지금의 삼

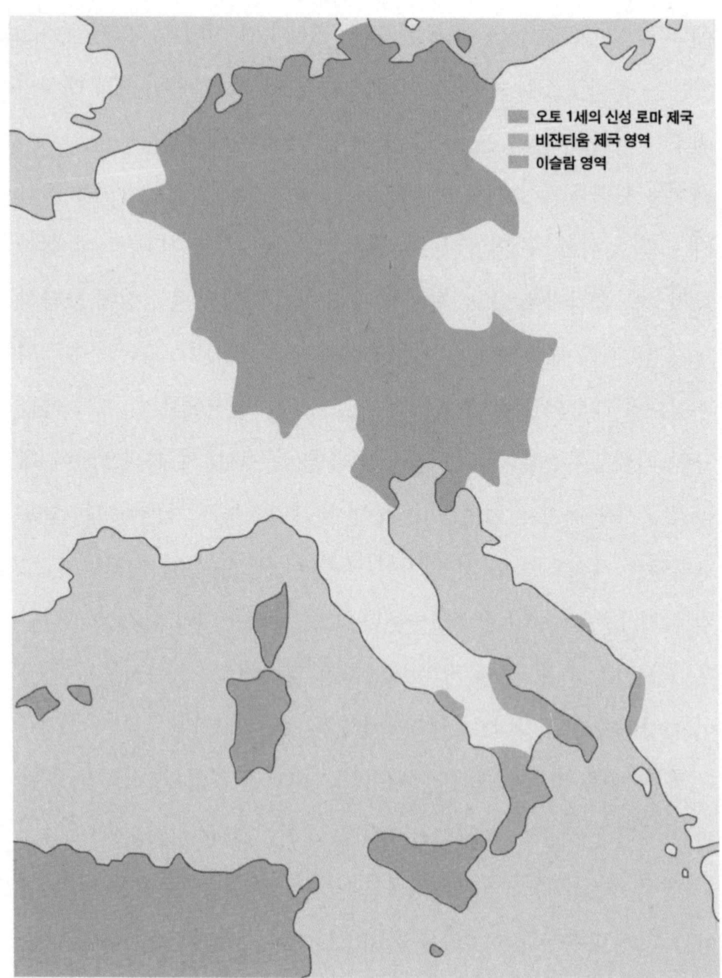

† 오토 1세의 지배 영역

사트)를 점령한 것이었다. 크레타의 사라센에게도 그렇게 승리했더라면 좋았을 것이다. 그러나 949년에 황제는 독일 작센 왕조의 오토와—좀 놀랍게도—코르도바의 우마이야 칼리프 왕조까지 가담시켜 크레타를 재정복하고자 했으나 대실패로 끝났다.

적어도 그 책임의 일부는 원정의 지도자인 환관 콘스탄티누스 공길레스에게 있었지만, 과거에 몇 차례 시도가 보여 주었듯이 크레타는 원래 정복하기가 대단히 어려운 곳이었다. 그러므로 포르피로게니투스를 비난할 일은 아니었고, 더욱이 오토에게는 거의 책임이 없었다. 마침 오토는 중대한 일을 염두에 두고 있었다. 그는 여전히 936년에 물려받은 왕국을 건설하는 중이었다. 그 일환으로 그는 동쪽의 변방에서 슬라브족을 몰아내는 한편 보헤미아와 부르고뉴 같은 인접국들을 향해 영향력을 확대하고자 했다. 콘스탄티누스는 이 활기에 넘치는 젊은 왕의 능력을 알아차리고, 그가 왕위에 오르자마자 우호의 길을 닦았다. 그러나 그가 죽고 나서 불과 3년 뒤에 오토가 서로마 황제의 제관을 쓰고, 샤를마뉴 이래 가장 강력한 제국을 건설하리라고는 미처 알지 못했으리라.*

물론 당시 오토는 이탈리아의 주인을 자처했지만, 콘스탄티누스 치세의 초기만 해도 이탈리아 반도는 888년 샤를마뉴의 제국이 붕

* 오토는 962년에 제위에 올랐는데, 여러 모로 150여 년 전의 샤를마뉴와 닮은꼴이다. 노르만의 민족 대이동을 맞아 그는 북쪽 데인족과 동쪽 마자르족의 진공을 막아 냈고, 로마 가톨릭을 전파하는 데도 아주 열심이었다. 이런 공적에서도 샤를마뉴와 비슷하지만 더 닮은 것은 그 이후다. 961년 이탈리아에서 베렝가리오가 로마 황제를 자칭하자 교황 요한네스 12세는 오토에게 구원을 요청했다. 과연 오토는 베렝가리오를 간단히 진압하고 이듬해 교황에게서 제관을 받았다. 샤를마뉴가 롬바르디아를 정복하고 황제에 오른 과정의 복사판이다(『비잔티움 연대기: 창건과 혼란』, 제18장 참조). 또한 샤를마뉴 시대를 카롤링거 르네상스라고 부르듯이 오토 역시 학문과 예술을 적극 장려하여 후대의 사가들에게서 '오토의 르네상스'라는 영예로운 이름을 얻었다(그래서 오늘날 독일인들은 오토를 '대제'로 부른다). 더 중요한 것은 오토가 제위에 오름으로써 신성 로마 제국이 정식으로 시작되었다는 점이다.

괴한 이후 끊임없이 계속된 혼란에 빠져 있었다. 그러므로 서방 황제의 자리는 힘과 야망, 약간의 뻔뻔함만 가지고 있다면 누구나 차지할 수 있었다. 황제가 되는 것은 가장 확실하게 서방 제국의 주인이 될 수 있는 길이었기에 이탈리아의 봉건 영주들만이 아니라 인근 지역의 왕과 군주들도 제위를 차지하기 위해 치열한 다툼을 벌였다. 게다가 롬바르디아와 이탈리아 북부는 마자르족의 수중에 있었고, 해안 지대는 시칠리아와 아프리카, 특히 프로방스의 르프라시네에 근거지를 둔 사라센 해적들의 침략을 수시로 받았다.[102]

그중에서도 최악은 로마였다. 여기서는 토착 귀족들이 교회를 완전히 장악하고 교황을 장난감처럼 가지고 놀았다. 포티우스 분열 때 교황을 지냈던 니콜라우스 1세는 사실상 그전까지 150년 동안 성 베드로의 자리에 걸맞은 능력과 성실성을 고루 갖춘 유일한 인물이었다.[103] 한 다리 건너뛴 후임 교황 요한네스 8세는 귀족들의 질시를 받고 망치에 맞아 죽었으며, 896년 교황 포르모수스는 죽은 뒤에도 시신이 다시 파헤쳐져서 주교들의 종교 회의에서 재판을 받은 후 벌거벗겨진 채 사지를 절단당하고 테베레 강에 던져지는 수모를 겪었다.[104]

또한 928년 악명 높은 로마의 여성 원로원 의원인 마로치아는 자기 어머니의 연인인 교황 요한네스 10세를 산탄젤로 성에서 질식사시키고, 예전의 정부인 교황 세르기우스 3세와의 사이에서 낳은 자기 아들이 자랄 때까지 3년 동안 허수아비 교황 두 명을 임명한 뒤 결국 아들을 후임 교황으로 앉혔다. 마로치아는 자신의 정부와 아들과 손자가 모두 교황이 되는 신기록을 세웠다.* 932년에 그녀는 아를의 우고와 재혼했는데(그는 불행한 교황 요한네스에 의해 이탈리아의 왕으로 임명되었으며, 마로치아와 결혼하기 위해 아내를 살해하고 어머니의 명예를 훼손하고 동생의 눈을 멀게 했다), 첫 남편에게서 낳은 그녀의 아들—알베리쿠스 2세—이 반란을 일으키지 않았더라면 부부는 틀림없이 서방 황제와 황후가 되었을 것이다. 그 반란으로 우고는 달아났고 마로치아는 산탄젤로 성의 지하 감옥에 죽을 때까지 갇혀 지냈다.

서방의 눈에 비친 동방

이렇게 살벌한 배경에서 10세기 동방 제국과 서방 제국의 역사를 말해 주는 귀중하고 다채로운 문헌이 나왔다. 크레모나의 주교 리우트프란트—그의 이름은 앞에서도 몇 차례 나왔다—는 920년에 어느 부유한 롬바르드 가문에서 태어났다. 그의 아버지와 계부는 둘 다 우고 왕의 대사로 콘스탄티노플에 다녀온 적이 있었으며, 어린 시절에 그는 파비아에 있는 우고의 궁정에서 성가대원을 지냈다. 그는 미성을 가지고 있었고 왕은 음악을 무척 좋아했다. 하지만 우고

* 마로치아의 정부는 물론 세르기우스 3세이고, 아들은 교황 요한네스 11세다. 그녀는 또한 스폴레토 공작 알베리쿠스 1세와 결혼하여 아들을 낳았는데, 그 아들 알베리쿠스 2세의 아들(마로치아의 손자)이 955년에 교황 요한네스 12세가 되었다. 이렇듯 교황위를 장난처럼 주고받은 데서 알 수 있듯이 당시에는 로마 교황의 주가가 바닥이었다. 이런 배경이 있었기에 오토 대제가 쉽게 교황과 타협할 수 있었던 것이다.

의 또 다른 취미는 그다지 순수한 게 아니었다. 리우트프란트가 점잖으면서도 호색적인 성격을 가지게 된 것은 이탈리아 전역과 멀리 외국에서 파비아로 몰려드는 고급 창부들 사이에서 사춘기를 보냈기 때문일 것이다. 하지만 그는 교회에 입문하기로 결심했고, 얼마 뒤에 우고의 후계자인 이브레아의 베렝가리오 밑에서 비서로 일했다. 그리고 949년 8월 1일에 그는 외교관으로서의 첫 경험으로, 베렝가리오의 사절이 되어 보스포루스로 떠나게 된다.

아쉽게도 리우트프란트는 어디서도 자신의 외교적 임무를 설명하는 않는다. 하지만 오토의 대사—마인츠의 리우테프레트라는 사람이었다—가 같은 시기에 콘스탄티노플에 와 있었으므로 그 사정은 충분히 이해할 수 있다. 베렝가리오는 자신의 존재를 몹시 드러내고 싶어 했고, 이탈리아의 지배자로서 자신의 적과 콘스탄티누스 포르피로게니투스가 친해지는 것에 예민한 반응을 보였다. 어쨌든 두 대사는 베네치아에서 같은 배를 타고 출발하여 9월 17일에 콘스탄티노플에 도착한 뒤 곧바로 황제를 접견했다.

> 콘스탄티노플에서 황제의 거처 옆에는 그리스인들이 마그나우라라고 부르는 매우 크고 아름다운 궁전이 있다. 그 이름은 '산들바람'이라는 뜻이다. …… 황제의 옥좌 앞에는 도금된 청동 나무가 솟아 있고, 그 가지에는 역시 도금된 금빛의 새들이 가득 앉아 있다. 새들은 종류에 따라 각기 우는 소리도 다르다. 옥좌는 땅바닥까지 내려왔다가 갑자기 허공에 높이 솟아오르도록 만들어져 있다. 매우 크고 나무나 청동으로 만들어진 듯한데, 옥좌의 주변을 지키는 것은 네 마리의 사자다. 사자들

은 꼬리로 땅을 치면서 입을 벌리고 혀를 떨며 무시무시한 소리를 지른다. 나는 두 환관의 어깨에 몸을 기댄 채 황제를 알현했다.

그러자 곧 사자들이 포효하고 새들이 노래하기 시작했다. 나는 이미 전에 경험한 사람들에게서 들은 이야기가 있기 때문에 그것들을 보고도 겁을 먹거나 놀라는 기색을 보이지 않았다. 그러나 세 번을 절하고 고개를 쳐든 순간 나는 깜짝 놀랐다. 방금 전에 거의 지면과 같은 높이의 옥좌에서 본 황제가 갑자기 다른 옷을 입고서 지붕 높이에 앉아 있는 게 아닌가! 어떻게 그럴 수 있었는지는 모르겠다. 아마 포도 압착기의 목재를 들어올리는 장치와 비슷하지 않을까 생각된다. 그럴 때는 황제도 내게 말을 하지 않았는데, 대화가 어려울 만큼 거리가 멀었기 때문이다. 하지만 황제는 로고테테스를 통해 내게 베렝가리오의 생활과 건강에 관해 물었다. 나는 그 질문에 대답한 뒤 통역자의 신호에 따라 접견실을 나와 숙소로 돌아왔다.[105]

이렇게 말한 뒤 리우트프란트는 계속해서 자신이 겪은 당혹감을 이야기한다. 오토의 대사와 코르도바의 대사들은 황제에게 줄 화려한 선물들을 가지고 온 반면 그의 주인은 달랑 편지 한 통, 그것도 "거짓말투성이 편지"만을 내주었기 때문이다. 다행히도 그는 자신의 돈으로 콘스탄티누스에게 바칠 선물을 준비해 두었으므로, 마음은 몹시 불쾌하지만 그것을 마치 베렝가리오의 선물인 것처럼 꾸며 그럭저럭 위기를 넘길 수 있었다. 사절들의 선물은 대단했다.

훌륭한 흉갑이 아홉 개, 돌기에 금을 입힌 훌륭한 방패가 일곱 개, 은 도

금을 입힌 잔 두 개, 칼과 창과 쇠꼬챙이 몇 자루 등이 있었다. 황제가 가장 좋아한 선물은 바로 카르지마시아carzimasia 네 명이었다. 카르지마시아란 젊은 환관을 가리키는 그리스어인데, 이들은 고환만이 아니라 음경마저도 잘라 냈다. 베르됭인들이 수술을 해서 많은 돈을 받고 에스파냐에 수출한 자들이었다.

리우트프란트가 말하는 마지막 선물은 여러 가지 의문을 낳는다. 그중에서도 특히 그 불행한 젊은이들이 왜 좋은 선물이었는지 우리로서는 이해하기 어렵다. 우리가 아는 한 콘스탄티누스의 성적 취향은 지극히 정상이었고, 노예라면 온갖 종류로 얼마든지 가지고 있었다. 안타깝게도 리우트프란트는 이 의문도 역시 설명하지 않고 넘어간다. 그러나 그는 황제가 늘 첫 접견 때처럼 근엄하지는 않았다는 사실을 밝히고 있다. 선물을 바치고 사흘 뒤에 그는 연회에 초대를 받았다.

원형 경기장 부근에는 북쪽을 향한 높고 아름다운 데칸네아쿠비타 궁전이 있다. …… 우리 주 예수 그리스도의 탄신일에 식탁 주변에는 열아홉 개의 좌석이 놓였다. 이날 황제와 손님들은 평소처럼 식탁에 앉지 않고 소파에 비스듬히 누워 식사를 한다. 모든 음식은 은 쟁반이 아니라 금 쟁반에 담겨 나온다. 식사 후에는 황금 대접 세 개에 과일이 나오는데, 너무 무거워서 들기조차 어렵다. …… 천장에 뚫린 구멍들에 매달린 밧줄 세 개는 금을 입힌 가죽으로 감싸고 끝에는 금 고리를 달아 놓았다. 이 고리에 과일 대접의 손잡이가 연결되어 있는 것이다. 아래에서 서너 사람이 힘을 쓰면 그 커다란 대접이 식탁 위로 이동한다.

리우트프란트가 초대받은 것이 크리스마스 축제였는지는 확실치 않지만, 굳이 크리스마스가 아니더라도 파티 장면은 대단히 인상적이다.

> 한 남자가 길이 7미터가 넘는 나무 장대를 머리 위에 얹고서 손으로 건드리지 않고 균형을 잡으며 들어왔다. 장대의 꼭대기에서 50센티미터쯤 내려온 지점에는 1미터쯤 되는 가로대가 붙어 있었다. 그때 허리에만 간단한 옷을 두른 소년 두 명이 그 장대를 기어올라 가서 여러 가지 묘기를 보인 다음 머리를 아래로 하여 내려왔다. 그러는 동안 장대는 마치 땅에 박힌 것처럼 미동도 하지 않았다. …… 장대 꼭대기에서 재주를 펼친 소년들의 몸무게가 절묘하게 평형을 이룬 것이었다. 하지만 소년들이 한 명씩 장대에서 내려올 때도 정확한 균형을 유지하고 아무런 탈 없이 묘기를 부리는 것을 보고 나는 크게 놀랐다. 황제도 내가 놀라는 모습을 보았다. 그는 통역자를 부르더니 내게 질문을 던졌다. 장대 위에서 균형을 잃지 않고 재주를 보여 준 소년과, 머리 위에 올려 놓은 장대의 균형을 정확하게 잡고서 소년들의 몸무게나 연기할 때의 움직임에도 전혀 흔들리지 않도록 한 남자 중에 누가 더 대단해 보이느냐는 것이었다. 내가 모르겠다고 대답했더니 황제는 크게 웃고서 자기도 마찬가지 생각이라고 말했다.

콘스탄티누스 포르피로게니투스가 영접한 외국 사절들은 리우

† 러시아는 10세기 말 비잔티움을 통해 그리스도교를 수용했다. 이들의 성당에서는 비잔티움과는 또 다른 러시아만의 독특한 건축 양식을 볼 수 있다. 블라디미르의 드미트리 성당(좌)과 우크라이나 체르니히우의 성 보리스와 성 흘립 성당(우).

트프란트와 리우테프레트, 코르도바의 칼리프가 보낸 대사들과 각자의 수행원들만이 아니었다. 그에 앞서, 콘스탄티누스가 즉위한 지 1년 뒤인 946년에는 사이프 앗다울라가 포로 교환을 협상하기 위해 보낸 사라센 사절이 왔다. 또 리우트프란트 일행이 콘스탄티노플에 온 949년에는 마자르족이 대표단을 보내 불가침 조약을 맺었을 뿐 아니라 그리스도교 세례까지 받겠다는 뜻을 전했다.

하지만 장기적인 관점에서 가장 중요한 사절은 957년에 방문한 러시아의 올가 대공녀였다. 이고리의 미망인이자 당시 신생국 키예프의 섭정이었던 그녀는 양국의 평화와 호의를 유지하기 위해 콘스탄티노플에 왔다. 몇 차례 연이어 성대한 영접을 받은 뒤 올가는 소피아 대성당에서 총대주교에게 세례를 받고, 대모 역할을 한 헬레나 황후와 같은 이름을 채택했다.[106] 올가가 세례를 받았다고 해서 러시아 백성들이 대거 개종하리라고 믿는다면 그것은 큰 착각이다. 그러나 그것으로 개종의 씨앗은 뿌려진 셈이다. 그로부터 30년 뒤 올가의 손자인 블라디미르의 치세에 그 씨앗은 과연 비옥한 땅에 뿌려졌다는 것이 밝혀졌다.

국내 정책에서도 콘스탄티누스는 로마누스 레카페누스의 정책을 바꾸지 않고 계승했다. 로마누스가 제정한 입법의 방향은 주로 소규모 자영농에 바탕을 둔 민병대를, 오래전부터 토지 겸병을 하고 있는 부유한 봉건 귀족들로부터 보호하려는 데 있었다. 그 때문에 콘스탄티누스는 귀족들에게서 크게 인기를 잃었고 때로는 위기까지 초래했다. 당시 귀족들은 '힘센 자'라는 호칭으로 널리 불릴 만큼 세력이 강했다. 그러나 황제는 자신의 목적에서 벗어나지 않으려 했다. 헤라클리우스 시대 이래로 소규모 자영농은 세금을 규칙적으로 납부하고 국방의 의무를 수행함으로써 제국의 경제력과 군사력의 근간을 형성했기 때문이다.

사실 그 자신도 귀족에 속했으므로 콘스탄티누스 포르피로게니투스는 벼락 출세한 아르메니아 출신 장인보다는 아무래도 전통적인 귀족에 더 공감할 수밖에 없었다. 앞에서 본 것처럼 그는 로마누스와는 늘 대립했던 포카스 가문에 대한 각별한 애정을 숨김없이 드러내기도 했다. 그러나 그는 권력을 장악한 순간부터 초지일관 로마누스의 농업 정책을 답습했다. 심지어 947년에는 그가 즉위한 이후

—실권을 획득한 이후— '힘센 자' 들이 겸병한 모든 토지를 무상으로 농민들에게 반환하라는 명령을 내렸다. 그 이전에 토지를 유상으로 판매했을 때는, 이론적으로 누구나 토지 대금을 지불할 수 있었지만 현실적으로는 금괴 50개 이상의 재산을 가진 소규모 자영농들만이 지불할 능력이 있었다.

그 밖에 군인이 생계를 유지하고 군사 장비를 마련하는 데 필요한 재산은 양도할 수 없다는 법령, 소규모 자영 농지의 판매는 처음 결정을 내린 이후 40년이 지날 때까지는 절대적인 것으로 인정되지 않는다는 법령 등이 반포되었다. 불법으로 '힘센 자' 에게 넘어간 토지를 무상 몰수한다는 로마누스의 옛 법령은 그대로 유지되었고 빠져 나갈 구멍마저도 막아 버렸다. 그 덕분에 콘스탄티누스의 치세 말기에 이르면 토지를 가진 농민들의 생활은 한 세기 전보다 상당히 나아졌다. 이는 귀족들에게도 중요한 일이었기 때문에, 그들도 새로운 제도를 거의 반대하지 않고 받아들였다.

콘스탄티누스의 치세 14년 동안에 가장 어두운 그림자는 귀족들 때문이 아니라 폴리에욱투스라는 환관 수도사 때문에 생겨났다. 평판이 나빴던 테오필락투스 총대주교가 죽은 뒤[107] 956년에 그를 총대주교로 임명한 것은 확실히 경솔한 짓이었다. 폴리에욱투스에 관한 평가는 두 가지로 나뉜다. 토인비 교수는 그를 "비난할 수 없는 인물" 로 본다. 그 반면에 젠킨스 교수—그의 견해가 사실에 더 가까운 듯하다—는 그가 즉위한 순간부터 분란만 일으킨 짜증나는 광신자였다고 말한다. 처음에는 시종장인 바실리우스를 탐관오리라고 공개적으로 비난하더니, 현제 레오의 네 번째 결혼 같은 까다로운 문제를 다시 제기하는가 하면, 유티미우스 총대주교—그는 레오의 결혼을 승인해 주었다—의 이름을 신성한 딥티크에 등재하라고 요구하는 등 그야말로 좌충우돌이었다.[108]

40년 전이었다면 황제도 그런 도전 정신을 환영했을 것이다. 하지만 지금 그가 가장 싫어하는 일은 모든 사안을 다시 끄집어 내는 것이었다. 따라서 폴리에욱투스는 정도껏 해야 했다. 그가 여전히 파괴적인 행동을 일삼자 마침내 콘스탄티누스도 더는 참을 수 없었다. 959년 9월에 그는 아시아로 건너가서 옛 친구인 키지쿠스의 주교를 만나 총대주교를 제거할 방법을 논의했다. 그 다음에는 부르사로 가서 그곳의 유명한 온천 목욕으로 고질적인 열병을 치료하고자 했다. 치료의 효험이 없자 그는 도시에서 35킬로미터쯤 떨어진 미시아의 올림푸스 산(지금의 울루 산) 기슭에 있는 수도원으로 갔다.

그러나 이 무렵에는 이미 그의 병세가 호전될 수 없다는 게 분명해졌다. 가망이 없다는 것을 안 수도사들은 그에게 죽음이 가까웠으니 마음의 준비를 하라고 말했다. 황급히 수도로 돌아온 그는 959년 11월 9일 슬퍼하는 가족에 둘러싸인 채 쉰네 살의 나이로 죽었다. 임종을 지켜본 가족은 그의 아내 헬레나, 다섯 명의 딸, 그리고 아버지를 이어 비잔티움의 제위에 오를 스무 살짜리 아들 로마누스였다.

남쪽 원정: 크레타 정복

로마누스 2세만큼 좋은 환경에서 치세를 시작한 황제도 없을 것이다. 그의 증조부 바실리우스 1세, 조부 현제 레오, 외조부 로마누스 레카페누스, 아버지 콘스탄티누스의 치세를 거치면서 제국의 경제력과 군사력은 어느 때보다도 강해졌고, 마케도니아 르네상스라 부를 만큼 학문과 예술도 절정기를 맞고 있었다. 로마누스는 그의 아버지처럼 태어나면서부터 황태자였고 백성들의 큰 존경을 받은 황제의 적법한 아들이었을뿐더러 아버지의 장대한 기골과 세련된 몸가짐, 어머니의 아름다움을 물려받았다. 그를 비난하는 사람들은 그가 경박하고, 사냥이나 주연, 폴로 경기 등을 지나치게 즐겼다고 말하지만, 한창 나이의 젊은이에게 그 정도쯤은 봐 줄 수 있는 흠이었고, 또 기회만 주어졌다면 거기서 벗어나지 못할 것도 없었을 것이다.

더 심각하지만 더 용서하기 쉬운 문제는 그의 연애 행각이다. 어린 나이에 그는 이탈리아 왕 아를의 우고가 낳은 많은 자식들 중 하나인 베르타와 결혼했으나 그녀는 곧 죽고 말았다. 그 뒤 958년에 그는 어리석게도 아버지가 고른 배우자감—오토 왕의 조카딸인 바바리아의 헤트비히—을 마다하고, 테오파노라는 펠로폰네소스의 여관집 딸과 결혼했다.*

역사상 그녀보다 '요부'라는 말에 더 어울리는 인물은 없다. 무엇보다 그녀는 숨이 막힐 정도로 아름다웠다. 그녀를 당대 최고의 미

* 오토는 4년 뒤에 서방 황제가 되므로 만약 이 무렵에 로마누스와 헤트비히의 결혼이 이루어졌더라면, 비록 정략결혼이기는 하지만 역사적으로 큰 의미를 가지는 일대 사건이 되었을 것이다. 잘하면 동방 제국과 서방 제국이 수백 년 만에 통합할 수 있는, 즉 옛 로마 제국이 부활할 수 있는 기회가 되었을지도 모른다. 이 통합의 기회는 제13장에서 보듯이 972년에도 찾아온다.

녀라고 평한 레오 보제의 말을 의심할 이유는 없다. 그러나 그녀는 야망이 컸을뿐더러 우리가 아는 한 도덕이나 양심과는 거리가 멀었다. 그녀는 끊임없이 음모를 꾸몄고 이득을 취하기 위해서라면 어떤 짓도—나중에 보겠지만 살인마저도—마다하지 않았다. 남편이 즉위했을 무렵 그녀는 겨우 열여덟 살이었으나 이미 남편을 완전히 지배하고 있었다. 라이벌은 용납되지 않았다. 그래서 황후로서 그녀가 처음으로 취한 행동은 시어머니와 다섯 명의 시누이를 제거한 것이었다. 헬레나는 좌천되어 황궁의 외딴 구석으로 쫓겨나 살다가 961년 9월에 혼자 쓸쓸하게 죽었다. 다섯 명의 황녀—그중 한 명인 아가타는 오랫동안 아버지 곁에서 충직한 비서 노릇도 하고 아버지를 간호하기도 했다—는 모두 수녀가 되어야 했다. 물론 강제 조치였으므로 며칠 동안 그들이 우는 소리가 황궁에 가득했다. 헬레나와 로마누스가 탄원해 보았지만 황후는 말을 듣지 않았다. 그녀는 총대주교 폴리에욱투스가 직접 그들의 머리를 삭발하는 모습을 냉혹한 표정으로 지켜보았으며, 마지막 치명타로 그들을 각각 다른 외딴 수녀원으로 보내 버렸다.

테오파노 때문에 정부와 궁정의 원로대신들도 무더기로 쫓겨났다. 가장 중요한 두 인물은 쫓겨나지는 않았으나 직책은 달라졌다. 시종장이었던 바실리우스는 원로원을 주재하는 프로이드루스 proedrus라는 새 직함을 얻어 사실상 황제의 오른팔이 되었으며, 그의 후임으로는 환관인 요세푸스 브링가스가 임명되었는데, 그는 콘스탄티누스 치세 말기부터 총리대신과 해군 총사령관(드룬가리우스)을 겸하고 있었다. 기록에 의하면 브링가스는 유능하지만 좀 사악한 인물이었다고 한다. 그는 대단히 지적이고 명민했으며, 고된 일을 지치지 않고 처리할 만큼 체력과 정력도 뛰어났지만, 다른 한편으로는 탐욕스럽고 이기적이고 잔인했다. 그는 점차 콘스탄티누스에게 필수불가결한 존재가 되었고, 황제는 자신의 사후에도 그가 계속 국정을 맡아야 한다고 당부했다. 로마누스가 즉위하면서 그는 거의 절대적인 권력을 가지게 되었다. 젊은 황제의 짧은 치세에 가장 주목할 만한 업적이 된 원정을 시작한 사람도 바로 브링가스였는데, 그것은 바로 150년 만에 크레타를 수복한 일이었다.

후대의 아랍 역사가에 의하면 949년의 원정이 대실패로 끝난 뒤 콘스탄티누스 포르피로게니투스는 크레타의 아미르와 타협을 시도했다고 한다. 그 조건은 사라센인들이 약탈을 그만두면 그 대가로 매년 그들이 해적질로 벌어들이는 돈의 두 배를 지불하겠다는 것이었다. 비록 그런 내용은 현전하는 비잔티움 측의 문헌에는 전하지 않지만 충분히 가능성이 있는 이야기다. 949년의 참사가 마음에 걸렸던 것은 틀림없다. 로마누스가 제위에 오른 지 몇 주 지나지 않아 역사상 그 어느 때보다도 규모가 크고 야심만만한 크레타 원정 준비가 시작되었다.

안타깝게도 우리는 당시 병력의 규모가 어느 정도였는지 알 수 없다. 하지만 제국 전역에서 병력이 동원되었을 테고, 아르메니아의 부대도 포함되었을 것이며, 러시아 용병대와 스칸디나비아의 바랑인* 도끼 부대도 물론 참가했을 것이다. 그래서 전체 병력은 5만 명

* 『비잔티움 연대기: 창건과 혼란』, 448쪽의 옮긴이 주석을 참조하라.

이 훨씬 넘었을 것이다. 함대에 관해서는 약간의 정보가 있다. 중무장한 수송선 1천 척, 보급선 308척, 그리고 그리스 화약을 실은 배도 2천 척에 이르렀다. 이 엄청난 대군의 사령관은 추한 얼굴에 신앙심이 독실한 마흔일곱 살의 사나이였는데, 그는 나중에 비잔티움 역사상 가장 위대한 장군의 반열에 오르게 된다.

그의 이름은 니케포루스 포카스였다. 같은 이름을 가졌던 그의 할아버지는 일찍이 바실리우스 1세의 치세에 남이탈리아를 수복하는 전공을 세웠고, 그의 삼촌인 레오 포카스는 919년에 로마누스 레카페누스에 대한 저항 운동을 이끌었다가 실명의 형벌을 받았으며, 그의 아버지인 바르다스 포카스는 콘스탄티누스 포르피로게니투스에 의해 동방군 총사령관으로 임명되어 사라센군과 싸우다가 953년 얼굴에 끔찍한 상처를 입고 제대한 역전의 용사였다. 니케포루스 자신도 아나톨리콘 테마의 군사 총독을 지냈고, 사령관을 맡은 지 4년 만에 요충지인 아다타를 점령하는 뛰어난 전과를 올린 바 있었다.

그의 뛰어난 자질은 그의 친구들이나 적들이나 모두 인정했다. 그는 엄청난 힘과 냉철하고 두려움 없는 태도, 기회를 포착할 줄 아는 안목을 지닌 탁월한 군인이었고, 휘하 병사들을 잘 배려한 탓에 그를 따르고 존경하는 병사들이 많았다. 군대 바깥에서는 오로지 종교밖에 관심이 없었으며, 거의 수도사처럼 검소하게 생활하면서 성직자들과 대화하거나 서신을 주고받았다. (그와 특히 친했던 성직자는 나중에 성 아타나시우스가 된 사람이었는데, 당시 그는 대수도원장이 될 수 있는 미래를 포기하고 아토스 산*의 은둔자로 살고 있었다.) 그렇듯 그는 전혀 사교적이지 않았고, 한마디로 사회생활에 무관심한 괴짜였다.

원정 준비는 960년 초반 여섯 달 동안 내내 진행되었다. 드디어 6월 하순에 대함대가 황금뿔을 출발하여 마르마라 해로 들어갔다. 2주쯤 지난 7월 13일에 함대는 크레타의 북쪽 바다에 나타났다. 정확히 어느 지점에 상륙했는지는 알 수 없으나 크레타의 사라센인들은 제방의 높은 부분에 모여 제국의 대군이 상륙하는 광경을 경악한 표정으로 지켜보았다. 적은 불의의 기습을 당한 듯 처음에는 조직적인 저항을 전혀 하지 못했다. 너무 가까이 다가온 자들은 화살과 돌멩이 세례를 받았다. 하지만 병력의 상륙이 계속되는 동안 사라센의 기병대는 기력을 되찾았고 곧 역습을 가했다. 레오 보제[109]에 따르면 그들은 초인적인 힘을 발휘했지만 너무 수가 적어 비잔티움군에 거의 타격을 주지 못했다. 수백 명이 죽었고, 넘어진 부상병들은 카타프락트cataphract, 즉 중무장 기마병에 의해 짓밟혀 죽었다. 카타프락트는 육중한 쇠미늘 갑옷을 입고 있어 지중해의 뜨거운 태양 이외에는 적수가 없었다.

며칠 뒤 제국군은 처음으로 패배를 당했다. 니케포루스가 트라키아의 군사 총독인 파스틸라스에게 부대를 맡겨 정찰과 식량 징발을

* 아토스 산은 그리스인들이 성산(聖山)으로 받들던 산으로, 그리스 반도 북동 해안의 갈퀴처럼 뻗어나온 반도(아토스 곶)에 있다. 그리스 신화의 성산이라면 당연히 올림포스 산일 텐데 왜 아토스 산일까? 그 이유는 확인할 수는 없지만, 아마 페르시아 전쟁 때문이 아닐까 싶다. 기원전 492년 그리스를 정벌하러 온 페르시아의 대군은 마케도니아를 유린하고 그리스 본토를 눈앞에 둔 시점에서 아토스 곶을 회항하던 해군이 폭풍우를 만나 300척의 함선과 2만 명의 병사가 전멸하는 참사를 당한다(아토스 곶은 원래 풍랑이 심한 곳이었다). 결국 페르시아군은 철수할 수밖에 없었고, 그리스 문명과 클레이스테네스의 아테네 민주정은 풍전등화의 위기에서 살아났다. 이 정도면 충분히 아토스 산이 성산으로 불릴 만한 이유가 되지 않았을까?

보낸 게 화근이었다. 불행히도 이 부대에는 러시아 병사들이 섞여 있었는데, 이들은 크레타의 아름답고 풍요한 분위기에 취한 나머지 일종의 황홀경에 사로잡혀 규율을 잃어버렸다. 실제로 어떤 일이 있었는지는 확실치 않지만—아마 그들은 만취하여 잠들었을 것이다—어쨌든 정찰대의 동태를 예의 주시하고 있던 사라센군은 그 기회를 놓치지 않았다. 그들은 제국군이 알아차리지도 못한 사이에 번개처럼 덮쳤다. 파스틸라스가 남은 병사들을 이끌고 황급히 그들을 구하러 왔으나 이미 때는 늦었다. 오히려 이후에 벌어진 치열한 육박전에서 파스틸라스까지 포함하여 거의 모든 병사들이 전멸해 버렸다. 소수의 병사들만이 간신히 살아남아 본군에게 그 비보를 전했다.

니케포루스는 당연히 크게 화를 냈으나 그렇다고 계획을 바꿀 이유는 없었다. 그래서 그는 칸디아로 곧장 진군했다. 비잔티움에서는 칸닥스라고 불렀고 오늘날에는 이라클리온이라고 불리는 칸디아는 크레타 최대의 도시이자 수도—해적 사회에도 수도라는 곳이 존재한다면—였으므로 그곳을 점령하고 나면 별다른 저항이 없을 터였다. 하루나 이틀 뒤 니케포루스는 병력을 칸디아의 성벽 앞에 집결시켜 포위전에 들어갔다. 이 공격은 8개월을 끌었다. 만약 비잔티움군이 육로만이 아니라 해로마저 효과적으로 봉쇄했더라면 그 절반의 기간만으로 충분히 승리했을 것이다. 하지만 크레타에는 알맞은 항구가 없었고, 함대를 유달리 길고 추운 그 겨울 동안 무한정 바다에 붙잡아 둘 수도 없었다. 포위된 시민들은 결국 식량이 바닥났다. 그들은 시칠리아, 이집트, 에스파냐의 이슬람 세력에게 긴급 지원을 요청했다.

그러나 어디서도 응답이 없었고, 날이 갈수록 시민들의 사기는 떨어졌다. 그들의 유일한 위안은 추위에 떠는 적들이 모닥불 앞에 옹기종기 모여 앉은 모습을 지켜보는 것뿐이었다. 중세의 포위전에서 겨울은 원래 방어하는 측보다 공격하는 측에게 더 큰 고통을 주게 마련이었다. 추운 겨울이 오래 지속되자 제국군은 심각한 굶주림의 고통에 시달리기 시작했다. 대개 이런 때 반란이 일어나는 경우가 잦았다.

하지만 니케포루스는 병사들을 잘 알았다. 그는 매일 진영을 순시하면서 병사들에게 힘과 희망과 용기를 불어넣었다. 또한 그 자신은 친구이자 스승인 아타나시우스에게서 격려를 받았다. 그는 니케포루스의 긴급한 요청을 받고 마지못해 아토스 산의 은둔지를 나와 그의 진영에 와 있었다. 니케포루스는 그가 몇 차례의 기적을 보여주었다고 철석같이 믿고 있었으며, 심지어 이듬해 2월 중순 그토록 고대하던 보급선이 도착한 것도 전적으로 그의 기도 덕분이라고 믿었다. 사기를 회복한 제국군은 그달 말까지 두 차례나 성벽을 뚫고 들어가려고 시도했다. 이 두 공격은 실패했으나 세 번째는 마침내 성공했다. 961년 3월 7일 칸디아가 정복되면서 크레타에는 136년 만에 다시 제국의 깃발이 나부끼게 되었다.

바로 그날부터 학살이 시작되었다. 병사들은 연령을 불문하고 모든 여자들을 강간하고 살해한 뒤 내팽개쳤다. 아이들은 심지어 젖먹이까지도 목을 졸라 죽이거나 창으로 찔러 죽였다. 니케포루스의 위명조차 병사들의 살육을 멈추게 하지 못했다. 생존자들은 남자든 여자든 모두 노예로 팔렸다. 승리한 함대는 사라센인들이 동부 지중해의 부유한 도시들을 한 세기 동안 약탈해서 모은 재산을 배에 가득 싣고 보스포루스로 돌아왔다.

동쪽 원정: 알레포 정복

칸디아가 함락되고 크레타의 사라센 거점이 붕괴한 것은 헤라클리우스의 시대 이래로 최대의 성과였다. 그 소식이 콘스탄티노플에 전해지자 도시 전역에서 환호성이 울려퍼졌고, 소피아 대성당에서는 황제와 황후, 귀족과 성직자, 그 밖에 많은 군중이 빽빽이 모인 가운데 감사의 철야 미사가 거행되었다. 아마 그 군중 속에서 단 한 사람 환희가 아닌 분노의 감정을 불태우는 자가 있었을 것이다. 환관 요세푸스 브링가스는 늘 포카스 가문을 미워했고 몹시 질시했다. 지금까지 니케포루스의 인기는 군대에만 국한되었을 뿐 콘스탄티노플의 시민들에게는 대단치 않았다. 시민들은 기껏해야 그의 이름만 알고 있을 따름이었다. 그런데 갑자기 모든 게 바뀐 것이다. 하룻밤 사이에 그는 제국의 영웅이 되었다. 전공을 세운 장군은 평화로운 시기에는 오히려 위험한 존재였다. 니케포루스는 야심을 가진 인물로 알려져 있었다. 그의 야심을 저지하려면 정부와 궁정이 함께 세심하게 대응해야 했다. 험한 시기가 눈앞에 다가왔다.

과연 그랬다. 니케포루스 포카스가 자랑스럽게 황금곶으로 귀환했을 때 로마누스와 테오파노는 그를 영접하고 그의 역사적 위업을 공식적으로 축하했지만, 그전까지 그가 숱하게 받았고 이번에도 마

† 전쟁에서 승리를 거두고 콘스탄티노플로 귀환하는 니케포루스 2세 포카스.

땅히 있어야 할 정식 개선식은 없었다. 그가 받은 것은 단지 원형 경기장에서 시민들이 보낸 갈채와 환영뿐이었다. 시민들은 최고의 장군을 직접 보고 환호를 올렸으나 니케포루스는 사두 마차도 타지 못하고 두 발로 걸었다. 화려한 군대 행진도 없었고 포로와 노획물을 전시하는 행사도 없었다. 게다가 니케포루스는 필요 이상으로 수도에 오래 머물 수도 없는 처지가 되었다. 사라센의 사기가 크게 떨어졌으므로 제국은 유리한 상황을 이용해야 했다. 요컨대 그는 곧 동방으로 가야 했다.

니케포루스가 크레타 원정을 위해 2년 간 동방에서 떠나 있었을 때 그의 뒤를 이어 동방군 사령관을 맡은 사람은 그의 동생인 레오였다. 그런데 레오는 사령관을 맡은 지 불과 몇 주 만에 제국의 숙적인 사이프 앗다울라에게서 강력한 도전을 받았다. 사이프는 930년대에 요한네스 쿠르쿠아스의 호적수로 우리의 이야기에 처음 등장한 이후 착실하게 경력을 쌓았다. 944년에 그는 알레포를 점령하고 이곳을 항구적인 본부로 삼은 뒤 급속히 세력을 확대하여 다마스쿠스, 에메사, 안티오크 등의 도시들이 있는 시리아와 북부 메소포타미아의 광대한 지역을 손에 넣었다.

이 정복 활동으로 그는 청년기 초반에 처음 얻었던 명성을 더욱 드높였다. 그리하여 사이프는 서른다섯 살도 안 되어—그는 916년생이었다—중세 초기 아랍 아미르의 이상형으로 떠올랐다. 즉 그는 전쟁에서는 잔인하고 무자비하면서도 평화시에는 점잖고 너그러웠고, 시인이자 학자로서 문학과 예술을 널리 후원했으며, 무슬림 세계에서 가장 큰 마구간, 가장 넓은 도서관, 가장 화려한 하렘을 소유한 인물이었다.

사이프는 매년 제국의 영토를 노리고 대대적인 공격을 감행했다. 하지만 960년 초여름의 공격만큼 야심찬 것은 없었다. 기회는 완벽했다. 크레타 원정 때문에 동방의 제국군은 예전에 비해 병력이 크게 줄었고 힘도 약했다. 레오 포카스는 시리아 남부 원정에서 성공한 뒤 소탕 작전을 펼치는 중이었으므로 반대편 방향으로 며칠 걸리는 거리에 있었다. 사이프는 그런 호기를 놓칠 사람이 아니었다. 니케포루스가 크레타를 향해 출범한 것과 거의 때를 같이 하여—아마 같은 날일 것이다—사이프는 약 3만 명의 병력을 거느리고 남동쪽에서 제국의 국경을 넘었다. 그리고는 타우루스 동쪽의 협곡들을 무사히 통과하고 멜리테네 부근의 카르시안 요새[110]로 가서 수비대를 죽이고 많은 포로를 잡았다.

레오 포카스가 추격에 나섰으나 서두르지는 못했다. 그의 병력은 수적으로 크게 모자란 데다 길고 험한 원정으로 지친 상태였다. 그런 상태로 자칫 평원에서 적과 마주친다면 재앙을 자초하는 결과가 될 터였다. 그래서 그는 산악 지대까지만 가서 주요 길목에 병력을 세심하게 배치한 뒤 적이 돌아올 때까지 기다렸다.

11월 초에 사이프는 군대와 함께 귀환했다. 그의 원정은 대성공이었다. 그의 뒤로는 기다란 포로들의 행렬과 노획물을 가득 실은 마차들이 따랐다. 또한 레오 보제에 의하면 사이프는 아라비아산 암말을 타고 당당하게 대열을 이끌었다. "그는 창을 능숙하게 놀렸다. 행군 속도를 유지하면서도 그는 창을 공중에 높이 던졌다가 받곤 했다." 군대는 활기찬 걸음으로 산악 지대를 뚫고 돌아오는 중이었다. 그런데 행렬이 그리스어로 쿨린드로스(원기둥)라고 부르는 고개로 접어드는 순간 갑자기 나팔 소리가 울리더니 곧 산기슭에서 거대한 바위들이 굴러 내려왔다. 그리고 어디서 나타났는지 레오 포카스와 그의 군대가 앞과 뒤에서 불쑥 모습을 드러냈다. 사이프는 순식간에 포위되었다. 처음에 그는 언월도를 좌우로 흔들면서 그 자리에서 용감하게 방어하려 했다. 그의 말이 죽어 쓰러지자 그는 부하의 말을 빼앗아 타고 전장으로 돌아왔다. 그러나 잠시 후 패배를 깨달은 그는 300명의 기병대와 함께 마차들을 몰고 전속력으로 도망쳤다. 뒤편으로 금화들을 조금씩 떨어뜨려 추격군의 걸음을 늦춘 덕분에 그는 가까스로 탈출할 수 있었다. 하지만 남은 병사들은 절반 가까이 죽었고, 생존자들은 그리스도교 포로들을 묶어 끌고 왔던 그 밧줄과 족쇄에 자신들이 묶이는 처지가 되어 버렸다.

이 유명한 승리는 레오 포카스가 적은 병력을 가지고도 동부 변방을 완벽하게 방어할 수 있다는 사실을 분명히 보여 주었다. 그렇다면 과연 니케포루스를 그렇게 서둘러 동방으로 보낸 진짜 동기가 무엇인지 의문을 품지 않을 수 없다. 어쨌든 형제가 뭉침으로써 예전의 병력 규모가 회복되고 군대의 사기가 어느 때보다 높아진 효과는 매우 컸다. 962년 초 2월과 3월에 걸쳐 불과 3주 만에 비잔티움군은 킬리키아의 성곽 도시 55개를 되찾았으며, 부활절에 잠시 휴식을 취한 다음 진군을 개시하여 알렉산드레타(이스켄데룬) 근처의 시리아 성문을 통과했다. 여기서부터 군대는 남쪽으로 서서히 이동하면서 도상의 촌락들을 불태우고 약탈했다. 몇 달 뒤에 그들은 알레포의 성벽에 이르러 포위전을 준비했다.

당시 알레포는 그 긴 역사의 정점에 올라 있었다. 18년 전 사이프 앗다울라가 점령하면서 알레포는 처음으로 독립 국가의 수도가 되었고, 지배자의 궁전도 들어섰다. 알할라바라고 부르는 사이프의 웅장한 궁전은 10세기 무슬림 세계에서 가장 아름답고 유명한 건물 중 하나였다. 아미르 자신도 무수한 원정을 통해 수많은 전리품들을 끊임없이 실어 날라 궁전을 더욱 풍요롭게 만들었다. 단 하나 결점이라면 도시 성벽 바깥에 그대로 노출되어 있어 보호하기가 어렵다는 것이었다.

니케포루스의 병사들은 알레포에 도착한 그날 밤으로 메뚜기 떼처럼 궁전을 습격해서 보물을 모조리 털고 불태워 버렸다. 전리품은 39만 디나르의 은 이외에도 낙타 2천 마리, 노새 1400마리, 게다가 "셀 수 없을 만큼 귀중한" 아랍산 종마들이었다. 궁전 건물은 안팎이 모두 털렸다. 아랍 역사가들에 의하면 그 궁전에는 금과 은으로 된 접시, 우단과 비단의 능직 꾸러미, 칼과 흉갑, 보석으로 치장한 허리띠가 있었으며, 심지어 벽과 지붕에도 금을 입힌 타일이 있었다고 한다. 궁전을 모두 약탈한 다음에야 제국군은 알레포 시 자체로 시선을 돌렸다. 사이프는 성벽 바깥에서 사로잡혔다가 또다시 가까스로 도망쳤다. 하지만 현지 방어군은 지휘자를 잃은 데다가 식량마저 부족했다. 크리스마스 이틀 전에 비잔티움군은 시내로 물밀듯 쏟아져 들어갔다. 칸디아에서 그랬듯이 병사들은 무자비했다. 아랍 역사가들은 정복자들이 지칠 때까지 학살을 계속했다고 한다.

비록 알레포는 점령되었지만 함락된 것은 아니었다. 요새로 모인 일부 병사들은 땅을 파고 숨은 채 항복하려 하지 않았다. 니케포루스는 그들을 그냥 무시해 버렸다. 어차피 식량이 바닥날 테니 오래 버틸 수 없으리라는 판단에서였다. 중요한 것은 사이프가 사라졌다는 사실이었다. 그런 만큼 이제 알레포는 더 이상 가치가 없었다. 여기서 시간을 지체하는 것도 불필요했다. 그가 퇴각 명령을 내리자 비잔티움군은 긴 귀환의 여정을 시작했다.

군대가 카파도키아에 이르렀을 무렵 콘스탄티노플에서 긴급 전갈이 왔다. 로마누스 2세가 죽었다는 것이다.

12

사라센의 저승사자

963년~969년

그는 괴물 같은 사나이다. 땅딸막한 키, 넓고 납작한 이마, 점처럼 보이는 조그만 눈을 지닌 그의 모습은 짧고 두꺼운 회색 수염으로 인해 더욱 흉측하고, 목이 워낙 짧은 데다 뻣뻣한 머리털 때문에 마치 돼지처럼 보인다. 게다가 그의 피부색은 어느 시인이 "어두운 곳에서 마주치고 싶지 않다"고 말한 에티오피아인처럼 검었다. 배는 불룩하고, 궁둥이는 작고, 작은 키에 비해 골반은 아주 넓고, 다리는 짧고, 발과 뒤꿈치는 상당히 크다. 그의 옷은 좋은 리넨으로 만들어졌지만 오래되어 색이 바랜 데다 불결한 냄새가 나며, 발에는 시키온의 실내화를 신고 있다. 뻔뻔스러운 말투와 교활한 성격, 위증과 거짓말에 능한 오디세우스다.

크레모나의 리우트프란트 니케포루스 포카스를 묘사하면서

황후의 보호자

로마누스는 963년 3월 15일에 죽었다. 그런데 그 이튿날 아침부터 테오파노 황후가 남편을 독살했다는 소문이 나돌았다. 시민들의 그런 반응은 사실 당연한 것이었다. 음모로 가득한 콘스탄티노플의 분위기에서는 바실레오스가 아니라 그냥 젊은 귀족이 별다른 이유 없이 죽었다고 해도 온갖 불길한 소문이 꼬리를 물 터였다. 하물며 아름답고 젊은 황후는 로마누스가 제위에 있던 40개월 동안 이미 독종이라는 평판을 얻었다. 그녀가 얼마든지 그런 범죄를 저지를 수 있다는 것은 거의 누구도 의심치 않았다.

그러나 범죄의 가능성과 실제 범죄는 다르다. 또한 황후가 범죄를 저질렀든 저지르지 않았든 남편이 죽었다고 해서 그녀의 지위가 나아질 게 없다는 점을 고려한다면 그 소문은 사실로 믿기 어렵다. 그녀에게 누군가를 사랑하는 마음이 있다면 그 대상은 남편이었을 게 확실하다. 그녀는 로마누스에게 네 명의 자식을 낳아 주었으며,

막내딸은 그가 죽기 겨우 이틀 전에 태어났기 때문이다. 남편이 살아 있는 동안 그녀는 막강한 권력을 휘둘렀고, 자신의 미래는 물론 자식들의 앞날까지 보장되어 있었다. 그러나 남편이 죽은 지금 남은 가족은 심각한 위험에 처하게 되었다.

그녀 자신은 아직 해산한 지 얼마 되지 않은 몸이었고, 공동 황제인 두 아들 바실리우스와 콘스탄티누스는 겨우 여섯 살과 세 살이었던 것이다. 시아버지의 사례를 봐도 황제의 미성년 기간이 길면 어떤 결과가 초래될지는 거의 뻔했다. 특히 야심을 품은 장군들이 주변에 있다면 더 위험할 수밖에 없었다. 그나마 전 황후인 조에는 두 명의 적만 상대했지만 지금은 적이 세 명—포카스 형제와 요한네스 치미스케스—이었고, 그들은 모두 현재의 상황을 자신이 제위에 오를 수 있는 기회로 여기고 있었다. 게다가 이들 이외에 시종장인 요세푸스 브링가스도 있었다. 그는 환관이었으므로 직접 제위에 오를 수는 없지만 워낙 음모에 능한 자였다. 테오파노는 그가 포카스 형제를 지지하지 않으리라는 것은 알았으나 누굴 후보로 점찍고 있는지는 알 수 없었다.

요컨대 그녀에게는 보호자, 그것도 힘센 보호자가 필요했다. 그래서 그녀는 비밀리에—특히 브링가스가 모르게—동방의 니케포루스 포카스에게 급히 전갈을 보내 황급히 돌아와 달라고 부탁했다. 카파도키아의 카이사레아 부근에 있는 진영에서 그 소식을 들은 니케포루스는 즉각 행동에 나섰다. 화급을 다투는 일이었다. 병사들은 대부분 각자 집으로 돌아가 있었으므로 병력을 모을 시간은 없었다. 그는 시리아 원정에서 노획한 귀중품만을 급히 챙기고 소수의 호위

병력만 거느린 채 4월 초에 수도로 돌아왔다. 그가 왔다는 소식에 브링가스는 격렬히 항의했으며, 섭정단 회의에서는 니케포루스를 공공연한 위험 인물로 규정하고 즉각 체포해야 한다고까지 주장했다. 하지만 그를 지지하는 사람은 없었다. 황궁 앞에 모인 군중은 오히려 니케포루스를 영웅으로 환영했을 뿐 아니라 크레타를 정복한 뒤에 부당하게 빼앗긴 개선식을 마땅히 치러 줘야 한다고 외쳤다.

이리하여 뒤늦은 개선식이 거행되었다. 아마 3세기 전 헤라클리우스 이래 가장 화려한 개선식이었을 텐데, 여기에 신성함마저 더해져 더욱 빛이 났다. '사라센의 저승사자' 라는 별명을 얻은 니케포루스는 오랫동안 알레포에 보관되어 오던 세례자 요한의 낡은 옷을 자랑스럽게 앞세우고 원형 경기장에 당당히 들어섰던 것이다. 가공할 만한 그의 인기 앞에 브링가스는 속수무책이었다.

오래전부터 니케포루스에게 품어 왔던 분노와 원한 이외에 공포라는 또 다른 감정이 더해졌다. 장군은 매일 황후와 국정을 놓고 대화하고 있다. 그런 그가 황후의 지지를 얻어 제위를 차지한다면 내 운명은 어떻게 될까? 실명일까? 유배일까? 아니면 둘 다일까? 사실 니케포루스는 제위에 대한 야심 같은 것은 드러내 보인 적이 없었다. 오히려 그는 수도에 돌아온 직후 세속의 영화와 권력에는 관심이 없으며, 당시 아타나시우스가 그의 부탁을 받아 아토스 산에 짓고 있던 수도원에 은거해 살고 싶다고 선언한 바 있었다.[111] 그러나 브링가스는 그 말을 믿지 않았다. 그는 조용하고 비밀스럽게 음모를 준비했다. 그리고 만반의 준비가 갖춰졌을 때 적을 황궁으로 불러들였다.

니케포루스 역시 대비를 게을리 하지 않았다. 첩자들의 부지런한 활동으로 이미 시종장이 무슨 음모를 꾸미는지 잘 알고 있었던 그는 기선을 제압하고자 결심했다. 그래서 그는 소환에 응하지 않고 소피아 대성당으로 직행해서 브링가스가 자신을 살해하려는 음모를 꾸미고 있다고 공개적으로 비난하고 피신처를 부탁했다. 그것은 아주 훌륭한 계획이었고 대성공을 거두었다. 분노한 군중은 성당으로 모여들어 시민들의 영웅에게 감히 손을 대려는 자를 징벌하라고 외쳤다. 곧이어 폴리에욱투스 총대주교도 그 대열에 가담했다.

앞에서 본 것처럼 총대주교는 콘스탄티누스 포르피로게니투스의 만년을 우울하게 만들었던 편협하고 완고한 인물이었으나 이 엄숙하고 신앙심이 돈독한 장군은 그의 마음에 쏙 들었다. 그래서 그는 주저없이 군중 앞에서 니케포루스의 편을 들었다. 요세푸스 브링가스는 권력자였지만 황후와 총대주교가 힘을 합친 데다 시민들까지 합세했으니 그로서도 힘에 벅찰 수밖에 없었다. 결국 그는 원로원이 자신의 동의도 구하지 않은 채 니케포루스를 사령관에 유임시키고 다른 주요 정책을 결정하는 것을 속만 태우며 지켜볼 도리밖에 없었다. 니케포루스는 원로원의 신임과 신뢰에 감사를 표하고, 부활절을 보낸 뒤 곧 아나톨리아로 돌아갔다.

그러나 모두가 알다시피 그 기간은 오래가지 않았다. 그는 황후와 비밀리에 논의한 끝에, 적어도 단기적으로는 서로에게 이익이 되는 협정을 맺었다. 그것은 니케포루스가 두 소년 황제의 권리를 보호해 주는 대신 그 자신도 공동 황제가 된다는 약속이었다. 그는 곧 있을 킬리키아 원정에 대비하기 위한 것이라면서 자기 군대를 움직였지만 그 말을 믿는 사람은 거의 없었다. 브링가스는 옳았다. 니케포루스는 군대를 이동시키려 하고 있었다. 그 목적지는 킬리키아가 아니라 콘스탄티노플이었다.

궁지에 몰린 브링가스는 최후의 카드를 빼들었다. 니케포루스의 고참 사령관들인 로마누스 쿠르쿠아스와 요한네스 치미스케스—두 사람은 로마누스 레카페누스의 치세에 빛나는 승리를 여러 차례 거두었던 위대한 장군 요한네스 쿠르쿠아스의 아들과 손자뻘이었다.*—에게 서신을 보내 그들의 상관을 배신하는 대가로 각각 동방과 서방의 최고 사령관직을 주겠다고 제의한 것이다. 결정은 그들에게 달렸다. 그들은 니케포루스를 강제로 삭발시켜 수도원에 감금할 수도 있고 그를 사슬에 묶어 콘스탄티노플로 압송할 수도 있다. 브링가스가 치미스케스에게 보낸 편지는 이렇게 되어 있다. "나는 귀하를 믿소. 먼저 아나톨리아 사령관직을 수락한 다음 약간만 더 참고 기다리면 머잖아 귀하는 로마인의 바실레오스가 될 것이오."

불행히도 그의 믿음은 빗나갔다. 흥분한 치미스케스는 곧장 군막에서 자고 있는 니케포루스에게로 달려가 그를 깨우고 편지를 보여주었다. 장군은 잠시 멍한 표정이었다. 게오르기우스 케드레누스에 의하면 당시 니케포루스는 더 망설인다면 죽여 버리겠다는 두 사령

* 지은이는 great-nephew라는 말을 썼는데, 모호하지만 '손자뻘'이라는 말로 옮길 수밖에 없었다. great-nephew는 조카(딸)의 아들 혹은 형제(자매)의 손자를 뜻하므로 요한네스 쿠르쿠아스와 치미스케스가 정확히 어떤 관계였는지 확실치 않기 때문이다(비잔티움의 일차 문헌에는 물론 great-nephew라는 단어가 아니라 그리스어를 썼지만 그것으로 우리 식의 촌수 구분을 정확히 파악하기는 어려울 것이다). 다만 성(姓)이 다른 것으로 보아 쿠르쿠아스에게 치미스케스는 조카딸의 아들이거나 누이의 손자인 듯하다.

관의 협박을 받고서야 행동을 개시했다고 주장한다. 하지만 그 이야기는 그가 그만큼 망설였다는 것을 말해 주는 의미로 여겨야 할 것이다. 963년 7월 3일 새벽, 카파도키아의 카이사레아 성벽 바깥에 펼쳐진 대평원에 전 군대가 모인 가운데 전통적인 방식에 따라 휘하 장군들은 니케포루스 포카스를 대형 방패 위에 올렸고 로마인의 황제로 추대했다. 그리고 성당에서 간단한 축복의 행사를 가진 뒤 그는 수도를 향해 출발했다.

민중의 지지를 얻은 니케포루스

한편 콘스탄티노플의 요세푸스 브링가스는 아직도 패배를 인정하려 하지 않았다. 그는 마케도니아 등지에서 전통적으로 아나톨리아인을 불신하고 그 충성심을 신뢰할 수 있는 유럽의 병력을 대거 불러들였다. 그리고 이 병력의 대부분은 육로성벽과 해로성벽을 방어하게 하고, 아울러 시민들의 봉기를 방지하기 위해 도시 전역의 요충지에도 배치했다. 나머지 병력은 보스포루스의 아시아 쪽 해안으로 가서 모든 선박을 유럽 쪽으로 이동시켰다. 그래서 8월 9일 니케포루스 포카스와 그의 군대가 크리소폴리스(우리에게는 스쿠타리로 더 잘 알려져 있다)에 도착했을 때는 해협을 건널 배가 한 척도 남아 있지 않았다.

그러나 신임 황제는 크게 당황하지 않았다. 수도에 있는 친구들과 지지자들이 횃불을 보았을 것이므로 그들 중 적어도 일부는 어둠 속에서 몰래 자신과 합세하리라고 믿었던 것이다. 그는 인근에 있는 황제의 여름 궁전인 히에라 궁전에서 느긋하게 기다렸다. 과연 그의 예상은 옳았다. 가장 먼저 달려온 사람들 중에는 그의 동생이자 쿨린드로스 고개 전투의 주역이었던 레오가 있었다. 하지만 레오는 난처한 소식을 전했다. 팔순의 노장군인 그들의 아버지 바르다스 포카스가 브링가스에게 인질로 잡혀 있다는 것이었다. 만약 니케포루스가 한걸음만 더 전진한다면 아버지는 필경 살해당할 터였다.

사태는 레오가 생각했던 것보다 훨씬 빠르게 전개되었다. 시내에서 소요가 심해지자 바르다스는 그 틈을 타서—아마 경비병들의 묵인이 있었을 것이다—간신히 도망쳐 소피아 대성당으로 피신했다. 그 소식을 들은 브링가스는 급히 민병대를 보내 그를 성당에서 끌고 나오라고 명했다. 하지만 그것은 중대한 실수였다. 8월 9일은 마침 일요일이었으므로 성당은 사람들로 붐볐던 것이다. 게다가 바르다스는 사라센 전쟁을 지휘한 노장군이자 니케포루스의 아버지인 유명인사였다. 그를 잡으러 간 병사들은 곧 분노한 군중에게 둘러싸였다. 군중은 병사들을 성당 밖으로 내쫓고 바르다스를 다시 성소에 피신시켰다.

거듭되는 실책에도 브링가스는 기가 꺾이지 않았다. 병사들이 공포에 질린 채 빈손으로 돌아온 것을 본 그는 말을 타고 소피아 대성당에 인접한 총대주교 관저로 갔다. 그러나 폴리에욱투스가 사태에 개입하지 않겠다고 버티자 브링가스는 직접 성당으로 갔다. 군중을 헤치고 들어간 그는 설교단에 올라 손짓으로 사제들을 조용하게 한 뒤 군중에게 자신의 견해를 밝혔다. 하지만 그는 또다시 반대파의 힘을 과소평가하고 있었다. 우선 화해의 말이라도 한마디 했더라면 그날은 그런대로 넘어갈 수 있을 것이었다. 그런데 그는 자신의 명령에 항거하는 사람들을 호되게 꾸짖고, 도시의 식량 공급을 모조리 중단해서 모두 굶어죽게 만들겠다고 큰소리를 쳤다. 연설을 마친 그는 성당에서 성큼성큼 걸어 나오더니 서쪽 문 바깥의 노점에서 빵을 파는 사람들에게 즉각 판매대를 걷어치우라고 명했다.

그것은 물론 허세였다. 그 점은 브링가스 본인도 잘 알았고 시민들도 잘 알았다. 화난 기색으로 황궁에 돌아온 그는 제국의 시종장이자 총리대신인 자신이 서전에서 패배했고 농락을 당했다는 사실을 분명히 의식하고 있었다. 하지만 그는 아직 완전히 패배한 게 아니라고 여겼다. 그는 노여움을 달래면서 소피아 대성당에서 군중이 나올 때를 기다렸다. 정오가 되어 성사는 끝났고 점심식사를 할 시간이었다. 브링가스는 두 소년 황제를 불러들여 그들의 손을 단단히 움켜쥐고 대성당으로 다시 갔다. 성당은 이제 거의 비었고 노장군만 성소의 그림자들 속에 조용히 앉아 있었다. 당시 그들이 나눈 대화는 기록에 없지만, 두 소년을 데려갔다는 것은 곧 더 이상 저항하면 그들을 죽이겠다는 위

† 니케포루스 2세 포카스는 타고난 군인이었으나 황후 테오파노의 마음을 얻지는 못했다. 그의 비문에는 "그는 모든 것을 정복했으나 여자만은 정복하지 못했다"는 글귀가 새겨졌다고 한다.

협이 있었을 가능성을 말해 준다. 어쨌든 확실한 것은 바르다스가 스스로 브링가스를 따라 나섰다는 사실이다.

셋째로 그는 대중 정서의 힘을 과소평가했다. 만과(晩課, 저녁 기도) 시간이 다가와 다시 성당에 온 사람들은 우선 바르다스를 찾았다. 그가 없다는 것을 안 군중은 점차 분노하기 시작했고 먼저 그를 제대로 보호하지 못한 총대주교와 성직자들에게 비난의 화살을 퍼부었다. 좋게 보면 그들은 바르다스를 제대로 보호하지 못한 것이고, 나쁘게 보면 일부러 그를 배신한 것이었다. 대경실색한 폴리에욱투스는 황급히 황궁으로 달려가 우울한 기색으로 대기실에 앉아 있는 노장군을 찾아 직접 그의 팔을 붙들고 성당으로 데려왔다. 그가 나타나자 일순간 정적이 감돌았다. 그러나 잠시 후 브링가스가 마케도니아 병사들을 거느리고 성당에 도착했을 때 사람들의 감정은 마침내 폭발했다. 일부 사람들은 당황해 하는 노장군을 그의 집으로 데려가 보호했고, 나머지 군중은 벽돌이든 돌멩이든—심지어 성당 내의 가구까지—닥치는 대로 무기로 삼고 브링가스의 병사들에게 덤볐다.

이렇게 불붙은 폭동은 들불처럼 시내로 번졌다. 여느 폭동이 그렇듯이 처음에는 되는 대로 터져 나왔다. 그러나 폭동이 추진력을 얻으면서 그 배후에 지도자도 나타났다. 그는 바로 로마누스 레카페누스의 서자인 바실리우스였다. 로마누스는 아마도 적자들의 이익을 보호하기 위해 서자인 막내아들을 어릴 때 거세했을 것이다. 그러나 바실리우스는 어릴 때부터 지성과 능력에서 두각을 나타냈고, 오랫동안 국정에서 중요한 역할을 도맡았다. 이미 944년에 콘스탄티누스 포르피로게니투스는 그를 파트리키우스로 앉히고 헤타이레이아Hetaireia[112]의 관리자로 임명했으며, 몇 개월 뒤에는 시종장으로 삼았다. 958년에 그는 동방군을 지휘하여 사이프 앗다울라를 격파하고 수도에서 개선식을 치렀다. 그 이듬해에 콘스탄티누스가 죽었을 때 그는 직접 황제의 시신을 옮겨 그의 아버지인 레오의 석관 안에 함께 안치했다. 프로이드루스로 승진한 뒤 그는 곧 요세푸스 브링가스에게 직위를 빼앗겼고 브링가스의 미움과 불신을 받았다.

봉기가 일어났다는 소식을 듣자마자 바실리우스는 자신에게도 기회가 왔다는 것을 알아차렸다. 그는 황급히 하인들과 종자들을 불러모아—기록에 의하면 그 수는 무려 4천 명이었다고 하는데, 그 시기 귀족의 위세가 어느 정도였는지 짐작하게 해 준다—군중이 가장 많이 모인 광장으로 나가서 곧바로 봉기의 지도자가 되었다. 그는 맨 먼저 수도 곳곳에 사람들을 보내 새 황제가 곧 도착한다는 소식을 알리게 했다. 그런 다음 군중을 이끌고 브링가스의 궁전으로 가서 귀중품을 모두 약탈하고 불을 질러 무너뜨렸다. 이때부터 방화와 약탈은 도시 전역으로 퍼져갔다. 처음에 정당한 항의로 시작되었던 사태는 금세 엄청난 광기로 바뀌었다. 사흘 동안 콘스탄티노플의 거의 절반이 파괴된 뒤 바실리우스는 권위를 되찾고 어느 정도 질서를 복구할 수 있었다. 그제야 그는 사람들을 이끌고 황금뿔로 와서 항구에 닻을 내리고 있는 모든 선박들을 긁어모아 함대를 편성한 다음 보스포루스를 건너 니케포루스가 아직도 참을성 있게 기다리고 있는 히에라로 향했다.

마침내 963년 8월 16일 일요일에 니케포루스 포카스 황제는 수도에 입성할 준비를 마쳤다. 그는 새로 시종장으로 임명한 바실리우스를 대동한 채 제국의 드로몬드에 올랐다. 그의 좌석은 은으로 된 커다란 옥좌 위에 황금 덮개가 달려 있었고 금을 입힌 여상주(女像柱, 여자의 모습이 조각된 기둥)들이 지탱했다. 그를 태운 배는 천천히 노를 저어 해협을 건넌 뒤 유럽 쪽 해안을 따라 서쪽으로 가서 육로성벽의 남단에 있는 헵도몬 궁전에 이르렀다. 여기서 황제는 예복으로 갈아입고 황금 흉갑을 찬 다음 자주색과 금색으로 치장한 커다란 백마에 올랐다. 곧 대행진이 시작되었다.

행렬은 맨 먼저 아케이로포이에투스의 아브라함 수도원[113]에 들러 기적을 일으키는 성모의 성상에 예배를 올렸고, 금문을 통과하고 메세를 지나 소피아 대성당으로 갔다. 거기서 두 소년 황제가 배석한 가운데 폴리에욱투스는 니케포루스의 머리에 제관을 씌워 주었다.

사랑일까, 정략일까?

크레모나의 리우트프란트는 니케포루스 포카스에 대한 혐오를 숨김없이 드러내고 있다. 이 장의 첫머리에 소개된 인용문은 그의 편견을 잘 보여 준다. 레오 보제는 니케포루스를 잘 알았고 원한을 가질 이유도 없었지만 그가 묘사하는 황제의 모습도 크게 다르지는 않다. 니케포루스는 키가 작고 땅딸막한 체구에 어깨가 넓고 가슴이 불룩 튀어나온 사람이었다. 얼굴은 시리아의 햇볕 아래 오랫동안 군대 생

† 비잔티움의 금화. 그리스도의 반신상(좌)과 제관을 쓰고 있는 니케포루스 2세 포카스와 총대주교의 십자가를 들고 있는 바실리우스 2세(우)가 새겨져 있다.

활을 한 탓에 가무잡잡했으며, 눈썹은 짙고 눈은 작고 검었다. (하지만 레오는 그가 점잖고 우울한 인상이었다고 말한다.) 두 사람의 묘사가 크게 달라지는 부분은 머리털이다. 리우트프란트는 황제의 머리털이 뻣뻣하다고 말했지만 레오는 그의 검은 곱슬머리가 유난히 길었다고 표현했다.[114]

앞 장에서 우리는 새 황제의 성격과 생활 방식에 관해 살펴본 바 있다. 요약하자면 그다지 매력적인 데는 없다. 그의 관심은 오로지 군대와 종교뿐이었다. 그는 도덕적이고, 성실하고, 편협하면서도 지적인 성품이었으며, 진지하고 침착한 데다 청렴하고 강직했으므로 아첨 따위에 넘어가지 않는 인물이었다. 그러나 다른 한편으로는 잔인하고 무자비했으며, 야비하고 탐욕스러운 것으로도 유명했다. 게다가 그는 속임수에도 능했다. 비록 그의 생활 습관은 고결하다고 할 수 있었지만, 육류를 먹지 않고, 여자도 싫어하고, 삼촌—거룩하다고 명성이 자자했던 수도사 미카일 말레이누스—이 입던 거친 모직 옷을 입고 잠자며 매일 몇 시간씩 기도를 올리는 그런 사람에게 애정을 품기란 어려운 법이다. 하지만 니케포루스는 인기에 연연하지 않았다. 벌써 나이 오십이 넘었지만 그는 원기가 넘쳤고, 열정적으로 국정에 전념했다.

니케포루스의 첫째 관심사는 브링가스였다. 그는 대중이 자신의 피를 요구했을 때 바르다스처럼 소피아 대성당으로 피신했지만, 분위기가 잠잠해지자 스스로 성당에서 나왔다. 고위직에서 쫓겨나고 집과 재산을 빼앗긴 채 오랜 숙적 앞에 엎드린 그는 이제 자신의 앞날을 걱정했다. 그러나 황제는 복수하려는 마음이 없었다. 그래서 그는 브링가스를 그냥 그의 고향인 황량한 파플라고니아로 추방하고 다시는 콘스탄티노플로 돌아오지 말라고 명했다. 그 다음은 논공행상이었다. 황제의 아버지인 바르다스 노인은 최근에 시련을 겪으면서 보여 준 용기를 인정받아 부제의 직함을 받았고, 동생 레오는 마기스테르와 쿠로팔라테스, 즉 제국의 총사령관이 되었다. 또한 요한네스 치미스케스는 국내 사령관으로 임명되어 아나톨리아의 군대를 총지휘하는 역할을 맡았다.

이제 남은 사람은 테오파노였다. 황후가 니케포루스에게 자신과 아이들을 보호해 달라고 요청한 것이 결국 이런 결과를 빚었다. 따라서 그녀가 아니었다면 니케포루스는 아마도 시리아에서 사라센과 싸우며 평생을 보내야 했을 터였다. 그런데 황제가 그녀에게 내린 조치는 뜻밖이었다. 그녀를 황궁에서 내보내 황금뿔 상류에 있는 낡은 페트리온 성채에 가서 살게 한 것이다. 그곳에서 테오파노는 한 달 하고도 나흘 동안 감옥 생활보다 나은 게 뭐냐고 한탄하며 살아야 했다. 그동안 니케포루스는 황제의 침소에서 여느 때처럼 검약하

게 생활했다. 그러다가 9월 20일에 두 사람은 네아의 팔라틴 성당에서 결혼식을 올렸다.[115]

테오파노를 잠시나마 추방한 것은 물론 예절을 지키고 좋지 못한 소문을 방지하기 위해 두 사람이 서로 사전에 합의한 조치였음이 틀림없다. 하지만 그렇다고 해도 왜 수도 인근에 십여 개나 되는 버젓한 궁전들을 놔두고 그렇게 불편한 장소를 택했는지는 확실치 않다. 더 흥미로운 의문은 결혼의 배경에 관한 것이다. 당시의 소문에 의하면—더 신뢰할 수 있는 우리의 문헌과는 달리—니케포루스는 황후의 아름다움에 매혹되어 그녀를 열렬히 사랑하게 되었다고 한다. 후대의 많은 역사가들도 그 견해를 열렬히 지지했다. 그 이유는 알기 쉽다. 일반적으로 말해서 거칠고 고집이 센 노장군이 당대 최고의 미녀—동시에 악녀—에게 갑자기 송두리째 마음을 빼앗기는 것은 얼마든지 있을 수 있는 일이다.

하지만 진짜 그랬을까? 니케포루스는 신앙심이 깊은 금욕주의자였고, 첫 아내가 죽은 뒤 순결 서약까지 했으며, 실제로 평생토록 여자를 멀리한 사람이었다. 그런 그가 과연 그토록 쉽게 사랑에 빠질 수 있었을까? 혹시 그것은 두 사람이 서신을 주고받으면서 합의한 계약, 즉 니케포루스가 황후와 어린 공동 황제들을 보호하는 대가로 자신도 공동 황제가 되는 계약의 일부가 아니었을까?

테오파노의 시각에서 보면 훨씬 분명해진다. 쾌락을 즐기는 아름답고 젊은 황후가, 그것도 매력적인 남자인 로마누스와 짧은 결혼생활을 누리고 난 뒤에, 자기 나이의 두 배가 넘는 수도사 같은 못난 노인—아무리 리우트프란트의 악의에 찬 묘사를 참작한다 하더라도 미남은 아니었을 테니까—에게 마음이 이끌렸을 리는 없다. 하지만 니케포루스의 생각도 그랬는지는 알 수 없다. 어쨌든 그의 성격과 배경만으로 판단한다면 그의 동기는 순수하게 정치적이라고 볼 수 있고 사랑보다는 야망에 뿌리를 두었을 것이다. 그러나 전혀 예상치 않게 한눈에 사랑의 포로가 된 것을 보면 니케포루스는 그다지 결심이 굳은 독신자는 아니었던 듯하다. 그 결혼의 합법성이 문제 되었을 때 그가 한 행동을 보면, 그것이 결코 정략결혼이 아니며 그가 젊은 아내를 열렬히 사랑했음을 알 수 있다.

아직도 양심에 걸려 니케포루스처럼 그 결혼에 선뜻 동의하지 못하는 사람들이 있었는데, 그중 하나가 바로 총대주교 폴리에욱투스였다. 그도 처음부터 황제의 결혼에 반대하고 나서지는 않았고 특별한 주의를 주지도 않았다. 오히려 그는 직접 황제의 손을 잡고 네아 성당의 회중석을 지나 결혼식이 치러질 성상 칸막이 앞으로 데려갔다. 그러나 결혼식이 끝날 무렵 니케포루스가 관례에 따라 주제단에 입맞춤을 하기 위해 성상 칸막이의 중간문 쪽으로 걸음을 옮겼을 때, 총대주교는 갑자기 앞으로 나서면서 한 손을 쳐들었다. 그리고는 황제에게 재혼하는 사람은 먼저 참회부터 해야 한다는 교회 절차를 모르느냐고 물었다. 중간문을 열고 성소 안으로 들어가려면 재혼하고 꼬박 1년을 기다려야 했던 것이다.

니케포루스는 그 판단을 인정할 수밖에 없었지만, 공식 석상에서 모욕을 준 폴리에욱투스를 결코 용서하지는 않았다. 그러나 황제의 시련은 그것으로 끝나지 않았다. 며칠 뒤 궁정 사제인 스틸리아누스는 어리석게도 아주 어색한 사실, 아는 사람들 모두가 잊고 싶어 하는 사실을 입 밖에 내고 말았다. 몇 년 전 니케포루스가 콘스탄티노플을 잠깐 방문했을 때 테오파노의 자식들 중 한 명의 대부가 되어 준 일이 있었다. 정교회의 법에 따르면 그 경우 두 사람은 '영적인 인척'이 되므로 결혼이 금지되며, 따라서 그들의 결혼은 무효였다. 그 사실을 안 순간 총대주교는 망설이지 않았다. 과거에도 여러 차례 드러났듯이 그는 재치나 융통성이라고는 없었다. 법은 법이므로 자구 그대로 준수해야 된다는 게 그의 생각이었다. 그는 곧장 황궁으로 들어가 황제에게 간단한 결정을 요구했다. 테오파노와의 인연을 끊을 것인가, 아니면 교회의 영원한 파문을 감수할 것인가?

그런 상황에서 만약 황제가 아내를 사랑하지 않았다면 그냥 굴복하고 말았을 것이다. 평생토록 성찬식에 참여하지 못한다는 것은 그와 같은 기질과 신앙심을 가진 사람에게는 상상할 수도 없는 고통이었다. 교회의 명령에 복종하여 체면을 지키고 동시에 테오파노를 수녀원으로 보내면, 그것으로 교회와의 관계도 좋아지고 성가신 책무도 면할 수 있었다.

그러나 그는 복종하지 않았다. 그 대신 그는 당시 콘스탄티노플에 체재하던 모든 주교들—마침 그들 중 일부는 황제에게 부탁을 하기 위해 온 것이었으므로 설득하기가 쉬웠다—과 교회, 국가의 유명인사들을 불러 회의를 열고 그들에게 해결책을 의뢰했다. 회의는 곧 결론을 내렸다. 황제의 결혼을 무효화한다고 여겨지는 그 교회법은 콘스탄티누스 코프로니무스의 치세, 즉 "성모 마리아와 성인들을 경멸하고, 그들의 숭배를 탄압하고, 악마를 받들고, 수도사를 처형하고, 불경스럽게도 성상을 훼손한 이단자"의 시대에 반포된 것이었다. 따라서 그 법령은 그 자체로 무효였고, 황제의 결혼은 합법적이었다.

하지만 총대주교는 견해가 달랐다. 여느 때처럼 고집불통인 그는 그런 종류의 특별 위원회는 그 사안을 해결할 만한 권위가 없다고 여기고, 오히려 황제에게 최후통첩을 보냈다. 황제는 파문을 당했고, 교회와 정부의 불화는 극에 달했다. 니케포루스는 또다시 복종을 거부했다. 설사 자신의 영혼이 위험에 처한다 하더라도 그는 결코 테오파노를 버리지 않으려 했다. 그는 필사적으로 탈출구를 찾기 시작했고, 마침내 해결책을 찾아냈다. 그다지 우아하거나 명예로운 것은 아니었으나 유일하게 성공의 가능성이 높은 해결책이었다.

며칠 뒤 모든 문제의 근원이었던 스틸리아누스는 교회와 정부의 공동 위원회 앞에서 자신은 그런 말을 한 적이 없으며, 만약 했다면 자신의 기억이 잘못된 것이라고 증언했다. 또한 노인 바르다스도 소환되어 떨리는 목소리로 자기나 자기 아들이나 테오파노의 자식들에게 대부를 서 준 적은 없다고 단언했다. 이렇듯 누구나 알고 있는 뻔뻔스러운 위증이 잇따르자 폴리에욱투스도 패배를 인정하지 않을 수 없었다. 스틸리아누스 한 사람이라면 어떻게 해 보겠지만, 바르다스 부제는 황제의 아버지로서뿐 아니라 고령의 원로로서 백성들의 존경과 인기를 누리고 있었으므로 총대주교가 감히 대들 처지가 못 되었다. 결국 그는 항복하고 말았다.

이제 그 결혼에 반대하는 사람은 아타나시우스 하나만 남았다. 아토스 산의 수도원은 완공 단계에 있었다. 성당은 돔 지붕만 제외하고 모두 완성되었고, 주변에는 수도원 건물들이 빠른 속도로 올라

가고 있었다. 그 안의 어딘가에 황제를 가둘 작은 감방이 이미 마련되어 있었다. 『아타나시우스의 생애Vita Athanasii』에 의하면 그는 니케포루스에게 서신을 보내 약속을 깬 것을 비난하고, 내세의 영원한 행복보다 속세의 쾌락을 추구하지 말라고 타이른 뒤, 수도원의 건립을 일체 중단하고 크게 화를 내면서 원래의 은둔지로 돌아갔다고 한다. 하지만 대 라우라의 『티피콘Typicon』*에는 그가 직접 콘스탄티노플로 가서 황제에게 자신의 의견을 밝히고, 그가 그렇게 신의를 배반한다면 자신은 수도원 건립을 중지하고 다시는 돌아오지 않겠다고 했다고 기록되어 있다. 그러자 니케포루스는 무릎을 꿇고, 그렇게 행동하는 것 이외에 달리 선택의 여지가 없었노라고 눈물로 호소했다. 그는 아직도 수도원의 꿈을 소중히 간직하고 있었다. 언젠가 여건이 되면 그는 테오파노를 버리고 늘 약속했던 대로 성산의 옛 친구와 여생을 함께할 생각이었다. 그는 아타나시우스에게 아내가 매우 매혹적이지만 자기는 결코 아내와 잠자리를 같이하지 않겠다고 다짐했다.[116] 아울러 그는 아타나시우스에게 새 수도원의 공식 승인에 관한 특권을 주고 수도원을 정부의 통제에서 자유롭게 해주는 한편 그에게 어서 돌아와 수도원의 건립을 재개해 달라고 탄원했다.

양심의 고통을 달래기 위해 니케포루스가 온갖 보물, 귀중한 유물—여기에는 보석으로 장식된 대형 성서, 참십자가 한 조각이 들어 있는 성물함이 포함되었는데, 특히 성물함은 지금까지도 아토스

* 아타나시우스가 이 수도원에 도입한 수도사 생활의 수칙이다.

산의 주요 보물 가운데 하나다—과 더불어 기부금과 특권을 보내오자 아타나시우스는 그의 부탁대로 따랐다. 몇 개월 뒤 수도원이 완공되었다. 하지만 이 수도원은 황제와 성인, 두 노인의 여생을 위한 안식처는 되지 못했다. 곧 니케포루스의 끔찍한 최후가 닥쳐오지만 아타나시우스는 이 충격을 겪지 않아도 되었다. 성당 공사를 재개한 지 얼마 안 되어 미완성의 돔 지붕이 붕괴하는 사고가 일어나는 바람에 머리를 다쳐 숨진 것이다.

군사적 성공과 서투른 외교

말할 필요도 없지만 니케포루스 2세는 타고난 군인이었고, 그에게 사라센과의 전쟁은 곧 성전聖戰이었다. 그는 이교도들을 본래의 고향인 사막으로 내쫓는 것이야말로 신의 뜻이며, 신께서 바로 자신에게 그 과업을 명하셨다고 믿었다. 테오파노에 대한 사랑조차도 그 의무를 막지는 못했다. 964년에 그는 공격을 재개하여 예전의 추진력을 금세 회복했다. 965년 여름에는 이 원정에서 첫째 주요 전과를 올렸다. 아랍인들이 킬리키아를 침공하는 데 발판으로 삼아 오던 타르수스, 200여 년 동안 살에 박힌 날카로운 가시처럼 제국에 고통을 안겨 주던 그 도시를 점령한 것이다.

타르수스에서는 키프로스 섬이 멀지 않았다. 668년에 콘스탄티누스 4세와 칼리프 아브드 알 말리크가 맺은 조약에 따라 키프로스는 일종의 비무장 지대로서 비잔티움의 황제와 이슬람의 칼리프가 공동으로 지배하고 있었다. 그러나 독불장군 니케포루스가 볼 때 그런 문명적인 조약은 영 마음에 들지 않았다. 그래서 965년 여름에 제국군은 무력으로 키프로스를 점령했다. 당시 섬에 있던 무슬림들은 저항은커녕 항의하는 자세조차 거의 보이지 않았고, 키프로스는 손쉽게 비잔티움의 테마가 되었다.

사라센이 강도짓이나 다름없는 비잔티움의 행위에 전혀 대응하지 못한 것은 사실 거의 예견된 바였다. 아바스 칼리프 왕조가 붕괴하면서 그 백성들도 크게 사기를 잃었던 것이다. 또한 알레포의 사이프 앗다울라는 962년 궁전이 파괴되고 수도를 빼앗긴 충격에서 벗어나지 못하다가 발작으로 몸의 일부까지 마비되어 967년 쉰한 살로 죽었다.[117] 강적이 죽었으니 이제 니케포루스의 행보에는 거칠 것이 없었다. 알레포는 도시의 방어군이 공식적으로 항복하지는 않았으나 질서를 되찾고 제국의 속국이자 보호령이 되었다. 나아가 969년에는 332년 만에 안티오크의 옛 총대주교구가 다시 그리스도 교권으로 수복되었다.

동방의 전쟁에 관한 한 니케포루스 2세의 치세는 대단히 성공적이었다. 사실 이것은 놀라운 성과가 아니다. 필요한 것은 오로지 군사적 기술뿐인데, 그것이라면 황제, 그의 동생 레오, 동료인 요한네스 치미스케스, 나아가 안티오크의 젊은 영웅 미카일 부르체스에게 얼마든지 있었기 때문이다. 그 반면에 서방의 상황은 그리 만족스럽지 못했다. 유럽을 상대하려면 외교가 필요한데, 비잔티움의 역사상 니케포루스 포카스만큼 외교에 서툰 황제도 드물었다. 게다가 그는 최고 권력의 맛에 취해 버렸다. 매력이야 원래 없는 인물이었지만 치세가 계속될수록 그는 점점 더 오만해졌다.

965년 초에는 그의 촌티를 아주 잘 보여 주는 사례가 있었다. 일찍이 927년에 차르 페타르가 결혼하던 때에 그와 로마누스 레카페누스가 맺은 조약에 따라 불가리아는 매년 제국의 공물을 받기 위해 대사를 파견했다.* 사실 불가리아는 억지를 부리고 있었다. 차리차인 마리아 이레네가 한두 달 전에 죽었기 때문이다.** 따라서 그녀의 죽음으로 조약의 효력이 사라졌다는 니케포루스의 주장은 정당했다.[118] 그러나 불가리아는 북쪽의 마자르와 러시아로부터 제국을 보호하는 중요한 완충국이었으며, 우호 관계를 유지하는 데 드는 공물의 비용도 비교적 적은 편이었다(38년 동안이나 아무런 이의도 없이 매년 지불된 것도 그 때문이다). 설사 그렇지 않다 해도 황제의 행동은 분명 지나쳤다. 그는 불가리아 대사들 앞에서 불가리아 백성들을 혐

* 이처럼 공물을 주고받는 국제 관계는 동양에도 있었으니 그것을 조공(朝貢)이라 부른다. 그런데 여기서 흥미로운 것은 그 의미와 방식에서 동서양이 상당히 다르다는 점이다. 동양식 조공은 중국 황제에게 정기적으로 인사를 드리는 의미인데(조공의 '朝'는 '알현한다'는 뜻이다), 불가리아 대사가 콘스탄티노플에 와서 직접 공물을 받아가는 데서 알 수 있듯이 서양식 공물에는 그런 의미가 없다. 동양의 조공은 중국 황제의 권위를 인정한다는 '정치적 의미'가 훨씬 크고 그에 따른 공물은 부수적인 데 반해(그래도 조선 초에는 명과의 조공과 회사—조공에 대해 상국이 내주는 대가—라는 형식을 통한 거래가 조선 무역량의 대부분을 차지할 정도였다), 서양의 공물에서는 공물 자체가 지니는 '경제적 의미'가 훨씬 중요하다. 따라서 중국 천자에게 바치는 조공의 양은 딱히 정해진 게 없었으나(예컨대 조공의 양이 전해보다 적으면 '예의'에 어긋나는 정도다), 서양에서의 공물은 두 국가 간의 '계약'이므로 그 양이 처음부터 명확히 정해졌다. 중국은 주변 국가들을 정식 국가가 아닌 속국으로만 인정했고, 또 그것을 주변국들도 받아들였으므로 조공은 국가 간의 약속이 아니라 신하가 왕에게 갖추는 '예의'였던 반면 서양의 경우에는 공물 자체가 주요한 '거래'였던 것이다.

** 본서 263쪽에서 보듯이 제국은 그녀가 살아 있는 동안에만 공물을 준다고 약속한 바 있다.

오스럽고 더러운 거지 민족이라고 비난하고 불가리아 왕은 짐승 가죽옷이나 입는다고 욕을 퍼부은 것이다. 그런 다음 그는 대사들에게 겁을 주고 빈손으로 프레슬라프(불가리아의 수도)로 쫓아 버렸다.

아무리 화가 났다 하더라도 그런 행동은 변명의 여지가 없었다. 그것은 일찍이 50년 전에 비슷한 상황에서 알렉산데르 황제가 보인 작태와 다를 게 없었다. 그러나 당시 알렉산데르는 주정뱅이였던 반면에 니케포루스는 아주 진지한 사람이었다. 더욱이 그는 즉각 불가리아 변방으로 가서 국경 요새 몇 군데를 탈취함으로써 자신의 의도를 명백히 드러내 보였다. 그것도 사정이 허락한다면 더 침공할 마음이었으나 군대의 대부분이 동방에 가 있었으므로 동방군을 약화시키고 싶지 않아 그쯤에서 중단한 것이었다.

그래서 그는 키예프의 스뱌토슬라프 대공—이고리와 얼마 전에 세례를 받은 올가의 아들—과 협상하여 그에게 상당한 돈을 주고 자기 대신 불가리아를 침공해 달라고 부탁했다. 스뱌토슬라프로서는 돈도 받고 땅도 넓힐 수 있는 일석이조의 기회를 마다할 이유가 없었다. 불과 몇 년 전에도 그는 하자르 왕국을 완전히 박살낸 적이 있었다. 불가르 왕국도 그렇게 처리하면 영토를 도나우 강까지 넓힐 수 있었으니 이것은 하늘이 준 기회였다. 마침 불가리아는 절망적인 분열 상태에 있어 별다른 저항도 하지 못했다. 하지만 그게 결국 약하고 평화로운 이웃을 내쫓고 그 대신 야망을 품은 호전적인 대적을 불러들인 격이라는 사실을 황제는 너무 늦게 깨달았다.

서유럽을 상대할 때도 니케포루스의 외교—그것을 외교라고 말할 수 있다면—는 형편 없었다. 더구나 서방의 적은 훨씬 강했다.

작센의 오토는 15년 전 우리의 이야기에 처음 등장한 이래로 꾸준히 세력을 키웠다. 그는 비록 952년에 이탈리아의 왕이라는 직함을 얻었지만 주로 독일에 머물렀다. 그래서 이탈리아 반도는 사실상 이브레아의 후작인 베렝가리오가 지배하고 있었다. 하지만 961년 입에 담기도 싫은 교황 요한네스 12세[119]의 부탁을 받고 오토는 이탈리아를 침공하여 베렝가리오를 사로잡고 로마로 행군했으며, 이듬해 2월에 교황은 그를 황제로 임명했다.

세심한 독자라면 오토가 예전에 콘스탄티누스 포르피로게니투스의 결혼 제의를 수락했다는 사실을 기억할 것이다. 당시 콘스탄티누스는 자기 아들 로마누스—첫 아내가 일찍 죽은 뒤였다—를 오토의 조카딸인 헤트비히와 결혼시키려 했다. 그러나 로마누스가 헤트비히를 거부하고 자기 마음에 드는 테오파노를 신부로 택한 것은 작센 왕 오토의 심기를 크게 상하게 했다. 959년에 오토가 보기에 건방지고 후안무치한 로마누스 청년이 자기 아버지의 제위를 계승하자 양측의 관계는 더욱 소원해졌다.

오토는 여전히 두 왕조의 통일을 꿈꾸고 있었으므로* 로마누스가

* 서방 황제는 동방 제국과의 통일을 목표로 했고, 동방 황제는 정치적으로나 종교적으로나 별로 그러고 싶어 하지 않았다. 이것이 10세기 무렵까지 이어진 두 제국의 기본 관계다. 이는 한편으로 아직까지 동방 제국이 서방 제국보다, 또 동유럽이 서유럽보다 경제와 문화에서 앞서 있음을 말해 주는 것이지만, 다른 한편으로는 동방 제국의 근본적 결점—종교적 성향이 '정통'을 넘어 경직되어 있는 문제—을 말해 주기도 한다. 유럽 전체의 문명이 변해 가는 하수상한 시절에 동방 제국은 여전히 고리타분한 종교에서 자유롭지 못했다. 결국 10세기를 지나가면서 서유럽 문명이 팽창하게 되자, 이후 두 제국의 관계는 역전되어 동방이 통일을 원하고 서방이 그 손을 뿌리치는 과정으로 바뀐다.

죽은 뒤인 967년 말에 니케포루스에게 대사를 보내 통일의 가능성을 논의하고자 했다. 그러나 양측의 오해로 이 논의는 실패했다. 오토는 바실레오스가 정신을 차리게 하기 위해 비잔티움이 지배하는 이탈리아의 아풀리아 속주를 급습하여 대부분을 손에 넣었다. 하지만 바리를 점령하지 못한 탓에 군사적 계획이 실패하자 그는 다시 외교로 돌아섰다. 그리하여 968년 초여름 그는 다시 콘스탄티노플에 사절단을 파견했다. 그 책임자는 경험이 풍부한 노련한 대사였는데, 바로 앞에 나온 크레모나의 리우트프란트였다.

리우트프란트의 보고

두 번째 보스포루스 여행에 관해 오토에게 제출한 리우트프란트의 보고서 『콘스탄티노플 임무 이야기Relatio de legatione constantinopolitana』는 비잔티움 궁정의 외교 기록들 중에서 단연 가장 흥미로운—아울러 가장 악의적인—문헌으로 전해지고 있다. 그의 기록에는 별로 좋은 말이 나오지 않는데, 당시 그가 처했던 어려움을 생각한다면 충분히 이해할 수 있는 일이다. 무엇보다도 황제 자신의 성격에 문제가 있었다. 먼젓번에 왔을 때 리우트프란트는 콘스탄티누스 포르피로게니투스와 잘 지냈다. 그는 서방의 어느 지식인이라도 공감할 수 있는 세련된 학자와 같은 풍모를 지녔기 때문이다. 하지만 거칠고 교양이 없는 니케포루스가 보기에 리우트프란트는 혐오스럽기 짝이 없는 자였다. 그는 말만 청산유수인 협잡꾼에다 유창한 그리스어 때문에 오히려 더 위험하게 보였고 도저히 신뢰할 수 없는 데다 종교적으로도 이단이었다. 설상가상으로 그는 황제를 자칭하는 게르만 야심가가 보낸 대사였다. 올바른 이성을 가진 사람이라면 누구나 로마 제국은 나뉠 수 없는 한 몸이며, 그 황제는 콘스탄티노플에 있다는 것을 잘 알았다. 그런데도 그 야심가는 뻔뻔스럽게 황제를 자칭하는 데다 최근에는 제국의 이탈리아 영토를 부당하게 공격함으로써 신의를 깨뜨리지 않았던가?

그러므로 리우트프란트가 콘스탄티노플에 도착했을 때 미적지근한 대접을 받으리라는 사실은 예견된 바였다. 그럼에도 그는 자존심에 적지 않은 상처를 입었다. 19년 전 겨우 이탈리아 후작(베렝가리오를 가리킨다)의 대사로 왔을 때만 해도 그는 그런대로 환대를 받았다. 그런데 이제 서방 황제의 전권대사로 온 지금, 그는 자신에게 적대적인 분위기를 다음과 같이 군주에게 전했다.

> 저희가 머문 궁전은 크고 넓었지만 추위와 더위를 막아 주지는 못했습니다. 게다가 사방에서 무장한 군인들이 우리를 감시했습니다. 그들은 저희 일행이 밖으로 나가지 못하게 했고 밖에서 누가 들어오지도 못하게 했습니다. 그래서 저희는 그곳에 처박혀 있어야만 했습니다. 또 그곳은 황제의 거처에서 꽤 멀었고 저희에게는 말을 타는 것이 용납되지 않았기 때문에 저희는 걷느라고 지쳐 버렸습니다. 설상가상으로 그리스 포도주는 송진과 회반죽 같은 것이 섞여 있어 도저히 마실 수 없었습니다.[120] ……
>
> 6월 4일 …… 콘스탄티노플에 도착한 뒤 큰비가 오는 가운데 저희는 말

을 탄 채 카리아 대문 바깥에서 열한 번째 시간[오후 5시]까지 기다렸습니다. 그 뒤에야 니케포루스는 저희에게 걸어서 들어오라는 명을 내렸는데, 마치 우리가 폐하께서 마련해 주신 말을 탈 자격도 없다는 듯한 태도였습니다. 저희는 앞에 말씀드린 그 기분 나쁘고 물도 없고 바람이 새어 들어오는 석조 건물로 안내되었습니다. 6월 6일 성령강림절 직전의 토요일에 저는 황제의 동생이자 궁정과 로고테테스의 책임자인 레오를 만나 폐하의 호칭을 놓고 서로 격렬한 언쟁을 벌였습니다. 그는 폐하를 '황제', 즉 그들의 말로 바실레오스라고 부르지 않고 무례하게도 우리말로 '왕'을 뜻하는 렉스라는 호칭으로 불렀습니다. 제가 그에게 그 두 단어는 뜻은 같지만 분명 다른 말이라고 하자 그는 평화를 맺으려는 것이 아니라 분란을 빚으러 왔다고 저를 힐난했습니다. 결국 그는 크게 화를 내며 자리를 박차고 일어나더니 폐하의 서신을 자기 손으로 받지 않고 중개인을 거쳐서 받았습니다. 비록 외모는 변변치 않으나 그는 덩치가 매우 큽니다. 만약 누가 그에게 도움을 청한다면 손바닥에 구멍이라도 뚫을 위인입니다.

그 이튿날 리우트프란트는 황제를 처음으로 접견했다. 그는 황제가 단도직입적으로 말했다고 전한다. 손님을 더 정중하게 접대하지 못해서 미안하지만 오토의 처사—로마를 침략하고, 베렝가리오와 아달베르토의 합법적인 왕위를 빼앗고, 심지어 아풀리아를 점령하려 한 행위—로 봐서는 달리 대할 수 없다는 것이었다. 하지만 리우트프란트도 지지 않았다. 그는 자기 주인이 로마를 침략한 게 아니라 난봉꾼과 매춘부의 독재로부터 해방시켰다고 말했다. 게다가 니케포루스와 비잔티움의 역대 황제들은 모두 로마 황제를 자칭하면서도 왜 이탈리아를 그런 꼴로 놔두었느냐고 쏘아붙였다. 또한 베렝가리오와 아델베르토는 원래 오토의 가신이었다고 주장했다. 그들이 반역을 일으켰으므로 오토는 그들을 응징했을 뿐이라는 논리였다.

리우트프란트에 따르면 아주 간단했다. 아풀리아의 문제도 쉽게 해결될 수 있었다. 그는 니케포루스가 로마누스의 딸들 중 한 명을 오토의 아들—그 아들도 이름이 오토였으며 그 전해 크리스마스에 아버지와 함께 공동 황제가 되었다—과 결혼시킨다면, 모든 점령지에서 철군하는 것을 비롯하여 몇 가지 중요한 양보도 가능할 것이라고 말했다. 황제는 이런 제의에 즉각 대답하지 않고 접견을 마쳤다. 엿새 뒤 시종장인 바실리우스가 리우트프란트를 불러 결과를 통보했다. 제안대로 비잔티움의 황녀를 결혼시키되, 그 대가로 서방 제국은 로마, 라벤나, 동부 이탈리아 전역, 그리고 이스트리아와 달마치아 해안의 북부를 양도하라는 조건이었다.

니케포루스와 바실리우스는 사실상 이탈리아 전체를 포기하라는 그런 요구를 오토가 받아들이지 않으리라는 것을 잘 알고 있었고, 리우트프란트는 설사 그렇게 하고 싶다 하더라도 그럴 권한이 없었다. 따라서 그는 더 이상 콘스탄티노플에 머물 이유가 없었다. 그런데 놀랍게도 그는 귀국하지 못하고 그 지긋지긋한 숙소에 감금되어 전보다 더욱 엄중한 감시를 받았다. 그는 이따금 황제가 만찬에 초대할 때만 외출할 수 있었으나, 그에게는 그 외출조차 갈수록 더 불쾌해졌다. 첫째는 음식이 입에 맞지 않았기 때문이다. "주정뱅이의 음식처럼 기름으로 범벅을 한 데다 비린내가 심하게 나는 용액에 흠

빽 적신 요리였습니다." 둘째는 니케포루스가 만찬을 빌미로 손님을 몹시 괴롭혔기 때문이다. 그는 지겹도록 되풀이해서 물었다. 수백 년 동안 비잔티움의 소유였던 남부 이탈리아를 오토가 감히 어떻게 점령할 생각을 했느냐? 감히 어떻게 황제라고 자칭할 수 있느냐?

7월 말에 리우트프란트에게는 다행스럽게도 니케포루스는 시리아로 가서 원정을 재개했다. 이제 그는 귀국 허가를 얻을 수 있을 듯했다. 그러나 아직 장애물은 남아 있었고 8월 15일에 더 큰 재앙이 터졌다. 교황 요한네스 13세의 서신을 전달하는 사절단이 콘스탄티노플에 도착했는데, 그 서신은 협상을 진행하는 데 도움을 주기 위한 의도였지만 불행히도 오토를 '로마인의 존엄한 황제' 라고 추켜세운 반면 니케포루스는 그냥 '그리스인의 황제' 라고만 지칭했다.

리우트프란트는 당시 비잔티움 궁정에서 나온 이야기를 인용하여 그 섬뜩한 분위기를 전했다. 만약 그 사절들 중에 직위가 높은 사람이 있었다면—예컨대 주교나 후작이 포함되어 있었다면—그에게 매질을 하고 머리털과 수염을 뽑은 다음 자루에 넣고 바다에 던져 버렸으리라는 것이다. 리우트프란트는 그 자신이 주교였기에 그런 말을 듣고 모골이 송연해졌다. 물론 그는 교황의 사자가 아니라 서방 황제의 사자였지만, 요한네스가 오토의 덕분에 교황이 되었다는 것은 잘 알려진 사실인 데다 반反 서방 정서에 물들어 있는 비잔티움 사람들이 그런 구분을 해 줄지 걱정하지 않을 수 없었다.

이후의 사태는 그의 우려가 옳았음을 말해 주었다. 9월 17일 그는 다시 소환되었다. 이번에 그를 부른 사람은 환관 출신의 총대주교인 크리스토포루스였는데, 그는 한두 가지 개인적인 질문을 하고 대화를 시작했다.

> 얼굴이 창백하고, 몸이 여위었고, 머리털과 수염이 길게 자란 것을 보니 귀국 날짜가 늦어지는 탓에 그대가 커다란 심적 고통을 겪고 있다는 것을 충분히 알겠소. …… 이유는 이렇다오. 로마 교황—알베리쿠스의 아들, 그 배교자, 간통과 신성 모독을 저지른 자와 교섭하는 자를 교황이라고 부를 수 있다면—이 우리의 거룩한 황제에게 서신을 보냈는데, 그 자신에게는 어울릴지 모르나 니케포루스에게는 어울리지 않게도 '로마인의 황제'가 아니라 '그리스인의 황제'라고 불렀소. 이것은 그대의 주인이 사주한 것임이 틀림없소. …… 그 교황이라는 얼간이는 거룩한 콘스탄티누스 대제께서 바로 이 도시에 왕홀과 원로원과 로마의 모든 훈작을 물려주었고, 로마에는 사악한 노예, 어부, 빵 장수, 닭 장수, 사생아, 평민, 졸개들만 남겨 두었다는 사실을 알지 못하는 것이오. 그대의 왕이 제안하지 않았다면 그 교황이라는 작자는 이런 서신을 쓰지 못했을 것이오.

리우트프란트는 콘스탄티누스의 시대 이후로 비잔티움의 언어와 관습, 복식이 바뀌었으므로 교황은 복식이 그렇듯이 이제는 로마인이라는 이름을 비잔티움 사람들이 싫어하리라고 생각한 탓에 그런 표현을 쓴 것이라고 주장했다. 그러나 그의 주장은 통하지 않았다. 결국 그는 앞으로 모든 서신에는 '로마인의 위대하고 존엄한 황제들인 니케포루스, 콘스탄티누스, 바실리우스'라는 호칭을 쓰기로 약속했다.

마침내 리우트프란트는 떠나도 좋다는 허락을 받았다. 그러나 그 전에 그는 한 차례의 수모를 더 겪어야 했다. 콘스탄티노플에 체재하는 동안 그는 자신의 크레모나 성당을 장식할 목적으로 호화로운 자주색 천을 구입했다. 그런데 이제 그것을 내놓으라는 고압적인 명령을 받은 것이다. 그는 니케포루스 황제가 직접 마음대로 가져가도 좋다는 허가를 내렸다고 주장하고, 그 대화를 주고받을 당시 합석했던 통역자와 황제의 동생인 레오를 증인으로 내세웠다. 하지만 압수한 자들은 황제의 의도가 그런 사치품의 반출을 허가하려는 데 있는 것이 아니라고 말했다. 계속해서 리우트프란트는, 거의 20년 전 자신이 베렝가리오 후작을 대표하는 일개 보제로서 콘스탄티노플에 와 지금보다 화려한 옷을 더 많이 가져갔을 때도 아무 일이 없었는데, 현재는 황제를 대표하는 주교임에도 참기 어려운 거짓말과 모욕을 당하고 있다고 항의했다. 하지만 그저 시대가 변했다는 대답만 들었을 뿐 아무런 소용도 없었다. 콘스탄티누스는 평화적인 수단으로 목적을 달성하는 온건한 황제였지만, 니케포루스는 더 호전적인 기질을 지닌 황제로 적을 달래기보다는 윽박지르는 것을 더 좋아했던 것이다. 이윽고 10월 2일, 심신이 피곤한 넉 달을 보낸 뒤에야 리우트프란트는 콘스탄티노플을 떠날 수 있었다.

> …… 제가 떠난 도시는 한때 대단히 부유하고 번영하던 도시였으나 지금은 굶주림, 거짓과 술수, 위선과 욕심이 판을 치는 도시, 탐욕스럽고 게걸스럽고 허영심이 가득한 도시가 되었습니다. 저는 길잡이와 함께 49일 동안 나귀와 말을 타거나 두 다리로 걷고, 굶주림과 목마름에 시

달리며, 한숨과 흐느낌, 신음 속에서 나우팍투스에 도착했습니다. ……

그러나 리우트프란트의 수난은 거기서 그치지 않았다. 나우팍투스에서는 역풍을 만나 오래 지체했고, 파트라스에서는 선원들이 그를 버리기도 했고, 레우카스에서는 환관 주교의 홀대로 거의 굶어죽을 뻔했는가 하면, 코르푸에서는 세 차례나 연거푸 지진을 겪었고, 심지어 도둑을 만나기도 했다.* 그도 알다시피 모든 게 다 헛고생이었다. 두 황실의 결혼은 더욱 멀어졌고, 동방 제국과 서방 제국은 오히려 전보다 더 팽팽한 긴장 관계가 되었다. 그가 크레모나에 돌아오기 전에 두 제국은 남부 이탈리아에서 전쟁을 시작했다. 딱한 리우트프란트는 이렇게 1천 년 뒤에도 우리가 그의 여행 기록을 흥미롭게 읽으며 당시의 사정을 이해할 줄은 예상하지 못했을 것이다. 알았더라면 그나마 큰 위안이 되었을 텐데.

모두가 황제의 적

성격, 태도, 외모로 보건대 니케포루스 포카스가 신민들에게 별로 애정을 받지 못한 것은 당연했다. 치세 초기에 그는 제국을 위해 오랫동안 용감하게 싸운 영웅으로, 크레타를 수복하고 동방에서 사라센의 위협을 근절한 공을 세웠다는 것 때문에 인기가 높았다. 그가

* 여기 나온 지명들은 모두 에게 해의 섬들이다.

제위에 오른 것도 그런 인기 덕분이었다. 더구나 그는 황실 혈통이 아니라 해도 적어도 현 황후의 초청을 받았고, 곧 그녀와 결혼했다. 그를 가장 비난하는 적들도 로마누스가 죽은 뒤의 정치적 진공 상태에서 니케포루스와 황후의 행동이 옳았다는 데는 동의할 수밖에 없었다. 그러나 니케포루스는 앞에서 본 것처럼 평화를 유지하는 솜씨는 영 서툴렀다. 제위에 오른 지 불과 6년 동안 그는 제국에서 가장 중요한 요소인 콘스탄티노플 시민들을 포함하여 만나는 사람들을 거의 모두 적으로 만들었다.

정치권력을 누릴수록 그는 점점 오만해졌고 성질도 더 급해지고 무뚝뚝해졌다. 제국의 대사인 크레모나의 주교를 가혹하게 대한 것이나, 불가리아 사절단을 거칠게 대한 것은 그의 외교 방식을 잘 보여 주는 사례였다. 게다가 그는 자기 궁정과 정부의 관리들도 그렇게 고압적인 자세로 다루었다. 하지만 그들이 황제에게 반감과 불신을 품은 것은 주로 개인적인 근거에 뿌리를 두고 있었다. 또한 키예프 대공 스뱌토슬라프를 불러 불가리아를 공격하게 한 데서 보듯이 니케포루스는 국제 관계에서의 판단력도 모자랐다. 제국의 군대가 이미 동방과 서방의 변방에 배치되어 있어 남부 이탈리아 원정까지 감행할 여력이 없는 상황에서 오토 대제를 불필요하게 모욕한 것도 마찬가지였다. 자신의 두 가지 배경, 즉 군대와 아나톨리아의 군사 귀족만을 줄기차게 편애하는 것도 문제였다. 그가 보기에는 수도의 황궁 경비대에 아무 문제도 없었겠지만, 한밤중의 거리에서는 술 취한 병사들이 소리를 지르며 법석을 떠는 바람에 시민들이 집을 나서기도 꺼릴 지경이었다. 백성들은 황제에게 수도 없이 항의와 탄원을 했으나 황제는 간단히 묵살해 버렸다.

한편 '힘센 자'의 재산은 크게 늘었다. 로마누스 레카페누스와 콘스탄티누스 포르피로게니투스는 둘 다 그들의 권력을 제한하기 위해 애썼다. 그러나 니케포루스 포카스는 오히려 일부러 그들에게 유리하게 법을 제정했다. 예컨대 예전에는 토지 매물이 나올 경우 인접한 토지 소유자에게 선매권이 주어졌으나, 이제는 가장 높은 값을 부르는 사람에게 팔렸다. 토지 겸병에 전념하는 지주 귀족에게 유리한 제도인 것은 물론이었다. 또한 예전에는 소규모 자영농이 무장 기병의 자격을 갖추기 위해 필요한 최소한의 재산이 금 4파운드였으나, 니케포루스의 치세에는 12파운드로 올랐다. 이는 수백 년 동안 지역 민병대의 중추를 이루어 온 수많은 자영 농민들을 억누르고 유산 계급의 권력을 증대시켜주는 조치였다.* 그리하여 부익부 빈익빈의 현상은 갈수록 심화되었다. 토지 문제나 군대 문제에 이해관계가 없어도 눈에 보이는 부당함을 잘 아는 콘스탄티노플 시민들은 불만을 감추려 하지 않았다.

좀 의외의 사실이지만 교회의 불만도 시민들 못지않았다. 황제의 극단적인 신앙심은 처음에는 교회 당국을 자기 편으로 만드는 데 도

* 군대에 복무할 수 있다는 것, 특히 원정에 참여한다는 것은 노예와 귀중품 등 값진 전리품을 얻을 수 있는 '특권'이었고 누구에게나 부자가 되는 첩경이었다. 중국의 경우 황제의 명령으로 전쟁이 시작되었으므로 백성들에게 군대의 복무는 짐스러운 '의무'일 뿐이었고 전쟁에서 승리한다 해도 병사들에게 돌아가는 것은 없었으나, 로마 제국의 경우 도시를 점령하면 사흘 동안의 공식적인 약탈이 허용되듯이 병사들이 한몫 잡을 수 있는 기회가 보장되었다. 따라서 병사가 되는 조건을 어렵게 만든 니케포루스의 정책은—동양식 왕조에서와는 반대로—백성들의 반발을 살 수 있었다.

움이 되었다. 그러나 교회는 곧 사회에서 교회가 담당하는 적절한 역할에 관한 니케포루스의 견해가 교회의 견해와 크게 다르다는 점을 깨달았다. 반면 금욕적이고 청교도적인 심성을 지닌 황제는 교회가 수백 년 동안 축적한 재산이 엄청나다는 사실을 알고 크게 놀랐다. 이것은 해묵은 문제였으나 200년 전 콘스탄티누스 코프로니무스의 시대 이래로는 그다지 개선하려는 노력이 없었다. 그러나 최상급의 방대한 농토가 수도원의 관리 부실로 묵혀 있는 경우가 많아 뭔가 개선책이 절실하게 필요해졌다.

여기서도 니케포루스의 방식은 철저하게 비타협적이었다. 어떠한 상황에서든 토지를 교회에 양도하는 것을 무조건 엄금한 것이다. 교회를 후원하고자 하는 사람들은 파괴되거나 버려진 교회와 수도원을 복구하는 것까지만 할 수 있었다. 이 칙령은 당연히 수도사들과 성직자들의 거센 항의를 받았지만 최악은 그 다음이었다. 황제가 직접 승인하는 경우가 아니면 주교를 새로 임명할 수 없다는 법령이 반포된 것이다.* 격노한 사제들이 보기에 그 조치가 의미하는 것은 단 하나였다. 즉 황제가 교회의 조직과 운영을 완전히 통제하는 것이다.

마지막으로 부자와 빈민, 성직자와 속인, 군인과 민간인 모두에게 영향을 주는 조치가 취해졌다. 끝없이 지속되는 전쟁 비용을 대

* 서유럽의 경우에도 교직의 서임권을 둘러싸고 종교 권력과 세속 권력이 충돌한 것은 마찬가지지만 시기와 양상은 비잔티움 제국과 좀 다르다. 1076년 카노사의 굴욕을 거쳐 1122년 보름스 협약으로 이어진 한판 승부의 결과는 교황의 판정승이었다. 동방 제국처럼 강력한 황제권이 확립되어 있지 않은 서방이었기에 그런 결과가 나온 것이다.

기 위해 세금을 유례없이 큰 폭으로 올린 것이다. 당시의 전선은 세 군데로, 동방에서는 사라센, 불가리아에서는 러시아, 남부 이탈리아에서는 오토를 상대해야 했다. 이 세 전쟁 가운데 첫째 것은 거의 승리했지만 나머지 둘은 차라리 일어나지 말았어야 할 불필요한 전쟁이었다. 일반 납세자들은 자신이 그 지나치게 팽창한 군대에 재정을 지원해야 하는 이유를 알지 못했다. 그들은 그 전쟁을 진심으로 싫어했으며, 갈수록 재정 지원을 늘려야 할 게 뻔한 상황이었으므로 전리품에 대한 욕심마저도 사라졌다. 엎친 데 덮친 격으로 흉년이 들어 곡물 가격이 폭등했다. 과거에 흉년이 들면 황제는 보통 정부 기금을 풀었지만, 니케포루스는 그러려고 하지 않았다. 따라서 백성들은 황제가 자신들의 불행을 악용하여 자신이 아끼는 군대에게만 혜택을 베풀려 한다고 의심했다.

이래저래 불만의 목소리가 커지면서 점차 밖으로 표출되었다. 그 첫 조짐으로, 967년 부활절 일요일에는 황제의 아르메니아 경비병과 트라키아 선원들의 다툼이 대규모 폭동으로 번졌다. 수십 명이 부상했고 그중 일부는 치명상을 입었다. 그날 오후 원형 경기장에서 부활절 경주가 시작되려 할 때, 황제가 자신의 불쾌함을 표시하기 위해 관중 가운데서 아무나 골라 몇 사람을 죽이려 한다는 소문이 떠돌았다.

물론 니케포루스에게 그럴 의도가 없었다는 것은 확실하다. 그러나 휴식 시간에 그는 무장 병사들에게 경기장으로 내려가라는 신호를 보냈다. 그가 왜 그랬는지는 확실치 않다. 레오 보제는 황제가 군사적 힘을 과시함으로써 다시는 아침과 같은 소요 사태가 일어나도록 놔두지 않겠다는 의도를 보여 주려 했다고 말한다. 하지만 이런 경주에서는 간간이 모의 전투도 벌어졌으므로 그냥 관중을 위한 구경거리였을 수도 있다. 그런데 병사들이 움직이자 사람들은 별안간 공포에 사로잡혔다. 수천 명의 군중이 오로지 탈출하겠다는 일념뿐이었다. 많은 사람들이 출구로 몰리다가 발에 깔려 죽은 뒤에야 시민들은 경기장의 병사들도 가만히 있고 황제도 황제석에 차분하게 앉아 있다는 것을 깨달았다. 경기장은 점차 평온을 되찾았지만 사람들은 니케포루스에게 이 사태의 책임이 있다고 비난했다. 황제의 인기는 바닥이었다.

두 달 뒤 예수승천축일에 페가이의 성모 성당에서 조과(朝課, 아침기도)를 마친 바실레오스가 예복 차림으로 거리를 지나갈 때 군중 속에서 욕설이 튀어나왔다. 부활절 소요 사태에서 죽은 사람들의 유가족과 친지가 욕을 퍼부었다고 한다. 곧이어 황제는 성난 군중에게 포위되었다. 신체적 위험이 닥칠 때면 으레 그랬듯이 그는 무표정한 얼굴로 눈길을 앞에 고정시킨 채 일정한 걸음걸이로 행진을 계속했다. 하지만 개인 경호원들이 그의 주변을 둘러싸고 주먹질과 돌팔매질을 막지 않았더라면 황궁에 살아서 돌아오지 못할 만큼 위험한 상황이었다.

이튿날 아침 어느 모녀가 인근의 지붕 위에서 황제를 향해 벽돌을 던졌다는 혐의로 체포되어 아마라타스 지구에서 화형에 처해졌다. 니케포루스는 황궁의 담을 더 튼튼히 보강하라는 명을 내렸다. 그는 부콜레온의 작은 항구가 내려다 보이는 이 거대한 요새를 자기 개인의 성채처럼 만들어 놓고, 가족과 친한 동료들과 함께 틀어박혀 나오지 않았다.

이제 황제는 생애 처음으로 두려움을 느끼고 있었다. 전장에서 그는 두려움이라는 말을 모르고 살았으나, 음모와 불길한 조짐의 분위기로 가득한 콘스탄티노플은 점점 위협적으로 느껴졌다. 그의 안색은 갈수록 침울해졌고 병적으로 종교에 빠져들었다. 그는 더 이상 침대에서 잠을 자지 않고 침실 한 귀퉁이에 깔아 놓은 표범 가죽 위에서 잤다. 늙은 아버지 바르다스 포카스가 아흔 살을 일기로 사망한 것도 그에게 큰 타격이었다. 게다가 늦여름의 어느 날에 일어난 예기치 않은 사건으로 그는 헤어나기 어려운 충격을 받았다. 종교 행진을 하던 중에 어떤 혐오스러운 인상의 수도사가 다가오더니 그의 손에 쪽지 한 장을 쥐어 주고는 군중 속으로 사라져 버린 것이었다. 쪽지의 내용은 이러했다. "바실레오스여, 저는 비록 벌레 한 마리처럼 초라한 존재이지만, 황제께서 오는 9월 이후 셋째 달에 돌아가시리라는 계시가 제게 전해졌나이다."

옛 전우의 배신

위기를 표면화시킨 것은 불가리아의 몰락이었다. 968년 여름 페타르 왕은 궁지에 몰렸다. 발작으로 신체 일부까지 마비된 그는 먼저 콘스탄티노플에 대사[121]를 보내 스뱌토슬라프를 상대하기 위한 군사 지원을 요청하고, 곧이어 불가리아의 어린 공주 두 명을 보내 두 어린 황제인 콘스탄티누스와 바실리우스의 신부로 삼게 했다. 그러나 때는 이미 늦었다. 969년 1월 30일 42년 동안 불가리아의 왕위를 지키던 페타르가 죽고 그의 맏아들인 보리스가 왕위를 이었는데, 그는 풍성한 붉은 수염을 제외하고는 보잘것없는 인물이었다. 문제는 여섯 달쯤 뒤에 키예프의 올가 대공녀도 페타르의 뒤를 따랐다는 점이다.

어머니의 죽음으로 이제 어느 누구의 제지도 받지 않게 된 그녀의 고집불통 아들 스뱌토슬라프는 초가을에 러시아인, 마자르족, 페체네그족 등 이질적인 구성의 대군을 거느리고 불가리아의 심장부로 쳐들어 왔다. 프레슬라프는 별다른 저항도 없이 함락되었고 보리스와 그의 전 가족은 포로로 잡혔다. 그와 달리 필리포폴리스에서는 시민들이 용감하게 항전했으나 결국 항복하고 저항의 대가로 시민 2만 명이 처형되는 비극을 당했다. 겨울이 시작될 무렵 러시아군은 트라키아 국경 전역을 장악했다. 이제 봄이 되면 그들이 제국을 침략할 것은 명백했다.[122]

이 시점에서 무대의 초점은 다시 아름다운 악녀 테오파노 황후에게로 향한다. 다른 사람도 마찬가지겠지만 그녀가 니케포루스에게 매력을 느꼈을 리는 없다. 그러나 지난 6년의 어느 시점에선가 그녀는 남편의 예전 동료이자 총사령관으로 빼어난 미남이었던 요한네스 치미스케스와 열렬한 사랑에 빠졌다. 덩치는 작지만 매력적이었던 이 아르메니아 사나이도 그녀를 그렇게 사랑했는지는 확인할 수 없다. 어쨌든 그게 아니더라도 야망, 질투심, 황제에 대한 원한—얼마 전에 그는 군대 사령관직을 박탈당하고 아나톨리아의 자기 영지로 돌아갔다—등 그가 행동을 취할 만한 정황은 충분했기 때문이다. 하지만 스물여덟 살의 테오파노는 여전히 아름다웠으므로 비록 마음이 동할 정도는 아니었다 하더라도 그녀의 구애가 싫지는 않았을 것이다.

그녀는 우선 남편에게 옛 전우를 너무 박대하지 말라면서—어쨌든 치미스케스가 아니었으면 니케포루스가 제위에 오를 수 없었던 것은 사실이니까—유배형을 철회하라고 설득했다. 이것은 생각만큼 어려운 일이 아니었다. 테오파노는 무엇이든 마음만 먹으면 거의 언제나 원하는 것을 얻어 낼 수 있었다(니케포루스가 그녀를 진심으로 사랑했다는 또 하나의 증거다). 니케포루스는 즉시 치미스케스를 불러들였으나, 그 대신 보스포루스의 아시아 쪽 해안 칼케돈에 있는 그의 집에만 머물고 콘스탄티노플에 올 때는 별도로 허가를 받아야 한다는 조건을 걸었다. 연인들의 관점에서 보면 그것은 아직 만족스러운 수준이 아니었다. 하지만 궁하면 통한다고 했던가? 이내 치미스케스는 한밤중에 몰래 해협을 건너 황궁의 외딴 장소에서 기다리고 있는 황후와 만나 회포를 풀었다. 얼마 안 가서 두 사람은 비정하게도 황제를 살해하자는 음모를 꾸미기에 이르렀다.

공모자를 물색하기도 어렵지 않았다. 그 무렵 니케포루스의 측근 인물들 중에서 황제에 관해 좋게 말하는 사람은 거의 없었다. 바실리우스 시종장과 몇몇 고위 궁정 관리들도 음모에 가담했으며, 안티오크의 영웅 미카일 부르체스도 포함되었다. 그가 안티오크를 정복한 것에 대해 니케포루스는 시기심에 불타 무척 화를 냈고 곧이어 그의 지휘권을 박탈했던 것이다.

거사일은 12월 10일로 정해졌다. 그날 오후에 음모자들은 여자로 변장하고 옷 안에 칼을 숨긴 채 황후를 만나러 온 척하면서 황궁의 규방으로 들어갔다. 황후는 그들을 여러 작은 방에 분산시키고 행동 개시의 신호가 떨어질 때까지 기다리게 했다. 저녁 무렵 니케포루스는 또 한차례 경고를 받았다. 이번에는 황궁 예배당 사제들 중 한 사람이 그에게 지금 위험이 가까이 있고 그를 암살하려는 자들이 이미 황궁 안에 숨어 있다고 말했다. 그러자 황제는 환관장 미카일을 보내 조사하게 했다. 그러나 미카일은 이미 황후에게 매수되어 있었으므로 황제에게 전혀 수상한 움직임이 없다고 보고했다.

12월 초순답게 일찌감치 어둠이 깔리면서 밤에는 심한 눈보라가 퍼붓기 시작했다. 음모자들은 캄캄해진 황궁 안에 숨어 있었다. 그들은 요한네스 치미스케스와 함께 행동하고자 했으나, 이런 날씨에 그가 남모르게 보스포루스를 건너기란 대단히 어려웠다. 한편 테오파노는 결정적인 순간이 왔을 때 문제가 발생하지 않도록 남편의 의심을 진정시키려 애쓰고 있었다. 그녀는 남편에게 얼마 전 수도에 온 어린 불가리아 공주들에게 가서 바뀐 환경에 잘 적응하고 있는지 살펴보아야겠다고 말했다. 그리고 오래 걸리지 않을 테니 문을 잠그지 말라고 했다. 니케포루스는 반대하지 않았다. 한동안 그는 서고에 가득한 기도서들 중 한 권을 읽은 다음 평소처럼 기도를 올렸다. 이윽고 그는 삼촌의 그 모직 옷을 입고 침실 바닥에 누웠다. 테오파노는 아직 돌아오지 않았다.

바깥에서는 여전히 폭풍이 그치지 않았다. 날씨가 몹시 춥고 눈이 많이 내리고 바람이 보스포루스의 물결을 거세게 몰아치는 탓에 요한네스 치미스케스는 친구 세 명과 함께 칼케돈에서 등도 없는 배

† 요한네스 1세 치미스케스(좌)와 성모 마리아(우)가 새겨진 금화를 박은 귀걸이. 비잔티움에서는 황제가 충성을 맹세한 신하들에게 귀금속을 하사하는 것이 관례였다.

를 타고 죽을 고생을 하며 해협을 건넜다. 11시가 되어서야 음모자들은 치미스케스의 도착을 알리는 낮은 휘파람 소리를 들었다. 그때 황후 처소의 창문에서 밧줄 하나가 소리 없이 내려왔다. 음모자들은 한 명씩 차례로 밧줄을 타고 건물 안으로 들어갔다. 치미스케스가 맨 마지막이었다. 안에 들어가자 그들의 동작은 신속해졌다. 대기하고 있던 환관 한 명이 그들을 곧장 황제의 침실로 안내했다. 침대가 비어 있는 것을 보고 그들은 일순간 놀랐으나, 환관이 말없이 방 한 구석을 가리켰다. 거기서 황제는 표범 가죽을 깔고 잠들어 있었다.

역사가들은 니케포루스의 마지막 순간을 생생하게 기록했는데, 읽기에 별로 유쾌하지는 않다. 인기척에 잠에서 깬 니케포루스는 일어나려 했다. 그러나 그 순간 탁시아르크〔taxiarch, 군대의 장교 명칭 중 하나〕인 레오 발란테스라는 자가 그를 칼로 찔렀다. 칼날은 원래 목을 겨냥했으나 황제가 갑자기 몸을 트는 바람에 빗나가면서 그의 얼굴을 대각선으로 스쳤다. 피투성이가 된 황제는 비명을 지르고 큰 소리로 성모 마리아 테오토코스에게 도움을 청하며 침대 발치로 기어갔다. 그러나 침대에는 이미 요한네스 치미스케스가 마치 심판관처럼 앉아 있었다.

그들은 황제에게 무릎을 꿇게 했으나 그는 바닥에 쓰러져 꼼짝도 하지 않았다. 그의 옛 전우는 황제의 부정과 배은망덕을 비난하고, 그의 몸을 무자비하게 걷어차면서 머리털과 수염을 잡아뜯었다. 치미스케스가 일을 끝내자 다음 사람들의 차례가 되었다. 그들은 저마다 원한을 털어놓으며 분풀이를 했다. 한 사람이 황제의 턱을 부수자, 다른 사람은 칼집으로 그의 앞니를 후려쳤다. 마지막으로—누구의 것인지는 모르지만—길고 굽은 칼이 황제의 목숨을 끊었다.

황제가 죽었다는 소식은 재빠르게 퍼져 나갔다. 거사를 마친 뒤 치미스케스의 부하들은 눈 덮인 거리를 누비고 다니면서 이렇게 소리쳤다. "요한네스는 로마인의 아우구스투스이자 황제다!" 곧 여기에 다른 사람들이 가세했고 바실리우스 시종장이 대열을 이끌었다. 그의 지시에 따라 군중은 두 소년 황제인 바실리우스와 콘스탄티누스의 이름도 외쳤다. 그것은 새 체제에 대한 지지를 더욱 확고히 하는 데 도움이 되었다. 한편 황궁에서는 바이킹의 바랑인 경비대가 도끼를 손에 든 채 서둘러 부콜레온으로 내려갔다. 그러나 횃불 속에서 그들은 자객 한 명이 몸과 분리된 니케포루스의 머리를 창문 높이 의기양양하게 쳐들고 있는 광경을 보았다. 그 순간 그들은 꼼짝도 하지 않았다. 황제가 살아 있다면 그들은 목숨을 걸고 그를 지켰겠지만 황제가 죽은 다음에 그를 위해 복수하는 것은 전혀 무의미했다. 그들은 이제 새 주인을 찾았으니 그것으로 족했다.

그 새 주인이 누군지는 이미 정해져 있었다. 사태가 수습되자 요한네스 치미스케스는 자주색 장화를 신고 황제의 복장과 표장을 패용한 뒤 대형 황금 옥좌가 있는 크리소트리클리니움(Chrysotriclinium, 대관식이 치러지는 장소)으로 갔다. 테오파노와 그녀의 두 아들이 함께 한 자리에서 그는 로마인의 황제로서 동료 음모자들과 많은 궁정 관리들로부터 갈채를 받았다.

그 이튿날 하루 종일 수도 전역은 쥐 죽은 듯 조용했다. 바실리우스—그는 요한네스의 오른팔이자 가장 신뢰하는 노련한 부관이 되었다—가 통행 금지령을 내렸기 때문이다. 시민들은 가능한 한 집에서 나오지 않았다. 굳이 도시 밖으로 나가야 하는 사람은 무리를 짓는 게 금지되었고, 조금이라도 소동을 일으킬 경우에는 즉결 처형을 받도록 되어 있었다. 이윽고 바람이 잦아들었다. 폭풍이 지나가자 기분 나쁜 정적이 이어졌으며, 마르마라 해에는 안개가 두텁게 깔렸다. 니케포루스의 시신은 창문 아래에 내던져진 채 눈밭을 피로 물들이고 있었다.

그런 죽음을 당한 뒤 국장을 치르는 것은 불가능했다. 그래서 밤이 되자 사람들은 그의 시신을 임시로 만든 들것에 싣고 담요를 덮어 사도 성당으로 운반한 다음 6세기 전 콘스탄티누스 대제가 마련해 놓은 석관들 중 하나에 안치했다. 명예로운 안식처이긴 했으나, 한때 사라센의 저승사자, 시리아와 크레타의 영웅으로 불리며 성인과 야수, 영웅과 악한의 양면을 보였던 니케포루스 포카스로서는 명예롭지 못한 최후였다.

13

칼로 일어선 자 칼로 망한다

969년~976년

만약 나의 제안을 거절한다면 그대에게는 더 이상 선택의 여지가 없소. 그대와 그대의 백성들은 영원히 유럽을 떠나야 할 것이오. 앞으로 영토라고 부를 만한 땅도 지니지 못할 테고 거주할 권리도 가지지 못할 것이오. 그러니 콘스탄티노플을 우리에게 넘기고 아시아로 물러나시오. 그래야만 러시아 민족과 그대들 사이에 참된 평화가 성립될 것이오.

키예프 대공 스뱌토슬라프 황제 요한네스 치미스케스에게, 970년

매력적인 황제

비잔티움의 제위는 10년 동안 벌써 두 번이나 아나톨리아 귀족의 손에 돌아갔다. 공교롭게도 두 경우 모두 제위를 찬탈한 자는 큰 전공을 세운 장군으로, 둘 다 황후 테오파노의 책략에 힘입은 바가 컸고, 그녀의 아들을 보호한다는 구실을 내세웠다. 하지만 니케포루스 포카스와 요한네스 치미스케스는 두 가지 중요한 점에서 달랐다. 하나는 각자의 위치였고 다른 하나는 사람됨이었다.

니케포루스는 비록 적법한 제위 계승자는 아니지만 그래도 황후의 요청을 수락했고 나중에 그녀와 결혼함으로써 상황을 정당화했다. 그에 반해 요한네스는 폭력적인 유혈극을 벌여 제위를 강탈한 처지였다. 또한 그의 불운은 총대주교가 여전히 폴리에욱투스라는 점이었다. 그는 이제 노인인 데다 기력도 잃어가고 있었지만 여전히 완고한 고집불통이었던 것이다. 그렇다 해서 그가 새 후계자를 거부할 수는 없었지만, 그 대신 요한네스에게 수락하기 쉽지 않은 조건들을 내걸 수는 있었다. 첫째는 테오파노에 관한 조건이었다. 두 연인은 니케포루스만 제거하면 제위도 차지할 수 있을 뿐 아니라 결혼하는 데도 문제가 없으리라고 굳게 믿었다. 그러나 총대주교는 그럴 수 없다고 단호히 못박았다. 오히려 그는 황후를 먼 곳으로 보내고 다시는 콘스탄티노플에 오지 못하도록 해야만 요한네스 치미스케스의 대관식을 치를 수 있다고 말했다.

아마 요한네스는 테오파노를 진정으로 사랑하지 않았고, 그녀를 단지 자신의 야망을 실현하기 위한 도구로 여겼던 모양이다. 어쨌든 그는 총대주교의 요구에 주저 없이 결단을 내렸다. 황후는 굴욕감에다 상심까지 안은 채 절차도 생략하고 황실의 쓰레기 처리장으로 사용되던 마르마라 해의 프로티 섬으로 추방되었다.[123] 그러나 폴리에욱투스는 아직 만족하지 않았다. 다음으로 그는 요한네스에게 공개적으로 참회하고 그 범죄에 연루된 공범자들을 모두 기소하라고 요구했다. 마지막으로 총대주교는 교회에 반하는 전임 황제의 모든 법령을 폐기해야 한다고 말했다.

요한네스는 이 모든 조건을 선뜻 수락했다. 그래서 살해 사건이 있은 지 불과 2주밖에 지나지 않은 969년 크리스마스에 새 황제는 대관식을 치렀다. 이제 그에게는 예전의 황족을 처리하는 문제만 남았다. 쿠로팔라테스였던 레오 포카스는 역쿠데타를 기도했다가 실패한 뒤 맏아들—큰아버지와 같은 이름인 니케포루스였다—과 함께 소피아 대성당으로 피신했다. 이 두 사람은 신분과 관직과 재산을 모두 빼앗기고 레스보스로 유배되었다. 레오의 둘째 아들 바르다스는 비가 많이 내리는 흑해 연안의 오지인 폰투스의 아마세이아로 보내졌다. 파트리키우스이자 뛰어난 장군이었던 막내아들만이 자유를 얻었는데, 사라센과의 싸움에서 무훈을 세운 탓이기도 하지만 그보다는 환관의 몸이었으므로 장기적인 위험이 아니기 때문이었다.

지금까지 말한 요한네스 치미스케스의 이야기는 별로 교훈적이라고 할 수 없다. 하지만 당대의 기록으로 미루어 볼 때, 니케포루스에 비하면 그는 생각보다 훨씬 신망이 있었던 사람으로 보인다. 사실 "용기있고 나무랄 데 없는 기사"라는 역사가들의 평가는 앞에서 본 것과 같은 잔인하고 냉소적인 살인자의 이미지와 연관시키기 어렵다.

역사가들은 그가 전장에서 용맹했을 뿐 아니라 친절하고 관대한 성품에다 성실과 지성을 갖춘 위풍당당한 인물이었다고 장황하게 강조했다. 게다가 그는 갈색이 섞인 금발과 붉은 수염, 인상적인 파란 눈을 가진 상당한 미남이었고, 비록 키는 작았어도 아주 민첩하고 힘이 센 사나이였다고 전한다. 그의 병사들 중에 마술馬術이나 활

† 성모 마리아의 축복을 받는 요한네스 1세 치미스케스가 새겨진 금화.

을 쏘고 창을 다루는 솜씨에서 그를 능가하는 사람은 아무도 없었다고 한다. 또한 그는 모든 사람들에게 호감을 주는 편안한 매력의 소유자였다. 니케포루스처럼 홀아비이긴 했으나 니케포루스와 달리 그는 순결 서약을 하지 않았고 여자를 다루는 솜씨도 능숙했다. 심지어 그의 결함마저도 매력적이었다. 그를 잘 알았던 레오 보제는 그가 포도주, 쾌락, 인생의 모든 측면을 사랑했다고 말한다.

요컨대 그는 못생기고 거칠고 청교도적인 전임 황제와는 여러 모로 대비되는 인물이었으며, 그의 순수하고 단순한 '즐거운 인생관'은 니케포루스의 칙칙한 금욕주의와 대비되어 더욱 돋보였다. 콘스탄티누스 마나세스라는 역사가는 그를 가리켜 이렇게 말했다. "그는 정의, 지혜, 분별, 용기의 네 가지 강이 흘러나오는 새로운 낙원을 열었다. …… 니케포루스 살해 사건에 연루되지만 않았더라면 그는 하늘의 밝은 별처럼 빛나는 존재였으리라."

그의 명백한 장점들 가운데서도 백성들이 가장 좋아한 것은 눈치와 몸에 밴 관대함이었다. 사실 총대주교는 황제에게 개인 재산을 백성들에게 나눠 주고 나서 황제의 금고를 차지하라고 말한 바 있었다. 하지만 굳이 그런 말이 없었다 해도 요한네스 치미스케스는 충분히 그렇게 했을 만한 사람이었다. 그는 자기 재산 대부분을 얼마 전에 연이어 닥친 흉년으로 고통을 겪는 백성들에게 나눠 주었다. 특히 기근이 몹시 심했던 트라키아의 농촌들이 많은 혜택을 입었다. (아마 니케포루스라면 모른 척하고 넘어갔을 것이다.) 또한 그는 보스포루스 맞은편의 크리소폴리스에 노소코미움이라는 나환자 병원을 지었다. 레오 보제에 의하면 그는 정기적으로 그곳을 방문하면서 환자들을 격려해 주고 때로는 상처를 손수 씻어 주기도 했다고 한다. 불과 몇 달 만에 비잔티움의 역사상 가장 추악한 범죄자가 가장 사랑받는 지배자로 변신한 것이다.

러시아와의 대회전

키예프 대공 스뱌토슬라프가 진군해 오고 있었다는 점을 감안하면 그런 황제가 등장한 것은 다행이었다. 불가리아는 차지했으나 대공은 불가리아에서 정복을 멈추고 싶지 않았다. 이미 러시아는 콘스탄티노플을 두 차례 공략한 바 있으나 실패했다. 첫 번째인 861년에는 공격이라기보다 습격 정도였고, 그의 아버지 이고리가 시도한 30년 전의 두 번째 공격은 주로 해군을 이용한 작전이었다. 스뱌토슬라프는 콘스탄티노플이 해로에서는 난공불락이라는 것을 굳게 믿었다.

그러나 육로 방면이라면 사정이 다르다. 그의 군대는 대규모였으며, 불가리아를 격파하고 약탈한 뒤 사기도 어느 때보다 충천해 있었다. 이제 평탄하고 밋밋한 평원을 가로질러 보스포루스로 가서 그 엄청나다는 비잔티움 황제의 재산을 차지하고, 나중에는 그의 제위까지 빼앗고, 살인을 저지른 그 반역자—그런 자가 황제라면 대공 자신도 얼마든지 비잔티움의 황제가 될 수 있다—를 그의 고향인 먼 아나톨리아의 황무지로 보내 버리자!

요한네스는 최선을 다해 스뱌토슬라프와 협상하려 했다. 그가 제국의 영토에서 떠나 준다면, 전에 니케포루스가 불가리아를 공격해 달라고 할 때 주겠다고 해 놓고 지불하지 않은 돈을 보내 주겠다고 약속했다. 그러나 대공의 대응을 보면 외교를 통해서는 아무것도 이룰 수 없다는 게 분명했다. 이제 전쟁은 불가피해 보였다. 점차 긴장감이 커지는 가운데 콘스탄티노플에서는 필사적으로 성벽을 보수했다. 물론 시민들은 전에도 그런 위험을 겪었지만, 최근에 여러 차례 공격해 온 것은 그들이 잘 아는 불가르족이었으며, 그들의 수는 아무리 많다 해도 한계가 있었다. 그런데 지금의 적은 발칸 반도에서 발트 해에 이르는 방대한 영토를 지닌 국가였고, 이름도 들어 본 적 없는 각종 무시무시한 야만족들로 이루어진 국가였다.

그러나 비잔티움군은 이미 준비를 갖추고 있었다. 주로 니케포루스 포카스의 덕분에 군대는 일급 전쟁 기계로 탈바꿈했다. 또한 제국에는 벨리사리우스 이래로 적어도 대여섯 명의 뛰어난 자질을 지닌 장군들이 배출되었다(아마 현재의 황제도 그중 한 사람일 것이다). 요한네스는 그 자신도 유감스러웠겠지만 수도에 머물러 있어야 했다. 군사 작전을 수행할 만큼 그의 입지가 확고하지 않았기 때문이다. 하지만 그는 휘하 지휘관들을 깊이 신뢰하고 있었다. 과연 이후의 사태는 그의 신뢰가 옳았음을 증명해 주었다.

요한네스가 군대의 지휘를 의뢰한 두 사람 중 하나는 몇 년 전에 자식도 없이 죽은 그의 아내 마리아—레오 보제는 그녀를 "매우 사랑스럽고 순수한 여인"이라고 말한다—의 오빠인 마기스테르 바르다스 스클레루스였다. 시리아에서 황제와 함께 싸운 그는 황제의 처남이자 가장 절친한 친구였다. 또 한 사람은 파트리키우스이자 스트라토페다르크stratopedarch인 환관 페트루스 포카스였다. 그는 스클레루스처럼 사라센 전쟁의 영웅이었고 최근에 트라키아에서는 마자르족과 싸웠다. 그 과정에서 그는 헝가리의 어느 부족 지도자—두꺼운 쇠미늘 갑옷을 입은 거한—와 단독 결투를 벌였는데, 워낙 강한 힘으로 창을 찌른 탓에 적의 어깨뼈 사이로 창이 관통할 정도였다. 피살된 니케포루스의 조카인 그는 우리가 아는 한 전 황제의 가까운 친척으로서 유배형을 면한 유일한 사람이다. 그러므로 만약 그가 치미스케스에게 조금이라도 원한을 품었다면, 겉으로 드러내지 않기 위해 깨나 애썼을 것이다.

두 장군은 황제에게서 가급적 전투를 피하라는 엄명을 받았다. 황제는 들판에서 제국의 대군을 적에게 보이면 스뱌토슬라프가 퇴각할 마음을 먹을지도 모른다고 생각했던 듯하다. 그가 이 시기—때는 아직 이른 봄이었다—에 군대를 보낸 의도는 오합지졸인 러시아군에게 제국군의 조직력과 힘을 과시하는 한편 그들의 관심을 트라키아 농촌으로부터 떼어 놓으려는 것이었다. 하지만 황제는 키예프 대공을 과소평가하고 있었다. 스뱌토슬라프는 싸울 참이었다. 그는 이번 원정을 위해 마자르족과 페체네그족까지 동원했고 심지어 불가리아의 보야르들에게서도 많은 지원을 얻었다. 스뱌토슬라프는 그들에게 예전의 모든 특권을 회복시켜 주고 옛 이교로 복귀하는 것도 허용하겠다고 약속했다(아직도 이교를 동경하는 보야르들이 많았다).

그 병력의 규모를 정확히 파악하는 것은 불가능하다. 초기 역사가들은 언제나 적의 규모를 과장하고 자기 편은 수적으로 불리하게 기록했기 때문이다. 조나라스와 요한네스 스킬리체스는 러시아군의 규모를 각각 30만 명과 30만 8천 명으로 기록한 반면 네스토르의 기록은 그 터무니없는 수치의 10분의 1가량이라고 말한다. 아마 5만 명 정도로 어림잡을 수 있지 않을까 싶다. 제국군의 규모는 1만 2천 명이라고 전하는데, 사실인 것으로 보인다. 하지만 모두 정예병이었고 장비도 우수했으며, 시리아의 태양 아래에서 수많은 전투를 치르며 단련된 노련한 병사들이었다.

총사령관을 맡은 바르다스 스클레루스는 먼저 아드리아노플로 진군했다. 적이 다가오자 그는 천천히 퇴각하면서 마치 싸우기를 두려워하는 듯한 태도를 보였다. 적에게 안도감을 주어 방심케 하려는 전략이었다. 그러는 한편으로 그는 전선의 후방에서 작전을 짰다. 약정된 날에 그는 요한네스 알라카스 파트리키우스에게 기병대를 맡겨 적을 유인하는 미끼로 보냈다. 전술은 전과 같이 싸우는 척하다가 재빨리 퇴각하는 것이었다. 러시아군은 기세가 올라 추격에 나섰다. 적이 추격하는 것을 알고 기병대는 더욱 걸음을 빨리 했다. 이따금씩 방향을 틀어 적과 대면하기도 했지만 그것은 계속 퇴각하기 위한 술수였다. 내내 일정한 거리를 두고 따라오던 적은 결국 미리 준비하고 있는 제국군의 매복에 걸려들었다.

이 술책은 완벽하게 성공했다. 스뱌토슬라프의 군대는 세 부대로 나뉘어 진군했다. 1군은 러시아인과 불가르족, 2군은 헝가리인과 마자르족, 3군은 페체네그족으로 구성되었다. 알라카스가 교전한 부대는 3군이었다. 그들은 곧 적을 따라잡을 수 있다는 자신감을 가지고 열렬히 추격했다. 그들에게는 적을 죽이고 말, 갑옷, 무기 등 적이 지닌 모든 것을 빼앗겠다는 일념뿐이었다. 그런데 그들이 얕은 계곡으로 들어선 순간 달아나던 비잔티움 기병대가 사방으로 흩어졌다. 추격군도 그들을 따라 흩어졌는데, 그 틈을 타서 스클레루스가 공격을 가했다. 갑자기 포위당한 페체네그족은 순식간에 전멸당하고 말았다.

이것은 서전에 불과했다. 며칠 뒤 아드리아노플에서 수도까지 오는 길의 3분의 1 지점에 위치한 아르카디오폴리스 부근에서는 결정적인 전투가 벌어졌다. 이것은 비잔티움군과 러시아군이 사상 처음으로 탁 트인 들판에서 맞붙은 전면전이었고 피비린내 나는 유혈극이었다. 이 사건을 다룬 레오 보제와 스킬리체스의 기록을 얼마나 믿어야 할지는 모르겠으나 여기서 몇 가지 사례를 소개하기로 한다. 콘스탄티누스 스클레루스는 자기 형인 사령관이 러시아의 어떤 거한과 격투하고 있는 것을 보고 형을 돕기 위해 달려가서 칼로 적을 있는 힘껏 후려쳤다. 칼날은 빗나가서 적이 탄 말을 쳤으나 말의 목이 잘리는 바람에 적은 그만 바닥으로 고꾸라졌고 콘스탄티누스는 느긋하게 적의 목을 졸라 죽였다. 또 바르다스 스클레루스는 몸집이 큰 바이킹 족장을 칼로 내리쳤는데, 적의 몸은 둘로 완전히 갈라져 말 양편으로 쓰러졌다.

분명한 것은 무질서, 비겁한 행위, 배신이 판을 쳤던 이전 시대의 전쟁과는 양상이 크게 달라졌다는 사실이다. 호메로스의 시대와 같은 일종의 영웅시대가 돌아온 것이다. 빛나는 갑옷을 입은 용감한 대장이 병사들의 선두에 서서 치열한 전투가 벌어지는 현장으로 뛰어든다. 그리고 자신이 모시는 황제를 위해 승리하지 못하면 죽는다는 각오로 선뜻 적장과 단독 결투를 감행한다. 이런 정신으로 아르카디오폴리스에서 제국군은 승리했고 러시아군은 학살되었다. 참패를 당한 스뱌토슬라프는 박살난 군대를 그러모아 불가리아로 돌아갔고, 이후 꼬박 1년 동안 모습을 드러내지 않았다.

처남이 트라키아에서 싸우는 동안 요한네스 치미스케스는 수도에서 자신의 입지를 굳히는 한편 동방군을 불러 와서 새 무기와 장비를 지급하고 병력을 충원했다. 그는 전쟁이 아직 끝나지 않았다는 것을 알았다. 키예프 대공은 따끔한 맛을 보았으나 아직 건재했고 야망을 포기할 이유도 없었다. 게다가 그는 복수를 꾀할 터였다.

971년 초봄에 요한네스는 2차전을 준비했다. 그의 군대는 최상의 상태였고, 이번에는 그가 직접 군대를 지휘하여 원정에 나서기로 했다. 스뱌토슬라프가 움직임을 보이지 않으면 자신이 불가리아를 침략하여 그를 몰아 낼 심산이었다. 그런데 그가 막 원정을 떠나려할 때 동방에서 전갈이 왔다. 니케포루스의 조카인 바르다스 포카스(앞에 나온 레오 포카스의 둘째 아들)가 유배지인 폰투스에서 탈출하여 자신의 카파도키아 근거지가 있는 카이사레아(지금의 카이세리)로 돌아가서 그곳의 시민들과 귀족들에 의해 바실레오스로 추대되었다는 내용이었다. 이것만 해도 좋지 않은 소식이었지만 곧이어 다른 전갈도 전해졌다. 레스보스에 유배되어 있는 레오 포카스와 그의 맏아들이 현지 주교를 통해 그 반란의 소식을 트라키아에 퍼뜨리고, 반군이 곧 도착할 테니 모두들 제위 찬탈자에 맞서 봉기하자고 선동한다는 소식이었다.

두 차례의 정략결혼

황제는 여느 때처럼 신속하게 대처했다. 연락책을 맡은 그 주교는 체포되어 심문을 받고 모든 것을 털어놓았다. 그것을 증거로 그는 레오와 그의 아들에게 약식 재판을 거쳐 처형하라는 명을 내렸다. 그러나 그는 곧바로 마음을 바꾸어(역사가들에 의하면 그는 변덕이 심했다고 하는데, 그런 그가 니케포루스를 어떻게 그토록 잔인하게 살해했는지 이해하기 어렵다) 그들을 처형하는 대신 눈을 멀게 한 다음 영원히 추방해 버리라고 했다. 그 뒤 그는 더 선처하기로 결심했다. 시뻘겋게 달군 쇠가 레오 부자의 눈을 찌르려는 순간 황제가 보낸 밀사가 레스보스에 온 덕분에 그들은 겨우 눈을 잃지 않을 수 있었다. 진짜 위험은 그들이 아니라 반역자였다. 황제는 반역자에게 사자를 보내 항복하면 목숨과 재산을 보전해 주겠다고 말했다. 그러나 바르다스 포카스는 그 전해의 스뱌토슬라프처럼 수천의 병력을 거느린 채 수도를 향해 서서히 진군했다.

그 무렵 황제는 아나톨리아에서 군대를 철수시킨 것을 뼈저리게 후회했을 것이다. 그 때문에 그에게는 당장의 상황을 처리할 수 있는 군대가 없어졌고, 오히려 그 병사들 중 상당수가 반란군에 가담하게 되었다. 이제 그에게는 다른 선택의 여지가 없었다. 그는 트라키아에서 최고의 장군과 최고의 병사들을 빼냈다. 이리하여 며칠 뒤 바르다스 스클레루스가 행군에 나섰다. 그가 자리를 비운 사이에 스뱌토슬라프가 공격을 감행한다면 상당한 위험이 벌어질 판이었다. 하지만 동방의 위협은 서방의 위협보다 더 급박했으므로 그 문제는 운에 맡길 수밖에 없었다.

그때까지도 요한네스는 내전을 원치 않았다. 그래서 그는 처남에게 가급적이면 피를 보는 일이 없도록 하고, 항복하는 자에게는 아무런 벌도 내리지 않을 뿐 아니라 명예와 경제적 보수도 주겠다는 제안을 하라고 명했다. 스클레루스는 그 명령이 고마울 따름이었다. 포카스는 그에게 옛 친구이자 전우였고 그의 동생인 아르카디오폴리스의 영웅 콘스탄티누스는 포카스의 누이와 결혼한 처지였으므로 그에게는 진압 임무 자체가 괴로웠던 것이다. 당시 40인의 순교자 호수[124]라고 불리던 곳에 도착하자 그는 정찰병을 보내 포카스의 진영을 찾아 냈다. 그러나 그는 즉각 공격하지 않고, 방랑하는 거지떼로 위장한 비밀 요원들을 보내 반군 병사들을 회유하게 했다.

제국군의 신속함과 규모에 사기가 꺾인 탓인지, 항복하는 자를 관대하게 대해 주겠다는 약속에 마음이 흔들린 탓인지는 알 수 없지만 그 작전은 대성공이었다. 포카스의 추종자들은 매일 밤 진영에서 몰래 빠져나와 스클레루스의 진영으로 투항했고 실제로 환대를 받았다. 반란군의 병력은 화살 한 대 쏘아 보지 못한 채 하루가 다르게 줄어들어 마침내는 수백 명 정도밖에 남지 않았다. 절망과 굴욕감에 빠진 포카스는 자신에게 충성하는 소규모 기병대만 거느리고 야음을 틈타 가족과 함께 티로포이온 요새(지금의 일긴 시 바로 외곽)로 대피했다. 하지만 그것도 헛되이, 스클레루스는 곧바로 추격에 나서 그 작은 성을 포위했다. 포카스는 최대한 버티었으나 결국 모든 사람들의 목숨을 살려 준다는 약속을 받고 아내와 아이들을 데리고 나와 항복했다.

요한네스 치미스케스는 과연 자신의 약속을 지켰다. 그는 바르다스 포카스를 삭발시킨 다음 가족과 함께 에게 해에서 가장 쾌적한 섬인 키오스로 보내 주었다. 역사상 제위에 도전한 반역자에게 그렇듯 관대한 처분을 내린 지배자는 거의 없었으며, 반란을 일으키고서도 그렇듯 온건한 형벌을 받은 반역자도 거의 없었다.[125]

바르다스 포카스의 반란 이후 요한네스 치미스케스는 더 이상 제위에 대한 위협을 받지 않았다. 하지만 적어도 어느 정도 황실과 연관을 맺지 않으면 적법한 권리를 주장하기 어렵다는 사실은 여전히 유효했다. 아름다운 연인 테오파노와 결혼했더라면 그 자신에게도 이익인 것은 물론이고 그의 지위도 크게 강화되었겠지만 그것은 이제 물 건너갔다. 그런데 다행히도 테오파노가 수녀원으로 보냈던 로마누스 2세의 다섯 누이가 있었다.

971년 가을에 황제는 그중 한 명인 테오도라와 약혼하겠다고 발표했다. 물론 12년의 은둔 생활로 그녀가 새삼 미인이 될 리는 만무했다. 레오 보제는 (황후는 물론이고) 모든 공주를 신체적으로 완벽하다고 보았으나 테오도라에 관해서는 "아름답지도 않았고 기품도 없었다"고 썼다. 그러나 요한네스가 테오도라와 결혼하려는 이유는 그녀의 외모 때문이 아니었다. 원한다면 그는 제국 최고의 미녀와 결혼할 수도 있었다. 그는 단지 테오도라가 황제의 증손녀이자 손녀이자 딸이자 누이이기 때문에, 빛나는 마케도니아 왕조의 일원이기 때문에 결혼하는 것뿐이었다.*

결혼식은 11월에 열렸다. 폴리에욱투스 노인은 대관식이 끝난 뒤 5주 만에 죽었으므로—만약 요한네스가 두 달가량 쿠데타를 늦추었다면 그의 앞날(아울러 테오파노의 앞날)은 사뭇 달라졌을지도 모른다—결혼식의 집전을 맡은 사람은 황제 자신이 선택한 후임자로서 탈속적이고 금욕적인 스카만데르의 바실리우스였다.[126] 피로연은 크리스마스가 지날 때까지도 계속되었다.

그런데 그 무렵에는 또 다른 황실과의 결혼, 치미스케스 자신의 결혼보다 훨씬 장기적인 의미를 지니는 결혼이 추진되고 있었다. 그것은 5년에 걸친 작센 황제 오토와의 다툼을 종식하고 동방 제국과 서방 제국 사이에 든든한 연결을 도모하려는 의도에서 나온 결혼이었다. 앞서 보았듯이 원래 그런 방식의 통합은 콘스탄티누스 포르피로게니투스의 치세에 처음 구상된 바 있었다. 그 뒤 그 구상은 967년 오토에게로 이어졌고 그 이듬해에는 그 일 때문에 크레모나의 리우트프란트가 콘스탄티노플에 파견되기도 했다.

속이 좁고 의심이 많았던 니케포루스 포카스였다면 당연히 불쾌하게 여겼겠지만, 요한네스 치미스케스는 어떻게 해서든 그 결혼을 성사시키려 애썼다. 12월 하순 쾰른 대주교가 이끄는 사절단을 콘스탄티노플에 초청하여 신부감을 고르게 한 것도 그런 노력의 일환이었다.[127]

신랑은 서방 황제의 아들이자 후계자인 열일곱 살의 오토였다. 신부의 신원에 관해서는 역사가들의 의견이 다소 불명확하다. 신부의 이름은 테오파노였는데, 최근까지도 그녀는 로마누스 2세의 딸

* 테오도라는 바실리우스 1세의 증손녀이고, 레오 6세의 손녀이자 로마누스 1세의 외손녀이며, 콘스탄티누스 7세의 딸이고, 로마누스 2세의 여동생이다.

이자 두 소년 황제의 누이라는 설이 지배적이었다. 하지만 더 나중의 추론에 따르면 신부는 요한네스 치미스케스의 가문—아마도 그의 조카딸—이고, 따라서 마케도니아 왕조의 혈통은 아니라는 설이 일반적이다. 그런데 그 딱한 소녀가 로마에 도착했을 때 약간의 소동이 있었다. 그녀는 서방 사람들이 기대하던 포르피로게니타*가 아니었기 때문이다.**

오토 대제는 처음에 그녀를 콘스탄티노플로 돌려보낼까 생각했으나 다행히 현명한 의견이 우세했다. 요한네스도 결혼한 뒤 황족이 되었으므로 그의 조카딸도 마찬가지라는 해석이었다.[128] 마침내 오토의 궁정에서 그녀의 지위를 인정했고 오토 청년은 972년 4월 14일 성 베드로 대성당에서 교황 요한네스 13세의 집전으로 결혼식을 올렸다.

이리하여 테오파노는 정확한 신분이 무엇이든 간에 집과 가족을 떠나 원로 성직자들의 손에 이끌려 그녀가 한번도 보지 못한 미지의 땅과 성격도 알지 못하고 말도 전혀 안 통하는 미지의 남편에게로 시집을 가야 했다. 하지만 결과적으로 말하면 그녀는 운이 좋았다.

* 포르피로게니투스의 여성형, 즉 '태어나면서부터 황녀'라는 뜻이다.

** 로마인들의 그런 반응에는 치미스케스가 제위 찬탈자라는 것에 대한 암묵적인 비난이 있었을 것이다. 또한 동방 황제의 출신 성분을 깎아 내릴수록 서방 측이 명분상 유리하지 않겠느냐는 계산도 있었을지 모른다. 그러나 그에 비해 당시 콘스탄티노플 시민들의 기분은 어땠을까? 그들도 잘 알다시피 오토는 작센의 야만족 출신 황제로, 심지어 150여년 전 처음으로 서방의 제위에 올랐던 샤를마뉴보다도 못한 출신이다(샤를마뉴는 그래도 300년 역사를 가진 메로빙거 왕조의 궁재〔宮宰, 메로빙거 왕조의 최고 궁정직〕 집안 출신이었다). 그런 처지에 동방 황녀가 포르피로게니타인지 여부를 따질 정도가 되었으니, 콘스탄티노플 시민들은 아마도 어느새 서방 제국(서유럽)이 이렇게 컸나 하는 심정이 아니었을까?

† 오토 2세와 테오파노의 결혼을 축복하는 그리스도. 982년경 이탈리아 남부에서 제작된 상아 부조. 좌측 오토 2세의 발밑에 엎드려 있는 인물은 테오파노의 심복이자 오토 3세의 가정교사였던 피아첸차의 대주교 요한네스 필라가투스로 추정된다.

결혼 생활도 아주 행복했을뿐더러 친절한 대우는 물론 비잔티움의 관습을 그대로 유지해도 좋다는 배려까지 받았던 것이다. 심지어 나중에 오토 3세가 되는 그녀의 아들은 작센인보다는 그리스인처럼 성장하게 된다. 또한 그녀는 훗날 자신의 결혼에 의해서만이 아니라 자신의 지성과 노력에 의해서 두 제국의 관계가 변모하는 것에 큰 기쁨을 느끼게 된다. 그럼에도 불구하고 당시 겨우 열여섯 살인 소녀에게 972년의 첫 네 달은 악몽이나 다름없었을 것이다. 하지만 그녀가 겪은 고통은 접어두기로 하고, 바야흐로 인생의 절정기에 올라 있는 그녀의 삼촌 요한네스 치미스케스에게로 돌아가자.

무릎 꿇은 러시아와 불가리아

972년 성주간(聖週間, 부활절 전의 일주일) 직전에 요한네스는 콘스탄티노플을 떠나 트라키아로 출발했다. 그는 한껏 기분이 좋았다. 물론 바르다스 포카스의 반란이 971년 한 해를 거의 다 잡아먹은 탓에 그는 1년을 송두리째 잃었다. 또 그 사태를 해결한 뒤에는 계절이 바뀌어 대규모 원정이 어려워졌다. 그러나 그해의 나머지 기간에는 베네치아와의 중요한 조약을 비롯하여 외교 활동으로 이득을 보았으며, 흑해 함대를 준비하고 병력을 훈련시킬 수 있었다(그는 그런 일이라면 전혀 싫증을 내지 않았다).

그가 가장 두려워하는 위험은 아직 구체화되지 않았다. 러시아 침략자들은 비잔티움군이 철수한 틈을 타서 시골을 돌아다니며 내키는 대로 습격과 약탈을 할 수도 있었지만, 키예프 대공은 대규모 공격을 할 여력을 잃고 아직 불가리아에 웅크리고만 있었다. 이제 그와의 승부를 완전히 끝낼 시기였다.

황궁을 나서기 전에 요한네스는 마지막으로 칼케 대문 옆의 작은 예배당에서 기도를 올렸다. 이 예배당은 원래 로마누스 레카페누스가 황제의 개인용 기도실로 설치한 곳이었으나, 요한네스는 이곳을 더 확장하고 치장하여 나중에는 자신의 묘역으로 꾸몄다. 황금이 상감되고 법랑이 장식된 커다란 무덤이 이미 건축되고 있는 중이었다. 기도를 마친 그는 길고 엄숙한 행렬의 선두에서, 오른손으로 참십자가의 한 조각이 들어 있는 대형 십자가를 들고 소피아 대성당으로 가서 전쟁의 신에게 승리를 빌었다. 그리고 블라케르나이로 가서 성모 성당에서 또 한번 기도한 다음 황금뿔에 모인 함대를 시찰하고, 함대에게 도나우 강 하구로 가서 스뱌토슬라프가 바다로 도망치는 것을 막으라는 명령을 내렸다. 선발대가 출범하는 것을 보고 나서 그는 군대를 거느리고 서쪽으로 향했다.

아드리아노플에서 그는 지난해 바르다스 스클레루스가 트라키아에 남겨 둔 잔여 병력을 흡수했다. 마기스테르인 요한네스 쿠르쿠아스—같은 이름의 탁월한 옛 장군과는 달리 일은 뒷전이고 술병만 가까이 하는 인물이었다—가 임시로 지휘를 맡은 탓에 병사들의 사기는 크게 저하되어 있었다. 그러나 머리부터 발끝까지 금장 갑옷 차림의 황제와 화려하게 장식된 말을 탄 지휘관들을 보자 병사들은 다시 원기를 얻어 불가리아의 심장부로 향하는 북상 길에 참여했다.

황제는 발칸 산맥의 협곡에 적군이 없는 것을 보고 안심했다(두 가지만 예를 들면, 757년에는 콘스탄티누스 코프로시무스가, 811년에는 니케포루스 1세가 재앙을 만난 곳이다). 키예프 대공은 그가 평소처럼 콘스탄티노플에서 부활절을 보낸 뒤 4월 중순에야 올 것으로 예상하고 아무런 방어 태세도 갖추지 않았던 것이다. 성주간의 수요일에 요한네스는 옛 불가리아의 수도인 프레슬라프 위쪽 산악 지대로 가서 러시아 진영을 굽어보았다. 그는 기습이 최고라고 판단하고 곧바로 공격을 개시했다.

현재 골자마 캄지야라고 부르는 강의 둑에서 격렬한 전투가 벌어졌고 한동안 전황은 엎치락뒤치락했다. 요한네스가 직접 특별히 양성하여 지금까지 예비 전력으로 감춰 둔 '불사의 부대'가 투입되어 러시아군의 측면을 강타한 뒤에야 비로소 승부의 윤곽이 드러났다. 러시아 병사들은 갑자기 사기가 꺾이고 혼란에 빠지더니 목숨을 건지기 위해 프레슬라프 쪽으로 달아났다. 제국의 기병대가 맹렬한 추격에 나섰다. 살아서 도시까지 간 자는 거의 없었다. 밤까지 학살이 자행되었는데, 이튿날 동이 트자 들판에는 전사자들의 시신이 가득했다. 그때 황제는 프레슬라프의 성문 앞에서 수비대에게 항복을 권유하고 있었다. 적들이 거절하자 즉각 포위전이 개시되었다. 비잔티움의 투석기와 쇠뇌가 육중한 바위와 불붙은 볼트[쇠뇌에 사용하는 굵은 화살]를 성벽 너머로 쏘았다. 동시에 사다리가 성벽에 걸리고 최종 공격이 개시되었다.

처음으로 도시에 입성한 병사는 "아직 수염도 나지 않은" 테오도시우스 메소닉테스라는 젊은이였다. 그의 뒤를 이어 수백 명의 병사들이 물밀듯 들이닥치면서 프레슬라프는 곧 함락되었다. 하지만 시한가운데에는 궁전이자 성채이자 금고로 사용되는 강화된 방벽이 있었다. 살아남은 러시아군은 그곳에 모여 최후의 저항을 벌였다. 치열한 전투에도 불구하고 그 내부 방어망을 뚫지 못하자 요한네스는 성벽에 불을 지르라고 명했다. 그 안의 주택들은 모두 목재로 되어 있어 성냥개비처럼 불이 붙었다. 러시아 병사들은 불에 타 죽거나 달아나다가 칼을 맞고 죽었다. 구조된 자들 중에는 폐위된 차르인 붉은 수염의 보리스가 있었다. 그는 2년 동안이나 스뱌토슬라프에게 포로로 잡혀 있었다. 황제는 그를 매우 정중히 맞고는, 자신의 임무는 불가리아를 정복하는 게 아니라 해방시키는 것이라고 말했다. 그러나 그 뒤의 행동을 예상했다면 차라리 하지 않느니만 못한 말이었다.

프레슬라프의 잿더미 속에서 부활절을 보내며 요한네스는 스뱌토슬라프의 행적을 추적했다. 그 결과 그가 도나우 강에 있는 불가리아의 주요 항구인 드리스트라(그리스인들은 도리스톨론이라고 불렀고 현재는 실리스트라라고 부른다)에 있다는 것을 알아냈다. 아마 비잔티움의 함대를 뚫고 나갈 길을 모색하느라 애쓰고 있을 터였다. 요한네스는 즉각 그에게 사절을 보내 프레슬라프가 어떻게 되었는지 알리고 항복하라고 권했다. 그런 다음 도시의 무너진 방어망을 재건한 뒤—도시의 이름도 자기 이름을 따서 요안노폴리스로 바꾸었다—요한네스는 다시 북상 길에 올랐다. 길고 험한 행군이었지만 마침내 성 게오르기우스의 축일에 그의 군대는 드리스트라 앞에 이르렀다. 공격 방식은 프레슬라프에서와 거의 같아서 먼저 성벽 바깥에서 필사적인 전투가 벌어진 다음 도시 공략이 시작되었다. 하지만

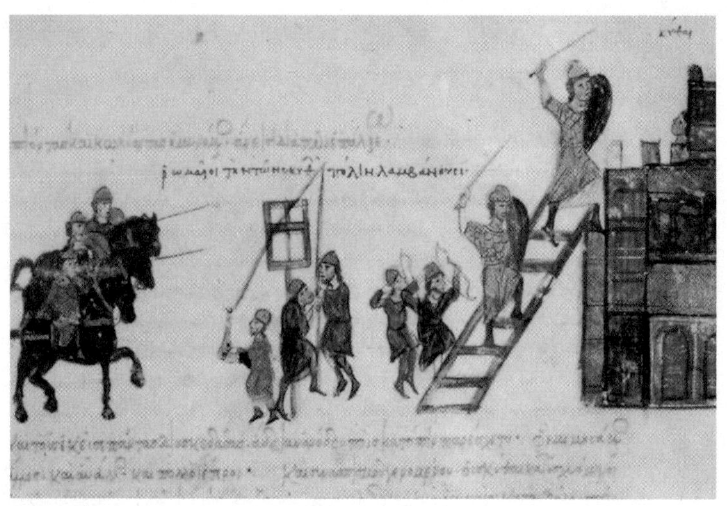

† 비잔티움군이 프레슬라프 성의 러시아군을 공격하고 있다.

이번에는 적의 저항이 만만치 않았다. 제국군은 함대로 강을 완전히 봉쇄한 뒤 여러 차례 도시를 공략했으나 드리스트라는 잘 막아 냈다.

하지만 석 달 동안 포위가 지속되자 시민들은 보급품이 떨어져 완전히 지쳐 버렸다. 마침내 스뱌토슬라프는 마지막 공격에 모든 것을 걸기로 결심하고, 7월 24일에 남은 병력을 이끌고 성문 밖으로 나왔다. 그들은 필사적인 각오로 맹렬한 힘을 발휘했다. 레오 보제는 위대한 전사인 성 테오도루스 스트라틸라테스가 나서지 않았다면 러시아군은 거의 성공할 뻔했다고 말한다. 황제와 많은 병사들이 지켜보는 가운데 그는 눈처럼 흰 말을 타고 치열한 육박전을 벌이며 주변의 적들을 쓰러뜨리고 있었다. 하지만 그날의 승리를 일구어 낸 것은 퇴각을 가장해 적을 유인하는 요한네스의 단골 수법이었다. 밤이 되자 키예프 대공은 강화를 요청했다. 그는 불가리아 전역에서 물러나고, 불가리아에 온 이후 사로잡은 포로들을 모두 송환하고, 크리미아에 있는 비잔티움의 도시인 케르손을 공격하거나 침략하지 않겠다는 뜻을 밝혔다. 그 대가로 그가 원하는 것은 단지 무사히 도나우 강을 건널 수 있게 해 달라는 것과 생존 병력을 위한 약간의 식량 정도였다. 요한네스 치미스케스로서는 더 바랄 나위가 없었다.

각자의 고향으로 돌아가기 전에 스뱌토슬라프의 요청으로 두 지배자는 처음으로 직접 대면했다. 정복을 입은 요한네스는 군마를 타고 강둑을 따라 약속 장소로 갔고, 키예프 대공은 배를 타고 왔다. 그의 부하들이 노를 저었는데, 깨끗한 흰 옷에 보석이 장식된 귀고리, 금발을 두 가닥으로 묶어 길게 늘어뜨리고—서열의 표지였다—나머지 머리를 모두 깎은 그의 모습은 무리 속에서 쉽게 눈에 띄었다. (금발과 파란 눈, 늘어뜨린 콧수염은 러시아 식 이름에도 불구하고 그가 바이킹의 후손임을 말해 주는 징표였다.) 짧지만 우호적인 대화를 나누면서 그는 예전의 통상 조약—특히 러시아인들이 콘스탄티노플에 올 수 있도록 한 조항—을 갱신했으면 좋겠다는 뜻을 피력했다. 그런 다음 그는 정중하게 인사하고 배를 저어 돌아갔다.*

그러나 스뱌토슬라프는 두 번 다시 러시아를 보지 못했다. 귀환하던 도중 그는 페체네그족의 땅을 지나칠 때 그들의 심문을 받았다. 그가 동맹의 대가로 준다고 약속했던 풍부한 전리품은 어디 있는가? 대공은 아무것도 없다고 말했다. 전리품은 승자의 몫이고, 패자인 자신은 운 좋게 목숨만 건져 돌아가는 길이라는 대답이었다. 페체네그족에게 그것은 만족스러운 결과가 아니었다. 이듬해 봄에 스뱌토슬라프가 드네프르 강의 급류를 뚫고 나아가고 있을 때 페체네그족은 매복하고 있다가 그를 살해했다. 그런 다음에 그들은 161년 전 불가르족의 크룸이 니케포루스 1세를 그렇게 한 것처럼 스뱌토슬라프의 두개골을 잘라 술잔으로 만들었다.

한편 요한네스 치미스케스는 가벼운 마음으로 귀환 길에 올랐다. 드리스트라를 떠나기 전에 그는 성벽 아래에서 자신과 어깨를 나란히 하고 싸운 성 테오도루스를 기려 그 도시의 이름을 테오도로폴리스로 바꾸었다. 그런 다음에 그는 차르 보리스와 그의 가족을 거느리고 콘스탄티노플을 향해 남행 길을 출발했다. 그는 두 가지 업적을 자축했다. 위험한 적을 발칸 반도에서 축출했을 뿐 아니라 불가리아를 다시 제국의 관할로 만들었다.

프레슬라프에서 보리스와 무슨 약속을 했든 치미스케스는 그를 왕위에 복위시킬 의도가 전혀 없었다. 실제로 그해 8월 콘스탄티노플로 개선하는 그를 본 사람들은 누구나 그가 물리친 게 러시아가 아니라 불가리아라고 생각했을 것이다. 황제는 행렬 중에서 가장 영

* 여기서 우리에게 흥미로운 것은, 동양의 전쟁과는 달리 서양의 전쟁에서는 상대방을 완전히 굴복시키지 않는다는 점이다. 동양의 경우라면 요한네스처럼 완전히 승세를 잡고도 적장인 스뱌토슬라프를 살려 주는 짓은 결코 하지 않는다. 물론 이는 동양인이 서양인보다 특별히 잔인하기 때문은 아니다. 지리적으로나 정치적으로나 중국이라는 중심이 확고한 동양 역사에서는 이민족의 침략을 확실히 근절해야만 제국이 유지될 수 있었고, 또 이민족은 나름대로 중국 대륙을 완전히 정복해야만 독립적인 국가를 유지할 수 있었다. 다시 말해 동양의 역사에서는 독립적인 두 세력이 공존할 수 없고, 양자 간에 분명한 서열이 있어야 했던 것이다. 이에 비해 서양의 경우에는 이민족 간에 전쟁이 벌어져도 상대방을 제압하는 정도에서 끝낼 뿐 말살하거나 영구히 복속시키려 하지는 않았다. 스뱌토슬라프가 완패하고서도 통상 조약의 연장을 요구할 수 있었던 배경은 이런 데 있다.

광스러운 장소, 즉 네 마리의 백마가 끄는 금장 전차에 자신이 타지 않은 대신 전리품으로 획득한 불가리아의 성상들 중에서 가장 귀중한 성모 마리아상을 모셔 놓았다(그는 성 테오도루스와 더불어 그 성상이 승리에 큰 도움을 주었다고 믿었다). 그 뒤로 빛나는 갑옷을 입은 황제가 말을 타고 따랐다. 행렬의 후미에는 차르 보리스가 아내와 자식들을 데리고 걸어오고 있었다. 연도에 모인 군중은 나름대로 결론을 내렸다.

파괴되고 황폐화된 이웃을 제국이 어떻게 대할지 아직도 모르겠다는 사람들은 이내 그 답을 알 수 있었다. 행렬이 소피아 대성당에 이르자 요한네스는 주제단 위에 성모 마리아상과 함께 불가리아의 왕관과 표장들을 놓았다. 곧바로 열린 황궁의 국가 의식에서 그는 젊은 차르를 정식으로 폐위해 버렸다. 이제 불가리아는 제국의 속주가 되었다. 불가리아 총대주교구는 폐지되었고, 그 휘하 주교구들은 다시 콘스탄티노플에 귀속되었다.

요한네스는 특유의 관대함을 발휘하여 보리스에게 비잔티움의 명예 마기스테르라는 관직을 주었지만, 보리스의 동생 로마누스는 거세되는 불운을 겪었다. 아마 본국으로 돌아가서 불가리아 왕위를 주장하지 못하도록 하기 위해서였을 것이다. 이로써 한때 비잔티움을 공포로 몰아넣었던 크룸 왕가는 결국 불명예스러운 종말을 고했다.[129]

하지만 한 나라를 없앤다는 게 그렇듯 쉬운 일은 아니다. 지도를 흘긋 보아도 10세기의 불가리아는 거의 아드리아 해까지 닿아 있어 지금의 불가리아 공화국보다 훨씬 컸다. 게다가 최근의 전쟁으로 피

† 프레슬라프에서 승리를 거두고 콘스탄티노플로 귀환하는 요한네스 1세 치미스케스의 개선 행렬.

해를 입은 지역은 동부였으므로 전체 면적의 3분의 2에 해당하는 서부 지역은 주권을 포기할 이유가 없었다. 이곳에 살아남은 불씨는 곧 화려하게 되살아나 제1차 불가리아 제국의 마지막 불꽃을 피우게 된다. 그러나 혜성처럼 떠올랐다가 비극적으로 몰락한 사무엘 코메토풀루스의 이야기는 다음 장으로 미루기로 하자.

무훈의 결과는 암살?

불가리아 원정에서 성공을 거둔 뒤 요한네스 치미스케스는 종교 문제가 아닌 한 유럽에는 거의 관심을 두지 않았다. 더 중요한 곳은 동방이었다. 바그다드의 아바스 칼리프 왕조는 병약한 알무티가 권좌에서 물러나 자기 궁전에 죄수처럼 감금된 이후에는 더 이상 제국에 위협이 되지 않았다. 그러나 위험은 남쪽에 있었다. 바로 3년 전인 969년부터 이슬람의 파티마 칼리프 왕조는 다시금 팽창 정책을 전개했다. 파티마군은 오늘날 튀니지의 동해안에 위치한 수도 마디야에서 동쪽으로 진출하여 나일 강 유역을 유린하고 시나이 반도를 거쳐 팔레스타인과 시리아 남부로 들어왔다. 971년에 그들은 안티오크를 공격했다. 제국으로서는 큰 타격을 입기 전에 그들의 진출을 저지해야만 했다. 973년 7월에 파티마군이 아미다 성벽 앞에서 현지의 비잔티움군을 거의 궤멸시켰을 때 요한네스는 이미 역공을 준비하는 중이었다.

974년 봄 요한네스는 만반의 준비를 갖추었으나 하필 그때 더 큰 위기의 소식이 전해졌다. 이번의 무대는 아르메니아였다. 원래 다툼이 심하던 이 지역의 귀족들은 갑자기 일치단결하여 약 8만 명의 병사들과 함께 아쇼트 3세를 '왕중왕'(130쪽의 주 참조)으로 추대했다. 그들이 왜 그랬는지는 알 수 없다. 우리의 주요한 전거인 에데사의 마태오라는 아르메니아인은 그 문제에 관해 모호하게 얼버무리고 있다. 추측컨대 그들은 요한네스가 출정 준비를 했다는 소식을 듣고 그가 자신들을 정벌하러 올 것이라고 판단했던 듯하다.

황제는 그 자신이 아르메니아 출신이었음에도 불구하고 그들의 두려움을 가라앉히지 못했다. 하지만 그는 그 문제에 개의치 않고 타우루스 고개를 넘는 정상적인 행로를 거쳐 시리아로 진군하기로 결정했다. 아르메니아의 북쪽으로 우회할 때 아쇼트에게 자신의 평화적 의도를 직접 전달하면, 오히려 아르메니아 군대의 일부나 전부를 원정에 동참시킬 수도 있으리라고 기대했다. 이렇게 하면 행군로

가 400킬로미터에서 600킬로미터나 길어지게 되지만, 결과적으로 볼 때 충분히 그럴 만한 가치가 있었다. 아쇼트는 선뜻 황제의 편이 되어 주었고, 완전무장하고 전투 준비를 갖춘 정예병 1만 명을 내주었던 것이다.

원정군은 남쪽의 아미다와 마르티로폴리스(마이야파리킨)—이 도시들은 막대한 배상금을 지불하고서 약탈과 유린을 면했다—로 간 다음 계속해서 니시빈(제국군이 온다는 소식을 듣고 주민들 모두가 도망쳤다)을 거쳐 이렇다할 적을 만나지 않고 메소포타미아의 평원 지대에 이르렀다. 황제가 왜 바그다드를 공략하지 않았는지는 수수께끼로 남아 있다. 당시의 상태로 볼 때 바그다드는 대규모 공격에 거의 항거할 능력이 없었다. 많은 전리품을 가지고 요한네스는 군대를 되돌려 안티오크로 갔다. 병사들을 안티오크의 겨울 주둔지에 머물도록 한 다음에 그는 급히 콘스탄티노플로 돌아왔다.

요한네스가 길고 지루한 서행 길을 타고—더구나 한두 달 뒤에 다시 그 길을 따라 동방으로 돌아가야 한다는 것을 알면서도—굳이 수도로 돌아온 이유는 종교적 위기 때문이었다. 그런데 그것은 콘스탄티노플이 아니라 로마에서 터진 위기였다. 오토 대제는 973년에 죽었고 그의 아들 오토는 독일에 있었다. 그런 상황에서 974년 초여름에 추기경인 프랑코 보제—그는 작센 황제가 교황을 가지고 노는 것을 싫어하는 로마 귀족이었다—가 오토의 꼭두각시인 교황 베네딕투스 6세에게 반기를 들었다. 교황은 산탄젤로 성에 유폐된 뒤 얼마 되지 않아 교살되었다. 그 뒤 프랑코는 스스로 교황위에 올라 보니파키우스 7세가 되었다. 그러나 곧 반혁명이 일어나는 바람에 그는 도망쳐서 콘스탄티노플로 왔나. 한편 젊은 황제 오도는 수드리의 주교를 교황 베네딕투스 7세로 임명했고, 새 교황은 전임 교황을 파문했다.

보니파키우스가 보스포루스에 온 것은 비잔티움에게 곤혹스러운 일이었다. 그는 오래전부터 서방 제국에 반감을 품어 왔으며, 그 점에서 콘스탄티노플과 끈끈한 유대를 가지고 있었다. 게다가 그는 니케포루스 포카스가 모든 면에서 오토 1세와 다르다면서 그를 고집스럽게 지지한 적도 있었다. 그가 베네딕투스 6세를 어떻게 처리했다고 밝혔는지는 알 수 없다. 어쨌든 콘스탄티노플의 황궁에서는 그를 지지하기로 결정했고, 로마와의 관계를 끊어야 한다고 판단했다. 그리고 메소포타미아에 있는 황제에게 긴급히 수도로 돌아와서 이 사태를 영구히 매듭지으라는 전갈을 보냈다. 그러나 바실리우스 총대주교의 견해는 달랐다. 물론 그는 요한네스가 발탁한 인물이었지만 그렇다고 일일이 황제의 명령을 받고 싶지는 않았다. 그는 전부터 교회의 통일과 적법한 교황의 우월권을 전폭적으로 지지해 왔으므로 교황의 파문이 유효하다고 단호하게 주장했다.

예상할 수 있듯이 로마 교황의 지위를 위협하는 역대 콘스탄티노플의 총대주교들은 대부분 야심을 가진 세련된 자들이었다. 탈속적인 금욕주의자는 그런 마음을 먹지 않았다. 스카만데르의 바실리우스는 정확히 둘째 부류에 속하는 사람이었다. 신도들이 보기에 그는 거의 성인에 이른 인물로서 장과와 물로만 식사를 했고, 더러운 옷을 다 해어질 때까지 입고 다녔으며, 잠도 늘 땅바닥에서 잤다. 레오 보제는 "그의 유일한 흠이라면 다른 사람들의 행동을 너무 상세하게 알려 하고 필요 이상으로 개입하려는 경향"이라고 말했다.

당연히 그는 인기가 거의 없었다. 그래서 그를 더 유순한 인물로 교체하자는 결정이 내려졌을 때 그의 행실을 문제삼은 주교들과 성직자들은 많았다. 그들은 그가 행정을 잘못했고, 교회법을 위반했고, 심지어 제위 계승에 관한 음모를 꾸몄다고 증언했다. 바실리우스는 그 죄목들에 대해 자신을 변호하지 않고, 다만 자신을 해임하려면 교황의 대표단까지 참석한 가운데 세계 공의회를 열어야 한다고 주장했다. 그러나 황제가 수도에 돌아오자마자 열린 제국 법정에서는 그의 잘못을 입증하는 데만 급급했다.

결국 바실리우스는 추방되었고 베네딕투스는 승인을 받지 못했다. 보니파키우스는 984년 4월까지 콘스탄티노플에 머물다가 비잔티움의 도움으로 간신히 라이벌 후임자인 요한네스 14세를 퇴임시키고(그도 역시 그 불쾌한 산탄젤로에서 삶을 마감했다) 교황위를 되찾았다. 그 뒤 그는 15개월가량 그 자리를 지키다가 이듬해에 죽었는데, 독살된 게 거의 확실하다. 전하는 바에 따르면 그의 시신은 벌거벗겨진 채 로마 시내를 끌려다니다 카피톨리누스의 "콘스탄티누스의 말 아래"[130] 내버려졌다. 나중에 그곳을 지나가던 사제들이 그의 시신을 수습하여 매장해 주었다고 한다.

975년 이른 봄에 종교적 위기를 뒤로 하고 신임 총대주교 스투디움의 안토니우스 3세를 소피아 대성당에 무사히 취임시킨 뒤 요한네스 치미스케스는 동방으로 돌아가서 그의 마지막이자 가장 성공적인 작전을 전개했다. 안티오크를 출발한 그는 먼저 에메사(홈스)로 가서 싸우지도 않고 항복을 받아 냈다. 그 다음에 바알베크는 저

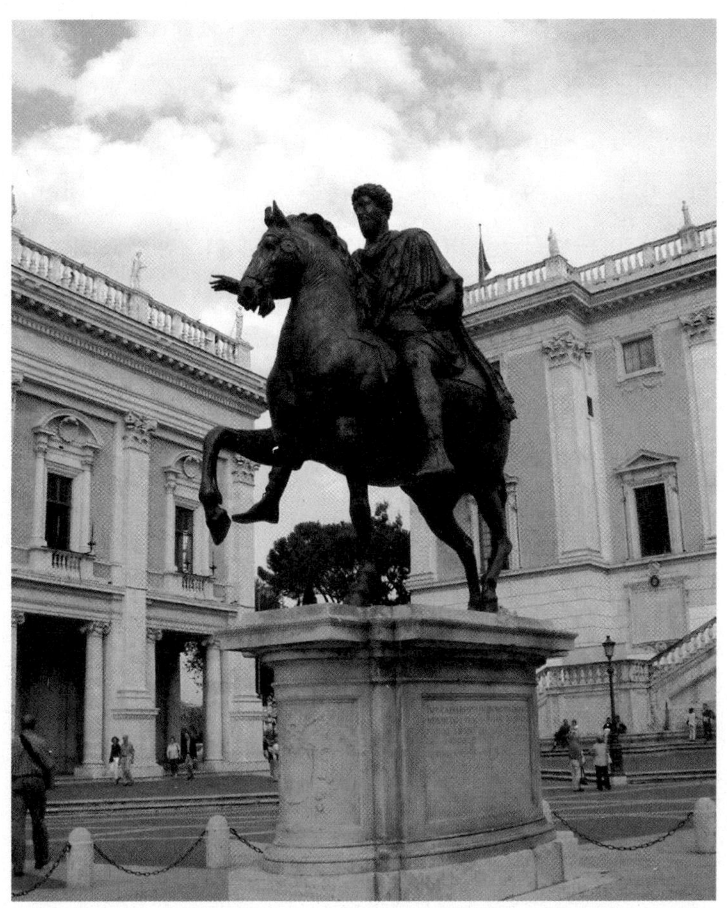

† 카피톨리누스의 마르쿠스 아우렐리우스 기마상은 중세까지 콘스탄티누스의 기마상으로 잘못 알려져 있었다.

항하는 시늉만 하다가 함락되었다. 다마스쿠스가 그 뒤를 이었고, 팔레스타인, 티베리아스, 나자렛, 카이사레아로 가는 길이 활짝 트였다. 마치 끊임없이 개선 행진이 이어지는 것 같았다. 그러나 이 도시들을 방비하는 아프리카 병사들은 해안 요새들을 따라 참호를 파고 강력하게 저항했다. 그래서 요한네스는 예루살렘으로 가던 길을 중단하고 먼저 그들을 제거하여 후방의 위험을 없애고자 했다. 시돈이 함락되고, 베이루트가 영웅적인 항전 끝에 무너지고, 비블로스도 마찬가지 운명이 되었다. 해안 도시들 가운데 트리폴리만이 점령을 면했다. 여름이 끝날 무렵 헤라클리우스 이래 어느 황제도 밟아 본 적이 없었던 팔레스타인, 시리아, 레바논의 대부분이 제국의 영토가 되었다.

놀라운 성과였다. 그러나 그해 말경 콘스탄티노플로 귀환하는 그는 거의 죽어가고 있었다. 어떤 병이었는지는 모른다. 우리에게 전해지는 세 가지 권위 있는 전거—스킬리체스, 조나라스, 레오 보제—에서는 모두 시종장인 바실리우스를 범인으로 지목하고 있다. 황제는 귀환 도중 아나톨리아를 지나칠 때 그 일대의 질 좋은 토지의 소유자가 누군지 물었는데, 모두 바실리우스의 소유라는 대답을 들었다고 한다. 그러자 황제는 상상할 수조차 없는 대규모의 횡령이라고 여기고 크게 화를 내면서 돌아가는 대로 당장 시종장을 불러 해명을 듣겠노라고 말했다.

그러나 그 의도를 드러내지 않았다면 더 좋았으리라. 군대와 황궁을 오가는 어느 전령이 황제의 말을 바실리우스에게 전한 것이다. 위험을 감지한 바실리우스는 대비책을 세웠다. 한두 주일 뒤 요한네스가 비티니아의 어느 부유한 가신과 식사를 하고 있을 때 누군가 효력을 천천히 발휘하는 독약을 그의 잔에 몰래 탔다. 이튿날 아침 그는 잠에서 깨어났으나 사지를 거의 움직일 수 없었다. 눈에서는 피가 흐르고 목과 어깨는 온통 고름투성이였다. 그때부터 그는 오로지 죽기 전에 귀환해야 한다는 한 가지 생각뿐이었다. 사자들은 황제가 곧 도착할 테니 무덤 축조를 서두르라는 명령을 지니고 콘스탄티노플로 달려갔다.

보스포루스에 닿았을 무렵 황제는 숨조차 쉬기 어려울 지경이었다. 그래도 잠시 들것에서 몸을 일으켜 동방에서 획득한 두 개의 보물—그리스도의 신발과 세례자 요한의 머리털—을 소피아 대성당에 안치하는 의식에는 간신히 참석할 수 있었지만, 그 뒤에는 병상에 누워 다시 일어나지 못했다. 그는 모든 재산을 가난하고 병든 자들에게 나눠 준 다음 아드리아노플의 주교 니콜라우스에게 길고 고통스러운 고해를 하면서 성모 마리아 테오토코스를 애타게 불렀다. 결국 그는 계속 성모 마리아를 찾으면서 976년 1월 10일 겨우 6년 1개월의 재위 기간을 뒤로 하고 쉰한 살로 죽었다.

이 독살설을 어떻게 받아들여야 할까? 적어도 일곱 명의 기록자들이 그 사건을 이러저러한 형태로 다루었으나 모두가 바실리우스를 범인으로 지목한 것은 아니었다. 하지만 앞에서 여러 차례 보았듯이 그런 경우는 거의 대부분 부정한 음모와 관련되게 마련이다. 만약 바실리우스가 음모를 꾸민 거라면, 어떻게 그 뒤 두 어린 황제를 보필하며 섭정을 지낼 수 있었을까? 게다가 효력이 늦게 발동하면서도 그렇듯 강력한 효과를 지닌 신비로운 독약이란 대체 뭘까? (그런 약을 제조하는 비법은 실전된 모양이다. 어쨌든 현재는 그런 약을 만들지 않는다.) 그보다는 그 동방 원정에서 죽어간 수천 명의 병사들과 마찬가지로 요한네스도 장티푸스, 말라리아, 이질 등의 치명적인 질병에 감염되어 죽었다고 보는 게 더 그럴듯하지 않을까?

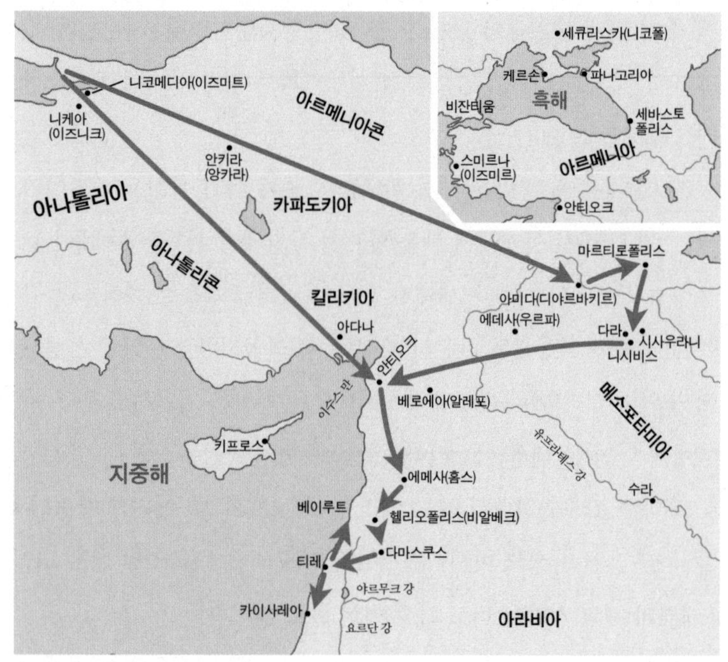

† 요한네스 치미스케스의 행군로.

그러나 확신할 수는 없다. 요한네스 치미스케스는 삶에서도 그랬지만 죽음에서도 수수께끼 같은 데가 있다. 짧은 치세 동안 그는 비잔티움의 위대한 황제들과 맞먹는 업적을 올렸다. 그는 러시아와 불가리아, 바그다드와 카이로의 두 칼리프 왕조를 모두 물리쳤다. 나아가 시리아와 레바논, 메소포타미아와 팔레스타인의 넓은 영토를 수복했다. 게다가 그는 동맹자만이 아니라 적들에게서도 용기와 기사도 정신, 열정으로 큰 존경을 받았다. 평화시에 그는 현명하고 정의로운 지배자였고, 빈민의 친구였으며, 특히 병자에게는 각별한 관심을 기울였다. 비록 그 자신도 질병으로 죽었지만. 그의 빛나는 인품은 금장 갑옷만큼이나 우리를 눈부시게 한다. 하지만 그 눈부심에 눈이 멀어 그 뒤에 가려진 또 하나의 어두운 모습을 보지 못하면 안 된다. 침실 바닥에 보기 흉하게 널브러진 가련한 인물에게 경멸의 시선을 던지며 발로 걷어차던 바로 그 모습 말이다.

14

권력을 향한 험난한 도정

976년~989년

오만해진 총독들을 처단하십시오. 원정에 나선 장군에게 너무 많은 자원을 내주지는 마십시오. 부당한 요구로써 그들을 지치게 하고, 늘 자신의 일에 몰두하게 만드십시오. 여자를 황궁 회의에 참가시켜서는 안 됩니다. 폐하의 내밀한 계획은 최소한의 사람들에게만 털어놓으십시오.

바르다스 스클레루스 바실리우스 2세에게

소년 황제의 야심

요한네스 치미스케스가 죽자 이윽고 로마누스 2세의 두 아들, 즉 열여덟 살의 바실리우스와 열여섯 살의 콘스탄티누스가 제위에 오를 것은 분명해졌다. 두 살 차이였지만 형제는 달라도 그렇게 다를 수 없었다. 콘스탄티누스는—당시에나 나중에나—정치나 국정에 전혀 관심이 없었던 반면, 바실리우스는 빠른 두뇌 회전과 지칠 줄 모르는 체력으로 주변 사람들을 놀라게 했다. 하지만 그는 선조들과도 또 달랐다. 그는 지성을 갖추었으나 현제 레오나 콘스탄티누스 포르피로게니투스와 같은 의미에서의 지적인 황제는 아니었다. 즉 그는 학문이나 문학 따위에는 전혀 관심이 없었으며, 그의 조잡한 그리스어는 까다로운 비잔티움인들의 귀에 거슬렸다.

레오와 콘스탄티누스는 늘 현란한 장식물과 화려한 옷, 귀중한 보물과 골동품으로 자신의 권력과 위엄을 강조하려 했으나, 바실리우스는 자신을 위해 아무것도 하지 않았고 국가 행사도 최소한으로 줄였으며, 황제에게는 어울리지 않는 소박한 작업복을 입고서 황궁과 도시를 돌아다녔다. 심지어 그의 옷은 청결하지도 않았다. 외모상으로도 그는 아버지와 할아버지를 거의 닮지 않았다. 그들은 키가 크고 피부색이 짙었지만, 바실리우스는 키가 작고 땅딸막했으며, 동그랗고 수염이 많은 얼굴에 연푸른색의 눈이 활처럼 휜 높은 눈썹 아래에서 총명하게 빛났다. 역사가인 미카일 프셀루스(그는 이 시기부터 많이 인용될 것이다)는 말을 타지 않았을 경우 그의 외모는 전혀 두드러져 보이지 않았지만, 말 다루는 솜씨가 뛰어난 덕에 일단 말에 오르면 자신의 본 모습을 여실히 보였다고 말한다.[131]

바실리우스가 아버지와 다른 점은 또 있었다. 로마누스는 짧은 성년 기간 동안에도 어지간히 주색을 밝혔다. 바실리우스도 청년기

† 섭정인 테오파노와 그녀의 아들들인 바실리우스 2세, 콘스탄티누스 8세 앞에 배석한 고위 성직자들.

초기에는 비슷한 성향을 보였으나 권좌에 오르면서부터는 방종한 생활을 버리고 특이할 만큼 금욕적으로 살았다. 음식은 검소했고 여자도 가까이 하지 않았다. 비잔티움 황제들 가운데—나아가 당대 유럽의 군주들 가운데서도—그는 유일하게 결혼하지 않은 황제였다. 그의 동생 콘스탄티누스는 나중에 아내 헬레나 알리피나와의 사이에 딸들만 두었기 때문에 제위 계승의 중요성이 한층 두드러지는 상황에서 그가 독신으로 살아간 것은 한층 더 이상해 보인다.

혹시 그는 결혼을 했는데 그 사실과 관련된 모든 기록이 사라진 것은 아닐까? 일부 황후들—요한네스 치미스케스의 아내가 적절한 예다—은 역사에서 한 차례만 언급된 뒤 다시 등장하지 않는 경우도 있지 않은가? 더구나 바실리우스 2세의 치세에 관해 전해지는 문헌은 안타까울 만큼 빈약하다. 그러나 그 가설은 매력적으로 보일지는 몰라도 사실과는 거리가 멀다. 바실리우스와 그의 동생이 공동으로 통치하던 반세기 동안에 열렸던 국가 행사에 관한 기록들을 보면 예외 없이 계수인 헬레나가 유일한 황후로 언급되어 있고 그녀가 황후로서의 모든 직무를 수행했다고 되어 있다. 그러므로 바실리우스가 평생 독신으로 살았다는 사실에는 의심의 여지가 별로 없다. 하지만 왜 그랬는지는 여전히 미스터리다.

선임 황제가 된 순간부터 그는 단순히 황제로 군림하는 것만이 아니라 직접 제국을 통치하겠다는 결심을 굳혔다. 마침 동생은 황제의 책무에서 벗어나는 것을 고마워할 따름이었으니 아무런 문제도 없었다. 하지만 바실리우스의 앞길에는 두 가지 장애물이 있었다. 첫째는 그의 외종조부이자 그와 같은 이름을 가진 바실리우스 시종장이었다.* 이 로마누스 레카페누스의 서자는 벌써 30년 전에—아직 20대의 나이로—콘스탄티누스 포르피로게니투스에 의해 황제에 이어 제국의 2인자라는 높은 지위에 올랐다. 그 이후로 그는 로마누스 2세, 니케포루스 포카스, 요한네스 치미스케스의 치세에도 내내 그 자리를 유지했다. 또한 (역사가들이 주장하는 것처럼) 자신의 권력을 유지하기 위해 두 어린 공동 황제에게 방탕한 생활을 의도적으로 부추긴 것인지는 입증되지 않았지만, 그는 분명 고분고분하게 권력을 내줄 의도가 없었다.

둘째 장애물은 제위의 성격 자체에서 비롯되는 것이었으므로 더 심각했다. 초기 로마 황제들은 세습에 의해서가 아니라 군대의 추대에 의해 제위에 올랐다.** 비록 세습의 원칙은 콘스탄티노플에서 이미 오래전에 확립되었으나 그것이 정치 체제의 필수적인 요소인 것은 아니었다. 더구나 60년에 걸쳐 세 명의 장군이 제위를 차지했으

* 여기서 복잡한 비잔티움 황실의 '촌수'를 쉽게 요약해 보자. 시종장 바실리우스는 로마누스 1세의 아들(서자)이자 콘스탄티누스 7세의 처남이다. 또 콘스탄티누스 7세는 로마누스 2세의 아버지이고 로마누스 2세는 지금 황제 바실리우스의 아버지다. 따라서 황제 바실리우스에게 시종장 바실리우스는 할아버지(콘스탄티누스 7세)의 처남이자 아버지(로마누스 2세)의 외삼촌이므로 우리식 항렬로 치면 외종조부가 된다.

** 사실 기원전 1세기에 제정이 성립한 이후 로마 제국의 제위 계승은 늘 세습을 원칙으로 삼았으나 불가피한 사정으로 어긋난 경우가 많았을 뿐이다. 쉽게 말해 초기 로마 황제들 중에 아들을 낳은 황제가 드물었던 것이다. 특히 로마의 평화라고 일컬어지는 기원후 2세기, 이른바 5현제 시대에는 거의 양자 계승 제도로 제위가 이어졌고, 로마 제국이 사실상 무력화되는 3세기 이후에는 장군이 부하들의 추대를 받아 제위에 오르는 군인 황제 시대라고 할 수 있다. 중국식 제국에는 그런 제위 계승의 불안이 없었는데, 이에 관해서는 『비잔티움 연대기: 창건과 혼란』, 252쪽의 옮긴이 주를 참조하라.

니* 아무래도 제위의 세습에 대한 관념이 희박해질 수밖에 없다. 특히 아나톨리아의 군사 귀족들이 보기에는 더 그랬다. 그렇다면 차라리 옛 전통으로 돌아가면 어떨까? 혈통 말고는 별 볼일 없는 풋내기 젊은이보다는 전장에서 능력을 인정받은 노련한 장군이 제위에 오르는 게 낫지 않을까?

권력을 향한 행보

이런 이유로 치세 초반 9년 동안 바실리우스는 이름만 황제였을 뿐 실은 막강한 시종장에게 권력을 내주어야 했으며, 13년째 되는 시기까지도 제위를 찬탈하려는 두 명의 반란군 장군과 싸워야 했다. 그 두 사람은 이미 앞에서 등장한 바 있다. 그중 한 사람인 동방군의 총사령관 바르다스 스클레루스는 일찍이 매부인 요한네스 치미스케스에게 확고한 충성을 바쳤으며, 자신이 적법한 후계자라고 여겼다. 다른 한 사람은 바로 니케포루스 황제의 조카인 바르다스 포카스인데, 그는 이미 한 차례의 반란에 실패한 뒤** 다시 기회를 엿보고 있었다.

둘 중 먼저 행동에 나선 사람은 스클레루스였다. 976년 봄 매부인 치미스케스가 죽은 지 겨우 한두 달 뒤 자기 군대에 의해 바실레

* 로마누스 1세, 니케포루스 포카스, 요한네스 치미스케스를 가리킨다.

** 971년 요한네스 치미스케스에게 반란을 일으켰다가 실패하여 키오스에 유배되었다.

으스로 추대된 그는 군대의 금고를 손에 넣고 카이사레아로 진격했다. 이어 977년 가을에 그는 두 차례의 결정적인 전투에서 승리를 거두고—두 번째 전투에서는 왕당파의 사령관이자 스클레루스의 옛 전우였던 페트루스 포카스가 전사했다—아탈레이아에 근거지를 둔 남부 함대의 지지를 확보했다. 몇 달 뒤 그는 니케아를 점령한 뒤 군대를 보스포루스의 아시아 쪽 해안에 결집시키고 수도를 수륙 양면에서 공격하기 시작했다.

바다에서의 상황은 금세 해결되었다. 전통적으로 황제에 충성하는 본국 함대는 황금뿔에서 나와 반란군 함대를 손쉽게 제압했다. 하지만 육지의 상황은 심각했다. 그때 만약 (당시 정부의 실권을 장악하고 있던) 환관 바실리우스가 군대 지휘권을 바르다스 포카스에게 위임하는 재치 있는 조치—용기 있는 조치라고 해야 할까?—를 취하지 않았더라면 내전은 한참 더 지속되었을지도 모른다. 그것은 누구도 예상치 못한 돌발 사건이었다.

사실 포카스는 충성심에서 스클레루스보다 결코 낫다고 할 수 없을뿐더러 사령관으로 임명될 당시에는 키오스 섬에 유배되어 있는 몸이었다. 하지만 군대 전체를 아나톨리아 귀족들이 통제하고 있는 상황에서는 달리 믿을 만한 장군이 없었다. 게다가 만약 포카스가 대권을 꿈꾸고 있다면 그로서도 먼저 스클레루스를 제거해야 할 터였다. 유일한 위험은 두 장군이 서로 연대하여 콘스탄티노플에 맞서는 것이었으나 그럴 가능성은 적었다. 어쨌든 그 정도 위험은 감수할 수밖에 없었다.

명령에 따라 바르다스 포카스는 키오스에서 황급히 돌아와 수도복을 벗어던지고 두 황제에게 충성을 서약한 다음 비밀리에 자신의 근거지였던 카이사레아로 가서 어렵지 않게 군대를 불러모았다. 후방에 위험이 발생하자 스클레루스는 퇴각할 수밖에 없었다. 이렇게 해서 시작된 내전은 거의 3년이나 끌었다. 몇 차례 치열한 전투도 있었다. 바르다스 스클레루스는 여러 차례 전술적 승리를 거두었으나, 적군은 항상 질서정연하게 퇴각했다가 증원병을 모아 한두 달 뒤면 다시 힘차게 응전했으므로 완벽한 승리는 얻지 못했다.

마침내 날짜는 정확하지 않지만 979년 봄 어느 날 양측 군대는 마지막 전투를 벌였다. 전세가 불리해진다고 여긴 바르다스 포카스는 반란군에게 단독 대결로 승부를 판가름하자고 제안했다. 스클레루스는 용감하게도—포카스는 거한이었다[132]—그 도전에 응했다. 양측의 병사들이 커다란 원을 그리고 모인 한가운데서 마치 『일리아스』의 한 장면처럼 일대일 격투가 시작되었다. 두 전사는 말을 타고 앞으로 달려나가 동시에 공격을 개시했다. 포카스는 찔러 오는 스클레루스의 칼을 피했으나 그 칼은 그가 탄 말을 쓰러뜨렸다. 말의 고삐와 오른쪽 귀가 잘려 나갔다. 하지만 포카스의 칼은 목표에 명중했다. 스클레루스는 머리에 피를 흘리면서 앞으로 고꾸라졌다. 그의 병사 몇 명이 의식을 잃은 그를 가까운 시냇가로 데려가 상처를 씻어 주는 동안 나머지 병사들은 도망쳐 버렸다. 전쟁은 끝났다.

일단 고비는 넘겼으나 콘스탄티노플의 분위기로 볼 때 바실리우스 황제의 지위는 여전히 불안정했다. 두 명의 경쟁자가 눈을 시퍼렇게 뜬 채 새로운 계획을 준비하고 있었기 때문이다. 바르다스 스클레루스는 머리를 맞았음에도 살아남아 바르다스 포카스의 명성을 다소 약화시켰다. 부상에서 회복된 뒤 그는 사라센에 몸을 의탁하고 포로나 다름없는 상태로 바그다드로 갔다. 한편 입김이 더욱 강해진 포카스는 충성을 서약했으면서도 또다시 제위를 노리는 후보가 되었다.

그래도 바실리우스 황제는 절실하게 필요로 하던 휴지기를 얻었으므로 그 기간 동안 앞으로 해야 할 많은 일들을 계획할 수 있었다. 스클레루스가 패배한 뒤 6년 동안 황제에 관한 기록은 거의 전하지 않지만, 그 기간에 그는 육군, 해군, 교회, 수도원, 여러 국가 기관의 기능을 상세히 파악하는 등 불철주야 노력했을 것이다. 자신이 원하는 완전한 의미의 황제, 즉 정부를 완전히 장악하고, 대외 정책의 모든 면에 책임을 지고, 군대를 이끌고 전장에 나아갈 수 있는 황제가 되려면 만전을 기해야 했다.

이윽고 985년에 그는 준비를 마쳤다. 이제 걸림돌은 외종조부인 바실리우스 시종장뿐이었다. 그는 비록 환관이지만 콘스탄티노플에서 그의 위세에 떨지 않는 사람은 거의 없었고, 그의 모든 언행은 황실의 혈통과 권위를 담고 있었다. 마케도니아 왕조에 평생토록 충성한 그는—그 자신도 간접적으로는 그 가문의 일원이었으니까—처음엔 젊은 황제를 충심으로 대했다. 다만 그의 잘못은 황제를 과소평가했다는 것이었다. 그는 종손을 보호하고 좌지우지하면서 어린아이처럼 취급하려 했다. 황제의 생각이나 제안은 간단히 무시했고, 황제의 명령은 아무런 망설임이나 사과의 말도 없이 취소해 버렸다. 이렇게 모든 방면에서 시종장이 걸림돌과 같은 역할을 하자 황제의 불만은 점차 증오로 바뀌었다.

마침내 황제는 이 견딜 수 없는 부담을 영구히 제거하지 않는 한 자유롭게 숨쉴 수 없다고 판단했다. 다행히 그럴 만한 조건은 충분히 성숙해 있었다. 시종장은 부정부패로 긁어모은 많은 재산을 자랑하면서 황제는 늘 뒷전에만 앉혔으니까. 더욱이 최근에는 그가 바르다스 포카스와 은밀히 내통하면서 반역을 꾀하고 있다는 사실도 탄로가 났다. 황제는 용의주도하게 계획하다가 갑자기 덮쳤다. 어느 날 아침 제국 최고의 권력자가 체포되어 유배를 당했고 그의 전 재산이 몰수되었다는 소식이 수도 전역을 뒤흔들었다.

시종장은 제국 전체에서 가장 방대한 토지를 가진 대지주였으므로 몰수한 그의 재산을 고려한다면 그 정도의 성과에 충분히 만족할 수도 있었을 것이다. 그러나 황제의 내면에는 그 자신도 통제하지 못하는 잔인한 원한이 도사리고 있었다. 황제는 시종장을 몰락시키고 그의 재산을 빼앗은 것에 만족하지 않고, 그가 수도에 세운 수도원—같은 이름의 성 바실리우스에게 봉헌된 화려한 수도원—마저 공격했다. 원래 그는 그 수도원을 완전히 무너뜨릴 심산이었다고 한다. 하지만 불경스럽다는 비난을 받고 싶지는 않았으므로 분리할 수 있는 모든 설비나 가구, 모자이크 장식을 제거하고 수도사들을 곤궁에 빠뜨리는 것으로 만족했다.[133]

더 놀라운 일은 그 다음이다. 황제는 외종조부가 반포한 모든 법령들 중에서 자신이 직접 승인한 표시가 없는 것은 무효로 간주한다는 칙령을 내린 것이다. 그의 설명은 이렇다. "바실리우스 시종장을 해임하고 짐의 치세가 시작되기 전까지는 …… 짐의 뜻에 어긋나는 많은 일들이 있었다. 그는 모든 사항과 인사를 자기 마음대로 결정했기 때문이다." 유배지에 가 있는 노인은 마치 자신의 존재 자체가 부정되는 듯한 느낌을 받았을 것이다. 아닌 게 아니라 그는 곧 치매에 걸려 죽었다.

드디어 바실리우스는 자기 집의 주인이 되었다. 그러나 1년도 채 못 가서 그의 제국은 새로운 위험에 직면하는데, 그것은 그가 그때까지 겪었던 어떤 것보다도 더 큰 굴욕을 안겨 주었다. 그 시작은 사무엘이라는 자가 불가리아 제국의 차르를 자칭하면서 테살리아를 침공하고 그 주요 도시인 라리사를 점령한 것이었다.

안팎의 거센 도전

차르 사무엘의 출신에 관해서는 거의 알려진 게 없다. 그의 아버지인 니콜라우스는 스뱌토슬라프가 침략해 왔을 무렵 불가리아 서부 전역 혹은 일부 지역의 총독을 지냈던 인물로 추정되는데, 그가 죽은 뒤 그의 직함만 빼고 그의 세력권은 네 아들에게 넘어갔다. 요한네스 치미스케스가 죽은 뒤 이 젊은이들은 곧 자연스럽게 봉기를 일으켰고, 그 봉기는 전면적인 독립 전쟁으로 발전했다. 그 소식이 콘스탄티노플에 전해졌을 즈음 불가리아의 차르였던 보리스가 동생 로마누스와 함께 도망쳐 반란군에 합류하려 했다. 그러나 보리스는 국경 부근에서 우발적으로 부하의 손에 의해 피살되었고, 로마누스는 환관이었으므로 왕위에 오를 수 없었다. 따라서 반란군의 지휘권은 니콜라우스의 아들들에게 그대로 남았는데, 그중에서도 특히 막내이자 가장 유능했던 사무엘이 두각을 나타내게 되었다.

바르다스 스클레루스의 반란은 사무엘에게 큰 도움을 주었다. 그 틈을 타서 그는 손쉽게 영토를 늘릴 수 있었던 것이다. 그는 점차 남쪽의 도나우 강에서 첫 번째 수도인 세르디카(지금의 소피아)와 필리포폴리스의 중간쯤으로 이어지는 선까지 불가리아 서부 전역을 손에 넣었다. 그런 다음에 사무엘은 차르라는 칭호를 다시 썼고, 동시에 치미스케스가 폐지한 불가리아 총대주교구를 부활시켰다. 이리하여 새 왕국은 정치와 종교에서 모두 예전 왕국의 후예로 여겨지게 되었다. 사무엘은 또한 로마누스 왕자에게 여러 가지 명예와 직함을 안겨 주고 밀접한 관계를 맺음으로써 예전 왕국과의 연속성을 더욱 강조했다.

980년에 사무엘은 자신의 존재를 국경 너머에까지 알릴 만큼 지위가 공고해졌다. 이때부터 매년 여름이면 불가리아는 테살리아를 한두 차례씩 침공했다. 그러다가 5년 뒤에는 라리사를 완전히 포위했다. 시민들은 최대한 저항했으나 986년 초에 한 여자가 죽은 자기 남편의 허벅지 살을 베어 먹는 참상까지 일어나자 항복할 수밖에 없었다. 매국노 가족 하나를 제외하고 니쿨리체스 가문의 식솔들은 모두 노예로 팔렸으며, 사무엘은 도시의 가장 성스러운 유물인 옛 주교 성 아킬레우스의 시신을 가져다가 얼마 전에 천도한 프레스파의 대성당을 장식했다.[134]

이것은 묵과할 수 없는 도발이었다. 이 소식을 들은 바실리우스는 즉각 군대 동원령을 내린 뒤 직접 군대를 거느리고 사르디카로 출발했다. 군대는 마리차 강변을 따라가다가 북서쪽으로 방향을 틀고 트라야누스 관문이라고 알려진 고개를 넘어 사르디카가 있는 평원으로 들어갔다. 그러나 황제는 목적지를 바로 앞에 두고 후위 부대를 기다렸는데, 이게 큰 실수였다. 그 기회를 이용하여 사무엘은 형인 아론과 로마누스 왕자를 대동하고 테살리아에서 황급히 달려와 주변의 산악 지대를 모조리 장악했다. 7월 말에 이르러서야 황제는 사르디카까지 가서 도시를 포위했지만 이것도 별 소용이 없었다. 날씨가 너무 무덥고 사기가 크게 저하된 데다 사무엘이 제국의 식량 징발대를 끊임없이 기습하는 바람에 포위당한 측보다 오히려 포위한 측이 식량 부족에 시달렸다. 겨우 3주 만에 바실리우스는 싸움을 포기하고 귀환하기로 결정했다.

그러나 최악의 사태는 그 다음이었다. 8월 17일 화요일에 트라야누스 관문을 통과하던 비잔티움군은 사무엘이 세심하게 준비한 매복에 제대로 걸려들었다. 좌우의 산에서 불가리아 기병들이 내려오면서 전광석화같이 기습한 것이다. 대부분의 병사들이 손도 쓰지 못하고 현장에서 죽었고, 금은보화를 비롯하여 모든 짐을 잃었다. 황제는 겨우 살아남은 잔병들을 거느리고 하루 이틀 뒤에 힘없이 필리포폴리스로 돌아왔다.[135]

바실리우스가 얼마나 큰 굴욕감을 느꼈을지는 짐작하고도 남음이 있다. 자신의 능력에 대한 자부심이 대단했을 뿐 아니라 비잔티움의 역사상 가장 유능한 군주가 되겠다고 다짐하던 그였다. 외증조부의 그늘에서 보낸 시절이 견딜 수 없었던 이유는 자신이 어느 누구보다도 제국을 잘 통치할 수 있다고 믿었기 때문이었다. 그는 묶인 손만 풀린다면 고조부인 바실리우스 1세나 헤라클리우스, 나아가 유스티니아누스 대제의 치세에 못지않을 만큼 강력하고 번영하는 제국을 건설할 수 있으리라고 믿었다. 자신이 직접 군대를 이끌고 중요한 원정을 할 기회를 얻기까지 그는 무려 29년이나 기다려야 했다(그중 사반세기의 기간 동안 그는 이름뿐인 황제였다). 그런데 그 결과는 참패였던 것이다. 그는 수치심만이 아니라 분노를 느꼈다. 그래도 자기 자신에 대한 근본적인 믿음은 잃지 않았다. 콘스탄티노플에 돌아온 뒤 그는 자신에게 항거했던 날을 뼈저리게 후회할 만큼 불가리아에게 철저한 복수를 해 주겠다고 엄숙하게 맹세했다.

나중에 보겠지만 그는 그 맹세를 확실히 지켰다.

바실리우스의 시대는 곧 오게 되지만 아직은 아니었다. 트라야누스 관문의 소식을 들은 바르다스 스클레루스는 바그다드에서 포로로 지내면서도 마치 제국이 자기 손에 들어온 것처럼 여겼다. 그는 칼리프 알타이에게 자신을 석방해 주면 곧 황제가 되어서 그 보답으로 국경 지대의 요새들을 내주겠다고 약속했다. 설득에 넘어간 칼리프는 그에게 병력과 돈과 보급품을 주었다. 이리하여 스클레루스는 상당한 규모에다 장비도 좋은 군대를 거느리고 소아시아로 돌아와 987년 초에 다시금 바실레오스를 자칭했다.

그러잖아도 아나톨리아 귀족들은 반란의 조짐을 보이고 있었는데, 처음에는 스클레루스도 그것을 알고 기뻐했을 것이다. 그들은 자신들이 제국군의 골간이라고 굳게 믿었다. 따라서 황제가 자신들에게 통보도 하지 않고 불가리아를 침공한 것에 격분했다. 자신들이 지휘하지 않은 제국군이 패배한 것은 당연한 일이었다. 그 모든 것은 바실리우스가 자초한 일이며, 홀로 책임을 져야 했다. 요컨대 그것은 자신들 중에서 황제가 나왔어야 한다는 사실을 입증하는 결정적인 증거였다. 제위는 가급적 빨리 그들에게 돌아와야 했다.

하지만 그 주인은 누구여야 할까? 여기서 스클레루스는 실망하지 않을 수 없었다. 귀족들이 미는 사람은 자신이 아니라 바르다스 포카스였던 것이다. 그런 분위기에 힘입어 포카스는 8년 전처럼 왕당파 군대를 이끌고 스클레루스와 맞서 싸우는 대신 987년 8월 15일에 자신도 황제라고 선언하고 나섰다. 두 명의 자칭 황제 중에서 세력이 더 강한 사람은 고참 지휘관들 다수와 지주 귀족들의 지지를 받는 포카스였다. 그러나 그도 스클레루스를 뒤에 놔둔 채 수도로 진군할 자신은 없었다. 둘 사이에는 모종의 협약이 필요했다.

그래서 포카스는 제국을 둘로 나누어 자신이 유럽 지역을 맡고—물론 콘스탄티노플이 포함되었다—스클레루스가 마르마라 해에서 동방 속주까지 아나톨리아 전역을 맡는 게 어떠냐고 제안했다. 스클레루스는 부하들의 만류에도 불구하고 그 제안을 받아들였으나, 그것은 함정이었다. 포카스는 경호원도 없이 온 스클레루스를 곧장 체포하여 티로포이온 요새에 2년 동안 감금했다. 공교롭게도 그 요새는 16년 전 포카스가 반란을 일으켰다가 실패하고 감금되었던 장소였다. 이렇게 스클레루스를 제압한 포카스는 최종 목표인 제위에 도전했다.

비운의 포카스

그 무렵 포카스는 자신이 결국 승리하리라는 것을 믿어 의심치 않았다. 소아시아를 횡단하는 긴 행군에서 그는 전혀 제지를 당하지 않았고 오히려 갈수록 그의 기치 아래로 모여드는 병력이 늘어났다. 그의 상대인 젊은 풋내기 황제는 최근에 참패를 당한 게 유일한 군대 경력인 데다 남은 병력은 극도로 사기가 떨어진 상태였다. 그런 상황이었으니 어떻게 실패하겠는가? 마르마라 해에 이르렀을 때 포카스는 군대를 둘로 나누어 절반은 서쪽 헬레스폰트의 아비도스로 보내고, 나머지 절반은 콘스탄티노플의 맞은편에 위치한 크리소폴리스에 주둔시켰다. 그 두 방면에서 수도를 공략할 계획이었다.

바실리우스의 상황은 절망적이었으나 그는 냉정을 잃지 않았다. 혼자 힘으로 제국을 방어할 수 없다면 바깥에서 도움을 얻어야 했다. 필요한 만큼의 도움을 줄 수 있는 사람은 단 하나, 키예프 대공 블라디미르였다. 제국의 사절단은 바르다스 포카스가 보스포루스 해안에 도착하기도 전에 출발했으나 대공의 응답을 받아 돌아온 때는 몇 개월이나 지나서였다. 블라디미르는 아버지 스뱌토슬라프와 요한네스 치미스케스가 체결한 조약에 따라 지원군을 보내야 한다고 생각했다. 그래서 그는 6천 명의 중무장 바랑인[136] 드루지나druzhina* 를 급파하겠다고 약속했다. 그 대가로 그는 한 가지만 원했는데, 바

* 13세기까지 존재했던 러시아의 군주 수행원단. 군주를 돕는 귀족들(상급 드루지나)과 근위대(하급 드루지나)를 합친 개념에 해당한다. 상급 드루지나는 점차 보야르로 성장했고, 하급 드루지나는 주로 궁정 조신이 되었다.

로 황제의 누이동생이자 포르피로게니타인 안나를 아내로 달라는 것이었다.

그 요구가 비잔티움 궁정에 가져온 충격은 엄청난 것이었다. 제국의 전 역사를 통틀어 포르피로게니타가 외국인과 결혼한 전례는 전혀 없었다.* 게다가 블라디미르는 그냥 외국인이 아니라 이교도였다. 또한 그는 자기 동생을 살해한 자였고, 최소한 네 명의 아내와 800명의 후궁을 거느리고 있었다. 거기에도 만족하지 않고 그는 가는 곳마다 현지의 처녀와 부인들을 마구잡이로 건드리는 난봉꾼이었다. 그에게도 한 가지 장점이 있다면, 자기 자신과 백성들을 위해 품위 있는 종교를 원한다는 사실이었다. 네스토르의 연대기로 알려진 특이한 문헌을 믿는다면, 블라디미르는 이미 세계의 주요 종교들을 두루 조사했고, 자신이 직접 무슬림, 유대인, 로마 가톨릭교도들을 만나 보았지만 어느 것에서도 깊은 인상을 받지는 못했다.**

마지막으로 987년에 그는 콘스탄티노플에 사절단을 보냈는데, 그들은 소피아 대성당에서 자신들을 영접하는 장엄하고 아름다운 의식에 매료되어 블라디미르에게 여기가 이 세상인지 천국인지 모

* 앞 장에서 서방의 오토에게 시집간 테오파노는 포르피로게니타가 아니었다.

** 당시 블라디미르는 전통적인 다신교 신앙을 가지고 있었으므로 아마 이슬람교와 유대교처럼 엄격한 유일신 종교는 싫었을 테고 상대적으로 그리스도교에 더 마음을 두었을 것이다. 그렇다면 남은 카드는 로마 가톨릭과 동방 정교인데, 여기서 어느 것을 택할지는 사실 뻔했다. 비록 그 자신은 바이킹의 후예였지만, 아직도 러시아에는 슬라브족이 다수였다. 따라서 동방 정교가 그에게 한층 안정적인 집권을 보장해 줄 것은 거의 틀림없는 사실이었다. 물론 그 선택에는 예식과 의식이 엄격하고 화려한 동방 교회가 자신의 위상을 더해 주리라는 믿음도 있었을 것이다.

† 현재 이스탄불에 있는 성 소피아 대성당의 내부. 오스만투르크 시대에 이슬람 사원으로 개조되었다가 지금은 박물관으로 이용되고 있다.

르겠더라고 보고했다. "분명하게 말할 수 있는 것은, 이 세상에 신의 거처가 있다면 바로 그런 곳일 것입니다." 그러므로 콘스탄티노플에서는 블라디미르가 곧 자신의 이교 신들을 버릴지도 모르고, 혹시 자신의 좋지 못한 행실까지 고칠지도 모른다고 보았다. 그래서 바실리우스는 키예프 대공이 정교회 신앙을 받아들인다면 그 결혼을 허락하겠다는 뜻을 밝히고 응답을 기다렸다.

바실리우스는 거의 1년 동안을 기다렸는데, 그럴 수 있었던 것은 제국의 해군 덕분이었다. 해군은 헬레스폰트, 마르마라, 보스포루스를 끊임없이 순찰하면서 바르다스 포카스의 군대가 유럽 쪽으로 넘어오지 못하도록 했던 것이다. 동지 무렵에 이르러서야[137] 흑해의 순시선은 북쪽 수평선에서 바이킹의 대함대가 다가오는 것을 발견했다. 한두 주일 뒤 함대 전체가 무사히 황금뿔에 닻을 내렸고 6천 명의 거한들이 황제의 사열을 받았다.

바실리우스는 신속하게 계획을 세웠다. 989년 2월 하순의 어느 날 밤에 바실리우스는 그 노르만* 병사들을 이끌고 어둠을 틈타 해협을 건너서 크리소폴리스 해안의 반란군 진영으로부터 불과 수백 미터 떨어진 곳에 자리를 잡았다. 동이 트자마자 그들은 공격을 개시했으며, 그와 때를 같이 하여 제국의 함대는 해안 지대에 그리스

* 지은이는 'Norsemen'이라는 말을 썼는데, 이 말은 '북방 사람들' 즉 스칸디나비아인이라는 뜻이다('북쪽'을 뜻하는 영어의 north, 프랑스어의 nord는 어원이 같다). 9세기부터 스칸디나비아의 바이킹은 남쪽으로 진출하기 시작했는데, 이것을 노르만의 민족 이동이라 부른다. 이 노르만(Norman)도 역시 북쪽 사람이라는 뜻이다. 여기서 비롯되어 오늘날 노르웨이('북쪽 길')라는 나라 이름도 생겼지만, 당시 바이킹들은 오히려 자신들을 중심으로 여기고 유럽 중심부의 민족들을 '남쪽 사람들'이라고 불렀을지도 모른다. 따라서 오늘날 그들이 '북쪽 사람들'이라는 이름으로 불리는 것은 당시 유럽 문명의 중심이 남쪽에 있었기 때문이다. 유럽 전체로 보면 전혀 북쪽이 아닌데도 프랑스 북부의 반도를 '노르망디'라고 부르는 것이라든가(10세기 초 프랑크 왕 샤를 3세가 노르만에게 영토를 내주면서 노르망디가 생겼다), 영국 동쪽의 바다가 '북해(North Sea)'라는 이름으로 불리게 된 이유도 역시 마찬가지다. 이렇게 문명이 앞선 곳에서 뒤진 곳의 이름을 정하는 것은 역사에서 흔히 볼 수 있다.

화약을 뿌렸다. 잠에서 깨어난 포카스의 병사들은 느닷없는 기습을 받고 제대로 방어하지 못했다. 그러나 공격군은 칼과 도끼를 무자비하게 휘둘러 그 일대를 발목 깊이의 피바다로 만들었다. 살아남은 자들은 거의 없었다. 황제의 손에 넘겨진 바르다스 휘하의 지휘관 세 명은 각각 목이 매달리고, 말뚝에 찔리고, 십자가에 못박히는 처형을 당했다.

다행히도 바르다스 포카스는 예비 병력과 함께 있었다. 니케아 부근은 아니지만 크리소폴리스에서는 어느 정도 거리가 있는 곳이었던 듯하다. 학살 소식을 들은 그는 서둘러 아비도스 외곽의 나머지 병력과 합류했다. 그는 헬레스폰트 입구에 위치한 이 항구만 점령한다면, 육로로 수도 공략이 가능한 갈리폴리 반도까지 자기 병력을 수송할 선박들을 구할 수 있으리라고 생각했다. 그래서 그는 곧바로 아비도스를 포위했다. 그러나 아비도스는 결사적으로 저항했고, 제국 해군이 해협을 확고히 장악하고 있는 탓에 도시의 완전 봉쇄도 불가능했다.

한편 황제는 수도로 돌아와 아비도스 구원 작전을 준비했다. 989년 3월 중순에 출발한 구원군의 사령관은 뜻밖에도 바실리우스의 동생이자 공동 황제인 콘스탄티누스였다. 우리가 아는 한 그는 오랜 생애에서 그때 처음이자 마지막으로 야전군을 지휘했다. 바실리우스 자신은 며칠 뒤에 출발하여 북동쪽으로 몇 킬로미터 떨어진 람프사코스 부근에 상륙한 다음 거구의 바랑인 병사들을 거느리고 곧장 포위된 아비도스로 향했다.

이튿날 아침 양측의 군대는 아비도스 외곽의 탁 트인 평원에서 정면으로 맞닥뜨렸다. 이후 며칠 동안 양측은 전략적으로 좋은 위치를 잡았다. 그런 다음 4월 13일 토요일 새벽에 황제는 공격 명령을 내렸다. 처음에는 이 초기 공격이 승부를 결정할 듯 보였다. 반란군은 순식간에 대열이 흐트러지면서 많은 수가 현장에서 죽고 상당수는 달아났다. 포카스는 천신만고 끝에 질서를 잡고 살아남은 병사들을 규합할 수 있었다. 전하는 바에 따르면 그때 그는 평원 맞은편에서 말을 타고 노르만 병사들 사이를 누비며 그들을 격려하고 사기를 진작시키는 바실리우스를 보았다고 한다. 황제의 동생 콘스탄티누스는 긴 창을 지니고 형의 곁에 있었다.

그 순간 그는 지난번 바르다스 스클레루스와 싸웠을 때 단독 결투로 승부를 결정짓자고 제안하여 패배를 승리로 역전시켰던 일을 떠올렸다. 그는 주위의 만류를 뿌리치고 갑자기 말을 타고 내달렸다. 양측 군대가 영문을 모르는 표정으로 말없이 지켜보는 가운데 그는 고함을 지르며 제국군의 진영으로 달려가 황제에게 곧장 칼끝을 겨눴다. 바실리우스는 오른손으로 칼을 움켜쥐고 왼손에는 기적을 일으킨다고 알려진 성모 마리아상[138]을 쥔 채 그 자리에 꼿꼿이 서 있었다. 점점 가까이 다가오던—프셀루스는 "폭풍에 구름이 몰려오듯"이라고 표현했다—포카스는 잠시 멈칫했다. 그러고는 현기증을 느끼는 듯 고삐를 당겨 말을 멈추고 천천히 안장에서 미끄러져 땅바닥에 쓰러지더니 꼼짝도 하지 않는 것이었다. 바실리우스와 콘스탄티누스가 부하들을 대동하고 가 보니 포카스는 이미 죽어 있었다. 처음에는 화살을 맞았나 싶었지만 그의 몸에는 아무런 상처도 없었다. 지나치게 흥분한 탓에 갑자기 졸도하여 죽음에 이른 것으로 보였다. 겁에 질린 그의 병사들은 뿔뿔이 흩어져 달아났으나 추격에 나선 노르만 병사들은 마치 장난감을 가지고 놀듯이 그들을 모조리 죽여 버렸다.

러시아 정교회의 탄생

이제 비잔티움의 제위를 주장하는 자는 바르다스 스클레루스 혼자만 남게 되었다. 그가 티로포이온에 감금되어 있는 2년 동안 간수 역할을 한 사람은 다름아닌 포카스의 아내였다. 그러나 남편이 죽자 그녀에게 스클레루스는 더 이상 포로가 아니라 복수의 희망이었다. 그래서 그녀는 곧 그를 풀어 주고 새로 군대를 모으게 했다. 하지만 스클레루스는 이미 늦었다는 것을 잘 알았다. 그는 너무 늙었고 이제 시력마저 나빠지고 있었다. 어두침침한 감옥에서는 미처 몰랐으나 그의 두 눈은 백내장에 걸려 있었다. 아나톨리아의 밝은 햇빛 아래로 나오니 희망이 없다는 사실이 명백해졌다. 그는 곧 실명할 게 뻔했다.

게다가 바실리우스는—평소의 그답지 않게—스클레루스에게 믿기 어려울 만큼 관대한 조건을 제의했다. 황제는 바실레오스의 상징물과 호칭만 포기한다면 그를 쿠로팔라테스로 임명하겠다고 제안했다. 그의 부하들은 황제에게 새로 충성을 서약하기만 하면 자신의 서열과 직함을 그대로 유지하고 더 이상의 징계도 받지 않을 것이며, 일반 병사들은 무사히 집으로 돌아가도 좋다는 허락을 받을 터였다.

바르다스 스클레루스는 결국 항복했다. 이리하여 비티니아에 있는 황제의 영지에서 젊은 황제와 늙은 장군은 13년 만에 처음으로 얼굴을 마주하게 되었다. 바실리우스는 이제 거의 눈이 먼 예전의 적이 궁정 안내인 두 사람의 손에 이끌려 접견실로 들어오는 모습을 보고 놀라지 않을 수 없었다. "이 노인이 정말 내가 그토록 두려워했던 그자란 말인가? 보라, 혼자 힘으로 걷지도 못하지 않는가!" 황제는 주변 사람들에게 이렇게 말한 다음 스클레루스의 발을 내려다보았다. 그의 발에 여전히 자주색 장화가 신겨져 있는 것을 보고 그는 고개를 돌렸다. 스클레루스는 황제를 불쾌하게 만든 그 장화를 벗은 뒤에 황제에게 다가가 발치에 무릎을 꿇었다. 바실리우스는 그를 매우 정중하게 대하면서 그의 과거 행위에 대한 변명을 찬찬히 들어 주었다.

프셀루스의 기록이 옳다면, 스클레루스는 모든 것을 신의 뜻으로 돌렸다고 한다. 이어진 저녁식사에서 황제는 화해의 제스처로—또한 독을 탔다는 의심을 없애기 위해—잔에 술을 가득 따라 마시고서는 손님에게 잔을 넘겼다. 그런 다음 두 사람은 대화를 시작했다.

황제는 노장군에게 조언을 구하면서 대화의 문을 열었다. 그는 바르다스 포카스와 스클레루스가 최근에 일으킨 것처럼 힘센 아나톨리아 귀족들이 일으키는 반란을 막으려면 어떻게 해야 좋겠느냐고 물었다. 당시 스클레루스의 대답은 이 장 첫머리에 소개되어 있다. 하지만 그는 귀족들을 억눌러야 한다고 말하지는 않았다. 아무리 바실리우스가 혹독하게 억누른다 해도 귀족들을 완전히 제압하기란 불가능했다. 그래서 스클레루스는 귀족들을 엄중하게 감시하고, 세금을 최대한 올리고, 괴롭히고, 귀찮게 하고, 재정적으로 탄압할 뿐 아니라 일부러 부당하게 대우하기까지 해야 한다고 권고했다. 그렇게 하면 서로들 제 앞가림을 하느라 정신이 없어 개인적인 야망을 품지 못하게 된다는 것이었다.

그 말 자체는 바실리우스의 견해와 철저히 일치했으므로 그다지 놀랍게 들리지는 않았다. 다만 스클레루스가 그런 말을 한다는 게 의외였다. 자신의 야망이 꺾이고 삶이 종착역을 향해 다가가면서 마침내 바르다스 스클레루스는 자기 자신이나 자신이 속한 계급보다 제국의 이익을 더 우위에 놓게 된 것이다. 그의 충고는 비록 냉소적이었지만 현명했다. 그래서 바실리우스는 그 충고를 평생 동안 명심했을 뿐 아니라 국내 정책의 초석으로 삼아 그대로 실천했다. 그리고 한번도 후회하지 않았다.

지난 2년 동안 중요한 사건들이 잇달았던 탓에 사실 바실리우스는 누이동생을 키예프 대공에게 시집보내겠다는 약속을 찬찬히 고려할 시간이 별로 없었다. 그러나 블라디미르는 곧 만만치 않은 상대임을 입증했다. 황제의 호소에 부응하여 비잔티움을 구했으니 이제 그 대가를 받고 싶었다. 그 사실을 상기시켜 주기 위해 989년 여름 블라디미르는 갑자기 흑해 연안에 단 하나 남은 제국의 전진 기지인 케르손을 점령한 뒤 황제가 계속 의무를 잊는다면 콘스탄티노플도 케르손과 같은 운명이 될 것이라고 통보했다.[139]

바실리우스에게 케르손의 함락은 충분한 경고였다. 경제적으로나 전략적으로 요충지인 케르손을 잃은 것 자체도 손해지만, 그것은 곧 바르다스 스클레루스가 여전히 건재한 마당에 러시아의 지원을 잃는다는 뜻이었고, 나아가 장차 블라디미르와 불가리아의 차르 사무엘이 손을 잡을지도 모른다는 의미이기도 했다. 6천 명의 바랑인 병사들은 아직 콘스탄티노플에 주둔하고 있었다. 자신들의 군주에게서 말 한마디라도 떨어지면 그들은 즉각 우호적인 태도를 바꾸어 적대적으로 나올 테고 제국은 막심한 피해를 볼 게 뻔했다. 요컨대 약속을 지키는 것밖에는 다른 도리가 없었다. 스물다섯 살의 안나는 오빠들에게서 자신의 운명을 전해 듣고 오랫동안 구슬프게 울었다. 그리고 자신을 노예로 팔아넘겼다면서 오빠들을 비난했는데, 블라디미르에 관한 소문에 비추어 보면 틀린 말도 아니었다.

그러나 결국 그녀는 불가피한 운명을 받아들이기로 결심하고, 마지못해 배를 타고 약혼자가 기다리고 있는 케르손으로 갔다. 그곳에서 그녀와 블라디미르는 결혼식을 올렸고, 케르손은 베노(veno, 신랑이 내놓는 전통적인 결혼 선물)의 형식으로 바실리우스에게 반환되었다. 결혼식 직전에 키예프 대공은 현지의 주교에게서 세례를 받았는데, 그것은 아마 러시아의 역사상 가장 중요한 종교 의식이었을 것이다.[140] *

* 블라디미르의 개종은 그리스도교, 특히 정교회의 역사에서 중요한 의미를 가진다. 이후 키예프는 13세기에 몽골 제국에 의해 정복되는 것을 계기로 쇠락하기 시작하고, 몽골이 물러가고 나서는 모스크바 공국이 러시아 지역의 패자로 부상하게 된다. 그런데 이미 키예프가 정교회권이 되어 있었기에 모스크바도 자연스럽게 정교회를 받아들일 수 있었다. 이후 15세기에 콘스탄티노플이 이교도인 오스만투르크 제국에게 멸망하자, 모스크바 대공 이반 3세는 비잔티움 황제의 계승자임을 자처했고 모스크바 교회도 비잔티움 정교회의 뒤를 이어 러시아 정교회가 됨으로써 동방 교회의 최고 자리에 오른다. 이때부터 러시아인들은 모스크바를 '제3의 로마'라는 영예로운 별명으로 부르게 된다(물론 '제2의 로마'는 콘스탄티노플이다). 이런 전통 때문에 오늘날에도 러시아 정교회의 수장은 러시아 공화국의 대통령이 맡고 있다.

블라디미르의 개종은 러시아가 그리스도교권으로 편입되는 계기를 이루었다는 점에서 32년 전 그의 할머니가 개종한 것보다 훨씬 중요한 사건이었다. 결혼식을 올린 뒤 부부는 케르손의 성직자들을 대동하고 키예프로 가서 곧바로 시민들을 대대적으로 개종시키는 작업에 착수했다. 새로 생긴 러시아 교회는 처음부터 콘스탄티노플 총대주교구 소속이 되었고, 동방 교회의 일부분을 이루었으며, 문화적으로는 비잔티움의 영향을 받았다. 그 덕분에 가엾은 안나는 걱정했던 것보다는 새로운 생활에 그럭저럭 잘 적응했던 듯하다. 물론 키예프는 콘스탄티노플과 달랐다. 그러나 그녀의 남편은 세례를 받은 뒤 사람이 달라졌다. 그때부터 그는 예전의 네 아내와 800명의 후궁들을 멀리 하여 새 아내에게 불만의 구실을 주지 않았다. 또한 그는 개종 사업을 직접 관장했고, 수많은 세례식에서 대부를 맡았으며, 가는 곳마다 성당과 수도원을 지었다.

성인들은 대개 좋은 남편이 되지 못했다는 점을 감안하면 키예프의 성 블라디미르도 크게 다르지는 않았을 것이다.* 그러나 괴물과의 동침을 예상하고 있었던 안나는 그 정도로도 충분히 안도감을 느꼈으리라.

* 그리스도교에서는 대개 순교하거나 신앙을 전도하면 성인 명함을 주는데, 역사적으로 보면 다소 '남발' 하는 경향이 있었으니 블라디미르가 성인으로 추존되었다고 해서 대단하게 여길 필요는 없다.

15

불가르족의 학살자

989년~1025년

그는 자기 나라를 방어한 죄밖에 없는 1만 5천 명의 포로들에게 잔인하고도 지독한 복수를 했다. 그는 단 한 명의 한쪽 눈만을 남긴 채 100명이나 되는 모든 포로의 눈을 멀게 했다. 그 눈 하나를 가진 자가 실명한 동료 100명을 이끌고 자기들의 왕에게로 돌아가자, 그 꼴을 본 그들의 왕은 비탄과 공포에 찬 한숨을 내쉬었다. 백성들은 그 끔찍한 처사에 크게 놀랐다. 불가르족은 삶의 터전을 잃고 좁은 지역을 할당받아 그 안에서 살아야 했다. 살아남은 족장들은 자식들에게 인내와 복수의 의무를 남겼다.

에드워드 기번 『로마 제국 쇠망사』, 제55장

숙적 불가리아

바실리우스 2세에게 989년은 65년의 치세를 통틀어 분수령이 되는 해였다. 그는 아직 서른한 살이었지만 이미 재위 29년째를 맞고 있었다.* 그 기간 중 미성년기에 해당하는 초기 16년 동안에는 군사적 야심가 두 명—니케포루스 포카스와 요한네스 치미스케스—이 연이어 권력을 휘둘렀고 바실리우스는 실권이 없었다. 그 다음 9년 동안에 그는 자신의 의지에 반하여 외종조부의 꼭두각시로 지내야 했다. 그리고 마지막 4년 동안에는 트라야누스 관문에서 차르 사무엘에게 참패와 수모를 겪었다. 외부의 지원을 받아 겨우 진압한 대규모 반란은 그나마도 반란 지도자가 급사하는 행운이 아니었다면 어떻게 되었을지 모르는 일이었다. 또한 가장 최근에는 키예프 대공의 뻔뻔스러운 공갈에 굴복하고 말았다. 어느 모로 보나 눈부신 업적과는 거리가 멀었다.

그러나 989년 말부터 바실리우스의 운세는 달라졌다. 물론 그해에도 여전히 재앙은 많이 터졌다. 바다까지 얼어붙는 보기 드문 혹독한 겨울을 겪은 데다 바르다스 포카스, 바르다스 스클레루스의 반란이 있었으며, 케르손이 러시아의 수중에 넘어간 데 이어 테살로니카의 진입로를 방어하는 전략적 요새 도시인 베로이아(지금의 베리아)를 불가르족에게 빼앗겼다. 안티오크에서도 심각한 소요가 발생했다.

4월 7일에 나타난 북극광, 7월과 8월에 3주 동안 밤하늘에서 밝게 빛나던 혜성의 의미에 관해서는 의견이 분분했지만, 10월 25일 밤에 수도에서만도 40여 개의 성당을 파괴한 대규모 지진의 의미에 관해서는 다른 해석이 있을 수 없었다(소피아 대성당의 중앙 돔 지붕도 부서져 완전히 새로 만들어야 했고,[141] 동쪽 앱스는 폐허가 되었다). 그것보다 신의 분노를 더 분명하게 보여 주는 현상은 없었던 것이다. 하지만 그해가 저물 무렵부터 제국은 976년 요한네스 치미스케스가 죽은 뒤 처음으로 국내의 평화를 누렸으며, 황제는 패배와 좌절을 뒤로 하고 마침내 번영의 문턱에 올라섰다.

이제 그는 아나톨리아 귀족들을 두려워 할 필요가 없게 되었으므로 마음 놓고 향후 30년 동안이나 지속될 원대한 과업에 착수했다. 그것은 바로 불가리아 제국을 말살하는 일이었다. 하지만 먼저 그루지야 상上 타오 지역의 군주인 다비드와의 사소한 문제를 매듭지으

* 바실리우스는 세 살 때인 960년에 황제로 임명되었기 때문에 이렇듯 치세가 길어졌다(명실상부한 황제로서의 치세는 포카스와 스클레루스를 물리치고 권력을 공고히 한 989년부터다). 어린 아들을 공동 황제로 삼는 것은 중국으로 치면 황태자 책봉에 해당하는데, 중국의 경우 황태자 시기는 치세로 치지 않지만 비잔티움의 경우에는 치세에 포함시킨다.

려 한 것은 그의 선견지명을 잘 보여 준다. 다비드는 978년 제국에 충성하는 가신이었을 때 반 호수 북부의 방대한 제국 영토를 일시적으로 소유하게 되었다. 그러나 그 뒤 그는 반역자인 바르다스 포카스를 지원하여 점수를 잃었다.

989년 가을 제국군이 응징의 의도를 분명히 지니고 동방 원정을 갔을 때 다비드는 자신의 실수를 크게 후회했을 것이다. 그에게는 다행히도, 원정군 사령관인 칼디아의 요한네스는 황제로부터 협상의 권한을 위임받은 상태였다. 협상 결과 다비드는 양도받은 영토를 평생토록 소유할 수 있게 되었을 뿐 아니라 쿠로팔라테스의 직함까지 얻었다. 다만 그가 죽은 뒤에는 그의 모든 토지—고향과 세습 재산까지 포함하여—를 제국에 반환한다는 조건이었다. 원정군이 불과 수 킬로미터 바깥에서 칼날을 벼리고 있었으니 그로서는 동의하지 않을 수 없었다. 이로써 바실리우스는 피 한 방울 흘리지 않고 동부 변방을 상당히 확장할 수 있었다.

불행히도 차르 사무엘은 이런 종류의 외교로 처리할 수 있는 상대가 아니었다. 991년 초봄에 황제는 군대를 이끌고 테살로니카로 가서 그곳의 방어망을 강화한 다음 도시의 수호 성인인 성 데메트리우스의 제단 앞에서 기도를 올렸다.[142] 그리고는 포티우스라는 성인이 있는 외딴 수도원을 찾아갔다. 포티우스는 그의 세례식에 참석한 인물로서—세례가 끝난 뒤에는 바실리우스를 직접 안고서 황궁으로 돌아왔다—원정 기간 중 밤에 그를 위해 기도해 주기로 약속했다.[143]

이후 4년 동안 바실리우스는 한번도 긴장을 늦추지 않았다. 여름

† 테살로니카의 수호 성인이었던 성 데메트리우스는 전장에서 비잔티움군을 보호해 주는 4대 성인 가운데 한 명이기도 했다. 그리스의 짧은 외투인 클라미스에 갑옷을 입고 창과 방패를 든 모습을 새긴 상아 부조.

에만 전쟁을 하던 시대는 갔다. 황제 자신이 직접 조련한 우수한 신체적 조건을 지닌 원정군은 1월의 눈발에도, 8월의 폭염에도 아랑곳없이 베로이아를 포함하여 많은 도시들을 수복했다. 그중 몇 군데에는 군대를 주둔시키고 제국의 도시로 만들었으나 그냥 잿더미로 변한 불운한 도시들도 있었다.

하지만 이 원정에는 극적인 사건도 없었고 큰 승리도 없었다. 트라야누스 관문은 바실리우스에게 결코 잊지 못할 교훈을 주었다. 바실리우스는 완벽한 조직력만이 성공을 가져올 수 있다고 믿었다. 군대 전체가 마치 한 사람처럼 일사불란하게 행동해야 했다. 프셀루스에 따르면, 처음에 적을 발견했을 때 바실리우스는 병사들을 "단단한 탑처럼" 결집시키고 황제 자신과 기병대, 기병대와 중장보병대, 중장보병대와 경장보병대 사이의 통신망을 튼튼히 구축했다. 전투가 벌어졌을 때 그는 어떤 병사도 대오를 흩뜨리거나 독자적으로 행동해서는 안 된다는 엄명을 내렸다. 영웅적인 행위를 보인 병사는 칭찬은커녕 오히려 징계를 받았다. 병사들은 황제가 끊임없이 검열을 하고 병사들의 무기와 장비를 꼼꼼히 점검하는 것에 공공연히 불만을 터뜨리면서도 그를 깊이 신뢰하고 따랐다. 황제가 그 어느 것도 우연에 맡기지 않고, 승리를 확신하지 않는 작전은 전개하지 않으며, 병사들의 목숨을 자신의 목숨처럼 아낀다는 것을 잘 알기 때문이었다.

그런 상황에서는 모든 측면이 나아지는 게 당연했으나 그 속도는 매우 느렸다. 995년 초 황제가 시리아로 병력을 급파하고서도 얻은 성과가 별로 없었던 것은 당연했다. 도시들을 수복했음에도 사태는

15년 전과 크게 다를 바 없었으며, 불가르 차르는 여전히 강했고 비잔티움에 큰 위협으로 남았다. 사무엘도 역시 신중하게 처신하면서 정면 대결을 피하고 산악 지대를 무대로 활동하는 전통적인 불가르 전술에서 벗어나지 않았다. 그는 홈그라운드에서 싸운다는 커다란 이점을 가지고 있었다. 전쟁 전반에 걸쳐 바실리우스는 우세를 점할 수 있겠지만, 어차피 그는 군대의 대부분을 데리고 돌아갈 테고 현지에 남는 병력은 상대적으로 적을 게 뻔했다. 그 다음에는 사무엘의 차례가 될 터였다. 그는 만반의 차비를 갖추고 가만히 때를 기다렸다.

'힘센 자' 들을 제거하라

여유가 있을 때면 바실리우스는 가급적 서서히, 조심스럽게 움직이고자 했지만, 필요할 때면 놀라운기동력을 보였다. 995년에 폭풍처럼 몰아친 시리아 원정이 그랬다. 그 사태의 원인은 이집트의 파티마 칼리프인 아지즈가 니케포루스 포카스의 치세 이후 비잔티움의 보호령이 된 알레포를 위협한 탓이었다. 알레포의 아미르는 이미 994년에 황제에게 도움을 요청한 바 있었다. 당시 바실리우스는 안티오크에 증원군을 보내면서 현지 총독인 미카일 부르체스—그는 969년에 안티오크를 제국의 영토로 수복했다—에게 알레포를 지원하라고 지시했다. 그러나 부르체스는 더는 사반세기 전의 저돌적인 청년 장군이 아니었고, 파티마의 사령관인 만주테킨의 상대가 되지 못했다. 9월 15일 오론테스 강변에서 부르체스의 군대는 만주테킨에게 거의 전멸을 당했다.

절망적인 처지가 된 아미르는 안티오크도 심각한 위험에 처해 있다며 재차 도움을 요청했다. 이번에는 바실리우스도 사태의 위급함을 파악했다. 결국 그가 믿을 것은 자기 자신밖에 없었다. 황급히 수도로 돌아온 그는 예비군까지 포함하여 가능한 한 최대의 병력을 모아 약 4만 명의 새 군대를 편성했다.[144] 하지만 그 병력을 시리아로 수송하는 것도 큰 문제였다. 갑옷과 무장을 완벽하게 갖춘 그 정도 규모의 병력이 약 1천 킬로미터를 이동하여 아나톨리아를 횡단하려면 석 달은 행군해야 했다. 그렇게 해서 그곳에 도착할 무렵에는 안티오크와 알레포가 모두 적의 손에 넘어갈 터였다. 하루하루가 소중했다. 어떻게 할 것인가?

바실리우스의 해결책은 비록 단순하지만 비잔티움 역사상 유례없는 것이었다. 전군을 일종의 기병으로 만든 것이다. 그는 병사 한 명당 노새를 두 마리씩 지급하여 한 마리는 타고 다른 한 마리에는 장비를 싣게 했다. 그래도 병사들마다 속도의 차이가 있어 일부는 행렬에서 뒤처졌지만 황제는 낙오자를 기다리지 않고 선두에서 대열을 이끌었다. 995년 4월 말 그는 알레포 성벽 바로 밑에 1만 7천 명의 병력을 집결시킬 수 있었다. 행군에 걸린 기간은 불과 16일이었다. 당시 알레포는 이미 적의 포위 공격을 받고 있었다.

일주일만 늦었더라도 함락되었을 테고, 곧이어 시리아 북부도 마찬가지 운명이 되었을 것이다. 바실리우스는 그 위기를 구했다. 불시에 기습을 받은 데다 수적으로도 크게 모자랐던 만주테킨은 다마스쿠스로 달아났다. 며칠 뒤 황제는 남쪽으로 말머리를 돌려 에메사를 유린하고 멀리 트리폴리까지 파괴했다. 돌아오는 길에 그는 토르토사(타르투스)에 강력한 수비대를 주둔시켰고, 가택 연금된 부르체스의 후임으로 어떤 젊은이를 안티오크 총독에 임명하면서 그에게 매년 위세를 과시하여 그 일대의 패권을 다잡으라는 지시를 내렸다. 그런 다음 그는 수도로 돌아왔다.

아나톨리아를 전속력으로 행군할 때도 바실리우스는 항시 주변의 농촌 지역을 유심히 관찰했고 모종의 결론을 얻었다. 이제 여유를 가지고 귀환하는 동안 그는 자신의 첫 인상이 옳다고 확신했다. 우리가 아는 한 그는 어릴 때 계부인 니케포루스 포카스를 따라 킬리키아에 와 본 이래로 아시아에 처음 온 것이었다. 그는 법적으로 제국의 소유이거나 현지 촌락 공동체의 소유인 토지를 아나톨리아의 '힘센 자'들이 모조리 차지하고 있는 것에 크게 놀랐다. 그런 판에 그 귀족들 중 일부—예를 들면 986년에 바르다스 포카스가 반란의 기치를 든 지역을 소유한 유스타티우스 말레이누스 노인—가 황제에게 충성을 보인답시고 황제 자신도 미치지 못할 만큼 화려한 대접을 했으니, 가뜩이나 허례를 혐오하는 바실리우스는 필경 분노를 금치 못했을 것이다. 콘스탄티노플에 돌아온 그는 냉정한 결단을 내렸다.

996년 1월 1일을 기해 황제가 반포한 칙령은 최근에 황제에게 아부하려 애쓴 아나톨리아 귀족들의 가슴을 철렁하게 만들었다. 우선 제목만 해도 간담이 서늘할 정도였다. "가난한 자들을 희생시켜 재산을 축적한 부자들을 처벌하기 위한 위대한 황제 바실리우스의 새 법령." 그 내용은 933년 로마누스 레카페누스의 법령과 비슷했지만 훨씬 엄격했다. 당시 로마누스는 40년의 유예 기간을 주고 부당하게 취득한 재산을 그 기간 동안 반환하라고 명했지만, 부유한 지주들은 적절한 뇌물이나 매수로 손쉽게 그 법령을 피해 갈 수 있었다. 그래서 바실리우스는 아예 해당자의 이름을 지목했다.

> 파트리키우스 콘스탄티누스 말레이누스와 그의 아들 마기스테르 유스타티우스는 100년 혹은 120년 동안 불법으로 취득한 재산을 소유했다. 포카스 가문도 아버지에게서 아들에게로 근 100년 동안 법적으로 권리가 없는 토지를 무단 소유했다. ……

바실리우스는 40년이라는 유예 기간을 아예 폐지하고, 모든 토지 소유 관계를 60년 전 로마누스 레카페누스의 시대로 소급시켰다. 그 이후에 취득한 토지는 즉각 이전 소유주에게 개량된 부분에 대한 어떤 대가나 보상도 없이 반환해야 했다. 심지어 황실 소유 토지—그 가운데는 바실리우스 자신이 직접 승인한 것도 있었다—까지도 예외가 아니었으며, 976년에서 985년까지의 기간에 시종장 바실리우스가 승인한 토지 거래는 황제가 손수 특별히 추인한 것 이외에는 모두 자동적으로 무효가 되었다.

아나톨리아 귀족들에게 그 조치는 치명타였다. 말레이누스는 재산만 빼앗긴 것이 아니라 종신토록 투옥되었다. 포카스 가문은 아주 작은 토지를 제외하고 영지를 모두 잃었다. 상당수 귀족 가문들은 알거지가 되거나 주변의 농민들과 비슷한 수준으로 몰락했다. 그러나 농민들과 토착 소규모 자영농—이들은 수백 년간 제국군의 중추를 이루어 왔다—에게는 조상들의 땅을 되찾을 수 있는 길이 활짝 열렸다. 한편 예전에 제국의 소유였던 방대한 토지가 다시 제국으로 귀속됨에 따라 황제의 권력은 더욱 막강해졌다. 그는 13년 동안 '힘센 자' 들에 맞서 자신의 적법한 제위를 수호하려 노력해 왔다. 이제 그들의 권력이 제거되었으니 그는 복수의 달콤함을 충분히 맛보았을 것이다.

또다시 엇갈린 동방 제국과 서방 제국

그 중대한 칙령을 반포한 뒤에도 황제는 곧장 불가리아로 가지 않았다. 아나톨리아에서 심각한 불만이 터져 나올 게 뻔했으므로 콘스탄티노플에 있어야 그 사태를 해결할 수 있기 때문이었다. 게다가 벌써 5년 가까이 수도를 비워 놓은 탓에 할 일이 산더미같이 쌓여 있었다. 예를 들어 총대주교직은 벌써 991년부터 공석이었다. 그래서 996년 4월 12일 바실리우스는 시신니우스라는 박식한 의사를 총대주교에 임명했다.

한 가지 면에서 그것은 좋지 않은 선택이었는데, 그것은 시신니우스가 속인이기 때문이 아니라 그가 전임자처럼 서방 제국을 몹시 불신하고 혐오한다는 것 때문이었다. 그가 총대주교에 취임하자마자 오토 3세의 궁정에서 파견한 대사가 콘스탄티노플에 도착했다. 오토는 자기 아버지처럼 비잔티움의 황녀를 아내로 맞고 싶어 했다.

그래서 그는 바실리우스의 세 조카딸, 즉 그의 동생인 콘스탄티누스의 세 딸 유도키아, 조에, 테오도라 중 아무나 한 사람을 보내 달라고 공식 요청했다.

오토의 사절단은 그 자체로 놀라운 일이었다. 물론 그의 아버지 오토 2세도 그리스의 황녀인 테오파노와 결혼했으며(220쪽 참조), 그녀는 황후의 역할을 훌륭하게 수행했고 서방에 비잔티움의 문화를 전파하는 데 큰 역할을 했다. 하지만 당시 오토 2세가 신부의 지참금 조로 이탈리아에 있는 비잔티움 소유의 모든 영토를 '반환' 하라고 요구하는 바람에 필연적으로 전쟁이 발발했다. 이 전쟁은 간헐적으로 전개되었고, 마침내 981년 오토 2세는 아풀리아에 진출하여 그곳을 점령하고 있던 사라센인들에게 분노의 화살을 돌렸다.

그것은 바실리우스—아마 황제보다는 외종조부인 시종장의 뜻이었을 것이다—에게 기회를 주었다. 그는 사라센과 임시로 동맹을 맺고 칼라브리아의 스틸로 부근에서 오토의 군대를 격파했다.* 서방 황제는 다행히도 수영에 능했다. 그는 지나가는 배를 얻어 탄 뒤 자신의 신분을 숨기고 있다가 배가 로사노를 지나갈 때 갑판에서 뛰어내려 해안까지 헤엄쳐 갔다. 그러나 그는 그 굴욕감을 잊지 못한 채 그 이듬해에 로마에서 스물여덟 살의 나이로 죽었다.[145]

* 오토 2세는 아내도 비잔티움의 황녀였고 동방 제국과의 통일에 관심이 컸다. 만약 그 무렵 비잔티움의 실권이 시종장 바실리우스가 아닌 황제 바실리우스에게 있었더라면, 두 청년 황제—바실리우스는 오토보다 두 살 아래다—의 통일 협상은 한층 우호적으로 진행되었을 것이다. 그러나 수구 세력의 대명사인 시종장으로서는 이교도인 사라센과 동맹을 맺을지언정 서방 제국은 용납할 수 없었을 것이다.

그와 테오파노의 아들인 오토 3세는 비상한 아이였다. 세 살 때 제위를 계승한 그는 아버지에게서는 전통적인 야망을, 어머니에게서는 낭만적 신비주의를 물려받았다. 그래서 그는 게르만의 모든 민족과 그리스, 이탈리아, 슬라브인까지 아우르는 비잔티움식 신정神政을 꿈꾸었으며, 신을 정점으로 하고 자기 자신과 교황은 신의 두 대리인이 되는 국가를 이상으로 생각했다. 그렇다면 그리스 어머니에게서 태어난 자신이야말로 그런 꿈을 실현할 수 있는 최적임자가 아닌가? 또 그 꿈을 실현하기 위한 토대로 두 제국의 결혼 동맹보다 더 나은 게 어디 있을까?

† 그리스도의 발아래 서방 황제 오토 2세와 미래의 오토 3세를 안고 있는 황후 테오파노.

이를 위해 그는 대사를 세심하게 선정했다. 대사는 뷔르츠부르크의 주교인 베른바르트[146]와 피아첸차의 대주교인 요한네스 필라가투스였다. 특히 필라가투스는 칼라브리아 출신의 그리스인으로, 원래는 노예 출신이었으나 테오파노의 가까운 친구이자 부하, 마지막에는 시종을 지냈으며, 그녀가 죽은 뒤에는 오토의 신뢰를 받았다.

안타깝게도 이번 사절단에는 크레모나의 주교처럼 당시의 일을 설명해 주는 사람이 없다. 그러나 이번에는 콘스탄티노플에서도 리우트프란트의 경우보다 한층 융숭한 대접을 했다고 봐도 좋을 것이다. 바실리우스로서도 혼맥을 구축하는 것보다 더 좋은 수단은 없었다. 운이 좀 따른다면 남부 이탈리아의 평화를 유지할 수 있을 것이므로 여기서 손을 떼고 불가리아와의 전투에 전념할 수 있을 터였다. 그래서 그는 필라가투스가 로마로 돌아갈 때 비잔티움 사절단을 동행시켜 오토와 세부 협상을 진행하도록 했다.[147]

만약 그 사절단이 로마에서 서방 황제를 만났더라면 모든 일이 매끄럽게 처리되었을 것이다. 양측의 통혼이 이루어졌을 테고, 당사자들만이 아니라 미래의 역사 전체가 사뭇 달라졌을 것이다. 하지만 그들이 도착하기 몇 주 전에 오토는 이미 로마를 떠났다. 그 결과는 그 자신에게도 불행이었고, 사절단에게는 몹시 불쾌한 일이었으며, 요한네스 필라가투스에게는 거의 재난이었다.

그해, 그러니까 996년 초에 열다섯 살의 서방 황제는 눈 덮인 브레네르 고개*를 넘어 이탈리아로 들어갔다. 그는 황제의 정식 복장을 입고 그리스도의 옆구리를 찔렀다는 신성한 창[148]을 앞세웠으며, 뒤에는 상당한 규모의 군대를 거느리고 있었다. 파비아에 이르렀을 때 교황 요한네스 15세가 죽었다는 소식을 듣자 그는 라벤나에서 자신을 영접하러 온 로마 귀족 대표단의 요청을 받고 당시 스물네 살인 자신의 사촌형 카린티아의 브루노를 후임 교황인 그레고리우스 5세로 임명했다. 예수승천축일인 5월 21일에 그레고리우스는 성 베드로 대성당에서 오토의 대관식을 치러 주었다. 몇 주 뒤 오토가 독일로 떠났을 때 사람들은 '영원한 도시(Eternal City, 로마의 별명)'

* 오스트리아와 이탈리아 사이에 있는 알프스에서 가장 낮은 고개이다.

에서 황제의 권력이 다시금 확고해졌고 서방 그리스도교권이 과거 어느 때보다도 안전해졌다고 여겼다.

그러나 그레고리우스는 치명적인 실수를 저질렀다. 파트리키우스 크레스켄티우스에게 내려진 유배형을 철회한 것이다. 크레스켄티우스는 요한네스 15세의 선출에도 영향력을 행사한 로마의 최고 권력자로 오토가 도착하기 직전까지 로마를 손아귀에 쥐고 흔들던 자였다. 유배에서 풀려난 그는 즉각 충성 서약을 저버리고 다시 예전의 행태를 보였다. 그는 권좌에 복귀한 뒤 곧바로 바실리우스의 사절단(그들은 오랜 항해의 피로를 떨치기 위해 로마에 머물던 중이었다)을 체포하여 감금했는데, 무엇보다도 정략결혼을 망쳐 버림으로써 오토에게 복수하려는 의도가 있었던 것으로 보인다.

그러자 겁이 더럭 난 그레고리우스는 다급히 사촌 동생에게 연락해서 어서 돌아와 황제와 교황의 권위를 되찾아 달라고 애걸했다. 그러나 오토가 그 요청을 거절하자—이탈리아의 기후를 견딜 수 없다는 황당한 이유였다—딱한 교황은 달아날 수밖에 없었고, 997년 초 그가 파비아에 있는 틈을 타서 크레스켄티우스는 자기 마음대로 새 교황을 임명했는데, 그가 바로 피아첸차의 대주교인 요한네스 필라가투스였다.

황제의 가장 믿을 만한 측근이 왜 그런 협잡에 넘어갔는지는 이해하기 어렵다. 두 황실의 통혼을 위한 예비 협상을 성공적으로 마무리한 필라가투스는 머잖아 승진할 것으로 확신했을 것이다. 그런데도 자기 주군을 배신하고 파렴치한 야심가에게 자신의 운명을 맡긴 것은 미친 짓이나 다름없었다. 그러나 그는 야망에 눈이 멀었다.

비록 대립 교황Anti-Pope*이라 해도 당장 교황위에 오를 수 있다는 것은 그로서 저버리기 어려운 유혹이었다. 997년 5월에 그는 라테란 궁전에서 요한네스 16세로 취임했다.

하지만 그는 곧 자신의 결정을 후회하게 된다. 그는 그레고리우스에게서 파문을 당한 데다 이탈리아의 모든 주교들에게서 빗발치는 비난을 받은 탓에 그해 여름 내내 외출도 못할 정도였다. 그래도 그는 그레고리우스와 오토의 항의에 대해 그들이 보낸 대사들을 그냥 감옥에 처넣는 것으로 응수했다. 그러던 중 그해 말에 결국 그는 죄의 대가를 받았다.

서방 황제는 아마도 로마의 여름보다는 겨울이 더 체질에 맞았던지 두 번째로 이탈리아 반도로 진군하여 파비아에 있는 그레고리우스 교황과 합류한 뒤(거기서 그들은 크리스마스를 보냈다) 독일과 이탈리아 연합군을 편성하여 로마로 진격했다. 2년 전에 그는 친구로서 평화롭게 로마에 왔지만 이번에는 분노에 찬 응징자로서 왔다. 로마 전역이 혼란에 빠지자 크레스켄티우스는 십수 명의 충직한 부하들을 데리고 산탄젤로 성으로 몸을 숨겼다. 한편 요한네스 필라가투스

* 대립 교황의 역사는 교황이 탄생하던 무렵부터 있었다(로마 가톨릭에서는 그리스도의 제자인 베드로를 초대 교황으로 삼고 있으나 사실상 교황이 권한을 가지게 되는 것은 4세기부터이므로 그전 시대는 모두 교황의 탄생기라 봐도 좋다). 교황은 당연히 한 사람이지만, 아무래도 현실 정치 세력과 밀접한 관련이 있으므로 두 명이 공존하는 경우도 있었는데, 정통 교황 이외의 교황을 대립 교황이라 부른다. 그럴 때 초기에는 교리상으로 누가 정통이냐를 따졌으나, 중세로 접어들면서부터는 현실 정치의 맥락 속에서 판별되는 경우가 많아졌다. 특히 세속 군주들이 교황 선출권을 가지고 있었던 11세기 중반까지는 대립 교황이 많았으며, 중세가 해체되는 교회 분열기에도 마찬가지였다.

는 로마에서 도망쳐 나와 난공불락이라고 알려진 탑으로 피신했다. 그러나 며칠 뒤 그는 독일 병사들에게 덜미를 잡히고 말았다. 그레고리우스 교황의 명령에 따라—황제가 알았는지는 확실치 않다—그는 투옥되어 형벌을 당했다. 병사들은 그의 귀, 코, 혀, 양손을 자르고 두 눈을 뽑았다. 그런 다음 그를 로마까지 끌고 가서 수도원의 감방에 가두고 재판을 받게 했다.

998년 사순절 기간 중에 요한네스 필라가투스는 교황과 황제 앞에 끌려갔다. 그와 동향 사람인 칼라브리아의 로사노 대수도원장 성 닐루스는 그가 이미 충분히 벌을 받았다고 열렬히 탄원했지만, 그레고리우스의 생각은 달랐다. 결국 불쌍한 필라가투스는 노새를 거꾸로 타고 로마 시내를 행진하면서 온갖 욕설과 야유를 들었다. 그런 다음에야 그는 먼 곳—아마 독일의 프랑크푸르트암마인 부근에 있는 풀다 수도원일 것이다—으로 유배되어 1013년까지 목숨을 부지했다.

한편 크레스켄티우스는 4월 29일까지 산탄젤로 성에서 버텼으나 결국 항복할 수밖에 없었다. 그가 당한 형벌은 비교적 온건했다. 성의 가장 높은 지점, 로마 전역이 내려다 보이는 데서 공개 참수를 당한 것이다. 그의 시신은 인근의 도랑에 처박혔다가 나중에 수거되어 부하들의 시신과 함께 몬테마리오의 교수대에 거꾸로 매달렸다.

불발된 두 제국의 통혼

이 시기 내내 콘스탄티노플에 있었던—확신할 수는 없지만—바실리우스 2세에게 요한네스 필라가투스의 운명과 그런 사태의 전개는 참으로 유감스러운 일이었다. 요한네스가 겪은 고통에 동정을 느낀 탓은 아니다. 그는 그런 종류의 위인은 아니었다. 그가 바라는 것은 그리스인이 성 베드로의 자리에 있는 것과 자신의 조카딸을 서방 황후로 삼는 것이었다.[149] 그런데 첫째 희망은 이제 불가능해졌고 둘째도 상당히 어려워졌다. 콘스탄티노플을 떠난 지 2년 가까이 된 그의 사절단은 마침내 감옥에서 풀려났지만, 필라가투스 사건으로 인해 전과 달리 친親 그리스적 성향이 식어 버린 오토는 그들을 만나 주지 않았다.

그러나 바실리우스에게는 당면한 현안들이 있었다. 가장 중요한 문제는 지난 3년간 차르 사무엘의 세력이 엄청나게 팽창한 것이었다. 996년 황제가 동방에 가 있는 틈을 타서 사무엘은 매복 기습으로 테살로니카의 총독을 살해하고 그의 아들이자 후계자인 칼디아의 요한네스를 사로잡았다. 그런 뒤에는 무방비 상태인 헬라스 테마를 침략하여 멀리 코린트까지 유린하고 약탈했다.

그러나 그 이듬해에 불가르군은 테르모필라이 부근 스페르케우스 강변에서 제국의 차세대 정예 장군인 니케포루스 우라누스에게 참패했다. 사무엘은 운 좋게 탈출하여 목숨을 부지할 수 있었다. 얼마 뒤에 그는 아드리아 해의 중요 항구인 디라키온(두라초, 현재 알바니아의 두러스)을 점령한 다음 달마치야의 오지를 횡단하여 보스니아까지 이르는 긴 행군을 시작했다. 그 원정을 당장 중단시키지 못하면 앞으로 그를 저지할 기회가 없을 터였다.

아드리아 해에 면한 비잔티움의 영토는 늘 관리상의 문제가 있었다. 콘스탄티노플에서의 거리로 보면 시리아보다 멀지 않았지만 도로가 가파르고 울퉁불퉁한 데다 주민들은 평화시에도 소아시아 민족들보다 비우호적이었다. 이래저래 바실리우스는 험난한 싸움을 각오해야 했다. 그때 그는 유일한 해결책을 찾아 냈다. 제국과의 사이가 매우 돈독한 베네치아 공화국을 이용하는 것이었다. 이미 992년 그는 피에트로 오르세올로 2세—베네치아 역사상 가장 뛰어난 도제의 한 사람—와 조약을 맺은 바 있었다. 베네치아가 콘스탄티노플에서 통상의 특권을 누리는 대가로 전시에 제국의 병력을 수송해 준다는 조건이었다. 그렇다면 베네치아가 비잔티움의 주권하에 있는 보호령으로서 달마치야 해안 지대 전체를 관장하도록 하면 어떨까?

피에트로 오르세올로는 대만족이었다. 이제 베네치아는 급증하는 인구를 위한 곡물, 선박 건조에 필요한 목재를 사실상 무한정으로 공급받을 수 있게 되었기 때문이다. 게다가 베네치아의 상인들은 크로아티아 해적들에게 많은 시달림을 받았는데, 달마치야를 관장하면 해적들을 훨씬 효과적으로 상대할 수 있었다. 도제의 아들 조반니는 서둘러 콘스탄티노플로 가서 사안을 매듭지었다. 그 결과 1000년 예수승천축일에 새로 달마치야 공작이라는 작위까지 받은 오르세올로는 산피에트로디카스텔로 성당에서 열린 미사에 참석하여 올리볼로 주교에게서 신성한 기치[150]를 받았다. 그런 다음 그는 자신의 기함에 올라 대함대를 거느리고 새로 얻은 백성들에게 충성 서약을 받으러 갔다. 차르 사무엘은 후배지와 보스니아의 요새들을 계속 장악하겠지만 이제 해안의 그리스어권 도시들은 안전해질 것이었다.

한편 황제는 다시 불가리아에 관심을 돌렸다. 전술은 전과 같았다. 우선은 난공불락의 근거지를 조성한다. 현재 필리포폴리스(플로브디프)가 그 근거지였다. 그 다음에는 서서히 질서정연하게 북쪽, 서쪽, 남쪽으로 세력을 확장하면서 모든 정복지를 강화하고 점령한 도시마다 방어망을 구축한 뒤 다음 단계로 넘어간다. 그러나 999년 파티마가 또다시 시리아를 침략하여 5년 전과 같은 위기가 재연되자 바실리우스는 동방으로 가야 했다.

마침 다행히도 그가 타르수스에 머물 무렵인 1000년의 부활절 일요일에 상타오의 군주 다비드가 암살되는 바람에 황제는 즉각 군대를 이끌고 자신의 상속 재산을 접수하러 갈 수 있었다. 그는 반 호수 북쪽의 방대한 지역을 관리하는 일을 다비드의 사촌인 아바스기아 왕 바그라트에게 맡기고 다비드의 직함이었던 쿠로팔라테스를 그에게 부여했다. 그러나 그가 보스포루스로 돌아온 때는 이미 늦가을이었다. 몇 달 뒤에는 파티마 칼리프 왕조와 10년 간의 휴전을 체결하는 데 성공했다. 이윽고 동쪽과 서쪽 변방이 완전히 안정되었으므로 그는 불가리아 공략에 전념할 수 있게 되었다. 1001년 여름에 바실리우스는 베로이아를 되찾았고 테살리아에서 불가르 수비대를 몰아 낸 다음 수도로 돌아왔다. 콘스탄티노플에서는 중대한 일이 기다리고 있었다.

오토는 비잔티움과의 통혼을 포기하지 않고 또다시 콘스탄티노플에 사절단을 파견하면서 이번에는 분명한 계획을 확정하는 것은 물론 아예 신부까지 데리고 오라고 지시했다. 따라서 이번 사절단의 임무는 전보다 훨씬 어렵고 중요했다. 그 책임자는 밀라노 대주교인 아르눌프였는데, 그는 서방 세계 최고의 멋쟁이 성직자답게 발굽을 금과 은으로 장식하고 화려한 옷을 입힌 말을 타고 콘스탄티노플에 나타났다. 바실리우스는 손님의 호화로운 의상과 기품 있는 태도에 경쟁하려 하지 않고—아르눌프는 교양, 지성, 매력을 갖춘 인물로 이름이 높았다—그를 정중하게 영접하면서 옆 자리에 앉게 한 다음, 동방과 서방의 고위 성직자들이 서 있는 가운데 통역자를 불러 그와 오랫동안 진지한 대화를 나누었다.

바실리우스는 까다롭게 굴지 않았다. 결혼이 빨리 매듭지어질수록 그만큼 빨리 불가리아로 돌아갈 수 있었기 때문이다. 세 조카딸 중 맏이인 유도키아는 천연두로 용모가 흉해졌으므로 평생토록 은둔 생활을 할 수밖에 없었고, 막내인 테오도라는 원래 외모가 변변치 않았다고 한다(나중에 보겠지만 테오도라도 평생 결혼하지 않았다). 하지만 둘째인 조에는 인물도 좋은 데다 나이도 적령기인 스물세 살이었으므로 딱 알맞은 신부감이었다. 대주교도 그녀에게 만족한 기색을 보였고 아마 오토 황제도 크게 기뻐하리라고 확신했다. 또한 조에 자신도 10여 년 전에 고모인 안나가 키에프로 시집갈 때처럼 싫어하는 기색은 전혀 아니었다. 이리하여 1002년 1월 아르눌프의 사절단과 함께 조에는 포르피로게니타이자 황후에 어울리는 수행원들을 거느리고 새 보금자리를 향해 출발했다.

† 제위에 앉은 서방 황제 오토 3세. 라이헤나우 혹은 황궁에서 제작된 복음서에 수록된 삽화.

하지만 불행히도 그 일은 실패로 끝났다. 그녀를 실은 배가 이탈리아 남부의 바리에 도착했을 때 비극적인 소식이 그녀를 기다리고 있었다. 그녀의 약혼자가 갑자기 열병으로 쓰러져 1월 24일 로마 인근의 파테르노 성에서 스물두 살의 젊은 나이로 죽은 것이다. 딱한 조에는 단순히 남편감만 잃은 게 아니라 서방 황후 자리도 잃었다.

만약 그녀와 오토가 아들을 낳았더라면 그 아들은 장차 서방 제국만이 아니라—다른 남자 상속자가 없을 경우에는—동방 제국마저 물려받아 양 제국을 처음으로 통일하고, 프랑스에서 페르시아에 이르는 방대한 지역을 다스리게 되었을 것이다. 그렇다면 이후의 세계사도 크게 달라졌을 것은 물론이다. 이제 그 꿈은 사라졌다. 조에는 대주교에게 작별을 고하고 자신이 타고 왔던 배를 도로 타고 돌아갈 수밖에 없었다.

조에의 운명은 한편으로 보면 측은했지만 다른 한편으로는 그렇지도 않았다. 서방 제국은 멀어졌지만 동방 제국은 그녀의 수중에 들어오기 때문이다. 다음 장에서 보듯이 20여 년 뒤 그녀의 아버지가 죽고 나서 그녀는—누구와도 결혼할 수 있는—막강한 권력을 누리게 된다.

마침내 정복한 불가리아

1004년 봄에 조에의 마음은 한껏 설레었을 것이다. 비록 자신이 당사자는 아니지만, 그녀가 원했던 왕실의 화려한 결혼식이 콘스탄티노플에서 거행되었기 때문이다. 신부는 두 공동 황제의 먼 친척인 마리아 아르기라라는 처녀였고, 신랑은 베네치아의 도제 피에트로 오르세올로의 아들로 최근에 자기 아버지처럼 공작이 된 조반니였다. 이 결혼식은 황실 예배당에서 총대주교의 집전으로 치러졌고, 공동 황제인 바실리우스와 콘스탄티우스는 신혼부부에게 동방식으로 왕관을 씌워 주었다. 피로연이 끝난 뒤 부부는 웅장한 궁전을 제공받고 몇 달 동안 그곳에서 살았다. 가을에 접어들어 마리아가 임신하자 그들은 베네치아로 돌아갔다.

그러나 조에가 그 신혼부부의 행복을 부러워한 기간은 길지 않았다. 1006년에 몇 년 연속 흉년이 들자 북부 이탈리아와 달마치야는 심한 기근에 시달렸다. 중세에는 흔한 일이지만 그 기근의 여파로 전염병이 창궐했고, 이 병마는 무수한 빈민들의 목숨과 더불어 조반니 오르세올로 부부와 어린 아들의 목숨까지 거두어 갔다. 젊은 도제 부인의 죽음에 관해 성 페트루스 다미아누스는 만족감을 숨기지 않으면서 늘 그렇듯이 엉뚱한 이유를 갖다 붙였다.

> 그녀는 물조차도 남들과 함께 쓰는 것을 경멸하여 하인들에게 하늘에서 떨어지는 이슬을 모으게 해서 목욕물로 쓸 만큼 사치스러운 습관을 가지고 있었다. 또한 음식을 손가락으로 만지는 것을 워낙 싫어한 탓에 환관들에게 음식을 작은 조각으로 자르게 해서 황금 포크로 찍어 입으로 가져갔다. 그녀가 사용하는 방들에는 각종 향과 향수 냄새가 진동했다. 나는 이 얘기를 꺼내기만 해도 메스꺼운데, 독자들은 쉽게 믿지 못할 것이다. 그러나 이 여인의 허영은 전능하신 신의 노여움을 샀고 마땅한 응징을 받았다.
>
> 신께서 그녀에게 정의로운 칼을 치켜드시자 그녀는 전신이 썩어 가고 사지가 오그라들기 시작했다. 그녀의 침실은 지독한 악취로 가득 차서 하녀나 노예조차도 콧구멍을 틀어막지 않고서는 그 역겨운 냄새를 참을 수 없었다. 오직 하녀 하나만이 여러 가지 향을 혼합한 방향제의 도

움을 받아 그녀 곁에서 정성껏 시중을 들었다. 하지만 그 하녀도 주인에게 황급히 다가갔다가 즉시 물러나야 했다. 그리하여 그녀는 서서히 쇠약해지고 고통에 시달리다가 숨을 거두어 친구들에게 즐거운 안도감을 주었다.

한편 베네치아 도제의 결혼식이 끝나자마자 바실리우스는 불가리아로 돌아가 차르 사무엘과 그의 제국을 멸망시키기 위해 전력을 기울였다. 1000년에서 1004년까지 거의 내내 원정을 계속한 결과 그는 테살로니카에서 도나우 강의 철문에 이르기까지 발칸 반도 동부 전역을 수복했다. 오늘날로 말하면 게릴라 전술을 장기로 삼았던 사무엘은 이제 거친 황야를 자기만큼이나 빠르게 진군할 수 있는 적을 맞게 되었다.

그 적은 매복이나 기습 공격을 허용하지 않았고, 더위와 추위에도, 비바람이 부는 날씨에도 끄덕하지 않았다. 그 뒤에도 바실리우스는 10년 동안 계속 전진했으나 안타깝게도 그 과정에 관해서는 전하는 기록이 거의 없다. 예를 들어 1005년에 사무엘은 자신의 장인인 요한네스 크리셀리우스, 그의 딸 미로슬라바, 그녀의 남편인 타론의 아쇼트에게 배신을 당한 적이 있었다. 그들은 디라키온을 바실리우스에게 넘겨주는 대가로 돈과 직함을 받았다. 또 1009년에 차르는 테살로니카 근방의 크레타라는 마을에서 충격적인 패배를 당했다. 하지만 기록은 그것뿐이다. 1014년이 되어서야 비로소 안개가 걷히면서, 이 전쟁의 결과를 추측 이상으로 비교적 확실히 알 수 있게 해 주는 전투에 관한 기록이 나온다.

전투의 무대는 세라이(세레스)에서 스트루마 강 상류까지 뻗어 있는 킴발롱구스 혹은 클리디온 협곡이었다. 15년 전이었다면 사무엘은 필경 매복을 준비했겠지만 이제는 그 자신도 잘 알다시피 그런 전술이 더 이상 통하지 않았다. 그래서 그는 자신의 병력으로 협곡을 점거하여 바실리우스의 전진로를 차단함으로써 적이 길고 위험한 우회로로 가게 하려 했다. 군대를 거느리고 협곡에 도착한 황제는 협곡의 입구가 몇 겹의 목책으로 완전히 가로막혀 있는 것을 발견했다.

그가 어디로 진군할까 생각하고 있는 동안 필리포폴리스의 군사총독인 니케포루스 크시피아스가 일부 병력을 몰래 숲이 우거진 언덕 사면으로 보내자는 흥미로운 제안을 했다. 능선을 따라 불가르군의 뒤까지 가서 협곡으로 내려간 다음 후방을 기습하자는 것이었다. 처음에 바실리우스는 그 계획에 회의적이었지만—그가 항상 불신하는 위험 요소가 포함되어 있기 때문에—결국 난관에서 벗어날 다른 방법이 없다는 것을 깨닫고 마지못해 동의했다.

그래서 크시피아스는 엄선된 병사들로 작은 부대를 꾸려 몰래 제국군에서 빠져 나왔다. 그리고는 숲을 가로질러 가다가 협곡의 반대편 끝, 즉 불가르군의 후위까지 간 뒤 숲에서 나왔다. 7월 29일 그는 공격을 개시했고 황제도 동시에 목책을 향해 맹공을 퍼부었다. 불가르군은 기습에 놀란 데다 양쪽에서의 협공을 동시에 방어하지 못하고 혼란에 빠져 달아났다. 많은 수가 달아나다가 죽었으며 더 많은 수가 포로로 잡혔다. 우리의 문헌을 믿을 수 있다면 포로의 수는 약 1만 4천 명에서 1만 5천 명이었다.[151]

† 『마나세스 연대기』에 수록된 삽화로 킴발룽구스의 바실리우스 2세(위)와 눈을 잃은 불가르족 포로들이 슬픔에 찬 사무엘 왕에게 돌아오는 모습(아래)이다.

사무엘도 포로로 잡혔으나 아들의 용맹한 활약으로 다시 말에 올라 프릴라폰(지금의 프릴레프) 요새로 도망칠 수 있었다. 그 부자는 대단히 운이 좋았다. 바실리우스는 복수심에 불타고 있었기 때문이다. 그가 이룬 어떤 정복이나 그가 반포한 어떤 법령보다도 그를 역사적으로 유명하게 만든 형벌을 포로들에게 가한 것도 바로 그때였다. 그 형벌에 관해서는 이 장의 첫머리에서 기번이 설명하고 있다.

10월 초에 그 무시무시한 포로들의 행렬이 프레스파에 있는 차르의 성으로 향했다. 당시 사무엘은 불가리아의 재난과 좌절된 희망으로 인해 이미 병석에 누워 있었다. 그런 와중에 한때 웅장했던 군대가 그렇게 된 것을 보고 그는 그만 졸도해 버렸다. 찬물을 끼얹자 그는 잠시 정신을 차렸다가 곧 다시 혼수상태에 빠져 이틀 뒤에 죽고 말았다. 그의 죽음을 애도하는 사람들은 동시에 그의 제국을 위해서도 애도했다.

자포자기에서 나오는 용기였으나 불가르족은 여전히 용감하게 싸웠다. 처음에는 사무엘의 아들 가브리엘 라도미르가 불가르군을 이끌었지만, 1016년에 그가 살해된 뒤에는 그의 사촌이자 살해범이기도 한 요한네스 블라디슬라프가 지휘를 맡았다. 1018년 2월 디라키온의 포위전에서 요한네스가 전사하자 비로소 불가르족은 항복했다. 곧이어 바실리우스는 그들의 수도인 오크리드에 공식 입성했다. 성문에서 황제를 맞은 사람은 요한네스의 아내 마리아와 그녀가 최대한 불러모은 식솔들이었다. 그녀와 요한네스의 세 아들[152]과 여섯 딸, 가브리엘 라도미르의 두 딸과 다섯 아들—그중 한 명은 이미 실명되었다—이 그들이었다. 또 사무엘의 서자 한 명이 더 있었다. 바실리우스는 모두 열여덟 명인 그 식솔들을 따뜻하고 정중하게 맞아주고 보호를 약속했다.

불가리아 제국을 정벌하기 위해 처음 무기를 들었을 때 스물여덟 살이었던 그는 어느새 예순 살이 되었다. 불가리아를 정복하는 데 활동 기간의 대부분이 소요되었지만 그는 결국 그 과업을 이루었다. 슬라브족이 남하한 이래 처음으로 발칸 반도 전역이 제국의 통제 하에 놓였다. 이제부터 그가 해야 할 일은 가급적 많은 도시에서 충성의 서약을 받고 백성들의 마음 속에 자신을 대군주로 각인시키는 것이었다.

그는 불가리아 왕족과 함께 오크리드에서 프레스파로 갔다. 거기서 이바치아라는 불가리아의 한 용감한 장군이 항복을 거부한 죄로 실명의 형벌을 받았다. 그 다음에는 카스토리아로 갔는데, 여기서는 차르 사무엘의 두 딸이 황제 앞으로 불려 왔다가 갑자기 마리아를 보고 죽이려 달려드는 것을 막느라 애를 먹었다. 그 다음 테르모필라이에서 바실리우스는 23년 전 니케포루스 우라누스가 죽인 불가르 병사들 수천 명의 유골이 쌓여 있는 것을 목격했으며, 그의 부하인 아르메니아의 루펜이 테르모필라이 고개를 방어하기 위해 건설한 튼튼한 요새를 인상 깊게 보았다. 마지막으로 아테네에서는 아크로폴리스에 올라가 성모인 테오토코스의 성당—원래는 전혀 다른 여신에게 봉헌된 곳으로 우리에게는 파르테논이라고 알려져 있다—에서 열린 감사 기도회에 참석했다.

† 파르테논 신전은 기원전 5세기 중엽, 아테네의 아크로폴리스에 세워진 아테나 여신의 신전인데, 비잔티움 시대에는 성당으로, 오스만투르크 시대에는 모스크로 사용되었다.

제국의 마지막 위대한 황제

전쟁에서 바실리우스 2세—그는 불가록토누스Bulgaroctonus, 즉 불가르족의 학살자라는 별명을 얻었다—는 잔인하고 무자비했으나 평화가 찾아오면서부터는 온건하고 사려 깊은 황제로 돌아갔다. 불가르족은 이제 그의 적이 아닌 신민이 되었으므로 마땅히 모든 면에서 배려를 받을 자격이 있었다. 황제는 그들의 세금을 낮춰 주고 금화가 아닌 현물로 내는 것도 허용했다.*

오크리드의 총대주교구는 대주교구로 격하되었으나 콘스탄티노플 교구에 소속되지는 않았다. 그래서 불가리아 교회는 황제가 대주교를 임명하게 된 것 한 가지만 빼고는 독립성을 유지했다. 정복지는 크게 불가리아와 파리스트리움의 두 테마로 편제했는데, 예전의 도나우 속주 이북 지역을 파리스트리움 테마로 묶었다. 하지만 서부의 일부 지역—특히 크로아티아, 디오클레아, 라스키아, 보스니아—은 제국의 종주권 아래서 토착 군주들이 계속 지배할 수 있도록 했다.

불가르족은 거의 대다수가 평화를 원했고 분쟁을 일으키지 않았다(부패한 제국 총독에 항의하여 봉기한 경우는 두 차례 있었지만). 불가르 귀족들은 비잔티움의 사회와 관직의 위계 속으로 통합되었으며, 그중 일부는 고위 공직도 맡았다. 예를 들어 요한네스 블라디슬라프의 맏아들 프루시안은 마기스테르의 직함을 받고 니케아에서 앙키라 사이의 지역에 해당하는 중요한 브루켈라리아 테마의 군사 총독이 되었다. 또 그의 동생 아론은 훗날 바스푸라칸의 군사 총독이 되었고, 우리도 나중에 보겠지만 이사키우스 콤네누스 황제와 처남 매

* 세금 제도에서도 서양식 제국과 동양식 제국에서는 차이가 크다. 일찍부터(고대 페니키아 상인들이 지중해를 누비던 때부터) 화폐를 사용했던 서양에서는 세금을 돈으로, 즉 금화로 납부하는 제도도 일찍 발달했다. 그러나 중국의 경우 주나라 시대부터 화폐가 있었으니 연혁에서는 서양에 뒤지지 않지만, 실제 사용도에서는 큰 차이가 있었다. 그 이유는 체제가 서로 다르기 때문이다(지리적으로는 바다를 중심으로 발달한 해양 문명과 뭍을 중심으로 중국 대륙 문명의 차이라고 볼 수도 있다). 지중해를 중심으로 무역과 국제적 거래가 예로부터 성행했던 서양의 경우에는 자연히 화폐 중심의 경제가 발달하게 되었던 반면, 강력한 중앙 집권적 체제에다 농업 국가였던 중국의 경우에는 화폐보다는 현물(농작물)을 세금으로 납부하는 게 자연스러웠던 것이다(주나라 때 그런 대로 사용되던 화폐가 제국 시대에 접어들어 오히려 퇴보한 게 그 예다). 중국에서 세금을 화폐로 내게 된 것은 15세기 중반 명 정부가 관리들의 봉급을 은으로 주면서부터다. 이렇게 해서 은납제가 시행되었으나 당시에는 농민들이 곡식을 팔아 은을 구해서 세금을 내야 했기 때문에 오히려 농민들에게 이중적 부담을 안겼다.

† 불가르족을 정복한 황제 바실리우스 2세.

부 사이가 되었다.

이렇게 해서 불가리아 문제는 해결되었다. 그러나 황제의 일은 아직 끝나지 않았다. 동부 쿠로팔라테스였던 아바스기아의 바그라트 왕이 1014년에 사망하자 그의 아들 게오르기우스는 14년 전의 협정을 거부하고 타오와 파시아네를 침략하여 점거했다. 바실리우스는 피해를 막기 위해 흑해의 먼 끝으로 함대를 파견했는데, 이것은 그가 처음으로 반란을 일으킨 군주를 제대로 응징한 사례였다. 1021년에 그는 세 번째이자 마지막이 될 아시아 원정을 시작했다. 그 이듬해에 게오르기우스는 항복하고 자신의 세 살짜리 아들을 황제에게 인질로 맡겼다.[153]

여기서 바실리우스는 그냥 돌아갈 수도 있었다. 그러나 그는 이 참에 늘 말썽이 많은 동부 변방에서 자신의 지위를 확고히 각인시키기로 했다. 그는 군사적 위협이나 공격도 하지 않고 기민한 외교만으로 바스푸라칸 지역을 병합했으며, 아니의 아르메니아 왕인 요한네스 슴바트에게서도 설득을 통해 평화롭게 그의 사후에 왕국을 제국에 유증하겠다는 약속을 받아냈다. 1023년 수도에 돌아올 때까지 그는 최소한 여덟 군데의 새 테마를 건설했는데, 가장 남쪽의 안티오크 테마에서부터 북동쪽으로 텔루크, '유프라테스 도시들'(나중에 에데사 테마라고 불리게 된다), 멜리테네, 타론, 바스푸라칸, 이베리아,* 테오도시오폴리스 테마까지 거대한 부채꼴 수비망을 형성했다. 황제는 이제 아드리아 해에서 아제르바이잔까지 광대한 지역을 지배하는 권력자가 되었다.

그는 중세의 기준으로 보면 상당한 나이인 예순다섯 살이었다. 그동안 삶의 대부분은 전쟁터에서 보냈다. 그 정도 연배에다 그 정도 업적을 올린 군주라면 누구나 이제 칼을 내려놓고 평화와 안정 속에서 여생을 보내고 싶어 할 터였다. 그러나 바실리우스는 여느

* 지금의 이베리아 반도가 아니라 아르메니아 북쪽 흑해와 카스피 해 사이의 지역을 가리킨다. 이후 이 책에서 나오는 이베리아도 마찬가지다.

† 1025년경의 비잔티움 제국 영역.

군주와 같지 않았다. 그는 아직도 정력이 넘쳤다. 콘스탄티노플에 돌아오자 다시 그의 힘을 요구하는 보고가 기다리고 있었다. 남부 이탈리아의 군사 총독인 바실리우스 보이오안네스가 보낸 보고였다.

그 지역의 정세는 1017년 노르만의 젊은 야심가들과 약탈자들이 대거 들이닥치면서 대단히 복잡해졌다. 그들은 명예와 부를 좇아 이탈리아에 왔으며, 현지의 롬바르드 분리주의자들과 연합하여 비잔티움령인 아풀리아와 칼라브리아를 해방시키려 했다. 1년 동안 그들은 제법 큰 성과를 올렸다. 그러나 1019년 10월에 오판토 강변의 칸나이—기원전 216년 한니발이 이끄는 카르타고군이 로마군을 격파한 바로 그 장소—에서 보이오안네스는 롬바르드족과 노르만인의 연합군에게 (규모는 좀 작지만) 한니발과 비슷한 승리를 거두었다.

또한 3년 뒤에 그는 서방 황제 하인리히 2세가 직접 대군을 거느리고 침공해 온 것을 막아 냈고 알프스 너머로 다시 쫓아냈다. 쇠는 달궈졌을 때 두드려야 한다는 말은 역시 옳았다. 바야흐로 제국은 과거에 획득한 재산을 공고히 하고, 전통적인 변방을 안정시키고, 비잔티움 소유의 영토에서 외국의 신참 도전자들을 물리쳤다.

보이오안네스 덕분에 남부 이탈리아에서의 일은 이미 절반이 끝났다. 그러나 시칠리아의 문제는 아직 남아 있었다. 535년 벨리사리우스가 제국의 영토로 수복했던 시칠리아는 그로부터 3세기 후에 아랍인들의 침략을 받은 이래로 사실상 무슬림 세계의 일부가 되었다. 이제 마침내 그 불만스러운 상태를 개선할 때가 온 것이다. 새로 대군이 편성되었고, 보이오안네스에게는 1026년으로 예정된 시칠리아 침공을 위한 종합적인 계획을 수립하라는 명령이 떨어졌다. 하지만 실제로 침공이 이루어진 때는 그로부터 12년 뒤였으며, 이 원정에는 황제도, 그의 뛰어난 군사 총독도 참여하지 못했다. 1025년 크리스마스를 열흘 앞둔 날 아홉 시에 바실리우스 2세는 콘스탄티노플의 황궁에서 예순일곱 살로 죽었다.

그는 비범한 인물이었다. 아마 비잔티움의 전체 역사를 통틀어 가장 뛰어난 군주에 속할 것이다. 앞 장에서 살펴본 여러 가지 이유로 인해 그의 경력은 뒤늦게 시작되었으나 대기만성의 표본임을 여실히 증명했다. 그는—이전과 이후의 많은 황제들이 매우 중시했던—권력의 외적 치장 따위는 경멸했으며, 오로지 자신의 인품에서 비롯되는 영향력으로 교회와 국가의 모든 분야를 손쉽게 지배하고 관장했다. 또한 그는 총대주교를 여러 차례 임명하거나 해임했고,

아나톨리아의 사회 구조 전체를 혁명적으로 개조하는 입법을 시행했으며, 외국의 군주들 앞에서 자신만이 지닌 독특한 장점—총사령관으로서의 전략적인 시야에다 훈련 교관과 같은 섬세한 관심이 결합된 자질—을 발휘하여 자신이 제국의 역사상 가장 뛰어난 장군들 중 한 사람이라는 점을 보여 주었다.

특기할 만한 사실은, 황제로서 무조건 지니게 마련인 기본적인 매력 이외에 별다른 흡인력이 없었다는 점이다. 역사 전체를 볼 때 전장에서 뛰어난 지도자들은 대개 카리스마적 요소, 휘하 병사들의 상상력을 자극하는 항거할 수 없는 불꽃 같은 측면을 가지고 있다. 그것 때문에 병사들은 지도자를 열렬히 추종하고 충성을 바치게 되는 것이다. 그러나 우리가 아는 한 바실리우스에게는 그런 자질이 거의 없었다. 그의 원정에서는 번개와 천둥 같은 면모를 발견하기 어려웠다. 그가 이끄는 제국군은 적의 정면에서나, 측면에서나, 후방에서나 똑같이 용암처럼 서서히 흘러 태산처럼 도도하게 밀어붙이는 방식으로 공격했다. 젊은 시절 트라야누스 관문에서 치욕을 겪은 이후로—그는 이 사건을 결코 잊지 못했으며, 어떤 의미에서 불가리아 전쟁은 전체가 그 복수전이었다—그는 좀처럼 모험을 하지 않았으며 병력 손실도 거의 겪지 않았다. 하지만 그는 병사들의 신뢰는 받았을지언정 사랑은 받지 못했다.

사실 그의 어머니를 제외하고 그를 사랑한 사람은 없었다. 그는 누구를 사랑하지도 않았고, 누구의 사랑을 받지도 못했다. 사랑은커녕 그를 좋아한 사람이 있었다는 증거도 없다. 기록에 의하면 그는 절친한 친구도 없었던 듯하다. 비잔티움의 역대 황제들 중 그처럼 고독한 사람은 없었다. 어찌 보면 그것은 놀랄 일도 아니다. 바실리우스는 못생기고, 불결하고, 천하고, 촌스럽고, 매우 속물스럽고, 거의 병적으로 비열한 인물이었던 것이다. 한마디로 그는 전혀 비잔티움에 어울리는 사람이 아니었다. 그 자신도 아마 그렇다고 인정했을 것이다. 그는 품위에도 신경을 쓰지 않았고 개인적인 행복, 즐거움, 친구들의 사랑 따위에도 관심이 없었다. 그의 관심은 오로지 위대한 제국, 번영하는 제국을 건설하는 것뿐이었다. 그랬으니 그의 치세에 제국이 전성기를 맞은 것도 당연한 일이다.

다만 그는 한 가지 면에서 실패했다. 그런데 그것은 그가 거둔 성공을 상쇄하고 그가 올린 업적을 무효화할 정도로 큰 실패였다. 후사를 낳지 못했고, 그의 사후에 그의 작업을 계승할 후계자를 남기지 못한 것이다. 동생 콘스탄티누스가 철저히 무능하다는 것은 누구보다 바실리우스가 잘 알았다. 콘스탄티누스는 육순에 들어서까지도 젊을 때처럼 경박하고 쾌락만 좇았다. 여성에 대한 바실리우스의 태도가 혐오였는지, 경멸이었는지, 아니면 (가장 가능성이 높은 것으로) 두려움이었는지는 수수께끼로 남아 있다. 하지만 그 강철 같은 규율로 그는 제국의 안위를 위해 억지로라도 아내를 얻어 아들을 낳아야 하지 않았을까? 만약 그랬다면 제국은 번영을 계속하고 갈수록 영향력과 힘이 증대하여 유럽과 아시아로 뻗어 나갔을지도 모른다. 후사 없이 죽음으로써 그는 사실상 제국의 쇠퇴를 부른 셈이 되었다.

바실리우스는 12월 15일에 죽었다. 그리고 그 이튿날인 16일부터 제국은 쇠퇴하기 시작한다.

16

쇠퇴하기 시작하는 제국

1025년~1041년

내가 알기로는 내 시대의 어떤 황제도—내 삶에서의 숱한 경험으로 말하건대 그 대부분은 1년밖에 재위하지 못했지만—제국의 짐을 지면서 끝까지 비난을 피하지는 못했다.

미카일 프셀루스 『연대기』, IV. 11

잔인한 노황제

예순다섯 살의 홀아비로 비잔티움의 단독 황제가 된 콘스탄티누스 8세는 거의 모든 면에서 형과 달랐다. 우선 신체적으로도 그는 당당한 풍모를 자랑했다. 키가 작고 땅딸막한 바실리우스와는 달리 그는 키가 크고 균형 잡힌 몸매를 가지고 있었으며, 동작과 몸짓에서 자연스러운 멋이 우러나왔다. 승마 솜씨가 뛰어났던 그는 사냥과 전차 경주를 몹시 좋아했고 늘 자신의 말을 훈련시켰다. 젊은 시절에 그는 달리기, 레슬링, 창던지기 같은 체육 대회에 직접 출전하기도 했다. 그런 경기들은 오래전에 인기를 잃었으나 그가 다시 유행시켰다. 단독 황제가 될 무렵 그는 물론 운동을 계속할 나이가 아니었다. 게다가 오랫동안의 무절제한 생활로 건강을 해쳤고 만성적인 통풍도 있어 만년에는 땅을 딛고 서 있기도 힘든 정도였다. 하지만 그래도 그의 풍채는 여전히 좋았다.

자기 형처럼 그도 공식 교육은 거의 받지 않았다. 그러나 왕성한 지적 호기심 덕분에 그는 어느 정도—프셀루스는 "어린아이 정도"라고 비웃는다—문화적 감각을 익힐 수 있었고, 그것으로 외국의 대사들을 상대할 수 있었다. 당시 그를 접견한 대사들은 그가 뛰어난 웅변 솜씨를 보였고, 그것을 더 돋보이게 해 주는 낭랑한 목소리를 가졌다고 말한다. 그래서 논쟁이라도 벌어지면 황제가 구술하는 말을 따라잡기 어려웠으므로 비서들은 속기술을 익혀 두어야 했다.

이런 장점들을 감안하면 그는 완벽하게 어울리는 황제가 되었어야 했다. 그런데 왜 3년도 못 되는 그의 치세는 재앙의 연속이었을까? 무엇보다도 그에게 도덕 의식이라고는 눈곱만큼도 없었다. 그는 자신의 권력에 놀란 나머지 그것을 어떻게 사용해야 할지 몰라 모든 사안마다 초지일관 잔인한 방식으로 대응했다. 소문이란 소문은 모조리 믿었고, 재판을 할 만한 용기가 없는 탓에 수백 명의 무고한 사람들에게 처형 또는 사지를 자르는 형벌을 함부로 내렸다. 특히 그는 실명의 형벌을 즐겼다. 조나라스는 이렇게 말한다. "그는 이런 방식의 고문을 매우 좋아했다. 죄수의 목숨을 빼앗지 않으면서 고통을 주고 힘을 잃게 만들 수 있기 때문이었다." 이 실명의 형벌은 콘스탄티노플에서 '황제의 거룩한 자비'라는 역설적이고도 비극적인 이름으로 불렸다. 그런 다음 그는 한없이 자책하면서 자기가 실명시킨 사람들을 끌어안고 펑펑 울거나 용서를 비는 주책을 보였다. 그랬으니 백성들이 그를 좋아할 리가 없었다.

그렇듯 줄기차게 쾌락을 추구한 황제라면—프셀루스에 의하면 "그는 손에 주사위만 쥐고 있으면 아무리 중대한 일이라도 뒤로 미뤘다"고 한다—자신과 가장 친한 인물을 대신이나 각료로 발탁해서

따분한 국정을 안전하게 맡기려 할 것은 충분히 예상되는 일이다. 콘스탄티누스는 바로 그렇게 했다. 시종장과 동방군 총사령관의 요직들은 그의 시중을 드는 환관 니콜라우스에게 돌아갔다. 또 다른 환관 시메온은 그때까지 황궁의 한직에 있다가 졸지에 콘스탄티노플의 치안 책임자로 임명되었다. 또 유스타티우스도 미천한 직책에서 황궁 경비대의 모든 외국인과 야만족 용병들을 관장하는 대大 헤테리아르크Heteriarch로 고속 승진했다. 악한으로 유명한 스폰딜루스라는 자는 안티오크 대공으로 임명되어 제국에서 가장 크고 가장 전략적으로 중요한 요새의 성주이자 새로 정복한 남부 속주를 사라센 무리로부터 보호하는 주요 책임자가 되었다.

새 정권의 약점을 환영한 것은 오직 한 계층, 바로 아나톨리아 귀족들이었다. 처음에 그들은 쿠데타를 일으켜 콘스탄티누스를 폐위하고 자신들이 지지하는 황제를 앉힐 마음을 먹었다. 그러나 그들은 단결하지 않고 어리석게도 독자적으로 행동하려 했다가, 바실리우스를 따르던 군대의 대부분이 콘스탄티누스에게 충성하는 탓에 실패하고 말았다. 그런데 결과적으로 그것은 중요치 않았다. 황제는 그들의 요구를 거부할 수 없었기 때문이다.

결국 몇 달 안 가서 그들이 그토록 싫어하던 토지 소유법이 폐지되었다. 또다시 '힘센 자'들은 예전의 자기 토지로 달려가서 모든 땅을 빼앗았으며, 소규모 자영농들은 간신히 목숨만 부지하는 형편이 되었다. 게다가 몇 년 동안이나 가뭄이 닥치고 메뚜기 떼가 들끓는 바람에 농민들의 곤궁은 더욱 심각해져 기아 상태에 이르게 되었다. 소아시아는 6세기처럼 다시 부재 지주들의 영지로 변했고 농민

† 가마를 탄 대지주의 행렬.

들은 도로 농노가 되어버렸다.

그런 사정에도 아랑곳없이 콘스탄티누스 8세는 늘 하던 대로 하며 살았다. 사냥, 향연, 도박을 즐기고, 친구들과 술을 퍼마시고, 후궁들과 질탕하게 놀고, 전용 극장에서 음란한 공연을 보고, 더 훌륭한 양념을 맛보는—그는 미식가이자 대식가였다—것이 주 업무였고, 나랏일은 어떻게 해서든 피하는 것이 주 목표였다. 그러나 그런 생활이 마냥 지속될 수는 없었다. 1028년 11월에 그는 결국 죽을 병에 걸리고 말았다.

그제서야 비로소 그는 콘스탄티노플의 시민들이 오래전부터 고민하던 후계자 문제를 떠올렸다. 앞 장에서 보았듯이 그에게는 아들이 없었다. 세 딸 중 맏이는 이미 오래전에 종교적 삶을 서약했다.

둘째 딸 조에는 오토 3세와 결혼하러 서방까지 갔다가 이탈리아에서 신랑감이 죽는 바람에 돌아온 적이 있었다. 하지만 그것도 26년 전의 일이었고, 그 뒤 그녀는 황궁의 규방에서 자신이 매우 싫어하는 막내 동생 테오도라—그녀는 더 똑똑했으나 외모는 보잘것없었다—와 함께 쓸쓸하게 살아왔다.

아직 40대 중반인 테오도라는 이미 독신으로 살 생각을 굳혔지만, 조에는 출산 연령도 지난 오십을 바라보는 나이에도 여전히 결혼에 대해 관능적인 꿈을 품고 있었으며, 결혼은 자신이 한번도 누려보지 못한 황궁이라는 감옥으로부터의 해방을 가져다 주리라는 기대감을 가지고 있었다.[154] 그녀는 그 해방이 반드시 오리라는 확신으로 자신을 위안할 수밖에 없었다. 그녀는 아버지 콘스탄티누스의 상속인이었으므로 어차피 제관은 자신을 통해서 자신의 남편에게로 전달되어야 한다. 문제는 단 하나, 그게 누구냐는 것이었다.

죽어가는 황제의 침대 맡에서 격렬한 토론이 벌어진 끝에 파트리키우스 콘스탄티누스 달라세누스가 후보로 추천되었다. 그는 소수 '힘센 자' 가문의 한 사람으로, 마케도니아 왕조에 대한 충성심이 굳은 사람이었다. 그러나 사자를 보내 그를 급히 콘스탄티노플로 소환하라는 명령을 전했을 때, 그 소식을 들은 수도의 관료들은 거세게 항의했다.* 소심한 황제는 임종의 자리에서까지 그 반발에 굴복했다. 그는 즉각 또 한 명의 사자를 파견하여, 수도로 오고 있던 달라세누스에게 더 이상 올 필요가 없다는 전갈을 전했다. 한편 관료

* 그들은 아나톨리아 귀족이 다시 득세하기를 바라지 않았을 것이다.

들은 자체적으로 후보를 천거했는데, 그는 로마누스 아르기루스라는 육순의 원로원 의원이었다.

로마누스는 콘스탄티노플의 전통적인 귀족 가문 출신이었다. 황제의 먼 친척[155]인 그는—24년 전 조반니 오르세올로와 결혼했다가 전염병으로 함께 죽은 마리아의 오빠이기도 하다—파트리키우스였고, 고등 법정의 최고 판사, 소피아 대성당의 관리자(에코노모스), 수도의 행정 장관(지금의 시장에 해당하는 직위)을 맡고 있었다. 이런 이유 때문에 그는 여러 모로 황제의 적임자로 보였다. 공교롭게도 그는 행복한 결혼 생활을 누리고 있었지만, 콘스탄티누스의 결심은 확고했고 시간이 별로 없었다. 원로원 의원 부부는 둘 다 체포되어 황제 앞으로 끌려왔다. 선택은 간단했다. 당장 이혼하고 로마누스가 조에와 결혼하면 일단 부제로 임명되고 곧 정제가 될 수 있었다. 그러나 그것을 거절한다면 그는 두 눈을 뽑혀야 했다.

프셀루스는 그 모든 것이 속임수에 불과하다고 주장한다. 만약 로마누스가 황제의 협박을 용기 있게 거절했다면 그들 부부는 아무 탈 없이 여생을 즐겁게 살았으리라는 것이다. 하지만 그 주장은 설득력이 없어 보인다. 3년 전만 해도 콘스탄티누스는 그보다 더 잔인한 짓을 거리낌 없이 저지른 인물이었다. 또한 조에의 결혼은 절박하고 긴급한 사안이었으므로 더 연기할 수도 없었다. 어쨌든 그 노부부는 모험을 하고 싶지 않았다. 아내를 몹시 사랑하는 로마누스는 고뇌에 사로잡혔으나 그의 아내는 망설이지 않았다. 그녀는 눈물을 뿌리며 머리를 자르고 자신의 뜻에 따라 수녀원으로 들어갈 준비가 되었다고 선언하고는 곧 그 선언을 행동으로 옮겼다. 바로 그 이튿날인 11월 10일에 로마누스는 마지못해 황궁 예배당에서 조에와 결혼했고,[156] 11일에는 장인의 임종을 지켜보았으며, 12일에는 로마누스 3세가 되어 만면에 희색이 가득한 아내와 나란히 제위에 앉았다.

대를 이은 노황제

이야기를 계속 진행하기 전에 여기서 잠깐 500년 전 프로코피우스 이래 가장 귀중하고 흥미로운 기록을 남긴 당대 최고의 학자를 간략하게 소개하기로 하자. 미카일 프셀루스라는 이름은 이미 앞에서 여러 차례 등장했지만, 지금까지는 그가 목격한 것보다 전해 들은 것이 주로 소개되었다. 그러나 거의 한 세기를 포괄하는 그의 『연대기』는 하나의 커다란 목격담으로 볼 수 있다. 그 자신이 로마누스 3세에 관한 장의 첫머리에서 이렇게 말한다.

> 지금부터의 역사는 전보다 한층 정확할 것이다. 바실리우스가 사망했을 때 나는 어린아이였고 콘스탄티누스가 치세를 마쳤을 때는 초등 과정의 공부를 시작했을 때였다. 그러므로 나는 그들을 만난 적도 없고 그들의 말을 들은 적도 없다. 심지어 그들을 실제로 보았는지도 말하기 어렵다. 내가 너무 어렸던 때라서 잘 기억나지 않는다. 그 반면에 로마누스는 내 눈으로 직접 보았고 한번은 그와 이야기를 나눈 적도 있다.

프셀루스는 1018년에 콘스탄티노플의 점잖은 중산층 가문에서 태어났다. 그가 사회적으로 출세한 데는 아마 요한네스 마우로푸스의 덕이 컸을 것이다. 나중에 유카이타 대주교가 되는 그는 당시 수도에서 개인 교사로 일하고 있었다. 그의 집에서 프셀루스는 돈과 권세를 지닌 가문의 젊은이들을 만날 수 있었는데, 예를 들어 나중에 총대주교가 된 요한네스 크시필리누스와 황제 콘스탄티누스 10세로 더 잘 알려진 콘스탄티누스 두카스 등과 친하게 지냈다. 프셀루스는 곧 황궁으로 들어갔으며, 거기서 뛰어난 지성과 학문—비잔티움에서 늘 가장 높이 치는 자질이다—을 바탕으로 고속 승진을 거듭했다.

그때부터 그는 자신이 경험하고 직접 관여하기도 한 사건들에 관해 기록하기 시작한다. 비록 그의 책 뒷부분은 상당히 편향되어 있지만—이 부분은 황제가 된 친구 두카스가 그에게 집필을 의뢰했다—중세의 작가들 중 프셀루스만큼 안목이 섬세한 사람은 드물며, 그처럼 몇 줄의 글로 한 인물의 특징을 포착해 낼 수 있는 사람은 더욱 드물고, 자신이 살았던 세계를 그처럼 생생하게 묘사한 사람은 더욱더 드물다. 이를테면 로마누스 아르기루스에 관해 그는 이렇게 쓴다.

> 그는 그리스 문학에 익숙했고 이탈리아인들의 문학 작품에도 소양이 있었다. 그의 말솜씨에는 기품과 더불어 위엄이 흘러넘쳤다. 어느 모로 보나 그는 황제로서의 당당한 위풍을 지닌 사람이었다. 자신의 폭넓은 지식을 자랑하는 것은 크게 과장되었지만, 그래도 그는 과거의 위대한 안토니네스Antonines*를 본받아 …… 학문의 연구와 전쟁 기술의 두 가

지에 특히 관심을 기울였다. 하지만 전쟁 기술에 관해 그는 완전히 무지했고, 학문에 관해서도 깊은 지식을 지니지 못했다. …… 자신의 지식에 관한 과도한 믿음을 가지고 자신의 지적 한계를 넘어간 탓에 그는 커다란 실수를 저지르게 되었다.

요컨대—전임 황제와 비교해서—로마누스의 잘못은 지나친 자신감에 있었다. 그는 현명하고 훌륭한 행정가였다. 그러나 황제의 권력을 손에 쥐게 되자 그는 역대 어느 위대한 황제에 못지않게 잘할 수 있다는 확신에 사로잡혔던 듯하다. '마르쿠스 아우렐리우스가 철학자였다면 나도 철학자다.' 이런 생각 때문에 그는 며칠씩 신학과 형이상학의 난해한 문제들과 씨름을 했다. 하지만 그는 삼단 논법이나 변증법의 기초를 갖추지 못한 탓에 별로 성과도 없었고 결론도 내리지 못했다.

아우구스투스나 콘스탄티누스가 왕조를 창건했다면—비록 황후의 나이가 많기는 하지만—나도 그렇게 해야 한다. 이런 생각 때문에 그는 아이를 갖기 위해 온갖 돌팔이 의사들의 손쉬운 제물이 되어 젊음의 활력을 되찾아 준다는 각종 묘약과 최음제를 먹고, 연고를 바르고, 특별한 비법을 행했다. 조에 역시 임신하기 위해 사슬로 몸을 감싸고, 괴상한 부적을 지니고, 우스꽝스러운 주문을 외우는 등 온갖 애를 썼다. 하지만 그녀는 결국 아이를 갖는 데 실패했으며,

* 2세기 5현제 시대의 마지막 두 황제인 안토니누스 피우스(138~161)와 마르쿠스 아우렐리우스(161~180)를 가리킨다. 이 시대를 끝으로 고대 로마 제국은 다시 번영을 누리지 못했다.

황제 부부만 제외하고는 모두들 그것을 당연하게 생각했다.

그래도 황제가 철학을 연구하고 왕조를 창건하려 할 때까지는 별다른 피해가 없었다. 그러나 그가 군사 전략가를 자임하고 나섰을 때는 문제가 달랐다. 1030년에 그는 제멋대로 구는 알레포의 아미르에게 따끔한 교훈을 가르쳐 주기로 결심했다. 장군들은 모두 만류했으나 그는 개의치 않았다. 그런데 그가 안티오크에 도착하자 아미르가 보낸 대사들은 그에게 기존의 평화 조약을 언급하면서 피해가 있다면 배상하겠다고 제의했다. 하지만 이미 개선 행진에 사용할 제관을 주문해 놓은 로마누스는 그 제의를 거부하고, 직접 군대를 거느린 채 알레포로 출발했다.

군대가 시리아에 이르러 좁은 고개로 막 들어서려 할 때 사라센군의 함성이 들렸다. 갑자기 아미르의 병사들이 언월도를 휘두르며 언덕의 양쪽 사면으로 내려왔다. 만약 니케포루스 포카스나 요한네스 치미스케스가 그런 매복 기습을 당했다면 그 자리에 버티고 서서 싸웠을 것이다. 그러나 로마누스 아르기루스는 병사들과 함께 도망쳤다. 그의 부관 한 명이 재빨리 그를 도와 말에 오르게 하지 않았다면 그는 적에게 사로잡혔을 게 거의 분명했다. 그것은 참패보다 더 나쁜 치욕이었다. 프셀루스에 따르면 그들이 도망치는 광경을 오히려 적들이 깜짝 놀라 지켜보았다고 한다. 바실리우스가 죽을 무렵 제국군은 문명세계의 최강이었다. 그러던 것이 불과 5년 동안 관리를 소홀히 하자 동방의 웃음거리로 전락해 버린 것이다.

하지만 모두가 패배한 것은 아니었다. 안티오크에서 북쪽으로 조금 떨어진 지점에는 별로 중요하지 않은 테마가 있었다. 그 중심 도시는 텔루크였고 그 군사 총독은 덩치가 크고 유능한 게오르기우스 마니아케스라는 젊은이였다. 며칠 뒤 약 800명의 사라센 기병대가 제국군에게서 노획한 전리품을 가득 실은 채 거들먹거리면서 텔루크로 다가왔다. 그때 전해진 패전 소식은 황제가 전사했고 제국군 전체가 전멸했다는 과장된 것이었다. 이미 날이 어두워졌으므로 사라센군은 텔루크 방어군에게 이튿날 아침까지 항복하라고 다그치며, 그러지 않으면 처절한 보복을 당할 것이라고 협박했다. 마니아케스는 두려워하는 기색을 보이면서 이교도 진영에 많은 음식과 술을 보내 주고, 자신과 병사들은 동이 트자마자 항복하고 시가 소유한 금과 보물을 내놓을 것이라고 약속했다.

그의 계획은 완벽하게 통했다. 사라센군은 아무런 의심도 하지 않고 크게 기뻐하며 그들에게 익숙하지도 않은 술을 마음껏 마셨다. 마니아케스는 그들이 취해 잠들 때까지 기다렸다가 기습을 가했다. 800명의 사라센 기병들을 순식간에 도륙하고서 그는 병사들에게 모든 시신에서 코와 귀를 잘라 내라고 명했다. 이튿날 아침 그는 패주한 황제를 찾아 나섰다. 카파도키아에서 황제를 만난 마니아케스는 피투성이의 섬뜩한 전리품을 로마누스의 앞에 내놓았다. 그러자 황제는 크게 기뻐하며 현장에서 마니아케스를 하下 메디아의 군사 총독으로 임명했다. 이로써 마니아케스는 자신의 집이 있는 사모사타를 포함하여 유프라테스 상류 유역의 모든 도시들을 다스리게 되었다. 그 뒤에도 그는 적군에게 연전연승을 거두었으며, 2년 뒤에는 4세기 전 헤라클리우스의 시대 이래 처음으로 에데사를 제국의 영토로 수복하는 빛나는 전과를 올렸다.

한편 콘스탄티노플에 돌아온 황제는 현명하게도 군사적 사안은 포기한 채 다른 국정에만 전념했다. 치세 초기 몇 개월 동안 그는 여러 가지 관대한 조치로 상당한 지지를 얻었다. 소피아 대성당에 지급하는 연간 정부 보조금을 금 80파운드만큼 증액했고, 지역 공동체가 납부하는 세금에서 적자가 발생할 경우 수도원과 대지주가 메우도록 한 알렐렝욘allelengyon이라고 알려진 바실리우스의 법을 폐지했으며, 정부 채무자들을 대거 사면함으로써 수백 명을 감옥에서 풀어 주었고, 콘스탄티누스 8세의 농업 정책으로 희생된 농민들에게 보상을 해 주었다.

출발은 이렇게 좋았으나 결국은 용두사미였다. 시간이 지날수록 로마누스는 입법에서나 다른 분야에서나 별로 자질이 없다는 게 드러났다. 콘스탄티누스 8세의 법령이 빚은 참혹한 결과는 이제 누가 봐도 명백해졌다. 하지만 새 황제는 전 황제의 방식을 그대로 계승했고, 심지어 가장 폐단이 많은 제도인 징수 도급제까지 부활시켰다. 이것은 투기꾼이 일정한 금액을 주고 정부로부터 세금 징수를 대신할 권리를 사들인 다음 납세자들에게서 두 배나 세 배의 세금을 마음대로 징수하는 제도였다. '힘센 자'들은 어느 때보다도 더욱 힘이 세졌으므로 그런 부정 행위에 충분히 저항할 수 있었지만, 힘없는 소규모 자영농들은 꼼짝못하고 고스란히 그 부담을 짊어질 수밖에 없었다.

당연한 순서지만 머잖아 로마누스는 교회 건립에도 관심을 기울이게 되었다. 그는 이미 소피아 성당과 블라케르나이의 테오토코스 성당을 치장하는 데 약간의 돈을 들였으나 그것으로는 성에 차지 않았다. 위대한 황제 유스티니아누스처럼 역사에 오래 남을 기념물을 짓고 싶었던 것이다. 그 결과 마르마라 연안으로 이어지는 일곱째 언덕 위에 페리블렙토스Peribleptos, 즉 '만물을 굽어보는'[157] 성모에게 봉헌된 커다란 성당이 건립되었다. 그 건물은 대단히 웅장했지만 프셀루스가 분명히 밝히고 있듯이 로마누스의 명성에 보탬이 되지는 않았다.

> 그 행위는 신앙심에서 비롯되었으나 실은 수많은 악과 부정의 원인이 되었다. 성당에 들어가는 비용은 나날이 늘어갔다. 황제는 매일 공사에 필요한 것보다 더 많은 기부금을 징수했고, 건축을 제한하려는 사람에게는 화를 냈다. 그 반면에 새로운 장식이나 양식적 변화를 생각해 내는 사람은 대번에 황제의 총애를 받았다. ……
> 이 성당에는 세상에서 가장 좋은 것을 써야 했다. 그리하여 왕실의 금은보화를 모조리 그 성당에 쏟아부었다. 기금이 고갈된 뒤에도 건축은 완성되지 않았다. 일부분을 부수고 일부분을 위에 덧쌓는 짓을 계속했기 때문이다.

그러나 성당만으로는 충분하지 않았다. 부속 수도원이 또 필요했다. 수도원은 성당보다 더욱 규모가 커서 그 안을 채울 수도사의 수도 모자랄 판이었다. 황제의 과대망상증을 잘 보여 주는 이 두 건물은 콘스탄티노플 시민들을 거의 반란의 지경까지 몰아갔다. 황제가 그 건축비를 조달하기 위해 시민들을 쥐어짜는 바람에 많은 사람들이 분노했던 것이다. 그랬으니 시민들의 눈에 그 두 건물이 자랑스럽게 여겨질 리가 만무하다. 프셀루스에 따르면 페리블렙토스는 잡동사니를 모아놓은 것 같은 건물이었다고 한다. 일관적인 건축적 구상도 없었고 신성한 지혜의 성당과 같은 단순한 힘도 없었다.

하지만 우리로서는 확실히 알 수 없다. 그 성당 터에는 현재 술루 모나스티르라고 불리는 수르프 케보르크(성 게오르기우스)의 따분한 아르메니아식 성당이 서 있기 때문이다. 로마누스 아르기루스가 신과 성모—아울러 그 자신—의 영광을 영원히 기리기 위해 세웠던 그 방대한 건물은 지금 흔적도 남아 있지 않다.[158]

교살인가, 독살인가?

한편 조에는 어떻게 되었을까? 그녀가 아니었다면 로마누스는 최고 권력자가 되지도 못했고 그렇게 돈을 낭비할 수도 없었을 테니 남편에게 조에는 아주 중요한 인물이었다. 그러나 그녀는 그때까지 그녀의 삶이 거의 그랬듯이 좌절과 불만에 빠져 있었다. 또한 콘스탄티노플의 시민들처럼 그녀도 로마누스에게 크게 분노했다. 다만 그 이유는 좀 달랐다. 후사를 포기한 순간부터 남편은 그녀와 잠자리마저 거부한 채 정부를 맞아들였다. 실제로 로마누스는 아내를 무척 싫어해서 한 방에 있는 것조차 꺼렸다. 더욱이 그는 아내가 국고에 접근하는 것도 금지하고, 그녀에게 공식적으로 한도가 정해져 있는 보잘것없는 연금만을 내주었다. 하지만 조에는 유달리 자존심이 강했던 데다 50년을 살아오면서 아버지가 모든 요구를 들어주었기에 버릇

† 조에와 테오도라 자매가 새겨진 1042년경의 금화로 앞면에는 오란스 형의 성모(기도하는 성모) 반신상(좌)이, 뒷면에는 제관을 쓴 조에와 테오도라의 반신상(우)이 새겨져 있다.

이 나빠져 있었다.

처음에 그녀는 동생인 테오도라에게 화풀이를 했다(당시 테오도라는 병적으로 종교에 집착하는 중년의 여인이 되어 있었고, 규방 밖으로 나온 적이 거의 없었다). 급기야 그녀는 1031년에 "테오도라의 끊임없는 음모와 말썽 많은 사생활을 끝장내겠다"는 이유로 동생을 수녀원에 보내 버렸다. 하지만 이내 그녀는 더 직접적인 행동을 취하게 되는데, 이때 등장하는 인물이 바로 사악한 요한네스 오르파노트로푸스(Orphanotrophus, '고아원 관리자')라는 환관이었다.

얼마 뒤에 우리의 이야기에서 중요한 역할을 하게 되는 그는 파플라고니아의 한미한 가문 출신이었으나, 자신의 머리와 근면을 바탕으로 삼아 영향력 있는 고위 관료직까지 출세한 입지전적 인물이었다. 그는 이미 오래전부터 황제와 막역한 친구였으며, 최근에는 수도에 있는 대형 고아원의 책임자로 임명되었기에 '고아원 관리자'라는 이름이 붙었다. 그에게는 남동생이 넷 있었는데, 그중 위의 두 형제는 그처럼 환관이었고, 다른 둘은 환전상換錢商이라고 자칭했으나 아마 위조 주화를 만들어 파는 일을 했을 것이다. 막내인 미카일은 아직 10대의 상당한 미남이었는데, 1033년 어느 날 그의 형이 그를 황궁으로 데려가 로마누스와 조에에게 정식으로 인사를 시켰다. 로마누스는 미카일을 거의 주목하지 않았지만, 요한네스가 의도한 대로 조에는 그의 얼굴을 보자마자 곧장 사랑에 빠져 버렸다.

그 순간부터 조에는 그 파플라고니아의 젊은이 외에는 아무것도 생각하지 못했다. 그녀는 자주 그를 자신의 침소로 불렀으며, 미카일은 처음에는 수줍음을 탔으나 나중에는 마지못하는 척하면서 그녀의 유혹에 넘어갔다. 미카일은 성에 관해서는 쾌감을 느끼지 못했지만 황후의 연인이 되었다는 점에 대해서는 자연히 우쭐한 기분이었다. 하지만 형의 세심한 가르침을 받으면서—특히 조에가 새 연인을 공개적으로 자랑하고 그를 황제로 만들겠다는 의도를 공공연히 밝힌 뒤부터—미카일은 점차 야망을 키우게 되었다.

한편 로마누스는 오랫동안 그런 낌새를 전혀 눈치채지 못한 듯하다. 그는 미카일을 의심하기는커녕 오히려 자신의 개인 시종으로 삼고 자주 불러 다리와 발을 주무르게 했으며(황제는 걷기도 힘들 정도로 건강이 급속히 나빠지고 있었다), 점점 노골화되는 아내의 부정에 관해서는—주변 사람들이 보기에는—일부러 눈감아 주는 듯했다. 이윽고 그의 누이 풀케리아가 소문을 참다 못해 그에게 돌아가는 사태를 이야기해 주고 그의 목숨을 노리는 음모가 있을지 모른다는 경고까지 전했다. 그제야 비로소 황제는 미카일을 불러 자신이 들은 이야기가 뜬소문임을 성스러운 유물에 서약하라고 말했다. 미카일이 선뜻 그렇게 하자 황제는 완전히 마음을 놓았다.

궁중에는 황제가 다만 모르는 체하고 있을 뿐이라고 믿은 사람들도 있었다. 즉 황제는 황후의 왕성한 성적 욕구를 잘 알면서도 그녀가 미카일에게 열중하느라 더 나쁜 문제를 일으키지 않는 것에 만족하고 있다는 것이었다. 또한 미카일은 간질병을 앓고 있었으므로 로마누스가 그와 관련된 소문을 불가능한 것으로 치부한다는 추측도 있었다.

그러나 시간이 지나면서 그 문제는 점차 중요성을 잃었다. 황제 자신이 중병에 걸렸기 때문이다. 비록 공식 행사에는 여전히 모습을 드러냈지만, 프셀루스에 따르면 그는 흡사 걸어다니는 송장 같았다. 그의 얼굴은 기괴하게 부어올랐고, 호흡은 짧고 급했으며, 한걸음씩 디딜 때마다 쉬어야 했다. 게다가 식욕도 잃었고 잠도 자지 못했다. 성격마저도 달라졌다. 과거에 그는 친절하고 사교적이며 웃음이 많은 사람이었으나, 지금은 짜증을 자주 내고 남의 간섭을 싫어하며 조금만 자극을 받아도 버럭 화를 냈다.

지금까지 우리도 숱하게 보았듯이, 비잔티움의 궁정에서 이런 상황이 발생했다면 즉각 독과 관련된 소문이 떠오르게 마련이다. 일찍이 로마누스 2세가 죽었을 때도, 요한네스 치미스케스가 죽었을 때도 독살이라는 소문이 있었으나, 그 두 경우에는 근거가 거의 없었다. 하지만 로마누스 3세의 경우에는 다르다. 그의 아내는 남편을 싫어했으므로 그를 제거하고 미카일을 제위에 앉히려 했을 가능성이 충분하다. 또한 그녀에게는 그 범죄를 저지를 수 있는 기회가 많았으며, 이후의 행동으로 보아도 그랬을 가능성이 다분하다.

프셀루스가 전하는 당시 여론을 보면 그 무렵 황궁에서는 황후의 짓이라고 믿지 않는 사람이 없었다고 한다. 이미 사건은 조에—아울러 요한네스 오르파노트로푸스와 미카일—에게 불리해 보인다. 그 혐의를 더욱 짙게 만드는 것은 1034년 성금요일(부활절 전의 금요일) 전날의 목요일에 로마누스가 대단히 의심스러운 방식으로 죽음을 맞았다는 사실이다. 여기서 다시 프셀루스의 이야기를 인용해 보자. 그의 상세한 설명을 들어 보면 사건의 핵심을 파악할 수 있을 것이다.

> 그는 이튿날에 치러질 공공 행사를 몸소 준비하고 있었다. 동이 트기 전에 그는 침소 근처에 있는 아름답게 장식된 대형 목욕탕에서 목욕을 하기 시작했다. 시중을 드는 사람은 없었지만 당시에는 분명 죽음의 기미가 전혀 없었다. …… 그는 머리와 몸을 씻은 다음 숨을 크게 쉬면서 수영을 할 수 있는 중간 깊이의 목욕탕으로 갔다. 처음에 그는 헤엄을 치고 즐겁게 놀면서 휴식을 취했다. 잠시 후에 그의 명령을 받고 종자들 몇이 와서 황제를 쉬게 하고 옷을 입혀 주었다.
>
> 이들이 황제를 죽인 것인지는 확실치 않다. 하지만 그 이야기를 전하는 모든 사람들은 황제가 평소의 습관대로 물에 뛰어들었을 때 종자들이 물 밑에서 오랫동안 그의 머리를 붙잡고 있었으며, 그를 목 졸라 죽이려 했다고 이구동성으로 말한다. 그런 뒤에 그들은 갔다. 나중에 그 불행한 황제는 코르크처럼 물 위에 둥둥 떠 있는 채로 발견되었다. 그는 아직 약하게 숨을 쉬고 있었고 도와 달라는 듯한 몸짓으로 팔을 뻗은 자세였다. 누군가가 안쓰러운 마음에 그의 팔을 잡고 목욕탕에서 꺼내

소파에 뉘었다.

그를 처음 발견한 사람들이 소리를 지르는 바람에 많은 사람들이 현장으로 달려왔다. 황후는 시중도 받지 않고 달려와서 짐짓 비통한 표정을 지었다. 그녀는 한동안 남편을 바라보다가 살아날 가능성이 없다는 것에 만족하고는 자기 처소로 돌아갔다. 로마누스는 신음하면서 이곳저곳을 돌아보았다. 그는 말을 할 수가 없어 표정과 몸짓으로 의사를 표현하려 했다. 그러나 사람들이 알아듣지 못하는 것을 보고는 눈을 감아버렸다. 그의 호흡은 점점 빨라졌다. 갑자기 그의 입이 열리더니 검은색의 걸쭉한 물질이 흘러나왔다. 그는 두세 차례 숨을 헐떡이고는 숨을 거두었다.

흥미로운 이야기지만 확실하지는 않다. 그 사건이 살인이라고 말해 주는 증거도 없고 증인도 없다. 프셀루스의 근거는 오로지 소문일 뿐이며, 로마누스가 죽기 전에 털어놓은 말도 없다. 사실 황제는 목욕을 하다가 갑자기 발작이나 심장마비를 일으켰을지도 모른다. 한편, 증거가 없는 것은 마찬가지지만 그 밖에 다른 주장도 들어 볼 필요가 있다. 이를테면 스킬리체스는 로마누스가 황궁의 목욕탕에서 미카일이 보낸 사람들에 의해 교살되었다고 말하며, 에데사의 마태오는 그가 황후에게 독살되었다고 주장한다.

결국 종합해 보면 살인 용의자는 두 사람이고 시나리오는 네 가지인 셈이다. 첫째는 살인 같은 게 없었다는 시나리오다. 황제는 그냥 병자였고 심장이나 동맥과 연관된 병을 앓고 있었는데, 목욕하던 도중에 발작을 일으켰을 뿐이다. 둘째 시나리오에서도 황제의 자연적인 질병이 주된 원인이지만, 차이는 황후와 그 일당이 최후의 일격을 가한 것으로 본다는 점이다. 셋째는 로마누스가 서서히 약효를 발휘하는 독약으로 죽임을 당했다는 주장인데, 프셀루스의 견해이기도 하다. 독약으로 인해 황제는 수영도 부담이 될 만큼 몸이 허약해졌고 마침내 과다한 운동으로 자연스럽게 죽었다는 것이다.

마지막 남은 것은 넷째 이론이다. 즉 조에, 요한네스, 미카일은 원래 로마누스를 독살하려 했으나 그가 예상보다 오래 버티자 인내심을 잃고 끝을 보기로 했다. 이 시나리오가 가장 그럴듯해 보이지만 진실은 알 수 없고 아마 앞으로도 영원히 알 수 없을 것이다. 어쨌거나 믿기 어려운 첫째 가설을 받아들이지 않는다면, 어떤 방법을 썼는지는 몰라도 우리는 조에가 자기 남편을 살해했다는 결론을 내릴 수밖에 없다.

남편이 죽자 조에는 가식적으로 슬퍼하는 태도를 벗어던졌다. 1034년 4월 12일 성금요일 새벽에 긴급 호출을 받고 소피아 대성당에서 황궁으로 급히 달려간 콘스탄티노플의 총대주교 스투디움의 알렉시스는 거의 벌거벗은 채 죽어 있는 로마누스를 보고 소스라쳐 놀랐다. 그가 미처 충격에서 벗어나지도 못했을 때 크리소트리클리니움의 커다란 문 두 개가 열렸다. 그 안에는 이미 황후가 제위에 높이 앉아 있었다. 그녀는 머리에 제관을 쓰고, 손에는 왕홀을 들고, 수를 놓아 수많은 보석들로 장식한 황제의 금색 의상을 입고 있었다. 총대주교가 무엇보다도 놀란 것은 그녀의 옆에 젊은 미카일이 그녀와 같은 제관과 같은 옷차림으로 앉아 있다는 사실이었다.

조에는 단호하고 느릿한 어조로 이야기했고 알렉시스는 감히 그 명령을 거부하지 못했다. 이렇게 해서 총대주교는 겨우 몇 시간 전에 남편을 잃은 쉰여섯 살의 황후와, 그녀보다 마흔 살 가까이 어린 정부이자 그녀와 공범일 가능성이 짙은 파플라고니아 출신의 간질병을 앓는 젊은이의 결혼식을 승인했으며,[159] 미카일을 12사도와 동급인 바실레오스로 임명하고 신의 축복을 빌었다.

그날 저녁 교회와 국가의 모든 고위층 인사들—주교와 수도원장, 원로원 의원과 장군, 대신과 관료—은 황궁에 모여 황제 부부 앞에서 이마를 바닥에 대고 경배의 뜻으로 (조에가 아닌) 미카일의 손에 입을 맞추었다. 그 뒤 로마누스 아르기루스의 시신은 뚜껑이 없는 관에 담긴 채 콘스탄티노플의 거리를 행진하여 그 자신이 세운 페리블렙토스 성당으로 운구되었다. 새 황제와 그의 형이 장례 행렬을 이끌었다.

당시 열여덟 살이었던 프셀루스는 얼마 전에 수도에 돌아왔으므로 그 광경을 직접 볼 수 있었다. 그는 그 시신에 황제의 표장이 없었다면 로마누스인지 알아보지도 못했을 것이라고 말한다. 노인의 얼굴은 야윈 게 아니라 기묘하게 부풀어올랐고 아무런 색깔이 없어 "독살당한 자와 똑같았으며," 머리털과 수염이 드문드문 난 모습은 마치 "수확이 끝난 뒤의 빈 들판" 같았다. 아무도 눈물을 흘리지 않았다. 시민들은 로마누스가 살아 있을 때도 그를 무척 싫어했으니 그를 보내는 데 슬픔이 있을 리 없었다.

젊은 황제와 그의 형

만약 황후가 두 번째 남편을 자신의 온갖 변덕에 맞춰 주고 모든 명령에 따라 주는 제관을 쓴 노예처럼 여길 참이었다면 그것은 커다란 착각이었다. 처음 몇 개월 동안에는 그런 만족스러운 상태를 누릴 수 있었다. 그러나 그 운명적인 1034년이 끝나기 한참 전에 미카일은 조바심을 보이기 시작했다. 그는 조에를 사랑하지 않았고 존경하지도 않았다. 오히려 그는 아내를 지배하는 것보다 제국을 지배하는 게 훨씬 쉽다는 것을 곧 깨달았다.

하지만 그렇다고 해서 조에를 마음대로 행동하도록 놓아 주면—그는 그럴 셈이었다—혹시 미카일도 전임 황제와 같은 운명이 되지 않을까? 그의 형 오르파노트로푸스는 그렇게 생각했다. 조에를 다시 규방에 가두자고 주장한 사람은 아마 오르파노트로푸스였을 것이다. 어쨌든 조에는 엄중한 감시를 받는 처지가 되었고, 친구들조차 허가 없이는 그녀를 만나러 오지 못했다. 그녀가 누릴 수 있는 자유와 쓸 수 있는 돈은 로마누스 시절보다 오히려 훨씬 줄어들었다.

미카일이 늙은 아내와 거리를 두려고 한 이유는 두려움과 혐오 이외에 다른 것들도 있었다. 그중 하나는 그의 건강이 급속히 악화된다는 사실이었다. 간질이 발작하는 횟수도 너무 잦아져서 그는 옥좌 옆에 붉은 커튼을 걸어 놓고, 자신의 눈빛이 흐려지거나 갑자기 고개를 좌우로 흔들 때면 즉각 커튼을 칠 수 있게 해 두었다. 하지만 그래도 가족이나 절친한 친구들에게는 창피한 꼴을 감추기가 어려웠다. 그럴 때면 누구보다도 조에가 곁에 있는 게 가장 신경이 쓰였기 때문에 미카일은 아예 그녀를 완전히 멀리하기에 이르렀다. 게다가 그는 아직 젊은데도 불구하고 수종水腫에 걸려 정상적인 성행위가 불가능해지고 말았다. 마지막 이유에서 오는 양심의 가책도 있었다. 그의 지위, 재산, 권력은 모두 황후 덕분에 손에 넣은 것이었다. 그 신세를 전혀 갚지 못했다는 마음에 그는 차마 황후의 눈을 쳐다보지도 못할 정도였다.

하지만 아내에 대한 그런 배신쯤은 그가 로마누스에게 저지른 불충과 비교하면 아무것도 아니었다. 생각만 해도 고통스러운 기억이었기 때문에 그는 짧은 생애 동안 자신의 영혼을 구하기 위해 필사적으로 노력했다. 하루에도 몇 시간씩 성당에서 보내는가 하면, 수도원과 수녀원을 열 곳도 넘게 건립했고, 가난한 사람들과 개과천선한 매춘부들을 위해 커다란 안식처를 세웠다. 때로는 제국 곳곳의 성인들과 고행자들을 찾아가서 몸소 그들의 발을 씻어 주고, 상처를 보살펴 주고, 잠자리까지 돌봐 주면서 자신은 그 옆의 초라한 침상에서 자기도 했다. 또한 그는 유스티니아누스가 건립한 성 코스마스와 성 다미아누스 성당—그 두 성인은 의사였으므로 당연히 미카일은 각별한 관심을 가지고 있었다—을 개조하여, 프셀루스에 의하면 수도에서 가장 멋진 건물로 만들었다.

> 성당 건축에 관한 한 미카일은 기술에서나 아름다움에서나 역대 어느 황제보다 뛰어난 업적을 올렸다. 이 깊고 고결한 건축물은 새로운 대칭의 멋을 보여 주었고, 새로 지은 예배당도 성당과 어울려 그 아름다움을 더욱 돋보이게 했다. 바닥과 벽에는 가장 아름다운 석재를 사용했

고, 성당 전체는 황금 모자이크와 화가들의 그림으로 찬란하게 빛났다. 건물의 모든 구석에 놓여진 그림들은 살아 있는 것처럼 생생하고 화려했다. 그 밖에도 성당 주변에는 사실상 성당의 일부처럼 호사스러운 목욕탕, 수많은 분수, 아름다운 잔디밭이 펼쳐져 있어 보는 이의 눈을 한껏 즐겁게 해 주었다.[160]

종교 문제에 부심하지 않을 때(그리고 아내가 방해되지 않을 때) 황제는 국정에 전념했다. 사실 그는 예상했던 것보다 상당히 유능했다. 갑자기 어른이라도 된 듯이 그는 제국이란 가지고 노는 장난감이 아니라 책임져야 할 대상이라는 것을 깨달았다. 프셀루스는 그가 역대 황제들의 치세 초기에 흔히 하는 것처럼 행정상의 극적인 변화

† 유스티니아누스가 건립하고 미카일 4세가 개조한 성 코스마스와 성 다미아누스 성당. 아라비아에서 태어난 쌍둥이 형제라고 전해지는 이 두 성인은 당대의 명의로 이름을 떨쳤다고 한다.

를 꾀하지 않은 것을 긍정적으로 평가한다. 그는 기존의 관습을 폐지하지도 않았고, 정책을 바꾸지도 않았으며, 경험이 많은 늙은 신하들을 교체하지도 않았다.

변화는 서서히 이루어졌다. 그가 신세를 진 사람들, 새 정권에서 고위직을 바라는 사람들은 우선 낮은 직책에서 일하면서 경험을 쌓아 황제가 승진할 자격이 있다고 판단할 때까지 기다려야 했다. 미카일은 재정과 세금의 문제만 형인 요한네스에게 맡기고 나머지 모든 일은 자신이 직접 도맡아 처리했다. 그중에서도 그는 지방 행정과 대외 관계에 각별한 주의를 기울였고, 특히 사기가 크게 떨어진 군대를 어느 정도 복구하는 데 성공했다.

비록 정규 교육은 받지 못했으나 그는 배우는 속도가 빨랐다. 그 덕분에 그는 재위한 지 몇 개월 만에 안정된 솜씨로 제국을 다스렸다. 신하들은 젊은 황제의 근면함과 빠른 이해력, 뛰어난 정치적 감각에 크게 놀랐다. 게다가 그는 간질 환자인데도 정서적인 균형을 갖추고 있었다. 그래서 그는 화를 내거나 언성을 높이는 법이 없었고, 침착하면서도 빠르게 말했으며, 타고난 재치와 표현력을 자주 선보이곤 했다. 그래서 사람들은 그가 초라한 출신에다 수치스러운 방식으로 권좌에 올랐다는 사실을 잊는 경우가 많았다. 사람들은 그의 지성, 점잖은 태도, 자신의 능력이 닿는 한 최선을 다해서 제국에 봉사하고자 하는 진실한 욕구를 인정했다. 그를 잘 아는 사람들은 그가 건강과 가문이라는 두 가지 커다란 핸디캡과 용감하게 싸워 나가는 모습에 탄복을 금치 못했다.

황제의 네 형 가운데 셋은 황궁에 빌붙어 살면서 한껏 이익을 취하는, 기생충보다 나을 게 없는 자들이었다. 하지만 만형인 요한네스 오르파노트로푸스는 결코 녹록치 않은 인물이었다. 그는 미카일과 같은 헌신성과 도덕성은 없었지만 머리 좋고 부지런한 태도에서는 동생과 똑 닮았다. 황제는 병으로 몸이 점점 쇠약해지는 탓에 쓰러질 만큼 피곤을 느끼는 적이 많았으나 요한네스의 에너지는 대단히 왕성했다. 게다가 그는 상당히 조심스러운 성격이었다. 그는 밤늦게까지 지칠 줄 모르고 일한 뒤에도 늘 입는 수도복에 몸을 숨긴 채 콘스탄티노플의 거리를 몇 시간씩 돌아다니면서 이것저것을 보고 들었다. 세상에 그가 알지 못하는 것은 아무것도 없는 듯했다.

동생처럼 그도 악의가 없었고, 남에게 불필요한 해를 끼치지 않았다. 그러나 그는 일부러 사납고 위협적인 태도를 가장하곤 했다. 그 때문에 사람들은 그를 미워할 정도는 아니더라도 대체로 늘 두려워했다. 그는 술을 많이 마셨고 때로는 심한 방탕을 즐기기도 했다. 하지만 그래도 용의주도한 조심성은 결코 잃지 않았다. 그의 술친구들은 자칫 술에 취해 함부로 입을 놀렸다가는 이튿날 아침 그의 소환을 받고 어제의 이야기에 대해 해명해야 한다는 사실을 깨닫게 되었다. 요한네스를 잘 알았던 프셀루스는 그가 맨정신으로 있을 때보다 술에 취해 있을 때 더 위험한 사람이라고 말한 바 있다.

요한네스는 동생 황제와 한 가지 중요한 점에서 달랐다. 미카일은 모든 면에서 공평무사함을 추구했지만, 요한네스는 오로지 자기 가문의 영달에만 전념했다. 이것은 단점이지만 확실히 나름대로 장점도 있었다. 사실 요한네스의 그런 점이 없었다면 미카일은 권좌에 오르지도 못했을 것이다. 또한 황제가 된 뒤에도 미카일은 늘 형 오르파노트로푸스에게서 힘을 얻곤 했다. 다른 세 형제의 행태를 한심하게 본 것은 요한네스도 다른 사람들과 마찬가지였다. 단지 그는 동생들을 보호해야 한다고 여겼을 따름이었다.

그래서 그는 황제가 다른 형제들의 잘못된 처신을 알지 못하게 온갖 노력을 기울였으며, 그것이 불가능한 경우에는 잘못을 최소화하거나 다른 데로 책임을 전가하기 위해 무척 애를 썼다. 미카일이 충분히 형제들에게 단호한 조치를 취할 수 있었음에도 한번도 그렇게 하지 못한 것은 바로 그 때문이었다. 하지만 요한네스에게는 변명의 여지가 없었다. 만약 그가 다른 사람들을 대하듯 동생들을 엄하게 다루었다면 모든 일이 잘 돌아갔을 것이다. 그러나 그렇게 하지 않음으로써 그는 막내 동생과 자신의 평판에 큰 오점을 남겼다.

더 나쁜 것은 요한네스가 그런 가족적인 감정을 매제인 스테파누스에게까지 발휘했다는 점이다. 황제를 처남으로 두기 전에 스테파누스는 콘스탄티노플의 항구에서 선박의 틈을 땜질하는 일을 하고 있었다. 똑똑하지도 않고 교육도 받지 못했고 자질도 없었던 그였으니 계속 그 일을 하는 게 더 나았을 것이다. 프셀루스는 우리에게 잊지 못할 말을 남긴다.

> 나는 그에게서 변신이 무엇인지 보았다. …… 그가 타고 다니는 말, 그가 입는 옷, 모든 것이 그의 외모를 변형시킨다. 모든 것이 격에 맞지 않았다. 마치 난쟁이가 헤라클레스처럼 행동하려는 것과 같았다. …… 그런 인간은 아무리 노력해도 늘 외모에 속을 뿐이다. 사자 가죽을 입었지만 곤봉의 무게에 짓눌려 버리는 것이다.*

오르파노트로푸스가 자기 매제에게 명예와 관직만 부여하는 정도에 그치기만 했더라도 별로 큰 피해는 없었을 것이다. 불행히도 그는 그러지 않았다. 1038년에 스테파누스는 요한네스의 배려로 졸지에 수송 함대의 지휘관이라는 엄청난 직책을 맡아 미카일의 치세에서 가장 야심찬 군사 작전이자 오랫동안 미뤄 두었던 시칠리아 원정에 참가하게 되었다.

승리했으나 얻은 게 없다

시칠리아 원정은 원래 바실리우스 2세가 1026년으로 일정을 잡아 놓고 그 전해에 죽는 바람에 지연된 것이었는데, 지금은 미카일과 대신들에게 그 어느 때보다 절실한 문제로 보였다. 시칠리아에 근거지를 둔 사라센인들이 남부 이탈리아의 비잔티움 영토를 침략하는 것은 이제 성가신 문제 정도가 아니라 제국의 안전을 크게 위협하는 사태가 되었다. 또한 그들에게 약탈당하는 것은 해안 도시들만이 아니었다. 수도의 상인들은 지중해가 완전히 해적들의 세상이 되었다고 불평했으며, 해적들 때문에 수입품의 가격이 오르고 대외 무역량이 감소하기 시작했다. 비잔티움 사람들이 보기에 시칠리아는 여전히 제국의 영토였다. 실제로 그곳에는 그리스인들이 많이 살고 있었다. 그런 지역을 이교도가 두 세기 이상이나 장악하고 있다는 사실

* 헤라클레스는 사자 가죽옷을 입고 곤봉을 무기로 사용했다.

은 국가의 안위만이 아니라 자존심의 문제였다.

더구나 바실리우스가 죽은 지 12년이 지난 지금, 시칠리아 원정은 필요성만 커진 게 아니라 성공할 확률도 커졌다. 시칠리아의 아랍 아미르들 간에 내전이 터졌기 때문이다. 우선 팔레르모의 지배자인 알아칼에게 느닷없이 그의 형제인 아부 하프스가 반란을 일으켰다. 여기에 지르 왕조에 속한 카이루완 아미르의 아들인 아브둘라가 이끄는 아프리카 전사 6천 명이 반란군에 가담했다. 그러자 상황이 어려워진 알아칼은 놀랍게도 1035년에 콘스탄티노플에 지원을 요청했다. 미카일은 두 번 다시 오지 않을 좋은 기회로 여기면서 그 요청을 수락했다. 불행히도 곧 알아칼이 암살됨으로써 원정의 좋은 구실은 사라졌다. 하지만 반란의 물결은 시칠리아 전역으로 번졌고, 사라센인들은 점점 분열이 심해져 비잔티움군의 공격에 거의 저항하지 못할 게 뻔했다.

원정은 1038년 초여름에 출발했다. 총사령관을 맡은 게오르기우스 마니아케스는 시리아에서 거둔 승리로 이름이 높았고 지금은 제국 최고의 장군으로 평가되는 인물이었다. 프셀루스는 그에 관해 다음과 같이 무시무시한 기록을 남겼다.

> 나는 그를 직접 보고 깜짝 놀랐다. 그는 군 사령관에게 필요한 모든 자질들을 갖추고 있었기 때문이다. 키가 거의 3미터나 되므로 누구든 그를 쳐다보려면 마치 언덕 꼭대기나 높은 산을 보는 것처럼 고개를 뒤로 젖혀야 했다. 그의 용모는 온화하거나 유쾌하지 않고 폭풍우를 연상케 했으며, 목소리는 천둥 같았고, 손은 벽을 허물거나 청동 문을 부수기

에 알맞아 보였다. 그는 사자처럼 뛰어오를 수 있었고 인상을 한번 쓰면 끔찍했다. 그 밖에 모든 부분도 이런 모습과 조화를 이루었다. 그를 처음 본 사람은 그동안 그에 관해 들었던 모든 이야기가 과소평가였다는 것을 깨달았다.

이 괴물 같은 장수가 지휘하는 군대는 으레 그렇듯이 다양한 구성이었다. 가장 강력한 병력은 당당한 바랑인 부대였는데, 여기에 예루살렘 순례에서 돌아온 노르만의 전설적인 영웅 하랄 하르드라다가 가세했다. 반면에 가장 취약한 병력은 강제로 끌려나와 원정에 참가하게 되었노라고 공공연히 떠들고 다니며 불평을 일삼는 아풀리아의 롬바르드족이었다. 늦여름에 시칠리아에 상륙한 원정군은 파죽지세로 밀고 나갔다.

사라센군은 분열된 상태에서도 용감히 싸웠으나 제국군의 기세를 전혀 막지 못했다. 제국군은 순식간에 메시나를 손에 넣었고, 팔레르모로 가는 북부 해안 도로와 메시나를 잇는 고개를 통제하는 중요한 요새인 로메타도 격전 끝에 함락시켰다. 원정의 그 다음 단계에 관해서는 거의 알려진 바가 없다.[161] 그러나 1040년에 시라쿠사를 함락할 때까지 빠르지 않지만 꾸준하게 전진한 것으로 보인다.[162]

그러나 시라쿠사의 승리 이후 비잔티움군은 급격히 사기를 잃었다. 워낙 일순간에 철저하게 무너진 탓에 사라센인들이 주장하듯이 정말로 알라가 개입하여 그들을 도와 준 게 아닌가 싶을 정도였다. 갑자기 모든 것이 잘못된 것처럼 보였다. 우리가 아는 한 문제는 마니아케스와 황제의 처남인 스테파누스 모두에게 있었다. 장군은 평소에도 스테파누스를 노골적으로 경멸했는데, 한번은 스테파누스가 심하게 어리석은 행동을 보이자 그만 이성을 잃고 그에게 폭력을 가하는 사태가 일어났다. 게다가 그는 스테파누스가 과연 남자인지 의심스럽다면서 황제에게 즐거움이나 주는 자일 뿐이라고 비난했다.

순전히 덩치만으로도 완전히 기가 눌리고 겁에 질린 스테파누스는 복수를 결심하고, 콘스탄티노플에 긴급 사자를 보내 마니아케스를 반역자라고 몰아붙였다. 그러자 장군은 즉각 수도로 소환되어 자신의 죄목에 대해 변명할 기회도 빼앗긴 채 느닷없이 투옥되었다. 총사령관의 지위는 누구나 예상했듯이 스테파누스가 차지했다. 그러나 스테파누스가 얼마 안 가 죽는 바람에 그보다 거의 나을 게 없는 바실리우스라는 환관이 뒤를 이었다. 이 무렵 이미 군대는 힘을 잃고 사기가 저하되어 퇴각하기 시작했다.

더 큰 사태는 그 뒤에 터졌다. 몇 년 동안 아풀리아에서는 점차 불만이 팽배했다. 롬바르드족 분리파는 손쉽게 현지 주민들을 선동하여—특히 제국에서 그들을 강제로 모병하기 시작한 이후—제국에 반기를 들었다. 이미 1038년에 제국의 일부 지휘관들이 살해당했고, 1039년에는 상황이 일촉즉발의 위기로 변했다. 그리고 1040년에 마침내 반란이 터졌다. 비잔티움의 군사 총독이 암살되었으며, 현지 민병대는 해안 지대에서 연이어 폭동을 일으켰다. 약화된 제국의 수비대로는 도저히 반란을 통제할 수 없었다. 결국 그 상황을 처리하기 위해 시칠리아에서 군대가 긴급히 파견되었다. 몇 개월 뒤에는—메시나를 제외한—시칠리아 전역이 도로 사라센의 수중에 들어가고 말았다. 그 대규모 원정은 마치 애초부터 없었던 것 같았다.

재앙의 소식이 콘스탄티노플에 전해졌을 무렵 황제의 병세는 완연해졌다. 더 이상 국정을 처리할 수 없다는 것을 느낀 그는 자신에게 가해진 신의 분노를 달래기 위해 필사적으로 종교에 매달렸다. 아직 20대의 나이인데도 그는 언제 황후의 마음을 빼앗을 정도로 아름다운 용모를 가졌던가 싶을 만큼 흉한 몰골로 변해 있었다. 그는 제국 전역으로 사자들을 파견해서 자신의 회복을 위해 기도해 주는 대가로 모든 교구 사제에게 금괴 두 덩이, 모든 수도사에게 금괴 한 덩이를 지불한다는 명령을 전달했다. 한편 그 자신은 테살로니카에서 점점 더 많은 시간을 보내면서 그가 사랑하는 성 데메트리우스의 무덤 위에 엎드려 자신을 위해 기도해 달라고 애원했다.

당시 제국의 정부는 요한네스 오르파노트로푸스의 수중에 있었다. 일부 문헌—예컨대 스킬리체스와 조나라스—에는 그가 저지른 악행이 상세히 기록되어 있다. 진실을 알기에 좋은 위치에 있었던 프셀루스가 보기에 요한네스는 자기 가문과 무관한 일에 관해서는 부정과 부패를 저지르지 않았다. 그러나 그는 파플라고니아 왕조를 창건하겠다는 생각에 지나치게 집착했고, 이를 위해서라면 수단과 방법을 가리지 않을 결심이었다.

동생 미카일은 1년 안에 후사도 없이 죽을 게 뻔했다. 어떻게 하면 이 가문에서 후계자를 세울 수 있을까? 이미 1037년에 그는 현직 총대주교인 스투디움의 알렉시스가 교회법에 의거하지 않고 선출되었다고 주장하면서 자신이 총대주교가 되기 위해 노력한 바 있었다. 그러나 노회한 알렉시스는 아주 영리했다. 만약 자신의 선출이 교회법을 어긴 것이라면 11년 동안 자신이 집행한 모든 성직자

임명도 무효가 된다고 맞받아친 것이다. 그렇다면 당연히 지난 세 차례의 황제 대관식도 마찬가지로 무효가 된다. 결국 요한네스의 근거는 무너졌고 다시는 그 문제가 제기되지 않았다.

이제 남은 문제는 누가 미카일의 후계자가 될 것인가였다. 요한네스의 세 동생 중 한 명인 니케타스는 이미 죽었고 다른 두 동생은 요한네스 자신처럼 환관이었으므로 자격이 없었다. 매제인 스테파누스는 모두의 희망대로 죽었다. 그렇다면 유일한 후보는 스테파누스의 아들인 미카일뿐이다. 그는 아버지의 전직 때문에 칼라파테스 Calaphates, 즉 '땜장이'라는 별명으로 불렸다. 사실 그다지 유쾌한 선택은 아니었다. 그 소년—정확한 출생 연도는 알려지지 않았지만 당시 10대였던 것은 분명하다—은 비록 겉으로는 유쾌해 보였지만 그를 아는 사람들은 그가 순 거짓말쟁이이고 상습적인 모사꾼이라는 것을 잘 알았다. 친근해 보이는 외양은 단지 진짜 의도를 감추기 위한 껍데기일 뿐이었다.

하지만 오르파노트로푸스는 마음을 굳혔다. 황제를 설득하는 일은 문제도 아니었고 조에는 반대할 처지가 아니었다. 그 뒤 곧바로 블라케르나이의 성모 마리아 성당에서 열린 미사를 통해 조카의 제위 계승이 확정되었다. 늙은 황후는 애처로운 젊은 남편의 옆에 앉아서 땜장이 미카일을 자기 무릎 위에 앉히고—좀 우스꽝스럽지만 양자를 맞는 상징이다—정식 양자로 맞아들였다.* 그 다음에 황제는 연약한 목소리로 그를 부제로 임명했다. 그러자 성당에 모인 군중 대다수가 그전까지 이름도 듣지 못한 처음 보는 젊은이가 유서 깊은 축성식을 위해 앞으로 나아갔다.

새 부제를 아는 사람은 없었을지 몰라도 제위 옆에 서 있는 요한네스 오르파노트로푸스를 모르는 사람은 없었고, 그의 얼굴에 스쳐가는 만족감과 승리감을 보지 못한 사람도 없었다. 그러나 그가 제국과 가문과 자기 자신에게 부지불식간에 초래한 그 재앙을 곧 후회하게 되리라는 것은 아무도 알지 못했다.

미남 미카일에서 땜장이 미카일로

1040년 여름 불가리아에서 터진 반란의 이유에 관해서 상세히 살펴볼 필요는 없다. 제국의 과중한 조세가 주요 원인이었다는 것만 알고 넘어가자. 바실리우스 2세는 현명하게도 불가르 백성들에게 전에 그래 왔던 것처럼 현물로 세금을 납부하도록 허용한 바 있었다. 하지만 요한네스 오르파노트로푸스는 현금 납부를 고집함으로써 백

* 황실이나 귀족 집안에 후사가 없을 경우 양자를 맞아 제위나 가문을 계승시키는 것은 고대 로마의 전통이었다(이것을 거꾸로 하면 미카일과 조에처럼 후사가 없을 경우 후계자로 지명된 인물을 양자로 맞아들이는 절차가 된다). 이 양자 상속은 혈통이 무엇보다 중요한 중국식 제국과 전혀 다른 점이다. 『비잔티움 연대기: 창건과 혼란』, 252쪽의 옮긴이 주에서 보았듯이 중국식 제국에서는 황실의 대가 끊기는 일이 없었으나 로마 황제들은 아우구스타에게서만 후사를 낳았으므로 아들이 없는 경우가 흔했다. 하지만 그렇다고 비잔티움 제국에서 황실의 혈통이 중요하지 않았던 것은 아니다. 다만 중국식 제국에서는 남성의 직계, 즉 부계만을 혈통으로 인정한 데 반해, 서양식 제국에서는 모계도 엄연한 혈통이었을 뿐 아니라 직계가 없으면 '땜장이'의 경우처럼 '황제의 매부의 아들'에게까지도 제위 계승권을 줄 만큼 혈통을 인정하는 폭이 넓었다. 이 점은 황실만이 아니라 귀족 사회에서, 같은 문벌주의라도 동양과 서양의 '가문' 개념이 사뭇 달랐던 사실과도 통한다.

성들의 부담을 더욱 가중시켰다.* 또한 불가르족은 슬라브족의 오크리드 주교가 1037년에 사망했을 때 소피아 대성당의 사서로 있던 레오라는 그리스인이 그 자리에 임명된 것에도 크게 분노했다.

3년 뒤에 그들은 차르 사무엘의 서출 손자인 페타르 델리얀의 지도 아래 무장 폭동을 일으켰다. 몇 주 뒤 페타르의 사촌인 알루시안이 거의 포로처럼 갇혀 있던 콘스탄티노플에서 구조되어 반란 세력에 합류했다. 두 사람은 순식간에 불가리아 서부에서 비잔티움 세력을 몰아낸 다음, 일찍이 시메온과 사무엘이 그랬듯이 북부 그리스를 침공했다. 그해 말에 그들은 디라키온을 손에 넣고 아드리아 해로 나가는 길을 확보하더니 곧이어 남쪽의 레판토 만까지 진출한 다음 동쪽의 테베를 공략하려 했다.

바로 그때 놀라운 일이 벌어졌다. 황제 미카일이 테살로니카의 궁전에서 느닷없이 직접 군대를 이끌고 대적하겠다고 선언한 것이다. 당시 그는 괴저병으로 두 다리가 끔찍하게 부어올라 거의 마비 상태였고 조금만 움직여도 통증이 심했다. 형제들을 비롯한 주변 사람들이 극구 만류했으나 그의 고집을 꺾지는 못했다. 그는 자기 치세에 제국의 영토가 전혀 늘어나지 않았다고 말하면서 적어도 줄어들게 놔두지는 않겠다는 각오를 보였다. 프셀루스는 이렇게 말한다.

---

* 본서 457쪽의 옮긴이 주에서 보았듯이 세금을 화폐로 납부하면 농민들은 현물, 즉 곡식을 팔아 화폐를 '구입' 해야 하는데, 이 과정에서 손해를 보게 된다.

그는 야만족과 싸우기 전에 먼저 측근들을 상대로 한 싸움에서 승리를 거두었다. 첫째 전리품 또한 자기 가족과 친지들에 대한 승리를 기념하는 것이었다. 신체적 약점은 의지력으로 충분히 극복할 수 있었으므로 그는 신에게 의지력을 부탁했다.

그러나 프셀루스는 그것이 허세가 아니었다고 말한다. 그것은 헛된 영웅심도 아니었고, 죽을 병에 걸린 사람이 전장에서 영광스럽게 죽겠다는 각오도 아니었다. 황제는 세심하게 원정 계획을 수립하고, 구체적인 목표를 정한 뒤 군대를 이끌고 국경을 넘었다.

적의 영토에 들어간 원정군은 적당한 장소에 진을 쳤다. 일단 회의를 연 다음에 황제는 불가르족과 교전하기로 결정했는데, 함께 있던 지휘관들도 그 계획에 반대했다. 사실 밤에 죽어가는 황제의 곁을 의사들이 지켜야 했던 것을 감안하면 놀랄 일도 아니었다. 그러나 동이 트자 그는—마치 어떤 새로운 힘을 받은 것처럼—즉각 일어나 말에 올라타더니 안정된 자세로 고삐를 잡고 능숙하게 말을 몰았다. 그 뒤 놀랍게도 그는 후위로 가서 다양한 부대들을 이리저리 편제하여 일사불란한 군대로 만들어 내는 것이었다.

불가르 반란군이 패배한 이유를 황제의 용기로 돌릴 수 있다면 좋겠지만 그렇지는 않았다. 그 이유는 알루시안의 병사들이 규율의 부재로 스스로 무너진 탓이었다. 그들이 테살로니카를 포위하던 중에 스스로 혼란에 빠지자 방어군은 그 틈을 타서 도시에서 나와 공격을 가했다. 또한 그 무렵 두 지도자 사이에 심각한 불화가 싹텄다. 델리얀은 알루시안이 무능한 데다가 배신까지 했다며 비난했다. 그 앙갚음으로 알루시안은 사촌을 함정에 빠뜨린 다음 조각칼로 그의 눈과 코를 잘라 버렸다. 그 뒤 봉기가 성공할 가능성이 없다고 판단한 그는 황제에게 비밀리에 전갈을 보내 콘스탄티노플로 돌아가 준다면 항복하겠다고 제의했다.

그리하여 미카일은 1041년 초에 눈과 코를 잃은 델리얀을 비롯하여 수많은 포로들을 거느리고 수도에 개선했다. 당시 그 광경을 본 프셀루스는 다음과 같이 기록했다.

> 시민들이 모두 집에서 나와 황제를 환영했다. 나는 직접 그 모습을 목격했는데, 황제는 마치 장례식을 치르는 듯 말 위에서 몸을 제대로 가누지도 못했다. 고삐를 쥔 손가락은 하나하나가 다른 사람의 팔처럼 굵어 거인의 손가락 같았다. 모두 그 병 때문이었다. 황제의 얼굴에서 예전의 아름다움은 흔적도 찾아볼 수 없었다.

결국 미카일이 공식 석상에 모습을 보인 것은 그게 마지막이었다. 날이 갈수록 그의 병세는 악화되었다. 이윽고 12월 10일 죽음이 가까웠음을 느낀 황제는 자신이 건립한 성 코스마스와 성 다미아누스 수도원으로 갔다. 거기서 그는 황제복과 제관을 벗고 소박한 수도복으로 갈아입었다. 그의 형제들, 특히 요한네스는 눈물을 참지 못했다. 오직 황제 자신만이, 그토록 바라던 용서를 마침내 받았다고 확신하는 행복하고 평온한 태도였다.

그때 놀랍게도 조에 황후가 수도원 정문에 모습을 드러냈다. 남편의 상태를 전해 듣고 마지막으로 한번 보겠다며 온 것이었다. 그러나 미카일은 만나지 않으려 했다. (모든 것을 신세진 늙은 황후를 그렇게 냉대하는 법이 어디 있느냐고 그를 비난하고 싶다면, 먼저 그는 삶이 몇 시간밖에 남지 않았고, 기진맥진한 상태였으며, 누구보다 조에를 더 잘 알았다는 것을 생각해 보기 바란다.) 만과 시간이 되자 그는 신발을 달라고 했다. 그는 신발이 준비되지 않았다는 말을 듣자 황제만이 신는 자주색 장화를 거부하고, 맨발로 수도사 두 명의 부축을 받으며 예배당에 들어섰다. 절뚝거리며 걷는 걸음마저도 그에게는 힘에 부쳤다. 그는 숨을 헐떡이며 자기 방으로 돌아가서 한두 시간 뒤에 숨을 거두었다.

비잔티움의 역대 황제들 가운데 미카일만큼 미천한 출신에다 비정상적인 방법으로 제위에 오른 사람은 드물었다. 그러나 그처럼 고통스러운 최후를 맞이한 경우는 없었다. 그가 만약 더 오래 살았더라면 충분히 위대한 황제가 될 수 있었을 것이다. 심지어 그는 1025년 바실리우스 2세가 죽은 뒤부터 서서히 시작된 붕괴의 과정을 역전시켰을지도 모른다. 그는 지혜와 꿈을 가졌고, 마지막에 놀라운 불가리아 원정에서 보여 주었듯이 초인적인 용기를 지닌 황제였다. 그는 비극적인 삶을 살았으나, 그의 사후에 많은 사람들은 그를 잃은 것을 몹시 아쉬워하게 된다.

17

파플라고니아 왕조의 최후

1041년~1042년

신께서는 공정하시다. 나는 큰 죄를 지은 탓에 지금 응당한 벌을 받고 있는 것이다.

황제 미카일 5세 실명하기 직전에

배후 실력자의 최후

요한네스 오르파노트로푸스는 황제의 죽음에 큰 충격을 받았다. 비록 그는 교활한 모사꾼이었지만 미카일에 대한 사랑은 깊고 순수했다. 그래서 그는 동생이 매장될 때까지 사흘 밤낮 동안 동생의 시신 곁에서 지냈다. 그러나 다른 두 형제의 행태는 사뭇 달랐다. 다른 황제 후보가 나서기 전에 자신들의 조카를 확고히 제위에 앉히려는 결심에서 장례식이 끝나기도 전에 조카를 황궁에 데리고 들어온 것이다. 자신들에게 권한만 있다면 대관식도 당장 치르려는 듯한 기세였다. 하지만 우선 그들은 맏형인 오르파노트로푸스가 예배를 마치고 돌아올 때까지 기다려야 했다. 그 무렵 황궁에 있었던 프셀루스는 자신이 목격한 장면을 이렇게 서술한다.

> 요한네스가 황궁 대문의 문턱을 넘었다는 소식이 전해지자 형제는 마치 신을 영접하는 것처럼 그에게 다가갔다. 예식은 사전에 준비되었다.

그들은 요한네스에게 달려가서 질식시킬 듯이 그의 몸 곳곳에 마구 입맞춤을 퍼부었다. 그의 조카도 마치 그의 손길을 받으면 뭔가 얻을 게 있는 것처럼 오른손을 그에게 뻗었다.

곧이어 벌어진 가족회의에서 요한네스는 단 한 가지만 강조했다. 진심으로든 겉치레로든 황후의 승낙을 얻지 않으면 아무 것도 안 된다는 것이었다. 바실리우스 2세의 조카딸인 황후만이 적법한 계승자였으므로 미카일 칼라파테스가 제위에 오르려면 그녀의 지원이 절실히 필요했다. 그래서 그들은 조에에게로 갔다. 미카일은 양어머니의 발 아래 엎드렸고, 네 명 모두 미카일을 통해서만 조에가 본래 자신의 것인 권력을 되찾을 수 있다고 주장했다. 그들은 조에가 직접 정권을 담당할 수도 있고, 미카일을 통해서 통치할 수도 있는데, 후자의 경우에 미카일은 그녀의 꼭두각시이자 대변자가 될 것이라고 말했다. 어떻게 되든 미카일은 그녀의 노예가 되어 무엇이든 시키는 대로 하겠다고 약속했다. 늙고, 약하고, 어리석고, 남의 말에 잘 속는 데다 조언해 줄 사람도 없는 조에는 쉽게 속아 넘어갔다. 결국 그녀의 축복을 받고 미카일 5세는 황제가 될 수 있었다.*

이제 동로마 제국은 역사가 어언 700여 년이나 되었고, 그동안 황제도 쉰다섯 명이나 배출했다. 더러는 세습으로 제위에 오르기도 했고, 더러는—미카일 4세처럼—결혼을 통해 황제가 되기도 했다. 물론 니케포루스 포카스나 요한네스 치미스케스처럼 무력을 이용하여 대권을 잡은 황제도 있지만, 그래도 그들은 성공한 장군이었으며, 비잔티움 자체보다도 더 오랜 아우구스투스 시절의 전통에 따라 병사들의 추대를 받고 제위에 올랐다.

그렇게 보면 비잔티움의 전 역사를 통틀어 미카일 칼라파테스보다 황제의 자격에 모자라는 인물은 없다고 할 수 있다. 그의 외삼촌은 적어도 황후의 남편이었으나 그는 황후의 연인도 아니었다. 그는 가문도 보잘것없었고 군대 경력은 전무했다. 그렇다고 평범한 백성들을 넘는 수준의 특별한 자질이나 지성이 있는 것도 아니었다. 이 같잖은 젊은이가 지상에서의 신의 대리인이자 12사도와 동격이라는 신분이 될 수 있었던 이유는 단 두 가지, 즉 사리사욕만 챙기려는 어느 부패한 관리의 간계와 그것에 속아 넘어간 한 노파의 어리석음이었다.

즉위한 뒤 처음 몇 주일 동안 미카일은—다소 역겹기는 하지만—제법 겸손하게 굴었다. 그는 조에를 '마님'이라고 불렀고, 오르파노트로푸스를 '주인님'이라고 부르며 자신의 옆 자리까지 내주었다. 그러나 이런 고분고분한 단계는 오래가지 않았다. 미카일의 이중성을 잘 알았던 요한네스는 얼마 안 가서 조카가 등 뒤에서 자신을 대하는 태도가 크게 달라지고 있다는 것을 깨달았다. 게다가 군

* 파란만장한 삶을 살았던 조에의 생애를 정리해 보면, 비잔티움 황실에서 황족의 혈통이 어떤 의미를 지니는지 알 수 있다. 그녀는 젊은 시절에는 오히려 제위와 인연이 없다가 50세가 되던 1028년에 로마누스 3세, 1034년에는 미카일 4세와 각각 결혼해서 그들을 황제로 만들었고, 1041년에는 미카일 5세(칼라파테스)를 양자로 삼아 황제로 만들었다. 그 세 남자는 모두 혈통과 신분에서 황제와 전혀 무관한 팔자였으나 오로지 조에를 끈으로 삼아 황실과 인연을 맺을 수 있었다(나중에 보겠지만 조에가 세운 황제는 그 뒤로도 두 사람이나 더 이어진다). 여기서 보듯이 중국식 제국에서는 황실의 가부장제적이고 생물학적인 혈통이 절대적이지만, 비잔티움의 황실에서는 부계와 모계, 직계와 방계, 심지어 양자까지도 폭넓게 황실의 '혈통'으로 간주한다는 것이 다르다.

사 장관의 자리에 오른 그의 동생 콘스탄티누스가 미카일이 자신을 적대시하도록 부추기고 있다는 것도 깨달았다.

콘스탄티누스는 오래전부터 형의 성공을 시기했으며, 자신만 무사할 수 있다면 형을 파멸시키려 했다. 이를 위해 미카일이 부제로 임명된 순간부터 그는 젊은 조카의 호감을 사기 위해 애를 썼다. 그 계획이 통해서 미카일은 제위에 오르자 곧바로 콘스탄티누스를 노빌리시무스의 서열로 올려 주고 그를 늘 곁에 두었다. 지위가 확고해진 콘스탄티누스는 오르파노트로푸스에 대한 형식적인 예의마저도 팽개치고 기회가 있을 때마다 그를 공공연히 비난했다.

언젠가 한번은 이런 일도 있었다. 황제와 함께한 자리에서 식사를 하는 도중에 동생과 격렬한 언쟁을 벌인 뒤 요한네스는 식탁에서 벌떡 일어나더니 황궁에서 나가 자신의 집이 아니라 시골 영지로 가 버렸다. 이것은 미카일에게 분별력을 좀 가지라는 불만의 표시였다. 과연 얼마 뒤 황제의 직인이 찍힌 서신이 도착했다. 서신에서 황제는 그의 자존심이 너무 강하다고 책망하면서도 황궁으로 돌아와 달라고 부탁했다. 요한네스가 생각하기로는 뭔가 비밀리에 논의해야 할 국정이 있는 듯했다. 그래서 그는 즉각 명을 따랐다. 수도로 가는 도중에 그는 조카가 잘못을 뉘우치고 자신을 맞아 주기를 기대하고 있었다. 그러나 황궁에 도착하니 황제는 아무런 전갈도 남기지 않고 연극을 보러 간 상태였다. 격노한 요한네스는 당장 그 길로 다시 영지로 돌아갔다.

프셀루스는 이 이야기를 전하면서 오르파노트로푸스가 황제의 적대감을 크게 과소평가했다는 의견을 피력한다. 실제로 이 사건 이후에 그는 더 이상 그렇게 하지 못했다. 결국 그는 조카를 제위에 앉힌 게 얼마나 큰 실수였는지를 뼈저리게 깨달았다. 또한 이제부터 모든 힘과 수단을 다해서 황제를 타도하지 않는다면 오히려 자신이 파멸하리라는 것도 깨달았다. 하지만 불행히도 미카일과 콘스탄티누스는 이미 같은 결론을 내린 상태였다. 요한네스의 지혜를 잃는다 해도 그들은 제국의 모든 권력을 차지하게 될 터였다. 며칠 뒤 황제의 기치를 단 배 한 척이 요한네스의 영지—아마 보스포루스나 마르마라 연안 어딘가일 것이다—에 있는 부두로 와서 그를 황궁으로 소환했다. 오르파노트로푸스는 음모의 낌새를 눈치챘으나 명에 따르기로 결심했다. 그때까지도 그는 조카에게 가장 유리한 길이 무엇인지를 말해 줄 수 있다고 믿었던 것이다.

그러나 그에게는 말할 기회조차 주어지지 않았다. 황제는 맨 꼭대기의 테라스에서 배가 접근하는 모습을 지켜보고 있다가 미리 약정된 신호를 했다. 그러자 요한네스가 탄 배가 좌우로 흔들리면서 옆에 더 큰 배가 따라붙더니 요한네스를 태우고 곧장 유배지로 향했다(모노바타이의 외딴 수도원으로 추측되지만, 프셀루스는 그곳이 강도들이나 가는 곳이라고 말한다). 그 뒤 그는 다시 콘스탄티노플에 돌아오지 못했다. 미카일은 분노가 가라앉은 뒤 예전의 은인을 그렇게 박대한 것을 뉘우쳤다고 한다. 그러나 미카일이 아니더라도 요한네스의 적은 많았고, 유배와 투옥이 아니더라도 어차피 형벌의 종류는 많았다.

조에를 외치는 성난 군중

요한네스 오르파노트로푸스를 제거함으로써 자신의 행동을 간섭하는 마지막 제어 장치를 떼어 버린 미카일 칼라파테스는 이제 즉위한 이후 생각해 오던 일들을 실천에 옮길 수 있게 되었다. 첫째 목표는 궁정 귀족이었다. 대관식을 치른 순간부터 그들이 황제에 대한 경멸감을 애써 감추었으리라는 것은 상상하기 어렵지 않다. 황제에 대한 예의는 정확하게 갖추었겠지만, 그렇다고 그들이 황제의 출신이나 즉위 과정을 잊지는 않았을 것이다. 미카일은 그 앙갚음으로 그들을 파멸시키고자 했다. 그들을 탄압하고, 협박하고, 모욕하고, 그들의 특권을 하나씩 빼앗아 마침내 목숨을 구걸하도록 만들 심산이었다.

그는 바랑인과 앵글로색슨 바이킹들로 구성된 황궁 경비대를 해고하고, 그 대신 '스키타이인'—아마 전원이 슬라브족이고 환관이었을 것이다—의 부대를 고용했다. 그들에게는 많은 보수를 주어 충성심을 사고 황제의 온갖 변덕에 따르도록 만들었다. 프셀루스에 따르면 그는 자신의 권위가 오만방자한 엘리트들이 아니라 일반 백성들 사이에서의 인기에 뿌리를 두고 있다는 생각에서 백성들에게는 자유의 폭을 점점 늘려 주었다.

백성들은 당연히 환호했다. 황제가 말을 타고 거리를 행진할 때는 창문마다 자주색 천이 내려지고 도상에는 화려한 융단이 깔렸다. 그러자 백성들의 환호에 취한 그는 자신이 만인의 사랑을 받는 백성들의 아버지로서 확고한 지위를 얻었다고 여기기 시작했다. 그에 힘입어 그는 다음 단계로 넘어가기로 마음먹었다. 그것은 바로 양어머니인 조에 황후를 제거하는 것이었다.

조에는 분명 아무런 해가 되지 않는 존재였다. 해는커녕 사실 그가 제위에 오르는 데는 그의 외삼촌 못지않게 그녀의 도움이 컸다. 그러나 바로 그 점 때문에 그는 그녀를 요한네스와 똑같이 간주했다. 그의 성격으로는 자신에게 은혜를 입힌 사람을 용납할 수 없었던 것이다. 더욱이 조에는 그가 가장 혐오하는 것, 바로 비잔티움 궁정의 완고하고 보수적인 전통으로 남아 있는 옛 귀족층인 마케도니아 혈통을 대표하는 존재였다. 그는 교회와 국가의 행사에서 자신보다 조에에게 우선권이 주어지는 것이라든가, 공식 선언에서 자신의 이름보다 그녀의 이름이 먼저 읽히는 것에 무척 화가 났다. 그녀는 늘 자신의 초라한 배경을 연상케 했으며, 제위에 오를 때 그녀의 허락을 얻기 위해 비굴하게 엎드렸던 수모를 떠올리게 했다.

혹시 그는, 글리카스와 스킬리체스가 주장하듯이, 그리고 그 자신도 나중에 토로했듯이, 조에가 전임 황제를 죽이고 이미 자신에게도 음모를 꾸미고 있다고 생각하지는 않았을까? 아마 그랬을 것이다. 그와 같은 불안정한 성격에서는 무엇이든 믿기 쉬웠다. 조에가 실제로 그랬는지는 알 수 없지만 그것은 중요하지 않다. 미카일은 이미 결심을 굳히고 있었기 때문이다. 이제 그녀가 늙고 힘없는 존재인 것만으로는 충분치 않았다. 그녀는 유배되어야 했다.

늙은 황후는 이미 두 남편에게서 시달릴 만큼 시달렸지만, 그것은 이번에 양자에게서 받은 대우와는 비교할 수도 없었다. 그녀는 세 번째로 다시 그토록 싫어하는 규방에 갇혔으며, 마땅히 자신의 것이어야 할 국고에는 손도 대지 못하고 쥐꼬리만 한 용돈으로 살아야 했다. 더욱이 과거에는 그나마 자신의 서열에 합당한 예우라도 받았지만 지금은 노골적으로 죄수 취급을 당했다. 교회의 축일 같은 날 공식 석상에 모습을 드러내는 것도 금지되었다. 그녀에게는 시녀도, 하녀도 없었다. 그 대신 미카일이 직접 임명한 무식하고 사나운 간수들이 그녀의 시중을 들었다.

하지만 미카일은 거기에 만족하지 않았다. 1042년 4월 18일 부활절 이후의 일요일에 한 무리의 병사들이 규방으로 밀고 들어오더니 황제의 시해를 기도했다는 혐의로 조에를 체포했다. 곧이어 열린 법정에서는 가짜 증인들이 돈을 받고 거짓 증언을 했으며, 황후는 자기 변론의 기회조차 얻지 못했다. 그녀는 머리가 삭발된 채 황제 앞으로 끌려갔다. 그런 다음에 그녀는 대기하고 있던 배를 타고 그날 밤으로 마르마라 해의 프린키포 섬에 있는 수녀원으로 추방되었다. 프셀루스는 조에가 큰아버지인 바실리우스 2세의 영혼을 부르며 자신을 보호해 달라고 구슬프게 우는 장면을 애처롭게 전하고 있다. 그러나 섬에 도착했을 때 그녀는 평정을 되찾았고 자신의 처지에 체념했다. 아마 그녀는 최악의 운명을 두려워 했던 듯하다.

이튿날 아침 황제는 원로원 회의를 소집했다. 조에가 몇 차례나 자신을 살해하려 했다는 황제의 주장을 의원들이 실제로 믿었는지는 알 수 없다. 그러나 그들은 항의의 결과가 어떨지 분명히 알았으므로 황제의 뜻에 고분고분 따랐다. 그 결과 콘스탄티누스 광장에 모인 수많은 군중 앞에서 행정 장관이 공식 포고문을 낭독했다. 조에는 공동 황제를 여러 차례 살해하려 기도한 혐의로 징벌을 받는다는 사실이 다시금 확인되었다. 또한 포고문은 황제가 그 상황에서 유일하게 가능한 조처를 취했으며, 조에와 행동을 함께 한 공범자인 알렉시스 총대주교도 마찬가지로 처리한다고 강조했다.

우리는 총대주교가 얼마나 관련되었는지 알고 싶지만 아쉽게도 그리스 문헌 중에서는 그것에 관해 거의 말해 주는 게 없다. 다만 13세기 아랍 역사가인 이븐 알아티르—그는 틀림없이 지금 전하지 않는 다른 문헌을 보았을 것이다—는 황제가 그를 제거하려 할 만한 이유가 있었다고 말한다. 그에 따르면, 미카일은 보스포루스로 가는 길에 있는 수도원으로 총대주교를 불렀다. 그곳에는 스키타이 경비병들이 그를 살해하기 위해 기다리고 있었다. 그러나 알렉시스는 가까스로 그곳에서 탈출하여 콘스탄티노플로 돌아와서는 성당의 모든 종들을 울려 시민들을 불러모으고 반란을 선동했다. 우리는 이 이야기를 믿을 수도 있고 믿지 않을 수도 있지만, 민중 봉기는 실제로 일

† 미카일 5세에게 반란을 일으킨 콘스탄티노플 시민들.

어났다. 행정 장관이 포고문을 다 읽자마자 군중 속에서 제위를 모독한 미카일을 타도하고 적법한 황후인 조에를 복위시키자는 구호가 터져 나왔다. 군중은 즉각 그 구호를 따라 외쳤고, 그중 일부는 행정 장관을 향해 달려갔다. 장관은 겨우 목숨만 건져 도망쳤다.

묘하게도 조에는 콘스탄티노플 시민들의 인기를 얻기 위해 거의 노력한 게 없는데도 시민들의 지지를 받았다. 그 이유는 단지 그녀가 황제의 딸이자 손녀이자 증손녀였고 비잔티움 역사상 가장 위대한 황제의 조카딸이었기 때문만이 아니었다. 여기에는 그녀의 나이도 한몫을 했다. 조에는 시민들 대부분이 태어나기도 전부터 황후의 신분이었다. 자신도 의식하지 못한 사이에 그녀는 제국의 상징이 되어 있었던 것이다. 그녀가 자발적으로 미카일을 양자로 맞아들였고 넉 달 전에 그가 제위에 오른 것도 그녀의 덕분이라는 것은 시민들 누구나 아는 사실이었다. 그런데 그녀가 지금 미카일을 살해하려 한다는 것은 말도 안 되는 거짓이었다. 프셀루스는 그 뒤의 사태에 관해 생생한 목격담을 전한다.

> 반란이 시민들 전체에게로 확산되자 아무도 막을 사람이 없어졌으므로 군중은 즉각 행동에 나설 자세를 취했다. 처음에 시민들은 마치 여러 부대로 나뉜 것처럼 작은 집단들을 형성했지만, 나중에는 시민군을 이루어 한 덩어리로 행진했다. 모두가 무장을 했다. 도끼를 손에 쥔 사람, 날이 넓은 육중한 칼을 휘두르는 사람, 활이나 창을 든 사람들도 있었으나 대다수는 옷자락과 손에 돌멩이를 들고 이리저리로 달렸다. 누군가가 감옥의 문을 열어 봉기 참가자의 수를 늘렸다.

나는 당시 궁전의 외부 현관에 서서 밀사들에게 지시를 내리고 있었는데, 그때 갑자기 무시무시한 말발굽 소리가 들려왔다. 그러더니 전령이 와서 시민들 모두가 황제에게 반기를 들었다는 소식을 전했다. 시민들이 하나의 기치 아래, 하나의 목적으로 일치단결하여 행진하고 있다는 것이었다. …… 나는 곧장 말에 올라 수도 한복판으로 가서 도저히 믿어지지 않는 광경을 내 눈으로 직접 목격했다.

마치 군중 전체가 초인적인 힘을 지닌 듯했다. 시민들은 예전의 그들과 달라 보였다. 그들은 미친 듯이 달렸고, 손에는 힘이 넘쳤으며, 눈은 불처럼 이글거렸고, 신체의 근육은 강인했다. ……

첫 목표는 황제의 가족으로 정해졌다. 군중은 황족의 호화로운 저택들을 파괴하고자 했다. 이를 위해 군중은 총 공격에 나서면서 모든 것을 불태우고 쓰러뜨렸다. 지붕이 있는 건물은 지붕을 무너뜨렸고 지붕이 없는 건물은 토대를 파헤쳐 모두 잿더미로 만들어 버렸다. 힘센 젊은이만 그런 짓을 한 게 아니라 어린 소녀나 힘없는 어린이들도 남녀 가릴 것 없이 파괴 행위를 도왔다. 한 차례의 공격으로 건물을 붕괴시킨 다음에는 그 안에 있는 것을 철저히 약탈했다. 사람들은 약탈한 물건들을 부잣집에서 빼앗은 것이라는 생각은 하지 않고 모조리 내다 팔았다.

처음으로 파괴된 집은 황제의 외삼촌인 콘스탄티누스의 저택이었다. 콘스탄티누스와 식솔들은 가까스로 군중을 뚫고 황궁으로 갔다. 미카일은 경비대도 버리고 떠난 황궁에서 겁에 질린 채 구석에 숨어 있었다. 그들은 조에를 유배지에서 불러들여야만 목숨을 부지할 수 있겠다고 여기고 황급히 그녀를 데려올 배를 보냈다. 한편 겁쟁이 조카와는 달리 용감했던 콘스탄티누스는 남아 있는 황궁 병력을 모아 조에가 도착할 때까지 황궁을 방어할 준비를 했다. 그날 하루 종일 그들은 망루와 높은 창문에서 활과 석궁으로 무수히 많은 화살을 쏘아 대면서 싸웠다. 많은 반란 시민들이 죽었으나 죽은 사람의 자리는 즉각 더 많은 사람들로 메워졌다. 늙은 황후가 돌아왔을 무렵 방어군은 모두 기진맥진한 상태였다.

황후 역시 지친 것은 마찬가지였으나 그녀는 여전히 미카일 칼라파테스를 두려워하고 있었다. 게다가 그녀는 그가 자신을 도로 불러들이게 된 얄궂은 운명에 기뻐할 처지도 아니었다. 자신도 미카일과 공동 운명체가 될 가능성이 크다는 생각 때문이었다. 그래서 조에는 선뜻 요구대로 행동했다. 즉 백성들 앞에 적법한 지배자로서 모습을 드러내고 미카일과 함께 한다는 것을 다시금 보여 주는 것이었다. 그녀는 거친 모직 수녀복을 자주색 황후복으로 갈아입고, 강제로 삭발당한 뒤 조금 자란 짧은 머리를 가리기 위해 제관을 신중하게 눌러 썼다. 이렇게 준비를 갖춘 다음 그녀와 미카일은 떨리는 가슴을 부여안고 함께 황궁에 직접 연결되어 있는 원형 경기장의 황제석으로 나갔다.

하지만 봉기의 지도자들은 전혀 만족하지 않았다. 그들은 조에 하나만을 승인할 따름이었으므로 그녀의 곁에 미카일이 있다는 것은 여전히 그녀가 황제의 포로임을 뜻한다고 생각했다. 결국 미카일이 제위에 있는 한 위기의 해결책은 없었다. 그때 갑자기 봉기 군중의 머릿속에 새로운 생각이 스쳐갔다. 테오도라는 어떻게 되었을까? 아직 미혼인 조에의 동생 테오도라는 언니의 변덕스럽고 부당한 시기심 때문에 페트리온 수녀원에 감금된 지 벌써 15년이 지났다. 그 뒤 그녀는 한 번도 사람들 앞에 나타난 적이 없어 거의 잊혀진 존재였다. 프셀루스에 의하면 미카일 칼라파테스는 즉위할 때 테오도라의 존재 자체도 몰랐다고 한다.

그러나 그녀는 아직 살아 있었고 여제*의 권리도 주장할 수 있는 데다 조에처럼 시행착오로 얼룩진 과거도 없었다. 그렇다면, 조에의 단독 통치는 이제 믿을 수 없으므로 조에와 테오도라가 공동으로 통치해야 했다. 바로 그날 오후 파트리키우스 콘스탄티누스 카바실라스의 지휘 아래 한 무리의 사람들—전에 그녀의 아버지를 위해 일했고 나중에 미카일이 해임한 모든 환관들이 포함되었다—이 테오도라를 즉각 콘스탄티노플로 데려오라는 명령을 받고 페트리온으로 갔다.

왕조를 타도한 민중의 힘

그들의 임무는 쉽지 않았다. 테오도라는 조에보다 고집이 더 셌다. 그녀는 아버지의 옛 친구들이 하는 말에 전혀 귀를 기울이지 않고

* 지은이는 '황후'와 같은 Empress(원래는 아우구스타라고 해야 한다)라는 표현을 쓰고 있지만, 테오도라는 미혼의 몸이므로 우리말로는 여제(女帝)라는 표현이 더 적절할 것이다(조에는 계속 황후라고 표기하기로 한다). 그러나 지은이가 같은 용어를 쓴 데서도 알 수 있듯이 황후나 여제나 실은 같은 의미다. 중국식 제국의 경우 황후는 황제의 아내일 뿐 황제의 권력을 가지고 있지는 않지만, 비잔티움 제국에서는 아우구스투스와 아우구스타가 거의 동등한 자격과 권한을 가졌다.

수녀원 예배당으로 피신했다. 그러나 카바실라스 일행의 각오도 그에 못지않았다. 그들은 테오도라가 피신한 성소까지 가서 격렬한 몸싸움 끝에 그녀를 끌어내다시피 해서 거리로 나왔다. 그녀는 거리에서 수도복을 여제복으로 갈아입고 총대주교가 대기하고 있는 소피아 대성당으로 향했다.

이리하여 4월 19일 월요일 저녁 늦게 그 심기 불편한 노파는 마지못해 비잔티움의 제관을 썼고, 그 자리에 운집한 각계각층의 군중은 여제의 즉위를 환호했다. 한편 미카일 칼라파테스는 제위 찬탈자로 규정되어 공식 폐위되었다. 대관식이 끝난 뒤 군중은 소피아 대성당을 나와 바깥에 모여서 황궁으로 행진했다.

미카일은 절망적인 상태였다. 몇 시간 동안이나 그와 그의 외삼촌은 폭동이 일어난 경기장 위의 높은 황제석에서 조에를 앞에 내세우겠다고 소리쳤으며, 조에 앞에서 몇 번이고 몸을 엎드려 조에가 실권을 가졌다는 것을 군중에게 납득시키려 했으나 실패했다. 오히려 군중은 더 크게 함성을 지르며 그들에게 돌을 던지고 심지어 화살까지 쏘았다. 결국 그들은 황궁으로 철수할 수밖에 없었는데, 그때 테오도라가 도착해서 즉위했다는 소식이 전해졌다.

이제 미카일은 도망쳐야겠다는 일념뿐이었다. 그는 황궁의 부두인 부콜레온에서 배를 타고 스투디움 수도원을 따라 육로성벽과 마르마라 해가 만나는 프사마티아 지구로 가서 성소로 피신하자고 제안했다. 그러나 그의 외삼촌 콘스탄티누스는 반대했다. 황제는 어떤 일이 있어도 도망쳐서는 안 되며, 죽기 아니면 살기로 싸워야 된다고 주장했다. 실제로 그는 최후까지 황궁을 방어할 각오를 했고, 조카도 자신과 함께 하기를 바랐다.

그런데 그 순간 정말 우연의 일치로 제국에서 가장 명성을 날리는 장군인 카타칼론 케카우메누스가 부콜레온에 도착했다. 그는 그 전해에 시칠리아의 대부분이 사라센의 수중에 들어갔을 때 목숨을 걸고 메시나를 사수하는 공을 세운 바 있었다. 물론 그로서는 그런 상황에서의 귀환을 예상하지 않았겠지만, 미카일은 그가 갑자기 등장한 것에 큰 용기를 얻어 황궁을 방어하는 데 동의했다. 밤새 전투가 이어졌다. 그러나 동이 틀 무렵이 되자 황궁에서 육로 방면으로 나 있는 출구는 반란 세력에 의해 완전히 차단되어 버렸다. 게다가 시민들은 이제 세 갈래로 나뉘어 진격해 오고 있었다. 하나는 원형경기장에서 황제석으로 공략했고, 또 하나는 아우구스테움에서 칼케 대문으로, 나머지 한 무리는 2세기 전에 바실리우스 1세가 말 훈련장으로 조성한 넓은 공터인 치카니스테리온으로 쳐들어왔다.

1042년 4월 20일 화요일은 콘스탄티노플의 역사상 손에 꼽힐 만큼 유혈이 낭자한 날이었다. 그 날의 살육은 끔찍했다. 특히 아무런 무장도 갖추지 않고 완전 무장한 제국군을 상대한 봉기 군중의 피해는 이루 말할 수 없었다. 그날 하루 낮과 밤에만도 무려 3천여 명이 목숨을 잃었다. 하지만 결국 승리한 것은 수가 많은 쪽이었다. 수요일 아침 날이 밝자 곧바로 황궁이 함락되었다. 성난 군중은 황궁 내의 모든 건물들을 마구잡이로 약탈했다. 그러나 그 가운데서도 그들은 마음속에 한 가지 목표를 잊지 않았다. 바로 황제를 찾아 죽이는 것이었다.

이제는 더 버틸 수 없었다. 동이 트기 직전에 미카일과 콘스탄티누스는 황급히 흙을 얼굴에 발라 변장한 뒤 배를 타고 스투디움 수도원으로 가서 곧장 삭발을 한 다음 수도복을 입고 수도사의 신분이 되었다. 한편 봉기 군중은 황궁에 홀로 남겨진 조에를 찾아 내서는 그녀를 어깨 위에 올려 제위에 앉혔다. 미카일과 콘스탄티누스가 떠나자 그녀도 다소 용기를 되찾을 수 있었다. 조에는 이런 갑작스러운 운명의 역전에 크게 기뻐했지만, 동생 테오도라가 황궁에 돌아와 대관식을 치렀다는 소식을 듣는 순간 화를 냈다. 두 번 다시 테오도라를 보고 싶지 않았던 그녀는 처음에 동생에게 곧장 수녀원으로 돌아가라는 명을 내렸다. 그러나 소피아 성당 바깥에서 들리는 환호성이 바로 동생을 향한 것이라는 이야기를 듣고서야 조에는 비로소 사태를 알아차렸다. 불과 몇 시간 전만 해도 아무도 돌아보지 않던 그 가련하고 볼품 없는 처녀 할머니는 졸지에, 그것도 이유도 알 수 없이 백성들의 우상이 되어 있었다. 조에는 마지못해 공동 제위를 받아들였다. 제위를 아예 잃는 것보다는 공동으로라도 유지하는 편이 나았으니까.

이제 무대는 스투디움으로 바뀌었다. 황제와 그의 외삼촌은 수도원에 갇혀 잊혀진 존재가 되고 싶었다. 하지만 그들은 자신들에 대한 백성들의 반감을 과소평가했다. 그들의 은신처가 알려지자마자 군중은 원형 경기장에서 메세를 거쳐 서쪽으로 행진하여 수도원에 와서는 그들을 내놓으라고 으르댔다. 황궁 경비대와 함께 군중을 따라와 이 광경을 직접 목격한 미카일 프셀루스는 다음과 같이 기록했다.

이미 수도원은 엄청난 군중에게 포위되었고, 많은 사람들이 건물을 부

† 미카일과 콘스탄티누스가 피신한 스투디움 수도원 정문.

수고서라도 안으로 쳐들어가려 하고 있었다. 우리는 그 딱한 도망자들에게 입에 담을 수 없는 온갖 욕설을 퍼붓고 으름장을 놓는 성난 군중 속을 겁에 질려 간신히 헤치고 수도원으로 들어갔다.

비록 나는 황후가 그렇게 지독한 대우를 받은 것을 개탄하는 축이었지만 그때까지 개인적인 감정은 그다지 가지고 있지 않았다. 예배당에 도착하니 그 불행한 두 사람이 보였다. 황제는 무릎을 꿇은 채 제단을 움켜쥐고 있었으며, 그의 왼편에는 노빌리시무스가 서 있었다. 다 찢어진 옷을 입은 그들은 알아볼 수 없는 몰골이었고, 얼굴에는 죽음의 공포가 서려 있었다. 말없이 그들을 바라보는 내 눈에도 눈물이 핑 돌았다.

프셀루스의 표정으로 보아 그가 자신들에게 전혀 악의를 품지 않았다는 것을 안 두 사람은 조심스럽게 그에게 다가왔다. 콘스탄티누스는 조에를 제거한 조카의 음모를 자신은 돕지도 않았고 선동하지도 않았다고 열렬하게 항변했다. 자신은 단지 결과가 두려워 조카의 행위를 제지하지 않았다는 것이었다. 만약 자신이 통제권을 가졌다면 그의 전 가족이 그렇듯 신체 훼손의 형벌을 당했겠느냐는 게 그의 주장이었다. 그 반면에 미카일은 자신의 행위를 정당화하려 하지 않았다. 그는 죄를 지었고 이제 그 죄값을 치르는 중이었다.

그날 오후 내내 두 사람은 제단 밑에 웅크려 있었고 군중은 성소를 존중해야 하기 때문에 가만히 기다렸다. 한동안 그런 대치 상태가 지속되다가 땅거미가 질 무렵 신임 행정 장관 캄파나루스가 와서는 그들을 데려오라는 테오도라 여제의 명령을 받았다면서 안전하게 황궁까지 호위하겠다고 약속했다. 그러나 미카일과 콘스탄티누스는 거절했다. 그들은 장관의 약속을 믿지 않고—실제로도 거짓말이었다—제단에 더욱 굳게 매달렸다. 그러나 장관은 더 이상 시간을 허비하지 않고 병사들에게 그들을 끌어내라고 명했다.

두 사람은 건물에서 끌려나오면서 소리를 지르고 몸부림을 쳤다. 프셀루스를 포함하여 당시 현장에 있던 상당수의 사람들은 캄파나루스에게 두 사람을 무사히 보호하겠다는 보장을 요구했다. 그러나 여론은 그들에게 압도적으로 불리했다. 수도 전역에는 조에가 미카일을 어떻게든 복위시키려 한다는 소문이 파다하게 퍼져 있었다(조에는 테오도라를 너무 시기한 탓에 차라리 미카일을 공동 지배자로 삼는 것을 훨씬 더 좋아한다는 것이었다). 만약 그렇다면 그것은 도저히 좌시할 수 없는 위험이었다.

그런데 그 두려움은 테오도라도 가지고 있었다. 스킬리체스에 따르면, 그녀는 행정 장관에게 그 두 사람을 즉각 실명시키라는 밀령을 내렸다고 한다. 캄파나루스는 그 명령대로 실행할 각오를 굳히고 있었다. 결국 미카일과 콘스탄티누스는 군중에 둘러싸인 채 저주와 욕설을 들으며 당나귀를 타고 메세를 거쳐 황궁으로 돌아왔다. 프셀루스의 이야기를 계속 들어 보자.

> 두 사람이 얼마 가지 않았을 때 실명을 시키라는 명령을 받은 집행인들과 맞닥뜨렸다. 그들은 지시 사항을 군중에게 보여 주면서 현장에서 당장 칼을 갈기 시작했다. 그러자 두 사람은 자신들의 미래를 알고 공포에 질려 말문이 막혔다. 그들은 거의 죽을 지경이었으나 현장에 있던 원로원 의원들 중 누구도 그들의 비참한 운명을 위로하거나 용기를 북돋워 주지 않았다.
>
> 황제는 마침내 자신의 불행에 압도되어 큰 소리로 울면서 신과 교회, 그 외 생각나는 모든 것에 대고 도와 달라고 빌었다. 그 반면에 그의 외삼촌은 온 힘을 쥐어짜 자신의 운명을 용기 있게 맞이했다. 집행인들이 준비를 마친 것을 본 뒤 그는 조용히 그들에게 다가가서 자신에게 먼저 형을 집행하라고 말했다. 군중이 주변에 몰려들었을 때 그는 선임 장교를 보며 단호한 목소리로 말했다. "이 사람들을 뒤로 물러가게 하라. 나

는 용감하게 내 운명을 견디겠다." 또한 집행인들이 그의 손을 묶으려 하자 그것을 거부했다. "만약 내가 움직인다면 내 몸을 말뚝에 묶어도 좋다!" 말을 마치고 그는 땅바닥에 앉아 꼼짝도 하지 않았다. 비명도, 신음도 지르지 않았고 안색의 변화도 전혀 없었다. 그 뒤 그의 두 눈이 하나씩 차례로 뽑혔다. 한편 황제는 자신에게 곧 닥칠 운명을 보고 두 손으로 허공을 휘저으며 자기 얼굴을 쥐어뜯고 장탄식을 토했다.

노빌리시무스는 혼자 힘으로 자리에서 일어나 피가 철철 흐르는 눈구멍을 손으로 가리키며 절친한 친구 한 명에게 몸을 기댔다. 다가오는 친구들에게 일일이 말을 건네면서도 그는 놀랄 만큼 침착했고 초인적인 용기를 보여 마치 그 상황에 거의 무심한 것처럼 보일 정도였다. 다음은 바실레오스의 차례였다. 하도 소동을 피우는 탓에 집행인들은 먼저 그의 몸을 단단히 묶어야 했으며, 그래도 몸부림을 심하게 쳤으므로 힘으로 억눌러야 했다. 그가 실명을 당한 뒤 군중의 기세도 한풀 꺾였고 분노도 가라앉았다.

이리하여 미카일 5세의 치세는 끝났고, 그와 더불어 파플라고니아 왕조도 종말을 고했다. 그 뒤 미카일은 키오스 섬의 엘레이몬 수도원으로 보내졌고, 콘스탄티누스는 사모스 섬의 또 다른 종교 기관으로 보내졌다. 그 두 사람이 눈을 잃은 뒤에도 주어진 수명대로 온전하게 살았는지, 아니면 요한네스 오르파노트로푸스처럼 더 끔찍한 운명을 맞았는지는 알 수 없다.

우리는 미카일을 어떻게 보아야 할까? 영국의 원로 비잔티움 학자인 베리 교수는 그가 부당하게 악평을 받았다면서 실은 제국의 근본적인 행정 개혁을 추진한 야심과 선견지명을 지닌 지배자라고 주장한다. 조에와 요한네스가 권좌에 있으면 그 개혁이 불가능하기 때문에 미카일은 그들을 제거하려 했다는 것이다. 더구나 요한네스는 자리에서 쫓겨날 때 보편적으로 미움을 받고 있었다. 미카일은 요한네스의 적인 콘스탄티누스 달라세누스를 감옥에서 풀어 주었고, 게오르기우스 마니아케스도 석방해서 이탈리아의 군사 총독에 복귀시켰다. 또한 콘스탄티누스 리쿠데스를 총리 대신으로 임명했는데, 그는 나중에 당대에서 손꼽히는 위대한 정치인이 된다(이것은 내 견해가 아니라 베리 교수의 견해다).

그 주장이 모두 옳을지도 모른다. 증명할 길은 없지만 미카일은 선의를 가졌을 수 있다. 그렇다면 양어머니를 내친 것까지는 좀 그렇다 해도 오르파노트로푸스를 제거한 것은 아마 필요한 조치였을 것이다. 하지만 그가 제위에 오른 지 불과 넉 달 열하루 만에 민중 봉기에 의해 폐위되었다는 것은 피할 수 없는 사실이다. 무릇 개혁가를 자처하는 군주라면 자신의 과업을 이루기 위해 신중하게 행보했어야 한다. 무엇보다도 백성들의 감정을 고려해야 하고, 그들의 환심을 사기 위해 온갖 노력을 기울여야 한다. 그런데 미카일은 그렇게 하지 못했다. 그의 장기적인 복안은 고결한 것이었는지 몰라도 그의 정치적 수완은 문제가 많았다. 그 이유 하나만으로도 그는 훌륭한 황제가 될 수 없었다. 그의 최후에 관한 이야기는 별로 유익한 데가 없으며, 백성들의 행동도 그다지 신념에 차 있다고는 볼 수 없다. 하지만 군중이 그를 제거한 것은 옳은 일이었고, 우리 역시 그가 물러간 것을 환영하는 바이다.

18

결정적인 교회 분열

1042년~1055년

죽음의 공포에 임해서야 비로소 수도복을 입은 자, 그 유명한 혐오스러운 죄를 범한 자, 수련 수도사이자 가짜 총대주교인 미카일에게 파문을 내린다. 이른바 오크리드 주교인 레오에게 파문을 내린다. 미카일의 대신으로 라틴 식 전례를 공공연히 짓밟았던 콘스탄티누스에게 파문을 내린다. 그들을 추종하여 앞서 말한 잘못을 범하고 회개하지 않는 모든 사람들에게 파문을 내린다. 그들 모두에게 시몬파, 발레시아파, 아리우스파, 도나투스파, 니콜라우스파, 세베리아누스파, 성령주의자, 마니교도, 나자렛파 등등의 모든 이단에게, 그리고 마지막으로 악마와 그를 따르는 모든 천사들에게 내려졌던 파문을 내린다. 아멘, 아멘, 아멘.

추기경 훔베르트의 파문장 마지막 문단

자매 여제의 한계

미카일 5세가 파멸한 1042년 4월 20일 화요일 저녁 테오도라 여제는 여전히 소피아 대성당에 있었다. 언니가 불러 주지 않으면 황궁으로 가지 않겠다면서 벌써 스물네 시간 이상이나 고집스럽게 버티고 있는 중이었다. 그 이튿날 아침에야 조에는 자존심을 버리고 동생을 초청했다. 귀족들과 원로원 의원들이 대거 운집한 가운데 테오도라가 도착하자 두 늙은 자매는 어색하게나마 화해를 하고 함께 로마 제국을 통치하기로 합의했다.

전 황제의 모든 식솔, 열렬한 지지자들은 모두 유배형에 처해졌다. 그러나 민간과 군대의 고위직 인물들은 대부분 유임되었다. 처음부터 우선권은 언니인 조에가 가졌다. 예를 들어 공식 석상에서 자매가 함께 앉을 경우 조에의 제위는 테오도라보다 약간 앞에 위치했고, 테오도라 역시 그 자리에 전혀 불만을 품지 않았다. 프셀루스는 자매의 성격에 관해 생생하게 서술한다.

조에는 생각을 받아들이는 데는 빨랐으나 밖으로 표출하는 데는 느렸다. 테오도라는 정반대였다. 그녀는 자기 생각을 꼭꼭 숨겼지만 한번 이야기를 시작하면 해박하면서도 활기차게 대화를 주도했다. 조에는 열정적인 관심을 지닌 여인으로, 삶과 죽음에 대해 똑같은 정열을 보였다. 이런 점에서 그녀는 배를 높이 들어올렸다가 내동댕이치는 거센 파도를 연상케 했다. 반면에 테오도라에게서는 그런 극단적인 측면을 볼 수 없었다. 그녀는 둔하다고 해도 좋을 정도로 조용한 성격이었다. 조에는 바다에 가득한 금을 하루에 다 써 버릴 수 있을 만큼 씀씀이가 헤펐고, 테오도라는 동전까지 세어 돈을 내줄 만큼 검약했다. 그 이유는 평생토록 낭비할 여유가 없이 살아왔기도 하지만 자제심을 타고났기 때문이었다. ……

자매는 외모에서 더 크게 대조적이었다. 조에는 키가 그다지 크지 않았고 통통한 체구였다. 또한 눈이 크고 눈썹이 인상적이었으며, 코는 약간 매부리코였으나 심하지는 않았다. 머리는 아직 금발이었고 윤기가 흐르는 흰 피부를 자랑했다. 외모에서는 그녀의 나이를 거의 느낄 수 없었다. …… 주름도 없는 데다가 피부도 매끄럽고 팽팽했다. 반면에 테오도라는 키가 크고 호리호리한 체격이었으며, 머리가 비정상적으로 작았다. 앞에 말한 것처럼 그녀는 조에보다 말을 잘했고 행동도 신속했다. 그녀의 눈빛은 엄격하기는커녕 오히려 밝고 명랑했으며, 늘 말할 기회를 찾으려는 듯 보였다.

이 두 사람은 제국을 어떻게 다스렸을까? 이에 관해서는 두 가지 견해가 있다. 프셀루스는 거의 재앙이었다고 본다. 그에 의하면 자매는 경제와 정치에 무지했고, 국가의 중대사와 "규방의 하찮은 일"을 구분하지 못했으며, 조에는 특유의 낭비벽으로 국고를 고갈시켰다. 하지만 요한네스 스킬리체스의 견해는 전혀 다르다. 그는 관직의 매매를 금지하는 명령이 반포되고, 민간과 군대 행정에서 큰 개선이 이루어지고, 고위 관직에 적임자들이 임명된 것을 지적한다. 이를테면 콘스탄티누스 카바실라스가 유럽군 총사령관으로 임명되었고, 더 중요한 사실로는 게오르기우스 마니아케스가 황족을 제외한 귀족들 중 최고위직인 마기스테르의 서열을 받고 이탈리아 군사 총독으로 임명되었다.[163] 한편 이전 정권의 악정을 재판하는 법정이 설치되면서 노빌리시무스 콘스탄티누스가 수도원에서 끌려나와 심문을 받았다. 법정에서 어떤 설득을 당했는지는 알 수 없지만 그는 국고에서 빼낸 황금 5300파운드를 숨긴 곳을 털어놓았다.

진실이 무엇이든 한 가지는 확실했다. 이 공동 지배 체제는 백성들의 신뢰를 얻을 만한 근본적인 안정성이 결여되어 있었다는 점이다. 시간이 흐르면서 자매의 관계가 점차 소원해지자 관리들과 원로원 의원들도 자연히 어느 한쪽으로 줄을 설 수밖에 없게 되어 정부 내에서는 위험한 양극화 현상이 뚜렷해졌다. 누가 봐도 한 명의 강력한 남자 황제가 필요한 상황이었다. 하지만 그 방법은 단 한 가지, 결혼을 통해서만 가능했다. 50년 이상을 처녀로 살아온 테오도라는 그런 발상 자체를 거부했으나, 조에로서는 바라 마지않는 일이었다. 과거의 결혼에서도 별 재미를 보지 못한 데다 앞에서 보았듯이 동방 교회에서 삼혼을 얼마나 끔찍하게 여기는지 잘 알고 있으면서도 예순네 살 노파의 가슴에는 다시금 새 희망이 솟았다. 그녀는 즉각 적절한 남편감을 찾기 시작했다.

그녀가 처음 낙점한 인물은 명성이 높고 잘생긴 콘스탄티누스 달라세누스였다. 얼마 전에 감옥에서 풀려난 그는 일찍이 1028년 조에의 아버지가 임종하기 직전에 사위로 간택했으나 수도의 관료들이 반대하는 바람에 제위에 오르지 못한 인물이었다(269쪽 참조). 그러나 그는 궁정으로 오라는 명을 받았을 때 민간인 복장을 하고 나타나는 바람에 모든 이들을 크게 놀라게 했을 뿐 아니라 늙은 황후에게 냉정하고 오만한 태도를 보여 후보에서 배제되고 말았다. 다음 후보는 조에가 늘 사모해 왔던 콘스탄티누스 아르토클리네스라는 궁정 관리였다(그도 역시 빼어난 미남이었다). 두 사람은 이미 13년 전 로마누스 아르기루스의 치세에도 서로 그렇고 그런 사이라는 소문이 나돈 바 있었다. 하지만 그는 결혼식을 며칠 앞두고 의문의 죽음을 당했다. 그의 아내에 의해 독살당했다고 전하는데, 아마 그녀는 로마누스의 결혼식을 기억하고, 그의 아내와 같은 신세가 되고 싶지 않았던 모양이다.

이제 조에는 또 한 사람의 콘스탄티누스, 즉 전통 귀족인 모노마쿠스 가문의 콘스탄티누스에게 관심을 돌렸다. 그도 역시 조에가 매우 중요한 사항으로 여기는 외모가 뛰어난 남자였으며, 여성에게 매너가 좋았다. 또한 그는 우아하고 세련된 기품을 지녔을 뿐 아니라 부자였다. 첫 아내가 일찍 죽은 뒤 그는 로마누스 아르기루스가 제위에 오르기 한참 전에 그의 조카딸과 재혼했다. 그러나 그가 궁정에 출입할 수 있었던 시기는 로마누스의 짧은 치세뿐이었다. 바실리우스 2세와 콘스탄티누스 8세의 치세에는 그의 아버지가 모종의 음모에 연루된 적이 있어 충성심을 의심받기도 했다. 또한 미카일 4세와 요한네스 오르파노트로푸스는 그와 조에가 점점 가까워지는 것을 걱정하여 그를 레스보스로 추방했다. 그런데 이제 그는 7년간의 유배 생활을 마치고 조에의 소환을 받은 것이다.

콘스탄티누스 모노마쿠스는 6월 둘째 주에 수도로 왔다. 수도에 들어오기 전날에 그는 먼저 마르마라 연안의 다모크라니아로 갔다. 그는 이곳의 대천사 성 미카엘 성당에서 황제의 표장을 받았으며, 대기하고 있던 황제의 선박을 타고 여정의 마지막 단계를 장식했다. 이리하여 그는 환호하는 군중을 뚫고 콘스탄티노플에 당당히 입성했고, 6월 11일에 네아 예배당에서 조에와 결혼했다. 두 사람 다 세 번째 하는 결혼이어서 총대주교가 결혼식 집전을 한사코 거부하는 바람에 분위기가 조금 좋지 않았으나(다행히 황제 예배당의 사제 한 명이 대행해 주었다), 그 이튿날의 대관식은 아무런 항의 없이 선뜻 치러 주었다.

늙은 아내와 젊은 정부

새 황제 콘스탄티누스 9세는 콘스탄티누스 8세보다 자신감에 넘쳤고, 로마누스 아르기루스보다 현실적이었으며, 미카일 4세보다 건강했고, 미카일 5세보다 고집이 덜했다. 하지만 정치적으로는 게으르고 책임감이 부족한 탓에 결국 그 황제들을 모두 합친 것보다 더 큰 피해를 제국에 안기게 된다.

1055년 그가 죽을 무렵 로베르토 기스카르—율리우스 카이사르 이후, 나폴레옹 이전 시대에 가장 화려한 활약을 보인 군사적 야심가—가 이끄는 남이탈리아의 노르만인들은 아풀리아, 칼라브리아, 시칠리아의 비잔티움 거점들을 거의 다 접수해 버렸고, 바그다드에 근거지를 둔 셀주크투르크족은 아나톨리아의 심장부를 꾸준히 잠식해 들어오고 있었다. 도나우 변방에는 스텝 출신 이민족들—페체네그족, 쿠만족, 오구즈족—의 침략이 잦았는가 하면, 동방 교회와 서방 교회는 거의 분열되었고, 제국 내에서는 귀족들이 두 차례 반란을 일으켜 거의 성공할 뻔한 적도 있었으며, 군대는 전 세기의 어느 때보다도 더 나쁜 상태로 쇠락했다.

그러나 콘스탄티누스는 그런 현실을 제대로 알아차리지 못했다. 조에의 전남편들과는 달리 그는 아내의 방탕을 전혀 저지하려 하지 않고 오히려 한술 더 떠 자신이 더욱 방탕한 생활을 했다. 그 결과 그의 치세는 콘스탄티누스 7세 이래로 가장 사치와 허영이 심한 시기가 되었다. 그러나 콘스탄티누스 포르피로게니투스는 황제의 권위를 증대시키는 정책적 도구로 궁정 행사를 이용했지만, 콘스탄티누스 모노마쿠스는 오로지 자신의 쾌락만을 위해 모든 것을 사용했으므로 정반대의 효과를 낳았다.

한편 조에 역시 새 남편에게 무척 관대했다. 결혼의 육체적 측면에 관한 관심도 이제는 사그라졌다. 심지어 그녀는 콘스탄티누스가 예전의 정부를 계속 만나는 것조차 묵인했다. 그 정부는 그의 둘째 아내의 조카딸이자 바실리우스 2세의 정적이었던 바르다스 스클레루스의 매력적인 손녀로, 유배지에서도 7년 동안이나 함께 지낸 여

† 콘스탄티누스 9세 모노마쿠스와 조에 황후 사이에 앉은 그리스도. 성 소피아 대성당 남쪽 주랑의 모자이크.

자였다. 모노마쿠스가 수도로 오라는 부름을 받았을 때 그녀는 그가 제위에 오를 가능성이 얼마나 될지 확신할 수 없어 레스보스 섬에 그대로 머물렀다.

삼혼의 어려움을 잘 아는 데다 모노마쿠스와 조에가 결합할 가능성을 회의적으로 보고 있던 그녀는 그들이 결혼했다는 소식을 듣고 큰 충격을 받았다. 그러나 늙은 황후가 자신의 호의를 전하면서 수도로 오라고 권하는 따뜻한 내용의 서신을 받았을 때 그녀는 더 큰 충격을 받았을 것이다. 이리하여 그녀가 수도에 온 뒤 처음 두 사람은 소박한 집에서 지냈으나 이내 저택으로 옮겼고, 그들의 처신도 처음에는 조심스러웠으나 점차 여러 사람에게 알려졌다.

결국에는 황제도 두 사람의 관계를 공식적으로 인정하기에 이르렀다. 이윽고 원로원 전체가 참석한 한 행사에서 모노마쿠스와 스클레리나(그녀는 이 이름으로 불렸다)는 어느 아첨꾼 의원이 제안한 '사랑의 술잔'*까지 나눔으로써 정식으로 연인 관계임을 밝혔고, 그 뒤 그녀와 콘스탄티누스, 조에는 사이좋은 삼각관계를 유지했다. 하지만 프셀루스는 "겉으로만" 그랬을 뿐이라고 말한다.

> 그녀는 참된 의미에서 아름답다고는 할 수 없었으나 우아한 품위와 매력을 갖추고 있어 흠을 잡기 어려웠다. 그녀의 성격과 기질은 아무리 목석 같은 사람이라도 현혹시키기에 충분했다. 또 말하는 태도는 어느 누구보다도 유쾌하고, 율동적이고, 섬세하고, 조화로웠다. 그녀는 목소리도 아름다웠으며, 발성이 완벽하고 억양이 부드러웠다. 그녀가 말하는 모든 것에는 형용할 수 없는 매력이 담겨 있었다. 그녀는 상냥한 목소리로 내게 그리스 신화에 관해 물었고, 이야기를 나누면서 군데군데 다른 사람에게서 들은 주해를 살짝 덧붙이곤 했다. 그렇게 남의 이야기를 잘 들어주는 여자는 없었다.
>
> 그녀는 두 여제가 각각 원하는 즐거움을 안겨 줌으로써 그들의 환심을 샀다. 조에에게는 충분히 갖고 있으면서도 늘 더 갖고 싶어 하는 금을

* 사랑이나 우정의 뜻으로 돌려 가며 마시는 커다란 술잔.

주었다. 또한 향긋한 약초와 인도산 향료, 향나무와 연고, 작은 올리브와 하얀 월계수 가지 등 조에가 가장 즐기는 놀이인 향수 제조에 필요한 재료들을 선물했다. 그 반면에 테오도라에게는 옛날 주화와 메달을 선물했다. 테오도라는 특수하게 제작된 청동 상자에 그것들을 소장하고 있었다.

그러나 애석하게도 궁중에 새로 들어온 매력적인 젊은 여인에게 품은 두 노파의 따뜻한 애정은 콘스탄티노플의 시민들에게까지 전달되지는 못했다. 그들은 황궁의 후안무치한 연애 사건을 몹시 불쾌하게 여기고 불만을 드러냈다. 프셀루스의 기록에는 없지만 스킬리체스는 1044년 3월 9일에 황제가 '신성한 순교자들'을 기념하여 행진할 때 군중 가운데서 이런 야유가 터져 나왔다고 말한다. "스클레리나는 물러가라! 우리가 사랑하는 어머니들인 조에와 테오도라의 목숨을 그녀가 위협하고 있다!" 그 때문에 일순간 황제의 목숨이 위험해졌다. 그의 아내와 처제가 황궁 창문에 모습을 드러낸 뒤에야 비로소 군중은 해산했고 그 행진은 취소되었다. 그때부터 콘스탄티누스는 공식 석상에 혼자 나갈 마음을 먹지 못했고, 굳이 나가야 할 때는 반드시 아내를 오른쪽에, 정부를 왼쪽에 대동했다.

사실 시민들의 비난은 전혀 근거가 없었다. 지금쯤이면 독자들도 알겠지만, 비잔티움의 궁정에는 늘 잠재적 살인자들이 득시글거렸으나 스클레리나는 그런 부류의 사람이 아니었고, 우리가 아는 한 콘스탄티누스 모노마쿠스도 마찬가지였기 때문이다. 황제는 약하고 무책임하고 쾌락을 좇는 인물이었을 뿐 그다지 악한은 아니었다. 소문에 나돌던 것처럼 만약 그가 자신의 정부를 황후로 만들려고 마음먹었다면—사실상 그녀는 황후나 다름없었지만—아마 그녀를 양녀로 삼은 뒤에 여제로 선언하는 방식을 택했을 것이다. 따라서 조에나 테오도라를 굳이 죽일 필요는 없었다.

하지만 이 문제는 탁상공론에 불과하다. 얼마 안 가 죽은 사람은 황후와 여제 자매가 아니라 오히려 스클레리나였기 때문이다. 그녀가 죽은 날짜는 기록에 없다. 다만 그녀는 일종의 폐 질환에 걸려 숨을 쉬지 못했고 의사들도 손을 놓았다고만 기록되어 있다. 황제는 어린애처럼 목놓아 울었으며, 그녀의 시신을 망가네스의 성 게오르기우스 수녀원에 자신의 무덤 자리로 준비해 둔 터 옆에 매장했다(그곳은 스클레리나가 살던 집 옆이었는데, 무덤에 간다는 핑계로 그녀의 집에 가기 위해서였다고 한다).

스클레리나는 충분히 동정을 받을 만한 여성이었다. 그녀는 보기 드문 자질을 가지고 있었고, 콘스탄티누스에 대한 사랑도 깊고 진실했다. 그러나—비록 그녀의 잘못은 아니지만—그녀와 황제의 관계는 비잔티움령 이탈리아의 미래에 거의 재앙이라 할 만큼 중대한 타격을 주게 된다.

1042년 4월에 게오르기우스 마니아케스는 다시 이탈리아로 복귀했다. 현지 사정은 2년 전 그가 콘스탄티노플에 소환되었을 무렵보다 한층 나빠져 있었다. 시칠리아에서는 메시나만이 비잔티움령으로 남아 있었고, 본토에서는 롬바르드족과 노르만인들로부터 세 차례 대규모 공격을 받았다. 그들은 아베르사와 멜피 같은 견고한 요새들을 손에 넣고 급속히 남이탈리아 전역을 정복하는 중이었다.

군사총독 마니케아스가 군대를 거느리고 현지에 도착했을 무렵 트라니 한 곳을 제외하고는 타란토-브린디시 이북의 아풀리아 전역이 공공연한 반란 상태에 있었다. 그는 서둘러 진압에 나섰다. 그해 여름 그의 잔인한 진압 과정은 살아남은 현지 사람들의 기억에 오랫동안 남았다. 마니아케스는 바랑인 부대와 하랄 하르드라다 같은 전설적인 스칸디나비아 전사의 도움으로 반란을 일으킨 도시와 촌락들을 하나씩 잔인하고 무자비하게 짓밟고 파괴했다. 그가 지나간 곳에는 잿더미에서 피어오르는 연기와 사지가 절단된 시신들만 즐비했다. 남자든 여자든, 수도사든 수녀든, 어린이든 늙은이든 가리지 않고 교수되거나 참수되었으며, 많은 어린이들이 산 채로 불태워졌다. 반란 세력은 기세가 꺾였고 한동안 양측은 팽팽하게 대치하는 듯했다. 그러다가 파국이 빚어졌다. 2년 만에 또 다시 게오르기우스 마니아케스는 황궁에서 벌어진 음모의 희생자가 된 것이다.

이번에 그의 적은 스클레리나의 오빠인 로마누스 스클레루스였다. 그와 마니아케스는 아나톨리아에서 서로의 영지가 인접해 있는 탓에 그러잖아도 오래전부터 영토 문제를 놓고 으르대던 사이였다. 짐작할 수 있듯이 마니아케스는 성질이 괄괄한 사람이었다. 몇 년 전에 둘이 특별히 심하게 다투었을 때 그는 로마누스를 공격하여 거의 죽일 뻔했다. 복수를 다짐한 로마누스는 황제의 측근이 된 누이의 지위를 바탕으로 어렵지 않게 음모를 꾸몄다. 콘스탄티누스를 설득하여 마니아케스를 이탈리아에서 소환하도록 한 것이다. 그가 자리에 없을 때 이미 로마누스는 그의 집을 약탈하고, 영지를 훼손하고, 심지어 그의 아내까지 유혹했다.

마니아케스는 소환장을 받는 것과 동시에 그 소식을 들었다. 그의 분노는 하늘을 찌를 듯했다. 9월에 후임자가 오트란토에 도착하자 마니아케스는 그의 귀와 코와 입에 말똥을 집어넣고 고문하여 죽여 버렸다. 그 불운한 지휘관을 콘스탄티노플에서부터 수행한 파트리키우스 투바키스도 며칠 뒤 같은 운명이 되었다. 그래도 화가 가라앉지 않은 마니아케스는 병사들에 의해 황제로 추대된 뒤—병사들은 그를 숭배했다—아드리아 해를 건넜다(아풀리아의 어느 역사가에 의하면 그는 아드리아 해에 폭풍이 일자 이를 가라앉히기 위해 사람을 제물로 바치려 했다고 한다). 에그나티아 가도를 따라 콘스탄티노플을 향해 진격하면서 도중에 병력을 증원할 심산이었다.

테살로니카로 행군하던 중 불가리아의 오스트로보에서 제국군과 마주친 그는 승리를 문턱에 둔 바로 그 순간에 큰 부상을 입고 쓰러져 죽었다. 지도자를 잃은 반란군은 곧 해체되었다. 황제는 수도로 운송된 마니아케스의 머리를 창에 꿰어 원형 경기장의 가장 높은 테라스에 전시하라고 명했다. 그 뒤 모노마쿠스는 대대적인 개선식을 거행했다. 반란군 병사들은 머리털을 삭발당하고 머리 위에 오물을 얹은 채 당나귀에 거꾸로 태워져 경기장을 돌았다. 그러나 그 전투에서 마니아케스를 쓰러뜨린 창 한 자루가 아니었다면 콘스탄티노플은 역사상 가장 무시무시한 지배자를 맞게 되었을 것이다.

토르니케스의 착오

콘스탄티누스 9세를 위협한 것은 게오르기우스 마니아케스만이 아니었다. 오히려 그 뒤에는 더욱 큰 위협이 들이닥쳤다. 1043년 여름 보스포루스에는 대규모 러시아 함대가 출현했는데, 언제나 그렇듯이 그리스 화약 덕분에 큰 피해를 입지 않고 물리칠 수 있었다. 그러나 4년 뒤인 1047년 9월 더 중대한 위기가 찾아왔다. 이것도 군사 반란의 형태를 띠었으나 이번에는 아드리아노플에 본부를 둔 트라키아와 마케도니아의 군대가 반란의 주역이었다. 그 지도자는 황제의 친척으로 아르메니아에 오래 살아온 레오 토르니케스라는 귀족이었다. 프셀루스는 그를 "마케도니아인 특유의 오만함을 지닌 인물"이라고 말한다.

사실 콘스탄티누스는 오래전부터 그가 반란을 일으킬지 모른다고 의심했다. 게다가 레오가 자신의 막내 여동생인 유레피아와 친하게 지내는 것을 보고는 더욱 불안한 심정을 떨치지 못했다. 여동생은 늘 레오를 칭찬했고 오빠인 황제보다 그를 더 좋아했다. 그래서 콘스탄티누스는 그 젊은이를 탄압하고 수모를 주려고 애썼으며, 한번은 그를 강제로 삭발시키고 누더기를 입힌 적도 있었다.

마침내 토르니케스는 더 참을 수 없었다. 어느 날 밤 그는 한 무리의 마케도니아 지지자들과 함께 수도를 몰래 빠져나와 아드리아노플로 갔다. 그들은 들르는 곳마다 역마들을 모조리 죽여 버림으로써 추격을 어렵게 만들었다. 아드리아노플에 도착한 뒤 레오는 황제가 죽었고 제국의 안주인이 된 테오도라가 레오 자신을 공동 지배자로 발탁했다는 거짓 소문을 퍼뜨렸다. 이 헛소문은 들불처럼 군대 내에 퍼졌으며, 그 덕분에 레오는 자주색 의상을 입고 방패 위에 올라 바실레오스로 추대되었다. 얼마 뒤에 그는 수천 명의 병력을 거느리고 콘스탄티노플로 진격했다. 그의 병력은 수도로 다가갈수록 끊임없이 늘어났다. 이윽고 9월 25일 금요일에 그는 수도의 성벽 아래 진을 치고 포위전을 준비했다.

마침 기회는 그에게 무척 좋았다. 그전까지 몇 년 동안 제국의 군대가 급속히 약화되었기 때문이다. 군사 귀족을 혐오한 민간 정부는 군대의 힘을 조직적으로 위축시키려 했다. 심지어 정부는 아직 대지주에게 토지를 빼앗기지 않은 농민 병사들에게 일정한 금액의 돈을 납부하면 군역을 면제해 주는 제도를 시행했다. 동시에 각 테마의 통치권을 군사 총독이 아닌 민간 행정관에게 맡김으로써 군대의 힘과 위신을 크게 떨어뜨렸다. 그 결과 행사용으로 동원하는 소수의 용병들을 제외하면 콘스탄티노플 일대에서는 군인을 거의 찾아볼 수 없게 되었으며, 동방의 군대도 멀리 이베리아 변방에서 현지 야만족들의 침략을 물리치는 정도의 역할밖에 하지 못했다.

또한 콘스탄티누스 자신도 예전의 그가 아니었다. 즉위할 무렵에 그는 5종 경기에서 우승을 도맡아 하던 사람이었으나 이제는 발이 부어올라 제대로 걷지도 못하는 신세였다. 그의 손도 젊었을 때는 단단한 견과도 깨뜨릴 만큼 힘이 세었으나—프셀루스는 "그에게 팔을 잡히면 며칠 동안 아팠다"고 썼다—지금은 변형되고 탈구되었다. 사실 그는 이미 심한 관절염에 걸려 있었는데, 결국 8년 뒤에 사망할 때까지 관절염 때문에 큰 고통을 겪게 된다. 만약 그에게 미카일 4세만큼의 용기만 있었더라도 그는 더 적극적으로 수도 방위에 나섰을 것이다.

그러나 영웅적인 풍모는 그의 본성과 전혀 어울리지 않았다. 그가 할 수 있는 일이라고는 오로지 적들에게 그들의 기대와는 달리 그가 여전히 제위에 있다는 사실을 보여 주는 것뿐이었다. 9월 26일 그는 육로성벽의 북단에 위치한 블라케르나이 궁전으로 가서 황제의 정복을 갖춰 입고 조에와 테오도라를 양측에 대동한 채 높은 창문에서 아래 성벽을 굽어보았다. 그러자 포위하고 있던 반란군은 그에게 조롱과 욕설을 퍼부었다. 심지어 한 기마 궁수가 쏜 화살은 그의 몸을 아슬아슬하게 비껴가 부관을 맞추었다. 시종들은 황급히 황제를 창문에서 뒤로 물러나게 했지만, 이튿날 아침에 황제는 마치

† 총 7폭으로 되어 있는 11세기 중반의 칠보 장식판. 콘스탄티누스 9세 모노마쿠스를 중심으로 좌우에 조에와 테오도라가 서 있다.

아무 일도 없었다는 듯이 다시 창문에 모습을 드러냈다.

그날—9월 27일 일요일—레오 토르니케스는 콘스탄티노플을 장악했다. 사태가 어떻게 전개되었는지를 정확하게 이어 맞추기는 어려운 일이다. 아마 제국의 공병들이 야음을 틈타 블라케르나이의 맞은편 성벽 바깥에 진지를 구축하려 했던 듯하다. 거기서 레오의 병사들에게 큰 타격을 가할 심산이었을 것이다. 그러나 그들은 적을 과소평가했다. 반란군은 즉각 '벌 떼처럼' 몰려들어 삽시간에 그 초라한 요새를 무너뜨리고 파괴했다. 요새 안에 갇힌 병사들은 도륙되었고 살아서 돌아간 자는 거의 없었다. 하지만 이 재앙은 시작에 불과했다. 성벽을 방어하던 병력—사라센 용병이 주력이었고 여기에 신체 건강한 시민들과 감옥에서 석방된 죄수들이 포함되었다—은 그 학살 광경을 보고 공포에 사로잡혀 자신들의 방어 위치를 버리고 시내로 도망쳤다. 성문까지 적에게 활짝 열린 상태였다고 전한다.

이렇게 눈앞에 닥친 승리를 레오 토르니케스가 놓친 이유는 뭘까? 일부 역사가들은 기적이라고 말한다. 콘스탄티노플은 항상 신의 가호를 받았다는 것 이외에는 달리 설명할 수 없다는 것이다. 하지만 프셀루스를 포함한 다른 사람들은 단지 오산이었다고 말한다. "그는 우리가 자신을 초청하여 제위에 올려 주리라고 확신하고 있었다. 즉 그는 수많은 횃불이 앞길을 밝혀 주는 가운데 군주처럼 안내를 받아 황궁까지 행진하게 될 줄 알았다." 아마 그는 곧 자신의 소유가 될 도시를 약탈하지 않고 멀쩡히 놓아 두고 싶었는지도 모른다. 어쨌든 그는 자신의 병사들에게 더는 유혈극을 저지르지 말고 그 자리에 가만히 있으라고 명한 뒤 밤을 지낼 천막을 치게 했다.

그 실수는 결국 파멸의 원인이 되고 말았다. 그가 기대했던 시민 대표단은 오지 않았다. 콘스탄티노플 시민들은 자신들의 황제에게 그다지 매력을 느끼지 않았는지는 모르지만 그래도 그가 무력으로 타도되는 꼴은 보고 싶지 않았다. 더구나 그들이 알지도 못하고 여러 모로 수상쩍은 마케도니아-아르메니아인이 반란의 주역이라면 더욱 환영할 수 없었다. 폭동과 반란이라면 신물이 날 만큼 겪었다. 몇 시간 동안의 공포가 가라앉자 성문은 다시 닫혔고 방어군도 제 위치로 돌아갔다. 도시는 살아났다. 여기에 실망과 당혹감을 느낀 레오 토르니케스는 즉각 포로들을 블라케르나이 바로 아래로 이동시키고 미리 지시한 대로 말하게 했다.

> 포로들은 시민들에게 동족을 야멸치게 대하지 말고, 그들이 보는 앞에서 제물처럼 난도질당하도록 내버려 두지도 말라고 애원했다. 그들은 우리에게 일찍이 세상에 존재한 적이 없었던 지배자를 자신들의 경험만으로 판단하여 과소평가하는 것은 감히 신의 섭리를 시험하는 것이라고 경고했다. …… 그리고 그들은 우리 황제의 잘못을 설명하고, 치세 초기에 황제가 시민들에게 큰 기대를 품게 했다가 결국은 구름 위에서 벼랑 가장자리로 내몰지 않았느냐고 말했다.

그러나 그 대답은 우박처럼 쏟아지는 화살과 돌멩이였다. 그중 하나는 토르니케스의 몸을 거의 맞힐 뻔했다. 그제서야 비로소 그는 자신의 실수를 깨달았다. 시민들은 결코 그를 원하지 않았다. 게다가 콘스탄티누스에게서 몰래 뇌물을 받은 부하들이 그를 버리기 시작했다. 10월 초에 그는 진지를 거두고 서쪽으로 이동했다. 수도의 병력이 너무 부족한 탓에 그는 즉시 추격을 받지는 않았다. 먼 이베리아에서 긴급히 소환된 동방군이 수도에 도착한 뒤에야 콘스탄티누스는 반란군을 잡으라는 명령을 내렸다. 쫓기는 과정에서 레오는 추종자들을 한 사람만 빼고 모두 잃었는데, 그는 요한네스 바타체스라는 옛 전우였다. 결국 두 사람은 콘스탄티노플로 끌려가 실명을 당했다.

콘스탄티누스 모노마쿠스는 사람들에게 자신이 기적적인 삶을 산다고 즐겨 말했다. 4년 뒤에 또 다시 군대의 봉기가 일어났다가 실패한 뒤에는—이것도 역시 믿기 어려운 행운이었다—필경 황제의 견해에 동의하는 사람들이 많았을 것이다.

등을 돌리는 동서 교회

콘스탄티누스 모노마쿠스의 치세 12년 반 동안 제국의 군사력이 눈에 띄게 약화된 것에 대해서는 누구보다 황제 자신이 가장 큰 책임을 질 수밖에 없다. 만약 바실리우스 2세가 제위에 있었다면 1047년경에 페체네그족이 도나우 강을 넘어와 제국의 영토에 항구적으로 정착하게 놔두지는 않았을 것이다. 일찍이 100여 년 전에 콘스탄티누스 포르피로게니투스는 이 대단히 위험한 야만족을 늘 감시해야 한다고 강조한 바 있었다(292쪽 참조). 그의 정책은 많은 선물을 주고 그들과 동맹을 맺어 적들—불가르족이나 마자르족—의 후방을 공격하게 함으로써 러시아의 남진을 방지하는 것이었다.

그러나 바실리우스가 불가리아를 정복하고 제국의 영토가 도나우 강변까지 팽창하자 사정은 달라졌다. 이제 비잔티움과 유목민족들 간의 완충지대가 사라진 것이다. 따라서 유목민족들의 약탈 대상도 불가르족이 아니라 제국 자체가 되었다. 그 흐름을 막을 수 없었던 콘스탄티누스 모노마쿠스는 페체네그족을 용병으로, 특히 국경지대의 요새를 방어하는 병력으로 활용하고자 했다.

하지만 그들은 역시 믿을 수 없는 민족이었다. 그들은 평화를 유지하기는커녕 전 지역을 급속히 혼란 속으로 몰아넣었다. 얼마 안 가서 콘스탄티누스는 또다시 그들과 싸울 수밖에 없었고 또 다시 실패를 맛보았다. 몇 차례 굴욕적인 참패를 당한 뒤 그는 예전처럼 뇌물을 주는 방식으로 돌아갔다. 그러나 이제는 페체네그족도 그리 쉽게 매수되려 하지 않았다. 결국 황제는 귀중한 토지와 고위 관직을 내주면서 강화를 맺어야 했다.

그래도 그의 치세에 있었던 가장 큰 비극—그리스도교권에 닥친 파멸적인 재앙—은 그의 책임이 아니다. 동방과 서방의 종교적 분열에는 여러 가지 원인이 있지만 두 황실 사이의 반감도 그중 하나였다. 사실 비잔티움의 황제는 동방 제국의 보편성을 보존하고 남부 이탈리아의 소유권을 보장받을 수만 있다면 콘스탄티노플 교회보다 로마 교회가 우월함을 기꺼이 인정하고자 했다. 그럼에도 불구하고 우리도 잘 알듯이 두 교회는 수세기에 걸쳐 점점 멀어졌다. 그런 현상은 본질적으로 라틴인과 그리스인, 로마와 비잔티움의 해묵은 경쟁심을 반영하는 것이었다. 로마 교황은 자신의 권위를 유럽 전역으로 급속히 확산시키고 있었으며, 권력이 증대함에 따라 오만한 야심도 커졌다. 이는 콘스탄티노플에서 볼 때 분노할 만한 일이었고 상당한 걱정거리이기도 했다.

또한 두 교회는 그리스도교에 대한 이해가 서로 근본적으로 달랐다. 비잔티움인들은 황제가 12사도와 동격이고 교리상의 문제를 해결하려면 세계 공의회에서 성령의 말씀을 들어야 한다고 믿었으므로 로마 교황—그들에게 교황이란 총대주교들 중 서열 1위에 불과했다—이 교리를 정한다거나 종교적·세속적으로 우월하다는 견해는 받아들이지 않았다. 반면에 합법성과 규율에 익숙한 로마인들은 논쟁과 신학적 사변을 좋아하는 동방 교회의 그리스적 전통을 늘 싫어했고 때로는 끔찍하게 여겼다.

이미 2세기 전에 양측은 포티우스와 필리오쿠에를 놓고 큰 다툼을 벌인 적이 있었다(제6장 참조). 그 뒤 다행히 교황 니콜라우스가 죽고 후임 교황들과 포티우스가 서로 호의를 보인 덕분에 겉으로는 두 교회 사이에 우호적인 관계가 회복된 듯 보였다. 그러나 실은 근본적인 문제가 해결되지 않고 남아 있었다. 필리오쿠에는 서방에서 여전히 지지자들을 얻었으며, 황제는 신이 임명한 지상의 대리인으로서 통치한다고 주장했다. 결국 분쟁이 재발할 것은 시간문제였다.

분쟁을 유발한 원인은 1043년에 늙은 알렉시스를 계승한 콘스탄티노플의 총대주교 미카일 케룰라리우스의 잘못이었다. 우리가 아는 한 그는 매력적인 인물처럼 보이지는 않는다. 오랜 관료 생활을 한 그는 미카일 4세에 대한 역모에 연루되어 유배 생활을 하던 중에 수도원에 들어가 성직자의 길을 걷기로 결심했다. 그는 포티우스와 크게 다른 인물이었다. 포티우스는 당대 최고의 학자였으나 케룰라리우스는 교회사에 관한 지식이 빈약한 그저 그런 신학자였다. 또한 포티우스는 지성과 매력을 갖춘 매우 교양 있는 사람이었지만 케룰라리우스는 완고하고 편협하며, 철두철미한 관료형 인간이었다.[164] 하지만 그는 철의 의지를 가진 유능한 행정가로서—이유는 쉽게 파악되지 않지만—콘스탄티노플에서 상당한 신망을 누리고 있었다.

콘스탄티노플 총대주교가 분쟁의 도구였다면 분쟁의 계기는 남이탈리아로 진출한 노르만인들이었다. 1053년 7월 17일에 교황 레오 9세는 그 노략질을 일삼는 도적들을 영구히 제거하기로 마음먹고, 이질적인 구성의 대군을 동원하여 치비타테라는 작은 마을 부근에서 그들을 공격하고자 했다. 하지만 교황은 치욕스러운 패배를 당하고 베네벤토에서 여덟 달 동안이나 거의 포로처럼 잡혀 있다가 이듬해 4월에 로마로 돌아와서 곧 죽었다.

비잔티움은 비록 군대를 치비타테에 보내지는 않았지만—교황파는 그것을 배신으로 여기고 격노했다—노르만의 위협을 걱정하기는 교황이나 매한가지였다. 롬바르디아 태생으로 이탈리아의 제국군 사령관인 아르기루스가 보기에 이 지역을 제국의 영토로 묶어놓을 수 있는 유일한 방책은 교황 측과 동맹을 맺는 것뿐이었다. 아르기루스를 존경하고 존중했던 황제는 전폭적으로 지지해 주었다.

그러나 케룰라리우스는 그 문제를 오로지 종교적인 견지에서만 바라보고 그 방책에 단호히 반대했다. 그는 라틴인들을 싫어하고 불신했다. 무엇보다도 그는 교황의 우월권이라는 발상 자체를 혐오했으며, 그런 동맹으로 설사 노르만인을 격퇴한다 하더라도 과거에 노르만이 장악한 영토를 콘스탄티노플의 관할로 수복할 수는 없을 것이라고 판단했다.

사실 치비타테 사건 이전에도 그는 선제공격을 한 바 있었다. 노르만인들이 교황의 승인을 얻어 남이탈리아의 그리스 교회들에 라틴 관습—특히 성찬식에서 발효시키지 않은 빵을 사용하는 관습—을 시행하고 있다는 것을 알고, 그는 콘스탄티노플의 라틴인들에게 그리스 관습을 채택하라고 명했으며, 그 명령을 거부하자 그들을 탄압했다. 게다가 그는 불가리아 교회의 지도자인 오크리드의 대주교 레오를 설득하여 아풀리아 트라니의 정교회 주교인 요한네스에게 편지를 쓰게 했다.* "프랑크족의 모든 주교, 수도사들과 백성들, 존경하는 교황에게 보낸다"**고 되어 있는 이 서신에서 그는 로마 교회의 일부 관습이 죄악이며 '유대교적'이라고 격렬하게 비난했다.

이 편지의 사본은 라틴어로 번역되어 베네벤토에 잡혀 있던 교황 레오에게 전해졌다. 이에 격노한 교황은 장황한 답신을 작성했다. 수신인을 "콘스탄티노플의 미카일과 오크리드의 레오, 기타 주교들에게"라고 모욕적으로 명기한 이 서신에서 그는 총대주교가 반대한

* 사실은 교황과 총대주교의 논쟁이지만 오크리드의 대주교와 트라니의 주교를 내세워 대리전을 펼치는 격이다.

** 800년에 샤를마뉴가 서방 황제가 된 이후, 아니 그보다 훨씬 전인 6세기 초반 메로빙거 왕조의 개창자인 클로비스가 로마 가톨릭으로 개종한 이후, 동방 사람들이 볼 때 서방의 대표적인 '세속 세력'은 바로 프랑크족이었다. 그러니까 비잔티움 제국이 그리스 제국이라면, 부활한 서방 제국은 프랑크 제국인 것이다(비록 프랑크 제국은 한 세기도 못 버티고 해체되었지만). 그래서 그리스인들의 정신적 대표자인 콘스탄티노플 총대주교는 프랑크족의 정신적 대표자들에게 서신을 보낸 것이다.

라틴 관습을 옹호하고 교황의 우월권을 강력히 변호했다.

그런데 그 이전에 레오는 두 통의 서신을 받았다. 그중 하나는 끝부분에 황제 자신의 자주색 친필이 있는 편지인데, 그 문안은 전해지지 않지만 특별한 내용은 아니었을 것이다. 레오의 답신으로 미루어 보면 황제의 그 편지에는 치비타테 사건에 대한 유감의 뜻과 향후 동맹을 강화하기 위한 제안들이 담겨 있었을 것으로 추측된다. 훨씬 더 놀라운 것은, 일부 부적절한 표현들은 있으나 화해와 우호를 청하는 내용의 두 번째 서신이다. 여기에는 쟁점이 된 관습상의 문제에 대한 언급은 없고 그 대신 두 교회의 긴밀한 통합을 기원하고 있으며, 콘스탄티노플의 총대주교 미카일 케룰라리우스의 서명이 있다.

총대주교에게 이러한 화해의 제스처를 보이도록 설득한 사람은 황제일 수도 있지만 그보다는 트라니의 주교였을 가능성이 더 크다. 그에게는 사안이 훨씬 더 직접적이고 중대한 것이었기 때문이다. 어쨌든 케룰라리우스로서는 나름대로 진심을 내비친 것이라 생각된다. 레오 교황의 측근들은 사소한 문제—이를테면 그를 '아버지' 가 아니라 '형제' 라고 부른 것—에는 신경을 쓰지 말고 그냥 넘기라고 권했다. 그러나 레오는 여전히 격앙되어 있었고 이미 중병을 앓고 있는 상태였다. 교황의 주요 비서인 무르무티에르의 추기경 훔베르트—그는 곧이어 벌어진 사태에서 총대주교에 결코 못지않은 고집불통임을 보여 주게 된다—는 교황을 쉽게 설득하여 서신 두 통에 교황의 이름을 넣고 콘스탄티노플에 공식 사절을 파견하여 그 서신을 전달하도록 했다.

그중 첫째 편지는 총대주교를 전보다는 적어도 한 급 높여 '대주교'라고 호칭했다. 그러나 그 내용은 총대주교가 라틴 관습에 이의를 제기하는 등 주제넘은 간섭을 했다고 책망하고, 종교적 권위를 지니고 있는 양 허세를 부렸다고 힐난하는 한편, 심지어 그가 총대주교로 선출된 것 자체가 교회법에 어긋난다고 주장했다(하지만 이 점에 대해서는 정당화하기가 어렵기 때문에 일부러 모호하게 얼버무렸다). 둘째 편지는 황제에게 보낸 것이었는데, 앞에서 본 것처럼 주로 정치적 사건을 다루고 있었다. 그러나 편지의 끝부분에서는 케룰라리우스를 맹렬하게 비난하는 내용도 있었다. "그는 용납하지 못할 간섭을 많이 했으며 …… 하늘이 금지하는 그런 견해를 고수한다면 그는 결코 우리의 평화적인 관심을 보장받을 수 없을 것입니다." 편지의 끝부분에서 교황은 그 편지를 콘스탄티노플에 전달하는 사절들을 칭찬했다. 그는 사절들이 여러 모로 환대를 받고 그들 앞에서 총대주교가 참회하는 모습을 보이리라고 믿었다.

레오는 원래 유능하고 명석한 인물이었으나 이번에는 큰 계산 착오를 범했다. 노르만의 위협을 막아 내려면 가능한 한 모든 도움이 필요했으므로 그는 정교회와 화해할 수 있는 기회를 뿌리치지 말았어야 했다. 만약 교황이 콘스탄티노플의 정세에 관해 좀더 잘 알았다면 황제—그 무렵 레오처럼 병으로 죽어가는 처지였다—가 자신보다 훨씬 강한 성격을 가진 데다 여론을 등에 업고 있는 총대주교를 무시할 처지가 못 된다는 사실도 알았을 것이다.

더구나 교황이 이 미묘한 임무를 위해 선정한 사절도 문제였다. 훔베르트는 앞에서 말했듯이 편협하고 완고한 데다 격렬한 반反 그리스 성향의 인물이었고, 다른 두 사람은 로렌의 추기경 프레데리크(후일 교황 스테파누스 9세가 된다)와 아말피의 대주교 페트루스였는데, 이들은 치비타테 전투에 참전했을 때 비잔티움군이 지원하러 오지 않은 것에 내내 원한과 배신감을 품고 있었던 것이다.

돌아오지 못할 다리를 건너다

이 세 명의 고위 성직자들은 1054년 4월 초에 콘스탄티노플에 도착했다. 처음부터 모든 게 빗나갔다. 그들은 총대주교를 방문한 자리에서 푸대접을 받았다고 불끈 화를 내면서 교황의 편지만 남겨 놓고 나와 버렸다. 이번에는 편지를 읽은 케룰라리우스가 화를 낼 차례였다. 최악의 의혹이 사실로 확증된 순간이었다. 자신은 애써 화해의 손길을 내밀었는데, 상대방이 무례하게 그 손을 뿌리친 것이다.

그러나 더 나쁜 일은 그 다음이었다. 여느 때처럼 황제의 정중한 영접을 받은 사절들은 그 환대에 고무되어 교황이 총대주교와 오크리드 대주교에게 보내기 위해 예전에 썼다가 보내지 않은 편지의 전문을 그리스어로 번역하여 공표했다. 그 내용에는 쟁점이 된 관습에 관한 상세한 규약이 포함되어 있었다.

미카일 케룰라리우스에게 그것은 결정적인 모욕이었다. 교황이 자신에게 보내는 편지였음에도 그것이 수도 전역에 나돌 때까지 그는 그런 편지가 있는 줄도 알지 못했다. 게다가 그럭저럭 손에 넣은 그 편지를 찬찬히 살펴보니 봉인에 손을 댄 흔적이 보였다. 그렇다면 사절들이 그 편지를 중간에 개봉했다는 것인데, 대체 누구에게 보여 주었을까? 보여 주려고 한 게 아니라면 내용을 고쳤을 가능성도 있었다. 그는 교황의 사절이라는 자들이 아주 불손할 뿐 아니라 후안무치한 거짓말쟁이들이라고 생각했다. 그래서 그는 사절단의 권위를 인정할 수 없고 더 이상 그들과 어떤 대화도 하지 않겠다고 선언했다.

그러나 교황에게서 전권을 위임받았고 황제에게서도 충심어린 환대를 받은 교황의 사절들이 총대주교에게 무시당하는 상황이 마냥 지속될 수는 없었다. 케룰라리우스에게는 다행히도 사절들이 온 지 몇 주일 뒤에 로마 교황이 죽었다는 소식이 전해졌다. 훔베르트 일행은 레오의 개인적인 대표였으므로 그가 죽으면 그들의 모든 공적 지위도 자연히 박탈되는 셈이었다. 총대주교가 얼마나 기뻐했을지는 보지 않아도 알 만하다. 하지만 사절들이 전혀 위축되지 않은 것 때문에 그의 기쁨은 반감되었을 것이다.

원래대로라면 그들은 응당 로마로 돌아가야 했다. 그런데 그들은 마치 아무 일도 없었다는 듯이 콘스탄티노플에 그대로 머물렀고, 오히려 날이 갈수록 더 고압적인 태도를 취했다. 교황의 편지가 공표되자 니케타스 스테타투스라는 스투디움의 한 수도사는 강력하게 반격을 가했다. 그는 특히 발효시키지 않은 빵을 사용하고, 안식일에 금식을 하고, 성직자에게 독신을 강요하는 라틴 관습을 거세게 비판했다. 별로 인상적인 문서도 아니었고 정중하고 점잖은 말투가 사용되었으나 이에 대해 훔베르트는 이성적으로 대응하기는커녕 날카롭고 신경질적인 욕설로 대응했다. 그는 그 문서를 한 장씩 넘길 때마다 폭언을 퍼부었고, 스테타투스를 수도원이 아니라 극장이나 매음굴에서 나온 "위험한 포주", "유해한 마호메트의 사도"라고 몰아붙였으며, 스테타투스와 그의 "사악한 교리"를 추종하는 모든 사람들에게 파문을 선언했다. 그 과정에서 훔베르트는 일반적인 비잔티움 사람의 견해를 나름대로 파악했다. 즉 그들은 로마 교회를 천박한 야만족의 무리에 불과하게 여기므로 합의는커녕 어떤 논의도 불가능하다고 생각하는 것이었다.

미카일 케룰라리우스는 적들이 위신을 잃어버리고 창피를 당한 데 크게 만족한 채 잠자코 있었다. 황제가 교황과의 동맹을 걱정하는 마음에서 스테타투스에게 그의 주장을 취소하고 사절들에게 사과하라고 강요했을 때도, 훔베르트가 콘스탄티누스에게 필리오쿠에의 문제를 다시 제기했을 때도(비잔티움의 신학에 따르면 필리오쿠에를 거부해야만 한다), 총대주교 관저에서는 아무런 말도 나오지 않았으며, 정교회 당국도 장안에 회자되고 있는 품위 없는 논쟁을 인식하고 있다는 기색을 전혀 보이지 않았다.

마침내—케룰라리우스는 그럴 줄 알고 있었지만—훔베르트는 마지막 인내심마저 내팽개쳐 버렸다. 1054년 7월 16일 토요일 오후 3시 모든 성직자들이 성찬식에 모여 있는 가운데 '전직' 로마 사절 세 명—추기경 두 명과 대주교 한 명—은 정식 성복을 갖춰 입고 소피아 대성당으로 가서 주제단 위에 공식적인 파문장을 엄숙히 올려 놓았다. 그리고는 신발의 먼지를 터는 상징적 행위를 보이고 나서 성당을 나왔다. 이틀 뒤 그들은 황제의 공식 허가를 얻어 로마로 떠났다(황제는 끝까지 그들에게 정중했고 많은 선물까지 안겨 주었다).

비록 그들은 이제 교황의 권위를 대표하지 못하며, 따라서 파문장도 교회법에 따라 원천적으로 무효가 되지만 그렇다 해도 그것은 놀라운 행위였다. 스티븐 룬시먼은 다음과 같이 설명한다.

> 그렇게 명백한 실수가 많이 포함된 중요 문서도 보기 드물 것이다. 훔베르트처럼 학식 있는 사람이 그렇게 보잘것없는 선언문을 썼다는 것은 이상한 일이다. 문서는 케룰라리우스를 한 개인으로서, 또 콘스탄티노플의 총대주교로서 공격하는 내용으로 시작한다. 또한 문서는 제국 또는 콘스탄티노플의 시민들 전체를 반대하려는 것이 아니라 케룰라리우스를 지지하는 사람들을 비난하는 것이라고 밝히고 있다. 그들은 성직을 매매하고(훔베르트도 알다시피 그것은 로마 교회의 주요한 폐단이었다), 거세를 권장하고(로마에서도 마찬가지인 악습이었다), 라틴인들에게 새로 세례를 베풀고(당시에는 그렇지 않았다), 사제에게 결혼을 허락하고(이것은 사실이 아니다. 기혼자도 사제가 될 수 있었을 뿐이지, 이미 서품을 받은 사람이 결혼할 수는 없었다), 분만하다가 죽어가는 여성에게 세례를 베풀고(이것은 초기 그리스도교의 좋은 관습이었다), 모세의 율법을 버리고(사실이 아니다), 수염을 깎은 사람과의 영적 친교를 거부하고(비록 그리스인들은 수염을 깎은 사제를 좋아하지 않았으나 그럴 정도는 아니었다), 신경의 한 구절을 누락시키는(사실은 정반대였다) 등의 죄를 저질렀다. 이런 비난을 늘어놓은 뒤에 문서는 콘스탄티노플의 라틴 교회를 폐쇄한 것과 교황권에 복종하지 않는 것을 불평하고 있다.[165]

파문 소식이 수도에 들불처럼 번지자 총대주교를 지지하는 시위가 수도 전역에서 벌어졌다. 처음에 시위는 주로 라틴인들을 대상으로 했으나, 곧 군중은 분노의 표적을 찾아냈다. 바로 황제였다. 그가 로마 사절들에게 분명히 공감하는 태도를 보인 것은 정도를 지나쳤다고 여겨지기에 충분했다. 다행히도 콘스탄티누스에게는 희생양이 준비되어 있었다. 이탈리아에 가 있는 아르기루스는 수도의 사정이 어떤지 알지 못한 채 여전히 교황과의 동맹을 위해 애쓰는 중이었다. 그러나 마침 수도에 와 있던 그의 가족은 즉각 체포되었다. 그것으로 민중의 감정은 일단 어느 정도 누그러졌지만, 파문장을 공개적으로 불태우고 콘스탄티노플 교회에서도 로마 사절들을 공식적으로 파문한 뒤에야 비로소 평화를 되찾을 수 있었다.

결국 이런 과정을 통해 1054년 초여름에 콘스탄티노플에서는 동방 교회와 서방 교회의 장기적인 분열이 일어났다. 불화가 아무리 불가피한 것이었다 해도 그런 일은 결코 일어나지 말았어야 했고 또 방지할 수도 있었다. 죽어가는 교황과 놀기만 좋아하는 황제 중에서 어느 측이든 조금만 더 화해의 의지가 강했어도, 편협한 총대주교와 완고한 추기경 중에서 어느 측이든 조금만 덜 고집을 부렸어도 그렇듯 극단적인 상황은 피할 수 있었다. 위기가 처음 발생한 남이탈리아는 로마와 콘스탄티노플 양측이 반드시 정치적으로 이해를 같이 해야 하는 중대한 지역이었다.

결정타를 가한 측은 죽은 교황의 자격 잃은 사절들, 즉 수장 없는 교회를 대표하는 자들이었다. 그들이 교회법에 어긋난 잘못된 수단을 마음대로 사용한 것은 새 교황이 아직 선출되지 않았기에 가능한 일이었다. 그러나 라틴 교회와 그리스 교회 양측의 파문은 모두 성직자 개인들을 대상으로 한 것이지, 그들이 속한 교회 자체를 대상으로 한 것은 아니었다. 따라서 둘 다 나중에 취소할 수 있었으며, 당시에는 그것이 곧 영구한 분열의 시작이라고는 누구도 생각하지 않았다. 형식적으로는 그럴 수 없었다. 이후 두 세기 동안 두 번이나—13세기에는 리옹에서, 15세기에는 피렌체에서—동방 교회는 정치적인 이유 때문에 로마의 우월권을 마지못해 인정했던 것이다. 하지만 그런 일회용 붕대로는 갈라진 상처를 덮을 수는 있어도 근본적으로 치료할 수는 없다. 비록 1965년 세계 공의회에서 진통제가 투여되기는 했지만, 9세기 전에 훔베르트 추기경과 케룰라리우스 총대주교가 함께 그리스도교 교회에 입힌 상처는 오늘날까지도 여전히 피를 흘리고 있는 셈이다.

동방의 짧은 르네상스

콘스탄티누스 모노마쿠스의 치세에는 정치적, 종교적, 군사적으로 대형 사건들이 연이어 터졌지만 수도의 유한 계급은 어느 때보다도 쾌적한 삶을 누렸다. 황제는 수많은 결점에도 불구하고 바실리우스 2세의 검소한 정권이나 그의 뒤를 이은 파플라고니아 황제들의 촌스럽고 교양 없는 정권과는 달리 문화적 감각이 상당히 뛰어났다. 콘스탄티누스 포르피로게니투스의 치세 이래로 그렇게 궁정 행사가 웅장하고 여흥이 화려했던 때는 없었다.

황제 자신은 지성을 갖추지 못했으나 교양이 없지는 않았다. 그는 예술과 학문을 적극적으로 권장한 것은 물론 학식을 갖춘 사람들과 어울리기를 무척 즐겼다. 그 가운데 가장 두드러진 인물은 역사가이자 정치가이자 인문주의자이자 철학자이자 당대 최고의 고전학자인 미카일 프셀루스였다. 그는 오늘날과 달리 당시에는 무척 중요한 기술이었던 웅변에도 매우 능했다. 하지만 안타깝게도 그는 이기적이고, 오만하고, 위선적이고, 상황에 따라서는 사악한 배신도 할 수 있는 인물이었다.

황제의 측근에 포진해 있던 프셀루스의 동료 지식인들로는 그의 가장 절친한 친구인 법률가 트레비존드의 요한네스 크시필리누스가 있는데, 그는 암기력이 워낙 뛰어나 제국의 법전을 통째로 머릿속에 외우고 다녔다고 한다. 그 밖에 프셀루스의 옛 스승으로 시인이자 학자인 요한네스 마우로포우스도 있었고, 총리대신인 콘스탄티누스 리쿠데스도 있었다. 11세기 중반 문화 르네상스를 일으킨 주역은 바로 그들이었고, 1045년 콘스탄티노플 대학이 부활한 것도 그들 덕분이었다.

그들이 가장 관심을 기울인 것은 법과 대학이었다. 법과 대학은 바실리우스의 치세에 크게 침체한 탓에 모노마쿠스가 즉위할 무렵에는 수도에 법학 교수가 한 사람도 없다시피 할 정도였다. 전적으로 마우로푸스의 노력에 힘입어 다시 창립된 법과 대학의 학장을 맡은 사람은 당시 노모필락스nomophylax, 즉 '법의 수호자'라는 별명으로 불리던 요한네스 크시필리누스였다. '철학자들의 콘술〔히파투스〕'인 프셀루스가 담당한 철학 학부의 교과 과정은 문법, 수사학, 논리학의 고전 3학三學으로 시작하여 산술, 기하, 천문학, 음악의 4

학四學을 거치고 모든 지식의 궁극적 종합인 철학으로 끝나도록 되어 있었다.*

몇 년 안 가서 이 대학은 그리스도교권과 그 너머에까지 널리 이름을 떨칠 정도로 발전했다. 지난 2세기 동안 지성 세계를 지배한 것은 그리스인이 아니라 아랍인이었다. 사람들은 콘스탄티노플의 이른바 현인들을 바보, 얼뜨기라고 여겼다. 그러나 이제 프셀루스와 그의 동료들, 그리고 콘스탄티누스 모노마쿠스의 계몽적인 후원에 힘입어 비잔티움은 다시 옛 명성을 회복하고 유럽과 아시아의 학자들이 만나는 접점이 될 수 있었다. 프셀루스는 미카일 케룰라리우스에게 다음과 같이 겸손과는 거리가 먼 서신을 보냈다.

> 켈트족과 아랍인은 이제 우리의 포로입니다. 동방에서나 서방에서나 제 명성은 사람들을 우리의 도시로 모여들게 합니다. 나일 강은 이집트 땅을 풍요롭게 만들지만 저의 황금 같은 말은 사람들의 영혼을 풍요롭게 만듭니다. 페르시아인들과 에티오피아인들에게 물어 보면 모두 저를 안다고 말할 것이며, 저를 존경하고 추종한다고 대답할 것입니다. 최근에는 제 웅변의 샘에 뛰어들고자 하는 참을 수 없는 욕구로 인해 바빌로니아에서도 한 사람이 왔습니다.

이 모든 것이 사반세기 전 바실리우스 2세가 죽은 이래 나날이

* 이 일곱 가지 학문을 중세 7과(七科)라고 부르는데, 오늘날 인문학을 뜻하는 용어 'liberal arts'가 바로 그것이다. 이것은 원래 자유를 뜻하는 라틴어 'liber'에서 비롯된 용어로서 실제로 '자유로운 학문', 즉 교양 학문이라는 뜻이었다.

쇠락하던 제국의 국제적 명성을 새로이 드높여 주었다. 그러나 가장 큰 혜택은 바로 비잔티움 안에서 찾을 수 있었다. 충분한 자격을 갖춘 법관들과 잘 훈련된 관리들이 부족한 현상은 이미 오래전부터 있었다. 그러나 콘스탄티누스의 치세에 콘스탄티노플의 새 대학은 높은 교양을 갖춘 젊은이들을 양산했으며, 정부는 이들 중에서 유능한 행정 인력을 확보할 수 있었다. 이 전문가들은 어느 때보다도 곧 다가올 시기에 꼭 필요한 존재가 된다.

훔베르트 일행이 떠난 뒤로 콘스탄티누스 9세는 다시 위신을 회복하지 못했다. 그는 여전히 친親 라틴적 정서를 지니고 있다는 의심을 받았으며(충분한 근거가 있는 의심이었다), 그가 아무리 총대주교에게 궁색한 변명을 늘어놓아도—그는 자신을 제외하고 모든 사람에게 책임을 전가했다—그것을 믿으려는 사람은 없었다. 급기야 그는 건강도 급속히 나빠졌다. 그 수모를 겪고 얼마 뒤에 그는 스클레리나 옆에 자신의 무덤 자리를 봐 둔 망가네스 수도원에 은거했다. 이 수도원은 아마도 콘스탄티노플의 역사상 가장 호화로운 종교 건물일 것이다. 프셀루스는 이렇게 쓰고 있다.

> 건물은 마치 천구처럼 온통 금으로 된 별들로 장식되었다. 천구의 별들에는 간격이 있지만 이 건물의 표면은 전부 금으로 뒤덮였고, 그 중심부에서 끊임없이 물결쳐 나아갔다. 건물 주변은 완전히 혹은 부분적으로 회랑에 둘러싸인 작은 건물들이 에워싸고 있었다. 어찌나 넓은지 평평하게 다듬어진 바닥은 그 끝이 보이지 않을 정도였다. 그다음엔 처음 건물보다 더 큰 건물들이 원을 이루었고, 잔디밭과 꽃밭이 어우러졌다.

> …… 곳곳에 물이 가득 찬 분수가 있었으며, 공중 정원이 있는가 하면 지면으로 비스듬히 내려오는 정원도 있었다. 목욕탕의 아름다움은 형언할 수 없을 정도였다.

황제는 그 목욕탕에서 매일 몇 시간씩 누워 있으면서 육신의 고통으로부터 안식을 찾으려 했다. 그러나 1054년 가을, 기온이 쌀쌀해지기 시작할 무렵에 그는 목욕탕에서 너무 오랜 시간을 보내다가 늑막염에 걸리고 말았다. 처음에는 곧 회복될 듯 보였으나 점차 병세가 악화되었다. 그래도 그는 그럭저럭 해를 넘겨 1055년 1월 11일에 죽었다.

19

파멸의 서곡

1055년~1059년

그가 수도에 입성한 것은 신께서 내리신 일종의 계시라는 생각이 든다. …… 지금까지 나는 황제의 행진을 많이 보았고 종교적인 성격의 행사에 참여한 적도 있지만 평생토록 그런 장관은 본 적이 없다. 행진을 구경하는 그 행복한 군중은 수도의 시민, 원로원, 농부와 상인들만이 아니었다. 그들 이외에도 신학교 학생, 산꼭대기의 주민, 바위를 깎아 만든 은둔지에서 나온 은둔자, 나아가 기둥에서 내려온 주상고행자, 산악 지대에서 평지로 내려온 수많은 사람들이 모두 황제의 수도 입성을 일대 장관으로 만들어 주었다.

미카일 프셀루스 이사키우스 1세가 콘스탄티노플에 입성하는 장면을 묘사하며

다시 불거진 계승 문제

콘스탄티누스 9세는 홀아비로 죽었다. 토르니케스의 반란이 일어나고 3년 뒤, 교회 분열이 발생하기 4년 전인 1050년의 어느 즈음에 그의 아내 조에가 먼저 세상을 떠났기 때문이다. 아내가 죽자 그는 예상외로 크게 낙담했다. 사실 그는 그녀에게 큰 신세를 진 몸이었다. 제위에 오른 것은 물론이고 자신의 연인과 사실상의 결혼 생활을 할 수 있었던 것도 늙은 황후가 봐주지 않았더라면 불가능한 일이었다.

하지만 조에는 그보다 연상이었고 그들의 결혼에서 육체적인 결합의 측면은—설사 있었다 해도—아주 잠깐뿐이었으므로 우리가 아는 한 그들이 상대방에게 열정을 품었다고 보기는 어렵다. 그러므로 많은 사람들이 보기에 그의 슬픔은 좀 지나친 듯싶었다. 심지어 그는 조에의 무덤 덮개를 떠받치는 기둥에 작은 버섯이 피어 있는 것을 보고서 그것을 그녀가 천사들에게로 갔다는 상징으로 해석할

정도였다.[166]

어쨌든 콘스탄티누스는 합법적인 후사를 남기지 못했으므로 제위는 다시 테오도라에게 넘어갔다. 13년 전 수도원에서 끌려나온 이래 지금까지 그녀는 사실 허수아비에 불과한 존재였지만 이제는 달랐다. 게다가 그녀는 여전히 결혼한다는 생각은 꿈에도 하지 않았으므로 혼자서 제국을 통치해야 했다. 하지만 테오도라는 여러모로 그 역할을 뛰어나게 해냈다. 법을 집행하고, 법령을 반포하고, 대사를 영접하고, 총대주교가 여러 차례 정부의 일을 떠맡겠다고 나서는 것을 한사코 저지했다.

그러나 한 가지 문제는 남아 있었다. 누가 제위를 승계할 것인가? 아직 그녀는 정신적으로나 신체적으로나 노쇠한 기미를 거의 보이지 않았지만 나이는 이미 일흔일곱 살이었으므로 오랫동안 제국을 다스리지는 못할 터였다. 후계자를 임명해야 하는 것은 분명했다. 다만 그녀는 미신을 믿었고 죽음을 몹시 두려워했으므로 가급적 후계자를 거론하지 않으려 했다. 이래저래 후계 문제는 점점 절박하고 중요해졌다.

그 문제가 아직 매듭지어지지 못하고 있던 1056년 8월 하순에 테오도라는 갑자기 격렬한 복통에 시달렸다. 처음에는 독을 먹은 게 아닌가 하는 의심도 있었지만—원인은 아마 맹장염이었을 것이다—이내 끝이 가까워졌음이 분명해졌다. 대신들은 근심스러운 기색으로 누구의 이름을 후계자로 올려야 여제가 승인할지 숙의했다(그 모임에 참석했던 프셀루스는 큰 충격을 받았다. "그들은 마치 주사위놀이를 하듯이 제국을 이리저리 가지고 놀았다").

그들이 최종적으로 낙점한 인물은 미카일 브링가스라는 지긋한 귀족으로, 스트라티오티쿠스stratioticus라는 군사 행정에 관련된 민간 직책을 지낸 경력이 있는 인물이었다.[167] 비록 프셀루스는 그가 "남을 지배하기보다는 남의 지배를 받는 것에 더 적합한 인물"이라고 평했지만, 황제 주변의 냉소적인 사람들은 오히려 그것을 장점으로 여겼다. 미카일 같은 쭉정이가 제위에 있어야 자신들이 마음대로 정권을 주무르고 제국을 좌지우지할 수 있기 때문이었다.

그 결정이 내려질 무렵—8월 31일 정오—테오도라의 상태는 급속히 나빠졌다. 그녀는 더 이상 말도 할 수 없는 처지였으나, 측근들은 그녀가 분명히 동의하는 뜻으로 고개를 끄덕이는 것을 보았다고 주장했다. 그 뒤 잠시 총대주교—그는 늘 두루뭉술하게 넘어가는 것을 싫어했다—는 테오도라의 측근들이 아니라 여제 자신이 정말 미카일을 후계자로 지명했는지 확인하고자 했다. 마침내 그가 충분하다고 선언하자 그날 오후 대관식이 거행되었다. 몇 시간 뒤 마케도니아 왕조의 마지막 계승자가 죽었고, 미카일 6세—그는 '스트라티오티쿠스'라고 불리기도 했으나 그보다는 그냥 '노인'이라는 별칭으로 더 자주 불렸다—가 로마 제국의 제위에 올랐다.

그의 치세는 웃지 못할 코미디로 시작되었다. 대관식을 치른 이튿날 아침 테오도시우스라는 자가 나타나더니 자신이 콘스탄티누스 모노마쿠스의 사촌 또는 조카라며 제위 계승권을 주장한 것이다. 나아가 그는 즉석 쿠데타를 기도하고 실제로 감옥을 습격했다. 풀려난 죄수들은 당연히 그의 휘하로 모여들었다. 잠시 사태가 그에게 유리하게 돌아가는 듯싶었다. 그러나 황궁까지 행진하여 바랑인 경비대와 함대에서 온 선원들과 마주치자 그는 갑자기 기가 꺾였다. 그는 그 자리에서 발길을 돌려 소피아 대성당으로 갔다. 총대주교의 지지를 얻으려는 생각이었으나 실은 이해할 수 없는 행동이었다. 그는 총대주교를 한참 잘못 보았다. 그가 막 성당에 도착했을 때 그의 면전에서 성당의 문이 쾅 닫혀 버렸다.

그러자 그의 추종자들은 뿔뿔이 흩어졌고 반란 세력은 테오도시우스와 그의 아들만 남았다. 그 부자는 너무 겁이 난 나머지 달아나지도 못하고 외부 나르텍스에 웅크리고 있었다. 그들은 다행히 눈을 뽑히지 않고 페르가몬으로 유배되었으나 그것은 아무도 실명시킬 만큼 그들을 심각한 위협으로 여기지 않았다는 뜻이었다. 결국 테오도시우스 부자는 새 황제의 인기를 높여 주고 권력을 공고히 해 주는 데만 기여했다.

콤네누스의 등장

미카일 6세는 로마누스 2세와 테오파노의 치세에 총리대신을 지냈던 요세푸스 브링가스의 방계 후손이었으나 안타깝게도 그 조상의 정치적 안목은 전혀 가지지 못했다. 11세기 중반의 비잔티움에서 현명한 정부라면 무엇보다도 행정부와 군사 귀족의 균형을 잘 유지할 줄 알아야 했다. 그런데 미카일은 하나만 열심히 챙기고 다른 하나는 등한시했다. 1057년 봄, 전년에 큰 공을 세운 사람들에게 황제가 전통적으로 선물을 주는 연례 성주간 행사에서 황제의 선물을 받은 원로원 의원들과 장관, 고위 관리들은 깜짝 놀랐다. 보너스도 아주 두둑한 데다가 두세 직급이나 승진한 사람들도 있었던 것이다. 다음은 군대의 차례였다. 다시 이 장면을 목격한 프셀루스는 이렇게 말한다.

> 그 자리에 참석한 사람들은 명성을 날리는 귀족 장군들이었다. 그들은 황제에게 절을 올리고 의례적인 경의를 표한 뒤 한쪽으로 나란히 섰다. 이때 황제는 그들을 한 사람씩 따로 불러 치하의 말을 했어야 했다. 그러나 그는 먼저 그들을 단체로 호되게 꾸짖은 다음 우두머리 두 사람—이사키우스 콤네누스와 카타칼론 케카우메누스—을 앞으로 나오게 했다. 그는 이사키우스에게 공개적으로 욕설을 퍼부었다. 안티오크를 빼고 모든 곳을 잃었을뿐더러, 군대를 부패시켰고, 지도자의 자질을 전혀 보이지 못했고, 공금을 횡령하여 사욕을 채웠다는 것이었다. 칭찬과 승진을 기대했던 이사키우스는 황제의 심한 비난에 어리벙벙한 기색이었다. 일부 동료 장군들은 이사키우스를 변호하려 했으나 황제는 그들에게 아무 말도 하지 못하게 했다.

정말 어리석기 짝이 없는 짓이었다. 적어도 두 장군에 관한 한 황제는 그런 비난을 할 근거가 전혀 없었다. 아마 어린아이처럼 순전히 홧김에 그랬을 것이다. 40년 동안이나 그는 군사 귀족들에게서 보호와 더불어 모욕을 받아 왔다. 그러다가 이제 그들에게 자기 생각을 마음대로 밝힐 수 있는 위치에 올라 말을 가리지 않고 쏟아부은 것이었다. 그 뒤에도 그는 자신의 행동을 전혀 뉘우치지 않았다.

며칠 뒤 장군들의 요청에 따라 또다시 그들을 만났을 때 황제는 사과를 하거나 조금이라도 호의를 보일 수 있는 좋은 기회를 맞았지만 그렇게 하지 않았다. 바로 그 순간부터 그의 몰락은 예견된 셈이나 다름없었다.

격노한 장군들은 행동에 나서기로 결심했다. 사방에서 제국의 적들이 다가오는데, 군대는 위축되고 관료들은 저마다 제 몫만 챙기려 드는 상황은 더 이상 참을 수 없었다. 허약하고 무능한 황제들과 그들을 뒤에서 조종하는 교활한 환관들이 지배하는 세상은 끝장나야 했고, 옛 로마의 전통처럼 임페라토르Imperator, 즉 스스로 군대를 이끌고 싸움에서 승리할 수 있는 황제이자 장군이 등장해야 했다.*

그런데 그런 사람은 누가 있을까? 그 후보는 단연 이사키우스 콤네누스였으나, 그는 앞에 나서는 것을 한사코 사양하면서 파플라고니아에 있는 자신의 영지로 은거해 버렸다. 하지만 그의 동료들은 수도에 머물면서 계속 동태를 살폈다. 그러던 그들에게 예기치 않은 동맹자가 생겼다. 아마 군대 외부의 인물로서는 가장 귀중한 동맹자일 텐데, 그는 바로 콘스탄티노플의 총대주교인 미카일 케룰라리우스였다. 그는 전해에 어리석은 테오도시우스가 왔을 때는 꼭꼭 닫아

* 비잔티움이 로마 제국의 계승을 내세우면서도 '동양식 제국'에서 크게 벗어나지 못한 것은 바로 이 점이다. 전통적으로 로마 제국에서는 황제가 곧 정복 군주였지만, 페르시아나 중국 같은 동양식 제국의 황제는 정교일치의 절대 권력을 지닌 전제 군주로서 '군림'하는 존재일 뿐 직접 군대를 이끌고 전선에 나서는 경우가 없었다. 고대 페르시아의 크세르크세스는 그리스의 살라미스에서 자신의 군대가 몰살당하는 광경을 산꼭대기에서 지켜보기만 했으며, 중화 제국의 역대 황제들 중 군대와 함께 고비 사막을 넘은 황제는 명대 초기의 영락제가 유일할 정도였다(정복 왕조로 불리는 중국 북방 민족의 제국은 논외다).

걸었던 소피아 대성당의 문을 음모자들에게는 몰래 열어 주었다.

그날 밤 대성당의 어둠 속에서 비잔티움의 군대 지도자들은 비밀 회의를 열어 미카일 스트라티오티쿠스를 타도하기로 결정했다. 후계에 관해서 그들은 이사키우스 콤네누스가 좀처럼 나서지 않는 것을 감안하여, 그와 함께 늙은 황제에게 비난을 들은 카타칼론 케카우메누스를 발탁했다. 그는 이사키우스보다 더 젊다는 장점도 있었다. 그러나 그도 역시 고개를 가로저으면서 이사키우스가 유일한 후보라고 말했다. 당당한 풍채와 강렬한 개성으로 이사키우스는 다른 사람들을 압도했다. 동료들이 만장일치로 추대하는데 더 이상 어떻게 거절하겠는가? 결국 1057년 6월 8일에 이사키우스는 파플라고니아의 영지에서 그 제의를 수락하고 로마인의 황제임을 선언하기로 했다. 한 달 뒤에 카타칼론이 고향인 콜로네아에서 8개 대대의 병력을 이끌고 와서 합류했다. 도중에 가담한 병사들도 많았는데, 5개 대대는 비잔티움 병사들이었고 나머지 3개 대대는 바랑인, 프랑크족, 노르만인의 부대였다.

이사키우스 콤네누스가 미카일 스트라티오티쿠스를 타도하기 위해 이끄는 운동은 봉기의 수준이 아니었다. 게오르기우스 마니아케스나 레오 토르니케스 같은 군사적 야심가들이 일으킨 반란은 아무리 세력이 강하다 해도 폭동에 불과했다. 그러나 이번은 아시아 군대 거의 전부가 황제에게 반기를 들었고 비잔티움 사회 각계각층의 수많은 사람들이 호응했으니 대규모 내전이라고 불러야 마땅했다. 게다가 제국의 옛 전통에 따라 병사들이 방패 위에 올려 황제로 추대한 이사키우스는 미카일보다 훨씬 적법한 황제였다. 따라서 그는 단순한 제위 찬탈자가 아니라 자타가 공인한 바실레오스의 자격이었다. 그는 이미 황제의 이름으로 세금까지 걷고 있었다.

이런 기세였으니 그와 카타칼론이 콘스탄티노플의 서쪽으로 진격하는 동안 당연히 저항은 거의 없었다. 오히려 촌락마다 현지 주민들은 민간인이나 병사나 할 것 없이 그의 기치 아래로 모여들었다. 그 수가 워낙 많아 한때는 혼돈 상태까지 빚어지기도 했다. 다행히 이사키우스는 조직과 지휘에서 탁월한 능력을 지닌 인물이었다. 그의 눈길을 한번 받으면 반대의 목소리는 곧바로 잦아들었고, 아무리 사나운 사람이라도 그가 얼굴을 한번 찌푸리면 잔뜩 겁을 먹었다고 한다. 그는 기회가 있을 때마다 엄격한 훈련을 실시했다. 신병은 면밀히 검토한 뒤 충원했다. 능력이나 사기가 확실치 않은 자에게는 후방의 일을 맡겼고, 용기와 복종심이 입증된 자들로 새 부대를 구성했다. 각 부대마다 진지에서나 행군할 때 지정된 장소가 있었고, 각 병사마다 부대 내에서 제 위치가 있었다. 세금을 징수한 덕분에 병사들은 급료를 제때에 충분히 지급받았다.

한편 미카일은 아무런 낌새도 눈치채지 못하다가 느닷없이 라이벌이 황제를 참칭했다는 소식을 들었다. 그는 서둘러 유럽의 군대를 소환하고 아직 자신에게 충성을 보이는 일부 아시아 군대를 긁어모았다. 그렇게 해서 겨우 변변치 않은 방어군을 꾸렸다. 이사키우스의 군대처럼 여기에도 외국 용병들이 다수 참가했는데, 이들은 자기 동포들을 상대로 싸워야 하는 얄궂은 운명이었다. 총사령관으로는 군사 장관인 테오도루스를 임명했다. 그는 일찍이 테오도라의 환관이었다가 프로이드루스의 서열에까지 오른 인물이었다. 그보다 훨

† 이사키우스 콤네누스의 모습이 새겨진 1057년 경의 금화. 오른손을 들어 축성하고 있는 그리스도(좌)와 미늘 갑옷을 입고 오른손에 검을 들고 있는 이사키우스 콤네누스(우)가 새겨져 있다.

씬 경험이 풍부한 부사령관은 불가리아 왕가의 후손인 마기스테르 아론이었는데, 좀 이상한 선택이었다. 이사키우스 콤네누스는 몇 년 전에 그의 누이인 카테리나와 결혼했으므로 그는 이사키우스의 처남이 되기 때문이다.

8월 초에 콘스탄티노플에 도착한 테오도루스와 아론은 곧장 아시아로 건너가서 니코메디아에 사령부를 차렸다. 하지만 그것은 치명적인 실수였다. 그때 그들이 계속해서 니케아까지 갔더라면 이사키우스는 더 이상 진군하기 어려웠을 것이다. 니케아의 거대한 성벽은 마르마라 해로 가는 유일한 길목을 차단하기에는 최적의 장소였기 때문이다. 게다가 이사키우스는 배가 없었으므로 해로를 이용할 수도 없었다. 그러나 니케아는 별다른 저항도 없이 이사키우스에게 함락되었다. 그는 수도로 진격하기 위한 이상적인 전진 기지를 얻은 셈이었다.

몇 주일 동안 양측은 니코메디아와 니케아 사이에서 서로 8킬로미터 정도의 거리를 두고 대치했다. 양측의 병사들은 식량 징발에 나섰을 때 몇 차례 비공식적으로 만나 상대방을 자기 편으로 끌어들이려 했으나 소용이 없었다. 그러다가 마침내 8월 20일에 전투가 시작되었다. 방어군도 기대했던 것처럼 오합지졸은 아니었다. 테오도루스와 아론은 용감하게 싸웠으며, 양측 모두 사상자가 많았다. 이사키우스 콤네누스 본인도 군대와 떨어졌을 때 덩치가 큰 러시아 용병 네 명에게 포위당했다가 가까스로 목숨을 건져 탈출했다. 그러나 최종적인 운명은 바꿀 수 없었다. 패배한 미카일의 군대는 뿔뿔이 흩어져 콘스탄티노플로 돌아왔고 두 장수는 황제 앞에서 공식적으로 사임했다.

이제 늙은 황제의 유일한 희망은 외교뿐이었다. 협상을 잘 하면 그래도 뭔가 건질 수 있을지 몰랐다. 하루나 이틀 뒤에 미카일 프셀루스와 그가 직접 발탁한 두 동료—전직 총리대신 콘스탄티누스 리쿠데스와 프로이드루스인 테오도루스 알로푸스—로 구성된 대표단이 이사키우스의 진영으로 출발했다. 그들의 제안은 아주 간단했다. 이사키우스가 평화롭게 콘스탄티노플에 입성하도록 하고 일단 그를 부제로 임명한 뒤 장차 미카일이 죽으면 자동으로 제위를 계승시킨다는 내용이었다. 세 명의 사절은 8월 25일에 도착해서 격의 없는 환대를 받았다. 사실 프셀루스는 지나칠 정도로 격의가 없다고 여겼다. 이사키우스는 처음에 그들에게 가벼운 음식을 권한 뒤 여행이 편안했느냐고 정중하게 물었던 것이다. 하지만 그 이튿날의 분위기는 사뭇 달랐다.

우리 눈앞에는 놀라운 광경이 펼쳐졌다. 우선 군대의 환호성으로 귀가 멀 지경이었다. 병사들은 한꺼번에 소리를 지르는 게 아니었다. 앞 열이 먼저 환호하면 둘째 열이 함성을 지르고, 그 다음에는 셋째 열로 이어지는 식이었다. 이렇게 끝 열까지 함성을 지르고 나면 모두가 함께 천둥처럼 포효했다.

황제[이사키우스]는 높은 단 위에서 금으로 장식되고 머리받침 두 개가 달린 긴 의자에 앉아 발판 위에 발을 올려놓았다. 훌륭한 의상은 그의 기품을 더해 주었다. 그는 고개를 꼿꼿이 세우고 가슴을 내민 자세를 취하느라 두 뺨이 붉어져 있었다. 그러나 꿈꾸는 듯한 그의 시선은 깊은 생각에 빠져 있음을 보여 주었다. …… 그의 주위에는 수많은 전사들이 겹겹이 포진해 있었다. 가장 가까이 있는 가장 중요한 측근은 고대 영웅들의 당당한 풍모에 필적하는 고위 귀족들이었다. …… 둘째 열에는 그 귀족들의 부관들과 일급 전사들이 있었고, 그 다음에는 갑옷을 입지 않은 경장 병사들, 그리고 그 뒤에는 야만족 출신 병사들이 포진했다. 이탈리아 병사들도 있었다. 이국적인 옷을 입고 무시무시한 표정을 한 타우루스 출신의 스키타이 병사들은 사나운 눈매로 주위를 둘러보았다. 그들 중에는 눈썹을 뽑아 내고 전쟁에 나갈 때 하는 것처럼 온몸을 여러 가지 색으로 칠한 병사들도 있었다. …… 마지막으로 장창을 들고 어깨에 전투용 도끼를 멘 전사들이 보였다.

프셀루스는 황제의 제안을 구두로 전했는데, 그 자신의 표현에 따르면 데모스테네스*에 못지않은 웅변이었다고 한다. 당연히 그렇

* 기원전 4세기에 활동한 아테네의 정치가이자 웅변가이다.

겠지만 처음에는 병사들에게서 항의의 목소리가 나왔다. 그러나 프셀루스가 이야기를 계속하자 병사들은 조용해졌고, 열변을 토할 무렵에는 그의 주장이 설득력 있게 받아들여졌다.

그 뒤 이사키우스는 그를 따로 불러 부제의 직함에 매우 만족한다는 뜻을 전하면서 몇 가지 조건을 걸었다. 이를테면 황제는 다른 후계자를 임명하지 않아야 하며, 이사키우스가 자신의 주요 측근들에게 베푼 논공행상을 그대로 인정해 주고, 민간과 군대의 일부 인사권을 자신에게 양도해 달라는 것이었다. 그리고 그는 이런 말로 회담을 매듭지었다. "오늘 밤 그대는 나와 함께 식사를 하고, 내일은 내 전갈을 그대의 군주에게 전하러 가시오."

이 소식을 들었을 때 미카일 황제가 얼마나 안도했을지는 짐작하기 어렵지 않다. 그는 곧바로 프셀루스를 진지로 다시 보내서 이사키우스가 제의한 모든 조건을 기꺼이 수락한다고 말하게 했다. 아울러 자신은 콘스탄티노플에서 그를 아들처럼 환영할 것이며, 그가 원하는 명예와 특권을 모두 내주겠다는 뜻을 전했다. 이사키우스는 기쁜 마음에 즉각 떠날 차비를 했다. 그러나 그날 저녁 수도로부터 새로운 소식이 전해졌다. 총대주교의 선동으로 일부 원로원 의원들이 쿠데타를 일으키는 바람에 미카일이 강제로 폐위되고 소피아 대성당으로 피신했다는 것이다.

처음에는 이사키우스나 프셀루스나 그것을 뜬소문으로 여겼다. 그러나 다른 사자들이 속속 도착하여 상세한 상황을 전하자 그들도 결국 믿지 않을 수 없었다. 프셀루스는 그날 밤 한잠도 자지 못했다고 솔직히 말한다. 폐위된 황제의 대변인으로서 이사키우스를 제위에 올리지 않기 위해 최대한 노력한 그였으니 자비를 기대하기란 어려운 처지였다. 그러나 다음날 아침에 이사키우스는 여느 때처럼 프셀루스에게 진심어린 인사를 건넸고, 심지어 정치에 관해 조언을 구하기도 했다. 그리고 1057년 9월 1일 수천 명의 콘스탄티노플 시민들이 마르마라 해를 건너와서 영접하는 가운데 이사키우스 1세 콤네누스는 수도로 개선했다.

'노인' 미카일은 겨우 1년밖에 재위하지 못했다. 하지만 그는 후임자의 관대한 조치로 실명을 당하지도, 유배를 당하지 않았다. 그저 폐위로 충분했던 것이다. 얼마 뒤에 그는 일반 시민의 한 사람으로서 죽었다.

보기 드문 영웅 황제

그 시대의 주화에 새겨진 이사키우스 콤네누스의 모습이 오른손으로 칼을 쥔 자세라는 것은 놀라운 일이 아니다. 비잔티움의 제위에 오를 때 이사키우스 콤네누스의 각오는 오직 한 가지, 즉 최대한 짧은 기간에 반세기 전과 같이 제국을 복구하겠다는 일념뿐이었다. 프셀루스에 따르면 그는 그날 저녁 황궁에 들어서자마자 목욕도 하지 않고 옷조차 갈아입지 않은 채 바로 집무에 들어갔다고 한다. 그의 목표는 전면적인 군대 개혁이었으며, 그는 이를 군사적인 효율성으로 밀어붙였다.

그렇다고 해서 계엄령을 선포했다거나 자기 동료들을 정부 요직에 앉혔다는 것은 아니다. 오히려 그는 전쟁에서 승리한 병사들을 부유하고 인구가 많은 도시에 그냥 방치하는 것이 얼마나 위험한 일인지 누구보다 잘 알고 있었다. 그래서 그가 처음에 무엇보다도 전념한 과제들 중 하나는 자기 병사들에게 급료를 주고 집으로 돌려보내 향후에 다시 차출할 수 있도록 하는 것이었다. 또한 관료들과 원로원 의원들을 모두 즉각 해임하지도 않았다. 그는 조에 일가가 오랫동안 억눌렀던 군대에 대한 재정 지원을 재개함으로써 군대를 확실하게 지배하고자 했다. 그것이야말로 바실리우스 2세가 결정적으로 증명했듯이 제국의 안위를 보장하는 최후의 희망이었다.

그러나 이 모든 조치를 위해서는 돈이 필요했다. 제국이 최근에 겪은 막대한 피해를 보상하기 위해 이사키우스는 급진적인 조치를 취했다. 바실리우스가 축적한 막대한 자금을 후계자들이—지지자들을 회유하거나 자신의 사치를 위해—몽땅 낭비해 버린 사실에 경악한 그는 대대적인 토지 몰수 작업을 시행했다. 합법적인 영지에는 손을 대지 않았지만—자신이 속한 귀족층의 힘을 위축시키고 싶지는 않았으니까—얼마 전까지 황실의 측근이나 기회주의자들이 차지했던 방대한 토지는 무상으로 몰수되었다. 피해를 입은 속인들은 거세게 항의했지만, 배상은 없었고 그들도 그러리라고 알고 있었다.

하지만 교회 재산을 그렇게 몰수할 경우에는 말썽이 많을 게 뻔했다. 총대주교에 즉위한 이래로 꾸준히 자신의 입지를 강화해 온 미카일 케룰라리우스는 이제 바실레오스에 못지않을 만큼 막강한 권력을 자랑했고 인기는 황제를 능가할 정도였다. 더구나 그는 자신이 미카일 6세를 타도하는 데 큰 역할을 했다고 믿었다. 이사키우스는 자기 덕분에 황제가 되었으므로 그 사실을 감안해 달라는 게 그의 주장이었다. 황제도 역시 자신의 이해관계가 직접적으로 위협을 받지 않는 부분에서는 기꺼이 편의를 봐줄 요량이었다.

그래서 그는 예전에 황실의 관할이었던 소피아 대성당의 운영권을 선뜻 총대주교에게 넘겨주었고 총대주교의 성직자 임명권을 침해하지 않겠다고 약속했으며, 마찬가지로 케룰라리우스는 세속적인 일에 관여하지 않겠다고 약속했다. 문제는 그것이 어느 선에서 구분되느냐는 것이었는데, 이에 대해 총대주교는 분명한 견해를 표명했다. 즉 그는 서슴없이 콘스탄티누스의 기증[168]을 언급하면서 자신은 이사키우스를 폐위할 수 있고 심지어—요한네스 스킬리체스에 의하면—황제의 자주색 장화를 신을 수도 있다고 위협했다.

이사키우스가 보기에 이것은 정도를 지나쳤다. 케룰라리우스가 콘스탄티노플에서 나가지 않았다면, 그의 인기가 워낙 대단했으므로 아무도 그를 건드릴 수 없었을 것이다. 그러나 1058년 11월 8일에 그는 어느 수도원에 가기 위해 수도를 나왔다가 성벽 바로 바깥에서 황궁 경비대에 체포되어 유배를 당했다.* 하지만 그래도 그는 한사코 사임을 거부하고 버티었으므로 황제는 할 수 없이 그를 공식적으로 폐위할 수밖에 없었다. 그에 따라 어느 속주 도시에서 조심스럽게 종교 회의가 조직되었다. 예상할 수 있듯이 그것은 거의 형식적인 회의에 불과했다. 프셀루스가 제출한 보고서에 따르면 총대주교에게는 온갖 종류의 이단, 신성 모독, 부도덕의 혐의를 씌울 수 있었다. 예전 같으면 강력히 자기 변호에 나섰을 케룰라리우스였지만, 이제는 그도 나이가 들어 그런 싸움이 버거웠다. 결국 분노와 낙담으로 기가 꺾인 그는 판결이 내려지기도 전에 죽었다.

처음에는 이사키우스 콤네누스가 승리한 것처럼 보였다. 그러나 싸움이 끝나려면 아직 멀었다. 사람들은 존경하는 총대주교가 체포된 것에 분노했고 그가 죽자 그를 순교자로 여겼다. 곧이어 폭동이 일어났다. 이 폭동은 진압되었으나 황제의 인기는 전혀 회복되지 않았다. 즉위한 지 불과 1년여 만에 황제는 교회와 귀족, 시민들의 지지를 모두 잃었다. 여전히 그를 충직하게 지지하는 세력은 군대뿐이었다. 군대 덕분에 그는 동쪽 변방을 방어하고, 마자르족과 무시무시한 페체네그족의 몇 차례 공격을 물리칠 수 있었다. 프셀루스는 이 막강한 민족에 관해 인상적인 기록을 남겼다.

그들은 어느 민족보다도 상대하기 힘들고 정복하기 어렵다. …… 그들은 흉갑, 정강이받이, 투구를 사용하지 않으며 방패나 칼도 없다. 그들

* 이쯤에서 비잔티움에서 정치와 종교의 관계가 어땠는지 검토할 필요가 있을 것 같다. 콘스탄티누스 대제가 제국을 창건한 이래 비잔티움의 황제와 콘스탄티노플의 총대주교는 세속과 신성의 영역을 나눠 지배하면서 비잔티움 사회의 양대 기둥 역할을 했다. 양측은 서로가 서로를 임명하고 추인하는 권한을 가지면서 대체로 '분업'의 원칙을 지켜 왔다. 그러나 전반적으로는 황제의 세속적 권한이 우위를 점했다고 할 수 있다. 특히 로마 교황이 적어도 서열상으로는 총대주교의 위에 군림했기 때문에 총대주교는 아무래도 황제의 권한에 뒤질 수밖에 없었다(케룰라리우스 총대주교가 황제에 의해 쉽게 몰락할 수 있다는 게 그 증거다). 물론 샤를마뉴 이래 서방에도 '로마 황제'가 생겨 균형을 이루었지만 동방을 완전히 장악하고 있는 비잔티움 황제에 비해 서방 황제는 이름만 황제일 뿐 실상은 '왕국'의 운영자에 불과했다. 그래서 서유럽 중세의 역사는 교황이 실세이고 황제는 허세인 상태로 전개된다. 신성이 강하고 세속이 약한 서방과, 반대로 신성이 약하고 세속이 강한 동방의 차이는 이후 서유럽과 동유럽의 차이로 연결되어 멀리는 오늘날에까지 이른다.

이 공격과 방어를 할 때 쓰는 유일한 무기는 창이다. …… 그들은 진지 주변에 보호용 방책을 치거나 도랑을 파지 않는다. 모두 한 덩어리로 뭉쳐 필사적인 용기로써 벽력 같은 함성을 지르며 적을 향해 돌진하고 성벽처럼 흔들림 없이 단단하게 밀어붙인 다음 적을 추격하여 무자비하게 학살한다. 상대방이 그 거센 공격을 막아내면 그들은 몸을 돌려 재빨리 도망친다. 하지만 퇴각하는 데는 질서가 없다. …… 그들은 한꺼번에 사방으로 흩어진 뒤 알 수 없는 방법으로 나중에 다시 모인다. 한 무리는 산에서 내려오고, 또 한 무리는 계곡에서, 또 한 무리는 강에서 나타나는 등 모두들 제각기 대피한 곳에서 나온다. 갈증에 시달릴 때 샘이나 시내를 발견하면 마구 달려들어 게걸스럽게 물을 마신다. 물이 없을 경우에는 말에서 내려 칼로 자기 말에 피를 내서 마신다. …… 그들은 말들 중에서 가장 살찐 놈을 골라 도살한 다음 주변의 나무를 되는 대로 긁어모아 불을 피우고, 잘라 낸 말의 사지를 살짝 익혀 고기를 뜯어 먹고 피까지 남김없이 먹는다. 이런 방법으로 그들은 자신들의 원시적인 집으로 돌아간다. 그들의 오두막은 깊은 골짜기와 높은 벼랑에 뱀처럼 숨어 있다.

계속해서 프셀루스는 제국 군대의 위용을 이야기한다. 질서정연하게 이어진 방패들의 선을 보고 공포에 사로잡힌 페체네그족은 수적 우세를 바탕으로 적에게 돌진하던 그들의 통상적인 작전을 포기했다. 그 대신 그들은 고립된 병력을 공략했으나 여기서도 별다른 성과를 거두지 못하자 사흘 안에 다시 도전하겠다고 선언했다. 그 도전을 받아들여 이사키우스는 사흘째 되는 날에 적을 찾아 나섰으나 적은 어디에도 없었다. 그래서 그는 적의 진지를 약탈하고 파괴하는 정도에 만족하고 많은 전리품을 가지고 수도로 귀환했다.

이사키우스 콤네누스는 초인적인 에너지로 주변 사람들을 놀라게 했다. 황궁에서 일할 때나 원정을 벌일 때나 그는 거의 잠도 자지 않았고 휴식도 취하지 않았다. 유일한 취미라고는 사냥뿐이었는데, 여기서도 그는 다른 활동 분야에서 보여 준 것과 같은 그 지칠 줄 모르는 활기로 사냥에 몰두했다. 결국 그가 때 이른 죽음을 맞게 된 것도 1059년 말 사냥에 나섰을 때 열병에 걸린 탓이었다. 처음에는 사소한 병인 줄 알았으나 건강이 급속히 악화되더니 며칠 뒤에는 배에 실려 블라케르나이로 후송되었다. 곧 그의 삶이 얼마 남지 않았음이 분명해졌다. 하지만 그는 죽기 전에 황궁으로 돌아가겠다고 결심했다. 프셀루스는 이렇게 증언한다.

> 과연 그는 예전의 용기를 전혀 잃지 않았음을 보여 주었다. 그는 다른 사람의 부축을 거부하고 방을 나섰다. 그것은 독립심을 지닌 사람의 전형적인 태도였다. 돌풍이 격렬하게 흔들고 간 높은 사이프러스나무처럼 그는 비틀거리며 걸었고 손도 떨렸다. 그래도 그는 도움을 받지 않았다. 그런 상태에서 그는 말에 올랐으나, 나는 황제보다 먼저 황궁에 도착하기 위해 다른 길로 서둘러 갔기 때문에 그가 어떻게 황궁까지 갔는지는 알지 못한다. 황궁에서 나는 그가 거의 쓰러질 지경이라는 것을 알았다. 그의 가족 모두가 그의 주위에서 슬퍼하고 있었다. 할 수만 있다면 가족들은 그와 함께 죽고 싶은 심정이었을 것이다.

바로 그때 황제는 소피아 대성당에 가고 싶다고 했다. 그의 아내 카테리나—불가리아의 요한네스 블라디슬라프의 딸—가 한사코 말렸지만 그는 고집을 꺾지 않고 성당에서 후계자를 지명하겠노라고 말했다. 외아들은 이미 어릴 때 죽었으니 남은 가족은 그의 딸 마리아, 동생 요한네스와 조카 다섯 명이었다. 하지만 황제가 제국을 맡긴 사람은 그들이 아니라 지식인 집단에서 가장 귀족적인 인물로 몇 년 전 대학교를 부활시킨 주역인 콘스탄티누스 두카스였다. 후계자를 지명한 뒤 이사키우스는 스투디움 수도원으로 가서 수도복으로 갈아입고 며칠 뒤에 그곳에서 사망했다.

이상은 프셀루스의 기록에 바탕을 둔 이야기다. 다른 역사가들은 좀 다른 이야기를 전하는데, 그들에 따르면 이사키우스는 임종을 맞아 제위에서 물러난 게 아니라 정치적 문제에 부담을 느껴 자발적으로 양위했다고 한다(아마 우울증이 발작했을 때일 것이다). 으레 그렇듯이 여기서도 정확한 진실은 알 수 없다. 다만 자발적으로 양위했다는 주장은 우리가 아는 이사키우스의 성격과는 맞지 않는다. 프셀루스의 주장이 상세한 정황적 증거를 포함하고 있는 만큼 아무래도 사실에 가까운 듯싶다.

그건 그렇고, 더 중요한 문제는 따로 있다. 이사키우스는 왜 후계자로 자신과 같은 군인을 지목하지 않았을까? 그래야만 (군대에 관한 정책을 비롯하여) 이미 효과가 입증된 자신의 여러 가지 정책이 계승되지 않았을까? 그래야만 그가 한 모든 일을 물거품으로 만들고 콘스탄티누스 9세의 끔찍한 옛 시절로 되돌아가는 지극히 비현실적이고 모호한 관료 정치를 막을 수 있지 않았을까?

또다시 우리는 그 결정의 배후에서 프셀루스의 영향력을 발견하지 않을 수 없다. 2년 전이라면 관료 집단이 권좌에 복귀하는 것은 생각할 수도 없는 일이었으나 지금은 이사키우스 콤네누스가 인기를 잃고 미카일 케룰라리우스가 죽음으로써 가능해졌다. 콘스탄티누스 두카스는 프셀루스의 가장 오래되고 절친한 친구였다. 프셀루스는 자신의 역사서에서 그를 모범적인 인간으로 추켜세우며 여러 가지 장점을 지녔다고 호도한다.

> 사람들은 그가 여러 가지 대단한 업적을 거두었다고 말하겠지만, 내가 보기에 가장 중요한 한 가지가 있다. 이 사람은 겉으로 보기에 위풍당당한 듯하나 내 정적들의 책략보다는 내 판단을 더 신뢰한다. 다른 사람들의 견해보다 내 견해에서 더 많은 지혜를 끌어낼 수 있기 때문인지, 아니면 그가 내 인물됨을 존경하기 때문인지는 알 수 없다. 어쨌든 그는 내게 크게 의지하고 나를 유독 사랑할 뿐 아니라, 내가 하는 말을 늘 주의깊게 듣고, 나의 정신적인 충고에 절대적으로 의존하며, 자신의 가장 소중한 것을 내게 맡긴다.

프셀루스는 필경 이사키우스 콤네누스에게 그랬던 것처럼 콘스탄티누스 두카스에게도 영향력을 발휘했을 것이다. 사실 그는 비상한 설득력을 지닌 인물이었다. 그는 죽어가는(혹은 그냥 낙담한) 황제를 설득하여 콘스탄티누스를 후계자로 지명하도록 했다. 만약 이 가설이 옳다면 그는 무거운 죄의식을 느꼈을 법하다. 후기 로마 제국의 역사상 어느 황제도 그렇게 비참한 결과를 낳은 적은 없기 때문이다.

만약 이사키우스 콤네누스가 건강과 활기를 유지해서 2년이 아니라 20년 동안 재위했다면, 군대의 힘은 바실리우스 2세의 시절만큼 강화되었을 테고, 제국은 이미 동부 변방에 결집되고 있는 적을 상대하기에 충분한 힘을 보유할 수 있을 것이었다. 그랬다면 이사키우스는 강력해진 제국을 조카인 알렉시우스에게 직접 넘길 수 있었을 테고, 이 책의 셋째 권은 내용이 사뭇 달라져 훨씬 더 행복한 이야기가 되었을 것이다. 그러나 현실은 그렇게 전개되지 않았다. 이사키우스의 때 이른 죽음과 납득할 수 없는 후계자 선택은 궁극적으로 비잔티움의 몰락을 가져오는 두 가지 대재앙 중 첫째를 부르게 된다.

20

제국의 운명을 가른 만지케르트 전투

1059년~1081년

그것은 끔찍한 광경이었다. 동방과 서방을 모두 지배했던 그 유명한 로마 군대는 이제 한줌밖에 안 되는 병력으로 전락했다. 게다가 병사들은 가난하고 쇠약할 뿐 아니라 무장도 제대로 갖추지 못했다. 칼 같은 무기다운 무기는 없고 꼬챙이와 낫이 고작이었는데, 그마저도 평화로울 때는 지급되지 않았다. 어느 황제도 전투에 참여해 본 지가 워낙 오래되었기 때문에 군마를 비롯하여 각종 장비가 턱없이 부족했다. 또한 병사들은 허약한 겁쟁이에다 별로 쓸모가 없다고 간주되었기 때문에 생활비를 받지 못했고, 곡식을 구입할 통상적인 급료도 받지 못했다. 군대의 군기조차 맥없이 늘어지고 연기에 그을려 더러워졌지만 아무도 신경을 쓰지 않았다. 로마군이 이런 지경에 처해 있는 것을 바라보는 사람들의 마음은 매우 슬프지 않을 수 없었다.

요한네스 스킬리체스

문민정부의 결함

이사키우스가 죽은 지 얼마 지나지 않아 사람들은 그가 얼마나 훌륭한 황제였는지 분명히 깨달았다. 사실 그의 짧은 치세는 제국의 쇠퇴를 잠시나마 중단시켰다. 제국의 쇠퇴는 1025년에 바실리우스 2세가 죽고 쾌락만 추구하는 그의 대책 없는 동생이 제위를 계승하면서부터 시작되었다. 그 뒤로 조에, 그녀의 남편들, 여동생, 양자의 치세를 두루 거치면서 쇠퇴의 흐름은 계속 이어졌고, 이제 자주색 장화를 신은 지배자들 중 최악의 인물인 콘스탄티누스 10세 두카스의 치세에 이르러 쇠퇴의 곡선은 최저점에 이르렀다.

사실 황제 개인에 관해서는 특별히 나쁘다 할 게 없었다. 앞에서 본 것처럼 그는 미카일 프셀루스의 절친한 친구이자 제자였고, 어느 정도는 그의 꼭두각시이기도 했다. 하지만 그는 학문을 사랑하고 웅변에 능한 군주였다(물론 우리의 기준이 아니라 비잔티움의 기준에서). 또한 그는 가장 훌륭한 전통과 재력을 겸비한 군사 귀족 가문의 혈통을 잇고 있었다. 만약 그가 그런 자신의 배경에 충실했더라면, 그래서 8년간의 치세 동안 이사키우스의 과업을 충실히 계승하여 군대를 강화하고 장차 벌어질 사태에 대비했더라면, 최악의 상황은 면할 수 있었을 것이다. 그러나 콘스탄티누스 10세는 콘스탄티노플의 안락을 더 중시했고, 학문적인 토론과 자신의 섬세한 법적 관심을 논문으로 쓰는 일에만 몰두했다. 그를 대신하여 제국이 치른 대가는 무척 컸다.

또다시 강력한 관료제가 수백 년 동안 어디서도 볼 수 없는 규모로(중국은 예외로 해야겠지만) 제국을 움직이게 되었다. 비잔티움 제국은 비록 겉으로는 절대 군주제를 취했지만 경제적으로는 일종의 사회주의적 노선을 걷고 있었다. 자본주의가 허용되기는 했지만 모든 면에서 엄격한 통제를 받았다. 생산, 노동, 소비, 대외 무역, 공공복지, 심지어 인구의 이동까지도 일일이 국가가 확고하게 관리했다. 그 결과로 방대한 관료 집단이 양산되었는데, 이들은 명목상으로는 황제의 명을 받았으나 실질적으로는 프셀루스와 그의 동료들이 지휘했다. 그들의 철칙은 한 가지, 즉 군대의 힘을—파괴할 정도까지는 아니더라도—견제한다는 원칙이었다.*

아닌 게 아니라 지난 17년 동안 제국은 세 차례의 반란을 겪었는

* 우연의 일치랄까? 마침 10세기에 중국 대륙을 재통일하고 송 제국을 건국한 조광윤도 비록 자신은 절도사 신분이었으나 문치주의를 시행했다. 오대십국의 혼란기를 겪은 터라 조광윤은 자신과 같은 무장이 무력을 동원하여 반란을 일으키는 것을 걱정했겠지만, 비슷한 시기에 동·서양의 양대 제국이 문민관료정치의 기치를 높이 치켜든 것을 보면 제국의 발달 단계가 세계사적으로 비슷한 양상을 취한 결과인지도 모른다.

데, 두 차례는 거의 운이 좋아 진압했고 마지막 반란은 성공했다. 그러므로 군대의 기를 꺾어 복종의 상태로 유지해야 했다. 그런 방침에 따라 군대의 재정이 줄었고 장군들의 권한이 제한되었다. 또한 돈을 내고 군역을 면제받으라는 정부의 장려로 인해 예전의 농민 병사들은 점차 외국 용병들로 대체되었다.

콘스탄티누스 10세와 그의 문민정부가 이해하지 못했던 것은 최소한 세 가지였다. 첫째, 그런 조치들은 결국 쿠데타의 가능성을 더욱 높일 따름이었다. 둘째, 용병은 급료를 주는 고용주에게 충성을 바치며, 언제든 더 많은 돈을 주는 주인을 찾아가게 마련이므로 그 본성상 믿을 수 없는 집단이었다. 셋째는 가장 중요한 요소로, 당시는 지난 400년 동안 비잔티움의 역사상 가장 강력한 적이 문턱에까지 와 있는 위기 상황이었다.

그 적, 즉 셀주크투르크족은 이 책에서도 지나가는 길에 한 번 등장한 적이 있지만 비교적 늦게 출현한 민족이었다. 이들은 10세기 후반에 중앙아시아의 아랄 해 남동쪽 옥수스 강과 작사르테스 강 사이에 해당하는 트란속사니아에서 역사 무대에 데뷔한 뒤 그 일대를 지배하던 이슬람 신앙을 채택했다. 그 무렵 그들은 여전히 유목민이었고 약탈을 생업으로 했다. 따라서 기회가 생길 때마다 이웃 민족과 싸웠고 노략질을 일삼았으며, 지역의 군주들과 끊임없이 전쟁을 벌였다.

체구는 작아도 힘센 조랑말을 타고 싸우는 그들은 칼도 썼지만 말 위에서도 능숙히 다루는 활이 주무기였다. 전후좌우로 화살을 쏘아 대면서 화살 한 대도 낭비하는 법이 없었다. 1045년경에 그들은

† 11세기 중반 아르메니아에서 제작된 트레비존드 복음서의 사복음서 대조표.

토그릴 베그의 영도 아래 페르시아 일대로 진출하더니, 10년 뒤에는 바그다드의 주인이 되어 쇠락해 가는 아바스 왕조 대신 그곳에 보호령을 설치하고 토그릴을 '동방과 서방의 술탄이자 왕'으로 추대했다.

그러나 그들의 최종 목표는 아바스 왕조가 아니었다. 물론 이슬람 지배자들이 늘 그 존재를 인정하는 비잔티움도 아니었다. 지금까지 우리는 변방의 양 방향으로 침략과 습격이 숱하게 벌어진 것을 보았다. 하지만 셀주크 술탄에게 비잔티움을 전멸시킨다는 생각은 완전히 비현실적이고 터무니없는 것이었다. 그들이 관심을 둔 최종 목표는 당시 팔레스타인과 시리아를 넘어 알레포에까지 세력을 뻗치고 있던 파티마 왕조였다.

셀주크투르크족은 최근에 개종한 열렬한 신도들인 데다 수니파의 정통 무슬림이었으므로 갑자기 크게 성장한 시아파 세력을 혐오했다. 그들에게 시아파는 입에 담기도 싫은 이단이었을 뿐 아니라 —카이로에 반대파의 칼리프 왕조를 세웠으므로—이슬람의 근본적 통일을 저해하는 자들이었다. 그들은 파티마 왕조가 궁극적으로 바그다드를 점령하려 할 것을 알고 있었으며, 그러기 전에 적을 격파해야 한다고 결심했다. 하지만 먼저 더 가까운 곳의 문제들을 매듭지어야 했는데, 그중에서도 가장 중요한 곳은 아르메니아였다.

약 20년 전에 아니의 왕인 요한네스 슴바트와 바실리우스 2세가 맺은 협정에 따라(459쪽 참조) 1045년부터 아르메니아의 대부분은 비잔티움의 관할이 되었다. 요한네스가 죽은 뒤 그 지역을 병합한 것은 콘스탄티누스 모노마쿠스의 거의 유일한 외교적 성과였다. 하지만 실은 그때 차라리 그곳을 그냥 내버려 두는 게 더 나았을지도 모른다. 콘스탄티누스 두카스가 이어받은 아르메니아 정책은 지극히 근시안적인 것이었기 때문이다. 모노마쿠스가 제국 북동부의 장벽 같은 고산 지대를 획득하려 한 이유는 전략적인 데 있었다.

그러나 그곳을 병합한 뒤 황제가 처음으로 취한 조치는 완고한 단성론자인 아르메니아인들을 종교적으로 철저히 박해하는 것이었다. 그랬으니 그들이 제국으로부터 이반할 것은 지극히 당연했다. 한편 두카스는 박해 정책을 유지하면서 더 어리석은 짓을 저질렀다. 아르메니아에는 약 5천 명의 현지 민병대가 있었으므로 이 군대를 유지하기 위해서 제국에 바치는 세금의 일부를 감면받고 있었다. 그러나 열심히 새로운 세원을 찾고 있던 황제가 이곳에 세금을 원래대로 부과하는 바람에 민병대는 해체되고 말았다.

그리하여 비잔티움은 귀중한 완충 지대를 잃었다. 그 대신 얻은 것은 바라던 아르메니아의 보루가 아니라 한 세기 전에 '아르메니아 문제'라고 불리던 것, 즉 늘 분란만 일으키는 제국 내의 불만 세력이었다. 아르메니아의 군주들을 그대로 내버려 두었더라면 그들은 언제나 그래 왔듯이 무슬림 침략자들에게 강력히 저항했을 것이다. 그러나 사기가 꺾이고 화가 난 그들은 투르크족에게 정복되는 게 그리스인들에게 종속되어 있는 현 상황보다 과연 나쁘다고 할 수 있는지 고민하기 시작했다.

아르메니아를 손에 넣은 셀주크

토그릴 베그는 크게 달라진 이 상황을 기민하게 이용했다. 하지만 1046년에 바스푸라칸에 첫 공격을 가한 것은 실패였다. 비잔티움의 총독이 일부러 진지를 방어하지 않는 듯한 태도로 미끼를 던져 놓고 매복했다가 약탈하러 오는 투르크군을 기습했던 것이다. 그러나 2년 뒤 토그릴의 사나운 이복동생인 이브라힘 이날은 비잔티움군이 레오 토르니케스의 반란 때문에 잠시 자리를 비운 틈을 타서 아르젠 시를 유린했다.

아르메니아의 역사가인 에데사의 마태오는 당시 15만 명이 학살되었다면서 이렇게 말한다. "사로잡힌 남자들은 노예가 되었고, 아이들은 잔인하게도 바위에 부딪쳐 죽음을 당했으며, 덕망 있는 노인들은 광장에서 수모를 겪었고, 양갓집 규수들은 몸을 더럽히고 납치당했다." 마태오의 주장에는 필경 과장이 있겠지만 셀주크족이 부유한 도시를 유린하는 모습은 실제로 유쾌한 광경이 아니었다.[169] 그 뒤부터 습격은 거의 매년 되풀이되었다. 한번은 콘스탄티누스 모노마쿠스가 더 절박한 발칸의 페체네그족을 상대하기 위해 동방의 병력을 빼낼 수밖에 없는 처지가 되어 토그릴과 강화를 맺기도 했으나 그것도 오래가지는 않았다.

1054년에 셀주크 술탄은 직접 원정군을 거느리고 아르메니아 북부와 중부, 에르주룸 평원을 파괴하고 트레비존드에서 약 80킬로미터 떨어진 지점까지 압박해 왔다. 마침 그가 1055년에 바그다드에 입성하는 바람에 잠시 시간을 벌었지만 곧바로 예전과 같은 방식이 재개되었다. 설상가상으로 현지 주민들은 투르크멘족의 행위로 더욱 큰 고통을 겪었다. 이들은 비록 겉으로는 이슬람화되었으나 유목의 습관을 버리지 못한 채 술탄의 권위를 거부하고 조상들처럼 산적 생활을 즐기는 민족이었다.

토그릴은—가족들 간의 치열한 다툼 끝에—1063년에 죽었고 술탄의 자리는 그의 형이자 공동 지배자였던 차그리의 아들인 알프 아르슬란이 차지했다. 그는 콧수염을 워낙 길게 길러 사냥을 할 때는 몸 뒤로 돌려 묶을 정도였다고 한다. 그 밖에 그의 외모에 관해서는 기록에 전하는 게 없다. 하지만 그의 성격에 관해서는 다르다. 에데사의 마태오는 그가 피를 마신다고 단언했으며, 아리스타케스는 그가 적그리스도의 세력에 속해 있다고 보았다. 그러나 시리아의 미카일이라는 사람은 그가 정당하고 올바르게 통치했다고 말했다. 아랍 역사가인 이븐 알아딤은 그가 술을 마시지 말라는 예언자의 가르침을 준수하지 않았으나 그것은 그 시대의 무슬림 군주들에게 일반적인 일이었다고 말한다.

알프 아르슬란에 관해 우리가 확신할 수 있는 사실은 전장에서 탁월한 능력을 보이는 사령관이었다는 점이다. 술탄이 될 무렵 그의 나이는 서른세 살이었다. 그 이듬해인 1064년에 그는 대규모 원정군을 이끌고 아르메니아 공략에 나서서 그 수도인 아니를 포위했다.

오늘날 아니가 있던 터를 여행하는 사람은 누구나 그 훌륭한 유적에 감탄하지 않을 수 없다. 지금도 상당 부분이 남아 있는 높은 성벽 너머에 펼쳐진 평원에는 당대 최고로 꼽히던 웅장한 성당(에데사의 마태오는 그 도시에 성당이 1천 개나 있었다고 말한다)의 잔해가 보인다. 또한 가까이 다가가야 눈에 들어오는 것이지만, 오늘날 아르파케이라고 부르는 강과 그 지류 사이에 깊은 틈이 형성되어 있는 덕분에 이 도시는 이 일대의 어느 도시보다 방어하기에 용이한 지형이었다. 하지만 이것도 셀주크족을 막아내는 데는 별로 도움이 되지 못했다. 이웃 도시들과는 달리 아니는 25일 동안 저항한 뒤에 항복했다. 함락되는 순간에 주민들은 예쁜 처녀들과 잘생긴 청년들을 대피시켰다고 한다. 그러나 알프 아르슬란은 무자비했다. 아랍 역사가인 시브트 이븐 알가우지는 당시 목격자의 이야기를 다음과 같이 인용하고 있다.

> 군대는 그 도시에 들어가 주민들을 살육하고 마구잡이로 약탈과 방화를 저질렀다. 도시는 잿더미로 변했고 살아남은 사람들은 모두 포로로 잡혔다. …… 수많은 시신들이 거리를 가득 메우고 있어 밟고 다녀야 할 정도였다. 포로의 수만도 무려 5만 명에 달했다. 나는 도시로 들어가서 내 눈으로 직접 파괴의 장면을 볼 작정이었다. 시신을 피해 걸어다닐 수 있는 거리를 찾으려 했으나 그런 곳은 없었다.

아르메니아의 역사가들도 아니가 함락된 주요 원인은 주민들의 사기가 저하되었기 때문이라고 말한다. 현지 주민들과 비잔티움 관리들 사이에 유대감이 거의 없었던 것이다. 한편 셀주크족에게 아니는 최종 목표가 아니라 단지 넘어야 할 장애물일 뿐이었다. 그곳을 전진 기지로 삼고 그들은 아나톨리아의 심장부를 노렸다. 1067년에 그들이 카파도키아의 카이사레아까지 진출한 데서 그 무렵 비잔티움의 방어 상태가 어땠는지 충분히 짐작할 수 있다. 그들은 카이사레아를 무자비하게 유린한 다음 앙키라(앙카라)에서 수백 킬로미터 떨어진 지점에까지 갔다가 철수했다. 더욱 수치스러운 일은 침략해 오는 적을 상대로 칼 한번 제대로 뽑아 보지 못했다는 사실이다.

그해에 콘스탄티누스 10세가 죽었다. 임종시에도 그는 자신의 파멸적인 정책을 지속시키기 위해 최선을 다했으며, 젊은 아내 유도키아에게 재혼하지 말라는 맹세를 받아 내는가 하면, 대신들에게는 오직 그의 가문에서만 후계자를 선정하겠다는 서약의 문서를 쓰게 했다. 여기서 황제는 동생인 요한네스 두카스 부제와 프셀루스의 부추김을 받았을 게 틀림없다.

프셀루스는 자칫 군사 귀족이 집권할 경우 자신의 운명은 뻔하다는 것을 알았다. 그는 이미 수도원으로 유배를 떠났던 쓰라린 기억을 가지고 있었으며, 두 번 다시 그런 경험을 되풀이하고 싶지 않았다. 그러나 그 무렵 카이사레아의 소식이 전해지자 콘스탄티노플 전역에 긴장감이 퍼졌다. 관료들 중에서도 정책을 근본적으로 바꿔야만 제국을 구할 수 있다는 소리가 점차 높아졌다. 그러기 위해서는, 쿠데타를 제외하면 누군가 유도키아와 결혼해서 적법한 황제가 되어야만 하는데, 안타깝게도 그녀는 재혼하지 않겠다는 서약을 한 몸이었다.

사실 황후 자신은 그 서약에서만 풀릴 수 있다면 기꺼이 재혼할 마음이 있었다. 그러나 그러려면 총대주교와 원로원 양측의 허가가 필요했다. 그런데 불행히도 총대주교는 프셀루스의 옛 친구인 요한네스 크시필리누스였고—두 사람은 신흥 관료 집단을 탄생시킨 산파였다—원로원 의원은 거의 콘스탄티누스가 임명한 사람들이었으므로 유도키아의 뜻대로 될 가능성은 적었다. 그래도 그녀는 포기하지 않고 교묘한 꾀를 냈다. 황궁의 어느 환관에게서 도움을 얻어 유도키아는 장안의 멋쟁이로 통하는 총대주교의 동생과 재혼할 것을 고려하고 있다는 소문을 퍼뜨리게 했다. 크시필리누스는 자기 동생이 여자들에게 인기가 많다는 것을 알고 있었으므로 그 소문을 사실로 믿었다.

그래서 그는 원로원 의원들을 한 사람씩 불러 콘스탄티누스 황제가 황후에게 강요한 서약은 죄악이라고 설명했다. 그것은 국가의 이익을 고려하지 않고 자신의 개인적인 허영을 만족시키려는 부당하고 불법적인 조치였으며, 국익을 도모하려면 황후가 지체 높은 귀족과 재혼해서 남편으로 하여금 제위를 계승하도록 해야 한다는 것이었다. 전폭적으로 동의하는 의원도 있었고 끈질긴 설득이 필요한 의원도 있었지만, 결국은 모두 총대주교의 말에 찬성했다. 그러자 비로소 유도키아는 자신의 진의를 발표했다. 그녀가 점찍은 배우자는 총대주교의 동생이 아니라 바로 전형적인 아나톨리아의 군사 귀족인 로마누스 디오게네스였다.

원정, 배신, 불길한 조짐

1068년 1월 1일에 황후와 결혼하고 황제가 된 로마누스 4세는 카파도키아에 방대한 영지를 가진 전통과 명성을 자랑하는 군사 가문 출신이었다. 그는 아직 중년 초반의 나이였으나 사르디카 총독으로 재임하는 동안 페체네그 침략자들을 여러 차례 물리친 바 있었다. 그러나 불가리아에 있을 때는 반역을 꾀했다는 혐의를 받았다. 당시 그는 사형을 언도받았지만 수도로 돌아온 뒤 유배형으로 감형되었고 이것 역시 콘스탄티누스 10세가 사망하면서 취소되었다.

로마누스는 석방되어 황후에게 불려갔는데, 유도키아는 그를 보고 울었다고 한다. 그 이유는 확실하지 않다. 비록 로마누스는—전장에서 그와 함께 복무한 탓에 그를 잘 아는 미카일 아탈레이아테스에 의하면—넓은 어깨와 밝게 반짝이는 눈을 가진 상당한 미남이었다고 하지만,[170] 황후가 그를 보고 첫눈에 반해서 그런 반응을 보였을 리는 없다. 황후가 울었든 안 울었든 그 결혼의 가장 중요한 목적은 명백히 단 한 가지, 군인을 황제로 만들어 제국을 구하려는 데 있었다. 애초에 유도키아가 마음에 둔 후보는 당대의 대표적인 장군인 니케포루스 보타네이아테스—그는 나중에 다시 이야기에 등장한다—였으나 로마누스를 본 순간 그녀는 마음을 바꾸었다. 황후를 만난 뒤 곧바로 카파도키아로 떠났던 로마누스는 자기 영지에 도착하기도 전에 소환 명령을 받고 수도로 돌아왔다. 그리고 며칠 뒤 결혼식과 대관식이 거행되었다.

로마누스 디오게네스에게는 동정심을 품

† 10세기에 제작된 로마누스 황제의 성배.

지 않을 수 없다. 그는 자존심이 강하고 오만했지만, 동시에 유능하고 열심히 일하는 행정가이자 용감한 군인이기도 했다. 그는 셀주크의 위협이 얼마나 심각한지 잘 알고 있었다. 전에는 황제가 제국을 파멸로 몰고 간다고 여기고 그를 타도하려 한 적도 있었지만, 이제는 자신이 그 황제의 후계자가 되었으므로 제국의 재정을 강화하기 위해 백방으로 노력했다. 결국 그는 실패하게 되지만 그것은 그의 잘못이 아니다.

그가 무엇을 어떻게 하든 그의 운명은 이미 정해져 있었다. 콘스탄티노플에서 그의 경쟁자인 프셀루스와 두카스 가문은 그를 증오하는 것은 물론이고 어떻게든 그를 파멸시키려 애쓰고 있었다. 한편 전장의 군대는 사기가 크게 떨어져 있고 주로 용병으로 구성된 데다 보급도 부실해서 거의 폭동을 일으킬 지경이었다. 그래도 1068년과 1069년에 황제는 직접 군대를 거느리고 동방 원정을 감행하여 상당한 성공을 거둠으로써 자신의 지도력을 입증했다. 특히 시리아에서는 히에라폴리스(지금의 만비즈)를 점령하고 제국의 입지를 크게 강화했다. 그러나 당시 군사 위원으로서 황제를 수행한 아탈레이아테스의 말을 들어 보면 우울한 기분을 떨치기 어렵다. 여느 장군들이라면 낙담할 수밖에 없는 상황에서도 황제의 개인적 용기와 각오는 어둠 속의 횃불처럼 빛났지만, 그 이외에는 오로지 좌절과 혼란, 비겁과 무질서만이 판쳤던 것이다.

동방에서의 전투는 1070년 전반기까지 이어지다가 휴전을 맺었다. 하지만 이 원정은 로마누스가 직접 지휘하지 않았다. 그가 수도를 떠날 때마다 그의 적들—프셀루스, 두카스 가문, 그들의 추종자들—이 쿠데타를 꾀하는 바람에 그해 내내 긴장감이 떠나지 않았고, 황제는 콘스탄티노플을 오래 비울 수 없었다. 그가 마지못해 수도에 머문 것에도 큰 장점은 있었다. 그 참에 그는 군대의 처지를 개선하고, 밀린 급료를 해결하고, 새 장비를 조달하고, 병사들을 훈련시켜 콘스탄티누스 9세에서부터 10세까지의 치세에 군대가 입은 심각한 피해를 어느 정도 복구할 수 있었던 것이다. 또한 그는 그 기회에 새 병력을 충원했다.

지난 2년 동안의 경험으로 미루어, 기존의 동방 군대로는 아무리 잘 싸운다 하더라도 셀주크족에게 결정적인 타격을 줄 수 없고, 따라서 아르메니아, 나아가 아나톨리아의 안전을 보장할 수 없다는 것이 명백했다. 비록 최근에 그는 알프 아르슬란과 휴전을 맺었지만 투르크멘족의 잦은 침략으로 휴전이 점점 깨지면서 그 조약은 사실상 사문화되었다. 그래서 황제는 1071년에 약 6만에서 7만 명의 병력[171]을 동원한 대규모 원정을 계획했다.

1071년 3월 둘째 주에 원정군은 보스포루스를 건너 동쪽으로 향했다. 미카일 아탈레이아테스는 이 원정에도 참여했다. 그가 전하는 그해 여름의 사건들은 많은 점에서 설명이 불충분하고 의문의 여지를 남기고 있지만, 우리에게 전해지는 문헌들 중 가장 상세하고 믿을 만한 설명을 담고 있다. 늘 그렇듯이 그는 황제에 대한 존경을 솔직하게 드러낸다. 하지만 원정군이 300킬로미터쯤 행군했을 때 황제의 태도는 달라진 듯하다.

그는 자신의 군대에서 이방인처럼 행동했다. 자신의 막사도 따로 세우고 더 화려하게 꾸미게 했다. 예를 들어 군대가 할리스 강을 건널 때 그는 병사들과 함께 건너지 않고 그의 명령으로 최근에 건설된 요새에 며칠 동안 머물렀다. 그 뒤 그는 자신의 개인 소지품을 군대의 비품과 구분하라는 명령을 내렸다.

아탈레이아테스의 기록을 참고한 게 분명한 스킬리체스의 기록에 따르면, 로마누스는 여러 가지 불길한 징조에 심기가 불편했다. 이를테면 그가 있는 막사의 중앙 기둥이 갑자기 부러졌다든가, 예상치 않은 화재가 발생하는 바람에 질 좋은 말과 노새 몇 마리를 비롯하여 그의 개인 장비가 분실되었다든가 하는 징조들이었다. 사실 그것은 당연한 일이다. 그때는 미신의 시대였고 비잔티움 사람들은 특히 미신에 집착했다. 어쨌든 황제의 오만한 천성에다 몇 가지 잘못이 더해져서 아무래도 원정군의 앞날은 어두워 보였다. 병사들과 따로 행동하고, 성질이 급해지고, 조언에 귀를 기울일 끈기가 없어지고, 전에 없던 잔인함을 보이는 것이 그런 사례였다.[172]

이상하게도 비잔티움의 대군이 아나톨리아를 가로지르는 동안 알프 아르슬란은 전혀 다른 방향으로 가고 있었다. 그는 투르크멘 약탈자들을 전혀 통제하지 못했고 그들의 행위에 대해서는 자신의 책임이 아니라고 여러 차례 말했다. 따라서 그는 전년의 휴전이 아직 유효하다고 믿고, 파티마 왕조를 정복한다는 오랫동안 품어 온 야망을 실현하기로 결심한 것이었다. 1070년 후반에 그는 호라산(지금의 이란 북동부)의 근거지를 출발하여 아르메니아의 요새인 만지케르트와 아르케 시를 점령한 다음 남서쪽으로 행군하여 아미다를 거쳐 3월 말경에는 에데사의 성벽에 이르렀다.

포위를 시작하자마자 그는 황제에게서 전갈을 받았다. 황제의 제안은 휴전을 연장하고 만지케르트와 아르케시를 그가 3년 전에 점령한 시리아의 히에라폴리스와 교환하자는 것이었다. 알프 아르슬란은 그 제안에 동의한 뒤 에데사를 내버려 두고 행군을 계속했다. 여섯 주일 뒤에 그가 알레포를 포위하고 있을 때 아르메니아에 있는 로마누스에게서 사절이 왔다. 황제는 또 협상을 제의했으나 이번에는 더 위협적인 자세로 나왔다.

만약 로마누스가 전해에 자신의 제안을 알프 아르슬란이 수락했다는 것을 알면서도 고압적으로 나오는 것이라면 그것은 술탄에 대한 배신이었다. 그러나 만약 그렇지 않다면 그는 지금 우월한 상황에서 최후통첩을 보내는 것이었다. 이래저래 파티마 원정을 포기할 수밖에 없게 되었다는 것을 알고 알프 아르슬란은 발길을 돌려 자기 나라로 귀환했다. 그런데 귀환을 몹시 서두르다가 유프라테스 강을 건널 때 적절한 주의를 기울이지 못한 탓에 말과 노새가 급류에 휩쓸려 가는 일이 일어났다. 그래도 이 정도는 별 문제가 아니었다. 그는 대군을 편성해야만 황제와 맞설 수 있다고 판단했다. 그래서 휘하 장관인 니잠 알물크를 아제르바이잔으로 보내 병력을 모으도록 하고, 자신은 반 호수와 우르미아 호수 사이에 위치한 호이(지금의 흐보이)로 가면서 쿠르드 기병 약 1만 명을 모집했다. 곧이어 그곳으로 새 병력이 합류하자 그는 적을 찾아 나섰다.

한편 로마누스는 에르주룸 부근에 진을 치고 군대를 둘로 나누었다. 더 큰 군대는 요세푸스 타르카니오테스 장군에게 맡겨 반 호수의 북쪽 연안에서 몇 킬로미터 떨어진 셀주크의 강력한 요새 헬라트로 보내고, 나머지 군대는 또 한 명의 사령관인 니케포루스 브리엔니우스와 함께 황제 자신이 직접 지휘하여 만지케르트라는 작은 성곽 도시로 출발했다. 로마누스는 그곳에서 별로 큰 저항이 있을 것으로 여기지 않았는데, 결과적으로 옳은 판단이었다. 방어군은 전투 한번 하지 않고 항복했기 때문이다.

그 반면에 타르카니오테스는 더 불운했다. 그에게 어떤 일이 있었는지는 정확히 알지 못한다. 후대의 무슬림 역사가들은 치열한 전투가 벌어져 알프 아르슬란이 대승을 거두었다고 말하지만, 비잔티움의 문헌에는 그런 이야기가 전혀 나오지 않는다. 가장 믿음직한 아탈레이아테스의 기록에 의하면, 술탄이 군대를 거느리고 왔다는 소식을 듣자마자 '불한당' 타르카니오테스는 쏜살같이 내뺐고 그의 병사들도 그의 뒤를 따라 도망쳤다고만 되어 있다. 그들은 유프라테스의 멜리테네까지 도망친 뒤 두 번 다시 원정에 참여하지 않았다.

하지만 사태가 그렇게 간단하지는 않았을 것이다. 요세푸스 타르카니오테스는 큰 존경을 받는 장군이었고, 셀주크군 전체보다 많은 3~4만 명의 병력을 이끌고 있었다. 그가 전장에서 완패했다는 무슬림 측의 기록을 인정하지 않는다면 여러 가지 각도에서 다양한 가능성을 추측해 볼 수도 있다. 이를테면 그는 군대를 나누는 방침에 강력히 반대하여 로마누스에게 불만을 품고, 어떤 대가를 치르더라도 황제의 판단이 잘못임을 보여 주고 싶었을지도 모른다. 또는 알프 아르슬란의 기습 공격을 받고서 병력을 재규합할 기회를 얻지 못한 탓에 패주할 수밖에 없었을지도 모른다.

그게 아니면—가장 흥미로운 가설로서—타르카니오테스는 두카스와 결탁하고 있어 원정을 출발할 때부터 장차 중요한 시점이 오면 황제를 배신하려는 마음을 먹고 있었는지도 모른다. 지금으로서는 그런 가설이 억측처럼 보이겠지만 이 장이 끝날 때쯤이면 한층 사실에 가까워 보일 것이다. 여기서 또 한 가지 수수께끼에도 관심을 기울일 필요가 있다. 로마누스는 만지케르트에서 불과 50킬로미터 떨어진 곳에 있었는데도 왜 그에게 그 사태에 관한 소식이 전해지지 않았을까? 어쨌거나 한 가지는 확실하다. 바로 그 무렵 황제는 군대의 절반 이상을 잃은 상태에서 셀주크군과 건곤일척의 한판 승부를 벌이게 되었다는 사실이다.

사로잡힌 황제

로마누스 디오게네스는 만지케르트를 손에 넣었으나 승리를 만끽한 기간은 너무도 짧았다. 바로 그 이튿날에 그의 병사들은 식량 징발을 나갔다가 셀주크 궁기병들의 공격을 받아 큰 피해를 입었다.* 황

* 전통적으로 서양과 동양(오리엔트)의 전투에서는 서양이 수비하고 동양이 공격하는 식이 많았다. 서양의 병사들은 무거운 갑옷을 입고 전 병력의 일사불란한 전진으로 승부를 내려 한 반면(적을 죽이는 영웅적인 행위보다 대열을 무너뜨리지 않는 게 더 중요했다), 동양의 병사들은 기동력을 살려 유격전으로 상대했다. 고대 그리스 시절부터 서양에서는 밀집 대형과 중장보병이 발달했고, 고대 아시리아와 페르시아 시절부터 동양에서 궁수들이 중시되었던 것은 이런 전통 때문이다. 보병 대형과 궁기병들이 맞서는 식의 전투 양상은 이후 십자군 원정에서도 되풀이된다.

제는 그저 소규모 약탈자들 정도로 여기고 브리엔니우스에게 약간의 병력을 주어 대적하게 했다. 그러나 한두 시간 뒤에 증원군을 보내 달라는 전갈이 오자 황제는 버럭 화를 냈다. 잠시 망설이던 그는 좀더 많은 병력을 바실라키우스라는 다혈질의 아르메니아 장군에게 맡겨 보냈다. 이들은 적의 궁수들을 추격하려 했으나 함정에 걸려 포위되고 말았다. 바실라키우스는 사로잡혔고 그의 병사들은 거의 목숨을 잃었다. 그래서 브리엔니우스가 이번에는 군대의 우익 전체를 거느리고 동료를 구원하러 나섰다.

그러나 그를 맞이한 것은 의외로 상당한 병력의 셀주크군이었다. 군대는 질서정연하게 진지로 퇴각했지만, 그 과정에서 브리엔니우스는 세 군데나 상처를 입었다. 앞과 등에 화살을 한 대씩 맞았고 가슴에도 창을 맞았는데, 다행히 모두 경상이어서 그는 원정을 계속할 수 있었다.

그날 밤은 그믐이었으므로 비잔티움의 병사들은 거의 뜬눈으로 밤을 새웠다. 셀주크군이 어둠 속에서도 끊임없이 압박을 가하면서 여러 차례 화살 세례를 쏟아붓는 등 소동을 일으킨 탓에 병사들은 방책이 무너지고 진지가 함락되는 게 아닌가 하는 두려움에 떨었다. 이튿날 아침 방책이 무사한 것을 보고는 모두들 놀라면서 기뻐했다. 그러나 나쁜 소식도 있었다. 우즈족의 대규모 용병대가 셀주크 측으로 투항해 버린 것이었다. 우즈족 이외에도 제국의 군대에는 투르크족 병사들이 많이 있었으므로 언제라도 그런 사태가 재연될 수 있었다. 그런 상황에다, 병력의 절반이—최고의 장군 한 명과 함께—흔적도 없이 사라진 상황이었으니 황제는 며칠 뒤에 적의 사절이 왔을 때 당연히 환영했을 것이다. 바그다드의 칼리프가 휴전을 제안하며 공식적으로 보낸 사절이었다(실은 알프 아르슬란의 사절이었으나 그는 그러는 편이 자신의 이름으로 보내는 것보다 낫다고 여겼다).

그런데 술탄은 왜 강화를 제의했을까? 그 이유는 필경 승리를 확신할 수 없었기 때문일 것이다. 전투에 들어가기 직전에 그는 이 전장에서 순교할지 모른다고 말했다. 그래서 그는 흰색 옷을 갖춰 입고 스스로 이 옷이 자신의 수의가 될 수도 있다고 이야기했다. 또한 측근들에게는 만약 이번에 자신이 전사할 경우 자기 아들 말리크 샤로 하여금 뒤를 잇게 하라고 명했다.

과거에 셀주크군은 늘 습격, 매복, 기습 등 비정규전을 장기로 삼은 반면에 전면전은 싫어했고 가급적 피하려 했다. 비록 최근에 제국군에게 수모를 안겨 주기는 했으나 그들은 여전히 제국군에 대해 경외감을 품고 있었다.[173] 그게 아니더라도 술탄의 관점에서 보면 굳이 싸울 필요가 없었다. 양측이 정치적 견해에서 큰 차이를 보이는 지역은 서로에게 중요한 전략적 가치를 지니는 아르메니아뿐이었다. 따라서 로마누스와 알프 아르슬란이 아르메니아의 영토를 서로 납득할 수 있는 선에서 분할할 수만 있다면, 양측은 굳이 싸울 필요가 없었다. 이 점이 타결된다면 술탄은 곧 자신의 진짜 목표인 파티마 왕조에 주력할 수 있을 터였다.

그러나 황제의 결심은 단호했다. 그는 이번이 투르크의 위협에서 완전히 벗어날 수 있는 유일한 기회라고 믿었다. 알프 아르슬란은 군대와 함께 불과 몇 킬로미터 바깥에 있고, 자신은 비록 헬라트에서 참패하기는 했지만 두 번 다시 모을 수 없을지도 모르는 대군을 거느리고 있다. 게다가 셀주크군과 싸움 한번 하지 못하고 이대로 콘스탄티노플에 돌아간다면 두카스의 음모에 제위는커녕 목숨이나마 부지할 수 있을까? 그래서 그는 최소한의 예의로 술탄의 사절을 돌려보낸 뒤 전투 준비에 박차를 가했다.

세계 역사상 가장 중요한 전투 중의 하나인 이 전투의 날짜와 장소에 대해 전반적으로 일치된 견해가 없다는 것은 희한하고도 실망스러운 일이다. 무슬림 역사가들은 전투 날짜가 금요일이고 달은 8월이 틀림없다고 주장한다. 그러나 5일, 12일, 19일, 26일을 놓고 학자들은 여전히 논란이 분분하다. 대부분의 유럽 역사가들은 19일로 보지만 이들은 중요한 단서 한 가지를 간과하고 있다. 당시 현장에 있었던 미카일 아탈레이아테스에 따르면 전투가 있기 이틀이나 사흘 전날 밤에 달이 뜨지 않았다고 한다. 1071년 8월의 보름은 13일이었는데(율리우스력), 그렇다면 19일의 이삼일 전, 즉 16일과 17일 밤은 어느 정도 밝았을 것이다. 밤하늘이 캄캄해진 날은 23일과 24일이다. 이때는 아주 가느다란 초승달이 동트기 한두 시간 전에 보였을 것이다.

혹시 아탈레이아테스의 말을 하늘에 짙은 구름이 끼었다는 뜻으로 해석할 수도 있겠지만, 그 지역의 그 계절로 미루어 그럴 가능성은 거의 없다. 따라서 우리는 비잔티움의 운명이 결정된 그날을 8월 26일 금요일로 확정할 수 있다.[174]

장소에 관해서 알려진 사항은 만지케르트 요새(현재 터키의 말라즈기르트)에서 2~3킬로미터쯤 떨어진 평탄한 스텝이라는 사실이다. 이에 관해 또다른 귀중한 문헌이 있다. 로마누스의 장군 니케포루스 브리엔니우스의 손자로 할아버지와 같은 이름을 지닌 역사가의 기록에 따르면 전투의 끝 무렵에 비잔티움 병사들은 매복에 걸렸다고 되어 있는데, 스텝에는 원래 매복할 만한 곳이 적으므로 인근에 더 거친 지형의 구릉이 있었을 것이다. 현재 아르메니아는 산악이 많은 나라이지만, 만지케르트 남쪽과 동쪽에 인접한 스텝은 남서-북동 방향을 축으로 하여 폭이 4~6킬로미터이고 길이가 약 15킬로미터쯤 된다. 계곡과 협곡으로 구분된 구릉 지대—매복에 이상적인 장소—너머에는 다시 산악이 이어진다. 그 60여 평방킬로미터의 스텝에서 양측의 군대는 금요일 오후에 전투를 시작했을 것이다.

이렇게 해서 벌어진 만지케르트 전투는 그 역사적 중요성에도 불구하고 묘하게도 마지막 단계까지 별다른 전투가 없었다. 로마누스는 전통적인 군사 전략에 따라 병력을 몇 줄로 편성하여 길게 세운 다음 양 측면에 기병대를 배치했다. 중앙은 자신이 직접 담당하고, 좌익은 브리엔니우스가, 우익은 알리아테스라는 카파도키아의 장군이 맡았다.

그 뒤에는 '귀족 부대'—실은 대지주의 사병들—라고 부르는 상당한 규모의 후위 부대가 배치되었는데, 지휘관은 다소 놀랍게도 요한네스 두카스 부제의 아들이자 전 황제의 조카인 안드로니쿠스 두카스였다. 이 젊은이는 공공연히 로마누스를 비난하고 다녔으므로 어떻게 황제가 그를 원정에 참여시키기로 결정했는지는 의문이다. 로마누스는 아마 그가 콘스탄티노플을 마음껏 휘젓고 다니도록 내버려 두는 것보다 일종의 볼모처럼 자기 눈앞에 두는 편이 더 나았다고 판단한 모양이다. 하지만 만약 그랬다면 그는 일생일대의 실수를 저지른 것이었다.

그날 오후 내내 제국군은 스텝을 가로질러 전진했으나, 셀주크군은 넓은 초승달 모양의 포진으로 후퇴하면서 궁기병들만 비잔티움군의 측면을 향해 화살 세례를 퍼부었다. 그러자 화가 난 제국의 기병대는 대열에서 나와 구릉 지대까지 적을 추격했다. 말할 필요도 없이 그들은 곧장 적이 준비한 매복에 걸렸다. 하지만 중앙을 맡은 황제는 적이 있어야 할 곳까지 가면 매번 아무도 없으니 점점 짜증이 났다. 그래도 그는 산악 지대까지 밀어붙인다면 적이 방향을 돌려 공격해 오리라는 생각으로 계속 전진했다. 그러다가 어느 순간 해가 지기 시작한다는 것을 깨달았다. 게다가 뒤에 남겨둔 진지가 사실상 무방비 상태라는 것이 새삼 생각났다. 이제 그가 실제로 적을 추격하고 있다 해도 추격은 중요하지 않았다. 그는 군대의 기치를 거꾸로 돌리라고 명하고—그게 퇴각 신호였다—자신도 말머리를 돌렸다.

알프 아르슬란은 바로 그 순간을 기다리고 있었다. 이미 높은 언덕에서 로마누스의 일거수일투족을 지켜보고 있던 그는 적이 발길을 돌리는 것을 보자 즉시 공격 명령을 내렸다. 셀주크 병사들이 스텝으로 물밀듯 밀려오자 비잔티움군의 대오는 속절없이 무너졌다. 일부 용병대는 군기가 거꾸로 된 것의 의미를 알지 못한 채 황제가 죽었다고 여겨 달아나 버렸다. 한편 셀주크군은 대오가 무너진 적을 추격하여 후미를 차단하고 본대와 후위 부대를 분리시켰다.

그 시점에서 당연히 후위 부대는 재빨리 전진해서 전위와의 사이에 있는 적을 압박하여 퇴로를 확보해야 했다. 그러나 두카스는 일부러 자기 병사들에게 아군이 패배했다는 소문을 퍼뜨렸다. 그의 부대가 전선에서 이탈해 버리자 제국군은 더욱 혼란에 빠졌고 달아나는 병사들이 속출했다. 오직 좌익만이 남아 곤경에 처한 황제를 구하기 위해 달려들었다. 그러나 셀주크군이 후방으로부터 신속히 공격을 가하자 그들도 달아날 수밖에 없었다.

로마누스는 개인 경호병들과 함께 그 자리에 버티고 서서 병사들에게 모이라고 소리쳤으나 아무 소용도 없었다. 혼란과 혼돈이 너무도 컸다. 다음은 아탈레이아테스의 설명이다.

> 진지 바깥에서 모두들 무질서하게 이리저리 움직이며 도망치고 있었다. 아무도 무슨 일이 일어나고 있는지 알지 못했다. 어떤 사람들은 야만족 병사들이 도망쳤고 황제는 남은 병력으로 아직 싸우고 있다고 말하는가 하면, 또 어떤 사람들은 황제가 전사했거나 포로로 잡혔다고 말했다. 저마다 하는 말이 달랐다. ……
> 마치 지진이라도 난 것 같았다. 모두들 아우성을 치며 공포감에 사로잡혀 달아나느라 먼지 구름이 가득했다. 수많은 투르크 병사들이 우리를 포위했다. 아군 병사들은 각자 있는 힘껏 도망쳤다. 추격에 나선 적군은 아군을 죽이거나 사로잡거나 말발굽으로 마구 짓밟았다. 슬픔과 한탄을 넘어 엄청난 비극이었다. 제국군 전체가 도망치고, 잔인하기 그지없는 야만족이 추격하고, 황제는 무방비 상태에 있고, 군대의 힘과 주권을 상징하는 아군의 막사들이 송두리째 무너진 광경보다 더한 비극이 있으랴? 이제는 제국 자체가 붕괴하기 직전의 상태였다.

누가 살아남았을까? 물론 때맞춰 달아난 자들이다. 아르메니아 병사들이 달아난 것은 비난할 수 없다. 그들은 자신들의 나라를 정복하고 자신들의 가족과 신앙을 박해한 그리스인들을 싫어했기 때문이다. 하지만 용병에 관해서는 그렇게 말할 수 없다. 그들은 분명히 제국에 심정적으로 충성심을 갖지 않았으며, 황제가 제 나라 병사들만 편애하고 자신들을 차별하는 것에 분개하고 있었다. 그러나 그들은 계약되어 있었고 급료도 받았으므로 좀더 열심히 싸울 수도 있었다. 그래도 어디까지나 용병인 만큼 그들에게 충성심을 기대하기는 역시 무리였다. 진짜 비열한 자들은 안드로니쿠스 두카스의 지휘 아래 후위를 맡은 '귀족 부대'였다. 그들이 뻔뻔스럽게 도망친 것은 단순히 비겁한 행동이 아니라 반역이었으며, 전혀 변명의 여지가 없었다.

살아남은 자는 또 있었다. 바로 로마누스 디오게네스였다. 거의 홀로 남은 상태에서도 그는 도망치려 하지 않고 최후까지 사자처럼 용감하게 싸웠다. 타고 있던 말이 먼저 죽고 손에 상처를 입어 칼을 쥘 수 없게 되었을 때에야 비로소 그는 포로로 잡혔다. 그를 사로잡은 적들은 그가 누군지 틀림없이 알았겠지만 그에게 전혀 특별 대우를 해 주지 않았다. 그래서 그는 밤새도록 죽어가는 부상자들 속에 그대로 방치되어 있었다. 그리고 이튿날 아침에 그는 일반 병사와 같은 차림으로 쇠사슬에 묶인 채 술탄 앞에 끌려갔다.

패전은 쿠데타를 낳고

전투가 치러진 이튿날 아침 승리한 술탄과 패배한 황제의 만남에 관해서는 그리스 역사가들과 아랍 역사가들이 모두 똑같이 기록하고 있다. 더 놀라운 것은 그 내용이 모두 비슷하다는 점이다. 처음에 알프 아르슬란은 자기 발아래 엎드린 이 초췌한 포로가 로마인의 황제라는 것을 믿지 않으려 했다. 예전의 투르크 사절들과 포로인 바실라키우스가 정식으로 확인한 뒤에야 술탄은 자리에서 일어나 로마누스에게 땅바닥에 입을 맞추라고 명하고는 그의 목 위에 발을 올려놓았다.

하지만 그것은 승리를 자축하는 상징적인 제스처일 뿐이었다. 그런 다음 그는 로마누스의 몸을 부축해 일으키더니 자기 옆에 앉히고는 그에게 예를 갖춰 대하겠노라고 약속했다. 다음 한 주일 동안 황제는 투르크 진영에서 손님 자격으로 술탄과 같은 식탁에서 식사를 했다. 알프 아르슬란의 태도는 우호적이고 정중하기 그지없었다. 하지만 그는 절박한 때 황제를 버리고 달아난 자들의 불충을 자주 비난하면서 은근히 황제의 지도력을 비판했다. 이는 물론 이슬람 식 기사도 전통을 그대로 따른 것이다. 이 점은 한 세기 뒤에 살라딘이 등장할 때도 보게 될 것이다. 하지만 그것은 또한 술탄의 입장에서는 나름대로 정책적 배려이기도 했다. 그로서는 이렇게 우의를 다진 로마누스가 무사히 콘스탄티노플로 돌아가서 제위에 복귀하는 편이 훨씬 나았다. 경험도 없고 고집만 센 풋내기 황제가 새로 들어서서 복수의 일념만을 품어서는 안 되었던 것이다.

그렇기 때문에 강화 조건도 상당히 관대하고 온건했다. 술탄은 넓은 영토를 요구하지 않았다. 심지어 제국에 못지않게 자신에게도 소유권이 있다고 생각하는 아르메니아를 양도하라고도 하지 않았다. 그가 원한 영토는 만지케르트, 안티오크, 에데사, 히에라폴리스뿐이었으며, 아울러 황제의 딸을 자신의 아들과 결혼시켜 달라고 요구했다. 이제 남은 것은 황제의 몸값이었다. 알프 아르슬란은 처음에 1천만 개의 금괴를 달라고 했다. 그러나 대규모 원정 때문에 제국의 국고에 그만한 양이 없다는 로마누스의 이야기를 듣고 술탄은 150만 개로 선뜻 줄여 주고는 연례 공물로 36만 개를 요구했다.

또한 그는 황제가 가급적 이른 시일에 콘스탄티노플로 돌아가야 한다고 말했다. 혹시라도 부재중에 로마누스가 폐위된다면 후임자가 지금의 협정을 거부하고 나설지도 모르는 일이기 때문이었다. 그래서 전투가 끝난 지 일주일 뒤에 로마누스는 귀환 길에 올랐다. 술탄은 처음 얼마 동안 동행하다가, 그 뒤에는 황제에게 아미르 두 명과 맘루크* 100명을 호위로 붙여 주었다. 이리하여 로마누스는 황제로서 원정을 출발했다가 황제로서 돌아가게 되었다.

적어도 그의 소망은 그랬을 것이다. 그러나 콘스탄티노플에서는 생각이 달랐다. 그 패전 소식은 이 재앙의 시기를 맞아 벌써 두 번째로 겪는 충격이었다. 로마누스가 동방으로 떠난 지 겨우 한 달이 지난 4월에 로베르토 기스카르가 이끄는 노르만군이 바리를 점령했던 것이다. 유스티니아누스의 시대 이래 바리는 비잔티움령 아풀리아의 수도이자 제국군의 근거지였으며, 이탈리아 반도의 그리스 도시들 중 가장 크고, 가장 부유하고, 가장 방어가 튼튼한 도시였다. 하지만 포위가 시작되었을 때 바리는 제국의 수중에 남아 있는 이탈리아의 유일한 도시이기도 했다. 바리 시민들은 32개월 동안이나 용감하게 저항했으나 육상과 해상의 봉쇄를 뚫지 못해 결국은 항복할 수밖에 없었다. 이로써 다섯 세기 넘게 존속했던 비잔티움령 이탈리아는 사라졌다.

그런데 콘스탄티노플의 시민들에게 바리에서의 소식은 차라리 명백하기라도 했지만, 만지케르트에서의 소식은 너무 헛갈려 통 갈피를 잡을 수가 없었다. 한 가지 사실만은 모두가 동의했다(황후는 아니겠지만). 아무리 로마누스가 살아 있고 포로가 아니라 해도 그는 참패와 수모를 당했다. 따라서 그는 더 이상 바실레오스일 수 없었다. 하지만 후계자는 누굴까? 황후 유도키아에게 결혼하기 전처럼 다시 최고 권력을 맡기자는 사람들도 있었고, 그녀와 콘스탄티누스 10세의 아들들인 미카일, 안드로니쿠스, 콘스탄티누스를 공동 군주

* 맘루크(Mameluk) 혹은 마멜루크는 이슬람의 노예 병사(주로 기병)를 부르는 이름이지만 노예라기보다는 용병에 가깝다. 비잔티움이 고용한 용병과의 차이는 급료를 주고 부리는 게 아니라 아예 주인이 통째로 사서 쓰는 병사라는 점이다. 그런 점에서는 사병(私兵)이라고 해도 되겠다. 주로 술탄이나 이슬람 귀족들이 활용했기에 맘루크라는 이슬람 식 이름이 붙었다. 처음에는 투르크인, 몽골인, 쿠르드인, 그리스인까지 두루 맘루크가 되었으나 점차 투르크계가 중심이 되면서 맘루크는 자체 부대를 형성하고 정치 세력으로까지 성장한다. 13세기부터 이들은 이집트와 시리아, 북인도에 맘루크 왕조를 세워 격동기의 중앙아시아에서 큰 역사적 역할을 담당했다. 이렇듯 용병 내지는 사병 집단이 독자적인 왕조로까지 성장할 수 있었던 것은 역시 중앙 집권력이 약한 서양식 제국 체제의 특징이다. 중국의 경우 역대 제국의 변방을 지키던 군사 집단—당대의 번진(藩鎭)과 절도사, 명대의 번왕 등—을 그것에 비교할 수 있겠는데, 이들은 주로 황실과 친척 관계에 있었을 뿐 아니라 힘이 강한 절도사나 번왕은 중앙을 점령하여 스스로 천자가 되려 했지, 천하를 분점하려 하지는 않았다.

로 옹립하자는 의견도 있었다. 또한 위기의 제국을 구하기 위해서는 콘스탄티누스 10세의 동생인 요한네스 두카스가 최선이라는 견해도 제기되었다(그는 원래 로마누스가 원정을 떠나기 전에 비티니아로 유배를 보냈으나 지금은 재빨리 돌아와 있었다).

결국 먼저 행동에 나선 것은 요한네스였다. 그가 제위를 탐낸 것은 말할 나위도 없었지만 그의 파벌은 직접 제위를 노려 손에 넣을 수 있을 만큼 크지 않았다. 다행히 그의 조카인 미카일은 의지가 약한 아이였으므로—황후만 간섭하지 않는다면—그가 마음대로 좌지우지할 수 있었다. 또 한 가지 그에게 다행스러운 점은 바랑인 경비대를 거느리고 있다는 점이었다. 모두들 어떻게 할 것인가를 놓고 갑론을박을 벌일 때 요한네스는 경비대를 두 집단으로 나누었다. 하나는 최근에 전선에서 돌아온 아들 안드로니쿠스에게 맡겨 황궁으로 가서 미카일을 황제로 추대하게 했다. 그리고 나머지 부대는 자신이 직접 인솔하여 황후의 거처로 가서 그녀를 체포했다.

순식간에 모든 게 끝났다. 유도키아는 경악할 사이도 없이 헬레스폰트 어귀에 자신이 창립한 성당에 유배되었다가 곧 삭발되고 강제로 수녀가 되었다. 이사키우스 콤네누스 황제의 계수인 안나 달라세나도 같은 형벌을 받았는데, 이것은 분란을 일으킬 만한 수도의 유력 가문들에게 보내는 경고였다.[175] 곧이어 미카일 7세 두카스가 소피아 대성당에서 총대주교로부터 제관을 받았다. 이제 남은 것은 로마누스 디오게네스를 처리하는 일이었다.

비운의 황제 로마누스

셀주크 진영을 떠난 뒤 로마누스의 행적을 추적하기란 쉽지 않다. 관련 문헌들이 적을뿐더러 서로 상충하는 부분도 많기 때문이다. 비교적 확실하게 추론할 수 있는 것은 그가 잔여 병력을 그러모아 수도로 진격했다는 사실이다. 하지만 요한네스 두카스는 그것에 대비하고 있었다.

로마누스는 최소한 두 차례의 전투를 치렀다. 한번은 도케이아(토카트)에서 요한네스 부제의 막내아들인 콘스탄티누스가 지휘하는 군대를 상대로 싸웠고, 킬리키아의 아다나 부근에서 벌어진 또 다른 전투에서는 얄궂게도 만지케르트에서 자신을 배반한 안드로니쿠스 두카스의 군대와 맞서 싸웠다. 이 두 전투에서 로마누스는 모두 패하고 결국 안드로니쿠스에게 항복했다. 그는 제위에 관한 모든 권한을 포기하고 수도원에 들어가는 대신 자신에게 아무런 피해도 입히지 않겠다는 약속을 받았다(이 약속은 칼케돈, 헤라클레아, 콜로네아의 대주교들이 보장했다).

안드로니쿠스는 로마누스를 노새에 태우고 아다나에서 코티아이움(지금의 퀴타히아)까지 무려 800여 킬로미터를 치욕스럽게 행진하도록 한 게 무슨 피해를 입힌 것이냐고 주장할지도 모르지만, 좌우간 약속에 대한 기묘한 해석인 것만은 분명하다. 그러나 그 뒤에 일어난 일들을 보면 로마누스가 입은 피해는 명백하다. 스킬리체스는 이렇게 쓰고 있다.

대주교들은 그를 돕고 싶었지만 그들의 힘은 너무 약했다. 그들은 잔인하고 사나운 사람들이 그를 끌고 가서 무자비하게 두 눈을 뽑아 버리는 것을 속수무책으로 지켜볼 도리밖에 없었다. 두 눈이 뽑힌 채 초라한 짐승의 등에 썩어 가는 시신처럼 실려 가는 그의 얼굴과 머리에는 온통 구더기가 들끓었다. 그렇게 그는 며칠 동안 심한 고통과 악취 속에서 신음하다가 마침내 숨을 거두고, 프로티 섬에 그 자신이 건립한 수도원에 안장되었다.

유도키아 황후는 남편의 장례식을 성대하게 치러 주었다. 그는 형용할 수 없는 시련과 불행을 겪었지만, 자신의 불행에 관해서 아무런 저주나 불경스러운 말을 하지 않았고 연신 신에게 감사를 드리며 어떤 운명이라도 용기 있게 견디겠다는 자세를 보였다.

항상 로마누스를 싫어했고 기회가 있을 때마다 그에게 모욕을 가했던 미카일 프셀루스는 다음과 같이 실명의 형벌을 정당화하려 했다.

나는 일어나지 말았어야 할 일에 관해 마지못해 기록한다. 설사 내가 말을 조금 바꾸더라도 그것은 의심할 바 없이 실제로 일어난 일이다. 한편으로는 종교적인 양심과 남에게 고통을 주고 싶어 하지 않는 본능이 실명의 형벌을 가로막았다. 그러나 다른 한편으로는 정치적 상황과 양측의 급격한 변화가 그 형벌을 절대적으로 필요하게 만들었다. …… 황실 평의회의 한 열성적인 위원[176]이 디오게네스가 자신의 음모를 성공시킬 경우 또다시 제국이 혼란에 빠지게 될 것을 우려했기 때문이다.

그러나 로마누스가 받은 모욕은 거기서 끝나지 않았다. 1072년 여름 죽기 며칠 전에 그는 오랜 숙적인 프셀루스에게서 편지 한 통을 받았다. 짐짓 우호적인 양 가장하고 있는 그 편지는 눈을 잃게 된 것을 축하한다는 내용이었다. 신께서 그에게 더 높은 빛을 보여 주시겠다는 분명한 약속이 아니겠느냐는 것이었다. 최후의 고통에 시달리는 로마누스에게 그 생각은 제법 큰 위안이 되었을 것이다.

만지케르트 전투는 그때까지 750년에 달하는 제국의 역사상 최대의 재앙이었다. 패배의 굴욕감도 그렇거니와 이제 제국군은 황제를 배신하고 겁에 질려 도망치는 군대라는 불명예까지 얻게 되었다. 황제가 적에게 사로잡힌 것은 콘스탄티노플이 생기기도 전인 260년에 발레리아누스가 페르시아의 샤푸르 1세에게 포로로 잡힌 뒤 처음 있는 사건이었다. 하지만 진짜 비극은 전투 자체가 아니라 그 이후에 벌어진 일들이었다.

사실 로마누스 디오게네스가 패전한 뒤에도 제위를 그대로 유지했더라면 아무 탈도 없었을 것이다. 그는 알프 아르슬란과 맺은 조약을 지켰을 테고, 여러 차례 말했듯이 술탄은 제국을 정복하기는커녕 제국과 전면전을 벌일 생각조차 없었으므로 즉각 이집트의 파티마 왕조를 정벌하러 떠났을 것이다. 설사 한발 양보해서 로마누스가 물러났다 해도 후계자가 어느 정도 적임자였다면, 제국의 피해는 그리 크지 않았을 것이다. 바실리우스 2세 같은 인물이라면 말할 것도 없겠지만 니케포루스 포카스나 요한네스 치미스케스 정도만 되었더라도 몇 개월이면 충분히 상황을 복구할 수 있을 터이다. 그렇다면 만지케르트 전투가 벌어지고 2년이 지난 뒤인 1073년 여름에 셀주크군이 아나톨리아로 진군해 오는 사태는 벌어지지 않았을 것이다. 당시 그들의 행위는 지극히 정당하고도 타당했다. 즉 로마누스가 맺은 조약을 미카일 7세가 이행하지 않았다는 점에서 정당했고, 제국이 혼란에 빠져 방어망이 무너져 있었다는 점에서 타당했다.

결국 투르크의 대군이 아나톨리아 북동부로 밀고 들어오는 사태가 벌어졌다. 뒤이어 1080년 무렵에는 알프 아르슬란의 아들 말리크 샤[177]가 이 일대 약 8만 평방킬로미터를 점령하고 그 중심부까지 영역을 확장했다. 그는 이곳이 옛 로마 제국의 영토였다는 데 착안하여 '룸Rum 술탄국'이라고 이름지었다. 아직 소아시아 서부와 지중해 및 흑해 연안 지역은 제국의 영토로 남아 있었지만, 제국은 단 한 번의 전투에서 패배한 대가로 주요한 곡창 지대와 절반 이상의 인구를 잃은 것이었다. 더구나 그것도 셀주크투르크의 탁월한 전투력 때문에 빼앗긴 게 아니라 비효율적이고 근시안적인 제국의 정책이 스스로 초래한 결과였다. 제국은 의도하지 않은 채로 전장에 나선 적에게도 참패하고 만 것이다.

그 전투는 얼마든지 피할 수도 있었고 손쉽게 이길 수도 있었다. 또한 패배한 뒤에도 현명한 외교가 뒤따랐다면 장기적인 피해는 입지 않을 수 있었다. 그러나 요한네스 두카스의 지휘와 미카일 프셀루스의 선동을 받는 콘스탄티노플의 권력자들은 당시 절실하게 필요한 조치들을 취하지 않으려 했다. 그들은 독선적인 지성주의와 과도한 야망에 눈이 어두워 주어진 모든 기회를 날려 버렸다. 그 와중에 그들은 그들 모두를 합친 것보다도 더 소중한 용기 있고 올곧은 사나이, 적절한 충성과 지원만 확보된다면 나라를 구해 낼 수도 있는 인물을 순교시켜 버렸다. 게다가 그들은 제국에게 다시는 회복하지 못할 상처까지 남겼다.

안팎으로 무너지는 제국

미카일 7세의 치세는 처음부터 재앙의 연속이었다. 만지케르트의 비극이 일어난 이듬해에는 불가리아에서 대규모 반란이 일어나 제타[178]의 미카일 공의 아들인 콘스탄티누스 보딘이라는 자가 프리즈렌에서 차르로 즉위했다. 니케포루스 브리엔니우스의 활약 덕분에 제국은 마침내 반란을 진압할 수 있었지만 그 피해는 막심했다. 게다가 곧 다른 반란들이 연이을 게 뻔했다.

한편 로마 교회는 꾸준히 아드리아 해 건너편으로 세력권을 확대하여 바실리우스 2세가 예전에 종주권을 확보해 놓은 지역까지 침투했다. 1075년에 교황 그레고리우스 7세의 사절들은 데메트리우스 즈보니미르라는 가신을 크로아티아의 왕으로 임명했으며, 1077년에는 제타의 미카일이 교황의 임명을 받아 다시 비잔티움에게 큰 충격을 안겼다. 제국의 힘이 약화되자 페체네그족과 마자르족도 점점 더 자주 말썽을 일으켰다. 이리하여 바실리우스가 죽은 지 불과 반세기 만에 발칸에서 그가 이룩한 빛나는 업적은 산산이 무너지고 말았다.

제국 본토의 사정도 거의 나을 것이 없었다. 물가가 천정부지로 치솟는 바람에 금 1노미스마로를 가지고는 이제 밀 한 되가 아니라

4분의 3되밖에 살 수 없었다. 이 때문에 황제는 미카일 파라피나케스 즉 '마이너스 4분의 1' 이라는 별명을 가지게 되었고 죽을 때까지 이 별명으로 불렸다. 심약하고 무능한 것을 넘어 황제는 정계에 새로 등장한 사악한 환관 니케포리체스의 손에 꼭두각시처럼 놀아났다. 그는 프셀루스와 요한네스 부제를 밀어내고 정부의 실권을 장악한 뒤 40년 전의 요한네스 오르파노트로푸스와 똑같은 유형의 실력자로 군림했다.

중앙 집권 관료제를 강화하려는 결심에서 그는 과거의 어느 권력자보다 과감한 정책을 추진했다. 곡물의 거래를 정부 독점으로 만들고, 마르마라의 라이데스툼에 대형 공용 곡물 창고를 세워 수도로 선적되는 모든 곡식을 보관해 놓고 판매하는 제도가 그의 작품이었다. 하지만 예상할 수 있듯이 그 정책은 또 다른 재앙을 불렀다. 아나톨리아에 아직 남은 제국령에 사는 지주들은 큰 손해를 보았고, 도시의 소비자들은 니케포리체스가 곡물의 적절한 공급을 도모하기보다는 빵값을 쥐어짜서 국가 수입을 증대하는 데 더 큰 관심이 있다고 여긴 것이다. 결국 그것은 전반적인 인플레이션을 초래했다.

설상가상으로 군대도 들고 일어났다. 최초로 봉기한 자는 노르만 용병 대장인 바일레울의 루셀이었다. 사실 그는 헬라트의 그 수수께끼 같은 사건에서 요세푸스 타르카니오테스와 공모한 적이 있었으므로 전력이 없지 않은 자였다. 그러나 그는 용케도 제국의 신임을 다시 얻는 데 성공했다(로마누스 디오게네스를 배신한 자는 곧 후임 황제의 친구로 간주되었기 때문이다). 그 뒤 그는 노르만족과 프랑크족의 혼성 기병대를 이끌고 아나톨리아의 셀주크 비적단을 토벌하러 갔다. 그러나 투르크의 영토 깊숙이 들어간 그는 또 다시 300명의 추종자들과 함께 제국을 배반하고, 남이탈리아에서와 같은 독자적인 노르만 국가를 세웠다.

† 성 스테파누스의 왕관으로 중앙의 미카일 7세 두카스 좌우로 콘스탄티누스 대제와 게자 1세가 새겨져 있다.

미카일 7세와 그의 측근들이 조금만 깊이 생각해 보았어도 투르크의 위협에 비교하면 루셀 따위는 피라미에 불과하다는 사실을 알 수 있었을 것이다. 그러나 그들은 루셀을 제거하려는 생각에 지나치게 사로잡힌 나머지 셀주크 측에 도움을 요청했다. 그 대가로 제국은 이미 셀주크가 확보하고 있던 영토를 공식적으로 양도함으로써 소아시아에서 그들의 세력만 크게 키워 주었다. 게다가 그때까지도 루셀은 잡히지 않았다. 결국 그는 콘스탄티노플에서 파견한 군대에 의해 쇠사슬에 묶여 수도로 송환되었는데, 그 지휘관은 제국 최고의 유능하고 젊은 장군인 알렉시우스 콤네누스였다.

그러나 알렉시우스가 모든 곳을 도맡을 수는 없는 노릇이었다. 지난 반세기 동안 군대를 등한시한 탓에 경험 있는 장군들의 수는 크게 부족해졌다. 심지어 한두 해 뒤 동방과 서방에서 대규모 봉기가 일어나자 정부에서는 루셀을 갑자기 석방해서 알렉시우스와 함

† 『요한네스 크리소스토무스의 설교』에 수록된 니케포루스 3세 보타네이아테스(가운데)의 삽화.

께 두 제위 찬탈자를 상대하라고 명할 정도였다. 서방 봉기의 주동자인 니케포루스 브리엔니우스는 만지케르트에서 열심히 싸운 뒤 디라키온 총독이 되어 1072년 슬라브족의 반란을 진압하는 공을 세운 자였다. 그러나 그는 미카일 파라피나케스 황제와 정부의 무능함—아울러 환관 니케포리체스가 그를 암살 대상으로 꼽은 것—을 참지 못하고, 1077년 11월에 반란의 기치를 세우고 자신의 고향인 아드리아노플로 가서 바실레오스로 추대되었다. 그리고 일주일 뒤 그의 군대는 수도의 성벽에 이르렀다.

동방에서 거의 동시에 일어난 봉기가 아니었더라면 그의 봉기는 아마도 성공했으리라. 동방 봉기의 지도자는 아나톨리콘 테마의 군사 총독이었던 니케포루스 보타네이아테스였다. 그는 우리의 이야기에 한 차례 등장한 적이 있는데, 유도키아 황후의 유력한 신랑감이었다가 로마누스 디오게네스가 황후의 마음을 사로잡는 바람에 제위에 오르지 못한 불운한 사나이가 바로 그였다. 로마누스는 보타네이아테스의 충성심을 믿을 수 없어 만지케르트 원정에도 그를 일부러 제외했다. 그래서 그는 아나톨리아의 자기 영지로 돌아가 있다가 미카일이 즉위한 뒤 군사 총독으로 임명된 것이었다. 그러나 그도 역시 브리엔니우스처럼 고결한 동기에서 황제에 반기를 들었다.

두 명의 대권 후보 중 먼저 봉기한 사람은 브리엔니우스였지만, 보타네이아테스는 포카스 가문과 혈연을 맺은 옛 군사 귀족 가문으로서 배경이 더 좋았다. 또한 그는 미카일이 고용한 셀주크의 진압군을 매수해 회유할 정도로 세력도 더 강했다. 둘 다 콘스탄티노플을 직접 공격하려 하지는 않았다. 그들은 이미 첩보를 통해 수도에서 치솟는 물가에 대한 시민들의 불만이 점점 커지고 있으므로 머잖아 무슨 일이 터지리라는 사실을 알았던 것이다.

결국 1078년 3월에 그 일이 터졌다. 수도 곳곳에서 걷잡을 수 없는 폭동이 발생했다. 많은 관공서들이 불에 타 무너졌는데, 그중에는 니케포리체스가 건립한 새 곡물 창고도 포함되었다. 그 환관은 군중에게 사로잡혀 뭇매를 맞고 죽었다. 딱한 미카일은 간신히 목숨을 건졌으나 곧 폐위되고 스투디움 수도원에 감금되었으며, 3월

† 1081년경의 비잔티움 제국 영역.

24일에 니케포루스 보타네이아테스가 콘스탄티노플로 개선했다. 그와 대권 경쟁을 벌였던 브리엔니우스는 체포되어 실명의 형벌을 당했다.

그러나 새 체제는 출범부터 징조가 좋지 않았다. 보타네이아테스는 장군으로서는 유능했어도 정치에 관해서는 아무것도 몰랐다. 게다가 그는 이미 일흔을 넘은 노인이었으며, 그나마도 제위를 차지하느라 남은 힘을 모두 소진한 터였다. 따라서 그는 전대로부터 이어진 위기에 전혀 대응하지 못하고 오히려 제국이 점점 해체되는 것을 속수무책으로 지켜보기만 했다. 그 와중에도 폭동은 끊임없이 이어졌고 국가는 점점 무정부 상태로 빠져들었다. 예전의 관료 세력은 니케포리체스가 죽으면서 몰락했고, 원로원의 권위 역시 마찬가지였다. 이제 비잔티움 사람들은 권력을 다투고 있는 몇몇 군 지도자들 중 한 명이 지도자로 나서서 이 혼란을 종식시켜 주기만을 기도할 뿐이었다.

그 기도에 대한 응답은 3년 뒤 마침 적절한 시기에, 완벽한 형태로 왔다. 1081년 부활절에 안쓰럽게 버티던 보타네이아테스 노인이 제위에서 물러나고 귀족 출신의 젊은 장군이 즉위한 것이다. 그는 이후 37년 동안 재위하면서 절실하게 필요한 제국의 안정을 가져오고 확고한 솜씨로 나라를 다스리게 된다. 그 청년 장군은 바로 이사키우스의 조카인 알렉시우스 콤네누스였다(그의 유명한 딸 안나 콤네나는 나중에 아버지의 이야기를 중세의 가장 흥미로운 전기로 엮어 냈다). 알렉시우스도 만지케르트 전투가 가져온 제국의 피해를 완전히 복구하지는 못했다. 그러나 그는 비잔티움의 옛 명성을 되찾고, 바야흐로 그 혼란의 세기말에 시작되는 십자군이라는 거대한 드라마에서 중요한 일익을 담당하게 된다.

주석

1 물론 앞에 나온 같은 이름의 로마 교황과 혼동하면 안 된다.

2 거래세는 그 본성상 남용되기가 특히 쉬웠다. 이레네를 존경한 소수 인물들 중 한 사람인 스투디움의 테오도루스는 각종 기술자들이 고통을 겪었고 모든 도로, 모든 해안에 세무관들이 떼를 지어 다녔다고 말한다(『서한집Epistolae』, i, 6). "좁은 길을 걸어가는 여행자는 갑자기 징세관이 고압적인 자세로 기분 나쁘게 나타나는 것에 소스라쳐 놀라곤 한다"(『후기 로마 제국의 역사』, 베리, 3쪽).

3 전하는 바에 따르면 바르다네스는 반란을 일으킨 직후에 절친한 동료 세 명과 함께 안티오크 근처 필로멜리온에 사는 예언 능력을 가졌다는 어느 은둔자를 찾아가 의견을 구했다고 한다. 그런데 은둔자는 바르다네스를 날카로운 눈초리로 바라보더니 희망이 없다는 듯 고개를 가로저었다. 그런 다음에 그는 다른 사람들을 보면서 예언하기를, 두 사람은 제관을 쓸 것이고 나머지 한 사람은 제관에 가까이 갈 것이라고 말했다. 그 두 사람은 나중에 레오 5세와 미카일 2세가 되었고 나머지 한 사람은 슬라브인 토마스였다(본서 77쪽 참조).

4 정확한 전장에 관해서는 지금도 논란이 분분하지만, 베르비차 고갯길—현지에서는 20세기까지도 '그리스 골짜기'라고 불렸다—이 가장 유력해 보인다. 더 상세한 설명은 스티븐 룬시먼의 『제1차 불가리아 제국의 역사A History of the First Bulgarian Empire』, 57쪽의 주석을 보라.

5 테오파노는 아테네 출신으로 이레네와 먼 친척이었지만, 그런 배경과 무관하게 니케포루스가 아들의 신부감으로 점찍은 아름다운 처녀들의 명단에 오를 수 있었다. 하지만 어느 모로 보나 그녀는 만족스러운 신부감이 아니었는데, 니케포루스가 다른 후보들을 모두 퇴짜 놓는 바람에 최종적으로 선정되었다.

6 정교회에서는 주교를 늘 교구 사제가 아닌 수도원에서 발탁했는데, 지금도 그렇다.

7 베네치아는 727년 이래로 사실상 자치를 누렸지만, 정치적으로나 문화적으로나 비잔티움의 영향권 안에 있었다. 그랬으니 805년 크리스마스에 도제인 오벨레리오 델리 안테노리

가 샤를마뉴를 서방의 황제로 섬기고 충성을 맹세한 뒤 프랑크족 신부—역사상 최초로 알려진 도제 부인—와 함께 베네치아로 돌아왔을 때 그리스인들의 실망은 이만저만이 아니었을 것이다.

8 이와 관련하여 비잔티움인들이 샤를마뉴를 '로마인의' 황제라고 부르지는 않았다는 점에 주목할 필요가 있다. 그들은 그 호칭을 자신들의 황제에게만 사용했으며, 이 무렵부터 더욱 자주 사용했다.

9 그중 한 명인 니케타스는 나중에 미카일 3세와 바실리우스 1세의 치하에서 총대주교를 지낸 이그나티우스가 등장할 때 다시 만나게 될 것이다.

10 이 건물은 현재 돌마바체 궁전에서 약간 더 가면 나오는 베시크타시라는 지역의 보스포루스 해안에 서 있다.

11 그것은 성상 파괴를 비난하기 위해 이레네가 소집한 공의회였다. 『비잔티움 연대기: 창건과 혼란』, 610~615쪽을 참조하라.

12 787년 제7차 세계 공의회가 열릴 당시의 총대주교.

13 아모리움은 당시 아나톨리아 속주의 수도였고 중요한 주교구였으나, 지금은 시브리히사르에서 남서쪽으로 50킬로미터 가량 떨어진 아사르쾨이라는 작은 마을 부근에 쓸쓸한 잔해로만 남아 있다.

14 현대의 역사가들은 미카일의 혀가 짧았다고 말하지만, 그의 별명이 프셀루스, 즉 '말더듬이'였던 것으로 보아 실제로 말을 더듬었을 가능성이 더 크다. (물론 그를 후대의 역사가인 미카일 프셀루스와 혼동해서는 안 된다.)

15 우리의 주요 근거인 테오파네스 콘티누아투스에 의하면 그렇다. 하지만 다른 역사가들은 요한네스 헥사불리오스가 불현듯 레오의 주머니에 족쇄의 열쇠가 있다는 사실을 깨닫고 시신에서 열쇠를 꺼냈다고 말한다.

16 비잔티움의 전통에 따르면 황제는 신체적 결함이 전혀 없어야 하므로 레오의 네 아들은 나중에라도 제위를 주장할 수 없었다.

17 『비잔티움 연대기: 창건과 혼란』, 457쪽 참조.

18 스타우라키우스의 아내인 테오파노(본서 주석 5 참조)처럼 테오도라도 일종의 '신부 전시회'를 통해서 발탁되었을 것이다. 즉 신부 후보자들이 경연대회를 벌이면 그 가운데서 신랑이 선택하는 방식이다.

19 아쿠아이둑투스(Aquaeductus, 수도)라는 말에서 변형된 지명이다. 헤라클레아(지금의 에렐리)는 도시 바로 바깥에 대형 로마식 수도관이 있는 것으로 유명했다.

20 6세기 초 아나스타시우스 1세가 마르마라의 셀림브리아(실리브리)에서 흑해까지 30여 킬로미터 구간에 쌓은 콘스탄티노플의 외부 방어 성벽.

21 당시 몇몇 마을들은 영웅적인 저항을 계속했다. 예컨대 타오르미나는 천혜의 방어 조건 덕분에 902년까지 버틸 수 있었다.

22 말 그대로 파편들만 남았다. 십자가의 본체는 두 황제의 치세 동안 콘스탄티노플에, 또 14년 동안 페르시아의 수중에 있다가 629년에 헤라클리우스 황제가 직접 예루살렘으로 옮겼기 때문이다. (『비잔티움 연대기: 창건과 혼란』 503쪽을 보라.) 성모의 옷은 629년에 블라케르나이의 어느 관 속에서 발견되었다.

23 로밀리 젠킨스, 『비잔티움: 제국의 세기』, 147쪽.

24 테오도라는 딸 다섯을 연달아 낳은 뒤 마지막에 아들 콘스탄티누스를 낳았으나 어려서 죽었다. 그래서 테오필루스는 사위인 알렉시우스를 후계자로 삼았다. 그런데 알렉시우스 부제가 제위 계승자로 자리를 굳힐 무렵인 840년, 결혼한 지 20년이나 지난 테오도라가 예기치 않게 아들을 낳았고, 이 아이가 나중에 미카일 3세로 즉위하게 된다.

25 전설에 의하면 그들의 목 없는 시신들은 하나같이 강에 가라앉지 않았고, 오직 반역자 보이디체스—그는 무슬림으로 개종했음에도 같은 최후를 맞았다—의 시신만이 강바닥으로 가라앉았다고 한다.

26 드로몬드(dromond 혹은 dromon)는 비잔티움 전함 중에서 가장 작은 종류로 선체가 가볍고 속도가 빨랐다. 사공은 노 한 열당 약 20명이었으며, 적의 발사 공격으로부터 보호하기 위해 지붕이 설치되어 있었다.

27 베리 교수에 의하면 "사람의 얼굴에 운율을 가진 12행의 단장격 풍자시를 낙인으로 찍는 정교한 솜씨는 종종 사람들의 찬탄을 불러일으키기도 했다"고 한다.

28 게네시우스는 아토스 산의 대표들도 참석했다고 주장한다. 그의 말이 옳다면 그것은 아토스 산을 신성한 산으로 받든 최초의 전거인 셈이다. 하지만 당시 아토스 산의 주민들은 아마 조직적인 수도원 공동체라기보다는 개별적인 은둔자였을 것이다(제12장 참조).

29 설사 유스티니아누스가 건립한 성당에 모자이크 인물화가 있었다 해도 성상 파괴 시기를 살아남지 못했겠지만, 실제로 그 당시에는 그런 것이 존재하지 않았다. 『비잔티움 연대기: 창건과 혼란』, 333쪽을 참조하라.

30 그리스도의 단일한 본성(신성)을 믿는 단성론에 관해서는 『비잔티움 연대기: 창건과 혼란』, 252~254쪽을 참조하라.

31 주석 9를 참조하라.

32 선물은 보석이 박힌 금 접시, 테두리에 금줄이 있고 보석으로 장식된 황금 성배, 역시 보석이 박힌 황금 방패, 성서의 장면, 나무와 장미를 금으로 수놓은 옷 등이었다.

33 『비잔티움 연대기: 창건과 혼란』, 590쪽을 참조하라.

34 이 사태에 관해 자세히 알고 싶으면 다음 책을 참조하라. C. 맹고, 『콘스탄티노플 총대주

교 포티우스의 설교The Homilies of Photius, Patriarch of Constantinople』, 영역본, 서문과 주석, 하버드, 1958.

35 주석 22를 참조하라.

36 레오 그라마티쿠스, 테오도시우스 멜리테누스 등 시메온 로고테테스의 추종자들의 증언.

37 말 그대로의 뜻은 창고관리인이지만, 순전히 명예직일 뿐 실무는 없다.

38 『이그나티우스의 생애Vita Ignatii』에는 그렇게 되어 있다. 하지만 전기가 으레 그렇듯이 이 문헌 역시 주인공을 심하게 편들고 있기 때문에 객관적이지는 않다.

39 포르토 주교도 864년 11월에 열린 종교 회의에서 뒤늦게 벌을 받았다.

40 예전에는, 당시 키릴루스가 고안한 문자는 러시아인, 세르비아인, 불가르인 등 다양한 민족들이 사용하는 현대 키릴 문자가 아니라, 그보다 더 조악하고 오래전에 사멸한 글라골 문자라고 생각했다. 하지만 이 이론은 지금 부정되고 있다. 이에 관해서는 스티븐 룬시먼의 『제1차 불가리아 제국의 역사』와, E. H. 민스가 『폴 부아예 기념 논문집Mélanges publiés en l'honneur de M. Paul Boyer』(파리, 1925)에 기고한 논문 「키릴루스는 히브리어를 알았다」를 참조하라.

41 시종장의 그리스어인 파라코이모메노스(parakoimomenos)는 원래 '가까이에서 잠을 자는 사람', 즉 황제의 침실에서 함께 잠자는 고위 관리를 뜻한다. 그런데 시간이 지나면서 그 직책은 점차 중요해진 반면(영국에서는 Lord Chamberlain이라고 부른다) 그 직무 자체는 하급 관리에게로 넘어갔다. 전통적으로 시종장은 환관이 맡는 게 관례였으므로 바실리우스가 발탁된 것은 더욱 놀라운 사실이었다.

42 사실이야 어떻든 이 책에서는 바실리우스를 레오의 아버지라고 간주하기로 한다.

43 그렇지 않을 수도 있다. 역사적 문헌에는 종종 연대가 서로 모순되는 경우가 나온다. 그 두 아들 또는 그중 한 명은 미카일이 살아 있을 때, 혹은 사망한 지 불과 몇 달 뒤에 태어났을 가능성도 있다. 그렇다면 또다시 미카일과 바실리우스 중 누가 아버지냐는 문제가 제기된다.

44 이 성당은 구리 시장의 성모 마리아 성당이라고도 불리는데, 그 이유는 5세기에 유대인 구리 세공인들이 사용했던 유대 회당의 터에 세워졌기 때문이다. 블라케르나이의 성모 마리아 성당처럼 성모의 옷을 소장하고 있어 수도에서 크게 존경받는 성당이었다. 오늘날에는 소피아 대성당의 서쪽 100미터 지점에 총안이 나 있는 벽의 잔해만 남아 있다.

45 의전 담당 로고테테스로 바실리우스처럼 아르메니아인이었고 그의 절친한 친구였다.

46 다섯 개 총대주교구는 각각 로마, 알렉산드리아, 안티오크, 예루살렘, 콘스탄티노플을 가리킨다.

47 물론 수도원에서만 충원하는 주교 계급은 순결 서약을 지켜야 했다.

48 몇 달 전에 미카일은 바실리스키아누스도 황제로 만들려고 했다. 당시 바실리우스는 그것을 만류하는 데 몹시 애를 먹었다.

49 공의회에서 열린 열 차례의 회의에서 황제는 6, 7, 8, 10차 회의에만 참석하고 나머지 회의에서는 프라이포시투스(대수도원장)인 바아네스가 황제를 대신했다.

50 지금의 디브리인데, 350년 뒤에 셀주크투르크족은 이곳에 아나톨리아에서 가장 웅장한 모스크를 세운다.

51 그의 손자로서 같은 이름을 지닌 후대의 황제와 혼동해서는 안 된다.

52 콘티누아투스는 포티우스가 수도로 송환되기 위해, 바실리우스의 혈통이 고대 페르시아의 파르티아인이라는 문서를 날조했다는 특이한 이야기를 한다. 그는 황궁 도서관에 그 문서를 가져다 놓아 마치 우연인 것처럼 황제의 눈에 띄게 했다고 한다. 황제가 번역을 부탁하자 사람들은 포티우스만이 할 수 있다고 말했다. 이 이야기는 사실일 가능성이 있다. 바실리우스는 자신의 조상을 미화하기 위해 무척 애썼고, 포티우스는 그런 속임수쯤은 충분히 저지를 수 있는 위인이었기 때문이다.

53 안타깝게도 이 작품은 989년 10월 26일 더 큰 규모의 지진으로 파괴되었다. C. 맹고, 『이스탄불 소피아 대성당의 모자이크The Mosaics of St Sophia at Istanbul』, 76~80쪽을 보라.

54 그는 바실리우스의 어머니가 꾼 꿈에 나타나서, 장차 너의 아들이 콘스탄티노플에 가면 영광스러운 미래가 있으니 떠나는 길을 막지 말라고 했다고 한다.

55 이런 속임수가 실제로 연출되었는지는 모르지만 그 이야기 자체는 사실임이 거의 분명하다. 바실리우스는 자신이 그 환영을 본 장소에 성당을 세웠다고 한다.

56 14세기의 역사가인 니케포루스 그레고라스는 이 시기를 다루지 않았지만, 지나가는 말로 레오가 3년이나 갇혀 있었다고 이야기했다. 현대의 역사가들은 대체로 그의 주장을 사실로 인정한다. 그 반면에 우리의 10세기 문헌은 구금 기간이 석 달이나 비교적 짧은 기간이었다고 모호하게 언급한다. 포크트의 「현군 레오 6세의 젊은 시절La Jeunesse de Léon VI le Sage」, 『역사 연구Revue Historique』, 제174권, 424쪽 참조.

57 황제의 투르크인 호위대. 옥수스 강 너머의 지역에서 수입된 노예들로 구성되었는데, 파르가나 출신이 많았으므로 파르가나인이라고 총칭하게 되었다.

58 손님용 침상 19개가 갖춰져 있어 이런 이름이 붙었다. 주로 크리스마스와 예수공현축일 사이에 손님들이 침상에 몸을 비스듬히 누이고 고풍스러운 공식 연회를 열었다.

59 47년 뒤에 로마누스 1세는 태어난 지 겨우 한두 달밖에 안 된 막내아들 테오필락투스를 총대주교에 임명한다.

60 비잔티움의 18대 관직 가운데 하나. 가장 서열이 높은 세 관직—부제, 노빌리시무스

nobilissimus, 쿠로팔라테스—은 보통 황족에게만 주어졌다. 그 다음은 마기스테르, 안티히파투스antihypatus, 파트리키우스, 프로토스파타리우스의 서열이었고, 그 아래로 열한 개 관직이 이어졌다.

61 드룬가리우스는 제국 해군의 총사령관이었지만, 해안 도시들에서 징집한 병사들은 해당 테마를 관장하는 군사 총독의 지휘를 받았다. 즉 이 시기에 드룬가리우스는 그 중요성에도 불구하고 군사 총독보다 서열이 뒤졌다. 하지만 이로부터 50년이 지나면 드룬가리우스는 지상군 총사령관에 해당하는 군사 장관에 이어 군대 서열 2위가 된다.

62 생존자 중 한 사람은 그 학살극에 충격을 받은 나머지 코린트 부근의 요안니차 산에 들어가 평생 기둥 위에서 살았는데, 후대에 성인으로 추존되어 주상고행자 성 루가로 불렸다.

63 사실 그 결혼에 대해서는 콘스탄티노플의 엄격한 성직자들 대다수가 반감을 품었다. 그래서 성 라자루스 수도원의 대수도원장은 유도키아의 시신을 자기 수도원의 경내에 매장하는 것도 단호하게 반대했다.

64 하지만 그는 외교술에서는 좀 모자랐다. 그렇지 않았다면 황제에게 이런 서신을 보내지는 않았을 것이다. "원하시던 아이를 얻었는데 왜 그 여인을 내치지 못하십니까? 짐을 내렸으면 배를 보내야 하고, 과일이 익었으면 꼭지를 버려야 하지 않습니까?"

65 이 모자이크는 나르텍스(narthex, 성당 내부의 좁고 긴 현관)에서 본당으로 이어지는 중앙 현관 위의 반월창에 있는데, 독특하게도 작품을 설명해 주는 아무런 비문도 없는 탓에 지금까지 많은 논란을 불러일으켰다. 가장 설득력 있는 해석을 내린 N. 오이코노미데스에 의하면, 그 작품은 네 번째 결혼을 한 이후 레오가 회개하는 모습과 성모의 중재를 받은 이후 구원받은 모습을 나타낸다고 한다. 그 위의 대형 메달에는 성모가 묘사되어 있고 그 맞은편에는 기록 천사(인간의 선악을 기록하는 천사)가 있다. 그렇다면 그 모자이크는 920년 공의회의 결정에 따라 제작된 것으로 보인다. 공의회에서는 아마 세속의 지배자가 하늘의 왕에게 복종하는 모습을 표현하여 레오가 두 번이나 입장을 거부당한 성당 입구의 그 문 위에 설치하기로 결정했을 것이다. 『덤바턴오크스 자료집Dumbarton Oaks Papers』, 제30권(1976)에 실린 「레오 6세와 소피아 대성당의 나르텍스 모자이크」를 참고하라.

66 레오의 이 말에 관해서는 학자들 사이에도 의견이 분분하다. 그가 meta라는 전치사를 사용한 것을 보면 사악한 시절이 13개월 '뒤에' 온다는 뜻이라고 볼 수 있다. 그 반면에 그것을 '13개월 동안'이라고 해석한다면 그의 말은 알렉산데르의 치세에 대한 정확한 예언이 된다. 위의 번역문은 원문의 모호함을 그냥 그대로 표현한 것일 뿐이다.

67 굳이 알렉산데르를 변명하자면, 이런 믿음은 10세기 비잔티움에 널리 퍼져 있었다. 모든 인간은 신체적이고 정신적인 본질이 담긴 스토이케이온(stoicheion)이라는 또 다른 저장

소를 가지고 있다고 믿었던 것이다. 로마누스 레카페누스도 그렇게 믿었다. 주석 81을 보라.

68 이 인용문은 P. 칼린 헤이터가 번역한 『비잔티온Byzantion』, 제25~27권(1955~1957)에 수록된 것을 약간 줄여 편집한 것이다. 테오파네스 콘티누아투스에 의하면, 유티미우스의 수염을 잡아당긴 사람이 집에 돌아갔을 때 그의 집은 불에 타 무너졌고 그의 딸은 온몸이 마비된 채 벙어리가 되었다고 한다. 그의 딸은 그런 상태로 니케포루스의 치세까지 살았다.

69 성찬식에서 특별히 언급되는 사람들의 명단이 기록된 두 장짜리 판.

70 제국의 지상군 총사령관에 해당한다.

71 아우구스타는 단지 황제의 아내가 아니라 공인된 직함으로서, 상당한 권력을 지녔고 특별한 대관식을 치러야 했다는 사실에 주목할 필요가 있다. 아우구스타로 임명되면 자신의 궁정을 가질 수 있었고, 자신의 막대한 세수를 통제하는 전권을 누렸다. 또한 아우구스타는 제국의 주요 행사에서 반드시 필요한 역할을 했다. 딜, 『비잔티움의 인물들Figures Byzantines』, I. i를 참조하라.

72 시메온이 콘스탄티노플에 왔을 때 총대주교는 그에게 모종의 대관식을 치러 주었는데, 그것은 불가리아의 군주로서의 대관식이었을 것이다. 로밀리 젠킨스는 『비잔티움 연대기: 제국의 세기』, 232쪽에서 니콜라우스가 그를 비잔티움의 황제로 임명하고 자신의 휘장으로 임시변통의 제관을 만들어 그의 머리에 씌워 주었다고 말하지만 그것은 터무니없는 주장이다.

73 그의 생각이 옳았다는 것은 불과 6년 뒤 로마누스 레카페누스가 증명해 준다. 하지만 시메온이 원했던 방식과는 크게 달랐다.

74 '왕'의 직함, 더 적절하게는 '왕중왕'이라는 직함은 아르메니아 주요 가문들 중에서 가장 세력이 강한 가문의 지도자에게 주어졌다. 아버지에게서 아들에게로 전해지는 경우도 있었지만 세습의 의미는 없었으며, 공위인 경우도 잦았다.

75 원형 경기장의 남단과 마르마라 해 사이에 있는 지역으로, 여기에는 비밀 항구와 황궁의 해상 입구가 있었다.

76 스티븐 룬시먼(『로마누스 레카페누스 황제The Emperor Romanus Lecapenus』, 62쪽)를 비롯하여 예전의 역사가들은 이 두 사건이 일어난 해를 한 해 이른 919년으로 보았다. 그러나 그루멜과 오스트로고르스키(264쪽)가 지적하듯이, 로마누스는 920년 종교 회의에서 바실레오파토르가 되었으므로 이미 그전에 부제가 되어 있었다면 그 직함을 썼을 리가 없다.

77 페가이에 관해 짚고 넘어갈 것이 있다. 그리스어 *πηγή*는 시내 혹은 샘이라는 뜻이다. 콘

스탄티노플의 지형에 관한 권위자인 R. 자닌에 의하면(『비잔티움의 콘스탄티노플(Constantinople Byzantine)』, 파리, 1950), 육로성벽 페가이(지금의 실리브리 카피) 대문 바로 바깥에 '시내의' 궁전이 있었고, 더 멀리 황금뿔의 오늘날 카심파샤라고 부르는 구역에 또 다른 '시내의' 궁전이 있었다고 한다. 하지만 이 두 장소는 테오파네스 콘티누아투스의 설명에 부합하지 않는다. 그는 그곳이 보스포루스의 스테눔 지구 부근이라고 두 차례나 말했다. 혹시 같은 이름이나 비슷한 이름을 지닌 제3의 궁전이 있는 걸까? 아니면 자닌이 착각한 걸까?

78 마호메트의 딸인 파티마와 그 남편 알리의 후손이라고 자처하는 시아파의 아랍 왕조이다. 909년에 아부 아브둘라는 카이루완의 아랍 군주를 내쫓고 파티마 가문의 오바이둘라를 왕으로 앉혔다. 그는 마디라는 직함을 취하고 바그다드의 아바스 칼리프에 노골적으로 도전했다. 969년에 이집트를 점령한 뒤 파티마 왕조는 1171년에 살라딘에 의해 멸망할 때까지 이집트를 지배했다.

79 지금의 에윱 지역으로, 성 코스마스와 다미아누스 대수도원에서 이름을 따 왔다. 그러나 애석하게도, 지금은 벽돌 한 장 남아 있지 않다.

80 이 연도와 날짜에 관해서는 논란이 분분하다. 나는 스티븐 룬시먼(『로마누스 레카페누스 황제』, 246~248쪽)을 따랐다. 그는 이 문제에 부록 하나를 할애하고 있는데, 내가 보기에는 의심의 여지가 없다.

81 비잔티움인들은 시메온을 죽음으로 몰아간 것은 크로아티아가 아니라 자기들이라고 믿었다. 로마누스는 어느 점성술사에게 광장의 한 조각상이 시메온의 스토이케이온이라는 말을 들었다. (주석 67 참조.) 그는 즉각 그 조각상의 머리를 잘라 버렸는데, 과연 곧 시메온이 죽었다.

82 시메온이 첫 결혼에서 얻은 아들 미카일은 알 수 없는 이유로 수도원에 들어갔다. 페타르의 막내 동생인 벤야민은 나중에 발칸 반도에서 최초이자 가장 신분이 높은 늑대인간으로 널리 알려지게 된다. 그는 "마술에 매우 정통하여 사람들이 보는 앞에서 갑자기 늑대 같은 맹수로 변신할 수 있었다"고 한다.(크레모나의 리우트프란트, 『복수(Antapodosis)』, iii, 29.)

83 스티븐 룬시먼(『로마누스 레카페누스 황제』, 99쪽)의 가설에 의하면 그렇다. 그는 그 돈이 "황제가 불가리아 궁정에 보낸 대사, 혹은 첩자인 마리아에게 지급하기 위한 것"이었다고 추측한다.

84 하지만 오늘날의 메소포타미아와 같은 '두 강 사이의 지역'은 전혀 아니다. 여기서 말하는 두 강은 오늘날 말하는 유프라테스 강과 티그리스 강이 아니라 유프라테스 강의 두 지류를 가리킨다.

85 비록 러시아 함대에 관해서는 리우트프란트의 말이 옳다 하더라도 그를 전폭적으로 신뢰하기는 어렵다.

86 제5조에서는 졸로트니크(졸로트니키의 단수형)의 가치를 러시아 포로들의 몸값으로 정했다. 그에 따르면 신체 건장한 젊은 남자나 예쁜 여자의 몸값은 10졸로트니키였고, 중년은 8졸로트니키, 노인과 어린이는 5졸로트니키였다.

87 현재 디야르바키르인 이 도시에는 둘레가 6킬로미터가 넘는 웅장한 중세 성벽이 거의 고스란히 남아 있다. 북쪽 하르푸트 성문 위에 있는 멋진 이슬람 부조는 910년경에 제작되었으니까 본문에서 말하는 이 시기에는 40년 가까이 된 작품이다.

88 『비잔티움 연대기: 창건과 혼란』, 주석 37을 참조하라.

89 이 이야기는 베로니카 전설의 원본으로 생각된다. 베로니카 전설은 한동안 전해지지 않다가 14세기에 프랑스의 십자군 병사들이 유럽에 전한 것으로 여겨진다. 토리노의 수의와 비교해 보라. 〔베로니카 전설이란 예수가 십자가를 지고 골고다 언덕을 올라갈 때 베로니카라는 여인이 땀을 닦으라고 머리에 썼던 천을 건네자 예수가 땀을 닦고 돌려주었는데 그때 예수의 얼굴이 천에 찍혔다는 이야기다. 또 토리노의 수의란 예수의 죽은 몸을 덮었다는 수의를 가리킨다(토리노의 한 성당에 보관되어 있었다). 여기에도 예수의 신체가 자국을 남겼다고 전해진다. 그러나 14세기에 처음 공개된 이 수의는 20세기 후반에 과학적으로 조사한 결과 13~14세기에 제작된 위조품임이 밝혀졌다.〕

90 서신과 초상, 아울러 이 매력적인 고대 도시에 관한 상세한 설명은 J. B. 시걸이 『에데사, '축복받은 도시' Edessa, 'The Blessed City'』(1970)에서 전해 주고 있다.)

91 기번은 이 콘스탄티누스를 콘스탄티누스 8세라고 부르지만, 많은 역사가들은 그를 황제의 가치가 없는 인물로 간주하고, 그 대신 바실리우스 2세의 동생이자 그와 공동 황제였던 황제를 콘스탄티누스 8세라고 부른다. 그에 관해서는 나중에 나오겠지만, 사실 로마누스의 아들과 거의 다를 바 없다.

92 리우트프란트는 crines solutus, 즉 "머리칼이 헝클어진 채"라고 썼다. 혹시 몸싸움이라도 있었던 걸까?

93 당시 그의 계부인 시제프레드 주교는 이탈리아의 우고 왕이 보낸 대사의 자격으로 콘스탄티노플에 머물렀다. 그는 로마, 가에타, 아말피에서 온 외교 사절들과 어울렸고, 다섯 주 전부터 콘스탄티누스의 대의를 강력히 지지했다.

94 하지만 나중에 크리스토포루스의 아들 미카일은 마기스테르와 사제가 되었으며, 콘스탄티누스 레카페누스의 아들 로마누스는 거세당한 뒤에 총대주교가 되었다.

95 아주 어렸을 때부터 총대주교직이 내정되어 있었던 테오필락투스는 931년 열네 살 때 실제로 총대주교가 되었다. 순진하지만 기본적으로 경박했던 이 젊은이는 아버지의 속을 썩

인 적은 없지만, 성무를 돌보기보다는 자신의 말 2천 마리를 돌보는 데 더 많은 시간을 보냈다. 심지어 암말의 해산 때문에 성사를 중지한 적도 있었다. 스티븐 룬시먼은 이렇게 말한다. "그는 과감하게도 성무와 무언극을 조화시킴으로써 신앙심과 쾌락을 결합하려 했다. 그 결과는 실패였으나 한 세기 뒤에까지 살아남아 엄숙한 사람들에게 충격을 주었다." 그는 25년 동안이나 총대주교를 지낸 뒤 956년에 낙마 사고로 죽었다.

96 테오파네스 콘티누아투스, 『연대기Chronographia』, 제6권.

97 테오파네스 콘티누아투스의 책 『연대기』 제5권은 전부 그의 저술이라고 추측된다.

98 『제국의 행정에 관하여』, 제1장.

99 앞의 책, 제7장.

100 콘스탄티누스가 이런 단서를 넣은 것은 그 자신의 경험에서 비롯되었다고 봐야 할 것이다. 그의 이복누나인 안나—레오 6세와 둘째 아내 조에 사이의 딸—는 프로방스의 루트비히 3세와 결혼했으며, 그의 아들 로마누스—그가 이 지침서를 전해 줄 당사자—는 겨우 다섯 살에 이탈리아 왕인 아를의 우고가 서출로 낳은 딸 베르타와 결혼했고, 이 책이 집필될 무렵에는 오토 대제의 조카딸 바바리아의 헤트비히와 약혼한 상태였기 때문이다.

101 『제국의 행정에 관하여』, 제13장. 번역은 약간 압축했지만 원문의 요지는 그대로 전달했다.

102 현재는 바르의 셴드모르 꼭대기에 있는 라가르드프레네라는 작은 마을이다. 이곳은 100년 이상이나 사라센 영토로 있었기 때문에 인근 수백 킬로미터 지역까지 피해를 미쳤다.

103 이 시기의 특기할 만한 교황으로 영국인 여자 교황이라고 알려진 가공의 인물 요한나가 있다. 그녀는 교황으로 재위하는 3년 동안 자신이 여성이라는 사실을 숨겼다고 한다. 그런데 불행하게도 행진을 하던 도중 라테란 궁전의 계단에서 그만 아이를 낳고 말았다는 것이다. 이 사건을 유쾌하게 묘사한 판화는 슈판하임, 『여자 교황 잔의 역사Histoire de la Papesse Jeanne』, 2권(헤이그, 1720)에서 볼 수 있다. 〔아이를 낳은 요한나는 현장에서 사람들의 돌 세례를 맞고 죽었다고 한다. 이 요한나의 전설은 여러 문헌에 전해지는데, 그 내용은 대동소이하다. 이 이야기는 17세기까지도 사실로 믿어졌으나 실은 13세기에 날조된 거짓임이 밝혀졌다. 비록 가공 인물이기는 하나 요한나가 남자 교황도 배출한 적 없는 영국 출신이라는 점은 특이한 상상력이다.〕

104 공정을 기하기 위해 덧붙이자면, 그는 이후 기적적으로 부활하여 원래의 자기 무덤 속으로 돌아갔다고 한다.

105 만약 그 황금 나무가 한 세기 전에 테오필루스가 설치한 바로 그것이라면(본서 95쪽 참조), 당시 비잔티움의 보존 기술이 뛰어났다는 것을 말해 준다. 하지만 옥좌를 들어올리는 장치는 아마 10세기에 발명되었을 것이다.

106 올가의 세례에 관해서는 약간의 논란이 있다. 일부 역사가들은 그녀가 이미 두세 해 전에 러시아에서 세례를 받았다고 주장한다. 하지만 나는 나의 오랜 스승인 D. 오볼렌스키 교수의 견해를 취했다.(『케임브리지 중세사Cambridge Medieval History』, 제4권, 511쪽의 주.)

107 테오필락투스는 소피아 대성당 옆에 자신의 말 2천 마리를 수용할 마구간들을 많이 지었는데, 그가 죽자 이곳은 양로 시설로 개조되었다.

108 본서 주석 69를 참조하라.

109 여기서 나는 그의 설명을 따른다. 테오파네스 콘티누아투스는 사라센의 저항과는 다소 무관한 이야기를 한다.

110 아랍 역사가들은 이곳을 카르카나흐라고 부르는데, 정확히 어디인지는 확인하지 못했다.

111 크레타 원정에서 돌아왔을 때 니케포루스는 자신의 전리품을 아타나시우스에게 주어 수도원의 터를 닦게 하면서 이렇게 말했다. "자네와 나, 내 동생들과 함께 성찬식의 즐거움을 맛보세나." 현재 대(大) 라우라(Lavra, 수도원이라는 뜻의 그리스어—옮긴이)라고 불리는 이 수도원은 아토스 산에서 가장 연혁이 오래되고 유서 깊은 곳이며, 황제가 직접 선물한 청동 대문이 원래의 장소에 그대로 남아 있다.

112 황궁의 경비대. (러시아인과 막강한 바랑인 혹은 노르만인을 포함하여) 오로지 야만족으로만 충원했으며, 황궁을 경비하고 원정시에는 황제를 보위하는 역할을 맡았다.

113 이 수도원은 6세기의 수도사 아브라함이 창립했다. 나중에 그는 올리브 산에 비잔티움 식 수도원을 세웠고, 더 나중에는 에페수스 주교가 되었다. 그의 공식적 지위로 볼 때 아마 이곳은 1453년 투르크에 의해 함락되기 직전에 파괴되었을 테고 물론 그와 더불어 그 기적의 성상도 사라졌을 것이다.

114 그 시대의 주화를 보면 이런 머리 모양이 무척 많았으므로 리우트프란트보다는 레오의 설명이 더 믿을 만하다.

115 엄밀하게 말해서 '네아의 성당'이란 잘못된 어법이다. 말하자면 옥스퍼드의 뉴칼리지를 '뉴의 칼리지'라고 부르는 것과 마찬가지이기 때문이다. 그러나 다른 번역어도 모두 만족스럽지 못하기 때문에 그냥 '네아'라는 말을 쓰기로 한다.

116 진실일까, 거짓일까? 만약 이것이 아타나시우스의 분노를 달래려는 순전한 거짓말이 아니라면, 그렇게 결정한 이유는 니케포루스의 서약 때문일까, 아니면 테오파노의 반감 때문일까? 진실이 무엇인지는 영원히 알 수 없을 것이다.

117 『이슬람 백과사전The Encyclopaedia of Islam』에 따르면 그의 직접적 사인은 '요폐〔尿閉, 배뇨를 마음대로 하지 못하는 병〕'였다. "그의 시신은 마이야파리킨으로 이송되어 도시 외곽에 있는 그의 어머니 튀르베〔türbe, 아랍인과 투르크족에게서 성행하던 탑 모양의

무덤 건축] 옆에 묻혔다. 죽기 전에 그는 원정에서 노획한 흙벽돌 한 개를 관 속의 자기 머리 밑에 받치라는 명령을 남겼다."

118 이것 역시 스티븐 룬시먼의 이론에 따른 것이다. 본서의 주석 83을 참조하라.

119 10세기에 교황과 얽힌 가장 수치스러운 이야기의 주인공인 요한네스는 955년에 열여섯 살의 나이로 교황이 되었다. 기번은 이렇게 말한다. "놀랍게도 마로치아의 그 잘난 손자는 로마의 부인들과 공공연히 간통 행각을 벌였다. 라테란 궁전은 매춘부 양성소가 되었다. 그가 하도 처녀들과 과부들을 겁탈하는 바람에 여성 순례자들은 성 베드로의 후계자(교황)에게 폭행을 당하지 않기 위해 성 베드로의 사당을 방문하지 못할 정도였다."

120 아마 이것은 서유럽인이 레치나[retsina, 수지를 넣어 그 향이 나도록 만든 그리스 식 포도주]를 맛보고 쓴 최초의 감상문일 것이다.

121 이 흥미로운 인물이 황제의 식탁에서 상석을 차지하자 화가 난 크레모나의 리우트프란트는 그를 "씻지도 않고, 머리카락을 헝가리 식으로 짧게 자르고, 놋쇠로 된 사슬을 허리에 둘렀다"며 은근히 비난했다.

122 예전의 역사가들은 대체로 필리포폴리스가 함락된 시기를 970년 초봄으로 잡았다. 하지만 나는 스티븐 룬시먼의 연대 추정을 따르고 싶다(『제1차 불가리아 제국의 역사』, 205~256쪽).

123 그 뒤 테오파노는 마지막으로 수도에 모습을 드러낸다. 몇 개월 뒤에 그녀는 감금된 곳에서 탈출하여 소피아 대성당으로 피신했다. 그러나 시종장인 바실리우스는 그녀를 강제로 끌어내서 더 먼 아르메니아의 유배지로 보냈다. 그래도 그는 떠나기 전에 황제를 마지막으로 만나게 해 달라는 그녀의 간청을 들어주었다. 의외로 요한네스도 그 만남에 동의했으나 그 덕분에 테오파노에게서 온갖 욕설과 악담을 들어야 했다. 그런 다음에 황후는 바실리우스에게 분노의 화살을 돌렸다. 바실리우스는 자신이 굳이 만나는 자리에 동석하겠다고 우겼는데, 아마 나중에는 후회했을 것이다. 테오파노는 그를 몇 차례 때린 다음에 수행원들의 제지를 받아 끌려 나갔기 때문이다.

124 현재 악셰히르 시에서 북쪽으로 15킬로미터 지점에 위치한 악셰히르 필뤼.

125 히에로니모 주스티니아니는 1586년에 펴낸 『스키오의 역사Storia di Scio』에서 자신의 시대까지도 포카스 가문의 후손들이 볼리소스 마을에서 농부로 살고 있었다고 말한다.

126 스카만데르는 필경 그의 출생지이거나, 트로이 평원을 가로질러 흐르는 스카만데르 강—지금의 퀴쥐크 멘데레스 강—주변에 그가 설립한 수도원의 이름일 것이다.

127 신빙성은 크지 않지만 이 사절단에 리우트프란트도 포함되었다는 설이 있다. 그렇다면 그로서는 세 번째로 비잔티움의 궁정에 갔을 것이다.

128 혹시 요한네스는 이런 상황을 미리 염두에 두고 일부러 조카딸을 보낸 게 아니었을까? 충

분히 가능성이 있는 추측이다. 설사 예전의 이론대로 신부가 로마누스의 딸이었다 해도 요한네스는 그녀의 고모와 결혼했으므로 여전히 요한네스의 조카딸이라고 볼 수 있다. 역사는 그런 수수께끼들로 이루어진다.

129 보리스의 나머지 가족에 관해서는 알려진 바가 거의 없다. 그의 아내와 두 자식이 어떻게 되었는지는 전해지지 않는다. 그들은 딸이었는지도 모르고 어려서 죽었는지도 모른다.

130『교황실록』. 마르쿠스 아우렐리우스의 기마상은 중세까지 콘스탄티누스의 기마상으로 잘못 알려졌다. 실은 그 때문에 다행히 이교 기념물로 규정되어 파괴되지 않고 살아남을 수 있었다.

131 프셀루스는 바실리우스가 죽었을 때 겨우 일곱 살이었으나 그의 친구들과 지인들은 황제를 잘 알고 있었다. 바실리우스는 전임 황제들과 너무 다른 탓에 로마누스 2세의 아들이 아니라 그의 어머니 테오파노가 바랑인 경비병 가운데 한 노르만인과 간통하여 낳은 자식이라고 주장하는 역사가도 있었다. 하지만 그 추측은 설득력이 약해 보인다.

132 "그의 주먹에 한번 맞으면 살아남기 어려웠으며, 그가 고함을 지르면 전 군이 벌벌 떨었다"(프셀루스, 『연대기』. E. R. A. 소터의 번역).

133 수도원을 파괴한 이야기를 전하는 프셀루스는 황제가 심술궂은 말장난을 즐겼다고 말한다. 모든 말장난이 그렇듯이 그것을 번역하기란 불가능하지만, 현대 영어권과 프랑스어권의 역사가들은 다음과 같이 가급적 원래의 의미에 가깝게 번역했다〔동음이의어를 이용한 말장난이므로 우리말 번역에서도 어느 정도의 취지만 살리기로 한다〕. "나는 그들이 먹을 양식을 마음의 양식으로 바꿔 주었다. 이제 그들은 마음의 양식을 양식으로 삼을 마음을 먹어야 한다."

134 룬시먼, 『제1차 불가리아 제국』, 221~222쪽.

135 이 생존자들 중에는 레오 보제도 있었는데, 그는 자기가 탄 말이 민첩했던 덕택으로 살아났다고 말한다.

136 옛 노르웨이어로 '굳은 약속'을 뜻하는 바랑(Varangian)은 러시아화된 바이킹을 가리키는 호칭이었다. 이들의 조상은 발트 해를 건넌 다음 강을 거슬러 러시아 북부로 들어가서 내륙의 슬라브족을 쉽게 제압했다.

137 이 무렵의 정확한 연대에 관해서는 우리의 주요 문헌만이 아니라 현대 역사가들의 견해도 제각기 다르다. 만약 야히아가 말한 989년 4월 13일을 아비도스 전투가 벌어진 날로 받아들인다면, 크리소폴리스에서의 학살이 언제인지 알기가 어려워진다. 이 사건은 그보다 불과 몇 주일 앞서 일어났거나, 노르만인이 도착하고 한참 뒤에 일어났을 것이다.

138 이것은 아마 제4차 십자군 원정 때 베네치아인들이 훔쳐온 바로 그 성상일 것이다. 지금은 산마르코 바실리카의 북쪽 측랑에 걸려 있다. 참사회원 몰린, 『베네치아 산마르코 바

실리카에 보관된 성모 마리아상에 관하여Dell' antica Immagine di Maria santissima che si conserva nella basilica di San Marco in Venezia』(베네치아, 1821년)를 참조하라.

139 다시는 콘스탄티노플을 침략하지 않겠다고 한 스뱌토슬라프의 약속(223쪽)은 그의 죽음으로 시효를 다했을 것이다.

140 그것은 사실 블라디미르의 두 번째 세례였다. 첫 번째는 2년 전 콘스탄티노플에 보낸 사절단이 황제와의 협정을 체결하고 돌아온 뒤에 받은 바 있다.

141 트르다트라는 아르메니아인이 담당했는데, 이것 역시 1346년에 무너졌다.(『비잔티움 연대기: 창건과 혼란』, 주석 68 참조) 그 밖에 발렌스의 수로도 지진으로 피해를 입었다. 이 수로를 수리해서 다시 도시에 신선한 물을 공급하기까지는 수백 년의 기간이 필요했다.

142 성 데메트리우스는 성 테오도루스 스트라틸라테스, 티레의 성 테오도루스, 성 게오르기우스와 함께 전장에서 비잔티움군을 보호해 주는 4대 성인 가운데 하나였다(테오도루스 두 명은 사실 동일인일 수도 있으므로 3대 성인일지도 모른다).

143 일설에 의하면 포티우스는 수도원에 머물지 않고 일찍이 성 아타나시우스가 니케포루스를 따라다녔듯이 바실리우스를 따라 4년간의 원정에 참여했다고 한다. 하지만 으레 그렇듯이 여기서도 역시 문제는 증거 부족이다.

144 여기서도 우리의 문헌은 빈약하기 짝이 없다. 비잔티움의 역사가들은 거의 아무 도움도 되지 않는다. 유대인과 아랍인의 기록, 그중에서도 특히 야히아가 대체로 믿을 만하다(4만 명이라는 수치도 야히아의 기록에 전한다).

145 그는 성 베드로 대성당에 매장된 유일한 신성 로마 황제였다.

146 슐룸베르거가 추측하는 것처럼 힐데스하임의 베른바르트 주교는 아니다.

147 그런데 불행히도 뷔르츠부르크 주교는 여행 도중에 숨을 거두었다. 이 시기에 관한 기록이 워낙 적은 탓에 그의 죽음이 콘스탄티노플로 갈 때였는지, 귀환할 때였는지는 알 수 없다. 어쨌든 그는 유보이아 섬의 폴리티카 수도원에 매장되었다.

148 콘스탄티노플에도 7세기부터 진품이라 불리는 신성한 창이 있었다. 이것은 1492년까지 그곳에 보관되었다가 술탄 바예지드 2세가 교황 인노켄티우스 8세에게 바쳤다. 그러나 제1차 십자군 원정 때 안티오크에서도 또 다른 신성한 창이 발견되었는데, 현재 에치미아진의 아르메니아 대성당에 소장된 창은 바로 이것으로 추측된다. 세 가지 중 어느 게 진품인지는 상상에 맡길 따름이다.

149 가장 신랄한 기록자인 성 페트루스 다미아누스와 그를 추종한 많은 사람들에 따르면, 요한네스가 교황이 된 것은 크레스켄티우스가 설득했기 때문이 아니라 콘스탄티노플을 떠날 때 가져갔던 비잔티움 금화 주머니 때문이었다고 한다.

150 산마르코의 날개 달린 사자가 앞발로 펼쳐진 책을 딛고 서 있는 베네치아의 문장은 이때 처음 선을 보였다고 추측된다.

151 60년 뒤에 그 사건을 기록한 케카우메누스는 1만 4천 명으로 추산했고 케드레누스는 1만 5천 명이라고 말했다.

152 맏아들인 프루시안과 형제 두 명은 산악 지대로 도망쳐 항전을 계속했으나 얼마 뒤에 역시 항복했다.

153 그 어린 왕자는 3년 뒤에 집으로 돌아갔으나 그 후에도 위기는 있었다. 부모의 손에 무사히 넘겨진 지 불과 하루 이틀 뒤에 콘스탄티누스 8세—당시 단독 황제였다—는 아이를 다시 빼앗으려 했다. 다행히도 그 시도는 실패했고 2년 뒤에 게오르기우스가 서른의 나이로 죽자 왕위를 물려받은 아이는 바그라트 4세가 되어 반세기 가까이 그루지야 전역을 다스렸다.

154 그해 초에 서방 제국의 대사가 와서 다시 두 황실 간의 통혼을 제안했을 때 조에의 마음은 크게 설레었을 것이다. 하지만 신랑감인 콘라트 2세의 아들 하인리히가 겨우 열 살짜리 소년이라는 것을 알고 그녀는 실망을 금치 못했다. 물론 그 통혼은 더 추진되지 않았다.

155 그의 증조부가 로마누스 레카페누스의 딸과 결혼했다.

156 조나라스는 콘스탄티누스가 원래 로마누스 아르기루스를 자기 막내딸인 테오도라와 결혼시키려 했다고 말한다. 테오도라가 조에보다 더 총명하고 나이도 좀더 어린 만큼 아들을 낳을 수 있지 않을까 하는 생각에서였다. 그러나 테오도라는 친척이라는 이유로 한사코 반대했다. 반면에 조에는 당혹스러울 만큼 열렬한 반응을 보였다.

157 슐룸베르거가 추측하듯이 '모든 이에게, 어느 면에서나 보이는 성모' 라는 뜻은 아니다.

158 페리블렙토스는 투르크의 정복 이후에도 콘스탄티노플에 남아 있던 일부 그리스도교 성소 가운데 하나다. 『이스탄불 블루가이드』라는 여행 안내서에는 이렇게 되어 있다. "널리 알려진 바에 따르면 이 성당은 한동안 그리스인들의 손에 있다가, 1643년에 술탄 이브라힘이 총애하는 어느 아르메니아 후궁의 간청으로 아르메니아인들에게 넘겨주었다고 한다. (이 후궁의 이름은 셰케르 파르차, 즉 '설탕 조각' 이었는데, 몸무게가 120킬로그램이 넘는 뚱보였다.)" 하지만 최근의 증거에 의하면 그 성당은 이미 1608년에 아르메니아 총대주교 관저로 사용되었다고도 한다.

159 스킬리체스는 총대주교가 한동안 충격으로 말을 하지 못하다가 황후가 그의 손에 그와 성직자들의 몫으로 각각 금 50파운드씩을 찔러 준 뒤에야 가까스로 목소리를 되찾았다고 전한다.

160 미카일의 시대에 이 성당은 아나르기로이(Anargyroi), 즉 '돈을 받지 않는 곳' 이라고 불렸다. 두 성인 의사가 돈을 받지 않고 의술을 베풀었다는 전설이 있었기 때문이다. 하지만

안타깝게도 지금은 흔적조차 찾을 수 없다.

161 현재 남아 있는 몇 가지 단서들 중 하나는 말레토 부근의 산타마리아 디 마니아케 수도원 성당이다. 이 성당은 마니아케스가 승리를 거둔 곳에 현지의 그리스인들이 세웠고, 11세기 말에 루지에로 1세가 복원, 확장했다. 이 성당 주변에서 1175년에 나바라의 여왕 마르가레트는 시칠리아에 마지막으로 남은 대규모 노르만 근거지인 베네딕투스파의 마니아케 대수도원을 발견했다. 나중에 이곳은 브론테 영지에 속하게 되어 1799년 페르디난도 4세가 넬슨 경에게 넘겨준다.

162 현재 시라쿠사에 남아 있는 이른바 마니아케 성은 당시와는 무관하고, 200년 뒤 프리드리히 2세가 세운 것이다.

163 이 점은 스킬리체스의 착오가 거의 분명하다. 마니아케스가 군사 총독으로 이탈리아에 복귀한 시기는 1042년 4월 말, 즉 미카일 칼라파테스가 몰락한 지 불과 며칠 뒤였으므로 그를 군사 총독으로 임명한 사람은 조에가 아니라 미카일이었을 것이다.

164 그는 또한 복수심이 상당했는데, 오랜 숙적인 요한네스 오르파노트로푸스를 처리할 때 잘 드러났다. 콘스탄티누스는 즉위할 무렵 딱한 요한네스를 무시무시한 모노바타이에서 그 자신이 유배 생활을 한 바 있는 레스보스 섬으로 옮겨 주었다. 그러나 신임 총대주교의 첫 조치는 그를 실명시키는 것이었다.

165 『동방의 분열The Eastern Schism』

166 당시에 제작된 조에와 콘스탄티누스의 모자이크는 현재 소피아 대성당 남쪽 주랑의 동쪽 벽 그리스도상의 측면에 있는데, 아쉽게도 세 인물의 머리가 모두 변형되었다. 조에의 초상은 한층 젊어 보이므로 로마누스 아르기루스와 결혼하던 무렵에 제작되었을 것으로 추측된다. 하지만 이 부분은 그녀가 미카일 5세에 의해 유배될 무렵에 훼손되었다가 1042년에 미카일이 죽은 뒤 복원되었다. 콘스탄티누스의 것으로 추측되는 초상은 더 의심스럽다. 아마 이것은 원래 미카일 4세의 초상이었고, 더 과거에는 로마누스의 초상이었을 것이다. 윗부분의 비문이 거의 지워진 이유도 그 때문일 것이다.

167 슐룸베르거는 미카일 브링가스가 평생을 군대에서 보냈다고 생각하는데, 이것은 전혀 사실이 아니다. 나중에 드러나겠지만 관료들이 그를 황제로 발탁한 것은 그가 자신들의 일원으로서 군대를 매우 싫어하기 때문이었다.

168 콘스탄티누스 대제가 자신의 제관을 교회에 맡겨 두어 교회가 마음대로 세속의 로마 황제를 선택할 수 있도록 권리를 부여했다는 설. 『비잔티움 연대기: 창건과 혼란』, 627쪽 참조.

169 살아남은 사람들은 인근 도시인 테오도시오폴리스로 도망쳐 이곳을 고향의 이름에서 딴 아르젠 에룸(로마인의 아르젠)이라고 개명했는데, 이 이름이 오랜 세월에 걸쳐 변화되어 현대의 에르주룸으로 바뀌었다.

170 아탈레이아테스는 또한 유도키아가 섹스를 몹시 싫어했다고 말한다. 그때까지 그녀의 성적 상대는 첫 남편뿐이었을 테니, 우리가 아는 콘스탄티누스를 생각하면 그다지 놀랄 일은 아니다. 어쨌든 그녀는 아들 셋을 낳아 주었다.

171 이 수치는 늘 그렇듯이 추정치에 불과하다. 비잔티움 측의 문헌에는 아예 정보 자체가 없고 무슬림 문헌에는 병력의 규모가 20만~60만 명으로 다양하며, 에데사의 마태오는 심지어 100만 명이라고 주장한다. 대부분의 현대 역사가들은 본문의 추정치에 동의하지만, 10만 명 이상이었을 가능성도 있다.

172 한번은 어느 병사가 지역 주민에게서 당나귀 한 마리를 훔친 죄로 황제 앞에 끌려왔는데, 황제는 가혹하게도 그의 코를 자르라는 형벌을 내렸다. 그 딱한 병사가 승리를 가져오는 블라케르나이의 성모상(황제가 전장에 갈 때는 늘 가지고 다녔다)에게 탄원했음에도 로마누스가 8세기에 사라진 그 형벌을 고집하는 것을 보고, 아탈레이아테스는 처음으로 신의 응징이 따르리라는 불길한 예감을 느꼈다고 기록한다.

173 하지만 이 경우 또다른 문제가 생겨난다. 셀주크군이 실제로 헬라트의 전면전에서 비잔티움군을 물리쳤다면 술탄은 더 낙관적인 태도를 보였어야 하지 않을까? 생각하면 할수록 헬라트 전투가 정말 있었을까 하는 의혹을 품게 된다.

174 이 장의 다른 부분도 그렇지만 이 정보에 관해서 나는 고(故) 앨프레드 프렌들리의 책 『끔찍한 날: 1071년 만지케르트 전투The Dreadful Day: The Battle of Manzikert, 1071』를 많이 참조했다.

175 니케포루스 브리엔니우스는 안나가 여론 재판의 제물이었다고 말한다. 재판에서는 그녀가 로마누스를 복위시키려는 음모에 연루되었다는 위조된 편지가 제출되었다. 그때 안나는 갑자기 소매에서 그리스도상을 꺼내 들고 재판에 참석한 사람들에게 진실을 똑바로 바라보라고 외쳤다. 이 극적인 행동은 사람들의 갈채를 받았으나 재판에는 영향을 미치지 못했다.

176 요한네스 두카스 부제를 가리킨다. 계속해서 프셀루스는 그가 미카일 황제와 상의하지 않고 로마누스를 실명시키라는 명령을 내렸다고 말한다.

177 알프 아르슬란은 부하의 습격을 받고 큰 부상을 입어 1072년 11월 24일에 마흔한 살로 죽었다.

178 예전에 디오클레아라고 불렸던 제타는 제국 내의 반(半) 독립 공국이었다. 제타는 1035년에 비잔티움의 지배를 거부하고 제국에서 떨어져 나갔는데, 바실리우스 2세가 죽은 이후 발칸에 최초로 세워진 슬라브족 국가였다.

지금은 중동이 더 큰 분쟁 지역이 되었지만 한때 발칸 반도는 '유럽의 화약고' 라는 별명으로 불렸다. 작은 지역에 여러 나라가 모여 있으니 그런가 보다 싶겠지만, 실은 그런 것만도 아니다. 이 지역에는 최소한 세 가지 종교—동방 정교, 로마 가톨릭, 이슬람교—가 있고, 종교 문제가 민족 문제와 얽혀 복잡한 사태를 빚었으며, 이 문제는 지금도 근본적으로 해결되지 않은 상태다.

사회에 대한 종교의 영향력이 약한 우리가 볼 때는 숨가쁘게 돌아가는 현대 사회에 고리타분하게 종교 같은 걸 가지고 다투느냐고 생각할지도 모르지만, 종교가 역사적으로 큰 역할을 한 민족에게 종교는 곧 생활이다. 우리 민족에게 추석 차례를 지내지 못하게 하고 설을 쇠지 말라고 하면 가만히 있을 사람이 있을까? 이슬람교에서는 오후 네 시가 되면 한 사람이 높은 망루(미나레트)에 올라가 큰 소리로 기도 시간을 알리는데, 이걸 용납할 그리스도교도는 없을 것이다. 또 라마단 금식 기간에 노천 식당에서 그리스도교도가 돼지고기를 우적우적 씹어 먹는다면 그걸 그냥 두고 볼 이슬람교도는 없을 것이다. 겉으로 보기에는 정치적인 분쟁 같지만 발칸 사태의 근저에는 종교가 있고 그 종교의 배후에는 역사가 놓여 있다. 모든 시사의 뿌리는 역사다!

발칸 반도가 '종교의 도가니'가 된 것은 비잔티움 제국의 역사와 밀접한 관련이 있다. 비잔티움 제국사 3부작의 둘째 권인 이 책은 제국이 초기의 위기를 극복하고 발칸 반도와 소아시아 지역을 장악한 9~11세기의 전성기를 다루고 있다. 발칸 반도 남부의 그리스는 제국의 속주가 되었고 그 북쪽에 있는 불가리아는 속국으로 거느렸으므로 이 시기의 콘스탄티노플은 명실상부한 제국의 수도로 발돋움했다. 실제로 당시의 콘스탄티노플은 중국 당나라의 수도인 장안과 더불어 세계 최대에서 가장 큰 도시이자 세계에서 가장 번영하는 도시였다.

하지만 모든 제국이 으레 그렇듯이 비잔티움 제국도 여러 민족과 종교, 문화가 뒤섞여 있었으므로 지속적인 안정을 누리기는 어려웠다. 옛 로마 제국은 주변 문명권의 힘이 미약했던 탓에 강력하고 안정적인 제국 시대를 상당히 오랫동안 유지했으나, 전성기의 비잔티움 제국은 제국의 힘이 강성해지는 것에 못지않게 주변 세계도 성장하는 불확실한 상황에 처해 있었다. 동쪽으로는 이슬람권이 수시로 제국의 변방을 침략했고, 서쪽으로는 비록 군사적 충돌은 일어나지 않았으나 서방 교회와의 끝없는 갈등과 분쟁으로 바람 잘 날이 없었을 뿐 아니라, 남쪽 발칸 지역의 여러 민족도 고분고분 제국의 지배를 받으려고 하지 않았다. 게다가 북쪽에서는 장차 러시아를 이루게 되는 슬라브 민족이 꾸준히 세력을 키워 호시탐탐 남하를 노리는 상황이었다.

그중에서도 제국의 안정에 가장 큰 걸림돌은 권력 불안이었다. 인류 역사상 존재했던 어느 제국보다도 황제의 암살, 온갖 궁중 음모와 쿠데타가 가장 많았던 제국이 바로 비잔티움이다. 황실의 혈통을 중시하는 중국식 제국의 관점에서 본다면 1200년 역사 동안 여러 왕조가 제위를 차지했던 비잔티움 제국은 하나의 단일한 제국이라고 볼 수 없을지도 모른다. 동서남북 사방에서 끊임없이 이어지는 외침, 지루하게 반복되는 소모적인 종교 논쟁, 고질적인 중앙 권력의 불안으로 전성기에 이른 제국은 이미 쇠퇴의 조짐을 보이기 시작했다.

제국이 정체와 답보를 면치 못하는 상황에서 제국의 주변 세계는 눈부시게 발전했다. 아바스 왕조가 지배자였을 때는 제국을 넘볼 만한 힘을 갖지 못했던 이슬람권은 주인이 셀주크투르크로 바뀌면서 환골탈태한 결과 적어도 군사력으로는 제국이 당해내기 어려운 상대로 성장했다(지은이는 난공불락의 육로성벽이 아니었다면 콘스탄티노플은 이 시기에 투르크에게 함락되었으리라고 말한다). 발칸 지역도 제국의 장악력이 느슨해진 틈을 타서 큰 도약을 이루었다. 심지어 불가리아는 한때 독자 노선을 걸으면서 서방 교회와 동방 교회를 놓고 어느 쪽을 택할지 저울질할 정도였다(결국 동방 교회를 택했지만 이때 서방 교회가 개입하기 시작한 탓에 오늘날 발칸의 어지러운 종교적 지형의 원형이 생겨났다).

하지만 그보다 더 큰 변화를 보인 지역은 서유럽 세계였다. 제국이 방패막이의 역할을 해주는 동안 서유럽은 교회가 신성의 영역을 맡고 봉건 군주들이 세속의 영역을 맡는 분업적 체제를 이루며 착실하게 성장했다. 비록 서유럽의 역사에서는 이 시기를 암흑시대라고 말하지만, 이때 비축된 힘이 없었다면 서유럽은 중세에서 탈출하지 못했을 것이다. 이 힘을 바탕으로 서유럽 세계는 십자군 원정을 도모하게 된다(이 과정은 셋째 권에 나온다).

안타깝게도 이 책에서 다루는 비잔티움 제국은 전성기를 맞았음에도 불구하고 주변을 압도하는 위용을 과시하지는 못했다. 단성론과 삼위일체의 개념을 둘러싼 숱한 종교 논쟁을 통해 제국의 문화적 · 지적 소프트웨어는 풍부해졌으나 그에 걸맞은 하드웨어는 갖추지 못했다. 당시 유럽과 중동을 통틀어 유일한 제국이었으면서도 과거의 로마 제국과 같은 강력한 카리스마는 지니지 못한 반쪽짜리 제국의 불가피한 비극이었다.

역사에 관한 지정학적 설명은 자칫하면 오해와 곡해를 빚을 수 있지만 비잔티움 제국의 경우에는 역시 지정학적 측면을 고려하지 않을 수 없다. 확고한 지리적 중심이 없는 제국은 영토와 속주 전역을 중앙집권적으로 편제하는 데는 아무래도 한계가 있을 수밖에 없다. 중국의 경우 중원이라는 지리상의 중심이 있었으므로 동심원적으로 팽창할 수 있었으며, 로마의 경우 지중해를 빙 두르는 반지형 제국을 건설했으므로 바다를 통한 군대와 물자의 이동이 가능했고 변방의 속주까지 중앙의 행정력이 미칠 수 있었다.

그에 비해 비잔티움 제국은 뭍에도 바다에도 딱히 중심이라 할 만한 지역이 없었을 뿐 아니라 전반적인 위치 자체도 동양과 서양의 관문에 자리 잡은 탓에 늘 불안정할 수밖에 없었다. 게다가 수도인 콘스탄티노플도 공격적인 진출을 지향하는 게 아니라 방어에만 유리한 소극적 기능밖에 가지지 못했으니 제국의 지정학적 위치로서는 빵점이었다. 이런 상태에서 1200년이나 제국이 유지될 수 있었던 이유는 대외적으로는 주변 세계가 성장하는 데 시간이 필요했고, 대내적으로는 왕조의 잦은 교체를 통해 내부의 모순이 정기적으로 해소되었기 때문이다.

1054년 로마 교황과 콘스탄티노플 총대주교는 그동안 수도 없이 반복된 교회의 통합을 또다시 시도했다가 결국 서로 얼굴을 붉히고 파문하는 사태를 빚었다. 이로써 동서 두 교회는 사실상 완전히 결별했으며, 그리스도교는 로마 가톨릭과 동방 정교로 분열되었다(여기에 16세기의 종교개혁으로 신교가 생겨나 오늘날 그리스도교의 큰 갈래는 세 가지가 되었다). 그로부터 불과 17년 뒤 소아시아의 만지케르트에서는 제국의 군대가 셀주크투르크에게 대패하고 황제인 로마누스가 사로잡히는 참극이 벌어졌다. 이것으로 2세기에 걸친 짧은 전성기가 끝나고 제국은 쇠퇴와 몰락의 길을 걷게 된다.

이 둘째 권의 흥미로운 점은 비잔티움 제국의 외형적인 변화에 있지 않다. 전성기였던 만큼 이 시기는 제국의 문화적 특징을 가장 집약적으로 보여주며, 주변과의 관계에서도 제국의 외교적 역할이 가장 두드러지게 나타난다. 제국의 법령집을 직접 집필하고 다양한 논문과 문학 작품을 남긴 레오 6세가 전자의 예라면, 불가리아를 정복하고 키예프의 블라디미르를 동방 정교로 개종시킨 바실리우스 2세는 후자의 예다. 3부작 전체를 통틀어 수많은 황제들이 등장하지만 개성적이고 독특한 자질과 풍모를 지닌 황제들은 바로 이 둘째 권에서 볼 수 있다. 그런 점에서, 이 3부작을 '황제 열전'으로 읽는다면 이 책은 열전의 백미가 될 것이다.

2007년 3월

남경태

아모리움 왕조

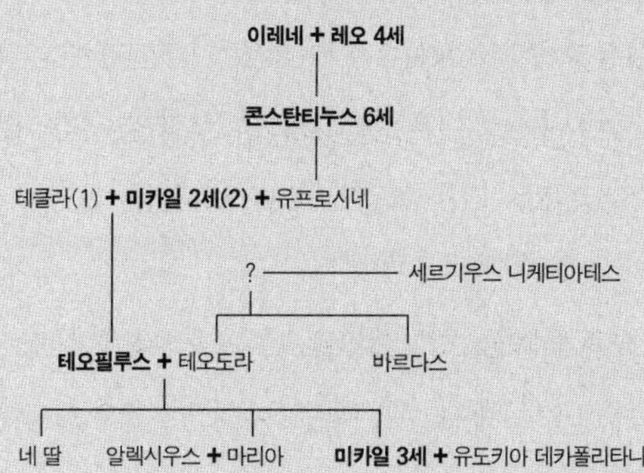

불가리아의 칸

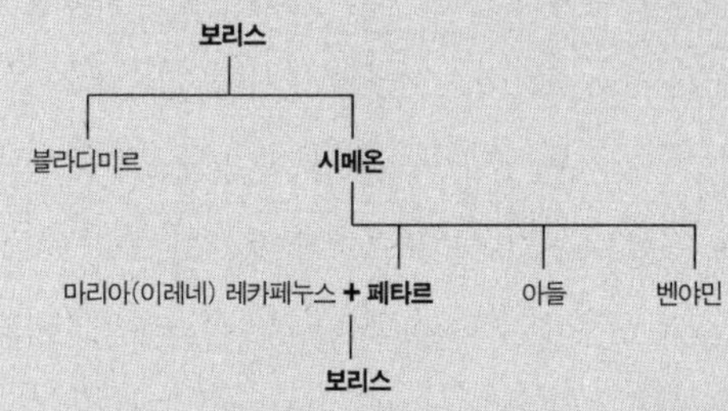

키예프 공

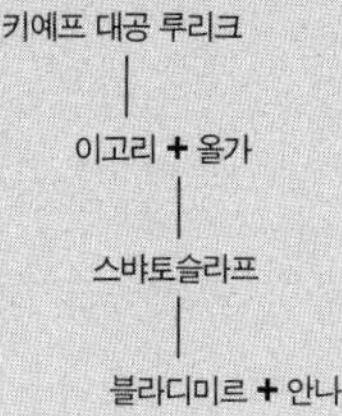

마케도니아 왕조

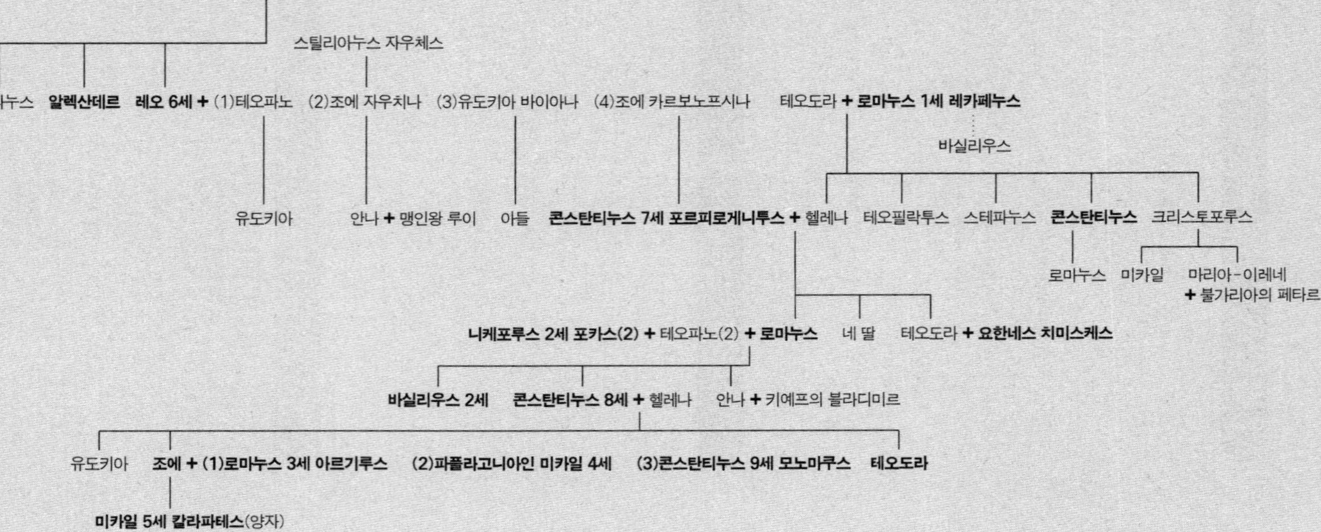

유도키아 잉게리나(2) + 바실리우스 1세 + (1)마리아
스틸리아누스 자우체스
스테파누스
알렉산데르
레오 6세 + (1)테오파노 (2)조에 자우치나 (3)유도키아 바이아나 (4)조에 카르보노프시나
테오도라 + 로마누스 1세 레카페누스
바실리우스
유도키아
안나 + 맹인왕 루이
아들
콘스탄티누스 7세 포르피로게니투스 + 헬레나
테오필락투스
스테파누스
콘스탄티누스
크리스토포루스
로마누스
미카일
마리아-이레네 + 불가리아의 페타르
니케포루스 2세 포카스(2) + 테오파노(2) + 로마누스
네 딸
테오도라 + 요한네스 치미스케스
바실리우스 2세
콘스탄티누스 8세 + 헬레나
안나 + 키예프의 블라디미르
유도키아
조에 + (1)로마누스 3세 아르기루스 (2)파플라고니아인 미카일 4세 (3)콘스탄티누스 9세 모노마쿠스
테오도라
미카일 5세 칼라파테스(양자)

1 원전

전집

- *Byzantion. Revue Internationale des Etudes Byzantines.* Paris and Liége 1924-9; Paris and Brussels 1930; Brussels etc. 1931-. (B.)
- *Corpus Scriptorum Ecclesiasticorum Latinorum.* 57 vols. Vienna 1866-(incomplete). (C.S.E.L.)
- *Corpus Scriptorum Historiae Byzantinae.* Bonn 1828-(incomplete).(C.S.H.B.)
- Cousin, L. *Histoire de Constantinople.* Fr. trans. 8 vols. Paris 1685.(C.H.C.)
- De Boor, C. (Ed.) *Opuscula Historica.* Leipzig 1880. (B.O.H.)
- Hoare, F. R. *The Western Fathers.* Eng. trans. London 1954. (H.W.F.)
- Mai, Cardinal A. (Ed.) *Novae Patrum Bibliothecae.* 10 vols. Rome 1844-1905.(M.N.P.B.)
- Migne, J. P. *Patrologia Graeca.* 161 vols. Paris 1857-66. (M.P.G.)

——— *Patrologia Latina.* 221 vols. Paris 1844-55. (M.P.L.)

- *Monumenta Germaniae Historica.* Eds. G. H. Pertz, T. Mommsen et al. Hanover 1826- (in progress). (M.G.H.)
- Muller, C. I. T. *Fragmenta Historicorum Graecorum.* 5 vols. Paris 1841-83. (M.F.H.G.)
- Muratori, L. A. *Rerum Italicarum Scriptores.* 25 vols. Milan 1723-51. (M.R.I.S.)
- *Nicene and Post-Nicene Fathers, Library of the.* 2nd ser. 14 vols. with trans. Oxford 1890-1900. (N.P.N.F.)
- *Revue des Etudes Grecques.* Paris 1888- . (R.E.G.)
- *Revue Historique.* (R.H.)

개별 저작

- Aristakes, of Lastivert. *History of Armenia.* Fr. trans, by M. Canard and Haig Berberian. *Editions de Byzantion*, Brussels 1973.
- Attaleiates, Michael. *Historia.* C.S.H.B., Vol. 50. Partial Fr. trans, by H. Grégoire, *Byzantinische Zeitschrift,* Vol. 28 (1958), and E. Janssens, *Annuaire de l'Institut de Philologie et d'Histoire Orientales et Slaves*, Vol. 20, 1968-72.

- Bryennius, Nicephorus. *Histories.* C.S.H.B., Vol. 26. Fr. trans, by H. Grégoire. B., Vol. 23, 1953.
- Cecaumenus, *Strategicon.* Ed. W. Wassiliewsky and V. Jernstedt. St Petersburg 1896.
- Cedrenus, Georgius. *Compendium Historiarum.* C.S.H.B.; M.P.G., Vols. 121-2.

——— *Synopsis Historiarum* (containing John Scylitzes and Scylitzes Continuatus). C.S.H.B.; M.P.G., Vols. 121-2.

- Constantine VII Porphyrogenitus. *De Administrando Imperio.* Gk. text with Eng. trans, by R. J. H. Jenkins. Washington, DC 1969.

——— Commentary, by R. J. H. Jenkins, London 1962.

——— *De Ceremoniis Aulae Byzantinae.* Ed. and Ger. trans, by J. J. Reiske. C.S.H.B.

——— *Narratio de Imagine Edessena.* M.P.G., Vol. 113.

- Genesius, Joseph. *Regna.* Ed. C. Lachmann. C.S.H.B.
- Glycas, M. *Chronicon.* Ed. I. Bekker. C.S.H.B.
- Ignatius, Diaconus. *Vita Nicepbori Patriarchae.* B.O.H.
- Leo, Diaconus. *Historia.* C.S.H.B.; M.P.G., Vol. 117.
- Leo, Grammaticus. *Chronographia.* Ed. I. Bekker. C.S.H.B.; M.P.G., Vol. 108.
- *Liber Pontificalis. De Gestis Romanorum Pontificum.* Text, intro. and comm. by L. Duchesne. 2 vols. Paris 1886-92 (reprint, Paris 1955).
- Liudprand, Bishop of Cremona. *Opera.* Ed. I. Bekker. Hanover 1915. Eng. trans, by F. A. Wright, London 1930.
- Manasses, Constantine. *Compendium Chronicum.* C.S.H.B.; M.P.G., Vol. 127.
- Matthew, of Edessa. *Chronicle.* Fr. trans, by E. Dulaurier. Paris 1858.
- Michael, Monk of the Studium. *Vita etc. S. Theodori abb. mon. Studii.* M.N.P.B., Vol. 6.
- Michael, the Syrian. *Chronicle.* Ed. with Fr. trans, by J. B. Chabot. Paris 1905-6.
- Nestor. *Chronique dite de Nestor.* Ed. and Fr. trans, by L. Leger. Paris 1884.
- Nicholas I, Pope. *Epistolae.* M.P.L., Vol. 119.
- Nicholas Mysticus, Patriarch. *Epistolae.* M.P.G., Vol. 111.
- Paul, Diaconus. *Historia Langobardorum.* M.G.H. Scriptores, Vols. 2, 12. Eng. trans, by W. C. Foulke, Philadelphia 1905.
- Peter Damian, St. *Opuscula.* M.P.L., Vol. 145.
- Photius, Patriarch of Constantinople. *Epistolae.* M.P.G., Vol. 102.

——— *Homilies. The Homilies of Photius.* Eng. trans., intro. and comm. by C. Mango. Harvard 1958.

- Psellus, Michael. *Chronographia.* Eng. trans, by E. R. A. Sewter, 1953. Fr. trans, by E. Renauld. 2 vols.

Paris 1926.

- Scriptor Incertus. *De Leone Armenio.* C.S.H.B.
- Scylitzes, John. See Cedrenus.
- Simeon, Magister, or Metaphrastes. *Chronicon.* M.P.G., Vols. 109, 113-16.

——— *Vita Theodori Grapti.* M.P.G., Vol. 116.

- Simeon Logothetes. Survives in various forms, incl. Leo, Grammaticus, *q.v.*
- Theodore, of the Studium, St. *Epistolae.* M.P.G., Vol. 99.
- Theodosius, Melitenus. *Chronicon.* Ed. G. L. F. Tafel. Munich 1859.
- Theophanes, St (called Isaacius). *Chronographia.* Ed. C. de Boor. 2 vols. Leipzig 1883 (reprinted Hildesheim 1963). Also in M.P.G., Vols. 108-9.
- Theophanes Continuatus. *Chronographia.* Ed. I. Bekker. C.S.H.B.; M.P.G., Vol. 109.
- *Vita Ignatii Patriarchae.* M.P.G., Vol. 105.
- *Vita Nicholai Papae.* M.P.L., Vol. 119.
- *Vita Sancti Euthymii.* Ed. with Eng. trans, by P. Karlin-Hayter. B., Vols. 25-7. 1955-7.
- Yahya, of Antioch. *History.* Partial Fr. trans, by M. Canard, in Vasiliev, A. A., *Byzance et les Arabes (q.v.)*, II, ii.
- Zonaras, Joannes. *Annales.* Ed. L. Dindorf, 6 vols. Leipzig 1868-75. Also in M.P.G., Vols. 134-5.

2 현대 문헌

- Adontz, N. *L'Age et 1'Origine de l'Empereur Basile I.* B., Vols. 8-9, 1933-4.
- Alexander, P. J. *The Patriarch Nicephorus of Constantinople.* Oxford 1958.
- Almedingen, E. M. *Charlemagne.* London 1968.
- Baynes, N. H. *Byzantine Studies and Other Essays.* London 1955.
- *The Blue Guide to Istanbul.* Ed. J. Freely. 2nd ed. London and New York 1987.
- *The Blue Guide to Turkey (The Aegean and Mediterranean Coasts).* Ed. B. McDonagh. London and New York 1989.
- Bréhier, L. *La Querelle des Images.* Paris 1904.
- Bury, J. B. *The Imperial Administrative System in the Ninth Century.* British Academy, Supplemental Papers, 1911.

——— *A History of the Later Roman Empire, 802-867.* London 1912.

- *Cambridge Medieval History*. Esp. Vol. IV, *The Byzantine Empire, 717-1453*. New edition, ed. J. M. Hussey. 2 vols. Cambridge 1966-7.
- Cahen, C. *La Campagne de Manzikert d'après les Sources Musselmanes*. B., Vol. 9, 1934.

——— *La Première Pénétration Turque en Asie-Mineur*. B., Vol. 18, 1948.

——— *Pre-Ottoman Turkey*. Trans. J. Jones-Williams, New York 1968.

- Canard, M. 'La Campagne Arménienne du Sultan Salguqide [*sic*], Alp Arslan et la Prise d'Ani en 1064'. *Revue des Etudes Arméniennes*, II, Paris 1965.
- Cobham, C. D. *The Patriarchs of Constantinople*. Cambridge 1911.
- Delehaye, H. *Les Saints Stylites*. Brussels and Paris 1923.
- *Dictionnaire d'Histoire et de Géographic Ecclésiastiques*. Eds. A. Baudrillart, R. Aubert and others. Paris 1912- (in progress).
- *Dictionnaire de Théologie Catholique*. 15 vols. in 30. Paris 1909-50 (with supplements).
- Diehl, C. *Figures Byzantines*. 1st ser., Paris 1906; 2nd ser., Paris 1913.

——— *Histoire de l'Empire Byzantin*. Paris 1918.

——— *Choses et Gens de Byzance*. Paris 1926.

- Dvornik, F. *The Photian Schism: History and Legend*. Cambridge 1948.
- Ebersolt, J. *Le Grand Palais de Constantinople et le Livre des Cérémonies*. Paris 1910.
- *Enciclopedia Italiana*. 36 vols. 1929-39 (with later appendices).
- *Encyclopaedia Britannica*. 11th ed. 29 vols. Cambridge 1910-11.

——— 15th ed. 30 vols. University of Chicago 1974.

- *Encyclopaedia of Islam*. 4 vols. Leiden, London 1913-54. (New edition in progress, 1960- .)
- Finlay, G. *History of Greece, 146 BC to AD 1864*. New ed. Ed. H. F. Tozer. 8 vols. 1877.
- Fliche, A. and Martin, V. *Histoire de l'Eglise, depuis les Origines jusqu'à nos Jours*. Paris 1934.
- French, R. M. *The Eastern Orthodox Church*. London and New York 1951.
- Friendly, A. *The Dreadful Day: The Battle of Manzikert, 1071*. London 1981.
- Fuller, J. F. C. *The Decisive Battles of the Western World*. Vol. 1. London 1954.
- Gardner, A. *Theodore of Studium, his Life and Times*. London 1905.
- Gfrorer, A. F. *Bizantinische Geschichten*. Ed. J. B. Weiss, 3 vols. Graz 1872-7.
- Gibbon, E. *The History of the Decline and Fall of the Roman Empire*. 7 vols. Ed. J. B. Bury. London 1896.
- Giustiniani, H. *The History of Chios*. Cambridge 1943.
- Grégoire, H. *Etudes sur le 9e. Siècle*. B., Vol. 8. 1933.

—— *Etudes sur l'Epopée Byzantine.* R.E.G., Vol. 46. 1933.

- Grosvenor, E. A. *Constantinople.* 2 vols. Boston 1895.
- Grumel, V. *La Chronologie.* (Vol. I of Traité des Etudes Bizantines, ed. P. Lemerle. Paris 1958.)
- Harnack, T. G. *A. History of Dogma.* Eng. trans. London 1899.
- Haussig, H. W. *History of Byzantine Civilisation.* Trans. J. M. Hussey. London 1971.
- Hefele, C. J. von. *Histoire des Conciles d'après les Documents Originaux.* Fr. trans, from Ger. by H. Leclercq. 5 vols. in 10. Paris 1907-13.
- Hill, Sir George. *A History of Cyprus.* 3 vols. Cambridge 1913.
- Hitti, P. K. *History of the Arabs.* 3rd ed. New York 1951.
- Janin, R. *Constantinople Byzantine.* Paris 1950.
- Jenkins, R. *Byzantium: The Imperial Centuries, AD 610-1071* . London 1966.

—— *The Byzantine Empire on the Eve of the Crusades.* London 1953.

- Karlin-Hayter, P. 'The Emperor Alexander's Bad Name'. *Speculum,* Vol. 44. 1969.
- Lethaby, W. R. and Swainson, H. *The Church of Sancta Sophia, Constantinople: a Study of Byzantine Building.* London 1894.
- Mainstone, R. J. *Hagia Sophia: Architecture, Structure and Liturgy of Justinian's Great Church.* London 1988.
- Mango, C. *The Homilies of Photius, Patriarch of Constantinople.* Eng. trans., intro. and comm. Harvard 1958.

—— *The Mosaics of St Sophia at Istanbul.* Washington (Dumbarton Oaks)1962.

- Mann, H. K. *The Lives of the Popes in the Middle Ages.* 18 vols. London 1902-32.
- Marin, E. *Les Moines de Constantinople.* Paris 1897.
- Martin, E. J. *A History of the Iconoclastic Controversy.* London 1930.
- Minns, E. H. 'St Cyril Really Knew Hebrew'. In *Mélanges Publiés en l'Honneur de M. Paul Boyer,* Paris 1925. (London Library Pamphlets, Vol. 2859.)
- Neander, A. *General History of the Christian Religion and Church.* 9 vols. Eng. trans. London 1876.
- *New Catholic Encyclopedia.* Washington, DC 1967.
- Norwich, J. J. *The Normans in the South.* London 1967.

—— *A History of Venice: Vol. I, The Rise to Empire.* London 1977.

—— *Byzantium: The Early Centuries.* London 1988.

- Obolensky, D. *The Byzantine Commonwealth.* London 1971.
- Ockley, S. *History of the Saracens.* 4th ed. London 1847.

- Oikonomides, N. 'Leo VI and the Narthex Mosaic at St Sophia'. *Dumbarton Oaks Papers*, Vol. 30. 1976.
- Oman, C. W. C. *The Byzantine Empire*. London 1897.
- Ostrogorsky, G. *History of the Byzantine State*. Trans. J. Hussey. 2nd ed. Oxford 1968.
- Rambaud, A. *L'Empire Grec au Dixième Siècle: Constantin Porphyrogénète*. Paris 1870.
- Ramsay, Sir William. *The Historical Geography of Asia Minor*. R.G.S. Supplementary Papers, Vol. IV. 1890.
- Runciman, Sir Steven. *A History of the First Bulgarian Empire*. London 1930.

——— *The Eastern Schism: A Study of the Papacy and the Eastern Churches during the 11th and 12th Centuries*. Oxford 1955.

——— *The Emperor Romanus Lecapenus and his Reign*. 2nd ed. Cambridge 1963.

- Schlumberger, G. *Un Empereur Byzantin au Dixième Siècle: Nicéphore Phocas*. Paris 1890.

——— *L 'Epopée Byzantine à la fin du Dixième Siècle*. Vol. I. Paris 1896.

- Segal, J. B. *Edessa, 'The Blessed City'*. Oxford 1970.
- Smith, W. and Wace, H. *Dictionary of Christian Biography*. 4 vols. London 1877-87.
- Sumner-Boyd, H. and Freely, J. *Strolling through Istanbul*. Istanbul 1972.
- Swift, E. A. *Hagia Sophia*. New York 1940.
- Toynbee, A. *Constantine Porphyrogenitus and his World*. London 1973.
- van der Meer, F. *Atlas of Western Civilisation*. Trans. T. A. Birrell. Amsterdam 1954.

——— and Mohrmann, C. *Atlas of the Early Christian World*. Trans. M. F. Hedlund and H. H. Rowley. London 1958.

- Vasiliev, A. A. *Byzance et les Arabes*. Fr. ed. prepared by H. Grégoire and M. Canard. Vol. I: *La Dynastie d' Amorium, 820-867*. Brussels 1935. Vol. II: *La Dynastie Macédonienne, 867-959*. Brussels 1950.

——— *History of the Byzantine Empire, 324-1453*. Madison, Wisconsin 1952.

- Vogt, A. *Basile Ier et la Civilisation Byzantine à la Fin du Onzième Siècle*. Paris 1908.

——— 'La Jeunesse de Léon VI le Sage.' *Revue Historique*, Vol. clxxiv. 1934.

- Vryonis, S. *Byzantium and Europe*. London 1967.

——— *The Decline of Medieval Hellenism in Asia Minor and the Process of Islamization from the Seventh through the Fifteenth Century*. Los Angeles, 1971.

- Wheler Bush, R. *St Athanasias: His Life and Times*. London 1888.

찾아보기

ㅅ

ㅈ

ㅊ

ㅋ

ㅍ

ㅎ

비잔티움 연대기 번영과 절정

초판 1쇄 발행 2007년 4월 9일
개정판(아카데미판) 발행 2016년 6월 7일

지은이 | 존 줄리어스 노리치
옮긴이 | 남경태

책임편집 | 정일웅·나현영
디자인 | 최선영·남금란

펴낸곳 | 바다출판사
펴낸이 | 김인호
주소 | 서울시 마포구 어울마당로5길 17(서교동, 5층)
전화 | 322-3885(편집부), 322-3575(마케팅부)
팩스 | 322-3858
E-mail | badabooks@daum.net
출판등록일 | 1996년 5월 8일
등록번호 | 제10-1288호

ISBN 978-89-5561-828-0 04920
978-89-5561-830-3 04920(전 3권)